MADE IN GERMANY ZWEI

MADE IN GERMANY ZWEI

INTERNATIONALE KUNST IN DEUTSCHLAND

SPRENGEL MUSEUM HANNOVER
KESTNERGESELLSCHAFT
KUNSTVEREIN HANNOVER

VERLAG *für* MODERNE KUNST

INHALT/ CONTENTS

GRUßWORTE

Liebe Leserinnen und Leser,

Kunst verorten und ihr trotzdem alle Freiheiten lassen: Fühlen Sie sich herzlich eingeladen zu diesem Experiment in Hannover!

Deutschland ist Produktions- und Ausstellungsort der zeitgenössischen Werkeschau, die Exponate selbst kennen jedoch keine nationalen Grenzen. Das verdanken wir vor allem den 45 jungen Künstlerinnen und Künstlern, die nicht nur aus Bremen, Dresden oder München stammen, sondern beispielsweise auch in Warschau, Tel Aviv und Belo Horizonte geboren wurden. Über 30 von ihnen leben derzeit im kreativen Berlin, viele pendeln zwischen deutschen und internationalen Metropolen und einige suchen ihre Inspiration auch jenseits der Großstädte in märkischen oder hessischen Landschaften. So entstand ein Kaleidoskop von Inhalten und Formen: schillernd, überraschend, manchmal provozierend, immer jedoch mit dem Anspruch, als authentisch gelten zu dürfen und als repräsentativ für das künstlerische Schaffen in unserem Land.

Wer durch die drei Ausstellungshäuser wandelt, wird auf postmoderne Gemälde und raumgreifende Installationen treffen, ganz besonders aber hoffe ich, dass *Made in Germany Zwei* zum Treffpunkt der Generationen wird. Lassen Sie uns Thementitel wie „Gestern im Heute" oder „Vernetzungen" in doppelter Hinsicht wahrnehmen, als ästhetische Kategorien und als Einladung zum Gespräch: Was bewegt junge Menschen, wenn sie zu solchen Themen arbeiten? Welches Bild von der Welt entwerfen sie für sich selbst und andere? Und wie gehen wir um mit all den Nuancen, wenn Licht und Schatten in der Kunst eine Botschaft für unseren Alltag bereithalten?

Sich für solche Fragen zu öffnen ist schon Teil ihrer Antwort. Ich wünsche uns, dass wir diese Offenheit zum gemeinsamen Programm machen können – nicht nur in Hannover.

Joachim Gauck
Bundespräsident

Dass *Made in Germany* in diesem Jahr eine Neuauflage erfährt, war zu erwarten. Selbstbewusst haben die kestnergesellschaft, der Kunstverein Hannover und das Sprengel Museum Hannover die erste Überblicksschau über die aktuelle Kunstszene in Deutschland parallel zur *documenta* im Jahr 2007 durchgeführt. Nicht zuletzt der durchschlagende Erfolg der ersten Ausstellung bei den Besuchern und in der Presse dürfte die Initiatoren dazu motiviert haben, *Made in Germany Zwei* in Angriff zu nehmen.

Über 40 Künstlerinnen und Künstler, die in Deutschland arbeiten, wurden eingeladen, ihre Werke in der erfolgversprechenden Fortsetzung der Erstauflage der Ausstellung in Hannover zu präsentieren. Ab wann Kunst „Made in Germany" ist und wie bedeutsam heute noch die Frage der Herkunft des Künstlers und der Kunst ist, das sind zwei spannende Aspekte, die die Ausstellung aufgreift.

Niedersachsen verfügt über zahlreiche und vielfältige Kunstvereine. Von Anfang an war es Ziel dieser Vereine, junge Kunst überall im Land zu fördern und eine Plattform für die Diskussion zeitgenössischer Kunst zu bieten. Auch für das Land Niedersachsen ist die Kulturförderung wichtig. Das Land investiert mit und durch die Kunst und Kultur in die Zukunft unserer Gesellschaft, die sich durch Ideenreichtum auszeichnet.

Mit *Made in Germany Zwei* fördert das Land ein herausragendes Kulturereignis, dessen Bekanntheitsgrad weit über Niedersachsen hinausreicht. Kunst kennt eben keine Grenzen.

Der Ausstellung wünsche ich viel Erfolg und ihren Besucherinnen und Besuchern interessante Entdeckungen.

David McAllister
Niedersächsischer Ministerpräsident

„Made in Germany": Heute kaum vorstellbar, dass Großbritannien dieses Siegel im Jahr 1887 einführte, um vor „minderwertigen" Waren aus Deutschland zu warnen. Die negative Bedeutung ist längst Geschichte, heute steht „Made in Germany" für Qualität weltweit – und das gilt auch für die Kunst.

Das Sprengel Museum Hannover, die kestnergesellschaft und der Kunstverein Hannover haben mit *Made in Germany Zwei* erneut ein Kooperationsprojekt der besonderen Art auf die Beine gestellt.

Die Zusammenarbeit der drei Ausstellungshäuser in unserer Stadt ist vorbildlich. Und nicht nur aufseiten der Macher gibt es eine Vernetzung, sondern auch bei den Förderern. Wir als Sparkassen-Finanzgruppe – mit der Niedersächsischen Sparkassenstiftung, der Sparkasse Hannover, den VGH Versicherungen und der NORD/LB – haben das Kunstereignis gern in enger Partnerschaft mit der Stiftung Niedersachsen unterstützt. Es ist für uns selbstverständlich, gemeinsam qualitativ hochwertige Vorhaben wie *Made in Germany Zwei* zu fördern, die das Land Niedersachsen und die Region Hannover als Kulturstandort bundesweit in den Fokus stellen.

Bereits der erste Ausstellungskomplex *Made in Germany* im Jahr 2007 war ein riesiger Erfolg. Schon die Zahlen belegen dies: 60.000 Besucher, ein Viertel davon aus dem Ausland. Wir sind uns sicher, dass *Made in Germany Zwei* an diesen Erfolg anknüpfen wird, denn schon heute wird diesem Ereignis überregional großes Interesse gewidmet.

Wenn nicht längst die Wirtschaft „Made in Germany" als Qualitätssiegel anerkannt hätte, würde es spätestens mit dieser Ausstellung gelingen. Wir wünschen ihr den entsprechenden Erfolg!

Thomas Mang
Präsident der Niedersächsischen Sparkassenstiftung

Dr. Gunter Dunkel
Vorsitzender des Vorstandes der NORD/LB

Walter Kleine
Vorsitzender des Vorstandes der Sparkasse Hannover

Dr. Robert Pohlhausen
Vorsitzender des Vorstandes der VGH Versicherungen

Dr. Dietrich H. Hoppenstedt
Präsident der Stiftung Niedersachsen

WELCOMING REMARKS

Dear Reader,

Can art be gauged and perused yet left free to be itself? That is what this experiment in Hanover is all about and I hope you are keen to be part of it!

To these contemporary art works produced and exhibited in Germany, national frontiers are irrelevant. This is above all because the 45 young artists who created them hail not just from Bremen, Dresden or Munich but also from places like Warsaw, Tel Aviv and Belo Horizonte. Over thirty are currently part of Berlin's creative scene, some divide their time between cities in Germany and abroad and others seek inspiration in the tranquillity of the Brandenburg or Hesse countryside. The result is a kaleidoscope of themes and forms that may dazzle, amaze or even provoke at times, yet which can all claim to be authentic and representative examples of contemporary art in Germany.

As you wander the three exhibition venues you will encounter all manner of post-modern paintings and large-scale installations. But my particular hope for *Made in Germany Zwei* is that it will help also to bring different generations closer together. We can perceive themes entitled "Yesterday in Today", for example, or "Networkings" both as an aesthetic statement and as an invitation to reflect together on what moves young people to explore such topics. What kind of world do they portray for themselves and others in their art? And how do we for our part respond to all the nuances of light and shadow depicted, what messages do they hold for our daily lives?

To be open to such questions is part of the answer, of course. I hope we can make this openness into a shared agenda that will be taken forward here in Hanover and elsewhere.

Joachim Gauck
Federal President

It comes as no surprise that the exhibition *Made in Germany* goes into a second round this year. In 2007, the kestnergesellschaft, Kunstverein Hannover and Sprengel Museum Hannover confidently staged their first review of the contemporary art scene in Germany to coincide with the *documenta*. The unparalleled success of the first exhibition with both visitors and the press was presumably one of the factors that encouraged the initiators to tackle *Made in Germany Zwei*.

More than 40 artists who live and work in Germany were invited to present their work in the promising sequel to the first round of the exhibition in Hanover. The question of when art counts as "Made in Germany" and how important the origins of the artist and art still are today are just two exciting aspects investigated by the exhibition.

Lower Saxony has numerous and highly varied art societies, whose objective has always been to promote young art throughout the region and to create a forum for the debate on contemporary art. The promotion of culture is also important for the federal state of Lower Saxony. Its investments in the creative world of art and culture are investments in the future of our society, which is characterised by its wealth of ideas.

With its support for *Made in Germany Zwei*, the government of Lower Saxony is backing an outstanding cultural event which is sure to attract attention far beyond our own borders—art itself, after all, knows no bounds.

I wish the exhibition every success and interesting revelations for the visitors.

David McAllister
Prime Minister of Lower Saxony

"Made in Germany": It is hardly imaginable today that Great Britain introduced this seal in 1887 to warn consumers of "inferior-quality" goods from Germany. The negative meaning is long since history, and today "Made in Germany" stands for quality worldwide— and that also goes for art.

In the form of *Made in Germany Zwei*, the Sprengel Museum Hannover, kestnergesellschaft and Kunstverein Hannover have once again launched a very special kind of joint project.

The collaboration between the three art institutions in our city is exemplary. And not only are the organizers collaborating, but also the sponsors. We the Sparkassen finance group—with the Niedersächsische Sparkassenstiftung, Sparkasse Hannover, VGH Versicherungen and NORD/LB—are delighted to be supporting the exhibition in close partnership with Stiftung Niedersachsen. For us it is a matter of course to work with others to promote high-caliber initiatives such as *Made in Germany Zwei*, which focus national attention on the state of Lower Saxony and the Hanover region as a cultural location.

The first exhibition project *Made in Germany* back in 2007 was a resounding success. The figures say it all: 60,000 visitors, a quarter of them international. We are certain that *Made in Germany Zwei* will continue this success, for the event is already seeing great interest across the country.

If industry had not already long since acknowledged "Made in Germany" as a seal of quality, this exhibition would definitely succeed in doing so. We wish it the success it deserves!

Thomas Mang
President of Niedersächsische Sparkassenstiftung

Dr. Gunter Dunkel
CEO of NORD/LB

Walter Kleine
CEO of Sparkasse Hannover

Dr. Robert Pohlhausen
CEO of VGH Versicherungen

Dr. Dietrich H. Hoppenstedt
President of Stiftung Niedersachsen

VORWORT

Das Sprengel Museum Hannover, der Kunstverein Hannover und die kestnergesellschaft präsentierten 2007 eine gemeinsame Ausstellung unter dem Titel *Made in Germany*. Das Projekt zeigte eine Bestandsaufnahme der aktuellen Kunst einer jüngeren Generation in Deutschland. Entgegen der traditionell global ausgerichteten *documenta* in Kassel, die zeitgleich stattfand, konzentrierte sich *Made in Germany* auf die Kunstszene in Deutschland. Die Schau vermittelte einen Eindruck von der aktiven und vielfältigen Kunstszene, die sich am Standort Deutschland entwickelt hatte, darunter einige Künstlerinnen und Künstler, die in der Folge international wahrgenommen wurden. *Made in Germany* rief eine breite, positive Resonanz hervor und führte die drei Häuser sehr schnell zu der Entscheidung, eine derartige Ausstellung nach fünf Jahren erneut auszurichten.

Innerhalb dieser fünf Jahre haben sich die kulturellen Hintergründe für eine Überblicksschau aktueller, junger Kunst aus Deutschland weiter zugespitzt. Die föderale Kulturszene Deutschlands befindet sich in den letzten beiden Jahrzehnten in einem kontinuierlichen Wandel. Eine zunehmende Konzentration der künstlerischen Produktion in der Hauptstadt Berlin veränderte nicht nur die gewachsenen Szenen von Städten wie Köln, Düsseldorf, Hamburg oder München, sondern führte auch zur Bildung einer unvergleichlich vielseitigen und internationalen Kunstszene in Berlin. Die Hauptstadt entwickelte sich zu einer Kunstmetropole, wie es etwa Paris zu Beginn oder New York in der zweiten Hälfte des 20. Jahrhunderts war. Der Standort Berlin beeinflusst jedoch nur zum Teil die künstlerische Entwicklung: Auch die Kunsthochschulen haben eine wesentliche Bedeutung für die Entwicklung der Künstlergenerationen. In der Metropole werden Tendenzen sichtbar, die ihren Ursprung sowohl in den kulturellen Hintergründen der jeweiligen Herkunftsländer der Künstlerinnen und Künstler haben als auch in ihrer Prägung durch verschiedene Ausbildungsinstitutionen in deutschen Städten wie Frankfurt am Main, Leipzig oder München. Im Zuge der Recherche zu *Made in Germany Zwei* zeigte sich deutlich, dass viele Künstler die Basis ihrer künstlerischen „Sprache" im Kontext einer Kunstszene oder Kunstakademie oder gar in einem anderen Land bildeten, bevor sie ihren Lebensmittelpunkt nach Berlin verlagerten. Damit verändert sich die Frage nach einer künstlerischen Lokalisierung perspektivisch vom aktuellen Wohn- und Arbeitsort auf die geografische und kulturelle Herkunft sowie die Ausbildungsorte und die damit verbundenen Einflussfaktoren. Tatsächlich sind in der Auswahl der 45 Künstlerinnen und Künstler für *Made in Germany Zwei* insgesamt 13 Nationalitäten vertreten. Manche sind bereits in Deutschland aufgewachsen, viele sind während oder nach ihrem Studium nach Deutschland gezogen und leben und arbeiten hier seit mehreren Jahren.

Eine entscheidende Frage der Moderne stellt sich zu Beginn des 21. Jahrhunderts auf neue Weise: Inwieweit beeinflusst diese zunehmende Internationalität der Kunstszene die Kunstproduktion? Wie lösen sich regionale oder nationale Charakteristika heute in multinationalen künstlerischen Sprachen auf? Was sind die Strategien, Themen und Fragen einer solch internationalisierten Gemeinschaft von Künstlern?

Eine Ausstellung zeitgenössischer Kunst kann diese Fragen nicht abschließend beantworten. *Made in Germany Zwei* greift sie jedoch auf und zeigt mit der zweiten Auflage des Ausstellungsprojekts nicht allein einen Querschnitt, sondern auch eine inhaltliche Befragung dieser künstlerischen Szene. So begegneten den Kuratorinnen und Kuratoren bei ihrer Recherche, bei der Kunstvermittler, Kuratoren und Dozenten aus verschiedenen Städten in Deutschland um Hinweise gebeten wurden, immer wieder künstlerische Fragestellungen und Arbeitsweisen, die im Laufe der Projektentwicklung unter sechs Begriffen gefasst werden konnten: „Medium als Material", „Das Gestern im Heute", „Narrativität", „Vernetzungen", „Übersinnliches" sowie „Räume". Diese thematischen und formalen Schwerpunkte in der aktuellen jungen künstlerischen Produktion werden in diesem Katalog näher dargestellt und bilden die inhaltlichen Klammern in der Präsentation und Vermittlung. Das Ergebnis ist die Dokumentation einer dichten Ausstellung, die ein komplexes wie vielseitiges Bild der jungen Künstlergeneration in Deutschland zeichnet.

Für die Unterstützung von *Made in Germany Zwei* danken wir ganz herzlich allen Förderern, die eine zweite Auflage des Projekts sofort begrüßt und die finanziellen Vorraussetzungen geschaffen haben. Wir danken zuerst der gemeinschaftlichen Förderung von Niedersächsischer Sparkassenstiftung, Sparkasse Hannover, NORD/LB und VGH Versicherung. Namentlich danken wir Dr. Sabine Schormann und Stefan Becker für ihr Engagement, die verschiedenen Partner der Finanzgruppe Sparkassenverband Niedersachsen zusammenzuführen, um das Ausstellungsprojekt zu unterstützen. Ein großer Dank gilt ebenso der Stiftung Niedersachsen, namentlich dem Präsidenten

Dr. Dietrich H. Hoppenstedt und dem Generalsekretär Joachim Werren. Den medialen nationalen und internationalen Auftritt von *Made in Germany Zwei* hat ganz wesentlich die Hannover Marketing und Tourismus Gesellschaft ermöglicht, wofür wir ganz besonders dem Geschäftsführer Hans Christian Nolte danken. Weiterhin danken wir dem Land Niedersachsen, namentlich Ministerin Prof. Dr. Johanna Wanka und Ministerialdirigentin Dr. Annette Schwandner, sowie der Stadt Hannover, Oberbürgermeister Stephan Weil und Kulturdezernentin Marlis Drevermann für die zusätzliche Projektförderung. Schließlich danken wir VW Nutzfahrzeuge, namentlich Dr. Wolfgang Schreiber, für die Unterstützung als Mobilitätspartner von *Made in Germany Zwei*.

Eine Besonderheit dieses Ausstellungsprojekts ist die erneute Zusammenarbeit unserer drei Institutionen. Die kuratorische Entwicklung, Auswahl der Künstler und die organisatorische Umsetzung von *Made in Germany Zwei* übernahm dabei ein institutionsübergreifendes Team der Kuratorinnen und Kuratoren Susanne Figner, Antonia Lotz, Kathrin Meyer, Carina Plath, Gabriele Sand, Ute Stuffer sowie Martin Germann und Kristin Schrader. Das hoch motivierte und kontinuierliche Engagement über einen langen Vorbereitungszeitraum hinweg möchten wir besonders hervorheben und sind dafür zu großem Dank verpflichtet. An dieser Stelle danken wir auch Silke Janßen für die Presse- und Öffentlichkeitsarbeit sowie die Koordination der internen Kommunikation.

Wir denken *Made in Germany Zwei* als einen Schritt zur dauerhaften Etablierung des eingeführten Formats und wünschen uns auch in Zukunft frische Blicke auf eine immer wieder junge Kunst.

Veit Görner
kestnergesellschaft

Ulrich Krempel
Sprengel Museum Hannover

René Zechlin
Kunstverein Hannover

FOREWORD

In 2007, Sprengel Museum Hannover, Kunstverein Hannover and kestnergesellschaft presented a joint exhibition entitled *Made in Germany*. The project was a stock-take of art currently being produced by a younger generation in Germany. Unlike the traditionally globally oriented *documenta* in Kassel, which took place at the same time, *Made in Germany* focused on the national art scene. The show presented an active and diverse art scene in Germany, some of whose protagonists went on to receive international recognition following the exhibition. *Made in Germany* saw widespread, positive feedback and thus the three institutions involved did not need long before deciding to organize a second edition five years later.

Within these five years, the cultural context for an overview of young contemporary art from Germany has continued to evolve. Germany's federal cultural scene has undergone constant change over the last 20 years. An increasing concentration of artistic production in the capital Berlin has changed not only the scenes that have developed in cities like Cologne, Düsseldorf, Hamburg and Munich, but also led to the formation of an unparalleled diverse and international art scene in Berlin. The capital has evolved into an art metropolis, just as Paris was at the dawn and New York in the second half of the 20th century. Yet Berlin as a location is only one influence on artistic development, indeed, art schools and universities also have considerable significance for the development of an artistic generation. Trends are emerging in the city that are rooted both in the cultural backgrounds of the artists' respective countries of origin and in the influence of various educational institutions they attend in German cities such as Frankfurt/Main, Leipzig and Munich. In the course of research for *Made in Germany Zwei* it became clear that many artists formed the basis of their artistic "language" in the context of an art scene or academy or even in another country before they moved to Berlin. Thus in terms of localizing art we must look less to the current place of residence and work and more to the geographical and cultural origin as well as the places of education and associated influences. Indeed, the 45 artists selected for *Made in Germany Zwei* represent 13 nationalities in total. Some grew up in Germany, while many came here during or after their studies and have lived and worked here for several years.

At the beginning of the 21st century, some crucial questions of the Modern Age arise in a new form: To what extent does this increasing internationality of the art scene influence artistic production? How do regional and national characteristics morph into multinational artistic languages today? What are the strategies, topics and questions of such an internationalized community of artists?

An exhibition of contemporary art cannot provide a definitive answer to these questions. Yet *Made in Germany Zwei* addresses them and in the second edition of the exhibition project not only provides a cross-section of this artistic scene, but also investigates its content. Thus in their research, which included interviewing art mediators, curators and teachers from various German cities, the curators repeatedly encountered artistic issues and working methods that over the course of the project they were able to group under six headings: "Medium as Material", "The Past in the Present", "Narrativity", "Networkings", "Super-Sensory" and "Spaces". These thematic and formal focal points in contemporary young artistic production are presented in more detail in this catalog and form the contextual framework for presentation and mediation. The result is the documentation of a compact exhibition that draws a complex and multifaceted picture of the young generation of artists in Germany.

We wish to offer our sincere thanks to all our sponsors for supporting *Made in Germany Zwei*, who instantly welcomed a second edition of the project and provided the financial means to make it a reality. We would first like to mention the joint support initiative of the Niedersächsische Sparkassenstiftung, Sparkasse Hannover, NORD/LB and VGH Versicherung. We especially wish to thank Dr. Sabine Schormann and Stefan Becker for their commitment in bringing together the various partners of the Sparkassenverband Niedersachsen finance group to support the exhibition project. Many thanks also go to Stiftung Niedersachsen, its President Dr. Dietrich H. Hoppenstedt and General Secretary Joachim Werren. The Hannover Marketing und Tourismus Gesellschaft was instrumental in facilitating the national and international media presentation of *Made in Germany Zwei*, for which we would like to thank in particular Managing Director Hans Christian Nolte. We would like to thank the State of Lower Saxony, in particular Minister Prof. Dr. Johanna Wanka and Ministerial Head of the Culture Department Dr. Annette Schwandner, as well as the City of Hanover, Mayor Stephan Weil and Head of Cultural Affairs Marlis

Drevermann for its additional support. Finally our thanks go to VW Nutzfahrzeuge, in particular Dr. Wolfgang Schreiber, for its support as mobility partner of *Made in Germany Zwei*.

A special feature of this exhibition project is the renewed collaboration between our three institutions. A team of curators from all three institutions was responsible for the curatorial concept, selection of artists and organization of *Made in Germany Zwei*, consisting of Susanne Figner, Antonia Lotz, Kathrin Meyer, Carina Plath, Gabriele Sand, Ute Stuffer, Martin Germann and Kristin Schrader. We wish to highlight their great motivation and continual commitment over the long preparatory phase and wish to express our sincere thanks in this regard. We also wish to thank Silke Janßen for her press and public relations work and for coordinating internal communication.

We consider *Made in Germany Zwei* to be a step towards the long-term establishment of this exhibition format and hope we will continue to take a fresh look at ever new young art in the future.

Veit Görner
kestnergesellschaft

Ulrich Krempel
Sprengel Museum Hannover

René Zechlin
Kunstverein Hannover

EINLEITUNG

Analysen der Zeit, des Raumes, des Materials

Nach der Auswahl der Künstler zu *Made in Germany Zwei*, einer Ausstellung zur aktuellen Kunstproduktion in Deutschland, stellte sich schnell die Frage, ob übergreifende Tendenzen und künstlerische Interessen beobachtet werden können und ob diese auch zu benennen sind. Was beschäftigt die in *Made in Germany Zwei* präsentierte Künstlergeneration? Was sind ihre Arbeitsweisen? So traten sechs künstlerische Interessensfelder hervor, die sich gegenseitig nicht ausschließen, sondern sogar überlagern. Mit „Narrativität", „Räume", „Medium als Material", „Übersinnliches", „Vernetzungen" und „Gestern im Heute" wurden Themen beobachtet und gewählt, die nicht erstmalig in der Kunst auftreten, sondern tief in der Kunstgeschichte, insbesondere des 20. Jahrhunderts verwurzelt sind. So stehen in *Made in Germany Zwei* Fragestellungen im Vordergrund, die allesamt aus einer künstlerischen Analyse der Möglichkeiten von Kunst heute und einer Analyse der historischen, medialen und räumlichen Kontexte entspringen. Folglich präsentiert *Made in Germany Zwei* eine Künstlergeneration der Verknüpfungen, Reflexionen und Untersuchungen innerhalb der Kunst.

Der Begriff der „Übersetzung", den Martin Germann in seinem Essay zum Verhältnis von Material und Medium hervorhebt, erscheint dabei als signifikant. So sind es einerseits Formen der Übersetzung zwischen Malerei und Fotografie, Fotografie und Skulptur, aber auch zwischen analogen und digitalen Techniken, die in zahlreichen künstlerischen Arbeiten in *Made in Germany Zwei* auftauchen und das Medium, oder ein Konglomerat aus verschiedenen Medien, zum eigentlichen künstlerischen Material machen. Dabei ist auffallend, dass Künstler wie Marieta Chirulescu, Simon Denny oder Julia Schmidt, die sich in ihren Arbeiten mit digitalen Medien auseinandersetzen, zu einem analogen künstlerischen Ergebnis kommen. Die Immaterialität technischer Entwicklungen wird wieder in eine haptische Materialität zurückgeführt.

Eine Form der Übersetzung findet auch zeitlich statt. Ein generelles kunsthistorisches Interesse in der zeitgenössischen Kunst der letzten zehn Jahre führte zu einer Einbettung des „Gestern im Heute". Seit dem Historismus des 19. Jahrhunderts hat sich keine Künstlergeneration so intensiv mit ihren historischen Vorläufern beschäftigt wie die heutige. Dabei ist es nicht etwa der direkte Einfluss ihrer Lehrer, mit dem sich die Künstler auseinandersetzen und an den sie anknüpfen, sondern die Anknüpfungspunkte finden sich in einem weiten historischen Rückgriff, in der Romantik, der Vormoderne, dem Surrealismus und immer wieder im Konstruktivismus. Es sind die Zeiten, die klare Umbrüche in der Kulturgeschichte markieren und künstlerisch eine utopische Vision vermitteln, die heute verloren gegangen scheint.

So können auch Bernd Ribbecks kleinformatige Malereien als Übersetzungen eines Gestern ins Heute verstanden werden. Die bildbestimmenden geometrischen Figuren in Ribbecks Arbeiten stehen in einem Kontrast zu den Farbverläufen und -überlagerungen, die zwischen den geometrischen Linien einen fragilen Farbraum bilden. In den abstrakten Kompositionen finden sich Anklänge an die schwedische Theosophin Helma af Klint, die bereits 1906, vor Wassily Kandinsky, eine erste Serie abstrakter Kompositionen malte. Die Imagination der Vergangenheit, wie Gabriele Sand es in ihren Ausführungen zum „Gestern im Heute" nennt, bildet einen Ansatzpunkt, der neue Entwicklungen und Interpretationen in der heutigen Zeit ermöglicht. Nicht eine historisierende Wiederholung, sondern die Suche, Neusortierung, Überarbeitung und Übersetzung bestimmt einen wichtigen Teil der zeitgenössischen Kunst.

Im Sinne der Suche und Neusortierung ist „Das Gestern im Heute" auch in der Arbeit *Blame it on Morandi* (2011) von Kathrin Sonntag zu bemerken. Die Diaserie mit einem Rundblick durch das Atelier der Künstlerin beinhaltet vielfältige Referenzen zur Geschichte des Trompe-l'oeil und der Illusion in der Kunst. Spielerisch und amüsant integriert Kathrin Sonntag damit in die Bilderfolge ein Referenzsystem, das zum Thema der Illusion und Augentäuschung quer durch die Kunstgeschichte reicht und in einem Bild bzw. einer Rauminstallation verdichtet wird. Ihre fotografischen Arbeiten und Installationen sind ein raffiniertes Geflecht aus kunsthistorischen Bezügen und Wahrnehmungstäuschungen, eingebettet in eine präzise Beobachtung der alltäglichen Umgebung.

Aufgrund des generell festzustellenden historischen Interesses ist es auch nicht weiter erstaunlich, dass das neueste Projekt des Film- und Videokünstlers Reynold Reynolds sich auf die Suche nach den Fragmenten eines unvollendeten Films der 1930er Jahre begibt. Reynolds beschränkt sich jedoch nicht auf die Präsentation der Filmfragmente, Fotos und Dokumente, sondern rekonstruiert Teile des Films und beginnt diesen fertigzustellen – auch vor Publikum im Rahmen von *Made in Germany Zwei* im Sprengel Museum Hannover. Damit steht Reynolds ganz im

Trend der Zeit. Die Zahl der Historienfilme, Filme und Serien im Stil einer vergangenen Zeit sowie der Remakes wächst kontinuierlich. Auch die Rekonstruktion und Medialisierung historischer Ereignisse vom Untergang der Titanic über die Mondlandung erfahren ein breiteres Interesse als jegliche Visionierung der Zukunft. Warum beschäftigt sich aber Reynold Reynolds mit einem offensichtlich unbedeutenden Film eines unbekannten Regisseurs? Reynolds' öffentliche Inszenierungen seiner Filmaufnahmen legen weiterhin die Frage nahe, ob es diesen Film überhaupt jemals gegeben hat und vielleicht alles aus der Hand von Reynolds geschaffen wurde. Historische Recherche überlagert sich mit Fiktion.

Die offensichtlich fiktive Erzählung, die sich zwischen den Bestandteilen der Installation von Reynolds entfaltet, weist auch auf ein deutliches Interesse an narrativen Strategien in der zeitgenössischen Kunst, das oft mit dem Interesse an historischer Rekonstruktion und Übersetzung verknüpft ist. Nachdem zu Beginn der 2000er Jahre Formen der Erzählung in der zeitgenössischen Kunst insbesondere im dokumentarischen Bereich zu finden waren, so wandten sich in den letzten Jahren Künstler zunehmend der Fiktion zu. Die Recherche und die Präsentation der recherchierten Dokumente bilden dabei einen integralen Bestandteil der Arbeiten. Die dargestellte Recherche ist gleichzeitig Beleg für die Glaubwürdigkeit der Fiktion als auch Medium der Erzählung. Der Betrachter rekonstruiert den Zusammenhang der einzelnen Elemente, füllt die Leerstellen der fragmentarischen Geschichte und konstruiert sich selbst eine vom Künstler angebotene Fiktion. Maria Muhle weist in ihrem Essay zur Narrativität in der zeitgenössischen Kunst auf Jacques Rancières Aufhebung einer Trennung von Fakt und Fiktion. „*Geschichte* schreiben und *Geschichten* schreiben […]" würden zu demselben Wahrheitsregime gehören. Genau in diesem Feld zwischen Fakt und Fiktion bewegen sich Künstler wie Reynold Reynolds, Simon Fujiwara oder Dirk Dietrich Hennig.

Die fiktiv historische Recherche und Rekonstruktion bildet das Arbeitsmedium von Dirk Dietrich Hennigs künstlerischer Tätigkeit. In detailgetreuer Arbeit rekonstruiert er in Vergessenheit geratene Künstlerbiografien und Œuvres. Die Integrierung von künstlerischen Wiederentdeckungen in das Programm kommerzieller Galerien, aber auch von Museen und Kunstvereinen gehört mittlerweile zum guten Ton. Hennigs' Präsentation von künstlerischen Œuvres,

von denen man bisher noch nie gehört hat, macht in diesem Umfeld gar nicht misstrauisch, sondern entspricht genau der historischen Suche und Reflexion, die nicht nur aufseiten der Künstler, sondern auch der Kuratoren, Kunsthistoriker und Galeristen zu finden ist. Die Ergebnisse von Hennigs detailgetreuen Fiktionen umfassen nicht nur künstlerische Werke und Biografien samt Zeitungsartikeln und Relikten. In *Made in Germany Zwei* zeigt Hennig die Rekonstruktion der Hinterhoffassade, eines Flures und zweier Räume jener Psychiatrie, in der sich der belgische Fluxus-Künstler Jean Guillaume Ferrée in den Jahren von 1962 bis 1974 wiederholt aufhalten musste. Wie in einem historischen Museum wird das Lebensumfeld des fiktiven Künstlers erfahrbar. Den Beweis der Existenz des Künstlers, den Hennig mit der Rekonstruktion des Wohnhauses erstellt, hinterfragt er gleich wieder mit der Präsentation des Modells der rekonstruierten Räumlichkeiten in einem Raum der Rekonstruktion. Die soeben aufgebaute Illusion wird im selben Moment als Konstruktion entlarvt.

Das Netz an Bezügen und Referenzen, das Reynolds, Fujiwara oder Hennig in ihren Arbeiten als narrative Strategie aufspannen, lässt sich auch unabhängig von der Erzählung als künstlerische Arbeitsweise benennen. Auch in Bezug auf historische Untersuchungen und Rückgriffe stellen die Unschärfen und die Eigendynamik, die sich zwischen den Referenzen und „Übertragungen" bilden, das, was wir Geschichte nennen, grundsätzlich infrage, wie Carina Plath in Bezug auf Omer Fasts Videoinstallation *Talk Show* feststellt. Bezüge und Referenzen bestimmen auch die Arbeit von Natalie Czech. Jedoch sind es hier nicht so sehr die Bezüge zur Geschichte der bildenden Kunst als vielmehr zur Literatur, die sie in ein Wechselverhältnis zum Bild bringt. Die Bildhaftigkeit konkreter Poesie wird bei Czech zurück in einen Text überführt, und andersherum wird aus einem Text auf visueller Ebene ein zweiter, im Text „versteckter" Text sichtbar gemacht. Beziehen sich Czech und Sonntag mit den Arbeiten auf historische, außerhalb ihrer Arbeiten existierende Diskurse und Kulturprodukte, so dienen anderen Künstlern wie Saâdane Afif die eigenen Arbeiten dazu, ein netzartiges Referenzsystem aufzubauen. So bittet Afif Künstler, Kuratoren und Kritiker, seine Arbeiten lyrisch zu interpretieren. Die Texte werden wiederum von Musikern interpretiert und alle Elemente ergeben zusammen mit den Ausgangsobjekten einen assoziativen Mehrklang unterschiedlicher

Interpretationen eines Themas. Michael Riedel nimmt dagegen den Kontext, zu dem er als Künstler eingeladen wurde, als Ausgangspunkt seiner Arbeit. Auch Riedel hat einen historischen Bezugspunkt, auch wenn dieser in den Arbeiten nicht visuell ersichtlich ist, sondern sich auf den Arbeitsprozess bezieht. Es sind Andy Warhols Strategien einer direkten Übernahme und Reproduktion des Alltages in der Kunst, die Riedel für seine Projekte neu interpretiert. Die Appropriation der Ausstellungskontexte geschieht bei Riedel sowohl direkt in Form einer Duplizierung von Ausstellungskontexten, die zeitlich oder räumlich seine eigene Präsentation umgeben, als auch in der Aufzeichnung von Arbeitsprozessen, wie die Beschreibung von Aufbau- oder Lagerarbeiten im Vorfeld oder im Hintergrund von Ausstellungen oder Kunstmessen. Für *Made in Germany Zwei* ließ er die Gespräche der Kuratoren einer mehrtägigen Planungssitzung aufzeichnen und transkribierte sie ohne Lektorierung und ohne Angabe der Sprecher, um das Transskript dann in großformatige, grafische Bilder, die in der Ausstellung gezeigt werden, zu integrieren. Während Warhol in seinem Buch *a: A Novel* die Gespräche in seiner Factory über einen Zeitraum von zwei Jahren Wort für Wort aufzeichnete und unlektoriert veröffentlichte, verwendet Riedel dieselbe Methode, um Prozesse des Kunstbetriebs sichtbar zu machen.

Bei allen kunstimmanenten Untersuchungen und Referenzen war es auch die künstlerische Auseinandersetzung mit dem Raum, die bei der Recherche und Auswahl der Künstler zu *Made in Germany Zwei* aufgefallen ist. Nicht nur, dass künstlerische Projekte als dreidimensional erfahrbare Installationen präsentiert werden, wie bei Reynold Reynolds, Dirk Dietrich Hennig oder auch einem Maler wie Benedikt Hipp, auch Auseinandersetzungen mit anderen Definitionen von Raum bilden ein in der Ausstellung hervorgehobenes Interessensgebiet. Dazu gehören Auseinandersetzungen mit sozialen und virtuellen Räumen, aber auch Wahrnehmungen des Stadtraumes, wie Kathrin Meyer in ihrem Essay zu den Aspekten des Raumes in der zeitgenössischen Kunst darlegt. An die künstlerischen Auseinandersetzungen mit dem Raum von Ulf Aminde, Agata Madejska oder Klara Lidén knüpft auch die Installation von Mandla Reuter an, dessen Eingriffe in Räume, Orte und Architekturen selbstverständliche Raumfunktionen hinterfragen und teilweise absurde Situationen schaffen. In *Made in Germany Zwei* bezieht er sich mit einer Werkgruppe auf die Reproduktion realer Raumsituationen. Im Zentrum steht die projizierte Reproduktion der Reproduktion des römischen Trevi-Brunnens in Las Vegas. Die offensichtliche Virtualität von Reuters Verlagerung eines bereits reproduzierten Stadtraumes in das Sprengel Museum Hannover führt er mit dem tatsächlichen Anschluss des projizierten Brunnens an aufwendig gelegte Wasserrohre im Museumsraum ad absurdum.

In Anlehnung an Jacques Rancière beschreibt Kathrin Meyer die künstlerischen Auseinandersetzungen mit Aspekten des Raumes in der zeitgenössischen Kunst als Erfahrungsraum des sinnlich Erfassbaren. Ebenso wie Künstler mediale, historische oder kategorische Grenzen zu überschreiten versuchen, bildet das sinnlich nicht Erfassbare den abschließenden Gegenpol zum sinnlich erfassbaren Raum. So weisen Arbeiten von Alicja Kwade, Benedikt Hipp, Bernd Ribbeck oder Ulla von Brandenburg in ganz unterschiedlicher Weise über das Objekt oder das Bild hinaus auf Aspekte des Geheimnisvollen oder Metaphysischen, die das sinnlich nicht Erfassbare umranken. Ist es bei Benedikt Hipp das Licht, das in seinen Bildern die mysteriösen Figuren und Objekte entrückt, so weisen bei Ribbeck die Symbolik der verwendeten Geometrien sowie die tiefenräumlich leuchtende Kraft der Farbverläufe auf eine Form der Über-Sinnlichkeit, auf die Yann Chateigné Tytelman ausführlicher eingeht. Das Interesse am Nicht-Sinnlichen oder gar Übersinnlichen ist weniger religiös oder esoterisch begründet, sondern vielmehr Ausdruck eines Misstrauens einer Eindeutigkeit des Bildes, ebenso wie in Arbeiten von Dirk Dietrich Hennig ein Misstrauen an der Eindeutigkeit der Geschichte zum Ausdruck kommt.

Mit der Benennung und Herausarbeitung der dargestellten künstlerischen Interessen und Arbeitsweisen markiert *Made in Germany Zwei* eine Generation der (Neu-)Bestimmung und Reflexion. In Form von netzartigen Referenzsystemen oder narrativen Strukturen werden Material und Medium, Raum, Zeit und Geschichte vor dem Hintergrund der Gegenwart befragt, übersetzt und neu geordnet.

Susanne Figner
Martin Germann
Antonia Lotz
Kathrin Meyer
Carina Plath
Gabriele Sand
Kristin Schrader
Ute Stuffer
René Zechlin

INTRODUCTION
Analyses of time, space, material

After the selection of artists for *Made in Germany Zwei* was made, an exhibition about current art production in Germany, the question quickly arose as to whether general trends and artistic interests could be observed and whether in fact these could be named. What is the generation of artists represented in *Made in Germany Zwei* concerned about? How do they work? This way, six artistic fields of interest emerged, which did not rule each other out, but even overlap. In "Narrativity", "Spaces", "Medium as Material", "Super-Sensory", "Networkings" and "The Past in the Present" themes were observed and selected that were not occurring in art for the first time, but that were deeply rooted in art history, particularly in that of the 20th century. As such, the focus in *Made in Germany Zwei* is on questions, which without exception stem from an artistic analysis of the possibilities art provides today and an analysis of historical, media-related and spatial contexts. As a result, *Made in Germany Zwei* presents a generation of artists that represents links, reflections, and investigations in art.

In this context the term "translation", which Martin Germann highlights in his essay on the relationship between material and medium, seems to be of significance. As such, it is on the one hand forms of translation from painting to photography, photography to sculpture, as well as analog to digital technologies, which occur in numerous artistic works in *Made in Germany Zwei,* which make the medium, or a conglomerate of various media forms the actual artistic material. In this context it is striking that artists such as Marieta Chirulescu, Simon Denny, and Julia Schmidt, who address digital media in their works, come to an analog artistic result. The immateriality of technical developments is returned to a tactile materiality.

A form of translation also takes place with regard to time. A general art historical interest in contemporary art over the past ten years led to the embedding of "The Past in the Present". Since the historicism of the 19th century no generation of artists has busied itself so much with its historical predecessors as the current one, though it is not the direct influence of their teachers the artists address and where they take up; the links are to be found far back in history, in Romanticism, Pre-Modernism, Modernism, Surrealism, and repeatedly in Constructivism. These were the times that marked clear breaks in cultural history and artistically conveyed a utopian vision that nowadays would appear to have been lost.

As such, Bernd Ribbeck's small-format paintings can also be seen as translations of yesterday into today. In his œuvre the geometric figures that dominate the picture stand in contrast to the color gradients and overlays, which create a fragile area of color between the geometric lines. In the abstract compositions there are echoes of the Swedish theosophist Helma af Klint, who as early as 1906, before Wassily Kandinsky, painted a series of abstract compositions. The imagination of what the past was like, as Gabriele Sand puts it in her implementations of "The Past in the Present" forms an approach that enables new developments and interpretations in the current age. Not historicizing repetition, but search, re-arrangement, revision, and translation determines an important part of contemporary art.

Within the meaning of a search and re-arrangement "The Past in the Present" is also in evidence in the work *Blame it on Morandi* (2011) by Kathrin Sonntag. The series of slides with views of the artist's studio has diverse references to the history of trompe l'oeil and illusion in art. In a playful, amusing way Kathrin Sonntag integrates a reference system in the sequence of pictures, which, on the topic of (optical) illusion takes in the entire history of art and is concentrated in a picture or spatial installation. Her photographic works and installations are an ingenious mesh of references to art history and deceived perception embedded in the precise observation of the surrounding everyday environment.

On account of the general historical interest that can be ascertained, it is hardly surprising that the film and video artist Reynold Reynolds' latest project engages in a search for the fragments of an uncompleted 1930s film. Reynolds, however, does not restrict himself to presenting the film fragments, photos and documents, he reconstructs parts of the film and begins finishing it, in front of an audience as well at *Made in Germany Zwei* in the Sprengel Museum Hannover. This puts Reynolds at the very heart of the current trend. The number of historical films, and films and series in the style of a bygone age, as well as remakes, is continually growing. The reconstruction of historical events from the sinking of the Titanic to the landing on the Moon and how the media present them are of greater interest than any vision of the future. Why, however, is Reynold Reynolds bothering with a clearly insignificant film by an unknown director? Furthermore, Reynolds' public presentations of his film recordings prompt the question as to whether this film actually ever existed and whether perhaps the whole thing is Reynolds' creation. Historical research and fiction overlap.

The evidently fictional narrative that unfolds between the elements of Reynolds' installation also indicates a clear interest in narrative strategies in contemporary art that is often linked to an interest in historical reconstruction and translation. While in the early 2000s forms of narrative in contemporary art could be found in particular in the field of documentaries, in recent years artists increasingly turned to fiction. The research work and the presentation of the researched documents form an integral part of the works. The research portrayed is at the same time proof of the credibility of the fiction and the medium of narrative. The observer reconstructs the link between the individual elements, fills the gaps in the fragmentary story and constructs for himself fiction that the artist offers. In her essay on narrative in contemporary art, Maria Muhle refers to Jacques Rancière's suspension of the separation of fact and fiction. According to her "the writing of *history* and *stories* [...]" are part of the same truth regime. Artists such as Reynold Reynolds, Simon Fujiwara, and Dirk Dietrich Hennig operate in precisely this field between fact and fiction.

Fictionally historical research and reconstruction is Dirk Dietrich Hennig's working medium for his artistic activity. He highly accurately reconstructs the biographies of and works by artists that have fallen into oblivion. The inclusion of artistic rediscoveries in the program of commercial galleries, as well as of museums and art associations is nowadays the done thing. In this environment Hennigs' presentation of artistic œuvres that were previously unheard of does not make one at all mistrustful, rather it corresponds exactly with the historical search and reflection, which can be found not only on the part of the artists, but also on that of curators, art historians and gallerists. The results of Hennig's highly accurate works of fiction embrace not only artistic œuvres and biographies together with newspaper articles and relicts. In *Made in Germany Zwei* Hennig is displaying a reconstructed rear courtyard façade, a corridor, and two rooms of the psychiatric unit, in which the Belgian Fluxus artist Jean Guillaume Ferrée was sectioned on repeated occasions between 1962 and 1974. As if one were in a historical museum one can experience the fictive artist's living environment. By presenting the model of the reconstructed premises in a room of

reconstruction he immediately questions proof of the artist's existence again. In the same moment the illusion just created is revealed to be a construction.

The network of relationships and references that Reynolds, Fujiwara, and Hennig weave as a narrative strategy in their works can also be considered an artistic method of working independently of the story told. With regard to historical investigations and recourse, the haziness and self-momentum created between the references and "transfers" fundamentally question what we call history, as Carina Plath ascertains with regard to Omer Fast's video installation *Talk Show*. Relationships and references also determine the work of Natalie Czech, though in this case it is not so much with regard to references to the history of the fine arts but far more to literature, which she has interact with pictures. In Czech's work the imagery of concrete poetry is transferred to a text, and vice versa on a visual level a second text, "concealed" in the text is made visible. Whereas with these works Czech and Sonntag refer to historical discourse and cultural products that exist outside their works, their own works serve artists such as Saâdane Afif to create a net-like reference system. Afif asks artists, curators and critics to interpret the art lyrically. The texts are in turn interpreted by musicians, and together with the original objects all the elements produce an associative assortment of different interpretations of a single topic. Michael Riedel, on the other hand, takes the context to which he was invited as an artist, as the starting point of his work. Riedel also has an historical point of reference, even if this is not visible in the works, referring as it does to the work process. For his projects Riedel reinterprets Andy Warhol's strategies of directly taking over and reproducing everyday life in art. With Riedel the appropriation of the exhibition contexts occurs both directly in the form of duplication of exhibition contexts, which time-wise or spatially surround a presentation of his own, and in the recording of work processes, such as the description of assembly and warehouse work in the run-up to or behind the scenes of exhibitions or art museums. For *Made in Germany Zwei* he had recorded the discussions between the curators during a planning session lasting several days and transcribed them without editing, without stating who it was speaking, before integrating the transcript in the form of large-format graphics displayed in the exhibition. Whereas Warhol in his book *a: A Novel* recorded the discussions in the Factory word for word over a period of two years and published them unedited, Riedel uses the same method to make processes in the art business visible.

With all investigations and references immanent to art it was also the artistic approach to space which was striking in the research and selection of the artists featured in *Made in Germany Zwei*. Not only are artistic projects presented as three-dimensional installations, such as Reynold Reynolds, Dirk Dietrich Hennig and a painter such as Benedikt Hipp, the exploration of other definitions of space are also a field of heightened interest in the exhibition. This includes an exploration of social and virtual spaces, as well as the perception of urban space, as Kathrin Meyer outlines in her essay on the aspects of space in contemporary art. The installation by Mandla Reuter, whose interventions in spaces, places, and pieces of architecture question self-evident spatial functions and in some cases create absurd situations, follows on from the artistic exploration of space by Ulf Aminde, Agata Madejska, and Klara Lidén. In *Made in Germany Zwei* he references the reproduction of real spatial situations with a group of works. He focuses on the projected reproduction of the reproduction of the Trevi Fountain in Rome in Las Vegas, taking the evident virtuality of his transfer of a previously reproduced urban space to the Sprengel Museum Hannover ad absurdum by actually connecting the projected fountain to laboriously laid water pipes.

On the basis of Jacques Rancière, Kathrin Meyer describes the artistic exploration of aspects of space in contemporary art as space for experiencing what can be grasped sensually. Just as artists attempt to cross media-related, historical, and categorical boundaries, what cannot be grasped sensually forms the concluding opposite pole to space that can indeed be grasped sensually. In totally different ways and above and beyond objects and pictures, works by Alicja Kwade, Benedikt Hipp, Bernd Ribbeck, and Ulla von Brandenburg refer to aspects of the mysterious and metaphysical, which are wound round what cannot be grasped sensually. Whereas in the case of Benedikt Hipp it is light which in his pictures carries away the mysterious figures and objects, in the work of Ribbeck the symbolism of the geometry used and the spatially deep bright power of the color gradients indicate a form of supersensory perception, which Yann Chateigné Tytelman addresses in more detail. The interest in the non-sensory or even supernatural is less religious or esoteric in nature and far more the

expression of mistrust of a picture's unambiguity, just as in works by Dirk Dietrich Hennig mistrust of the unambiguity of history is expressed.

With the naming and development of the artistic interests and methods of working portrayed, *Made in Germany Zwei* marks a generation of (re-)determination and reflection. In the form of net-like reference systems or narrative structures, material and medium, space, time, and history are questioned, translated, and re-arranged against the backdrop of the present day.

Susanne Figner
Martin Germann
Antonia Lotz
Kathrin Meyer
Carina Plath
Gabriele Sand
Kristin Schrader
Ute Stuffer
René Zechlin

SAÂDANE AFIF

1 *The Speaker's Corner of Hamra Street*, 2011
2 *Back-Up 2*, 2010
3 *The Museum of the Perfect Man*, 2009/2010

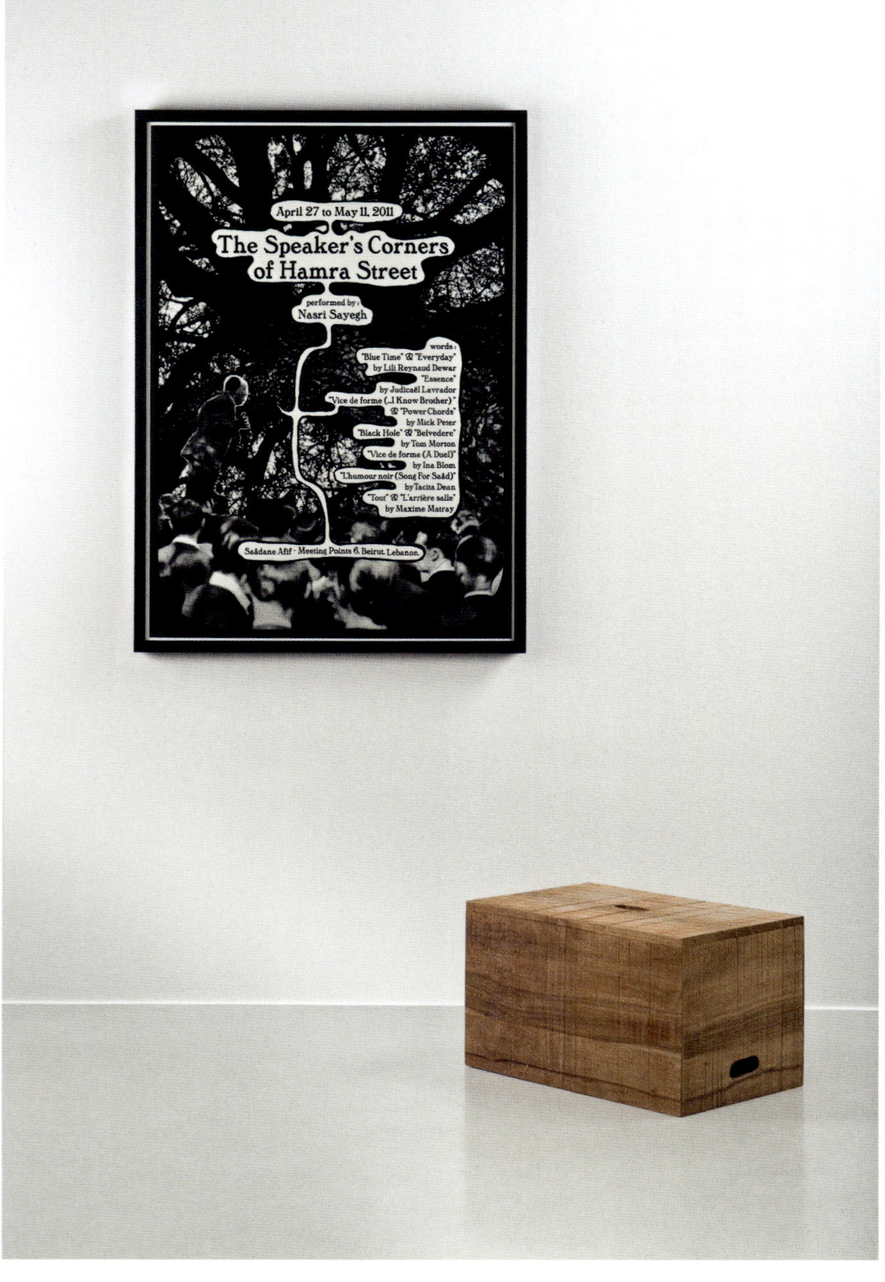

d Saâdane Afifs Werk kennzeichnet eine interdisziplinäre Arbeitsweise. Seine installativen, skulpturalen und performativen Arbeiten verweisen auf ein komplexes Beziehungsgeflecht zwischen bildender Kunst, Lyrik und Musik und thematisieren zugleich ihre Produktions- und Entstehungsmechanismen.

Seit 2004 beauftragt Afif befreundete Künstler, Kuratoren und Kritiker seine Arbeiten lyrisch zu interpretieren und präsentiert diese poetischen Reflexionen in Form von Wandtexten neben seinen skulpturalen Arbeiten. Diese Texte wiederum werden von Komponisten vertont, häufig zu Beginn einer Ausstellung von Musikern live aufgeführt oder von Performern interpretiert und im Anschluss als Album veröffentlicht. Jeder Text und jedes Musikstück trägt den identischen Titel wie das ihm zugrunde liegende Kunstwerk und ist zugleich individuelle Interpretation wie auch mediale Transformation desselben.

Aus einer Skulptur wird ein Text, aus einem Text ein Song, der erneut zum Ausgangspunkt eines Kunstwerks werden kann. In einem stetigen und potenziell unabschließbaren Prozess der Transformation gelingt es Afif, unter Einbeziehung von Autoren, Musikern und Performern ein spannungsvolles Netz an Bezügen und Referenzen herzustellen, in dem die Grenzen von Gattungen und Medien lustvoll überwunden werden. Nicht das Verschwinden des Autors steht hierbei im Vordergrund, sondern die präzise Komposition des Zusammenspiels unterschiedlicher Disziplinen. Jede Übersetzung in ein anderes Medium ist zugleich individuelle Reflexion wie auch eigenständige Weiterentwicklung einer Idee, die zum Motiv erneuter Rezeption werden kann. Die Kooperationen sind integrale Bestandteile von Afifs Werk, werden als solche gekennzeichnet und veranschaulichen das selbstreflexive und zugleich offene System, auf dem sein Werk basiert.

Ausgangspunkt von Afifs Installation *The Museum of the Perfect Man* (2009/2010) – die erstmals in Deutschland gezeigt wird – ist das Album *Down at the Rock and Roll Club* (2005) des französischen Musikers und Komponisten Rainier Lericolais, das als Reaktion auf Afifs gleichnamige Ausstellung im Lenin Museum in Moskau entstanden ist. Die bei Tom Morton in Zusammenhang mit der Ausstellung in Moskau in Auftrag gegebenen Texte werden an den Wänden präsentiert und fungieren zugleich als Songtexte des Albums. Afifs Bronzen wiederum sind skulpturale Interpretationen der Musikstücke des Albums. Der jeweilige Titel und die Länge des Musikstücks sind auf den Skulpturen markiert, die alternierend, je nach Songlänge, beleuchtet werden.

Ein Plakat, neben dem Miniaturmodelle möglicher Bühnenbilder für das Konzert aufgebaut sind, kündigt das Konzert von Rainer Lericolais an. In den kleinformatigen Theatermodellen, den *Teatrini*, verbergen sich Lautsprecher, aus denen die Musik von *Down at the Rock and Roll Club* leise zu hören ist. Ebenso wie die Skulpturen Rohgüsse mit verschiedenen Gusskanälen sind, die normalerweise entfernt, doch hier beibehalten werden, zeigen auch die *Teatrini* eine geheimnisvolle Hügellandschaft, unter der sich verschiedene Objekte befinden. Die Miniaturmodelle und die Skulpturen werden zu perfekten Projektionsflächen eigener Assoziationen und verweisen auf den Resonanzraum, den Widerhall, der bei Afif zum eigentlichen Gegenstand der Kunst wird.
–Ute Stuffer

1

SAADANE AFIF
A LECTURE
A RECORDING &
A FEW WITNESSES
TEXTOS DE:
LILI REYNAUD DEWAR
TOM MORTON
JUDICAEL LAVRADOR
MICK PETER
MAXIME MATRAY
JÖRG HEISER
05
VIERNES
DE MARZO
DE 2010
19 HRS

2

CHORUS!

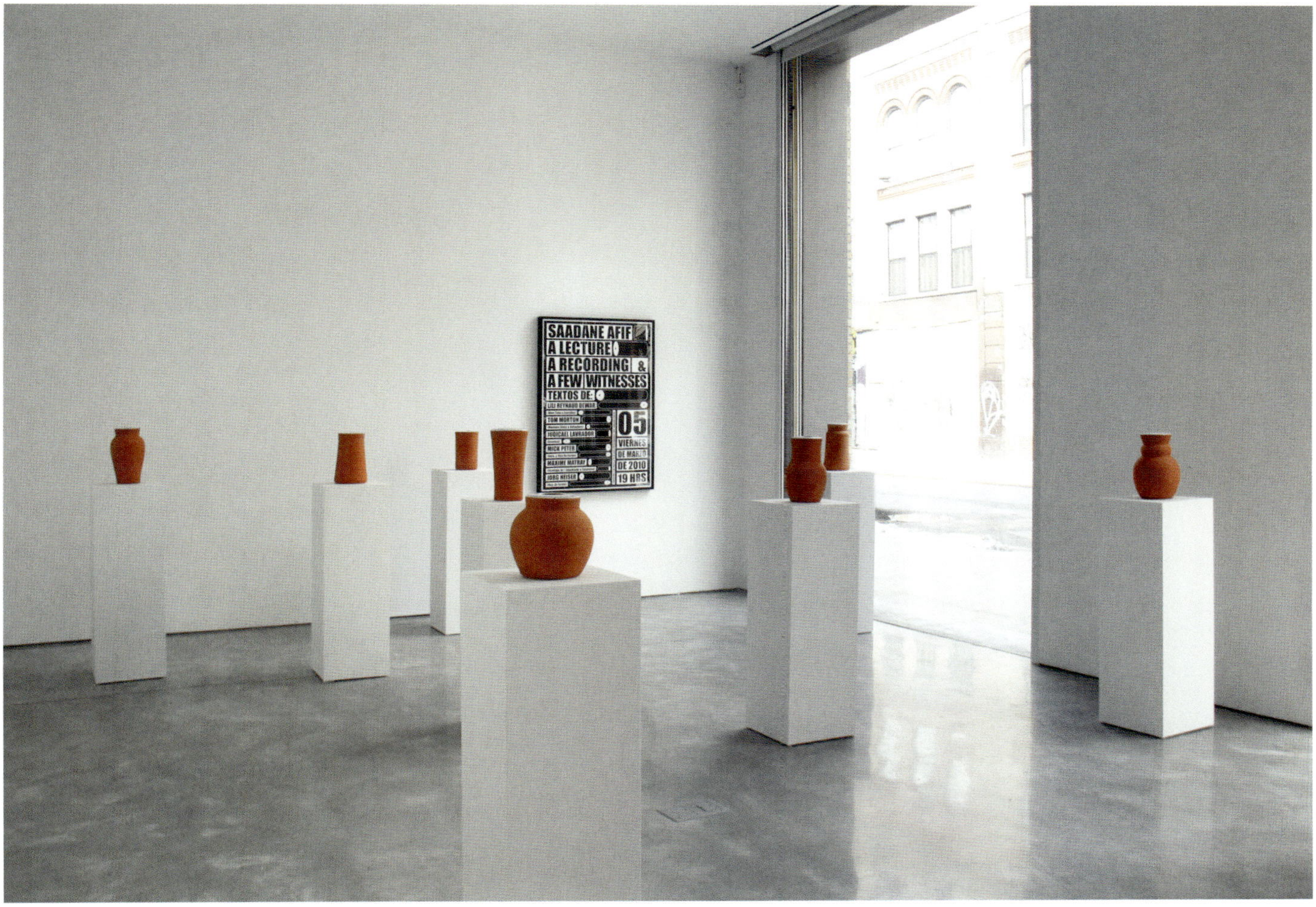

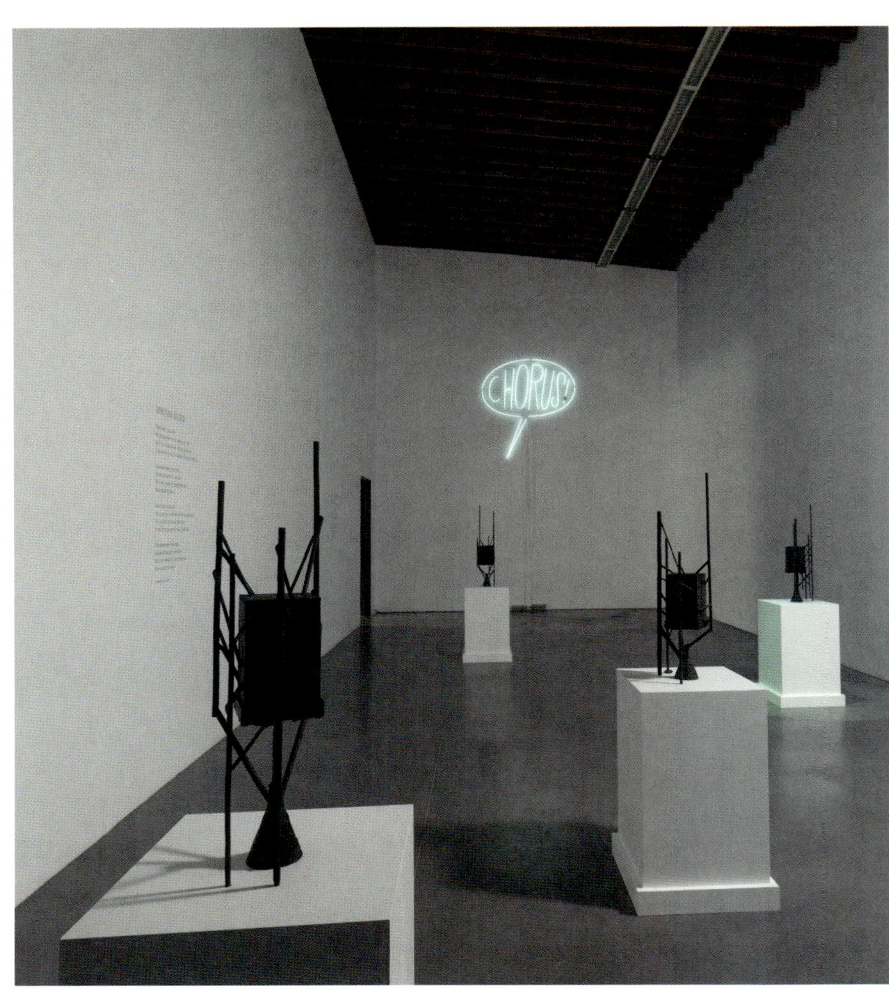

3

FEED
BACK
(DOWN
AT
THE
AND
CLUB)
RAINER
LERICOLAIS
LIVE
COMING
SOON

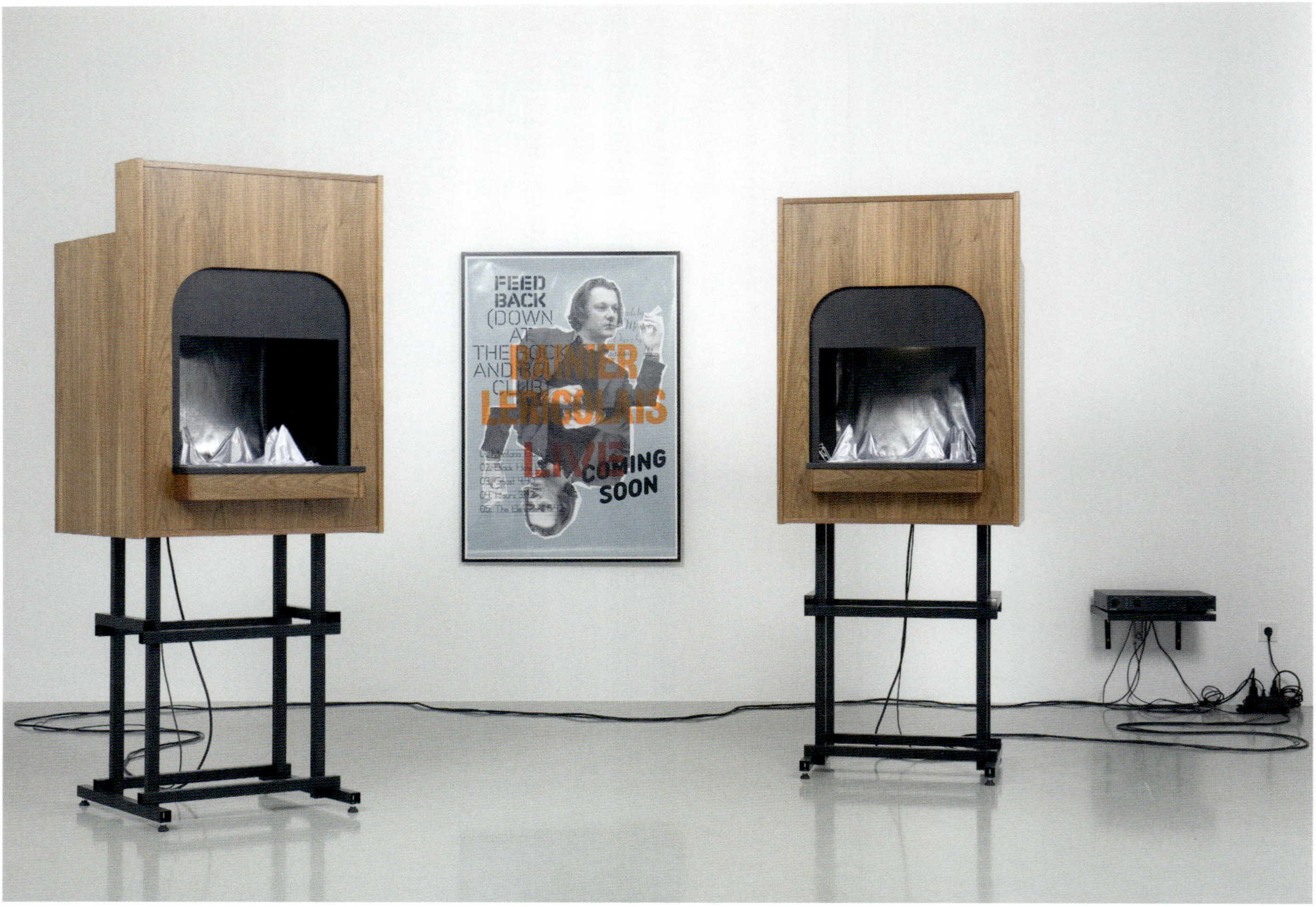

4

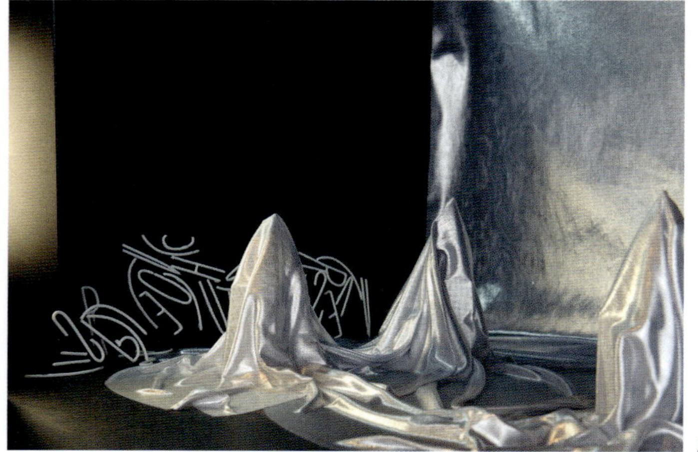

5

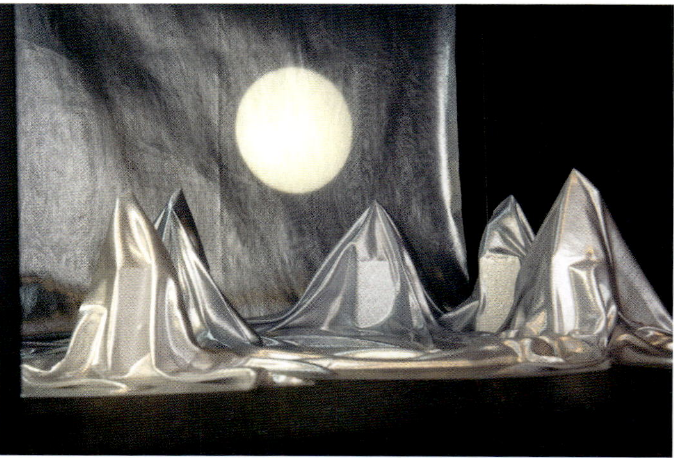

6

e Saâdane Afif's work stands out for its interdisciplinary approach. His installations, sculptures and performances reference a complex web of interrelationships between visual art, lyricism and music and at the same time highlight the very mechanisms of their production and creation.

Since 2004 Afif has been asking artists, curators and critics he is friends with to interpret his works lyrically and presents these poetic reflections in the form of wall texts next to his sculptures. These texts are in turn set to music by composers, frequently performed live by musicians at the beginning of an exhibition or interpreted by performers and subsequently released as an album. Every text and piece of music bears the same title as the artwork it is based on and is at once both an individual interpretation and an intermedial transformation of it.

A sculpture becomes a text, a text a song, which can once again engender an artwork. In a continual and potentially incomplete process of transformation Afif succeeds, by involving authors, musicians and performers, in creating an exciting network of references that eagerly crosses the boundaries between genres and media. The focus here is not on the disappearance of the author, but the precise composition of the interplay between different disciplines. Every translation into another medium is both an individual reflection and autonomous development of an idea that can become a motif for renewed reception. The cooperations are an integral part of Afif's work and are designated as such. They visualize the self-reflective and at the same time open system his work is based upon.

Afif's installation *The Museum of the Perfect Man* (2009/10), on show for the first time in Germany, is inspired by the album *Down at the Rock and Roll Club* (2005) by French musician and composer Rainier Lericolais, which he produced in response to Afif's eponymous exhibition at the Lenin Museum in Moscow. The texts Afif asked Tom Morton to write in relation to the Moscow exhibition are presented on the walls and simultaneously function as album lyrics. Moreover, Afif's bronzes are sculptural interpretations of the pieces of music on the album. The respective title and length of the piece, marked on the sculptures, are illuminated alternately according to track length.

A poster, next to which are miniature models of possible stage sets for the show, announces the Rainer Lericolais concert. There are speakers concealed in the small theater models, the *Teatrini*, quietly playing the music from *Down at the Rock and Roll Club*. Just as the sculptures are raw casts with various sprues that are normally removed, but have been kept here, the *Teatrinis* also show a mysterious undulating landscape concealing different objects beneath it. The miniature models and sculptures become perfect projection screens of ones own associations and refer to the resonance chamber, the echo, which in Afif's work becomes the actual subject of the art.
—*Ute Stuffer*

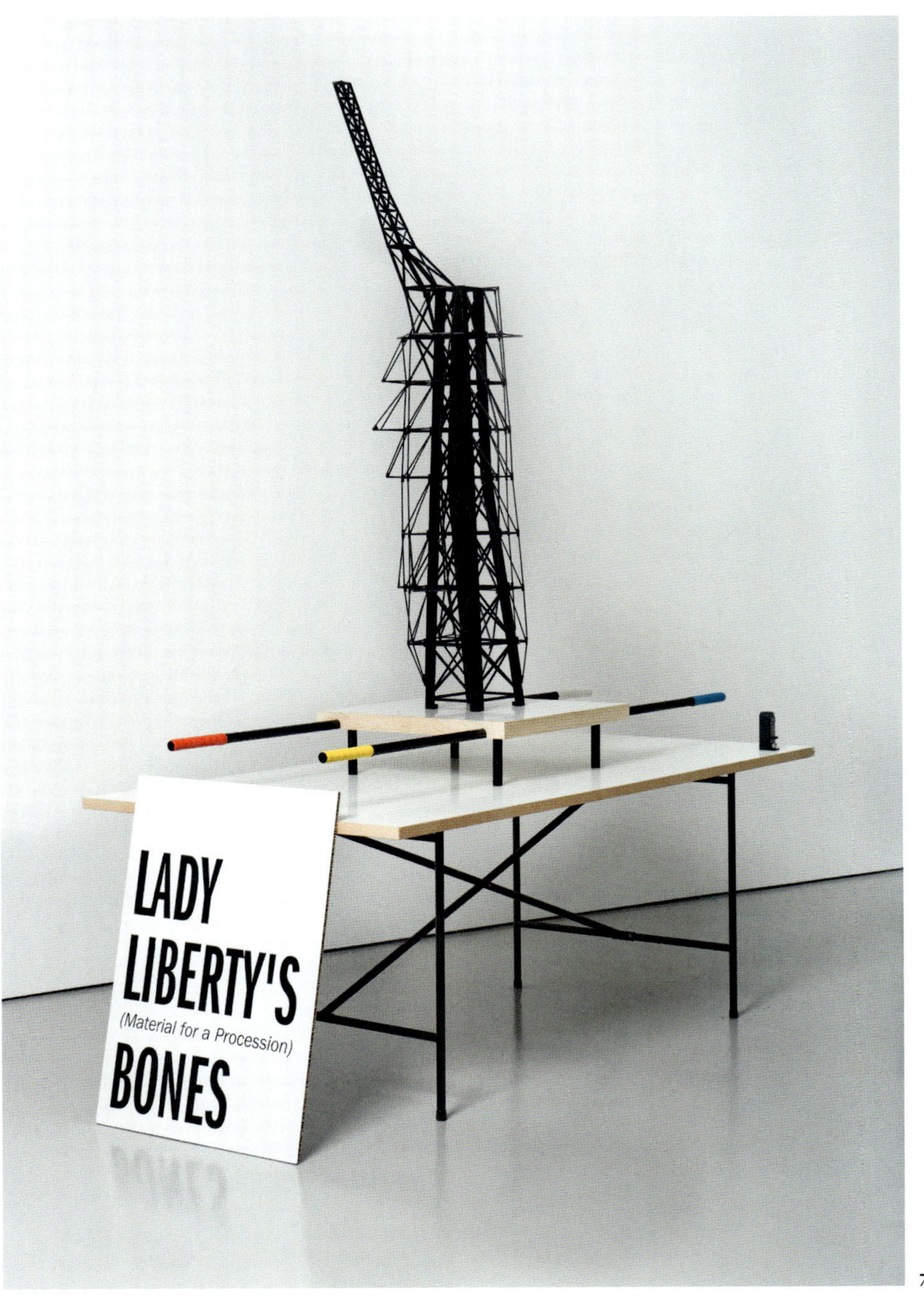

7

ULF AMINDE

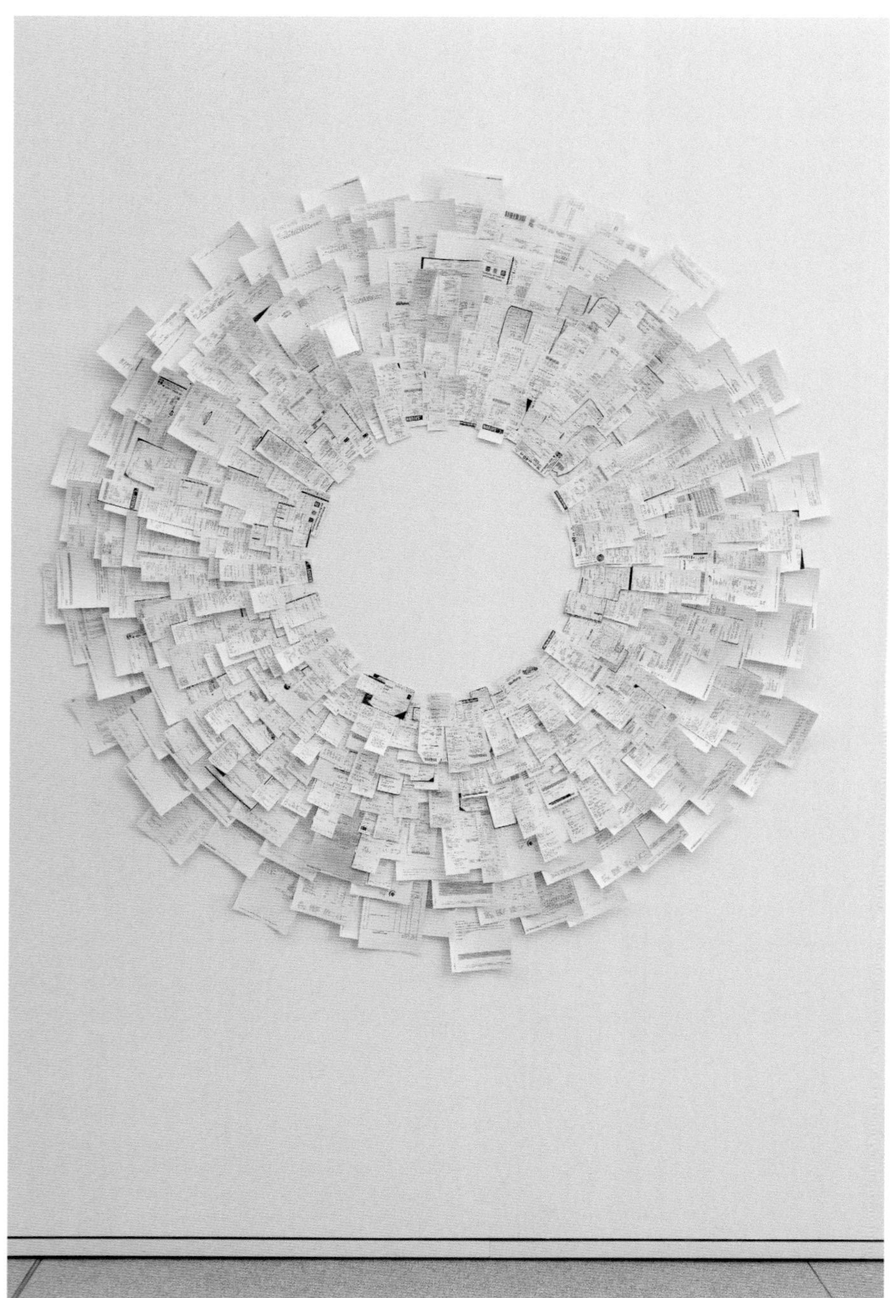

1

d Die Begegnung ist für Ulf Aminde eine Vorbedingung für den künstlerischen Arbeitsprozess, eine zweite ist deren Reflexion im Sinne des epischen Theaters von Bertolt Brecht. Als Regisseur von Theater- und Performanceprojekten und Filmen arbeitet er zwar unumgänglich mit anderen Menschen, aber für ihn wird das Aufeinandertreffen seiner Interessen, Erwartungen und Wünsche mit jenen der anderen in besonderer Weise zum Thema und Kern seiner Produktionen.

Wahlweise als Komplize, Gegner und/oder Begleiter von „Menschen an der Grenze zur Krise" wie solchen, die Interesse an dem Verhältnis des Einzelnen zur Gemeinschaft haben, entwickelt er gemeinsam mit ihnen Bilder, die Fragen nach Identität, gesellschaftlicher Rolle und damit auch die eigene Position als Künstler verhandeln.

Für sie und mit ihnen entwirft er Settings, die als gemeinsame Versuchsanordnungen fungieren und Impulsgeber für das weitere Geschehen sind. Was genau passieren wird, ist nicht vollständig kontrollierbar, und die Vereinbarung lautet, dass sich alle gleichermaßen dem Unvorhersehbaren öffnen müssen.

Die Struktur seiner Arbeiten entspricht einer Pendelbewegung, in der er radikal selbst ins Zentrum des Werks rückt und sich zugleich der Unvorhersehbarkeit seiner Verwirklichung ausliefert. Er beharrt darauf, dass das Gegenüber sich seinem Begehren aussetzt, genauso wie er sich mit dem Begehren seiner „Schauspieler" konfrontiert. Aminde erschafft Inszenierungen, welche die Geschichte dieses Verhältnisses auf unterschiedliche Weise erzählen und in denen immer zugleich sichtbar wird, dass jeder von uns Aufmerksamkeit braucht, geliebt werden will für das, was er tut, für das, was er ist.

Seine Arbeit *Frontalunterricht* (2009) entstand im Rahmen der Schillertage in Mannheim, für die der Künstler mit verschiedenen Gruppen, darunter auch eine von rund 20 Jugendlichen, eine Aufführung für das dortige Staatstheater erarbeiten sollte. Während die Zusammenarbeit mit den anderen Gruppen produktiv verlief, gestaltete sich die vierwöchige Probenzeit mit den Jugendlichen, die aus ihren eigenen Interessen heraus ein Stück entwickeln sollten, als äußerst problematisch. Es gelang Aminde nicht, für die Teenager zu einer Übertragungsfigur zu werden, sprich, sie dazu zu bringen, selbst etwas von der gegebenen Situation zu wollen; sie verweigerten sich seinen Wünschen mit der Konsequenz, dass rein gar nichts entstand. Erst, als er die Gruppe auf die Probebühne des Theaters holt und ihr die Aufgabe stellt, vor laufender Kamera Ulf Aminde zu spielen, das heißt, das Verhältnis zu ihrem Regisseur direkt zu thematisieren, geben die Jugendlichen ihre Verweigerung sukzessive auf. Der Film, der daraus entsteht, ist nicht nur ein Porträt des schwierigen Verhältnisses zwischen Regisseur und Gruppe, sondern er verdeutlicht darüber hinaus ein strukturelles Moment in Amindes Arbeit: In verschiedenen Konstellationen gehen seine Protagonisten Beziehungen zu ihm ein, indem sie das Bedürfnis, gesehen und anerkannt zu werden, sichtbar werden lassen und ihm spiegeln. Einer gibt und ein anderer nimmt, einer hat und der andere braucht. Derjenige, der etwas geben möchte, braucht den, der etwas haben will, und umgekehrt. In dieser Verstrickung sind beide aufeinander angewiesen.
—*Ellen Blumenstein*

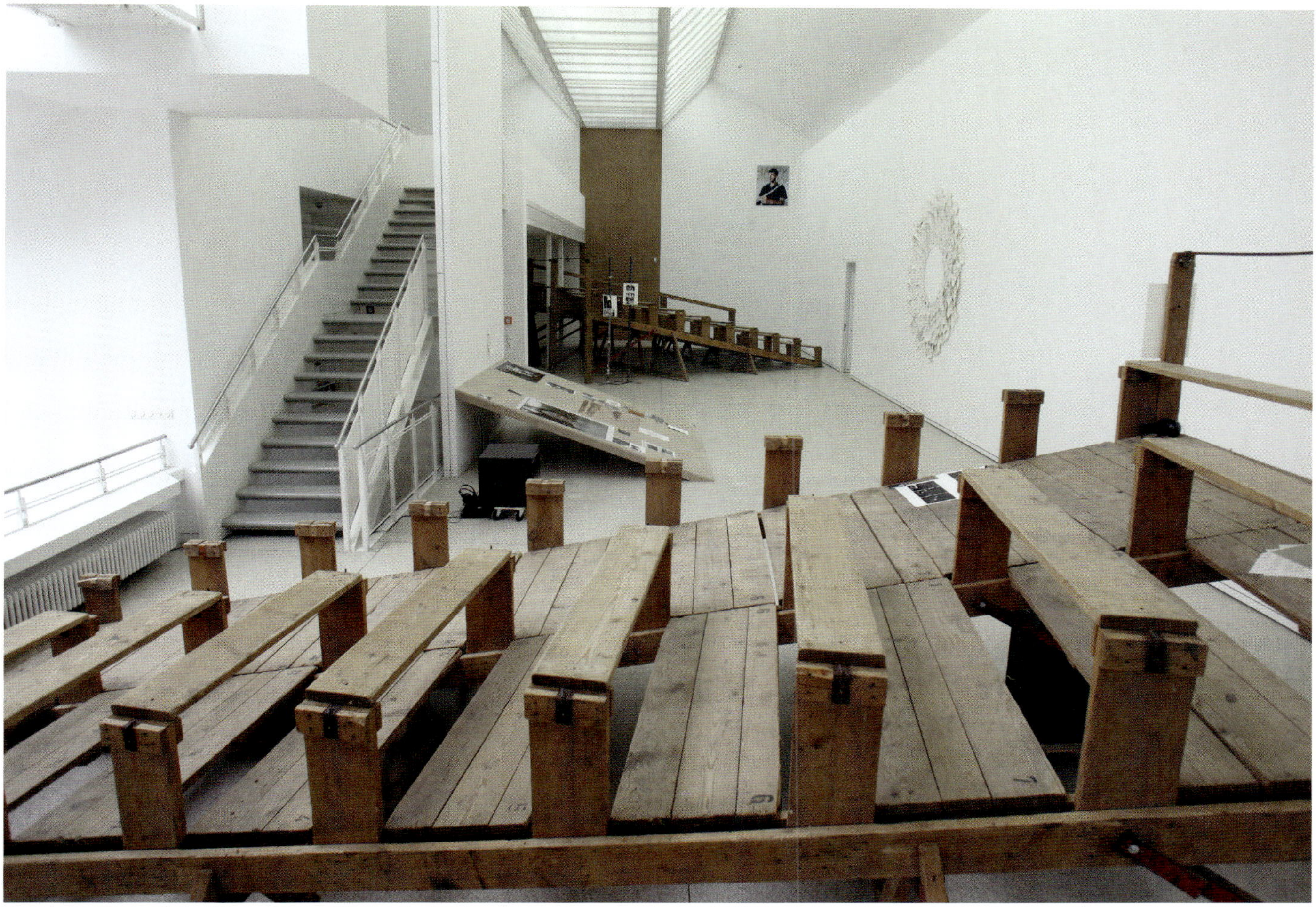

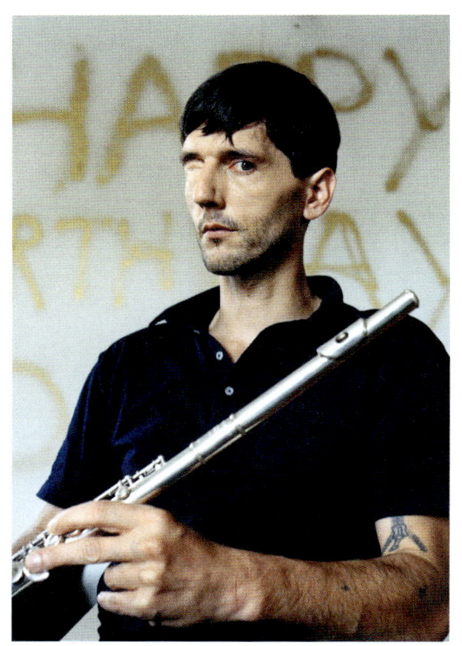

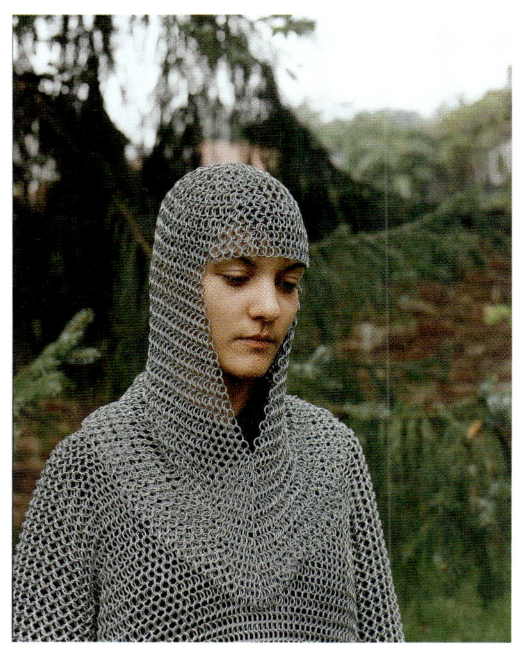

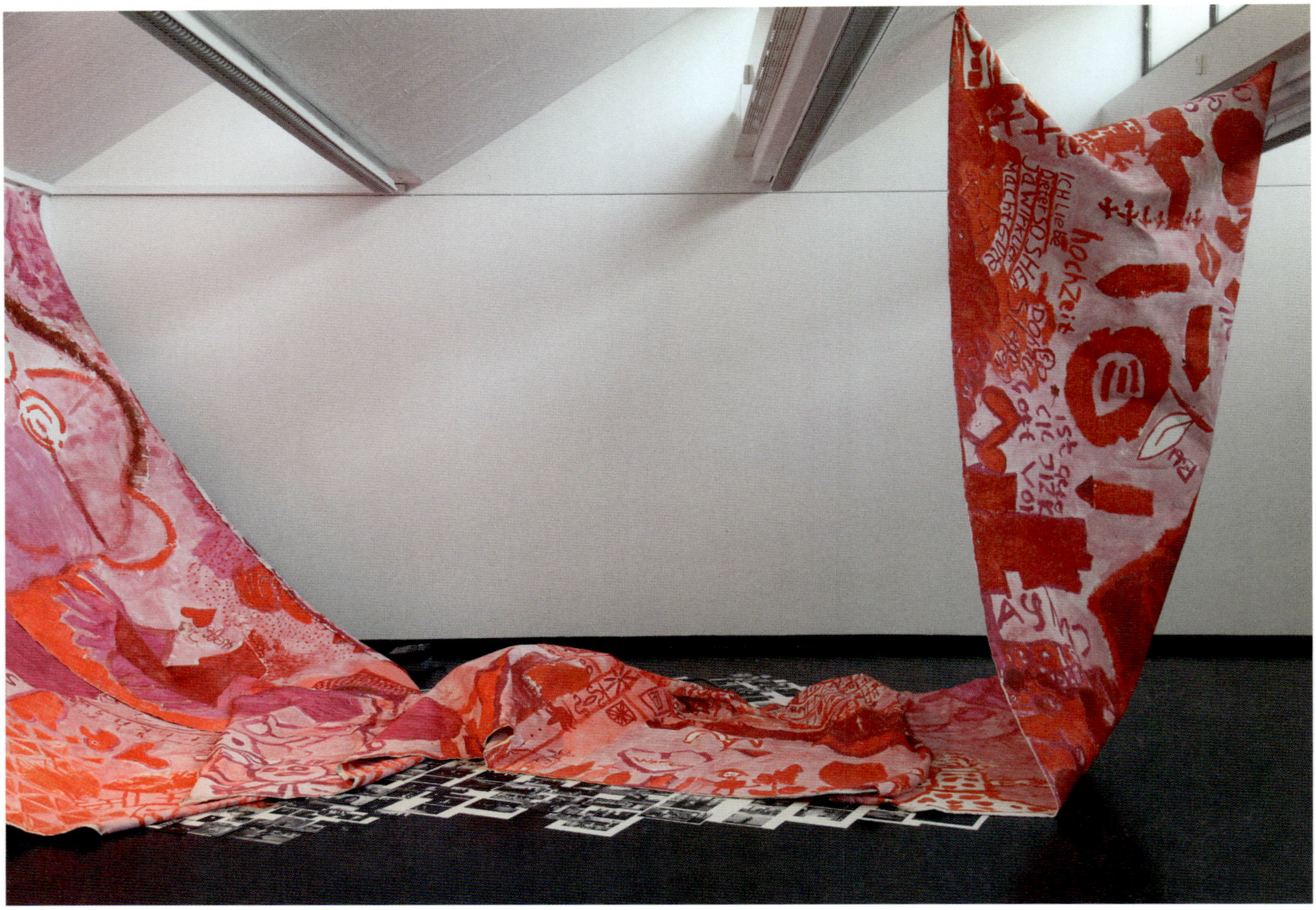

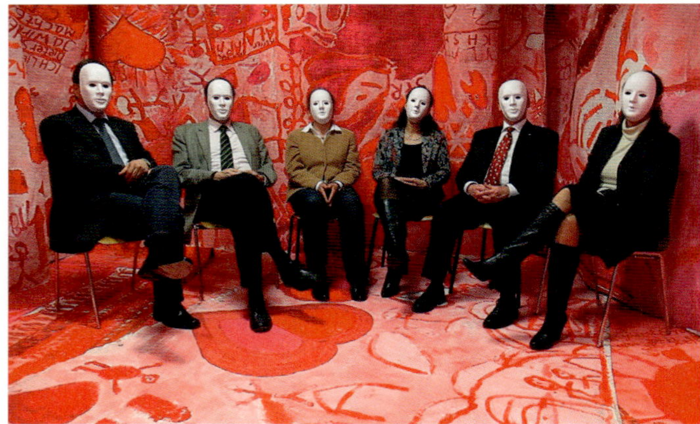

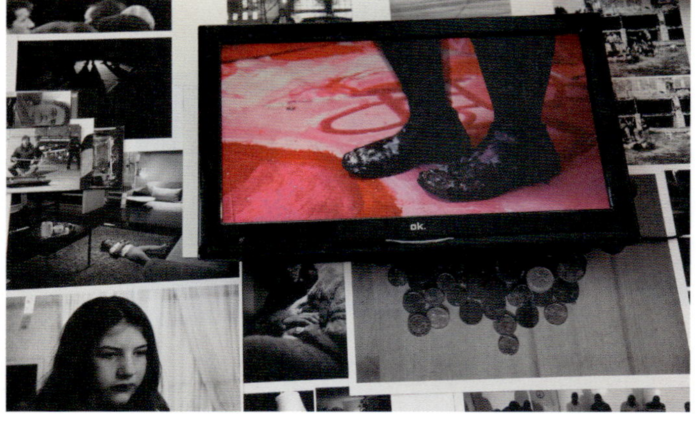

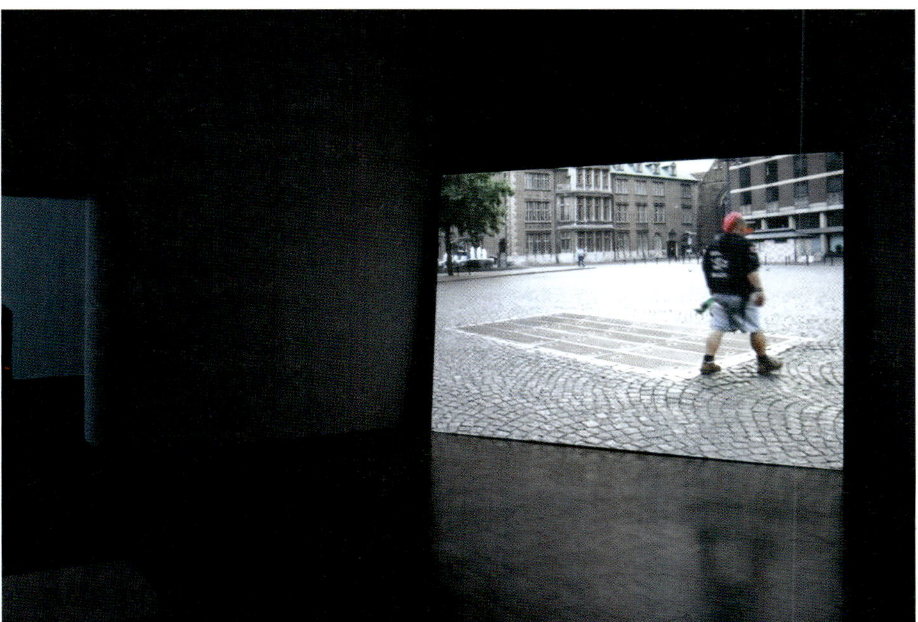

6

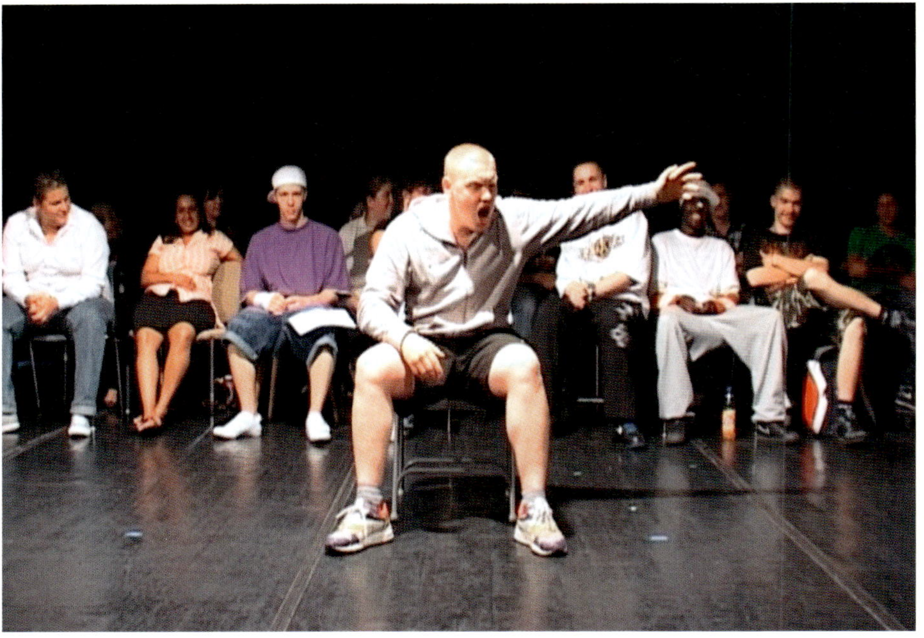

7

e For Ulf Aminde the encounter is one precondition for the artistic working process, a second is reflection on it in the context of Bertolt Brecht's epic theater. As a director of theater and performance projects and films he has no choice but to work with other people, but for him the encounter between his own interests, expectations and hopes and those of others becomes the topic and core of his productions in a very special way.

As accomplice, opponent and/or companion of "people on the edge of crisis", such as those interested in the relationship of the individual to the community, he creates with them pictures addressing the issues of identity, social roles and thus also his own position as artist.

For and with them he designs sets that function as communal experiments and inspire further action. What exactly happens is not entirely controllable; the agreement is that everyone opens up equally to the unpredictable.

The structure of his works corresponds to a pendulum motion, in which he himself radically moves into the center of the work and submits to the unpredictability of his realization. He insists that his opposite is open to his will, just as he is exposed to the will of his "actors". Aminde stages scenes that tell the story of this relationship in different ways and in which, at the same time, it is always visible that each of us needs attention and wants to be loved for the things he does, for the person he is. His 2009 work *Frontalunterricht* (Frontal teaching) came about in the context of the Schillertage in Mannheim, for which the artist had planned to conceive a performance for the city's national theater with various groups, including one of around 20 young people. While cooperation with the other groups was productive, the four-week rehearsal period with the youngsters, who were to put together a play in line with their own interests, was extremely problematic. Aminde was not able to stimulate the teenagers, i.e., make them want something themselves from the given situation; they refused to comply with his wishes, with the result that they produced absolutely nothing. It was only when he put the group on the theater's rehearsal stage and gave the participants the task of playing Ulf Aminde in front of the camera, i.e., directly pointing up their relationship to their director, that they gradually stopped resisting. The resulting film is not only a portrait of the difficult relationship between director and group, but moreover illustrates a structural moment in Aminde's work, namely, when in various constellations his protagonists enter into a relationship with him by showing and reflecting their need to be seen and recognized. One gives, another takes, one has, another needs. The one who wants to give something needs the one who wants something, and vice versa. In this tangled state, both are dependent on each other.
—*Ellen Blumenstein*

ROSA BARBA

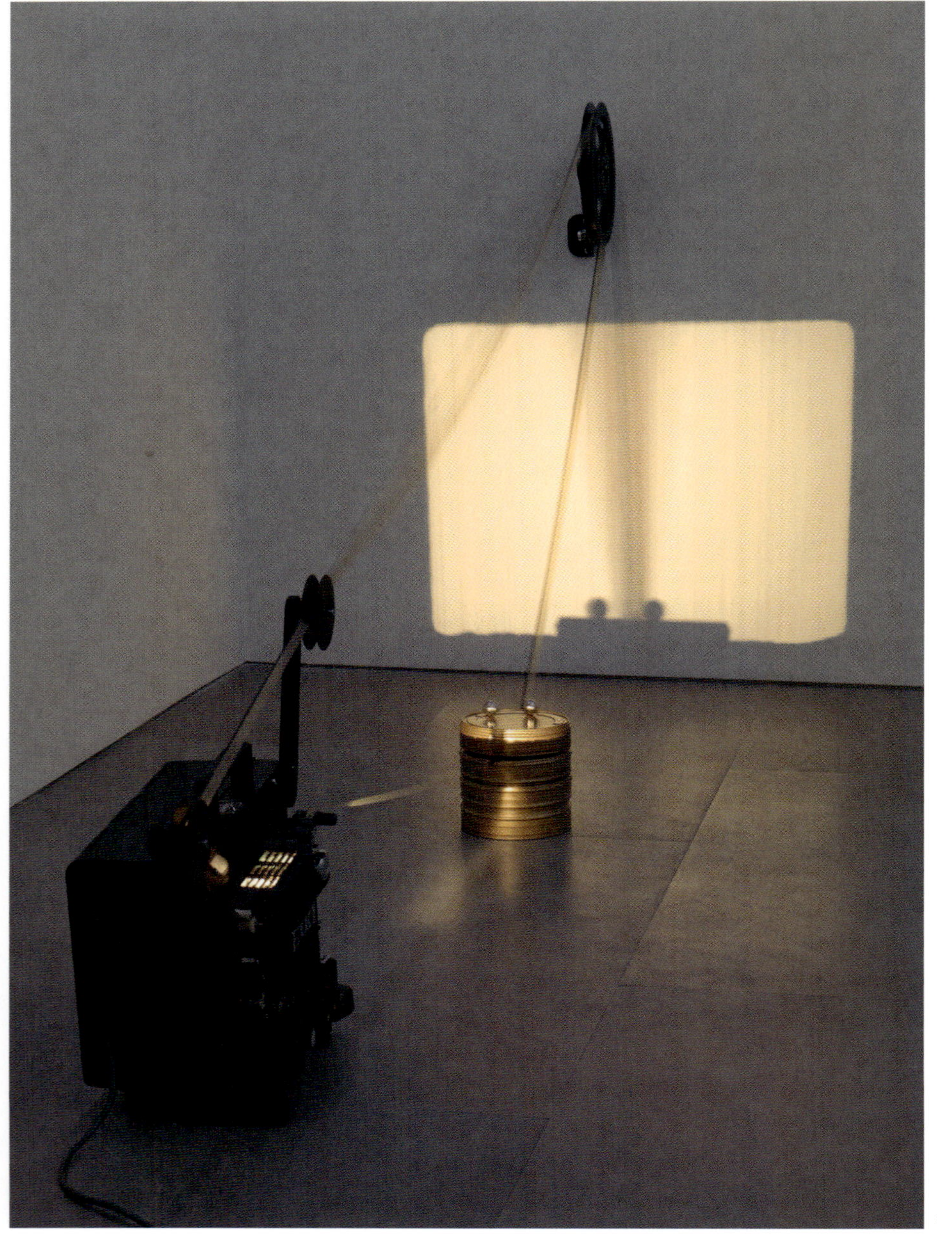

1

d Rosa Barbas Œuvre dreht sich um das Medium Film, welches sie sowohl als Bildträger wie auch als skulpturales Material inszeniert. Manche Arbeiten erzählen eine Geschichte, andere projizieren weiße „leere" Bilder und rücken den Projektor als Autor und/oder Motiv in den Fokus.

Ihre narrativen Filme basieren auf Material, welches vertraut und doch fremd ist im Sinne von Freuds Unheimlichem. Sie überlagern dokumentarische mit fiktiven Elementen, weshalb es für den Betrachter häufig schwer zu entscheiden ist, ob eine Geschichte absurd und wahr oder absurd und erfunden ist. *Outwardly From Earth's Centre* (2007) dreht sich um das Schicksal der schwedischen Insel Gotska Sandön, die sich jedes Jahr einen Meter vom Festland entfernt. Die Künstlerin befragte eine Reihe von Experten zu diesem Phänomen, vom Bürgermeister über den Archivar bis hin zu einem Geologen. Diese bemühen Erklärungen mithilfe von wissenschaftlichen Daten wie Diagrammen, Schautafeln und historischen Dokumenten, die oft unmöglich erscheinen. Gänzlich skurril wird es, wenn die Bewohner ihre Idee beschreiben, die Insel mit Seilen am Festland zu verankern. Der Kritiker Michael Stoeber formuliert es so: „Ständig muss der [Betrachter] entscheiden, wem er Glauben schenken soll. Die Kunst wird hier zum Trainingslager für das Leben."

In der Ausstellung *Made in Germany Zwei* zeigt Rosa Barba den Film *Hidden Conference: About the Discontinuous History of Things We See and Don't See* (2010). Die Handlung spielt im Skulpturen-Depot eines Museums. Mit der Handkamera kreist Barba um Figuren, die wie Protagonisten in einem sokratischen Dialog aus dem Dunkeln aufscheinen und wieder verschwinden. Der schriftliche Prolog informiert den Betrachter, dass eine Situation gezeigt werden soll, die schon seit Jahren existiert, jetzt aber einen gewissen „Grad von Dringlichkeit" erreicht hat. Dennoch ist weder das genaue Datum noch der Grund der Zusammenkunft bekannt. Die Kamera beleuchtet die Köpfe, Gesten, Posen und Blicke verschiedener Skulpturen. Das Narrative dient hier, wie Lynne Cooke es pointiert formuliert, „als Vermittler, nicht als Lösung".

Neben den Filmarbeiten schafft Rosa Barba skulpturale Inszenierungen, in denen der Projektor zum essenziellen Teil der Arbeit wird. Bei *Stating the Real Sublime* (2009) hängt das 16-mm-Gerät am Filmmaterial von der Decke und visualisiert die physische Autorität des filmischen Materials. Der Projektor und das projizierte weiße Bild befinden sich in einer kontinuierlichen Pendelbewegung, ausgelöst durch die Nahtstelle im Film, die im Loop durch das Gerät rattert. Während die Klebestelle im narrativen Film oft als den Ablauf störend empfunden wird, tritt sie hier als charmanter Hauptakteur auf.
—*Susanne Figner*

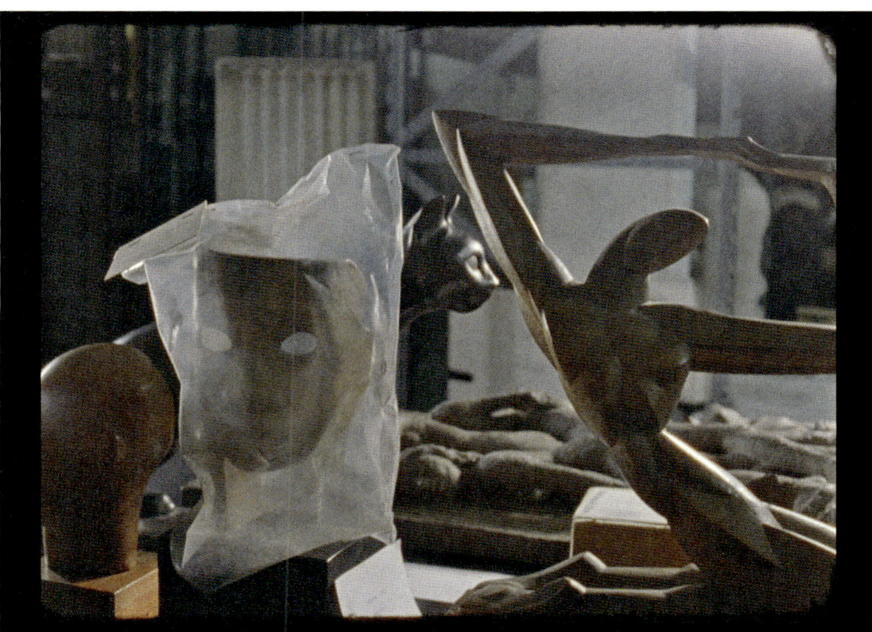

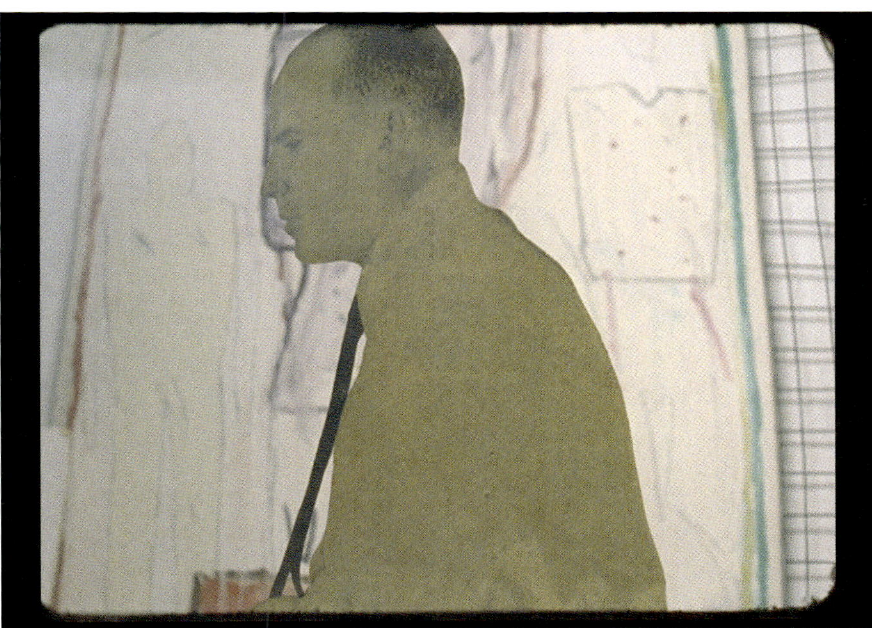

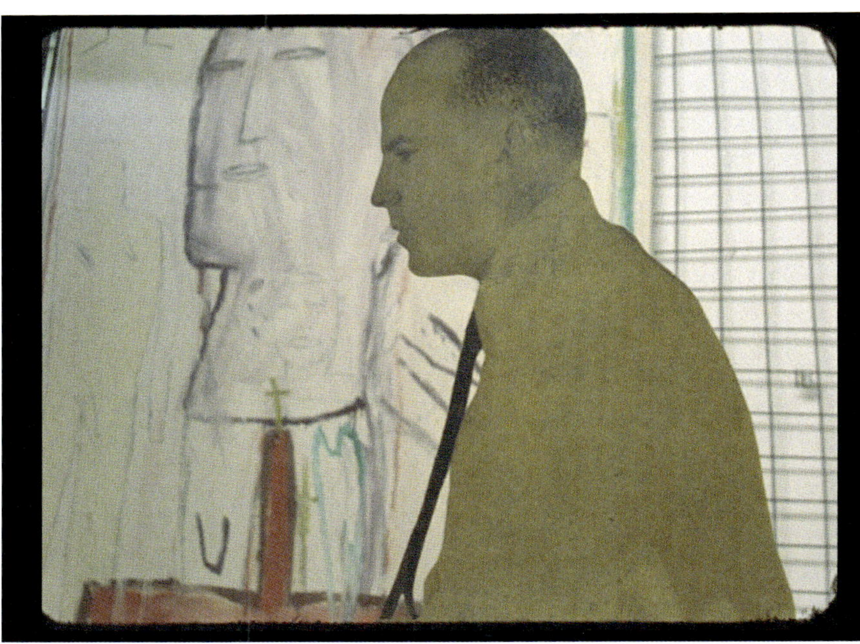

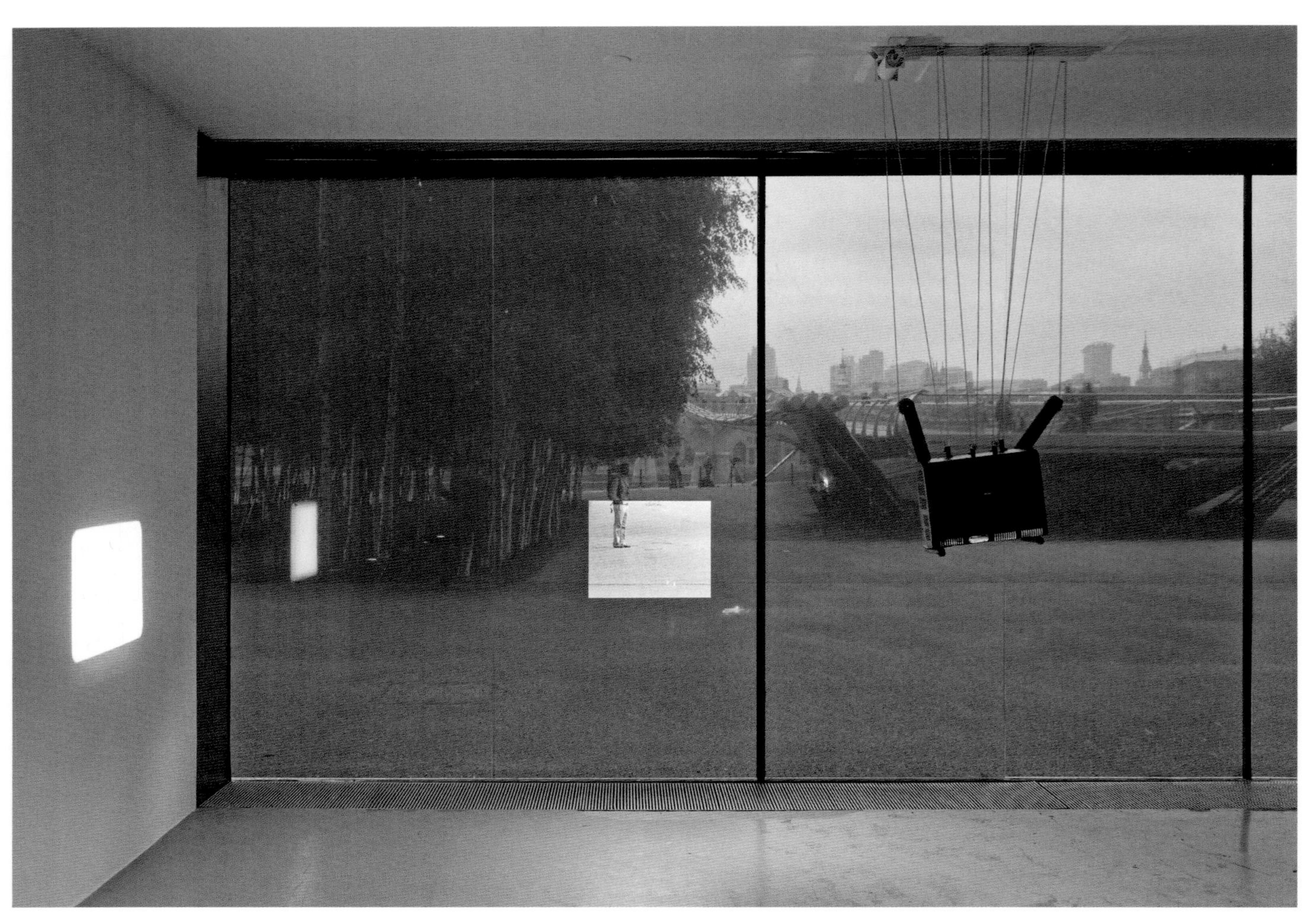

3 *Stating the Real Sublime*, 2009
4 *They Shine*, 2007
5 *Stage Archive*, 2011

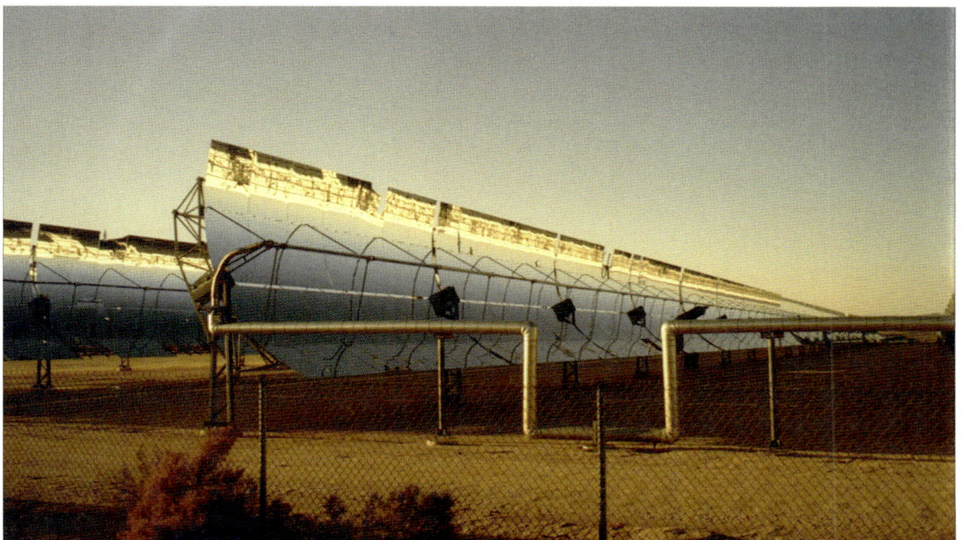

4

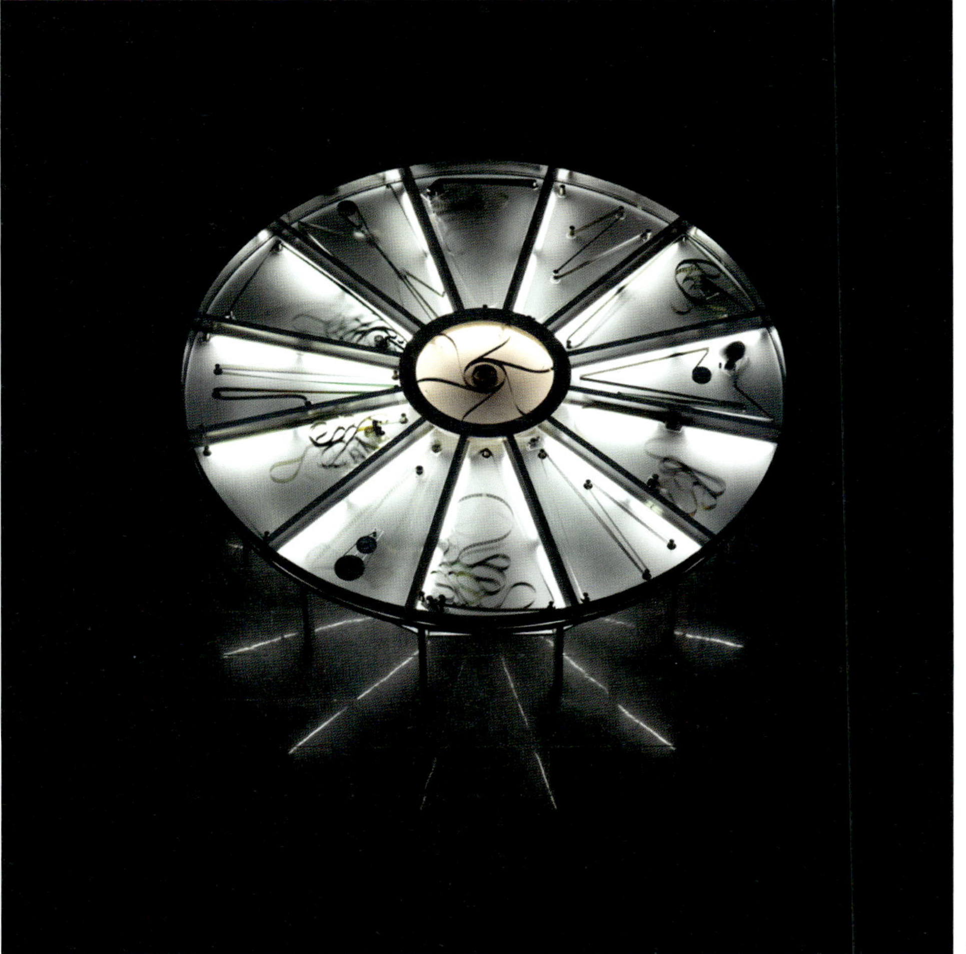

5

e Rosa Barba's œuvre revolves around film, which she uses both as a medium and as sculptural material. Some of her pieces tell a story, others project white "empty" images and place the focus on the projector as author and/or motif.

Her narrative films are based on material that is familiar yet foreign in the sense of the Freudian uncanny. They superimpose fictional elements over documentary ones, often making it difficult for viewers to decide whether a story is absurd and true or absurd and invented. *Outwardly From Earth's Centre* (2007) is about the fate of the Swedish island Gotska Sandön, which drifts one meter further away from the mainland each year. The artist asks a number of experts about the phenomenon, from mayor to archivist to geologist, who offer explanations with the help of scientific data such as diagrams, charts and historical documents, which often seem impossible. Yet it becomes entirely bizarre when residents describe their idea of tying the island to the mainland with ropes. Critic Michael Stoeber puts it thus: "The [viewer] continually has to decide whom to believe. Here art becomes a training camp for life."

In the exhibition *Made in Germany Zwei* Rosa Barba is showing the film *Hidden Conference: About the Discontinuous History of Things We See and Don't See* (2010). It is set in the sculpture depot of a museum. With a handheld camera Barba circles statues, which appear from the darkness and vanish again like protagonists in a Socratic dialog. The written prolog informs the viewer that he will see a situation that has existed for years, but has now reached a certain "degree of urgency". Nonetheless, both the exact date and reason for the gathering remain unknown. The camera illuminates the heads, gestures, poses and expressions of various sculptures; here the narrative, as Lynne Cooke sums up, serves "as mediator, not as solution."

Alongside her filmic works Rosa Barba creates sculptural pieces in which the projector plays a key role. In *Stating the Real Sublime* (2009) the 16-mm projector hangs from the ceiling from the film itself and visualizes the physical authority of film material. The projector and projected white image are constantly oscillating, owing to the splice in the film, which rattles through the machine in a loop. While this is often considered a disturbance in the narrative film, here it assumes the role of charming protagonist.
—*Susanne Figner*

ALEXANDRA BIRCKEN

1   *Fast,* 2010
2   *Knotenbild II + III,* 2009
3   *Model,* 2007
4   *Pferdchen,* 2007

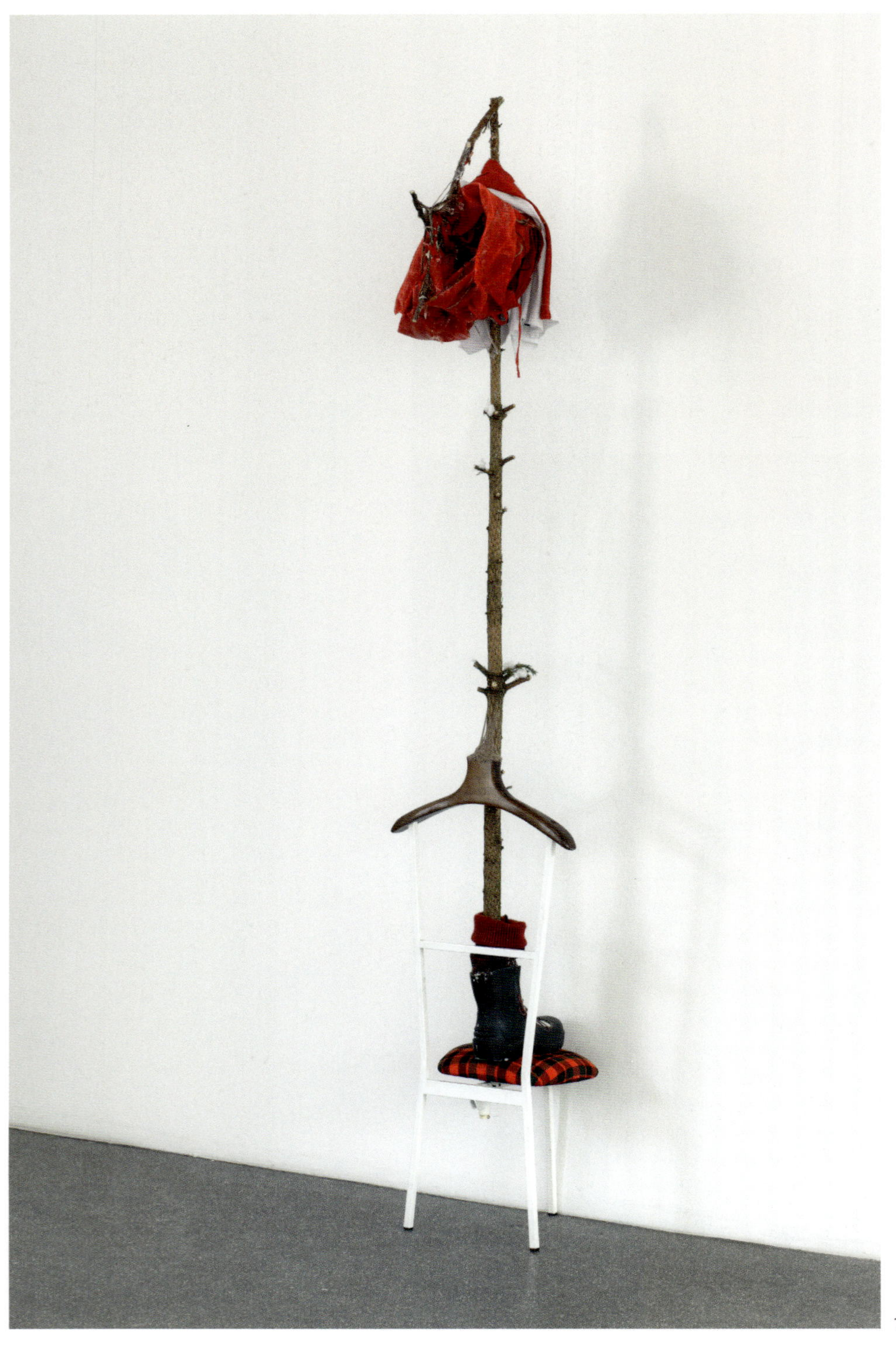

1

d   Liest man die Materialliste zu den Arbeiten von Alexandra Bircken, scheint es wenig zu geben, das nicht als skulpturales Material Verwendung findet: Von Nutella über Seife, Ohrstecker, Haarkur bis hin zur Wurstpelle taucht alles auf. Wenngleich diese Materialien sehr unterschiedlich sind, beliebig gewählt wurden sie nicht. Vielmehr verweisen sie auf Birckens Gebrauch von Stoff und Wolle, auf den Kontext von Heim und Handwerk, Hygiene und Körper. Ihre Werke entstehen durch Stricken und Nähen, mithilfe der Strickliesel und durch Patchwork. Die vornehmlich weiblichen Tätigkeiten stellen für sie ein Mittel dar, um die obsessive Geometrie der Minimalisten herauszufordern und weibliche Stereotypen aufs Glatteis zu führen. Ähnlich wie Eva Hesse benutzt Bircken formbare Materialien, welche strikte Anordnungen durch Zufall, Entropie und Schwerkraft ausweiten.

Diese postminimalistische Formensprache wird mit karnevalesken Referenzen geschichtet, die mit Pop-Art und einem spezifisch deutschen Vokabular spielen. Die Skulpturen verweisen auf Körper und menschliche Fragmente, die unter anderem an Werke von Sigmar Polke und Martin Kippenberger erinnern und an deren Komik des Scheiterns anknüpfen. Kunstgeschichte wird hier mit deutscher Geschichte überlagert. Die Arbeit *Fast* (2010) definiert sich über eine lange, dünne Tanne mit anthropomorphen Zügen: Auf die Vertikale konzentriert, trägt sie eine Socke und einen schwarzen Gummistiefel sowie eine Art Kopfbedeckung. Auf die Farben Rot, Weiß und Schwarz beschränkt, wird man unweigerlich an die Figur des Weihnachtsmannes gemahnt, aber auch an die farbliche Kombination des Dritten Reiches. Der Titel *Fast* weckt verschiedene Assozationen. Einerseits ist die Skulptur eben nur fast eine Figur, sie hat nur ein Bein, nur einen Schuh, andererseits ist der Stuhl, auf dem sie steht, auch nur ein billiger Dreibeiner. Der unvollendete Charakter zusammen mit dem Kleiderbügelsitz erinnert an Kippenbergers großangelegte Installation *The Happy End of Franz Kafka's Amerika* (1994): eine unfertige Installation, die auf Kafka's unvollendetem Roman *Amerika* basiert, der wiederum von Kippenberger nie zu Ende gelesen wurde. Die Logik des Nichtfertigseins hat es in sich, dass wie beim Karneval immer wieder neu begonnen werden kann.

Auch Birckens Arbeiten *In Mud I Trust* (2011) und ihr gestrandetes *Ship* (2005) verweisen auf das Scheitern und das Unheroische als Inspiration. Nicht Erfolg und Perfektion werden thematisiert, sondern – in der Tradition der tragischen Komödie – der existenzielle Schiffbruch.
—*Susanne Figner*

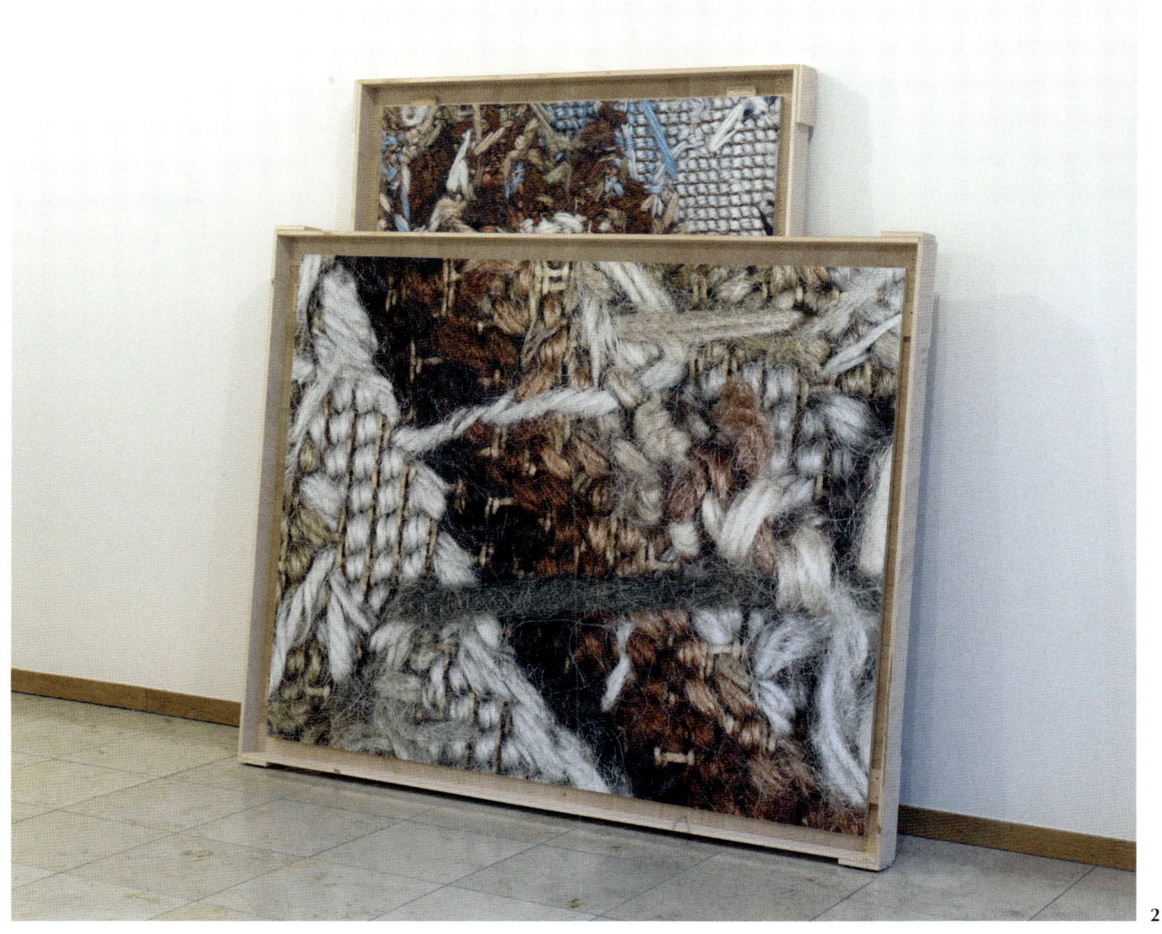

2

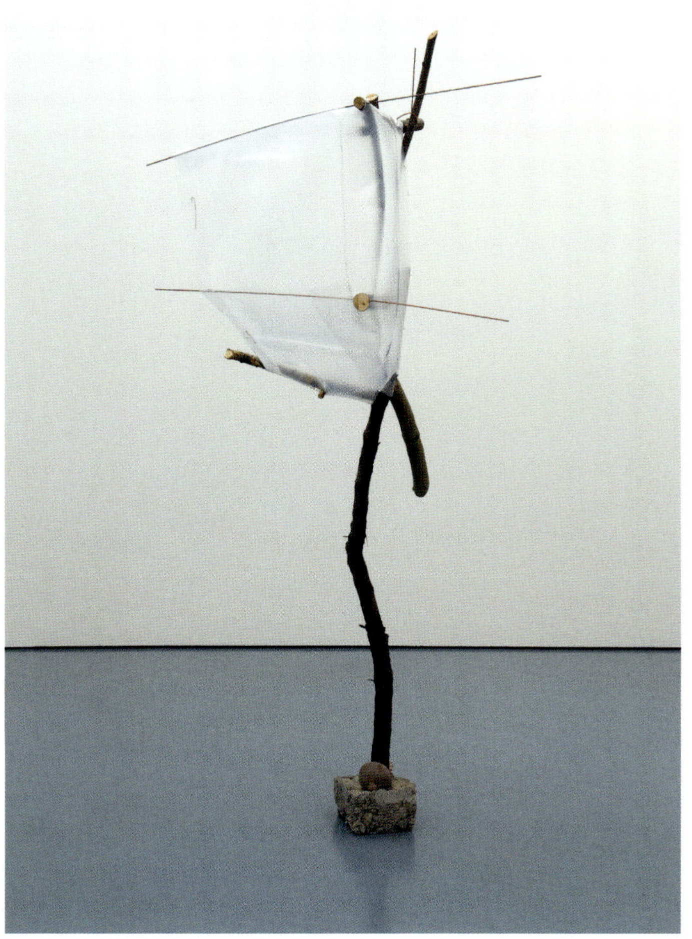

3

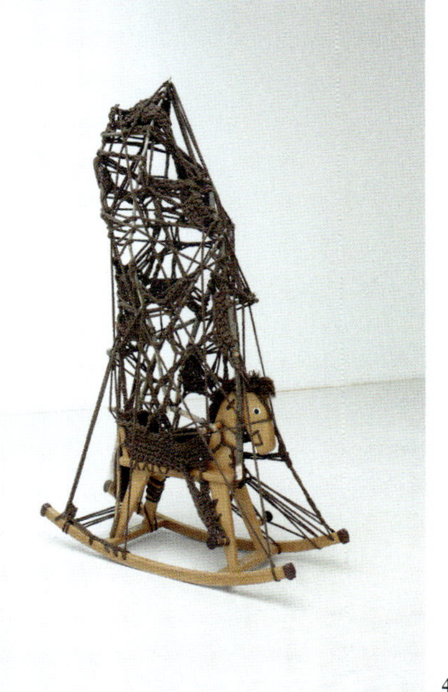

4

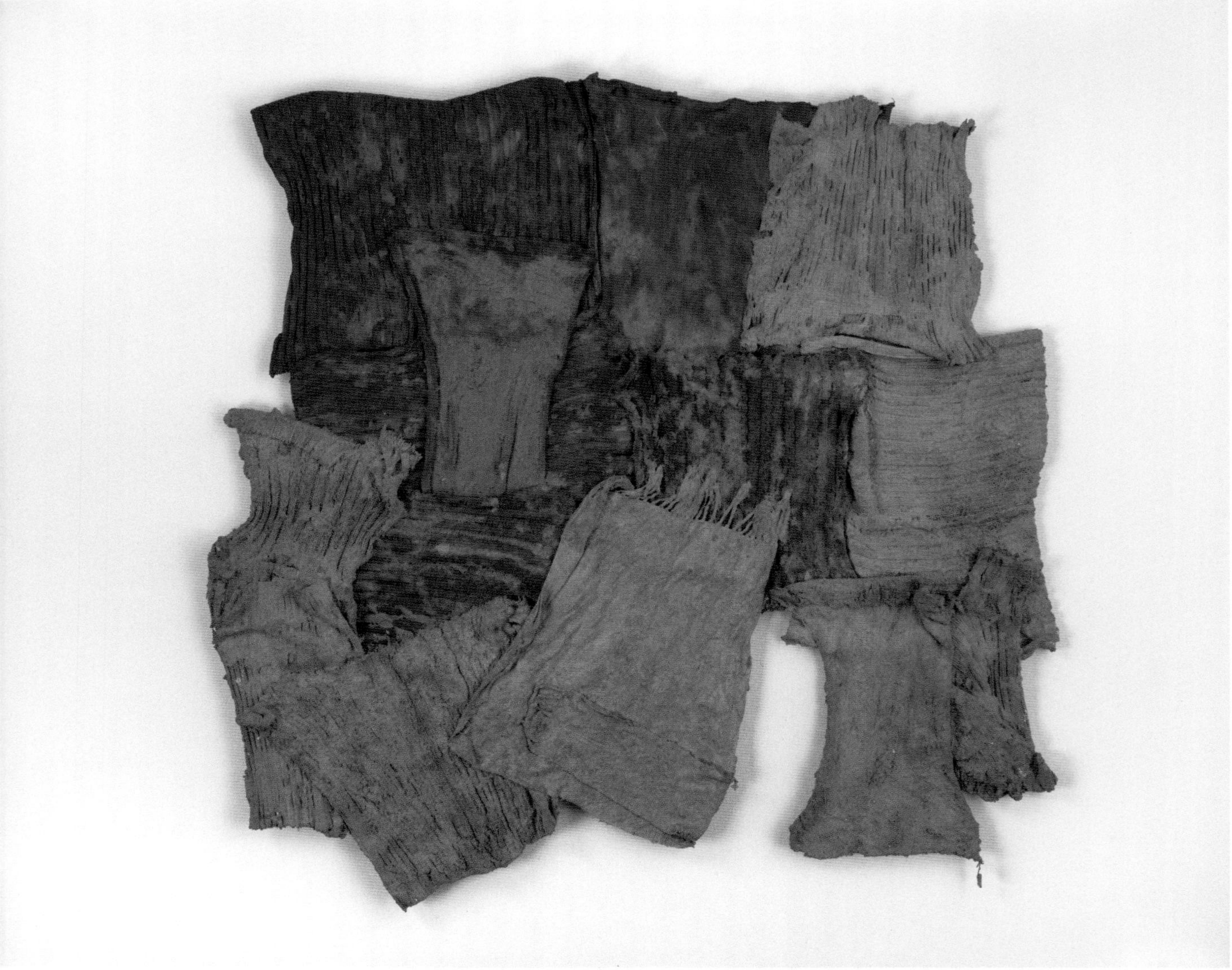

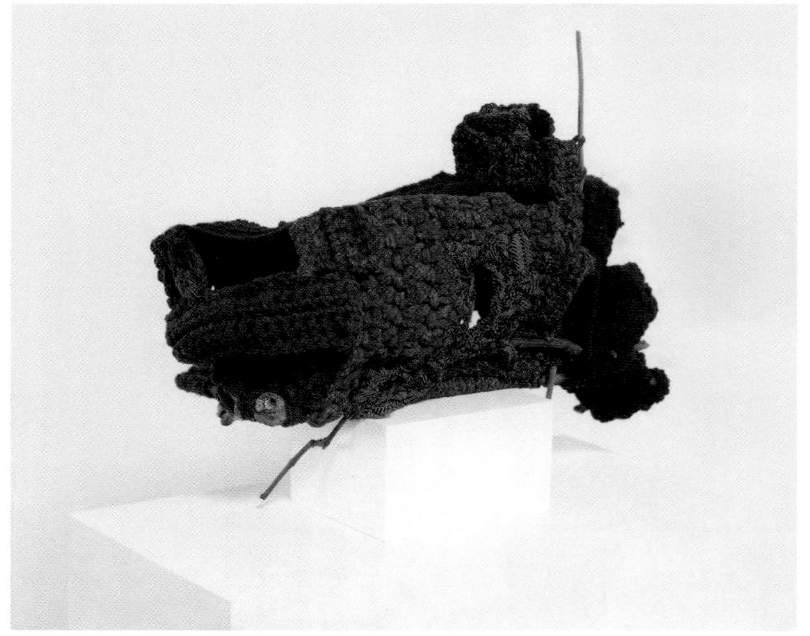

5

6

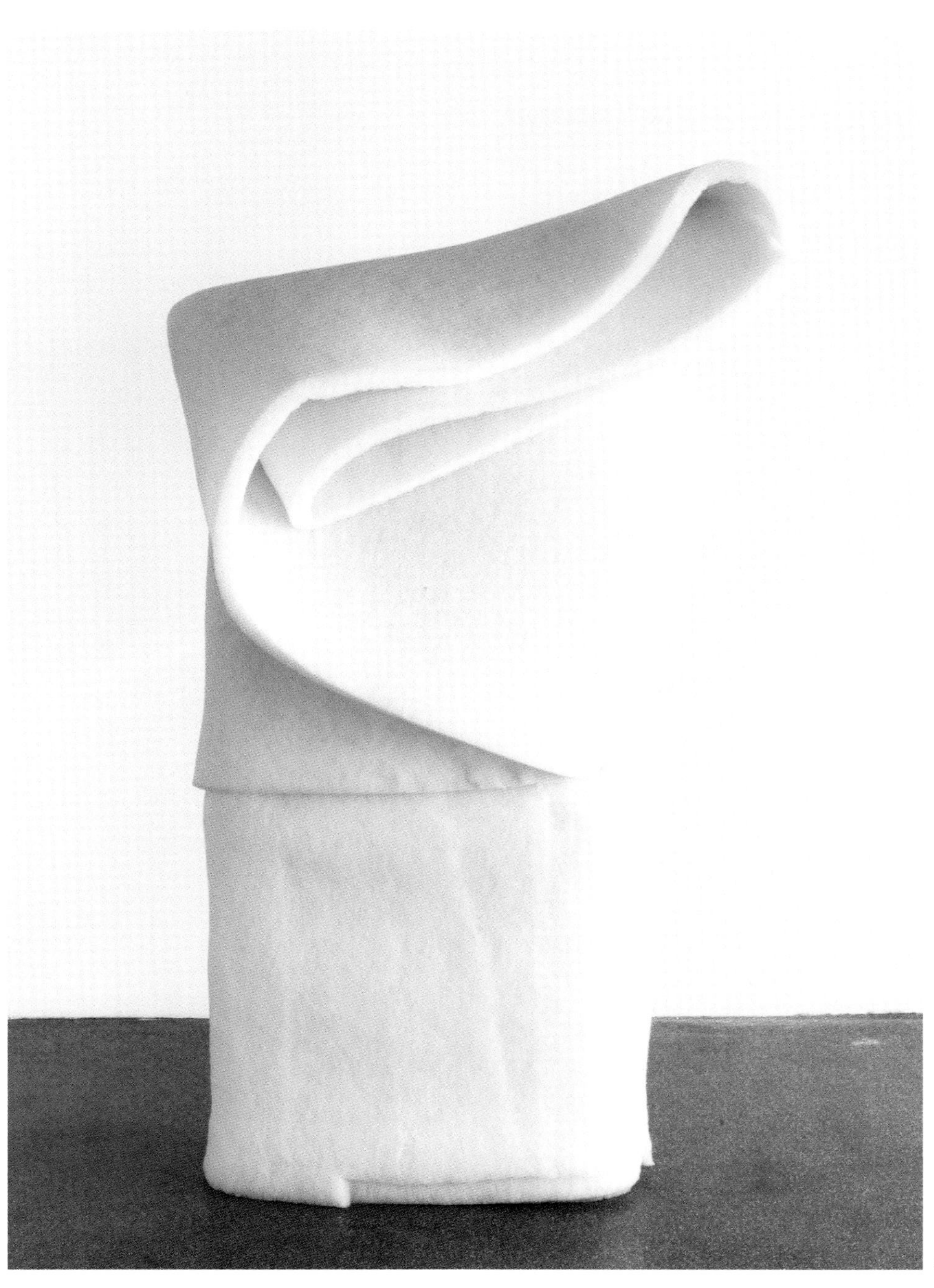

7

e   If we read Alexandra Bircken's list of materials, it seems there is little that she doesn't use in a sculptural context: From Nutella to soap, ear studs and hair masks to sausage skin, she works with just about everything. Although these materials are highly diverse, they were not chosen at random. Rather, they make reference to Bircken's use of fabric and wool, to the context of the home and DIY, hygiene and body. The artist sews and knits her pieces, uses knitting dolls and patchwork. For her, these essentially female activities are a means of challenging obsessive minimalist geometry and debunking female stereotypes. Similarly to Eva Hesse, Bircken uses pliable materials that expand strict arrangements by means of chance, entropy and gravity.

The artist layers this post-minimalist formal language with carnivalesque references that play with Pop art and a specifically German vocabulary. The sculptures reference the body and human fragments, which among other things call to mind works by Sigmar Polke and Martin Kippenberger and take up their comedy of failure. Here German history is superimposed over art history. The work *Fast* (2010) is defined by a long, thin fir tree with anthropomorphic characteristics. Vertically oriented, it is wearing a sock and a black rubber boot as well as a kind of head covering. With only the colors red, white and black, we are inevitably reminded of Santa Claus, but also the colors of the Third Reich. The title *Fast* has various connotations. On the one hand, given that the German word 'fast' means 'almost', the sculpture is only almost, but not quite a figure; it has only one leg and one boot. On the other hand the chair it stands on is but a cheap three-legged model. The unfinished character together with the chair made of a coat hanger calls to mind Kippenberger's major installation *The Happy End of Franz Kafka's Amerika* (1994): an incomplete installation based on Kafka's unfinished novel *Amerika*, which in turn Kippenberger never finished reading. Inherent in the logic of the unfinished state is that, as at carnival, things can start over and over again.

Bircken's piece *In Mud I Trust* (2011) and her stranded *Ship* (2005) also draw inspiration from failure and the unheroic. She does not focus on success and perfection, but rather—in the tragicomic tradition—the existential shipwreck.
—*Susanne Figner*

SHANNON BOOL

1 *Acid Washed Jeans Divider*, 2011
2 *Boxing Girls*, 2012

d Die Vermischung von Popkulturellem mit Kunsthistorischem, das Vernetzen und Verknüpfen von traditionellen Bildwelten und Techniken mit aktuellen Inhalten und Fragestellungen sind zentral für das Werk von Shannon Bool. In ihren Skulpturen, Collagen, Wandarbeiten, Fotogrammen und Seidenmalereien lotet die Künstlerin die formale Kraft und Wirkung des Ornaments aus wie auch dessen Potenzial zur Wissensvermittlung. Dabei steht die Auseinandersetzung mit der Verschiebung von Bedeutung, dem Anbieten von alternativen Betrachtungsweisen und der Verbindung von Alltag und Kunst im Vordergrund.

Das Interesse der Künstlerin an experimentellen und komplexen Transfers spiegelt sich auch in ihrer Vorliebe für Fotogramme. Diese besonders in den 1920er Jahren beliebte Technik kommt auch bei Bool ähnlich wie bei ihren avantgardistischen Vorläufern zum Einsatz, um das Immaterielle und Unfassbare der Psyche, der Fiktion, aber auch der Realität einzufangen. Das Diptychon *Gaza Zebra (1st Version)* (2012) hat Bool aus Negativfolien eines weißen und eines schwarzen Esels erstellt. Aus der auf das Fotopapier gelegten und belichteten Collage sind zwei Abbildungen der gestreiften Mischung entstanden, die Spuren der chemischen und manuell durchgeführten Entwicklung aufweisen. Die Arbeit ist eine Reverenz an zwei in einem Zoo in Gaza verstorbene Zebras, die durch zwei mit schwarzen Streifen besprühte weiße Esel ersetzt wurden. Das Schmuggeln neuer Zebras, das aufgrund des israelischen Embargos notwendig gewesen wäre, konnte sich der Zoo nicht leisten. Streifen und Gefangenschaft – des Esels als Zebra im Zoo in Gaza – wiederholen sich in Umkehrung im *Acid Washed Jeans Divider* (2011), einem Vorhang aus Jeansstoff mit einer aus einem Seil und Säure erzeugten Frottage. Nicht durch das Auflegen, sondern durch Wegätzen entstand die blau-weiße Struktur, die entgegengesetzt der eigentlichen Eigenschaft des bindenden und verknüpfenden Seils das Material befreit.

Den zufälligen und unkontrollierbaren Momenten der von Bool angewendeten Techniken des Fotogramms und der Frottage stehen die sehr präzise gearbeiteten *Gitterskulpturen* (2012) kontrastreich gegenüber, und doch wiederholt sich auch hier eine Auseinandersetzung mit Gefangenschaft über die Infragestellung einer klaren Definition von Raum und dessen Zugehörigkeiten. Die Formen der Gitter sind Fenstern des Frauengefängnisses in Berlin-Pankow entlehnt, das Ende des 19. Jahrhunderts erbaut wurde. Seit eineinhalb Jahren erschafft die Künstlerin dort zusammen mit den Insassinnen ein der Öffentlichkeit unzugängliches Wandgemälde, das in Jugendstil-Manier auf die verspielte Architektur des Gebäudes einerseits und das nüchterne, ausgegrenzte Innere des Gefängnisses andererseits verweist. Diese Gegensätze spiegeln sich in den aus rohem Stahl gefertigten Gittern, die mit in Bronze gegossenen Objekten wie Stiften, Feuerzeugen, Tabak, Kosmetikartikeln, Briefumschlägen oder Schokolade verziert sind. Die sonst unscheinbaren Alltagsgegenstände sind dem wenigen persönlichen Hab und Gut nachempfunden, das den Gefangenen während ihrer Haft zu behalten erlaubt ist und dessen damit einhergehende Wertsteigerung sich im polierten Material ausdrückt.
–Antonia Lotz

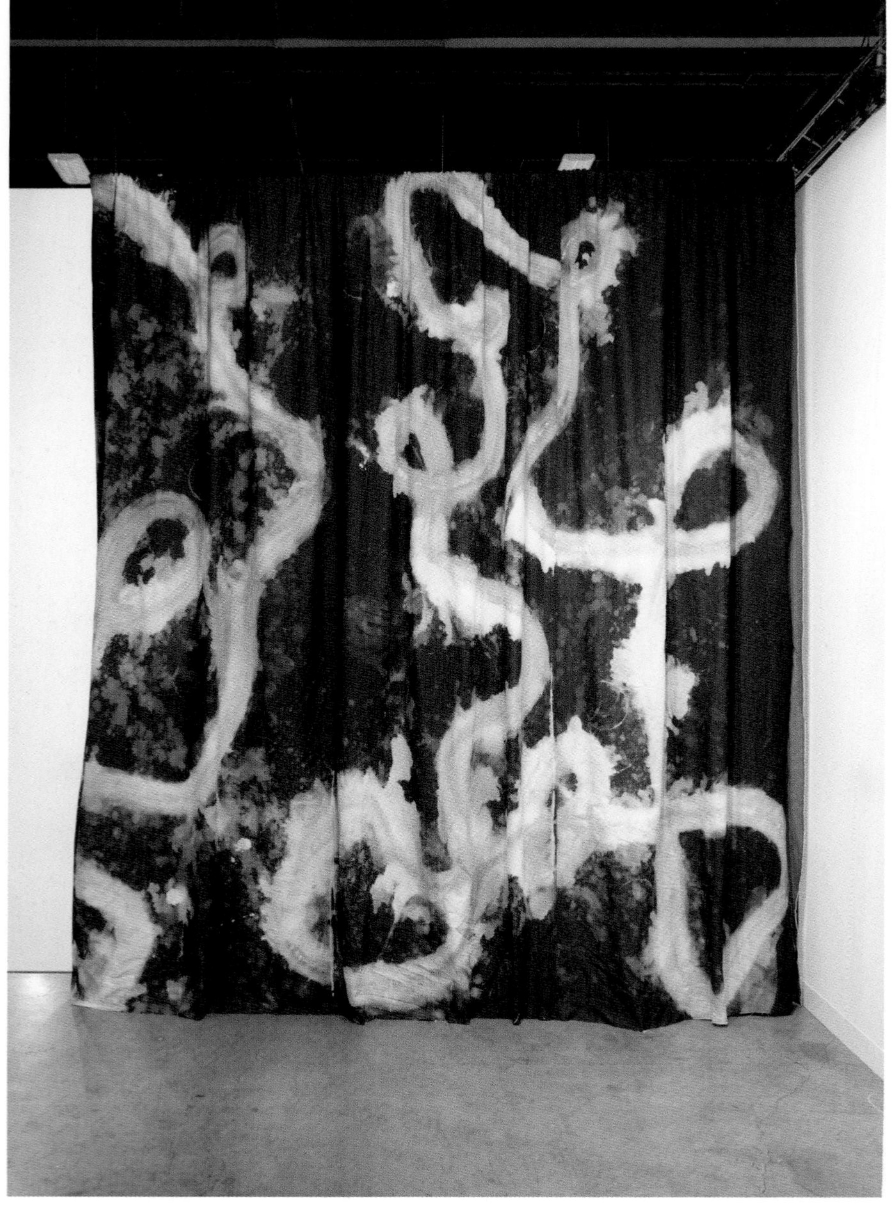

1

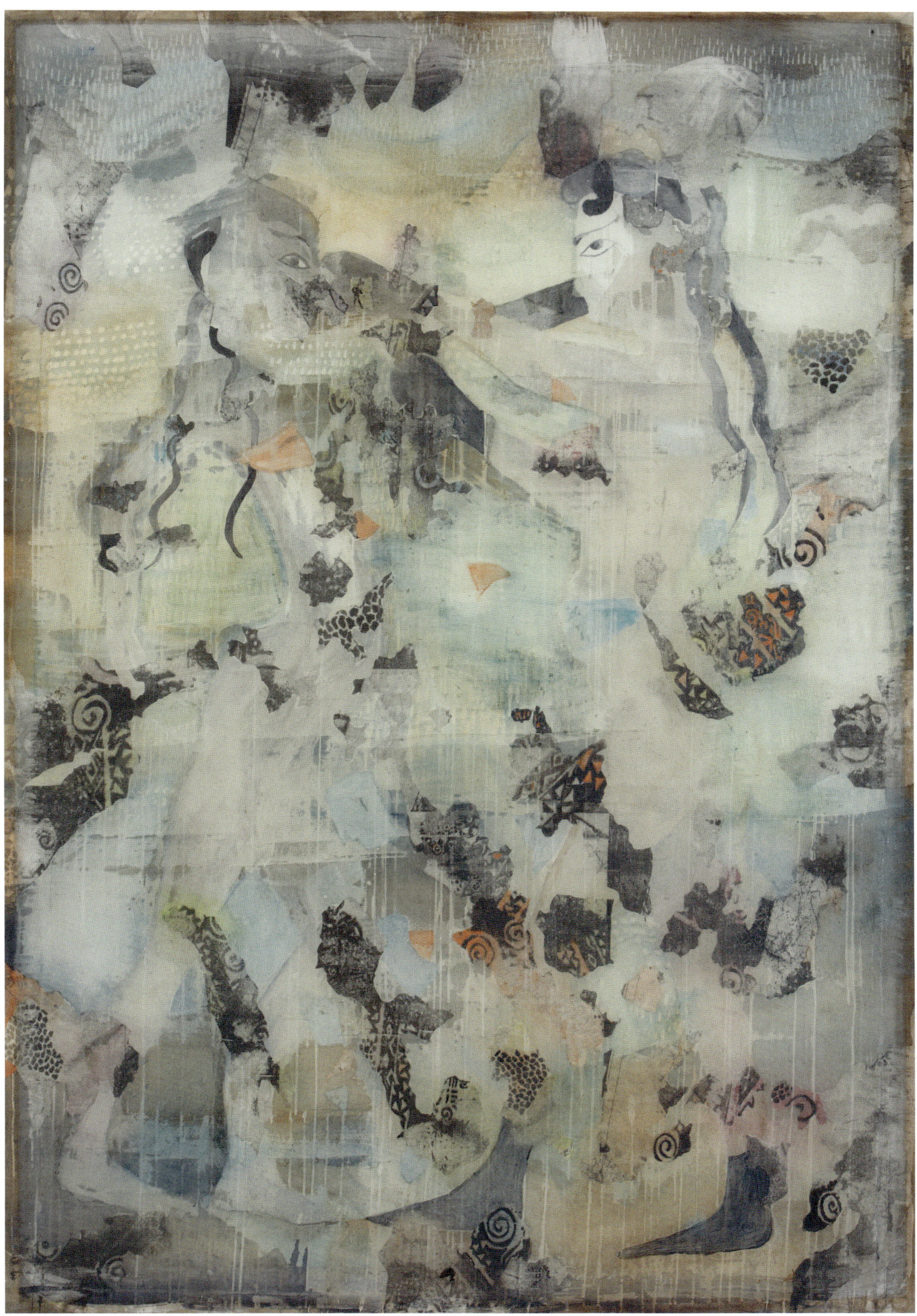

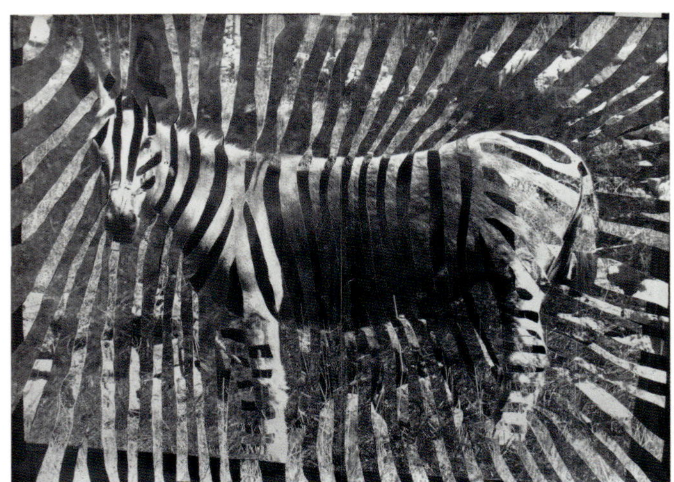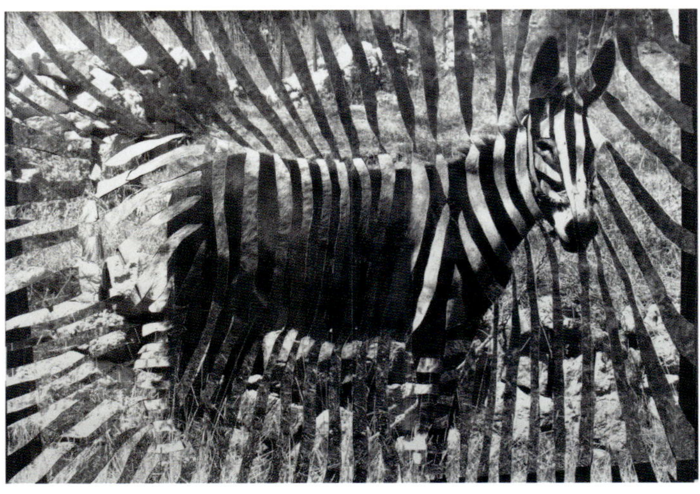

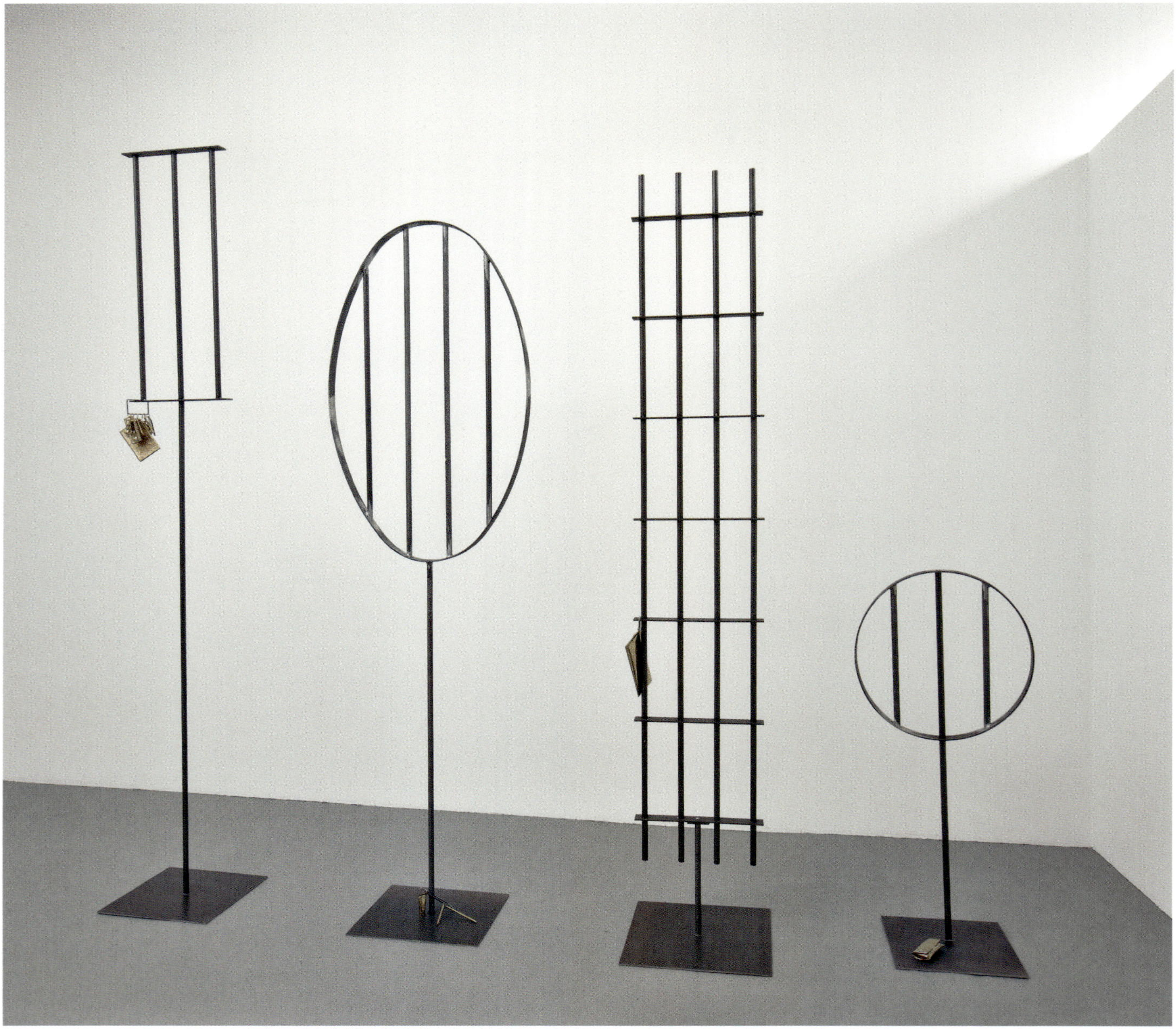

3 *Gaza Zebra (1st Version)*, 2012
4 *From a Kingis Quair*, 2012
5 *„[]" Bars with Collection*, 2012 (Detail)
6 *„O" Bars with Pencil, Eyeliner and Cream*, 2012 (Detail)
7 *Stacked „[]" Bars with Envelope and Compact Powder*, 2012 (Detail)
8 *„o" Bars with Tobacco*, 2012 (Detail)

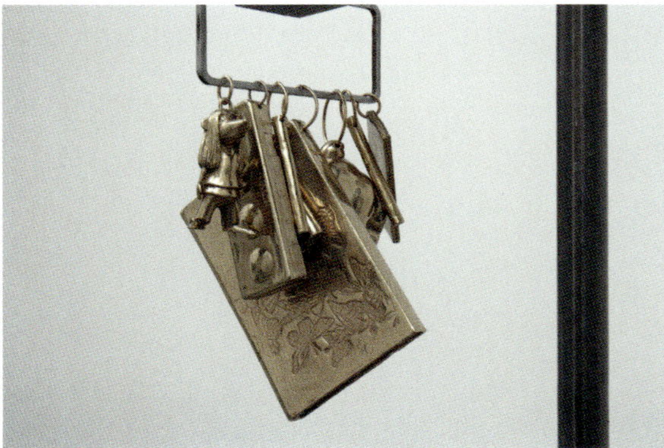

5

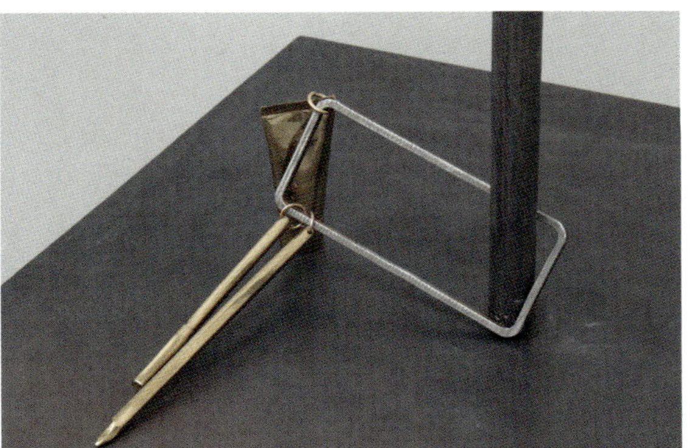

6

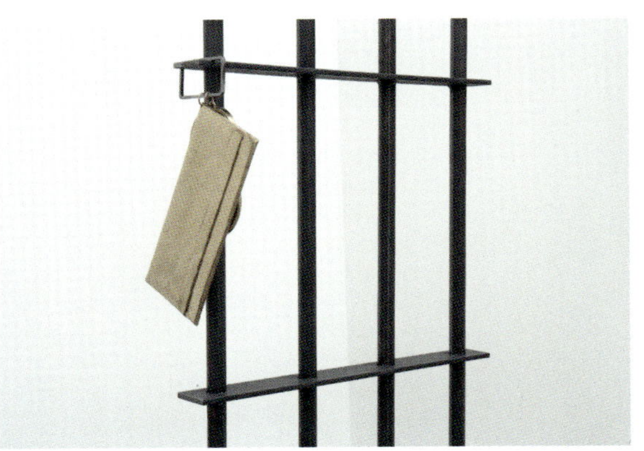

7

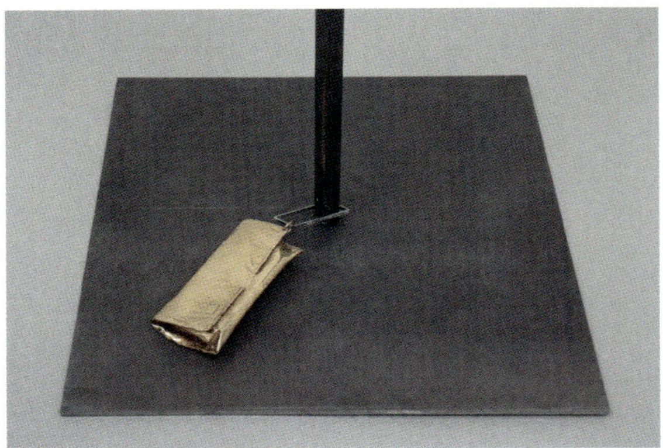

8

e The fusion of Pop culture and art history, the networking and linking of traditional motifs and techniques with topical themes and issues are central to Shannon Bool's work. In her sculptures, collages, wall pieces, photograms and silk paintings she sounds out the formal power and effect of ornamentation, as well as its potential to communicate knowledge. Her work centers on an exploration of changes in meaning, offering alternative perspectives and combining art with the everyday.

The artist's interest in experimental and complex transfers is also reflected in her penchant for photograms. Like her avant-garde predecessors, Bool uses this technique, which was particularly popular in the 1920s, to capture the immaterial and incomprehensible aspects of the psyche, fiction, and also reality. Bool created the diptych *Gaza Zebra (1st Version)* (2012) using negative foils of a white and a black donkey. The collage, placed over the photographic paper and exposed, has produced two versions of the striped hybrid, which show traces of the chemical and manual development process. The work pays respect to two zebras that died at a zoo in Gaza and were replaced by white donkeys sprayed with black stripes. The zoo couldn't afford to smuggle in new zebras, which would have been necessary owing to the Israeli embargo. Stripes and captivity—of the donkey as a zebra at the Gaza zoo—are repeated in reverse in *Acid Washed Jeans Divider* (2011), a denim curtain with a frottage made using a rope and acid. The bluish-white structure is a product not of application, but corrosion, and as opposed to the actual property of the connecting rope it liberates the material.

The random and uncontrollable elements of Bool's photogram and frottage techniques contrast starkly with her meticulous *Gitterskulpturen* (Grid sculptures) (2012) and yet here too the artist explores imprisonment by questioning a clear definition of space and its associated aspects. The grid shapes are based on windows at the women's prison in the Pankow district of Berlin, built in the late 19th century. For 18 months the artist has been working on a mural there together with inmates, which is not accessible to the public. In Art Nouveau style it references the building's playful architecture on the one hand and the sober, segregated interior of the prison on the other. These contrasts are reflected in the raw steel grids, which are decorated with cast bronze objects such as pens, lighters, tobacco, cosmetics, envelopes and chocolate. The otherwise insignificant everyday objects are based on the few personal possessions inmates are allowed to keep while in prison and whose associated increase in value is expressed in the polished metal.
—*Antonia Lotz*

MIKE BOUCHET

1   *Berlusconi Jacuzzi*, 2010
2   *New Newton Stack*, 2011
3   *New Newton Stack*, 2011 (Detail)

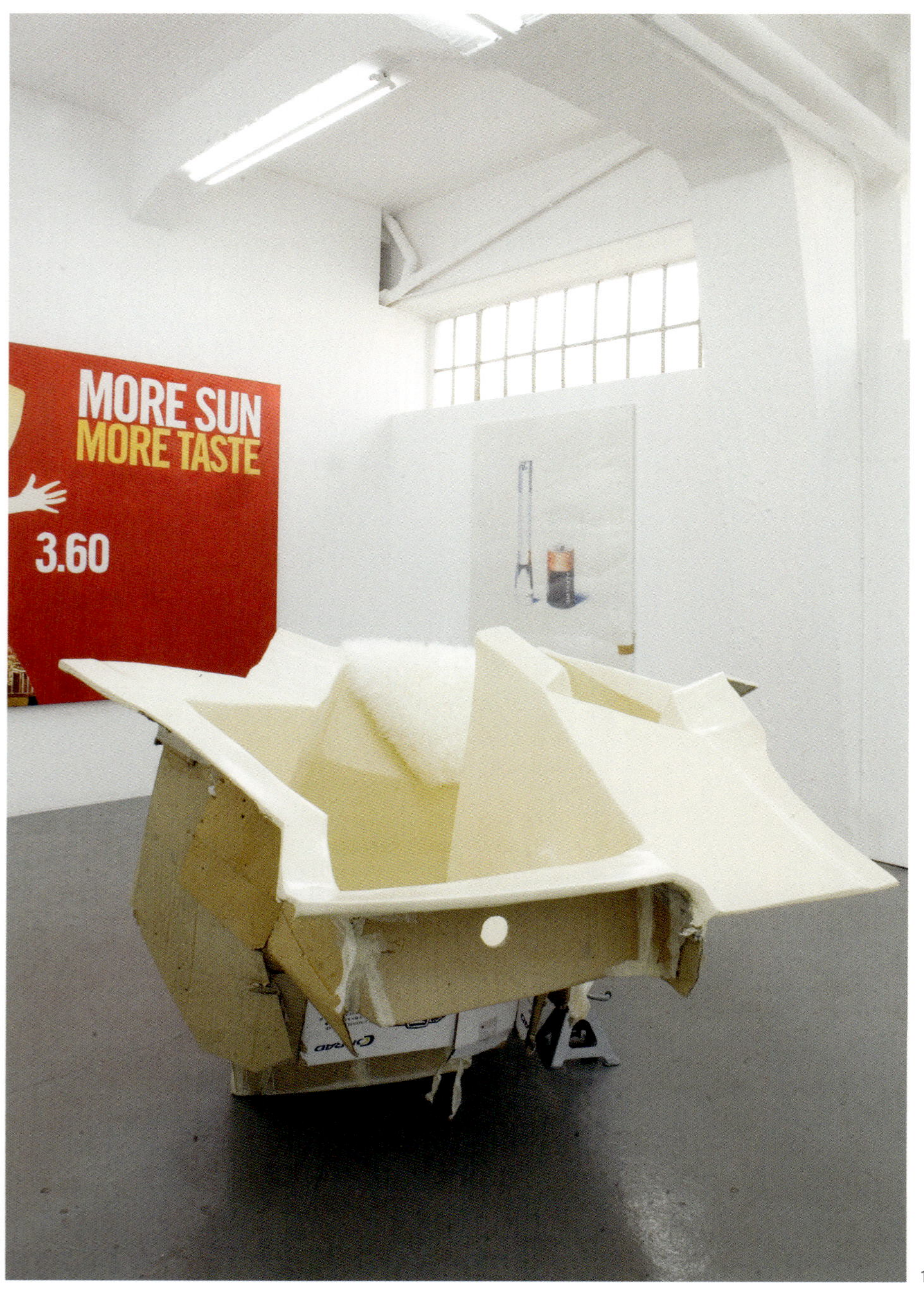

1

d   Nicht zufällig will Mike Bouchet *My Cola Lite* (2004) – 2 000 Literflaschen eigens produzierter Diät-Cola – in einem Seecontainer nach China verschiffen und frei ausgeben in diesem kommunistisch-kapitalistischen Land mit seiner spezifischen Kultur des Kopierens und der höchsten Quote an Produktpiraterie. Coca-Cola selbst findet noch immer unzählige Nachahmungen. Bouchets Limonadenrezeptur ist gänzlich ungesüßt, durch maximale Zugabe von Karamellfarbstoff dunkel wie Rohöl, eine erneute Analogie zu Mechanismen der Weltwirtschaft. Auch von anderen populären, private Bedürfnisse befriedigenden Produkten lässt er Varianten herstellen: Eingedoste Hamburger (*Canburger*, 2008) werden auf einem Pariser Markt verteilt, in Kolumbien 1000 Paar Jeans genäht (*Carpe Denim*, 2004) und dort aus einem Flugzeug abgeworfen. Diese Arbeiten gehen nicht nur zurück an den für Bouchet wichtigen Punkt der Verquickung von Aktion und Objekt, ihnen wohnt ein gleichsam verzerrtes kritisches Potenzial inne. Bouchet spielt mit Insignien und Versprechen von Marken, pervertiert sie in seiner Aneignung, die er „misappropriation" nennt, also Entwendung, Veruntreuung.

Diät-Cola als Malmittel hat nichts mehr vom schwarzen Gold. Die *Staintings* wirken wie ihre Bezeichnung es andeutet, wie Flecken, körperliche Ausscheidungen, flüchtig, fragil, torpedieren so die Logos und Slogans der Großkonzerne mit ihren Botschaften von Freiheit und Genuss. Als Zweckentfremdung konsumtiver, materialistischer Strategien können auch *USM-Haller Stacks* und *Celebrity Jacuzzis* gelten, Werkgruppen, die Erfolg und Status symbolisierende Waren aufrufen: verchromte Regale und Whirlpools – auch hier eine Wendung ins Körperliche. Die auf Autohöfen zerstörten und um Accessoires wie Coffeetable Books oder Miniaturteppiche bereicherten Möbel wirken schmerzhaft demoliert. Die außen aus billiger Pappe, innen aufwendig mit Fiberglas gefertigten, funktionstüchtigen, für Prominente gebauten Bassins verneinen in ihren komplex abstrakten Formen fast feindlich eine Benutzung. Über das Fetischhafte tritt ein Begehren auf den Plan, das Konsum befriedigen kann. Nichts anderes als das versucht Werbung zu erzeugen. *Diet Cola Pool outtakes* (2010) ist ein Ereignis und ein Film, angelehnt an einen Werbespot: ein attraktives Paar an und in einem mit dunkler Flüssigkeit gefüllten Swimmingpool, Szenen klischeehaft erotischer Spannung in Spielfilmlänge anstelle eines 30-Sekunden-Clips. Gezeigt wird der Verschnitt, der vielfach wiederholte Einstellungen aneinanderreiht. Natürlich baden beide Darsteller in Bouchets Cola, sie perlt braun an der Haut ab, die von der Kohlensäure gerötet ist. In eklatanter Weise nimmt sich die Formel des Unternehmerischen versus des Körperlichen, corporate vs. corporal, erneut aus. Der Schauspieler im Übrigen ist eine Art Kopie des Künstlers, seit ein paar Jahren lässt Mike Bouchet ihn als Double für einige seiner Arbeiten agieren.
–*Kristin Schrader*

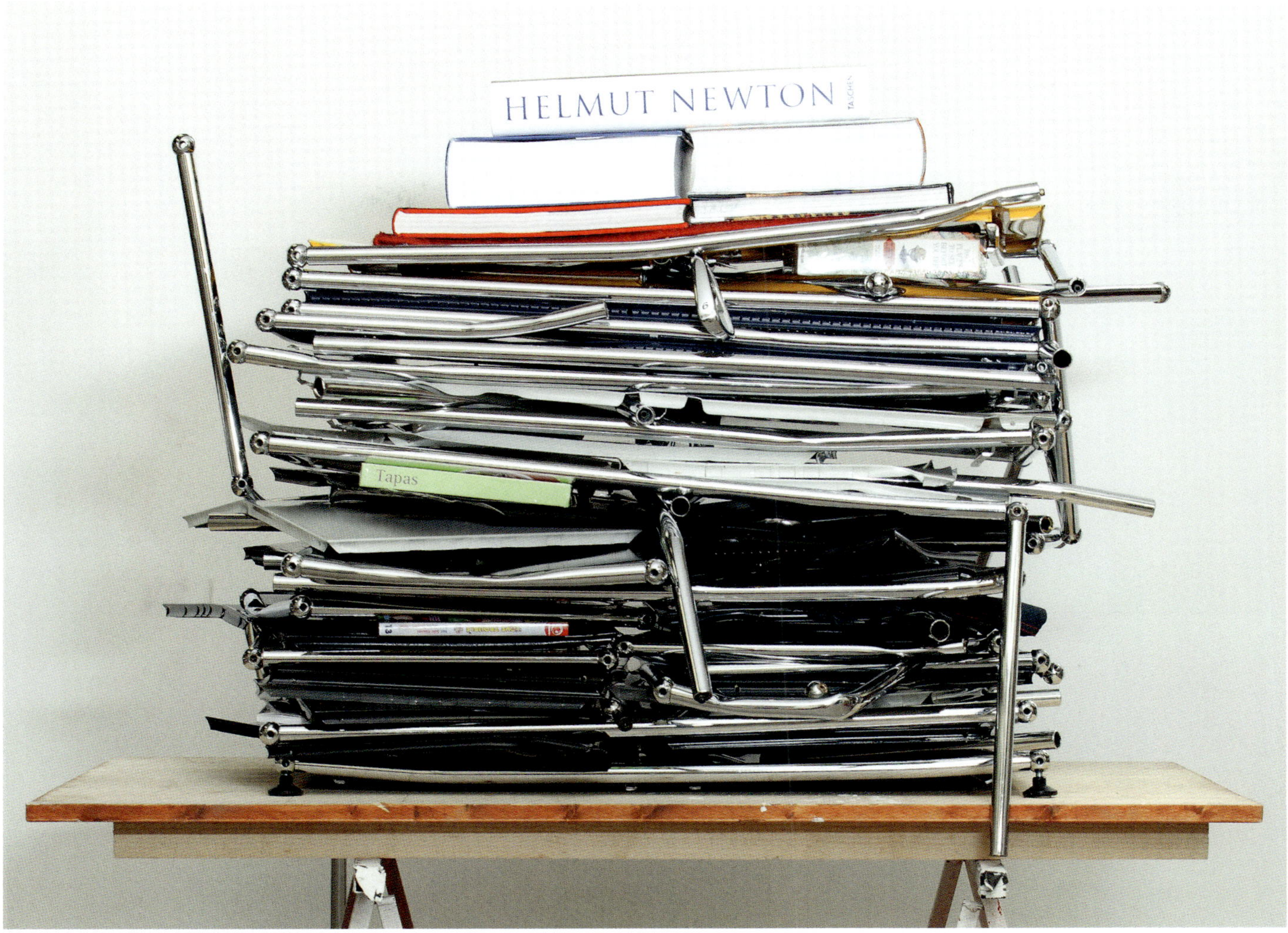

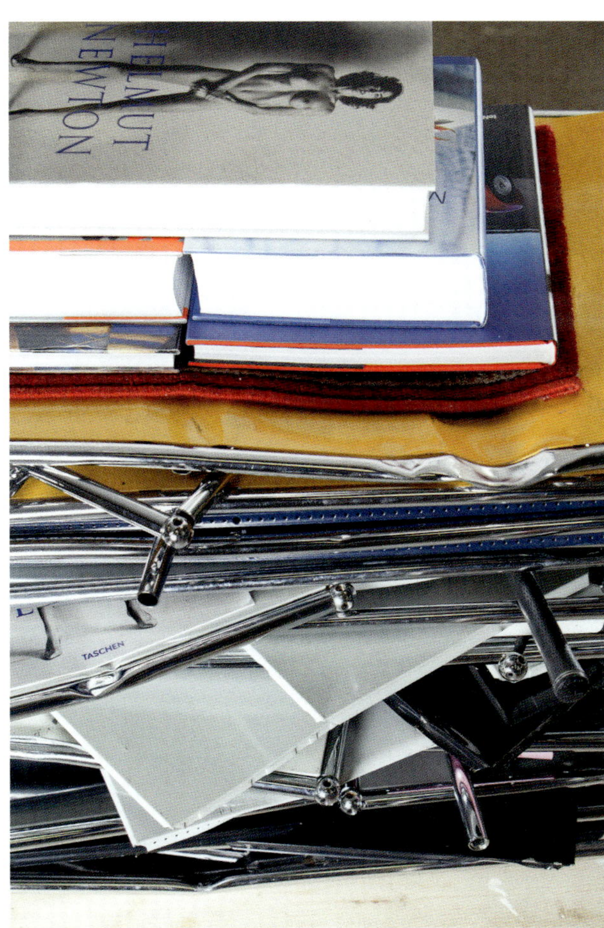

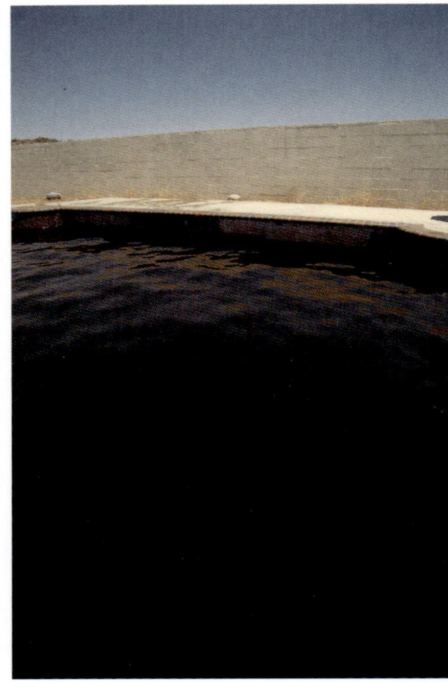

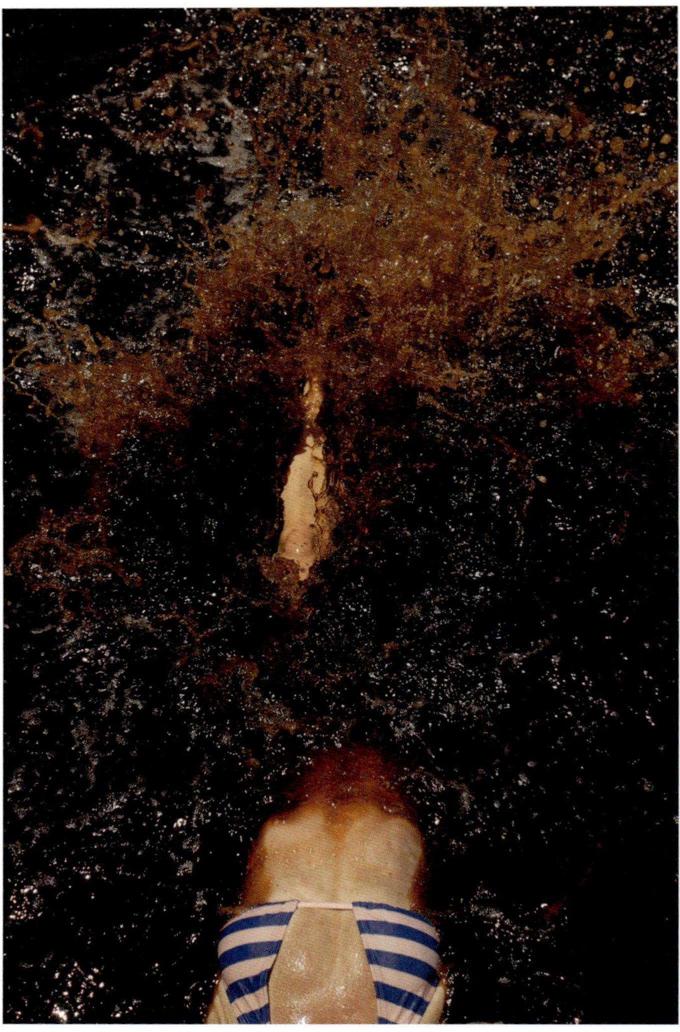

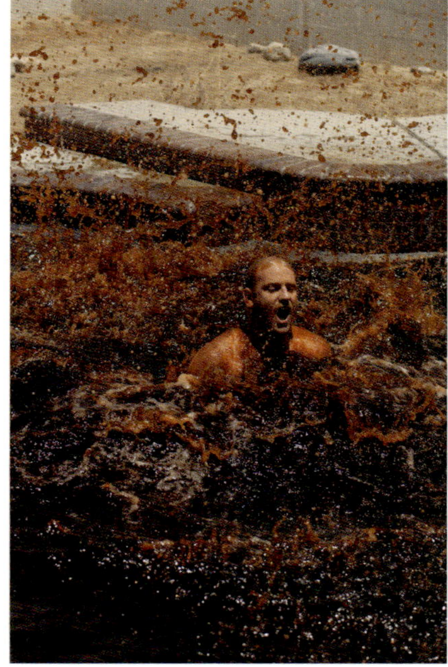

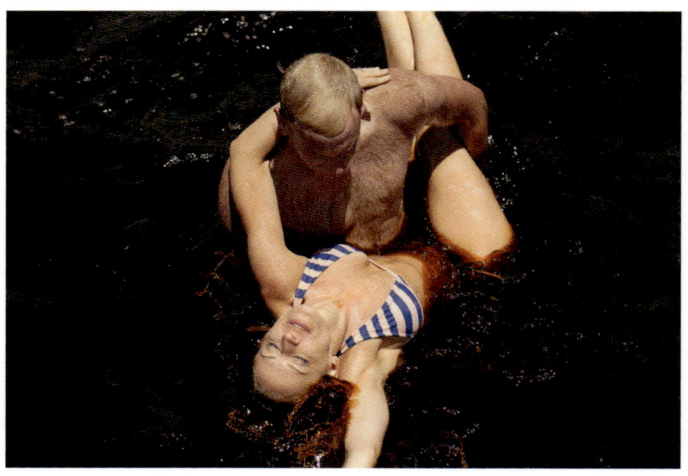

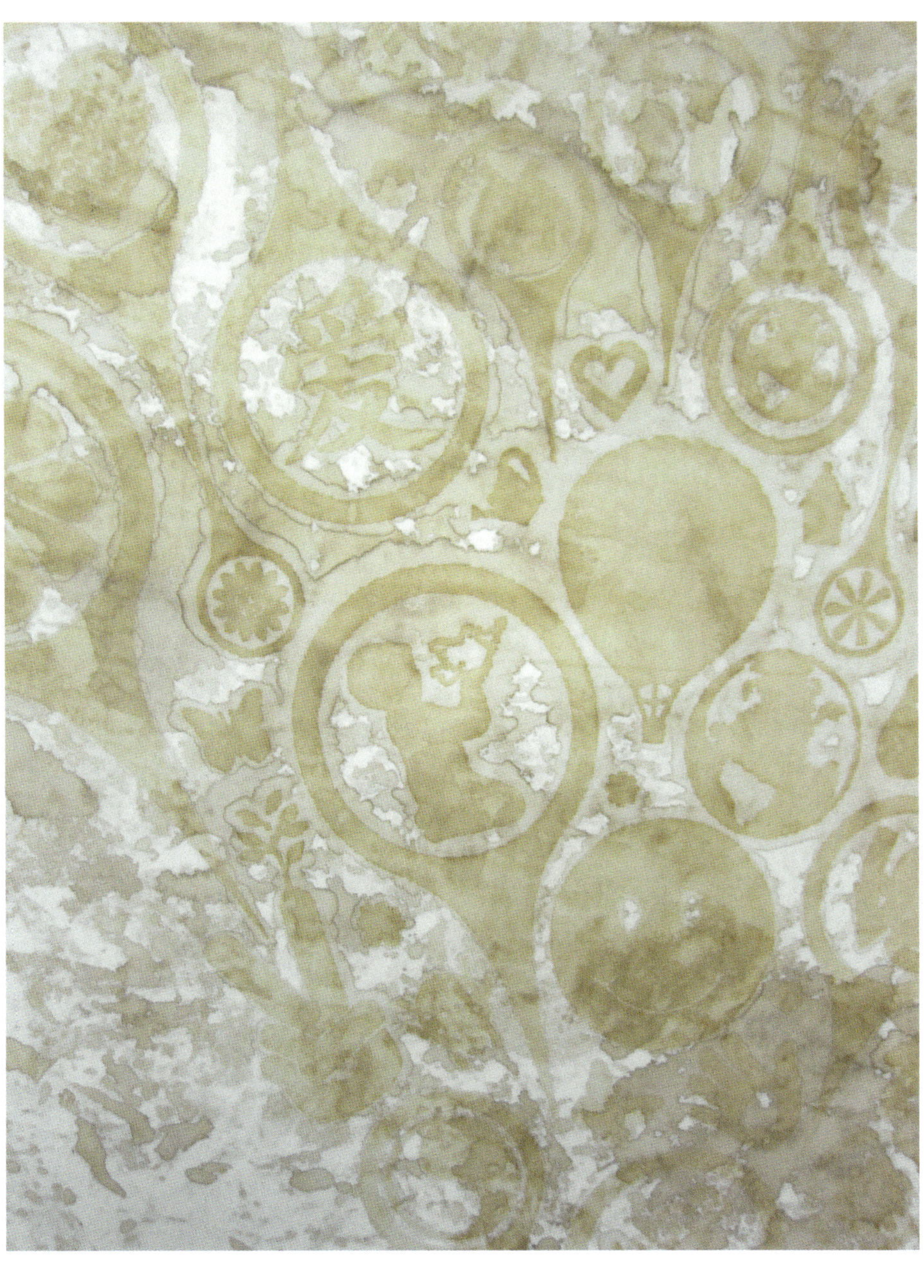

5

e   There is actually a good reason why Mike Bouchet wants to send *My Cola Lite* (2004)—2,000 one-liter bottles of his own specially produced diet cola—to China in a shipping container and give it away for free in the communist/capitalist country with a specific culture of copying and the highest product piracy rate. Coca-Cola itself still gets imitated frequently. Bouchet's soda recipe is completely unsweetened and as dark as crude oil owing to the maximum addition of caramel coloring, another analogy to global market mechanisms. He has also had versions produced of other popular products that satisfy private needs, such as canned hamburgers (*Canburger*, 2008), which he distributed at a Parisian market, and 1,000 pairs of jeans (*Carpe Denim*, 2004), which were made in Columbia and thrown out of an airplane there, for instance. These works not only reference the marriage of action and object, which has always been important to Bouchet, but also have an inherent distorted critical potential. Bouchet plays with brands' insignia and promises, perverts them in his appropriation, or rather "misappropriation" as he calls it.

Diet cola as a painting material is nothing like black gold. The *Staintings*, as the name suggests, are like stains, bodily excrement, temporary, fragile, torpedoing the logos and slogans of the big companies with their messages of freedom and enjoyment. *USM-Haller Stacks* and *Celebrity Jacuzzis* can also be considered to misuse consumerist, materialistic strategies. These series invoke products symbolizing success and status, namely chromed shelves and whirlpools. Here too the artist turns to the bodily. The items of furniture destroyed at truck stops and with the addition of accessories such as coffee table books or miniature rugs appear to have been painfully mangled. The functional pools built for celebrities, made of cheap cardboard outside and carefully formed from fiberglass inside, are almost hostile in denying use with their complex abstract forms. A desire emerges redolent of elements of fetishism that is able to satisfy consumption. That is precisely what advertising seeks to generate. *Diet Cola Pool outtakes* (2010) is an event and a film based on an advertisement: an attractive couple at and in a swimming pool filled with a dark liquid, scenes of clichéd erotic tension in a feature-length film instead of a 30-second clip. It shows the outtakes, a sequence of shots repeated many times over. Naturally the two actors are bathing in Bouchet's cola; it pearls brown on their skin, which is reddened from the carbonic acid. Here the formula corporate vs. corporal is once again blatantly obvious. Incidentally, the actor is a kind of copy of the artist; Mike Bouchet has used him as a double in some of his works for a few years now.

—*Kristin Schrader*

VERNETZUNGEN

Wenn ein künstlerisches Werk sich nicht mehr als Endpunkt einer Genealogie, sondern als zu anderen Werken gleichzeitige und -wertige Äußerung zeigt, besitzt die einzelne künstlerische Hervorbringung weniger Gewicht und größere Relativität. In zeitlicher und räumlicher Hinsicht ergeben sich andere Gesichtspunkte – das eine Werk wird in einer Sequenz und einem Feld gesehen, in das es eingebunden ist und aus dem es zeitweise hervortritt.

Ein Beispiel für diese abstrakte Beschreibung wäre ein Raum von Wolfgang Tillmans, die *Sprengel Installation (+4)* (2006), der parallel zu *Made in Germany Zwei* in der Sammlungspräsentation des Sprengel Museum Hannover zu sehen ist.[1] Es handelt sich um eine Verdichtung von fotografischen Bildern verschiedener Formate und Präsentationsformen; durch den jeweiligen Maßstab und Grad der Durcharbeitung (vom Ausdruck, der mit Klammern an die Wand gehängt ist, bis zum Großformat im Glasrahmen) werden unterschiedliche zeitliche und räumliche Tiefen im Ausstellungsraum erzeugt. Zugleich bleibt diese Kondensierung durch die über den gesamten Raum komponierte Hängung, die eine Art von Assoziationsnetz in ihm verspannt, als vorübergehende erfahrbar. Tillmans' Bilder verweisen immer auf weitere und vorhergehende Aufnahmen und forcieren so die Relativität und Leichtigkeit der jeweiligen Formung: Ein Bild kommt zum anderen, Bilder fügen sich, jedes Bild steht für sich und unendlich viele andere.

Akkurate Festlegung und Kontingenz gehen in Tillmans' Installationen eine Verbindung ein, die als Metapher einer gegenwärtigen Lebenssituation lesbar wird. Seine nomadischen Bilder, gewonnen aus genauen Blicken, gehen über ein bloßes Lebensgefühl hinaus. Sie beziehen eine neue Authentizität und Zeitgenossenschaft nicht nur aus der Wahl eines Gegenwartsmotivs, sondern besonders durch die Transparenz und damit Offenlegung des künstlerischen Zugriffs, der sich ebenso präsentiert wie zur Disposition stellt.

Könnte man hier weitere Künstler nennen wie Felix Gonzalez-Torres und sind bereits in den 1990er Jahren Parallelen in den Werkentwicklungen jüngerer Künstler wie beispielsweise Wilhelm Sasnal erkennbar, so hat diese Art von Werkbegriff im jetzigen Jahrhundert eine größere Signifikanz durch die wachsende Präsenz virtueller Welten gewonnen. Die Parallelität verschiedenartiger Räume und die Simultaneität einander widersprechender Sichtweisen provozieren andere Formen, wenn es gilt, eine gegenüber dieser Lebenswelt relevante künstlerische Äußerung zu finden.

Die Situation fordert eine neue Positionierung der bildenden Kunst – übernimmt sie den Part der sinnlichen Anwesenheit oder forciert sie ihre eigene Virtualität? Einige der künstlerischen Arbeiten in *Made in Germany Zwei* zeigen, dass gewissermaßen die Kunst darin liegt, beides zu leisten und damit den Hypertext nicht als entsinnlichten Vorgang und die Skulptur nicht als rein materielle und statische Fügung zu verstehen. Gerade die Hybridität virtueller wie haptischer Welten scheint hier von Bedeutung.

Man könnte denken, dass hier auch Nicolas Bourriauds Theorem der „relational aesthetics" greifen könnte, zumal er dezidiert das Internet als Ausgangspunkt dieser neuen Ästhetik versteht.[2] Doch der französische Kritiker setzt seinen Schwerpunkt auf die soziale Interaktion zum Beispiel in Rirkrit Tiravanijas Installationen und damit auf die Weiterentwicklung engagierter Kunstprojekte der 1960er Jahre unter anderen Voraussetzungen. „Vernetzungen", der hier benutzte Begriff, bedeutet jedoch nicht das soziale Netzwerk, denn die soziale und politische Komponente ist bei den gemeinten künstlerischen Vorgehensweisen in den Hintergrund getreten. Es geht hier um eine künstlerische Offenheit zur jeweils weiteren Form und zur Veränderlichkeit der Realität, auf die sich die künstlerische Äußerung bezieht.

Dennoch ist die Einführung des Adjektivs „relational" im Zusammenhang einer neuen Ästhetik interessant. Das schwierig im Deutschen, eher mit „in Beziehung auf, im Verhältnis zu" übersetzbare Wort verweist auf den vorübergehenden Bestand eines Werks im Hinblick auf eine Vielzahl von Komponenten sozialer, zeitgebundener, materialspezifischer Art. Bourriaud fasst es als die Existenz einer Form, die nur in der Begegnung existiert, womit er auch Konsequenzen für die Frage der Repräsentationsweise von Formen thematisiert. Die relationale Form, die sich immer in Bezug zu anderen Formen ergibt, zeigt sich stets als potenzielle, gewünschte und auch wieder aufgegebene. Die Form existiert in Bourriauds Modell als eine verhandelte, die nur in der Begegnung entsteht.[3]

Wenn man diese Begegnung nicht wie Bourriaud auf die künstlerischen Formen begrenzt, bei denen sich Personen treffen, um zu kochen, zu schlafen oder sich zu unterhalten, sondern als weiteren kulturellen Begriff versteht, kann man ihn auf die aktuellen Positionen anwenden.

Olaf Holzapfels Skulpturen und Bilder nehmen kulturelle Techniken wie den Fachwerkbau oder das Knüpfen auf und setzen sie für Werke ein, die nicht eine Ursprünglichkeit beschwören, sondern im Gegenteil die tradierte Technik ins Heute transferieren. Bei der Skulptur *Industrielles Haus* (2012), die für *Made in Germany Zwei* entstand, ist das Fachwerk in eine modulare Struktur gebracht, die in ihrer Fortsetzbarkeit und Transparenz das Zusammenfügen und die Begegnung von Bildhauerei und Architektur, von Tradition und Aktualität auf einfache Weise mit transportiert. Das „Relationale" liegt in der Vorläufigkeit dieses bildhauerischen Abschlusses; die Skulptur wird in der Folge in einer weiteren Ausstellung umgebaut und kann viele andere und weitere Formen annehmen. Holzapfels nomadische Skulpturen verbinden sich in diesem Verständnis des Werks als Übergang mit den Ansätzen Michael Riedels, Natalie Czechs wie auch Shannon Bools.

Bei Michael Riedel nimmt die vorgeblich neutrale Form, die er einfach nur aus einem bestehenden Zusammenhang, wie etwa einer Website, herauslöst, in ihrer Duplizierung und weiterer Vervielfachung Dimensionen der unendlichen Fortsetzbarkeit an. Die Transkription, basierend auf Gesprächen der Kuratorinnen und Kuratoren von *Made in Germany Zwei*, wird in den tapezierten Postern und den Bildern ebenso zu einem Muster wie zu einem Bild eines unendlich fortsetzbaren Redens über Kunst und damit wiederum zu einer in sich eigenschaftslosen Charakterisierung des Großprojekts. Die Übertragung der Übertragung der Übertragung wird zu einer russischen Puppe mit immer größeren umgebenden Puppen. Die Arbeit nimmt dabei Eigenschaften der Netzkultur an, der sie entstammt, und zeigt sich als nicht enden wollende, perpetuierende Form, die durch verschiedene Medien wandert. Riedel klinkt sich parasitär in bestehende Systeme ein, die er durch sein Ausscheren ebenso sichtbar werden lässt, wie er sie entmystifiziert. Das Gespräch der Kuratoren ist genauso banal und auf seine Weise technisch wie der Quelltext einer Website, der Riedel vormals als Grundlage seiner Bilder diente. Zugleich werden diese Elemente von Kommunikation sichtbar als Teile eines komplexen umfassenden Kommunikationssystems, das bisweilen mit Wörtern wie „die Kunstszene" oder „der Kunstmarkt" bezeichnet wird,

Begriffe, die auch Paraphasen für Intransparenz sind. Diese Kunst „ohne Eigenschaften", die ständig aus sich selbst herausweist, wird so zu einer Art von Hypertext der Kunstszene, aus der sie sich speist.

Auf das, was sich zwischen den Formen ereignet, verweisen auch Shannon Bools Arbeiten. Allein die Strukturen, mit denen sie sich auseinandersetzt – die Fenstergitter des Frauengefängnisses Pankow, die sie in Metallskulpturen dupliziert und einsetzt, die schwarzen oder weißen Streifen eines Zebras, die Vor- und Rückseite von Jeansstoff – kennzeichnen ein stetes Oszillieren zwischen innen und außen, positiv und negativ, Illusion und Wirklichkeit. Dass man es nicht wissen kann, scheinen ihre Werke ständig aufzuweisen, indem sie besonderes Augenmerk auf die Oberflächen und Muster legen und damit der Erscheinung die prominente Rolle geben. Diese muss nichts beinhalten, kann als Schein bestehen, ohne bedeuten zu müssen. Vergleichbar mit den Oberflächen Riedels, ist das Dekorative bei Bool kulturhistorisch nicht im Sinne eines Zitats angelegt und spricht doch zum weiteren Kontext von Kultur – sei es das Kultivieren der Statussymbole der Häftlinge des Gefängnisses, die den Gitterskulpturen in Abgüssen angehängt werden, sei es die Erfindung eines „falschen" Zebras durch das Anmalen eines Esels. Hier geht es um Wertsetzungen, die geschehen und oftmals Zufällen geschuldet sind. In der Installation von Bool finden sie neue Korrespondenzen, die diese ständigen Interferenzen zur Sprache bringen.

Die durchlässigen Flächen des Jeansvorhangs wie die Gitter und die ineinandergeblendeten Negativfolien eines weißen und schwarzen Esels agieren wie Matti Brauns Batiken, Natalie Czechs Fotoarbeiten oder Olaf Holzapfels Heubilder als Oberflächen, die zunächst allein ihre Oberflächlichkeit bedeuten. Die Flächen, Netze und Stoffe sind haptische Oberflächen und scheinen den technischen Bildern von Czech oder Riedel diametral entgegenzustehen. Und doch eint sie die Nomadik der Formen und das Bestehen auf einer künstlerischen Äußerung, die sich in Relation zu eigenen oder auch anderen weiteren Äußerungen setzt. Bei Czech und Saâdane Afif wie auch bei Omer Fasts in *Made in Germany Zwei* zu sehenden *Talk Show* äußert sich dies unmittelbar in dem Prinzip der Übertragung, wenn auch auf verschiedene Weise. Ist es bei Fast das Prinzip der Stillen Post (das in seinen Übersetzungen ins Englische oder Französische schon die Verschiebungen zeigt: „chinese whispers", „téléphone arabe"), das uns die Unschärfen und die Eigendynamik der Überlieferung bis zu einem Grad zeigt, der das, was wir Geschichte nennen, grundsätzlich infrage stellt – wie es ebenso auf den Ursprung der mündlichen Überlieferung als auch auf die aktuelle Vermarktung in der Fernsehshow verweist –, setzt Afif die Unschärfen der Übertragung zur Schaffung von multimedialen Installationen ein, die aus dem Dazwischen ihre Form generieren. Auch Natalie Czechs *Hidden Poems* ergeben sich aus dem, was als zweite Ebene aus der Oberfläche hervortreten kann, ohne diese grundlegend zu beeinträchtigen – Text und Text liegen ineinander. Schließlich werden die Transkriptionen der Kuratorengespräche durch die transkribierende Person bei Riedels Arbeit zu einer Art Nonsens-Prosa, wenn Omer Fast zu „Oma Fahs" wird und auf einmal der Name „Ionesco" unter den Künstlern auftaucht.[4]

Diese babylonische Dimension, die im Netz durch den signifikanten Namen der Übersetzungsmaschine *Babel Fish* auftaucht, findet sich auch in den Verschiebungen und Vieldeutigkeiten von Namen von Orten und Personen bei Matti Braun. Seine mit einem Namen betitelten Projekte wie beispielsweise *Özurfa*, *Kola* oder das bei *Made in Germany Zwei* gezeigte *Ave Vela* thematisieren die historischen Ursprünge von Namen, die uns begegnen, ebenso wie ihre historischen als auch ideologischen und politischen Resonanzen, Verschiebungen und Besetzungen. Sprache ist hier, wie die eingesetzten Bilder, auf viele Arten Bedeutungsträger, und die Frage, welche Bedeutung sie transportieren, ist zentral für Brauns Arbeiten. Hochkultur, Populäres und Folkloristisches konvergieren in seinen Installationen, die zum Teil Fundstücke, zum Teil eigene Schöpfungen präsentieren. Die Seidenmalereien, die Braun zeigt, sind schon als Medium in der heutigen Kunstwelt mit dem Tabu der Hobbykunst belegt und doch eine Jahrtausende alte kulturelle Technik: Braun thematisiert sie, wie er sie ohne ideologische Scheuklappen auf seine Weise weiter- und in überzeugende und gegenwärtige Malerei überführt.

Bei diesen Künstlerinnen und Künstlern stellt sich Sprache ebenso wie Geschichte als ein Feld mit Schärfen und Unschärfen, Kontinuitäten und Brüchen dar. Cyprien Gaillards Polaroids scheinen da fast zum Sinnbild zu werden – *Westwood Cracks (Ice Age)* (2012), die in ihrem Titel auf den Stadtteil von Los Angeles verweisen, wo Filmpremierenkinos ebenso zu finden sind wie die Universität von Los

Angeles, zeigen in künstlicher Farbigkeit gerissene Betonplatten, ohne Genaueres zur Umgebung oder zur Genese der Risse zu bezeichnen. Gaillard geht ihnen in Humboldtscher Weise auf seinen zahlreichen Reisen auf den Grund und scheint mit seiner Archäologie auf andere Weise unzeitgemäß wie Matti Braun.

Wie Natalie Czechs Serie der *Hidden Poems* erscheinen die Polaroids als Hervorhebungen einer existierenden Welt, die sich jedoch nur dem Suchenden zeigt. Rolf Dieter Brinkmanns Gedichtzeile: „Überraschend die zufällige Anordnung des Aschenbechers, der Tasse, der Hand zu einem geschlossenen Bild", die in einer Fotografie Czechs als „Verstecktes Gedicht" in einem anderen Text markiert wird, steht dabei für die künstlerische Praxis selbst, die zwar absichtsvoll vorgeht, jedoch aufgrund der wachsenden Unübersichtlichkeit auf zufällige Erscheinungen angewiesen ist.

Die Künstler werden zu Sammlern und Nomaden in der globalisierten analogen wie digitalen Welt, die unendlich viele Formen, Reisen und Zusammenkünfte ermöglicht. *VideoRhizome* nennt Marcellvs L. eine Gruppe von kurzen Videoarbeiten und gibt damit das Stichwort für ein weiteres, hier relevantes Theorem. Seine Videos, die in ihrer wachsenden Menge auch ein Reisetagebuch ergeben und darin mit Gaillards Polaroids vergleichbar sind, werden nach dem Zufallsprinzip mit jeweils vier Ziffern betitelt und anonym an Personen versendet, deren Adresse diese Ziffern aufweist. Die Bilder treffen so zufällig auf Rezipienten, die diese nicht erwarten, und behaupten ihre Wichtigkeit durch die persönliche Zusendung. Bilden die *VideoRhizome* zunächst selber ein Netz von zufälligen, aber präzise und dauerhaft eingefangenen Augenblicken, das sich mit jeder Beobachtung des Künstlers erweitert, so schafft ihre Distribution ein Weiteres. Die für die Empfänger der Videos ebenso absichtsvoll wie willkürlich erscheinende Videobotschaft läuft parallel zur perfektionierten Präsentation im Ausstellungskontext, bei welcher der Künstler die Dauer und Intensität der nahezu ereignislosen Kurzfilme hervorhebt.

Seit Deleuzes und Guattaris *Mille Plateaux* dient das Rhizom inflationär der Beschreibung immer neuer Verknüpfungen, die entgegen der Baumstruktur nicht nur eine Wurzel, sondern eine Vielzahl paralleler Wurzeln hervorbringt.[5] Es ist wichtig, das Rhizom nicht als einen Zustand und auch nicht als eine Metapher zu beschreiben. Sie ist ein epistemologischer und ontologischer Terminus, ein ebenso wissenschaftlicher wie existenzieller Begriff. Es macht daher Sinn, ihn, dem Aufruf der Philosophen folgend, als einen Kampfbegriff zu verstehen, wie es Thomas Hirschhorn tut, der sich selbst auch häufig als „Krieger" bezeichnet. Der Kampf ist vor allem der Repräsentation angesagt – das Rhizom will kein neues Modell für die Kunst sein, niemanden vertreten, sondern ist selber Teil des Lebens und Seinsform. [6] Deleuzes und Guattaris Vorwort ist selbst Verkettung, nicht Herleitung, fügt sich als Text in das Feld der vergangenen und zukünftigen Texte. Die Sprache nomadisiert und macht sich auf den Weg. Die Autoren folgen einer „Logik des UND"[7], nicht einem kausalen Prinzip und sehen deshalb Werke wie die Punkte auf einer Linie in einem Feld in einem Raum, so dass sich alles mit allem immer neu verbinden kann.[8] Wenn manche Kapitel der *Mille Plateaux* sich fast wie Beschreibungen der Liniengeflechte Jorinde Voigts lesen, stehen auch Jan Paul Evers' fotografische Bilder für Oberflächen, aus denen sich Raum herausbildet und immer wieder in sie zurückzuklappen scheint. Beide künstlerische Arbeiten beschreiben Aspekte von Wirklichkeit wie wissenschaftliche oder phänomenologische Untersuchungen und erreichen zugleich ebene wie haptische Flächen. Was bei Voigt in der Vervielfältigung der Linien und Zeichen sowie der unterliegenden Verweissysteme geschieht, liegt bei Evers in der Vielzahl der erstellten Bilder: Das Ganze gerät aus dem Blick, ist nicht mehr künstlerisches Ziel. Die Kritik an der Repräsentation durch das einheitliche, eurozentrische Subjekt oder Objekt ist bei der Generation der „digital natives" schon verinnerlicht. Weniger auf eine soziale Dimension, wie sie Bourriaud für die 1990er Jahre beschreibt, richtet sich diese aktuelle Kunstproduktion vielmehr auf das Machen einer Vielheit, auf die Andeutung der Fortsetzbarkeit, die Relativierung des eigenen Standpunkts, die Einebnung von Bedeutungen und damit die Entmachtung der Hierarchie von Sprache und Logik. Es ist eine Art von Lebens- und Werkprinzip, das in den beschriebenen Arbeiten sichtbar wird. Damit ist vielleicht auch eine neue Authentizität der künstlerischen Äußerung erreicht. Das künstlerische Ethos liegt jetzt in der Findung einer künstlerischen Form, die authentisch und zeitgenössisch ist, weil sie selbst als eine durch Lebensumstände in Bewegung geratene Form thematisiert wird.

1 Die *Sprengel Installation (+4)* enthielt zum Zeitpunkt der Erstinstallation 28 fotografische Arbeiten aus den Jahren 1993–2006 und bezog je zwei Bilder aus der Sammlung von Gerhard Richter und Sigmar Polke mit ein. Tillmans hat die Installation danach zweimal Präsentationen in anderen Räumen des Museums angepasst, so dass jetzt drei Versionen dieses Raumes für jeweils einen Raum der Oberen Sammlung des Sprengel Museum Hannover existieren. Für die aktuelle Präsentation wählte Tillmans seine Arbeiten für sich, ohne den Bezug auf andere Künstler zu installieren; dazu wurde eine weitere fotografische Arbeit von dem Eigentümer, der Stiftung Sammlung Bernhard Sprengel und Freunde des Sprengel Museum Hannover, erworben. Zur Installation siehe *Wolfgang Tilmanns, Sprengel Installation (+4)*, (= Beiträge zur Sammlung, Bd. II), hg. v. Inka Schube für die Freunde des Sprengel Museum Hannover e.V., Hannover 2007.

2 Nicolas Bourriaud, *Relational Aesthetics* (Originaltitel: *Esthétique relationnelle*, 1998), Paris 2006.

3 Ebd., S. 21: „Unlike an object that is closed in on itself by the intervention of a style and a signature, present-day art shows that form only exists in the encounter and in the dynamic relationship enjoyed by an artistic proposition with other formations, artistic or otherwise."

4 In dieser Verselbstständigung von Sprache steckt ein humoresker Anteil, der der Irrwitzigkeit der sich ins Unvorstellbare überbietenden Sensationsankündigungen des Sprechers in Sven Johnes *Greatest Show on Earth* (2011) vergleichbar ist. Hier verschränkt sich das Thema der *Vernetzungen* mit dem der *Narrativität*. Dies gilt auch für Czechs Arbeiten, in denen die Entstehung von Lyrik als ein Hervorheben aus Sprache, die gewissermaßen immer schon in der Welt ist, thematisiert.

5 Gilles Deleuze und Félix Guattari, *Kapitalismus und Schizophrenie. Tausend Plateaus* (Originaltitel: Mille Plateaux, 1980). Aus dem Französischen von Gabriele Ricke und Ronald Voullié, Berlin 1992.

6 Siehe dazu Stefan Heyer, *Deleuzes & Guattaris Kunstkonzept. Ein Wegweiser durch Tausend Plateaus*, Wien 2001.

7 Ebd., S. 41.

8 Nach Heyer nehmen sie damit die Erfindung des Hypertexts vorweg. Vgl. ebd., S. 43ff.

NETWORKINGS

If an artistic work conceives itself not as the end point in a genealogy, but as a statement that is simultaneous and equal to other works, the individual artistic product has less weight and greater relativity. From the temporal and spatial viewpoint, other angles arise: the one work is seen in a sequence and a field in which it is embedded and from which it at times stands out.

An example for this abstract description would be a space created by Wolfgang Tillmans, his *Sprengel Installation (+4)* (2006), that will be on show parallel to *Made in Germany Zwei* as part of the presentation of the Sprengel Museum Hannover collection.[1] The piece is composed of condensed photographic images of different formats and presentation forms; the respective scale and degree of processing (from prints hung with clips on the wall to large formats in glass frames), different temporal and spatial depths are created in the space. At the same time, owing to the hanging, which is composed to embrace the entire space, creating a kind of web of associations across it, the temporary nature of this concentration remains manifest. Tillmans' images always refer to other, temporary recordings and thus highlight the relativity and ease of the respective shape: an image joins others, images blend, each image stands for itself and for countless others.

In Tillmans' installation precise formulation and contingency link up in a way we can read as a metaphor for a current situation in life. His nomadic images, gained from precise observation, go beyond a mere feeling for life. They gain a new authenticity and contemporaneity not only from the choice of present themes, but especially through the transparency and thus revelation of the artistic approach, which asserts its presence while also leaving itself open to question.

One could mention other artists here, such as Felix Gonzalez-Torres, and there are parallels in the 1990s in the way younger artists' groups of works evolved—such as Wilhelm Sasnal. Yet in the present century this notion of the art work has gained greater significance owing to the growing presence of virtual worlds. The parallel nature of different spaces and the simultaneity of mutually contradictory angles provoke other forms when it comes to finding a find of artistic statement that is relevant when faced with this lifeworld.

This situation calls for a new positioning of the fine arts: will it assume the role of sensory presence or instead push ahead with its own virtuality? Some of the artistic pieces in *Made in Germany Zwei* show that to a certain extent the art is in achieving both, and thus in grasping the hypertext not as a process robbed of a sensory component and sculpture not as a purely material and static matter. Precisely the hybridity of virtual and tactile worlds seems of importance here.

One could be forgiven thinking, for instance that Nicolas Bourriaud's theorem on "relational aesthetics" could apply here, especially as he forcefully considers the Internet the basis for this new aesthetic.[2] Instead, the French critic focuses on social interaction, for example, in Rirkrit Tiravanija's installations, and thus on advancing the socially committed art projects of the 1960s under different conditions. "Networking" as used here does not refer to a social network, as the social and political component takes a backseat in the artistic approach referred to. What is involved is an artistic openness to the respectively next form and to the mutability of the reality which the artistic expression references.

Yet the introduction of the adjective "relational" as regards a new aesthetic is certainly interesting, and points to the temporary validity of a piece as regards a multiplicity of components of a social, temporally and materially specific kind. Bourriaud construes this as the existence of a form that only exists in the encounter, thus spotlighting the impact this has on the issue of how forms are representations. The relational form that always arises in relation to other forms, always proves to be potential, desired and also abandoned. In Bourriaud's model, form is something negotiated, and arises only in the encounter.[3] If, unlike Bourriaud, we refer the encounter not just to the artistic forms when people meet to cook, sleep, or converse, but as a broad cultural concept, then it can be applied to current positions.

Olaf Holzapfel's sculptures and images draw on cultural techniques such as half-timbered structures or weaving, and use them for pieces that do not evoke some sense of roots, but instead transfer proven techniques into the here and now. The sculpture *Industrielles Haus* (2012) which he created for *Made in Germany Zwei*, relies on half-timbered modules, that in terms of transparency and how they can be continued quite simply highlight the combination and encounter of sculpture and architecture, of tradition and topicality. They are "relational" as this sculptural decision is temporary; the sculpture will subsequently be converted into another exhibition and can assume many other, additional shapes. With this notion of the work as transition, Holzapfel's nomadic sculptures can be linked to the approach of Michael Riedel, Natalie Czech or Shannon Bool.

In Michael Riedel's case the ostensibly neutral form that he simply extracts from an existing context, such as a Website, then qua duplication and reproduction assumes the quality of infinite iteration. The transcription, based on conversations of the curators of *Made in Germany Zwei*, becomes in the wallpaper posters and images both a pattern and an image of a discussion on art that can be continued ad infinitum and thus in turn a characterization of a large project that intrinsically has no character of its own. The transmission of transmission becomes a Russian doll with ever larger surrounding dolls. In the process, the piece embodies features of the Web culture from which it originated, and proves to be a never-ending, perpetuating form that wanders across different media. Riedel locks into existing systems parasitically, and what he extracts from them highlights how he demystifies them. The conversation with the curators is just as trivial and essentially technical as the source text of a Website that once served Riedel as the basis for his images. At the same time, these elements of communication become legible as parts of a complex surrounding communication system that in part is described using words such as the "art scene" or the "art market," concepts that are also paraphrases for a lack of transparency. This art "without characteristics" that constantly refers beyond itself thus becomes a kind of hypertext of the art scene that fuels it.

Shannon Bool's pieces also refer to what occurs between the forms. The very structures which she explores (the barred windows of the women's prison in Pankow, which she duplicates and uses as metal sculptures, the black or white stripes of a zebra, the topside and back of jeans material) all stand out for constantly oscillating between inside and outside, positive and negative, illusion and reality. Her works seem always to intimate that one cannot know which for sure, because in them special attention is paid to the surfaces and patterns and appearance thus takes a prominent role. This need not contain anything, can exist as appearance without having to signify anything. Comparable with Riedel's

surfaces, for Bool the decorative is not meant as a quote from cultural history and yet it speaks of the broader context of culture—be it cultivating the status symbols of the prison inmates, which as casts are attached to the bar sculptures, be it by inventing a "false" zebra by painting a donkey. Here, the focus is on valuations that occur and are often the product of chance. In Bool's installation new correspondences arise that lend voice to these constant interferences.

Like the prison bars and the superimposed negative foils of a white and black donkey, the translucent surfaces of the jeans curtain function like Matti Braun's Batiks, Natalie Czech's photo works or Olaf Holzapfel's hay images as surfaces that initially solely signify their own superficiality. The surfaces, webs and fabrics are tactile surfaces and seem the diametrical opposite of the technical images of a Czech or Riedel. Yet they share the nomadic nature of the forms and the insistence on a means of artistic expression that defines itself in relation to other works and works of other artists. In the case of Czech and Saâdane Afif as well as with Omer Fast's *Talk Show*, which will be on show in *Made in Germany Zwei*, this is directly expressed in the principle of transmission, albeit in a different way. While in Fast's case it is the principle of Chinese whispers (which shifts significantly when translated into French, where it becomes "téléphone arabe") that shows us the blurs and the intrinsic momentum of passing things down by word of mouth to a certain degree, that essentially casts doubt on what we term history (just as it points to both the origin of oral transmission and the current marketing in a TV show), Afif makes use of the indistinctness associated with passing things down to create multimedia installations which generate its form from the interstice. Natalie Czech's *Hidden Poems* also result from what can emerge from the surface as the second level without fundamentally impairing the latter— text and text interweave. Finally, the transcriptions of the conversations of curators by the person doing the transcribing in Riedel's work become a kind of nonsense prose, with Omer Fast becoming "Oma Fahs" and suddenly the name "Ionesco" crops up among the artists.[4]

This Babel-like dimension, which occurs in the Net under the significant name of the *Babel Fish* translation engine, also recurs in the shifts and ambiguities of the names and persons in Matti Braun's work. His projects tend to have one name as their title, such as *Özurfa*, *Kola* or *Ave Vela*, which is on show in *Made in Germany Zwei*, and highlight the historical origins of the names we encounter, along with their historical, ideological and political resonances, shifts and ascriptions. Here, language, like the images used, bears meaning in many ways, and the question what meaning it transports is key to Braun's œuvre. Highbrow culture, the popular and folklore converge in his installations, which consist in part of found objects, in part of his own creations. As a medium, the silk paintings Braun shows are tabooed as hobby-art in today's art world and yet a cultural technique that is millennia old: Braun emphasizes this, advancing the technique in his own way without ideological blinkers and transposing it into a convincing contemporary form of painting.

For these artists, language like history is a field of sharp and blurred edges, continuities and ruptures. Cyprien Gaillard's Polaroids seem almost to be a symbol here—take *Westwood Cracks (Ice Age)* (2012), the title refers to a district in Los Angeles where you find both movie theaters showing premieres and the university of Los Angeles—the artificial colors show us cracked slabs of concrete, without defining the surroundings or the nature of the cracks any closer. In his countless journeys, Gaillard studies them à la Humboldt and with his archaeology seems as out-of-synch as Matti Braun, albeit in a different way.

Like Natalie Czech's series of *Hidden Poems* the Polaroids appear to emphasize aspects of an existing world that are only apparent to the seeker. The line from Rolf Dieter Brinkmann's poem ("Surprising, the chance setting of the ashtray, the cup, the hand to form a coherent image,") is marked in a Czech's photograph as a "hidden poem" in another text, and stands for artistic praxis per se, which while intentional relies on chance phenomena given the growing opaqueness of life.

Artists becomes collectors and nomads in the globalized analog and digital world, enabling an infinite number of forms, trips and encounters. Marcellvs L. calls a group of short video pieces *VideoRhizome* and thus pinpoints another theorem of relevance here. His videos, which are growing in number to become a diary and are thus comparable with Gaillard's Polaroids, are given titles (four digits) by random generation and then sent anonymously to persons whose address exhibits the four digits. The images thus coincidentally encounter recipients (who do not expect them) and claim to be important as they are sent personally. While the *VideoRhizome* themselves form a web of chance, but precise and permanently captured moments that grows with every observation by the artist, their distribution creates another web. The video messages seem deliberate and arbitrary to the viewer of the videos and run parallel to their perfect presentation in the exhibition context, where the artist emphasizes the duration and intensity of these short films, which are almost bereft of content.

Since Deleuze's and Guattari's *Mille Plateaux* the rhizome has been over-used to describe ever new linkages that contrary to tree structures not only have one root, but a plethora of parallel roots.[5] It is key not to grasp rhizome as a state and also not describe it as a metaphor. It is an epistemological and ontological term, as scientific a concept as it is existential. It thus makes sense to follow the philosophers and use it as a battle cry, as Thomas Hirschhorn does, who often terms himself a "warrior" . It is a battle above all against representation—the rhizome does not seek to be a new model for art, to represent someone, but itself to be part of life and a form of existence.[6] Deleuze's and Guattari's foreword is itself a chain, not a derivation, and as a text blends with past and future texts. Language becomes nomadic and sets out on a path. The authors obey a "logic of AND"[7] and not a causal principle, and therefore see works like dots on a line in a field in a space, so that everything can always be linked to everything else.[8] If the one or other *Mille Plateaux* chapter almost reads like a description of Jorinde Voigt's skeins of lines, Jan Paul Evers' photographic images also stand for surfaces from which space emerges and into which repeatedly seem to fold back. Both artworks describe aspects of reality like scientific or phenomenological studies and therefore reach both smooth and tactile surfaces. What happens in Voigt's piece through the multiplication of lines and signs and the underlying reference systems, occurs in Evers' work through the multiplicity of images made: the whole is no longer in sight, no longer artistic goal. The critique of representation by the uniform, Eurocentric subject or object is already interiorized by the generation of "digital natives". Current art output seeks not so much to create a social dimension, as Bourriaud describes for the 1990s, and instead to make diversity; these artists seek to show how their works can be continued, their own standpoint relativized, meanings blurred and thus the hierarchy of language and logic toppled from power. It is a kind of principle of life and work that emerges in the works described. In this way, a new authentic form of artistic expression has perhaps arisen. The artistic ethos is now in finding an artistic form that is authentic and contemporary because it itself underscores that the form itself is in flux owing to the conditions of life today.

1   When first made, the *Sprengel Installation (+4)* featured 28 photographic works from 1993–2006 and included two pictures respectively by Gerhard Richter and Sigmar Polke from the museum's collection. Tillmans then adapted the installation twice for presentation in other rooms in the museum, meaning there are now three versions of this space for one room respectively in the Upper Collection of the Sprengel Museum Hannover. For the current presentation, Tillmans decided to hang the works without reference to other artists; moreover, another photographic piece was acquired by the owners, Stiftung Sammlung Bernhard Sprengel and Friends of Sprengel Museum Hanover. On the installation see *Wolfgang Tilmanns, Sprengel Installation (+4),* (= Beiträge zur Sammlung, Bd. II), ed. Inka Schube on behalf of Friends of Sprengel Museum Hannover, (Hanover, 2007).

2   Nicolas Bourriaud, *Relational Aesthetics* (original: Esthétique relationelle, 1998; Paris, 2006).

3   Ibid., p. 21: „Unlike an object that is closed in on itself by the intervention of a style and a signature, present-day art shows that form only exists in the encounter and in the dynamic relationship enjoyed by an artistic proposition with other formations, artistic or otherwise."

4   There is a humorous element to the way language becomes independent of all else here, comparable to the nonsensical streak of the sensational announcements by the speaker in Sven Johne's *Greatest Show on Earth* (2011) which go to the point of the unimaginable. Here, the issue of *networkings* links up with that of *narrativity.* This also applies to Czech's works, which underline the emergence of poetry as an emphasis in language, which is essentially always already in the world.

5   Gilles Deleuze and Félix Guattari, *A Thousand Plateaus. Capitalism and Schizophrenia,* (original: *Mille Plateaux,* 1980), tr. Brian Massumi, (Minnesota, 1987).

6   See on this Stefan Heyer, *Deleuzes & Guattaris Kunstkonzept. Ein Wegweiser durch Tausend Plateaus,* (Vienna, 2001).

7   Ibid., p. 41.

8   According to Heyer, they thus preempt the invention of hypertext. Ibid., pp. 43ff.

MATTI
BRAUN

1 *Ohne Titel/Untitled*, 2011
2 *Ohne Titel/Untitled*, 2011

d   Häufig beschäftigen sich die Arbeiten Matti Brauns mit den Überlieferungen und Mythen verschiedener Kulturen und verflechten diese zu neuen, hybriden Formationen. Braun interessiert sich für „kulturelle Missverständnisse": Was passiert, wenn Objekte und das Handwerk einer Kultur in einer anderen Kultur eingesetzt oder auf diese angewendet werden? In seinen Objekten, Bildern und Installationen ordnet Braun die Formen und Inhalte des jeweils ursprünglichen Kontextes solcherart neu an, dass andere, eigenständige Bedeutungen entstehen. Er nutzt den globalen Bild- und Medientransfer, um zu zeigen, dass kulturelle Missverständnisse nicht etwa Abfallprodukte globaler Vernetzung, sondern produktiver und integraler Bestandteil zeitgenössischer Erfahrung sind.

Die neue Rauminstallation für *Made in Germany Zwei* geht aus von seiner letzten Galerieausstellung, die den Titel *Ave Vala* (2012) trug, und entwickelt diese weiter. *Ave Vala* ist eine Fantasiebezeichnung, der Begriff existiert so nicht, aber er evoziert eine Reihe ganz unterschiedlicher Assoziationen. Ave könnte die Abkürzung für „Avenue" sein, also Avenue „Vala" heißen. „Ave" ist auch ein in das Lateinische eingedrungenes semitisches Lehnwort und bedeutet „sei gegrüßt". Sowohl das wichtige katholische Gebet „Ave Maria", das die Mutter Gottes anruft und Beistand in der Todesstunde erbittet, beginnt auf diese Weise, als auch das „Ave, Caesar, morituri te salutant!" („Heil dir, Caesar, die Todgeweihten begrüßen dich!") – die Begrüßungsformel der Gladiatoren in der römischen Arena. Darüber hinaus gibt es offenbar in der finnischen Geschichte – so lässt uns Braun wissen – ein altes National-Epos mit dem Titel *Kalevala*, das sehr ähnlich klingt. Ganz verschiedene Kontexte werden hier also erschlossen: eine Straße oder Boulevard – man könnte sich Kalifornien vorstellen –, die christlichkatholische Liturgie, römische Schaukämpfe, mittelalterliche Heldensagen, weitere sinnhafte Verbindungen sind sicher möglich.

Die Arbeiten auf Seide und Rohseide, die den Raum entweder mittels unterschiedlicher Bildformate oder als halbtransparente Segel vor den Fenstern strukturieren, öffnen weitere Zusammenhänge. Die Farbflächen, die sich entweder um dunkle Zentren herum verdichten oder mit kräftigen Farbgegensätzen arbeiten, bilden scheinbar zufällige Muster, fließen ineinander und funktionieren wie Assoziationsbilder ähnlich den Rorschach-Tests, zu denen der Betrachter Bilder mythischer Weltentstehungs- oder Weltuntergangsszenen, Bilder von Geistern, Gesichtern oder Landschaften imaginieren kann.

Braun verwendet Techniken javanischer Batik, und die so entstehenden Bilder erinnern in Duktus und Farbauftrag an die Malerei des Informel oder die abstrakte Malerei der frühen Moderne. Wie die Künstler dieser Bewegungen, die ihre Inspiration aus außereuropäischen Kunsttraditionen und der vorchristlichen Kultur bezogen, hinterfragt auch Braun die Struktur unserer Sehgewohnheiten und deren Automatismen. Er verhindert bewusst die Festlegung auf eine Bedeutungsebene. Im Zwischenraum von Titel und Arbeiten bestehen alle aufgezeigten und bislang verborgene Ebenen nebeneinander, keine vermag die andere auszuschließen.
—*Ellen Blumenstein*

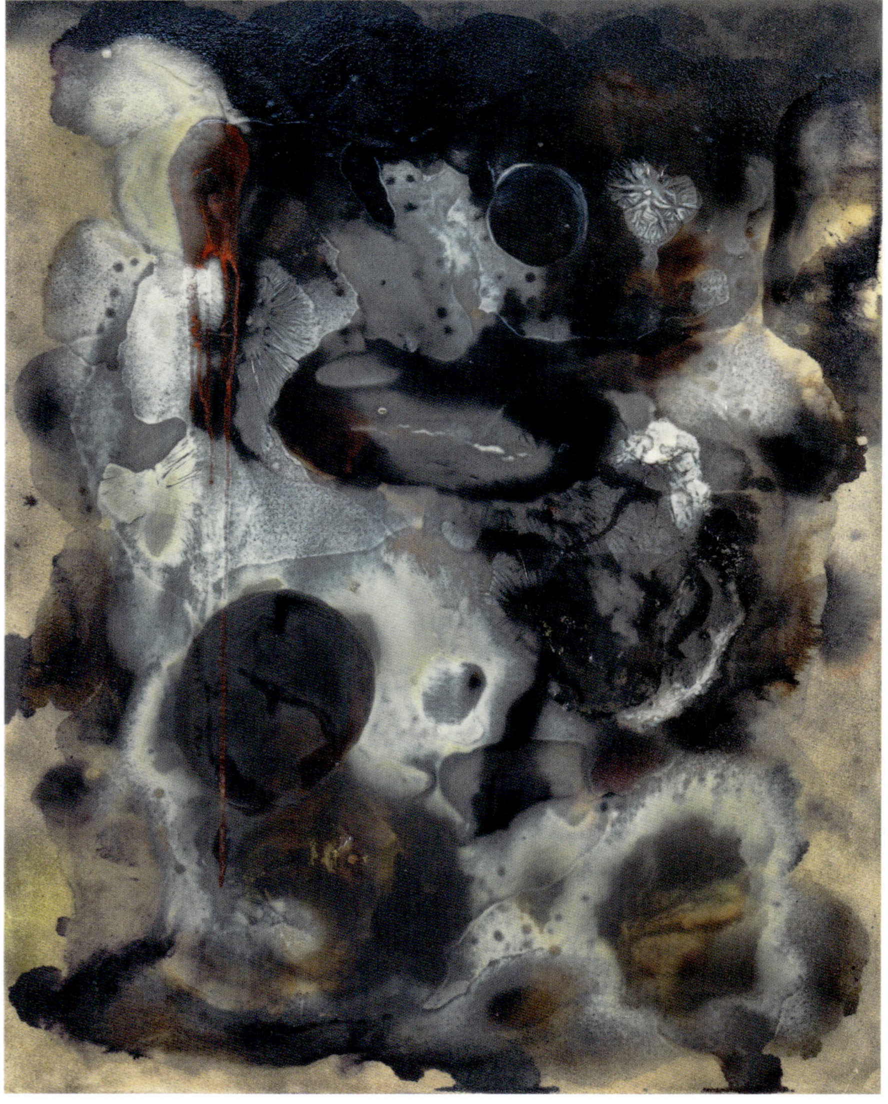

1

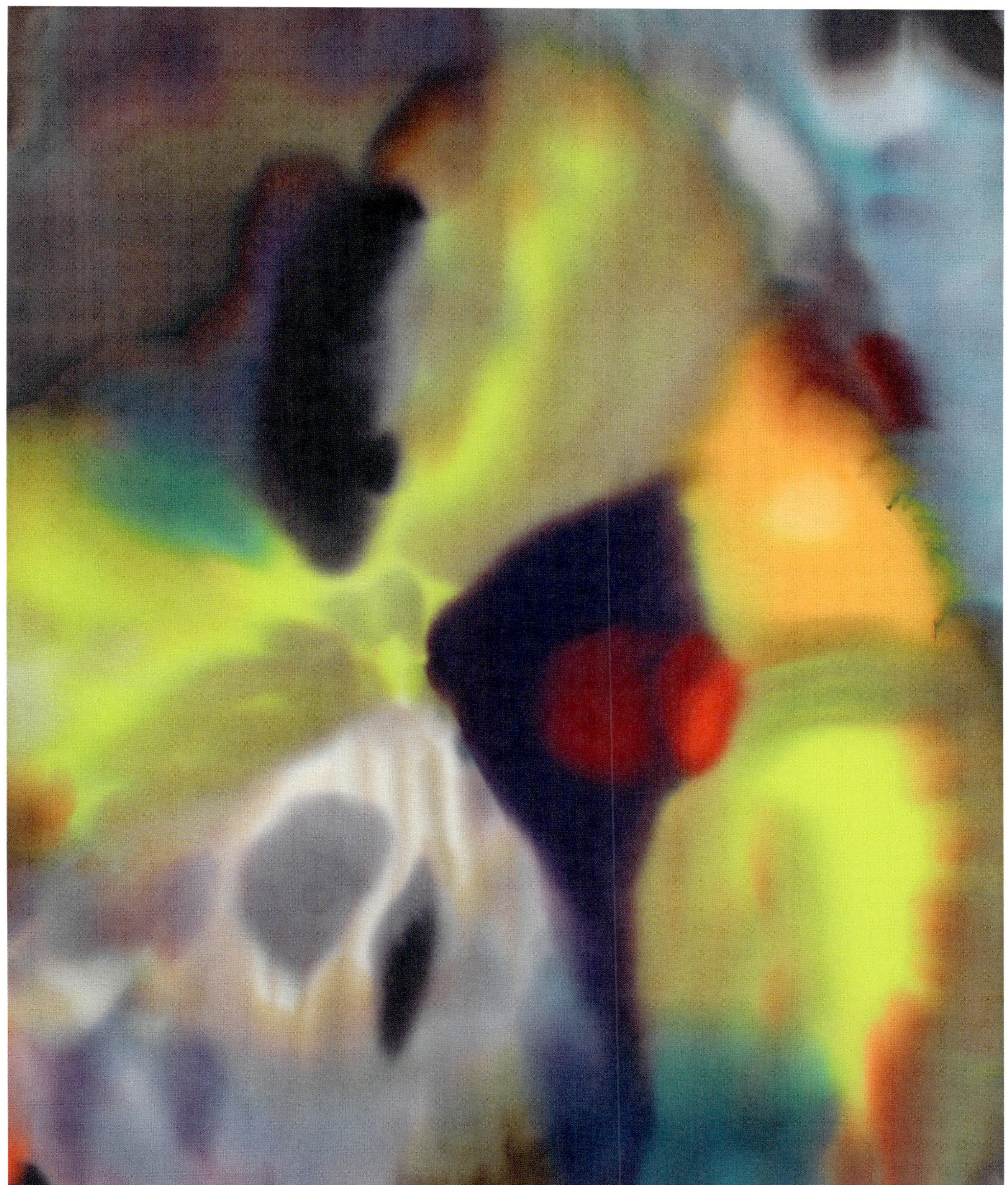

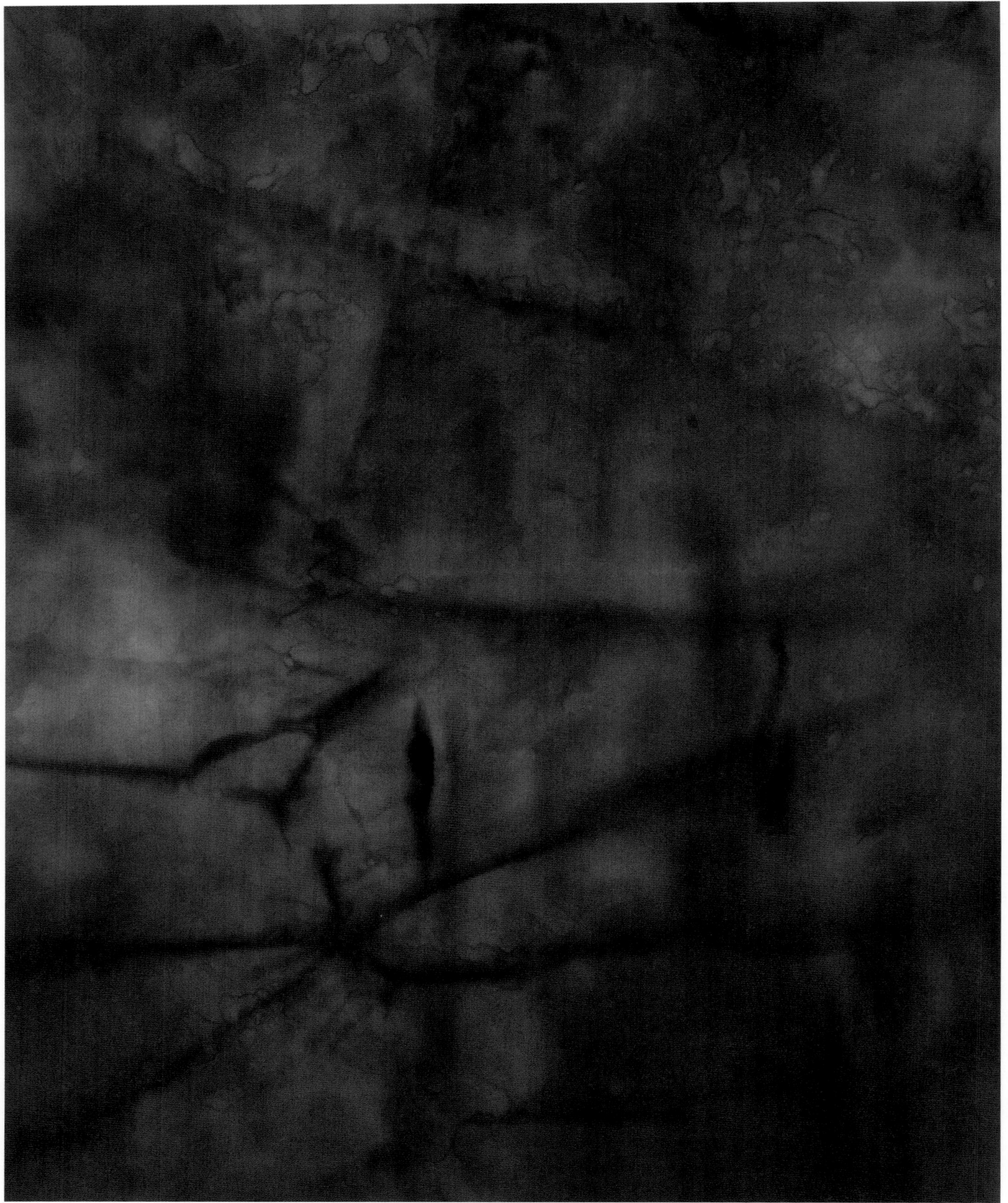

e   Matti Braun's works often focus on the traditions and myths of various cultures and fuse them into new, hybrid formations. Braun is interested in "cultural misunderstandings": what happens when the objects and craftwork of one culture are transposed or applied to another culture? In his objects, pictures and installations Braun rearranges the forms and references of the respective original context in such a way that other, independent meanings arise. He uses the global transfer of images and media to show that cultural misunderstandings are not waste products of global networking, but a productive and integral part of contemporary experience.

The new room installation for *Made in Germany Zwei* is based on his most recent gallery exhibition entitled *Ave Vala* (2012) and develops it further. *Ave Vala* is a made-up word, the concept does not exist, but it evokes a wide range of associations. Ave could be the abbreviation for "Avenue", meaning the exhibition would be called "Avenue Vala". "Ave" is also a Semitic loanword borrowed into Latin and is a term of greeting. The important Catholic prayer "Ave Maria", which appeals to the Mother of God for succor at the hour of death, begins with the word, and we are also familiar with "Ave, Caesar, morituri te salutant!" ("Hail, Caesar, those who are about to die salute you!")—the gladiators' greeting to the Emperor in the arena in Rome. Moreover, in Finnish history, Braun tells us, there is an old epic poem entitled *Kalevala*, which sounds very similar. Thus here, we encounter highly differing contexts: a street or boulevard (we might think of California), the Catholic liturgy, Roman gladiator fights, medieval heroic tales. Other associations are no doubt also possible.

The works on silk and raw silk structure the space either with their various image formats or as semi-transparent sails in front of the windows and conjure further associations. The colored areas, which either concentrate around dark centers or work with starkly contrasting tones, form seemingly random patterns, flow into one another and function like perception analysis images similar to Rorschach tests, where observers can imagine pictures from world creation and destruction myths, images of spirits, faces or landscapes.

Braun uses Javanese batik techniques, the resulting images reminiscent of early modern abstract art and abstract painting as regards brushwork and the application of color. Like the artists of these movements, who took inspiration from extra-European artistic traditions and pre-Christian culture, Braun too questions the structure of our visual habits and their automatisms. He deliberately prevents us from settling on just one level of meaning. All levels shown and hitherto hidden exist juxtaposed in the space between the title and the works; none is able to eclipse the others.

—*Ellen Blumenstein*

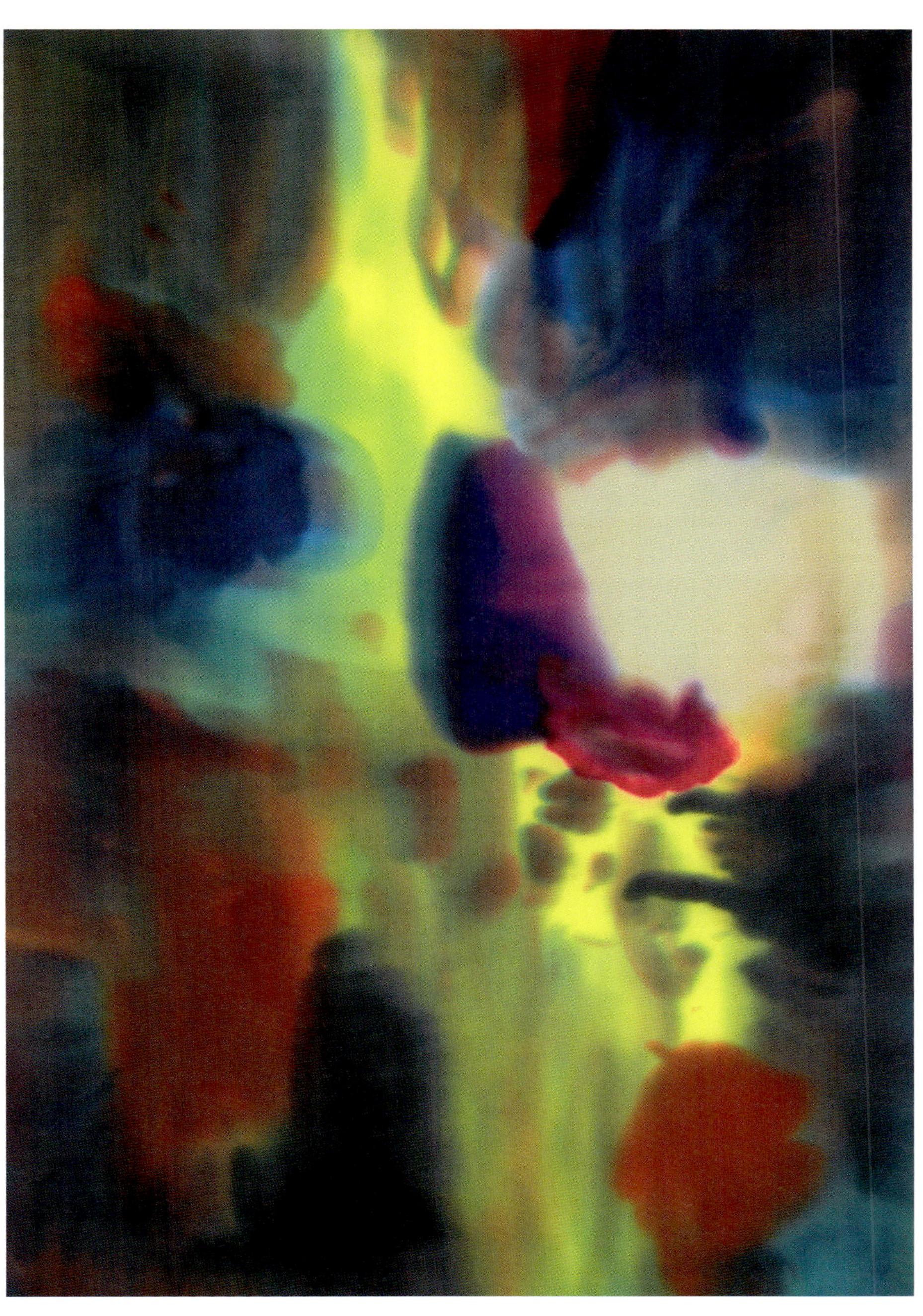

4

NINA CANELL

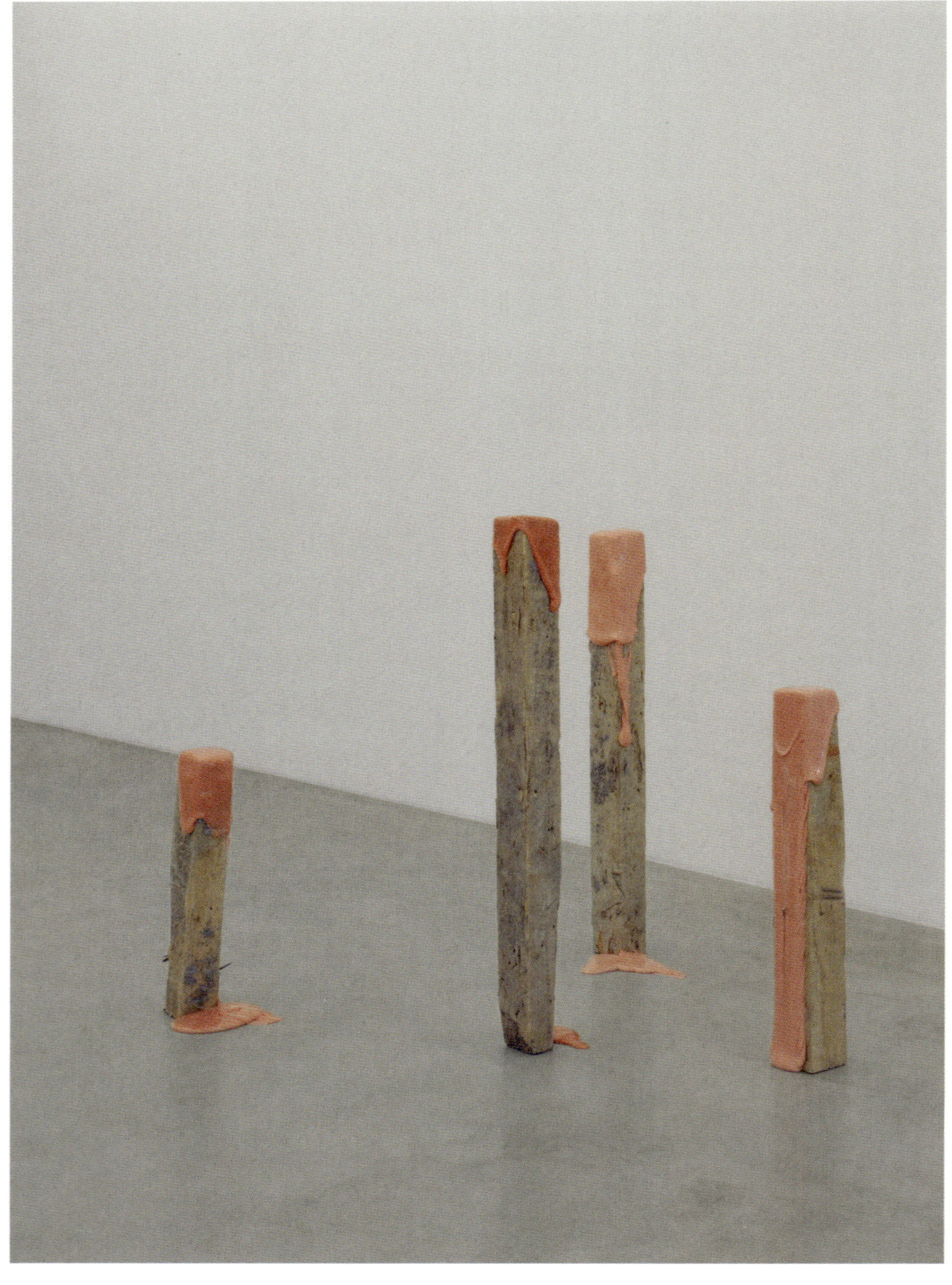

1

d Nina Canells filigrane Skulpturen sind Inszenierungen, die Zeiten und Geschichten schichten. Anlehnungen an Samuel Beckett sind genauso vorhanden wie Aspekte des Amateurlabors, dazu gesellen sich musikalische Referenzen, Wissenschafts- und Kunstgeschichte, Soziologie und Alchemie. Als Arbeitsmaterialien werden Hitze, Elektrizität, Gas, Holz und Wasser verwendet, welche eine prozessuale Ästhetik in Gang setzen. Manche Objekte sind Fundstücke, die Canell wegen ihrer „Haptik und ihres gespeicherten Wissens" schätzt, ein Kommentar, der auf die Vielschichtigkeit ihrer Arbeiten hinweist.

Die Werke werden von ihr selbst als Destabilisierung der Form bezeichnet, eine Beschreibung, die an Robert Morris' Begriff der Antiform anknüpft. Ähnlich wie Morris benutzt Canell Schwerkraft, Entropie und Zufall, um ihre Skulpturen zu formen. Sie operiert in den Grenzgebieten der Wahrnehmung, inszeniert unsichtbare oder unhörbare Phänomene und gebraucht flüchtige Materialien als Gestaltungsmittel. Das Ziel ist nicht die Herstellung eines fixen Objektes, sondern die Ingangsetzung eines Prozesses: Neonröhren biegen sich unter dem Einfluss von Gravitationskraft, Wasserdampf beschreibt ephemere Formen, Feuchtigkeit härtet einen Zementblock. Zusätzlich wecken die hängenden Neonröhren und schwebenden Kugeln emotionale und körperliche Assoziationen. In *Winter Work* (2009) hängt eine Lichtröhre schlaff über einem Holzstock; zentral an einem Fenster inszeniert, scheint sie nach Sonne zu lechzen. Solche Referenzen verstärkt Nina Canell mit ihren Titeln: *Nerve Variation, Fellow Ribs* und *Tapetum Lucidum* sind nur einige Beispiele, die explizit auf den Körper und auf Anatomie Bezug nehmen.

Treetops, Hillsides and Ditches (2011) besteht aus Holzstücken, die Canell auf einer Baustelle in Istanbul gefunden hat. Ursprünglich Stützen, um ein Gebäude vor dem Einstürzen zu bewahren, werden die Objekte hier zu vertikalen Bühnen. Eine zähflüssige Masse, die nichts anderes ist als Kaugummi, wälzt sich langsam Richtung Boden. Zu Beginn der Ausstellung kompakt auf der Holzspitze sitzend, wirft das Material unter dem Einfluss der Schwerkraft Falten, tropft und umschifft hervorstehende Nägel – Ereignisse, die nicht nur geografische, sondern auch körperliche und existenzielle Anleihen haben. Die Bewegung ist so langsam, dass sie nur über eine zeitliche Unterbrechung wahrgenommen werden kann: Man muss wegschauen und erneut hinsehen, um einen Unterschied zu erkennen. Form definiert sich hier über einen Zustand der ständigen Veränderung, wobei nur eines sicher ist: Es geht nach unten.
—Susanne Figner

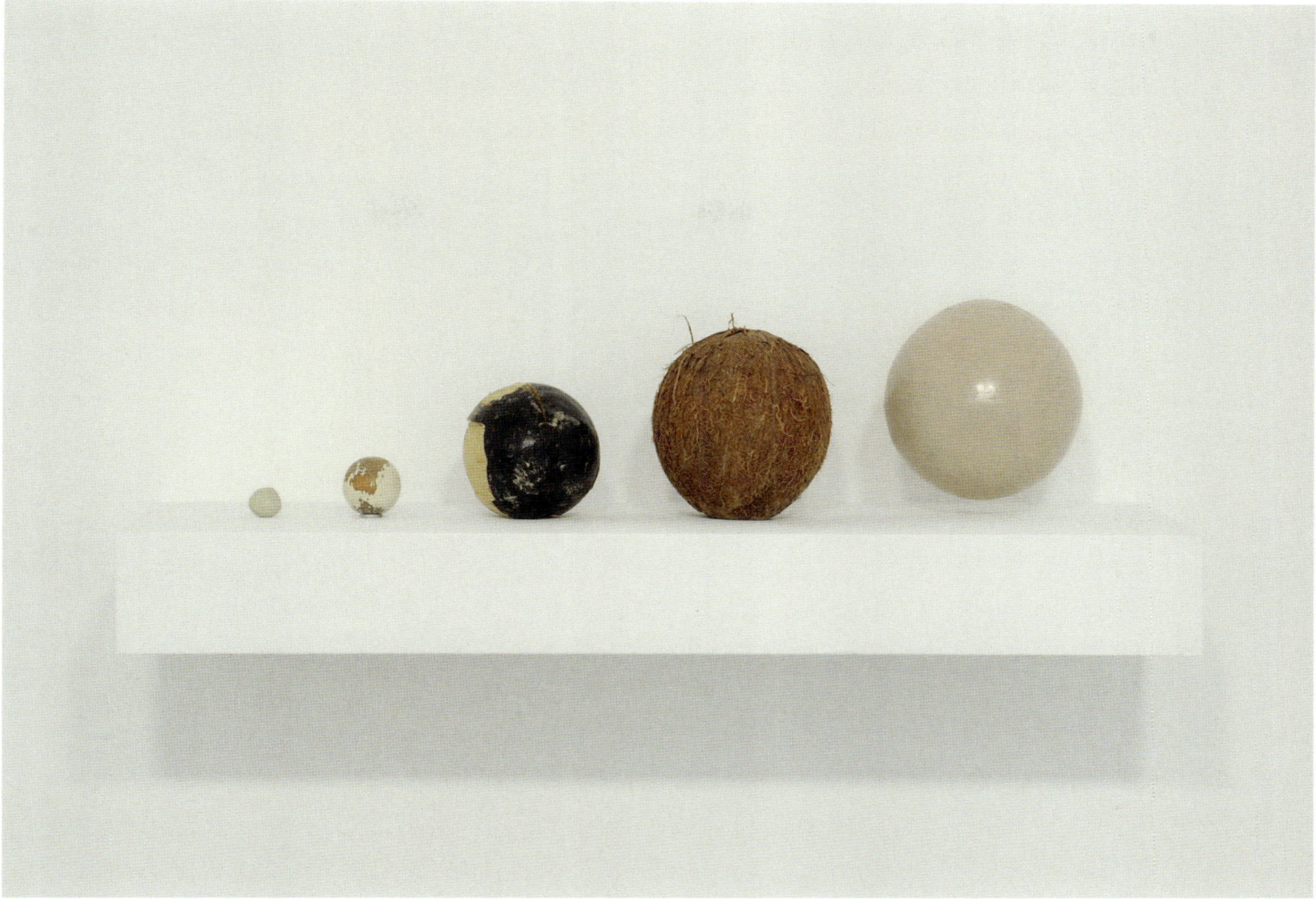

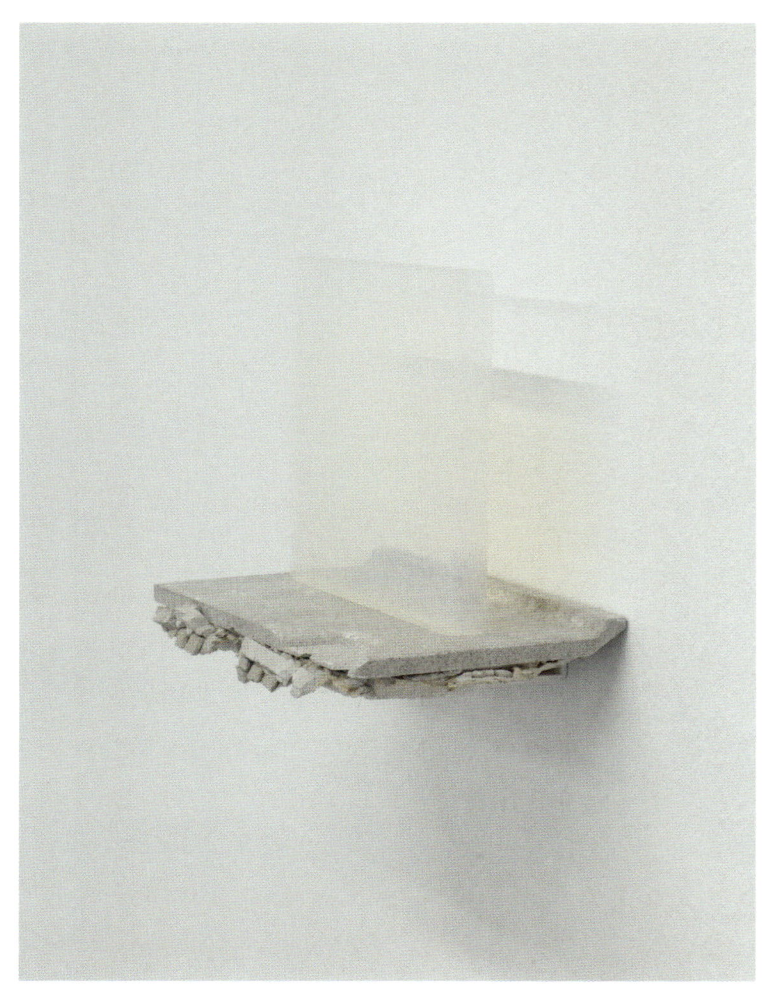

2

3

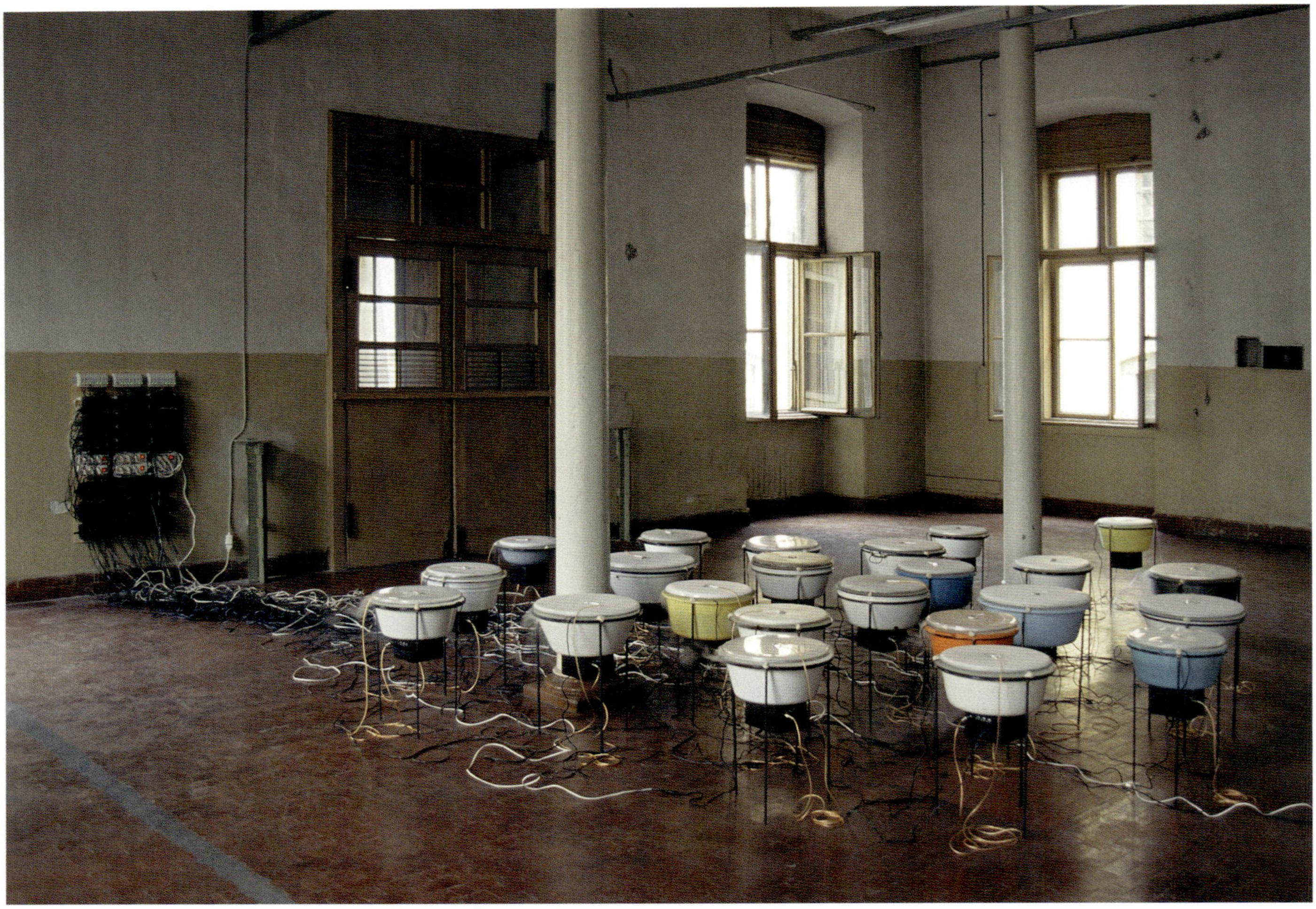

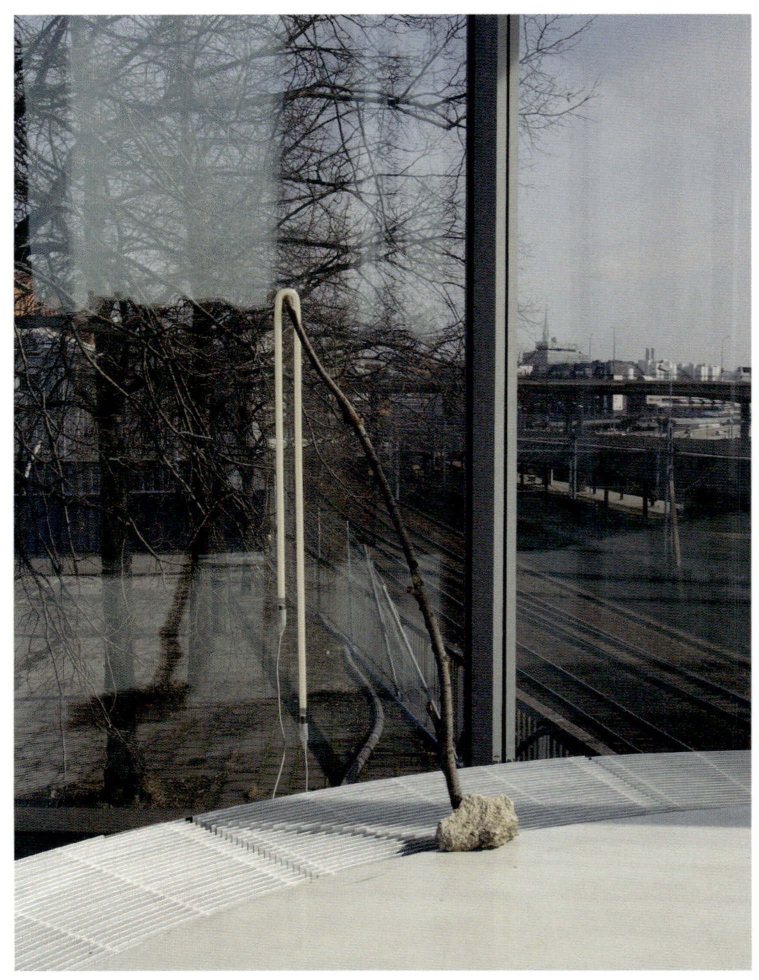

4

5

e Nina Canell's filigree sculptures are orchestrations that layer times and stories. They contain references to Beckett and aspects of the amateur lab as well as to music, science and art history, sociology and alchemy. The artist's materials include heat, electricity, gas, wood and water, which set an aesthetic process in motion. Some objects are found items that Canell values for their "haptic qualities and the knowledge stored inside them," making reference to the multilayered nature of her works.

Canell herself describes her pieces as destabilizing form, in reference to Robert Morris' notion of anti-form. Similarly to Morris, she uses gravity, entropy and chance to form her sculptures. She operates in the border zones of perception, stages invisible or inaudible phenomena and uses ephemeral materials as a means of design. She does not seek to create a fixed object, but rather to set a process in motion: neon tubes bend under the influence of gravity, water vapor creates fleeting forms, damp hardens a block of cement. Moreover, the suspended neon tubes and floating spheres evoke emotional and physical associations. In *Winter Work* (2009) a fluorescent tube hangs limply over a wooden stick, right in front of a window, and thus seems to long for the sun. Nina Canell reinforces such references with her titles: *Nerve Variation*, *Fellow Ribs* and *Tapetum Lucidum* are just some examples that explicitly refer to the body and anatomy.

Treetops, Hillsides and Ditches (2011) consists of pieces of wood that Canell found on a building site in Istanbul. Originally support beams used to prevent a building from collapsing, here the objects become vertical stages. A viscous mass that is nothing other than chewing gum slowly makes its way towards the floor. Neatly sitting on top of the wooden beam at the beginning of the exhibition, as time goes on, the material forms folds under the influence of gravity, drips and engulfs protruding nails; events that have not only geographical, but also physical and existential connotations. The movement is so slow that a difference can only be perceived by looking away and then returning to the piece. Here form is defined through a state of permanent change, and only one thing is certain: it moves downwards.
—*Susanne Figner*

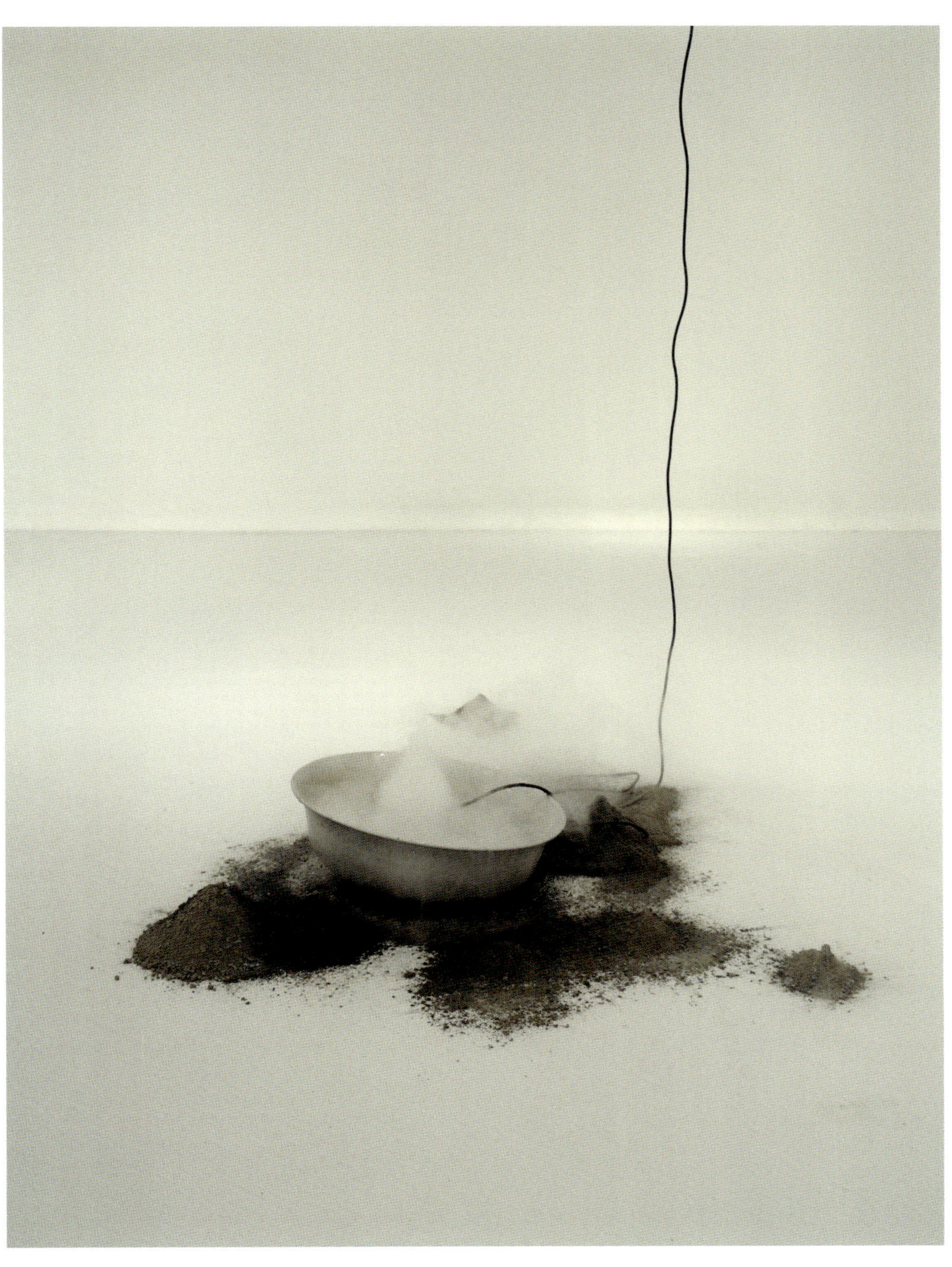

6

MARIETA CHIRULESCU

1 *Ohne Titel/Untitled,* 2011
2 *Ohne Titel/Untitled,* 2011
3 *Ohne Titel/Untitled,* 2011

d Die künstlerischen Werkzeuge von Marieta Chirulescu umfassen Farbe, Pinsel, Leinwand und Papier ebenso wie Scanner und Fotokopierer. Dabei enthalten ihre Bilder keine konkreten Darstellungen der realen Welt. Sie zeigen den Entstehungsprozess auf, der jeweils zum Bild geführt hat: Wege einer sukzessiven Abstraktion von und zu etwas. Häufig arbeitet die Künstlerin mit Momenten der Wiederholung: Sie findet ein Motiv in einem Archiv, kopiert dieses, schneidet einen Teil aus der Kopie heraus, scannt und vergrößert das so gewonnene Bild, druckt es aus, übermalt es und scannt das Ergebnis erneut ein.

In einer neuen, eigens für die Ausstellung entwickelten Serie zeigt Chirulescu eine Reihe größerer querformatiger Leinwände. Diese erinnern an einen Bildschirm und ein darauf laufendes Vorschau-Programm, welches nicht das „eigentliche" Bild, sondern nur ein verkürztes Surrogat des vermeintlichen Originals zeigt. Neben einer zarten und organischen, das Material betonenden Anmutung bergen ihre Arbeiten immer auch die Präzision und Kühle digitaler Aufzeichnungsmedien. Aus diesem Spannungsfeld heraus vermitteln sie einen verführerischen und gleichermaßen provisorischen Charakter.

Chirulescus Arbeit steht in der Tradition einer selbstreflexiven, das Genre der Malerei aktualisierenden Methode, die ferner den bruchlosen Einfluss virtueller Räume in unser Leben reflektiert. Der Alltag scheint sich vermehrt in einem dritten Raum abzuspielen, einem kommunikativen Ort der Bildzirkulation und -projektion, der sich möglicherweise als postdigital beschreiben lässt. Es scheint, als schöpfe Chirulescu ihre Bildgebungen exakt aus diesem medial gefassten Zwischenraum: Zuweilen scannt sie auch die leere Auflagefläche des Scanners ein, so dass lediglich die Abnutzungsspuren des Aufnahmegeräts oder Rudimente wie Staub oder feine Härchen im Motiv sichtbar werden. Dies lässt an Marshall McLuhans Formel „Das Medium ist die Botschaft" denken, wonach jedes Medium seine Bedingungen und Begrenzungen gleichermaßen kommuniziert wie die eigentliche Botschaft.

Die Künstlerin verbleibt jedoch nicht bei einer formalen Austarierung zeitgenössischer Bildprogramme. Prozesse der Bürokratie und des Archivs finden in ihrer Methode eine künstlerische Simulation – Begriffe, die in Ost und West für manuelle Verwaltung und die langsam verschwindende globale Kultur des Analogen stehen. So interessiert sich Marieta Chirulescu für Zeichen einer versinkenden Moderne wie einer überbordenden postdigitalen Lebenswelt gleichermaßen.
—*Martin Germann*

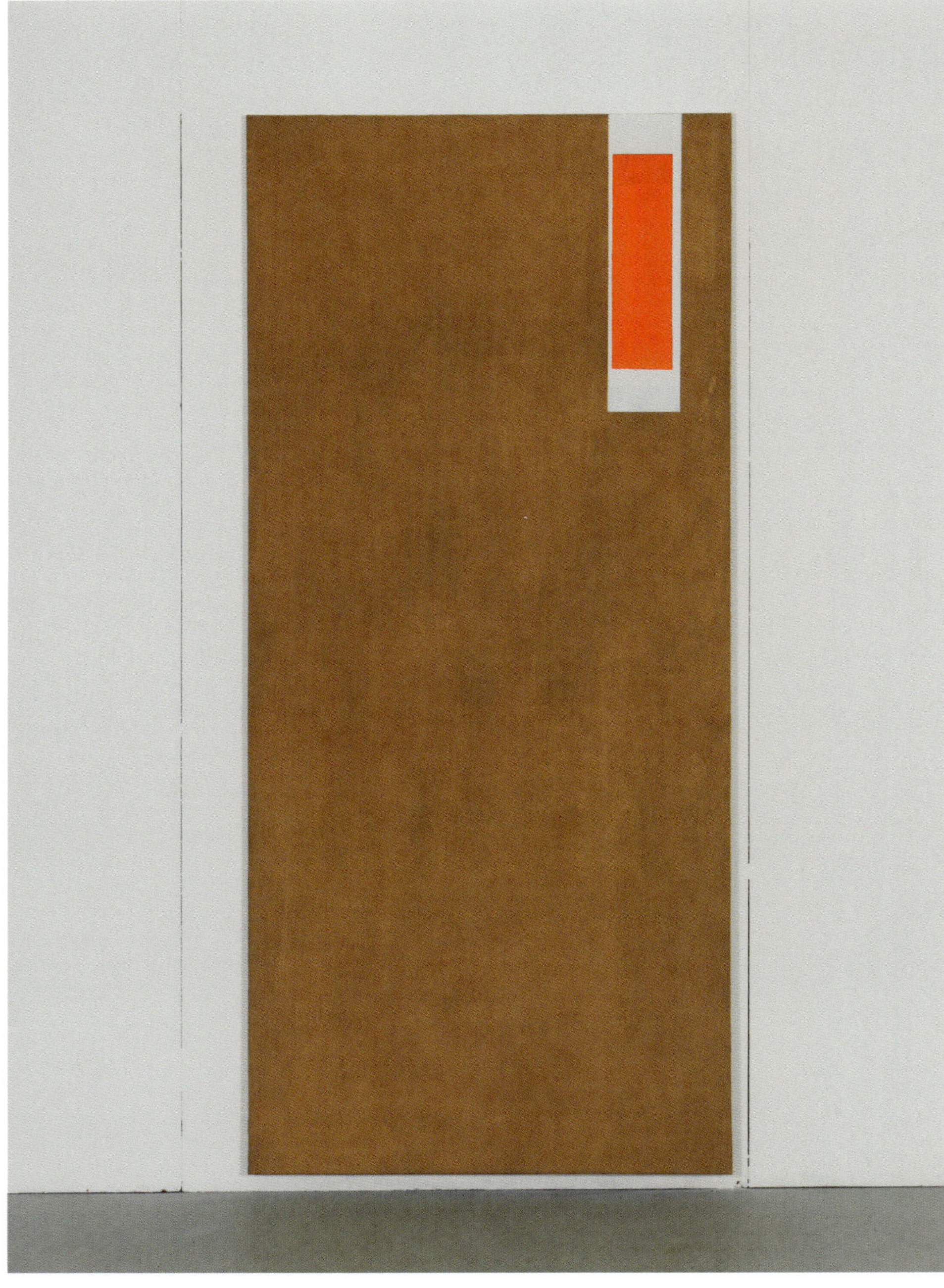

1

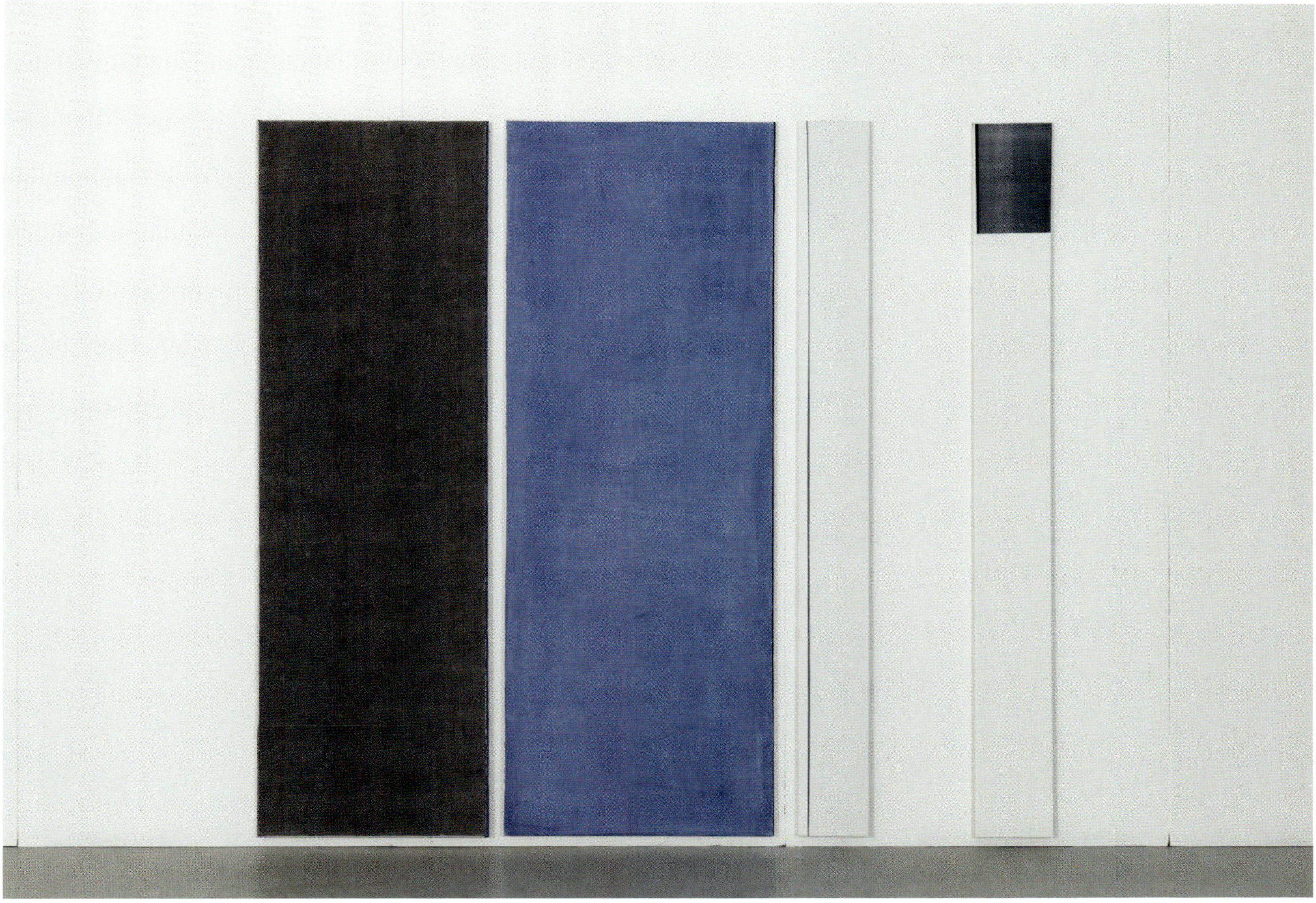

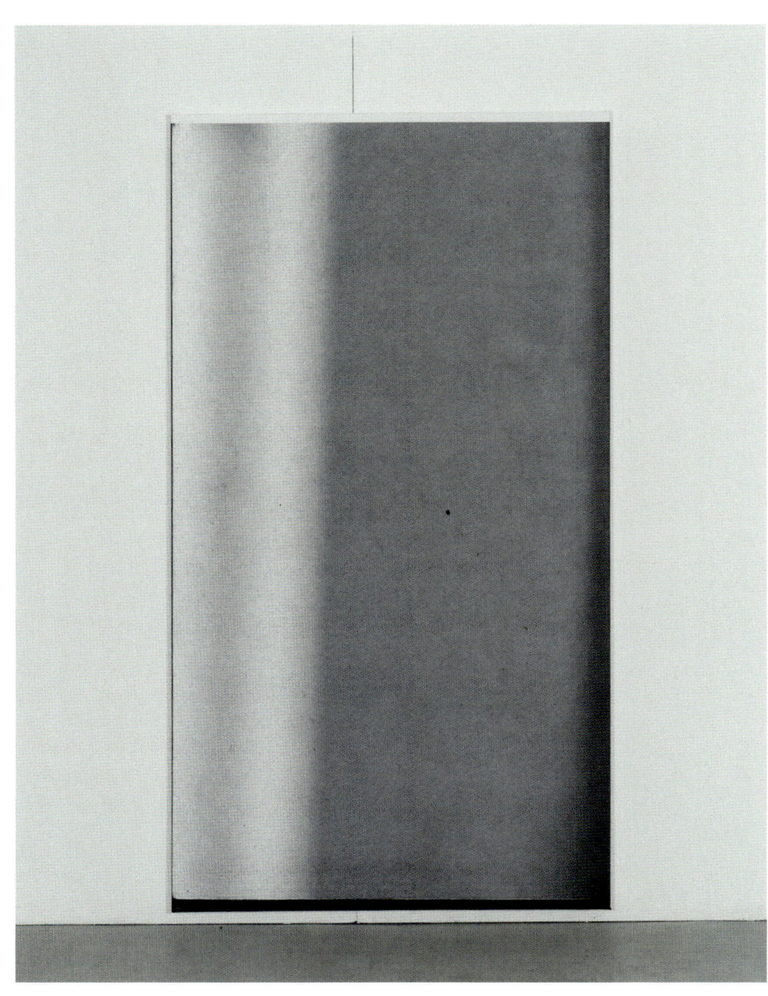

2

3

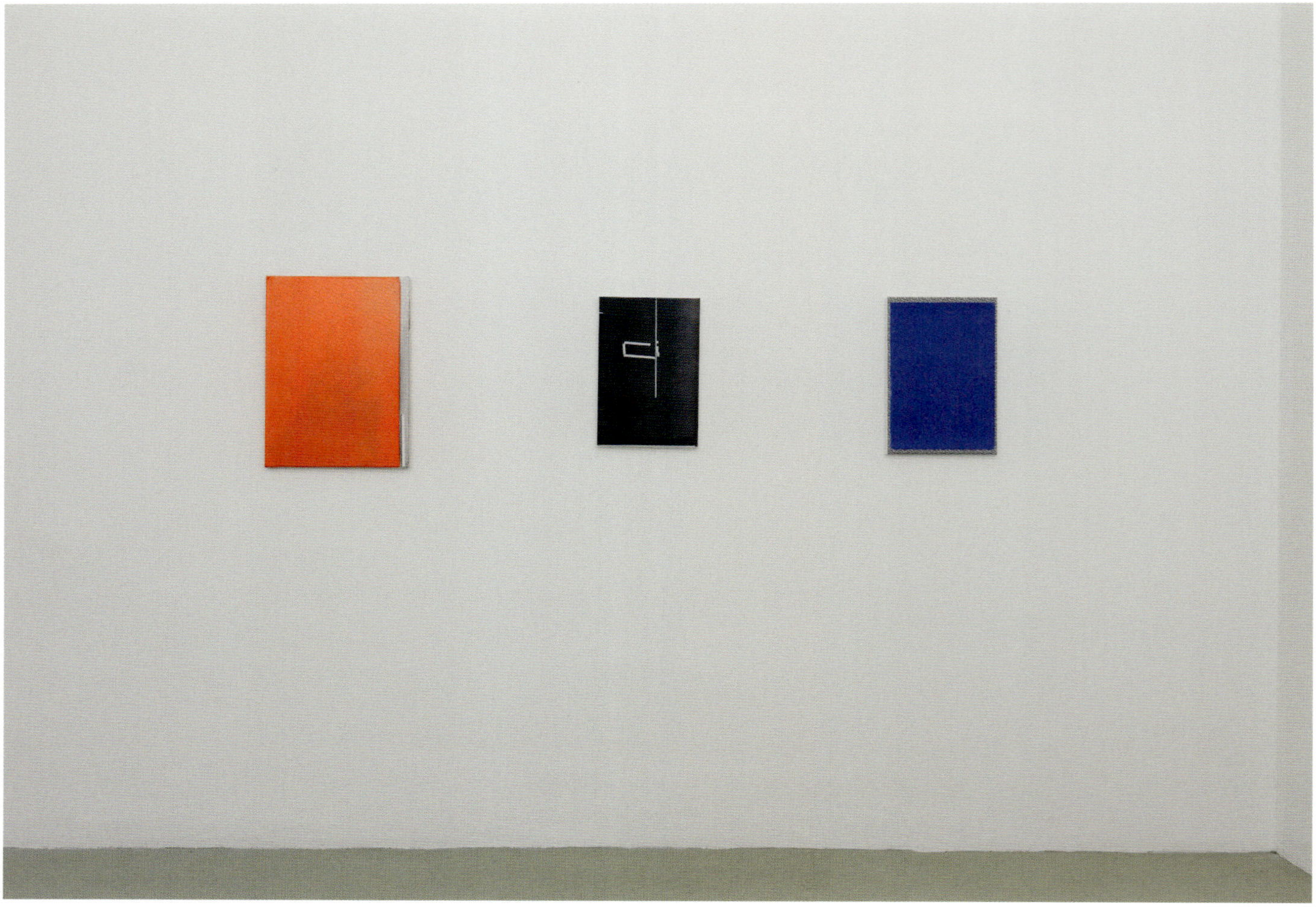

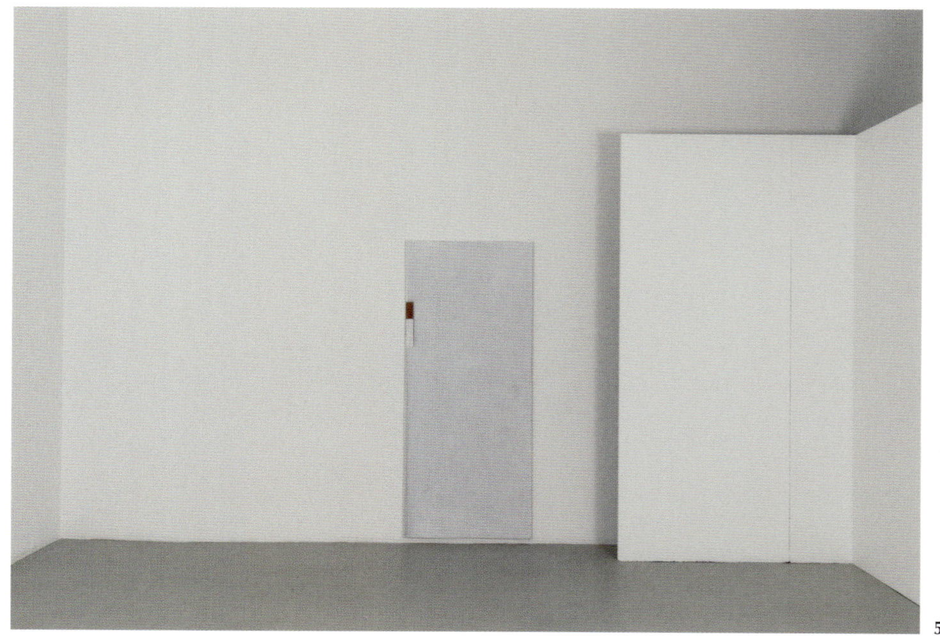

4 *Ohne Titel/Untitled*, 2011
5 *Ohne Titel/Untitled*, 2011
6 *Ohne Titel/Untitled*, 2011

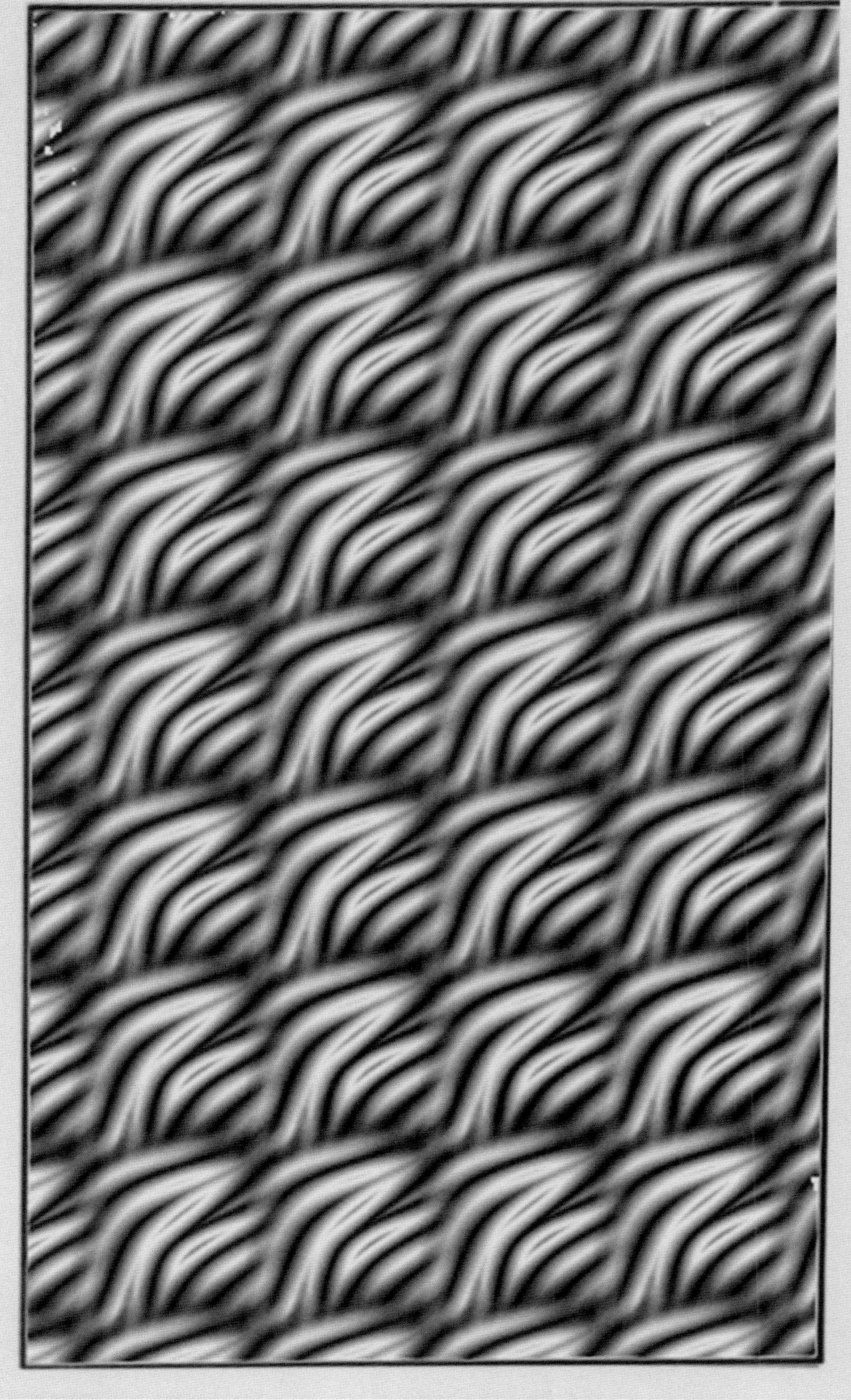

6

e Marieta Chirulescu's artistic tools are paint, brushes, canvas and paper, as well as scanners and photocopiers. Yet her pictures contain no specific reference to the real world. They illustrate the creative process used in each case: paths of successive abstraction from and towards something. The artist often works with repetition. She finds a motif in an archive, copies it, cuts out a section from the copy, scans and enlarges the resulting image, prints it, paints it over and scans the final picture onto computer again.

A new series created especially for the exhibition features a number of larger, landscape-format canvases. They resemble screens running a preview program, which does not show the "actual" picture, but only a shortened surrogate of the supposed original. Alongside their delicate and organic appearance that emphasizes the material, her works always also feature something of the precision and sobriety of digital recording media. From this field of tension, they convey a seductive and equally provisional quality.

Chirulescu's work follows in the footsteps of a self-reflective approach that brings the genre of painting into the present day. Moreover, it reflects the ever-present influence of virtual spaces on our lives. Everyday life seems to increasingly take place in a third space, a communicative place where images are circulated and projected that could possibly be described as postdigital. Chirulescu appears to create her images precisely from this medial intermediate space. Sometimes she even scans the empty scanning surface, meaning that all we see in the picture is the traces of wear on the machine or remnants such as dust or fine hairs. This calls to mind Marshall McLuhan's formula "The medium is the message," according to which every medium communicates its conditions and limitations along with the actual message.

However, the artist does not restrict herself to creating a formal counterbalance to contemporary image agendas. Bureaucratic and archival processes are artistically simulated in her methods—terms that in the East and West stand for manual management and the slowly disappearing global analog culture. Thus Marieta Chirulescu is interested in both signs of a vanishing Modern Age and an extravagant postdigital world.
—*Martin Germann*

KEREN CYTTER

1 *Open House 3D*, 2011
2 *Video Art Manual*, 2011

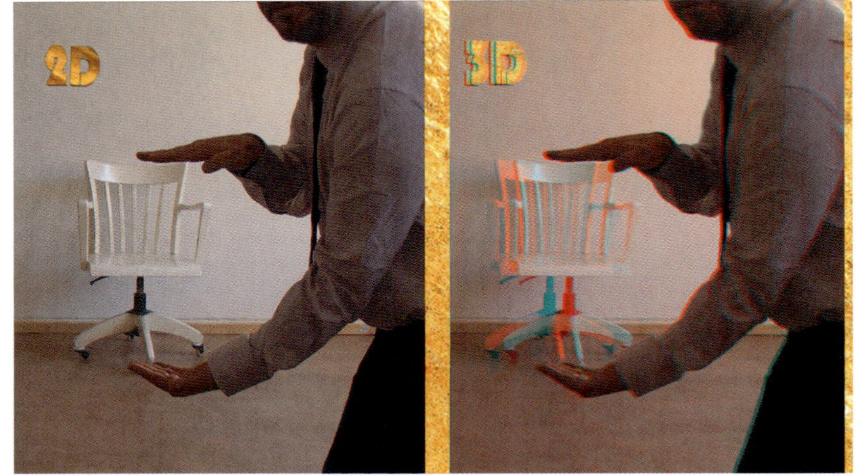

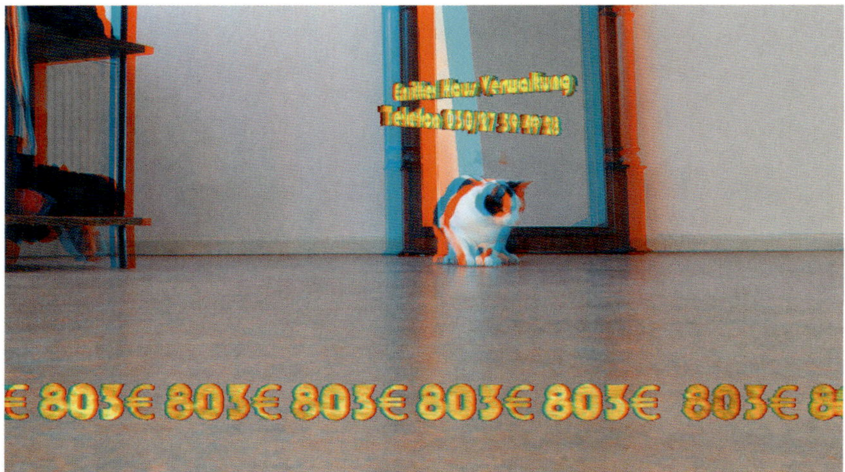

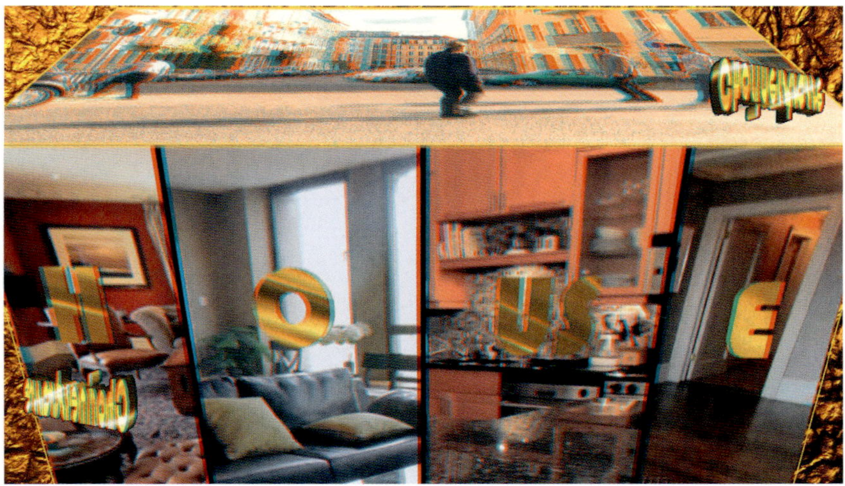

d „Subtitles appear as a translation of the content or as independent information. – The performers aren't concerned with their acting skills as they are representing familiar characters and situations. – Subtitles help to distract the viewer from bad acting and visual mistakes. – Bad acting reveals the actor's personality and the character he's acting. – By mixing fictional stories with documentary language the viewer can't distinguish what's true and what's false. As a result – The viewer doubts the truth in documentation and the lies in fiction." Eingeblendet in *Video Art Manual* (2011), lesen sich diese Sätze wie eine lapidare Beschreibung von Keren Cytters Werk, wie eine Anleitung seiner selbst. Die gleichzeitige Verworrenheit wie Verkürzung, die in der naiven Auffassung von Schauspielerei, Fiktion und Dokumentation aufscheint, trifft dabei einen wesentlichen Kern: Cytters Filme und Aufführungen treiben ein unzulängliches Erzählen voran, eine fragmentierte Vielstimmigkeit. Meist parallel geführt, im Aufeinandertreffen bisweilen bezugs- aber nicht immer folgenlos, bringen sie kein lineares Geschehen hervor. Es wird nicht einer Illusion zugearbeitet, die Figuren erscheinen schablonenhaft, die Schauplätze in ihrer Alltäglichkeit roh und banal, aber auch authentisch. Die Konstruiertheit der Darstellung begreift Cytter als bewusste und bindet deshalb ihre organisierenden Mittel offen ein. Wie ein Schauspiel, das seine Bedingtheit thematisiert: Darsteller, die im Geschehen über Honorare sprechen, äußern, sie hätten ihren Text vergessen, oder die ihr Gegenüber fragen, wer welche Rolle innehat, deren Skripte vor ihnen liegen. Doch ist diese Art distanzierender Verfremdung selbst eine Konvention, die sich als experimentell behauptet. Durchsetzt – und das widerspricht ihr eigentlich – wird sie von einer Stimmung der Anspannung, Eskalation und auch Gewalt. Exzessive Leidenschaft: eine Frau erschießt einen Mann, dann sich selbst, ein Kind seine Mutter, ein Mann stürzt sich aus dem Fenster, Blut und Schießereien, Konflikte, die aus Beziehungen aller Art hervorgehen. Keren Cytter erzählt diese durch den Einsatz von Floskeln, Stereotypen und Klischees. Auch das entfremdet, spricht aber, so Cytter, ebenfalls eine tiefe Wahrheit aus, die viele Menschen teilten, an der sie festhielten und die sie beeinflusse, sie selbst inbegriffen. Nur glaube ihr das niemand. Diese Verunsicherung ist zu spüren. Letztlich fallen das strukturelle wie motivische Chaos jedoch immer wieder in eins und berühren, wenn auch in aufreibender Weise.
–Kristin Schrader

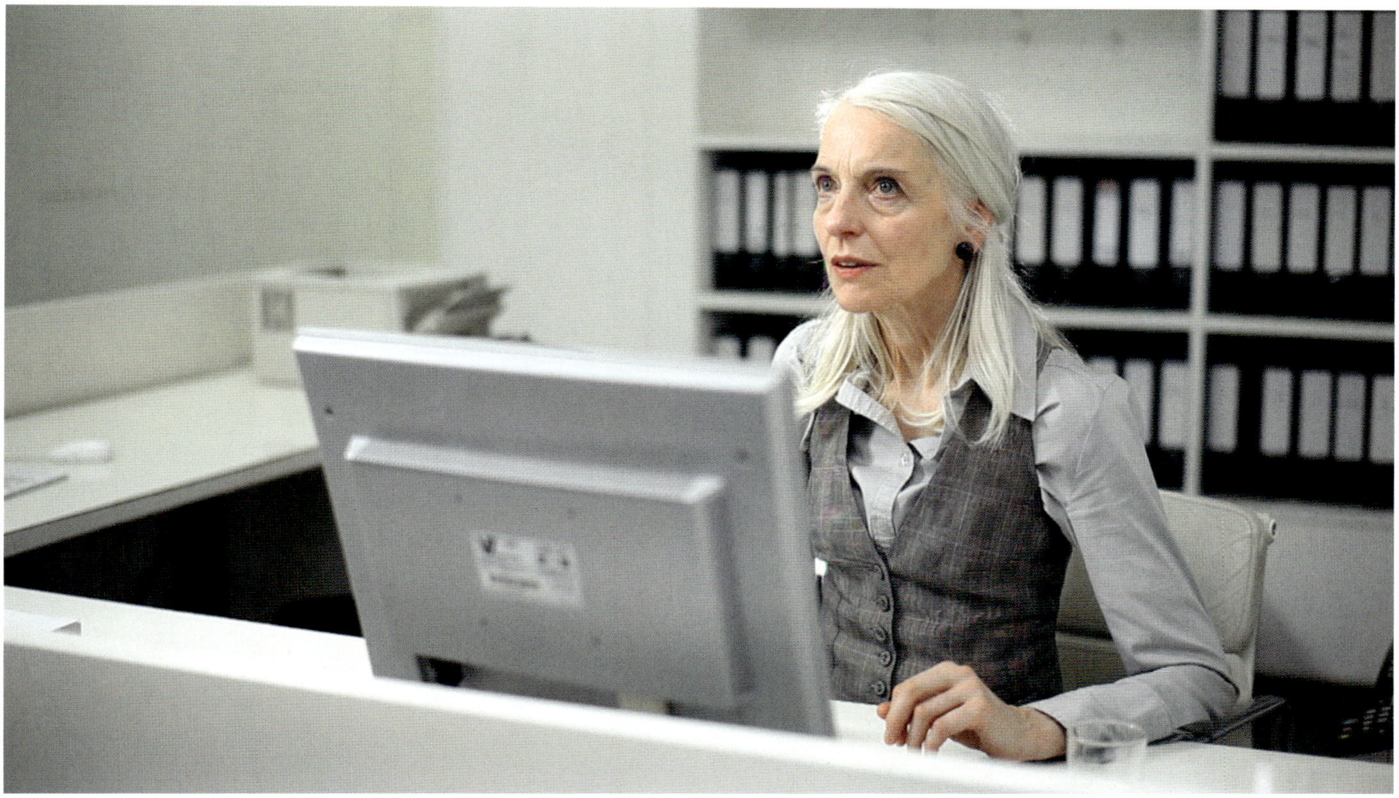

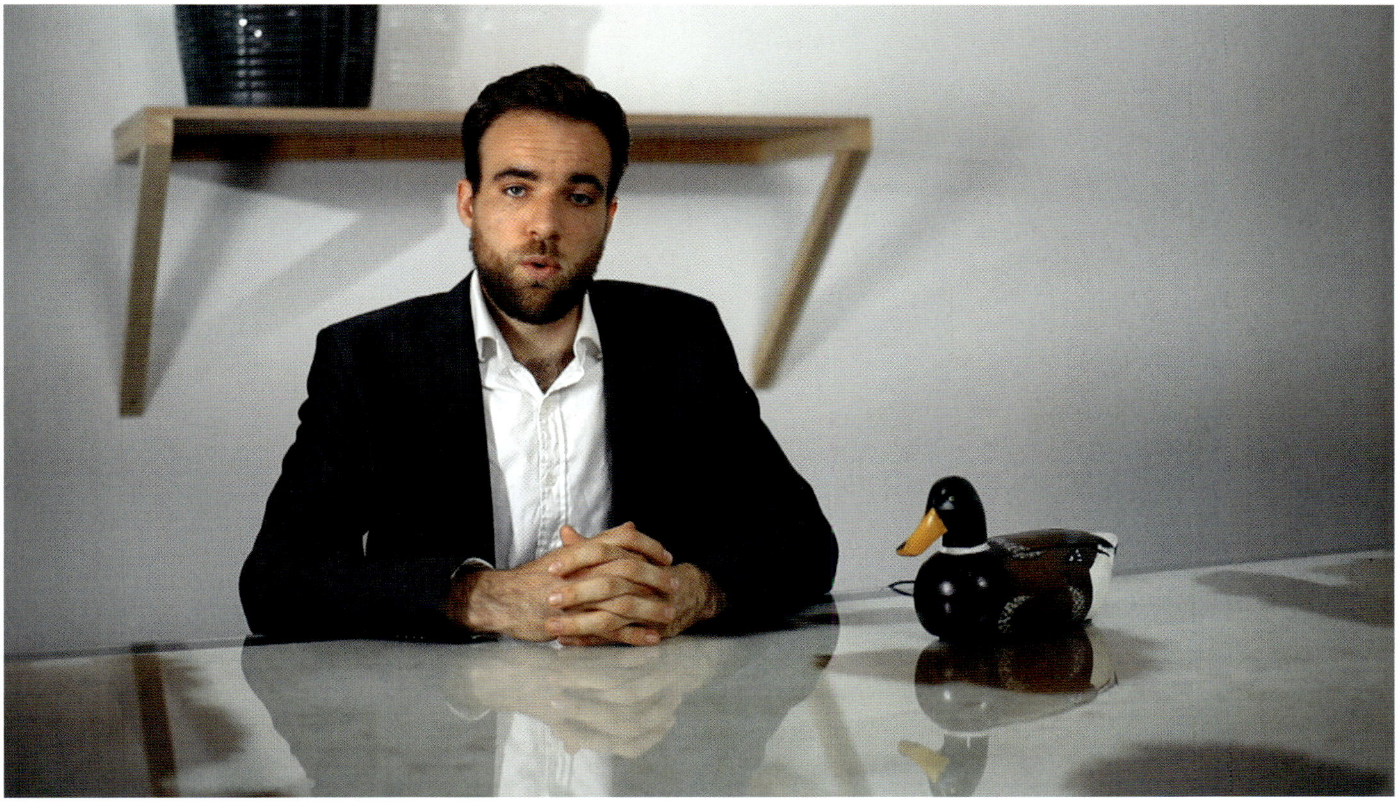

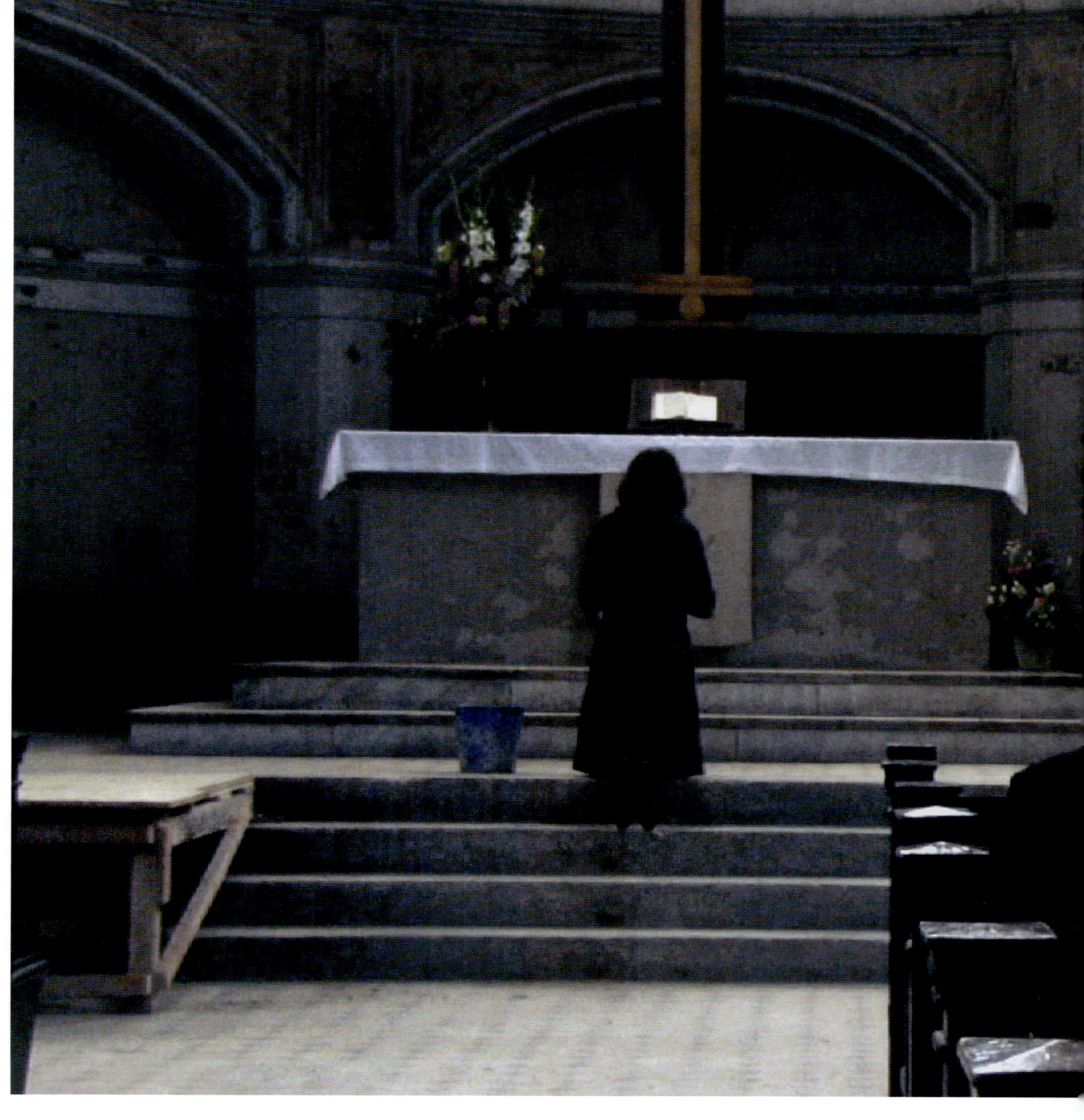

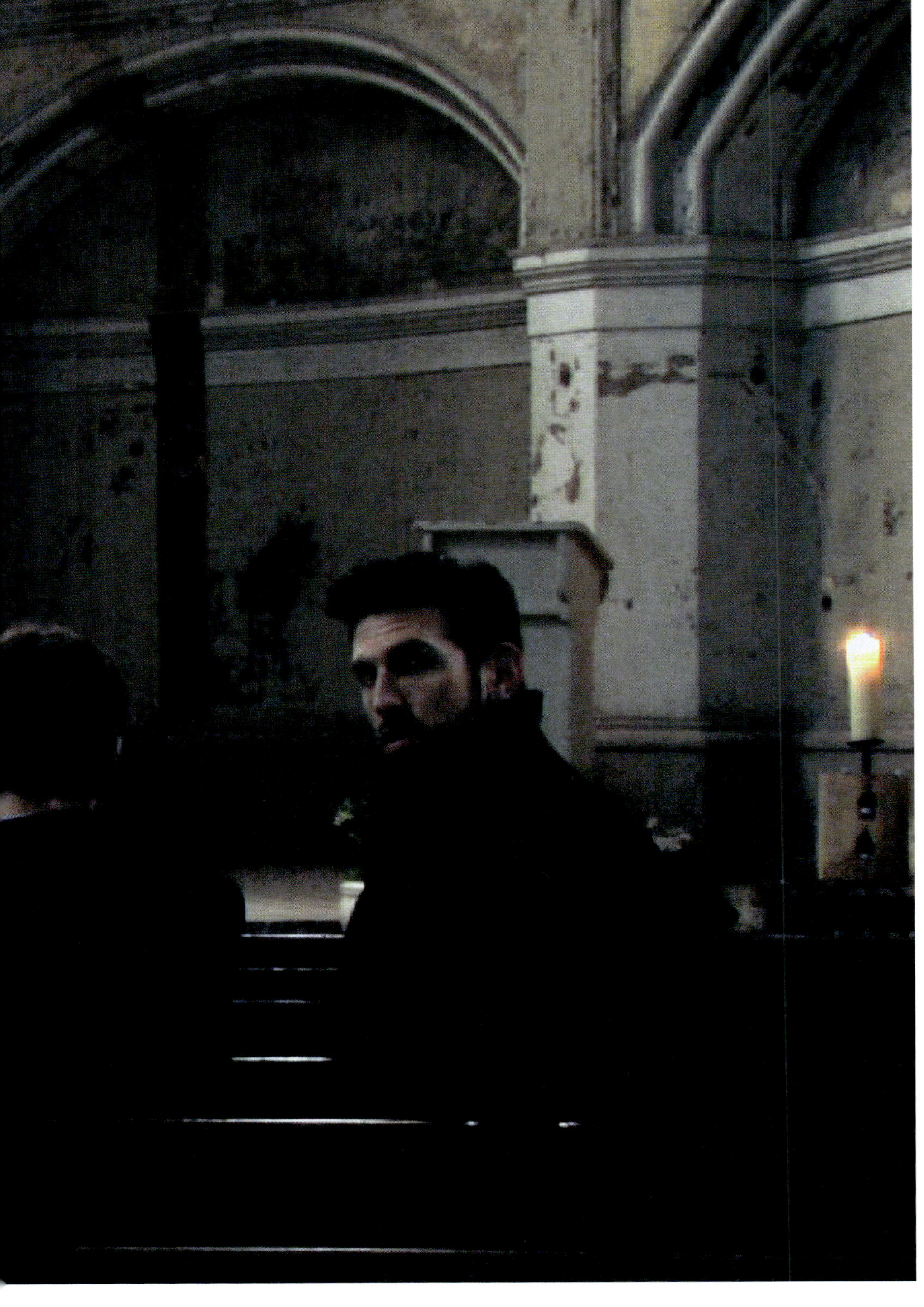

e "Subtitles appear as a translation of the content or as independent information.—The performers aren't concerned with their acting skills as they are representing familiar characters and situations.—Subtitles help to distract the viewer from bad acting and visual mistakes.—Bad acting reveals the actor's personality and the character he's acting.—By mixing fictional stories with documentary language the viewer can't distinguish what's true and what's false. As a result—The viewer doubts the truth in documentation and the lies in fiction." Appearing in *Video Art Manual* (2011), these lines read like a lapidary description of Keren Cytter's work, a manual of itself. The simultaneous abstruseness and reduction that appear in the naïve perception of acting, fiction and documentation get right to the heart of the matter. Cytter's films and performances promote an unreliable narration, a fragmented polyphony. Generally running in parallel, when they meet they are sometimes devoid of context but not always without consequence. There is no linear narrative. She does not work towards an illusion, the figures seem almost cut-outs, the quotidian settings raw and banal, but also authentic. Cytter is aware of the constructed quality of the representation and thus openly includes their organizing features. Like a play that highlights its own conditionality: actors who in the middle of the action talk about remuneration, say they have forgotten their lines, or who ask their fellow actors who is playing which role, whose scripts are in front of them. Yet this kind of distancing alienation is itself a convention, which claims to be experimental. It is permeated—which actually contradicts it—with an atmosphere of tension, escalation and even violence. Excessive passion: a woman shoots a man, then herself, a child its mother, a man jumps out of a window, blood and shootouts, conflicts resulting from all kinds of relationships. Keren Cytter tells these stories using set phrases, stereotypes and clichés. This also alienates, says Cytter, but likewise expresses a profound truth shared by many people, to which they cling and that influences them, herself included. Only nobody believes that, she says. This uncertainty can be felt. Ultimately however, the structural and the motivic chaos repeatedly come together and touch, if in a grueling way. —*Kristin Schrader*

NATALIE CZECH

1   *A small bouquet by Andrew Berardini, 2011*
2   *A hidden poem by Rolf Dieter Brinkmann, 2010*
3   *A hidden poem by Robert Lax, 2010*

A SMALL BOUQUET ~~OF PRECIOUS STONES~~

I recall a cave below the underworld, from an old book, where out of all those beings enslaved by the Queen, They'd 1 friend who must be trusted, who told the heroes, beneath the dark hearts of the deeper caves, they would see not dead gems but the rose's a whole fresh ruby. "I do know the not soft, sour jewels of the surface. Not sweet, what an awfful bit to eat" says the pal who prefers a violet amethyst indulgence. He loves the diamond wine, those iced gems, their juices wetly drip down chins and the emerald's fresh cream dribbles into grimy beards. Let me go, pleaded the fellow, unmanned but whole. The book now lost, was pleasure for me, I, life's gems will not waste those wetly, try to pullover meaning! I wished for deep caves, color-carved, w/ you wet w/ onyx and amethyst. I tried to see the deep caves, to find the jewels growing down and wild like common vines over a river of fire & hot lava. I do want to go deeper — to find the source, with a core all around, lower than the devils can see. I can see you, jerking from a branch a new, well-shaped fruit. It shines in your hand, alive with light, every fruit glows, with the hot, sybatic fire. Your mouth takes not a chance, deathly one judges a fruit. The fruit's fire flames up the iris, a sapient look. I see the caves, the gems, with wet and dreamy eyes, not only because some shitty circumstance, your departure so much uneasy than either or any could guess because there isn't any distance, isolation's not easy, but no true distance. Think of deeper caves, not any caves, but the lost ones. Besmirched caverns isolated depth in books, like in Xanadu. Believe me that all I, we are is living beneath the surface, meeting and yielding you'll find all caverns lead back to the molten core, nothing seperates the seas and lands, deeply nestled in the interior of the earth. The Khans domes of ice and caverns measureless to man, in starless, immense chasms, the arcades and tunnels all lead to us. Always I think of the lanes, the roads that now connect from outside my house and lead to Patagonia and up to the Arctic Circle and a road that stretches from me to you. These only overlay a sly top, covering only the sunkissed lands, but we truly adore all those places that cannot be seen. Adore is falseness, adoration is for servants, we revel, we exalt, we shiver as we drink diamond wine daily, together but apart, but in those fathomless chambers, we live our ethereal lived, plucking the fruits, dancing in the incandescent glow of those deep lands that can't be seen by just anybody. Newly ours a letterly affair and not a nightly slumbering, I've traded in my fingers for words. Beneath all these fragile phrases, each a decaying flower, there're caves deeper still, wine more heady.

9

1

d   Im Medium der Fotografie untersucht Natalie Czech die vielschichtige Wechselwirkung von Bild und Text und erschließt neue Bedeutungsebenen auf der Suche nach dem darin enthaltenen lyrischen Potenzial. Ausgangspunkt der Fotografien bilden sowohl gefundenes Material aus Zeitschriften und Bildbänden, in deren Textfluss Czech verborgene Poesie aufspürt, wie auch Sprachbilder der visuellen und konkreten Poesie.

In der 2010 begonnenen, fortlaufenden Werkgruppe *Hidden Poems* etwa arbeitet Czech mit illustrierten Seiten aus Magazinen und Büchern, in deren Textpassagen sie einzelne Buchstaben oder Wörter durch Unterstreichung oder farbige Markierung hervorhebt und so die bis dahin verborgene Existenz eines Gedichts aufdeckt. Durch gezielte Auswahl und minimale Eingriffe macht Czech inmitten des ursprünglichen, weiterhin lesbaren Texts einen eigenständigen, zweiten Text von Schriftstellern und Lyrikern wie u. a. Robert Creeley, Rolf Dieter Brinkmann oder Robert Lax sichtbar. Der Prozess des Aufspürens und Sichtbarmachens verweist ebenso eindrücklich auf Czechs feines Gespür für die stille Sensation im Alltäglichen wie auf das poetische Potenzial, das im Zeichenvorrat massenmedial reproduzierter Texte schlummert. Beim lesenden Betrachten der Fotografien – im geistigen Zusammenfügen der teils weit auseinanderliegenden Textfragmente – entpuppen sich die Markierungen als lyrische Interventionen, die, einem aufblitzenden Gedanken gleich, in Relation zum vorhandenen Text-Bild-Gefüge (ent-)stehen. Eingebettet in einen fremden Kontext, interagieren die Gedichte mit dem Bestehenden und rücken Vorhandenes in ein neues Licht; so etwa spürt Czech im Begleittext eines bildfüllend abfotografierten Sonnenuntergangs das kurze Gedicht E. E. Cummings′ *In sunlight over and overing. A once upon a time newspaper* auf, in dem erläutert wird, dass ein Nukleartest Ursache der übernatürlichen Farbigkeit ist.

In weiteren Werkgruppen kehrt Czech den subjektiven Prozess des Lesens und Findens um und konzentriert sich auf den Möglichkeitsraum des Schreibens. Ausgangspunkt und Inspirationsquelle sind Sprachbilder der visuellen und konkreten Poesie, deren optische Formation die phonetische und semantische Dimension von Sprache unterstreicht, wie etwa Guillaume Apollinaires berühmtes Kalligramm *Il pleut* (1918). Czech beauftragte mehrere Autoren, das aus einzelnen Buchstaben bestehende Figurengedicht in eigene Texte einzubetten. Die literarischen Umschreibungen in verschiedenen Sprachen interpretieren und erweitern Apollinaires Gedicht, das im linearen Textfluss buchstäblich verschwindet.

Indem Czech die Texte fotografiert und vergrößert, verwandeln sie sich in ein Bild, das zugleich Dokument wie Erfindung ist. Durch die zeichnerische Markierung der Fotografie wird Apollinaires Gedicht erneut sichtbar und die fotografische Reproduktion zum Original.

Vergleichbar mit der Eigenschaft des Kalligramms, sowohl Bild wie auch Text zu sein, können auch Czechs Fotografien nie simultan als Bild betrachtet und als Text rezipiert werden, sondern schließen den wechselseitigen Prozess des Erscheinens und Verschwindens von Bild und Text ein, der in der Werkgruppe *Il pleut* explizit thematisiert wird. Natalie Czech lotet den Raum jenseits von Eindeutigkeit und Linearität aus und entfaltet unter Einbezug verschiedener Autoren ein pulsierendes Netz von poetischen Bezügen und Referenzen.
—*Ute Stuffer*

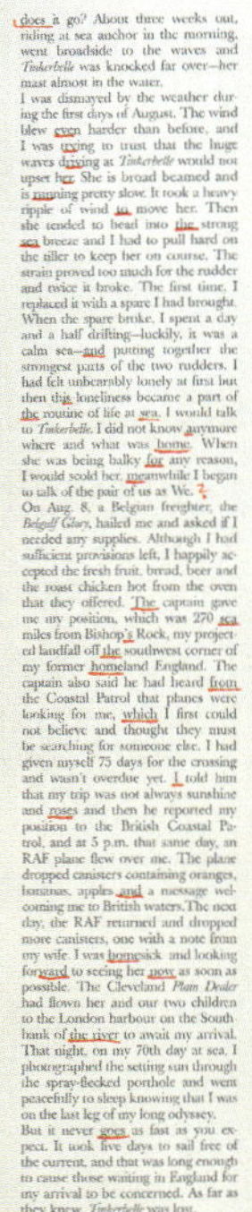

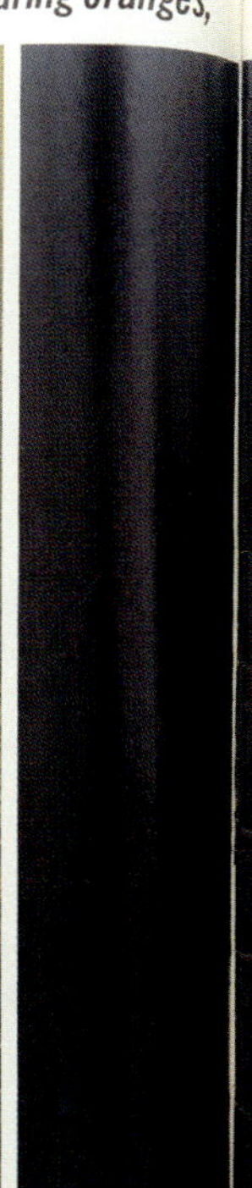

...does it go? About three weeks out, riding at sea anchor in the morning, went broadside to the waves and *Tinkerbelle* was knocked far over—her mast almost in the water.

I was dismayed by the weather during the first days of August. The wind blew even harder than before, and I was trying to trust that the huge waves driving at *Tinkerbelle* would not upset her. She is broad beamed and is running pretty slow. It took a heavy ripple of wind to move her. Then she tended to head into the strong sea breeze and I had to pull hard on the tiller to keep her on course. The strain proved too much for the rudder and twice it broke. The first time, I replaced it with a spare I had brought. When the spare broke, I spent a day and a half drifting—luckily, it was a calm sea—and putting together the strongest parts of the two rudders. I had felt unbearably lonely at first but then this loneliness became a part of the routine of life at sea. I would talk to *Tinkerbelle*. I did not know anymore where and what was home. When she was being balky for any reason, I would scold her, meanwhile I began to talk of the pair of us as We.

On Aug. 8, a Belgian freighter, the *Belgulf Glory*, hailed me and asked if I needed any supplies. Although I had sufficient provisions left, I happily accepted the fresh fruit, bread, beer and the roast chicken hot from the oven that they offered. The captain gave me my position, which was 270 sea miles from Bishop's Rock, my projected landfall off the southwest corner of my former homeland England. The captain also said he had heard from the Coastal Patrol that planes were looking for me, which I first could not believe and thought they must be searching for someone else. I had given myself 75 days for the crossing and wasn't overdue yet. I told him that my trip was not always sunshine and roses and then he reported my position to the British Coastal Patrol, and at 5 p.m. that same day, an RAF plane flew over me. The plane dropped canisters containing oranges, bananas, apples and a message welcoming me to British waters. The next day, the RAF returned and dropped more canisters, one with a note from my wife. I was homesick and looking forward to seeing her now as soon as possible. The Cleveland *Plain Dealer* had flown her and our two children to the London harbour on the South bank of the river to await my arrival. That night, on my 70th day at sea, I photographed the setting sun through the spray-flecked porthole and went peacefully to sleep knowing that I was on the last leg of my long odyssey.

But it never goes as fast as you expect. It took five days to sail free of the current, and that was long enough to cause those waiting in England for my arrival to be concerned. As far as they knew, *Tinkerbelle* was lost.

36

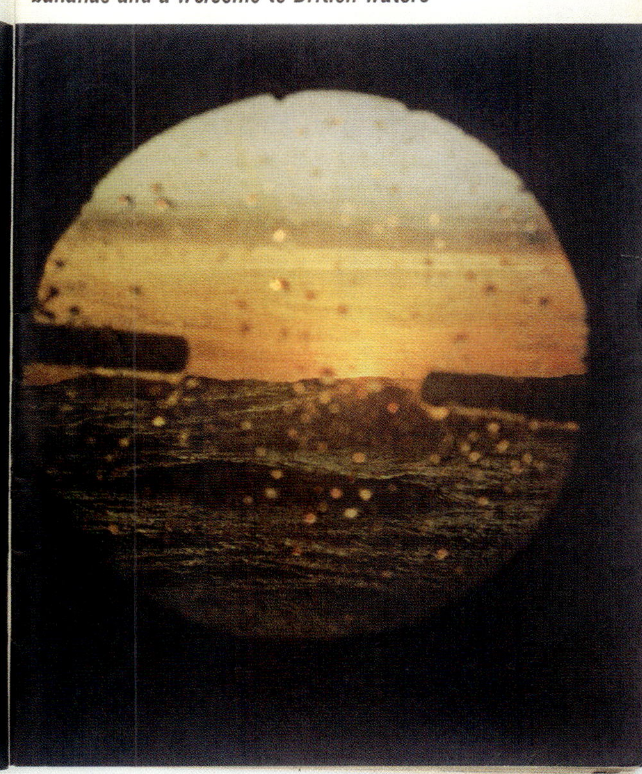

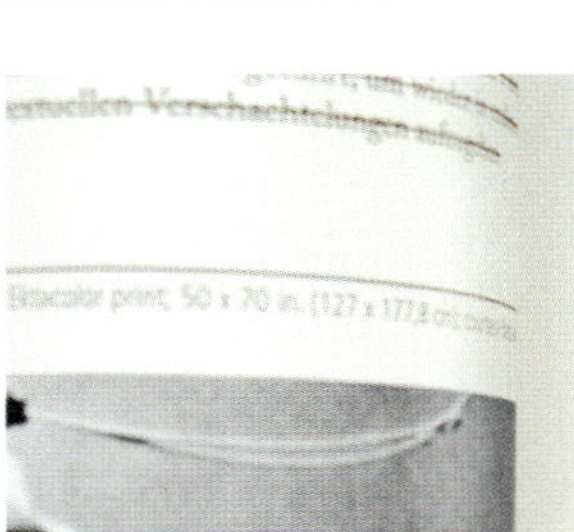

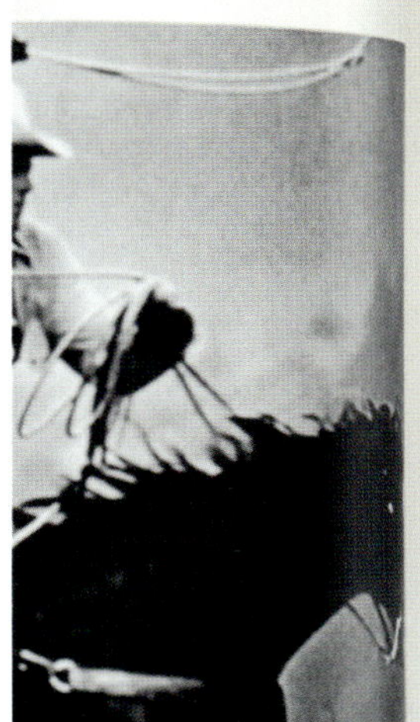

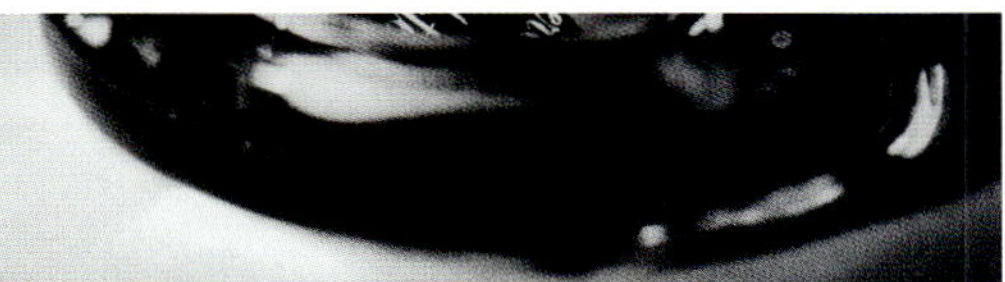

Überraschend war in dieser Hinsicht auch ihre erste Einzelausstellung *An Arrangement of Pictures* bei Metro Pictures, in der sie die Arbeiten der Galeriekünstler arrangierte und das gesamte Ensemble zum Verkauf anbot.

Why Pictures Now? ist auf einer von Lawlers frühen Fotografien zu lesen; die zufällige Anordnung des Aschenbechers und der Streichholzpackung, auf welcher die Botschaft gedruckt steht, erinnert an eine Werbefotografie, deren institutionskritischer Slogan Lawlers gesamtes Werk zu begleiten scheint. Dabei lassen sich ihre Arrangements auch jenseits der Dekonstruktion institutioneller Parameter lesen. Lawler beschränkt sich in ihrem Werk nicht auf den handlungsbezogenen, kontextuellen Akt. Vielmehr eignet sie sich fremde Werke nicht nur an, sondern auch „zu".[4] Wenn sie bei der Aufnahme den Ausschnitt zu einem geschlossenen Bild bestimmt, so sprechen die Arbeiten automatisch auch von ihr, sich selber und ihrem Kontext. Keiner kann sagen, wie weit ihre persönliche Zuneigung zu den Werken und deren Nachbarschaften reicht. In den Arrangements...

All die appropriierten Kun... Widerstandskräfte einsetz... sprechen deshalb unablässi... *Arranged by* zu nennen und... Prince und Levine haben e... ihre konsequente Auseinar... nungsfeld der Institutionsk... Seiten eines Buches oder e... wie weit das ganze reichen... kuratierte Museumsausstel... doppelbödige Bezug zum... das System auf derart rever... Die Wirkung stellt sich an... zu verdichten. Die Titel, di... gegeben sind, geben den fo... noch eine andere Richtung... Einige Titel beschallen auc... Schauplatz. Häufig in Form... ob an der Wand oder direk... Information, wie sie ein D... hier wird gelebt. Der Schau... ist zugleich der spätere Bes...

based on actuality.) Nor, *a fortiori*, does it seem to have entailed taking up David's intense preoccupation with declaring or dilating or ablating a single moment in an action. In both respects, which we have seen were crucial to David's attempts to achieve a non-theatrical representation of action and expression, Gros' pictures manifest a looseness, almost (we may feel) a vagueness or imprecision, in comparison with David's; though it is more accurate to say that in the *Plague-House* and the *Eylau* considerations of singleness or simultaneity of action and sameness or (so to speak) duration of moment simply do not apply.

Most important, what I have called the deeper synchrony of inner meaning and outward manifestation of action and expression (see note 32) is not at issue in Gros' art—not because it is resolved beyond dispute but because there is not any efficacy or meaningfulness of action and expression of that kind in his pictures. This difference was in part visible as a difference between the kinds of action each man represents: between actions whose inner meaning and indeed whose spiritual and physical enactment are at least in principle accessible to the beholder, who is in that sense positioned to adjudge, or to acknowledge, the success or failure of that enactment, and actions which cannot so be apprehended or adjudged and whose performance seems to have for its aim very little provoking of appropriate responses in ourselves and others (both in the picture and outside it). Very crudely, the difference was between actions that have an inside and an outside, as even that of Leonidas does, and others which for all intents and purposes only have an outside, which are performed solely to be seen and thereby to have a predetermined effect on their audience.

Here it is relevant that Gros' masterpieces are set in the present (that is, the recent past), in specific locales, and represent events in the life of the greatest man of action the modern world has known, Napoleon, which actually occurred, or rather are meant to be seen as having actually occurred, in exactly that way. It is as though in paintings like the *Plague-House* and the *Eylau*, as in Napoleonic painting generally, belief in the actuality of what is represented takes the place of conviction in the non-theatrical modality of action that David strove for under changing conditions for roughly thirty years. (David's commitment to that modality of action as at once exemplary and normative was perhaps his deepest idealism.) In fact it may not be goodwill to say that in Gros' masterpieces it is not just the actuality of what is represented but Napoleon himself as the guarantor and shaper of that actuality—not just the knowledge that certain events are supposed to have occurred but faith in Napoleon as both heroic protagonist and unique author of those events—that takes the place of Davidian conviction. And whereas the heroism of David's protagonists, being in principle accessible to the beholder, is therefore exemplary for him, the heroism of Gros' Napoleon is neither. The emphasis in both the *Plague-House* and the *Eylau* is on Napoleon's singularity and isolation; the actions which he performs and the virtues which he exhibits are his and his alone; they are to be seen, admired, even worshipped; but they cannot be imitated and certainly cannot be matched. Such an emphasis was ideally suited to the purposes of Napoleonic propaganda. But it was not determined by those purposes, which were entirely congruent with, and moreover were themselves largely exploited by, the inherent theatricality of Gros' art.

40. Géricault's intuitive revulsion against the theatrical aligns him with David. But his position is infinitely worse than David's in the *Leonidas*. Compare for example the representation of what I would describe as a purely inward or internal action in that painting, an action which although it does not engage with (and indeed expressly renounces) the world nevertheless takes place in it, with Géricault's ultimate presentment of unrelieved internality in his famous portraits of the insane. We have yet to grasp the full import of what happened in his life and work.

41. Théophile Gautier, *Salon of 1847*, quoted by Bertauts-Couture, p. 21.

42. Levitine, "In Defense of the Pompiers," p. 9. However Levitine also believes that "the ludicrous overacting of Couture has the eloquence of a symptom" (p. 10), and suggests that a quality of self-consciousness in action "constitutes a distinct nineteenth-century current" (pp. 9-10). The "current" to which he adverts is not unconnected to the development I have tried to outline here.

43. Gautier, quoted by Bertauts-Couture, p. 20.

44. This claim calls for further elucidation, which I hope to provide in the larger study of Manet's art that I am now preparing.

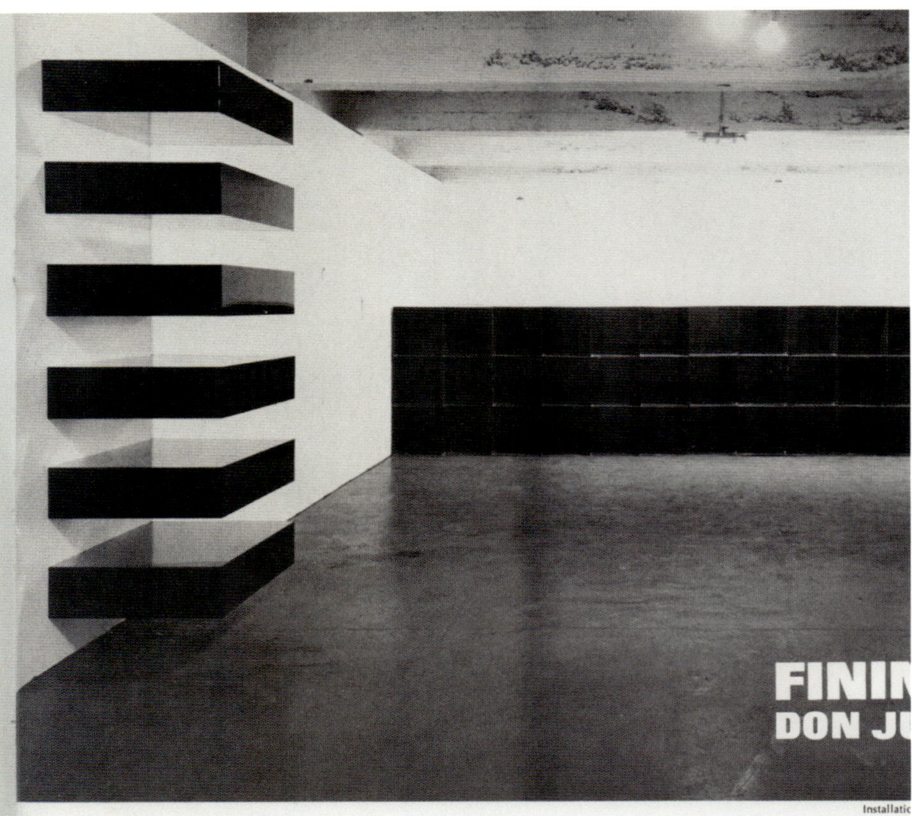

Installatio

ROBERT PINCUS-WITTEN

One's critical opinions about recent American sculpture are almost entirely divorced from issues of pleasure and likeability although some of the artists are more immediately sensuous in their appeals than others. Whatever it is that makes the dominant figures of the later '60s. They saw the period's hardest problem most clearly—how to deal with, in fact, how to protect, the solidity, the tangibility of the "recognizable" formal vocabulary of Cubism and Constructivism, while reforming and re- to his trying enterprise.

The present installations, one Warehouse, one at the Castelli lery proper, are exceptionally dif It would be tempting, for examp insist that the reissuing of e sculpture relates to Judd's fascir

Telephone (091) 3 79 91
Telegrams ARTMAG LUGANO

ART INTERNATIONAL
Strada Regina 5
6900 LUGANO

21.4.1965

Dear Mr. Judd,

        Hail and farewell! I hate to let you down on your return from Sweden but it would have to be said sooner or later. What you're sending me is not what I want. It's not what you say that bothers me -- I have always held the critic should be allowed to call his shots as he sees them -- it's the way you say it, or at least the way you say it some of the time. I like your writing best when you settle down, dig in, and do a good square job of work; I don't like it when you talk off the cuff, it's too "informel" for my taste. Even garrulous at times -- not because what you say isn't to the point or worth saying but simply, again, because of the shambling basic-Hemingway you elect to write in. "Most of the work shown is painting. There's some sculpture. John Smith shows a painting. It's red. It's fine. It's more than an after-image."

        What it amounts to is that I like prose, and don't believe writing should sound, like, formless, like conversation mostly sounds.

        So I hope we part friends. Your first article comes out this week; check will follow at once. Second article comes out in May, with payment again on publication. The second came in plenty late, as you know, and the dummy for the May issue having already been largely assembled, I had to cut it some. I kept the shows you liked, cut most of the rest including the list of odds and ends with which you concluded.

        Sincerely,

EDITOR: JAMES FITZSIMMONS

IL PLEUT

Kein Regen. Der Herbst blüht. Tage geschmückt in rot, braun, gelb. Geleite ich Dich in mein Café Chéz Luc? So führe ich Dich durch die winklig verlaufende Straße Achtecker Busch, die Du sicher kennst, da riecht es süsslich nach Chocolopolis Pralinen. Vor der Confiserie parkte Besitzer Jacques Tuiel und aus seinem alten R5 mit der auffällig beklebten Scheibe betankte ich nachts oft mein Mofa, Du erinnerst Dich, von Lars, Deinem Freund, kannte ich den Trick. Davor musst Du schon links ab, die Confiserie passierst Du nicht. In der Watgasse verunstalten die asymmetrischen Leuchtreklamen einer Boutique eine Fassade. Du freilich kommst gut voran! Wenn Du verschwinden willst, folge am Teufelsbaum dem Gässchen, nur wird Dich jener Weg dann genau ins graue Nichts bringen. Schatten tanzen hier zu grausigstem Gedudel. Letzte Spelunke der Hoffnungslosen. Doch Du merkst ja, jene harsch-respektvolle Verrücktheit meiner Rede will, daß Du verweilst – schnurstracks entlang der Watgasse sollst Du auf gut befolgtem Wege mir in cointreau-gefüllte Fässer nachsteigen. Um nun dahin zu gelangen, wird an dem trichterförmigen Haus linkerhand der Felixplatz überquert, bei der Straussfiliale gehst Du einfach in die Czechstraße. Du hast rechts traumhafte Wohnungen, weil links ein Bahndamm perspektivisch einem fast alle mögliche Aussicht erlaubt. Nervend ist allein das Rattern zuweilen passierender Züge. Oh, nun fallen doch erste Tropfen. Adieu Herbstblüte? Bonjour tristesse? Offenbar! Die paradiesische Vision nie endender Sommertage, dahin. Eile nun, denn Plästereien zu solch später Stunde dauern an! Nass, klamm und verfroren kämst Du hierher. Baden im Cointreaufass, das wär somit vorbei. Plumpedi-plum – quack-quackedi – Regen tropft auch auf Sie. Sorry, plötzlicher, irredummer und peinlicher Reimanfall. Du bist ja bald da. Eine Rechtsbiegung wird Dich zur Kreuzung leiten. Die kennst Du! James wohnte da. Auch im Abenddunkel ist es wirklich leicht – da findest Du unter hellem Laternenlicht sofort das Schild von der Mommenartstraße. Da zwei Wege dort abgehen, ist hier noch einmal Vorsicht vonnöten. Sonst bist Du auf der Lateiner Chaussee. Kaum einer hat je definitiv korrekt verstanden, was in der Lateiner geschieht. Dahinterzukommen versuchten schon Manche. Nicht alle kamen zurück. Erlaubt man den Ignorierten, die dort leben, ihre grössten Lügen, Albernheiten, Berichte, indiskutable Ansichten und Irrigkeiten wie ein Zecher im Delir atemlos vorzutragen dann gibt es kein Entkommen und Ruhen. Einst entronnen zwei Passanten, zufällig Verirrte, der schreckensbringenden Spinnerstraße. Sie haben es bis zuletzt nicht bewältigen oder verarbeiten können, was sie erlebten. Also pass auf, schau weiter Route Mommenartstraße, wo Du ja bald – Dies Regengeprassel! Sorry – war abgelenkt. Du musst noch einmal links abbiegen. Bereits am eigentlichen Ziel angelangt, erblickst Du vor Dir eine Reihe Fertigteilhäuser. Hinter diesen ist dann das Café Chéz Luc! An Deinem Zielort tröpfelt Regen, nein, erwarte ich Dich. Etwas nervös, schon darum ist der Begrüßungsdrink ein Muß! Geht danach völlig automatischt. Ja wie auf Schienen! Also gleich der Präzision ge-geschienter Worte. Antidoten invasiver Regentropfen. Ja die hatten leichtes Spieluhren. Was? Beschummeln? Ich mein, es eröffnen sich uns Freiheiten... Gleich findet unser Bad im Cointreau statt! Freiheiten und Freuden! In Worten würde ich das nicht überschätzen. Freiheitssinn darunter leiden ja Menschen nicht. Künstler, am ehesten, die haben einen Sinn präzis mit Freiheit umzugehen. Worte begrenzen das doch immer. Alles bleibt voll Sinn und Regeln. Irre, wie mein Reden das viel besser offenlegt. Du magst nun kein Cointreaubad? So war aber der Plan! Du kamst natürlich doch auch deswegen her. Warumm diese Tropfen? Erinnere Du Dich doch, was ich eben sagte! Warumm all dieses Getropfe? Es raubt mir die Konzentration auf das Wesentliche. Weisst Du woran ich daran denken muss? Mein Armbruch auf kurviger Landstraße, total sausig den Berg runter. Alméijoas hinten im Sack, wer will da nicht ans Ziel? Drei Wochen vom Algarvenfieber kuriert! Der Urlaub im Krankenhaus. Warum ich's erzähle? Mit dem Gips juvenil meine Tage vertrödeln und nicht weg können! Wie so eine Schiene der gesamte Tag. Damals hat es auch jeden Tag geregnet. Wasserläufe rinnen das Fenster herab. Ich habe langsam das begrenzte Erleben gehasst. Ach, wie fremdgesteuert mein ganzes Tun ohne gute Verständigung war. Ein bisschen fühl ich nun so. Du bist unnahbar, es regnet, ich rede. Und im Reden sickert das Gefühl, es tröpfelten die Worte immerfort. Plappern gleich Regenfall. Plappere törichte Analysen während Du nicht mehr zuhörst. Eine auch befreiende Vermutung. Wo Regnet es nicht? Wo fehlt der Fluss? Der Alkohol, das vermutest Du nun. Ich trank nicht viel. Es erscheint mir, der Regen fliesst in die Gedanken und durchnässt Worte. Wasser trennt. Wo schwimmen die Buchstaben? Wo ist der Weg nun? Magst nicht wieder laufen? Daheim bei Dir ist es doch schön. Avergasse, kenne den Weg, locker gefunden. Ich sei ein Pfuscher? Lade Dich ein, suche den Pfad und nun spiele ich mit Worten? Wo Tropfen in meine Sätze regnen, ist kein Spiel! Wenn Buchstaben sich vervielfälltigen, soll ich nur was tun? Aquaplaning auf der Straße der Wortketten? Du lachst über mich! Stur suche ich weiter den Sinn in alldem. War es das Wasser? Tropfen, fallen von oben nach unten. Wie soll ich dabei nach vorne denken?

6

e With photography as her chosen medium, Natalie Czech examines the complex interplay between image and text and infers new levels of meaning in search of the hidden poetic potential within them. The artist draws inspiration for her photographs in material found in magazines and illustrated books, seeking out the poetry disguised within them, and in the imagery of visual and concrete poetry.

In the *Hidden Poems* series, for example, a work in progress which she began in 2010, Czech works with illustrated pages from magazines and books; she marks out individual letters or words within the passages of text underlining or highlighting them in bright colors, and in so doing reveals a poem which had been concealed all along. Through specific selection and minimal intervention, Czech discloses an autonomous, second text within the original and indeed still legible text; examples include poems by writers and lyricists such as Robert Creeley, Rolf Dieter Brinkmann or Robert Lax. The process of seeking out and revealing these texts gives an impressive indication of Czech's fine feel for those sensational elements that remain latent in everyday life, and of the poetic potential that lies dormant within the character set of texts that are reproduced in the mass media. When looking at the photographs, reading their content and mentally reassembling the fragments of text, which are at times separated by quite a few lines, Czech's markings emerge as lyrical interventions, which, like a thought flashing through one's mind, are formed and indeed exist in relation to the fabric of text and image at hand. Embedded in a foreign context, the poems interact with the existing text and shed new light on it; for example, in a text accompanying a photograph filled with the image of a sunset, Czech scents out a short poem by E. E. Cumming *In sunlight over and overing. A once upon a time newspaper;* the original piece explains that a nuclear test was the cause for the image's supernatural coloring.

In other groups of works, Czech reverses the subjective process of reading and finding and instead concentrates on the scope of possibility offered by the medium of writing. Her point of departure and source of inspiration is the imagery inherent in visual and concrete poetry, whose optical formations highlight the phonetic and semantic dimension of the language, an example being Guillaume Apollinaire's famous calligram *Il pleut*. For these works, Czech commissioned several authors to compose a written piece, in which the calligram consisting of an arrangement of individual letters was embedded. These literary re-writings in a variety of languages provide their own interpretation of Apollinaire's poem and expand upon it, as it disappears into the linear flow of text.

By photographing and blowing up the passages, they are transformed into an image that functions as both documentation and fabrication at the same time. The illustrative markings, which are then applied to the photographs, present Apollinaire's poem in an entirely new light and transform this photographic reconstruction into an original.

Comparable with one key characteristic of the calligram, which is both image and text, Czech's photographs can never be perceived as an image and received as a text simultaneously, but encompass the interactive process of appearance and disappearance, a theme that is addressed rather explicitly in the *Il pleut* series. Natalie Czech sounds out the realm beyond unambiguity and linearity, and by bringing different authors into the equation reveals a pulsating nexus of poetic connections and references.
—*Ute Stuffer*

SIMON DENNY

1+3 *Hochglanzboden HGB 0014 Black Stage (Eurovison Flooring),* 2010
2 *Corporate Video Decisions,* 2011

d   Simon Denny hat eine Leidenschaft für Signifikanten der Massen- und Populärkultur, für die im Verschwinden begriffenen wie für aktuellste technologische Entwicklungen. Als „eifriger Amateurleser und -betrachter" der verschiedenen Medien der Unterhaltungsindustrie, ihrer Ästhetiken und der ihr zugrunde liegenden Strukturen inflationärer Informationsökonomien nutzt er deren Bilder und Objekte als Ressource für seine skulpturalen und installativen Untersuchungen.

Häufig löst er Objekte aus ihrem ursprünglichen Zusammenhang, um sie in neuen Formationen zusammenzustellen. Seine Skulpturen sind bewusst illustrativ und elegant und stellen zugleich ihre simple „Gemachtheit" zur Schau.

Dennys Werke begleiten den Wandel der Trägertechnologien medialer Installationen, aus denen die schweren quadratischen Monitore und großen Projektoren als manifest-physischer Bestandteil vieler Arbeiten zunehmend verschwinden, um durch Flatscreens und leise, kaum wahrnehmbare Beamer ersetzt zu werden. Ohne große Nostalgie kommentiert er die Ausdünnung und den Verlust von Tiefe, der die Ästhetik dieser Objekte heute auszeichnet.

Beliebtes Sujet des Künstlers ist das Fernsehen (und unser Blick darauf). Mit I-Pads, Mobiltelefonen und anderen Bildschirmen oder auch, indem er mehrstündige Fernsehprogramme zusammenstellt und in Kunstinstitutionen, aber auch im (halb-)öffentlichen Raum wie beispielsweise in Hotellobbys, in Wartezonen auf Bezirksämtern und Bahnhöfen präsentiert, macht er das Fernsehen als multiples, fragmentiertes und in sich widersprüchliches Medium sichtbar und verhindert dabei die leichte Identifikation mit stereotypen Zuweisungsstrategien, die zwischen Aufklärungsfantasien und kulturkritischer Diffamierung oszillieren.

Für eine Recherche über die Myalgische Encephalomyelitis (zu deutsch: chronisches Erschöpfungssyndrom) befasste sich Denny vor allem mit der medialen Repräsentation dieser durch den Retrovirus XMRV ausgelösten, aber bislang relativ unerforschten Krankheit. Seit sie in den 1980er Jahren entdeckt wurde, veränderten sich die Form des Sprechens über die Krankheit wie auch die Qualität und das Layout der Abbildungen, die das Virus darstellen, entscheidend. Denny filterte diesen öffentlichen Diskurs aus der Masse an öffentlich zugänglichem Material und hat daraus unter anderem eine Zeitleiste der Repräsentation der Krankheit in der Öffentlichkeit destilliert sowie die sich verändernde Darstellung über Split-Screen-Prints sichtbar gemacht.

Für ein anderes Projekt beschäftigte er sich mit einem berüchtigten Fall von Fernseh-Piraterie im US-Fernsehen der späten 1980er Jahre. Eine Low-tech-Version der ikonischen Cyberpunk-Science-Fiction-Figur *Max Headroom*, die 1984 als Ansager für Musikvideos des britischen Channel 4 ins Leben gerufen worden war, unterbrach zwei Sendungen voneinander unabhängiger Fernsehsender im Großraum Chicago. Der Künstler rekontexualisierte den Inhalt der Fernsehübertragung, indem er Screenshots der Sendung zu Werbebildern für deren Promotion umfunktionierte.
—*Ellen Blumenstein*

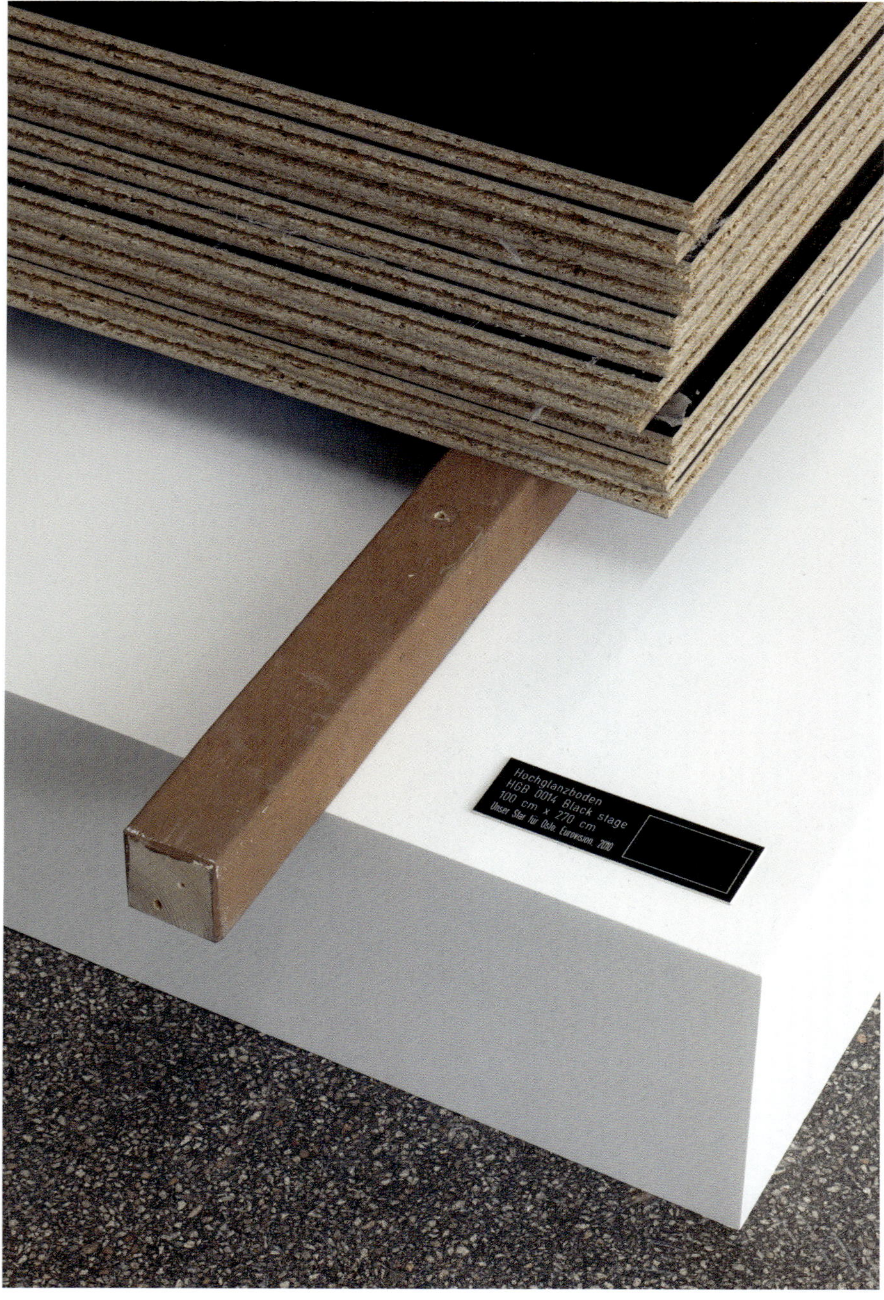

1

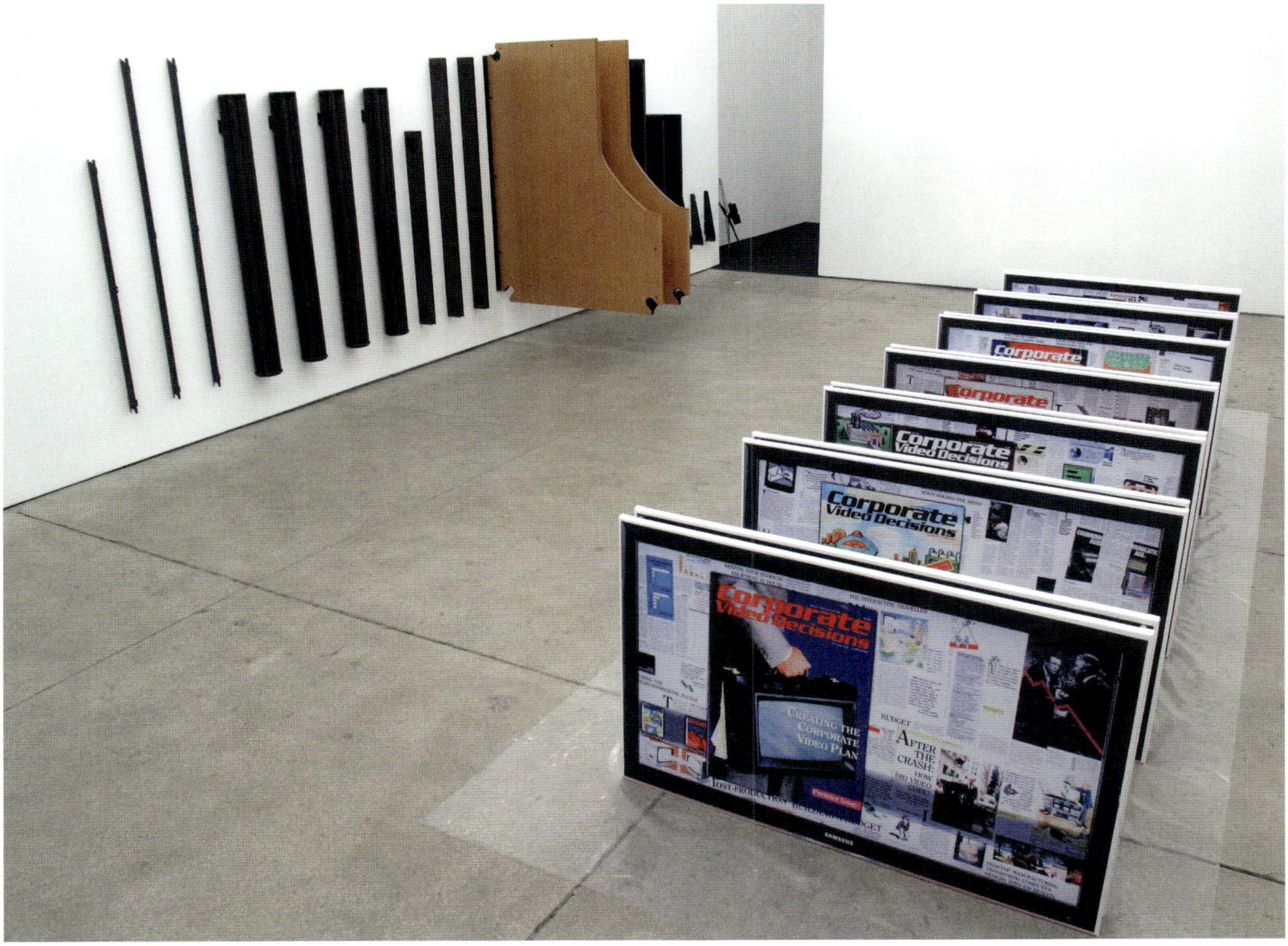

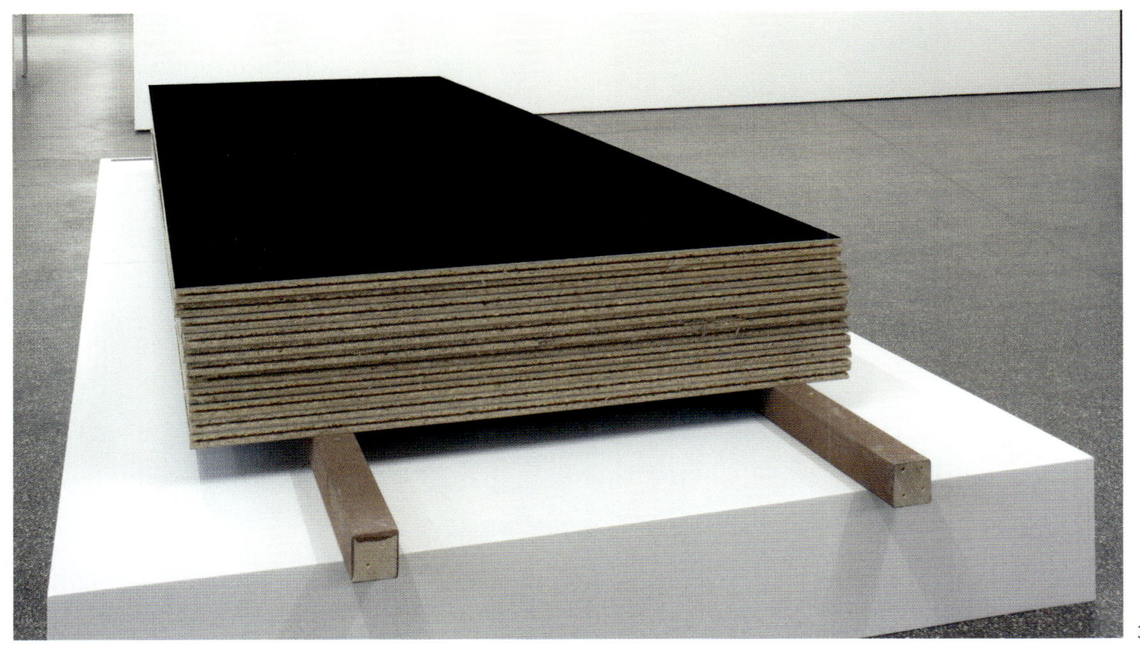

2

3

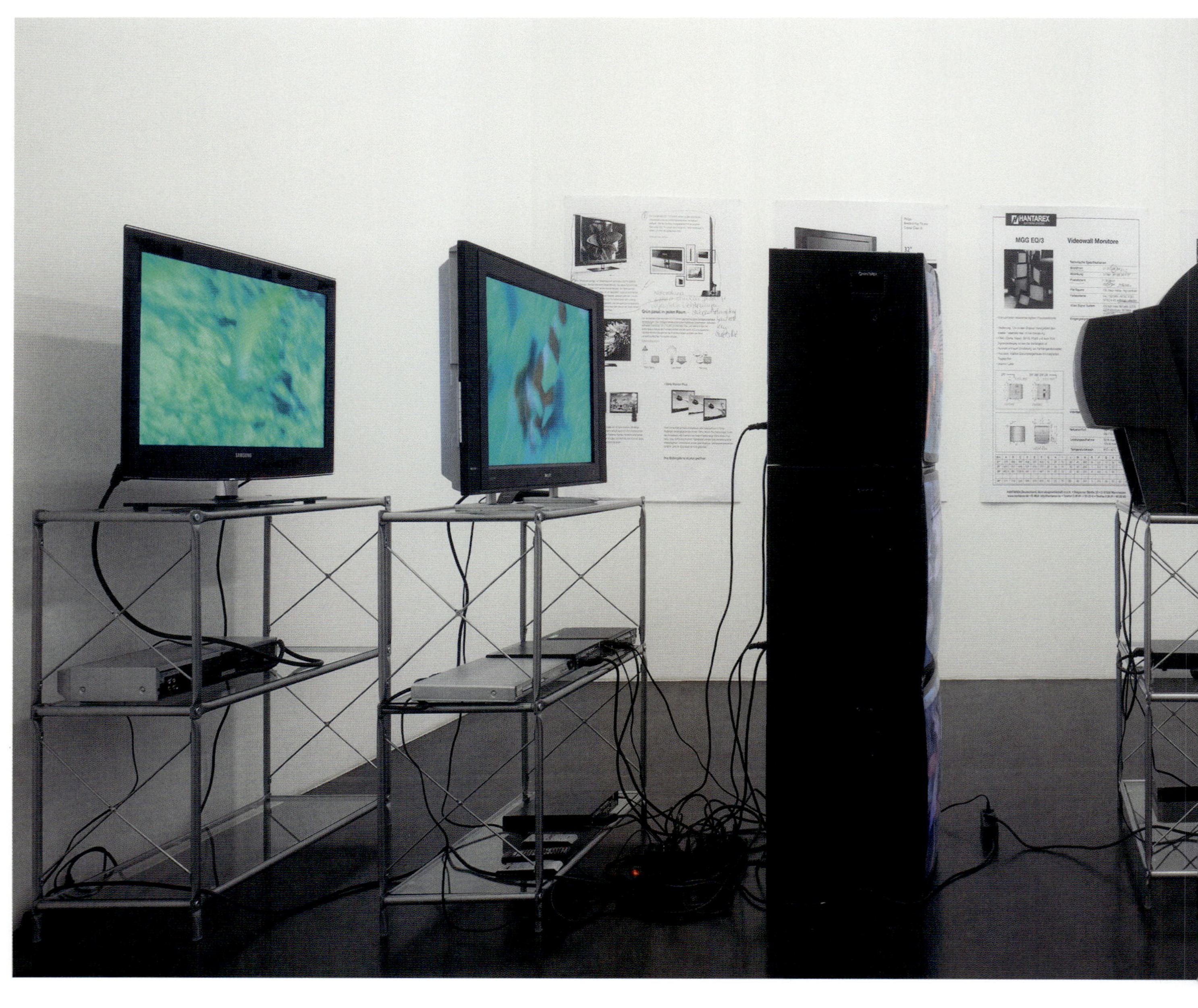

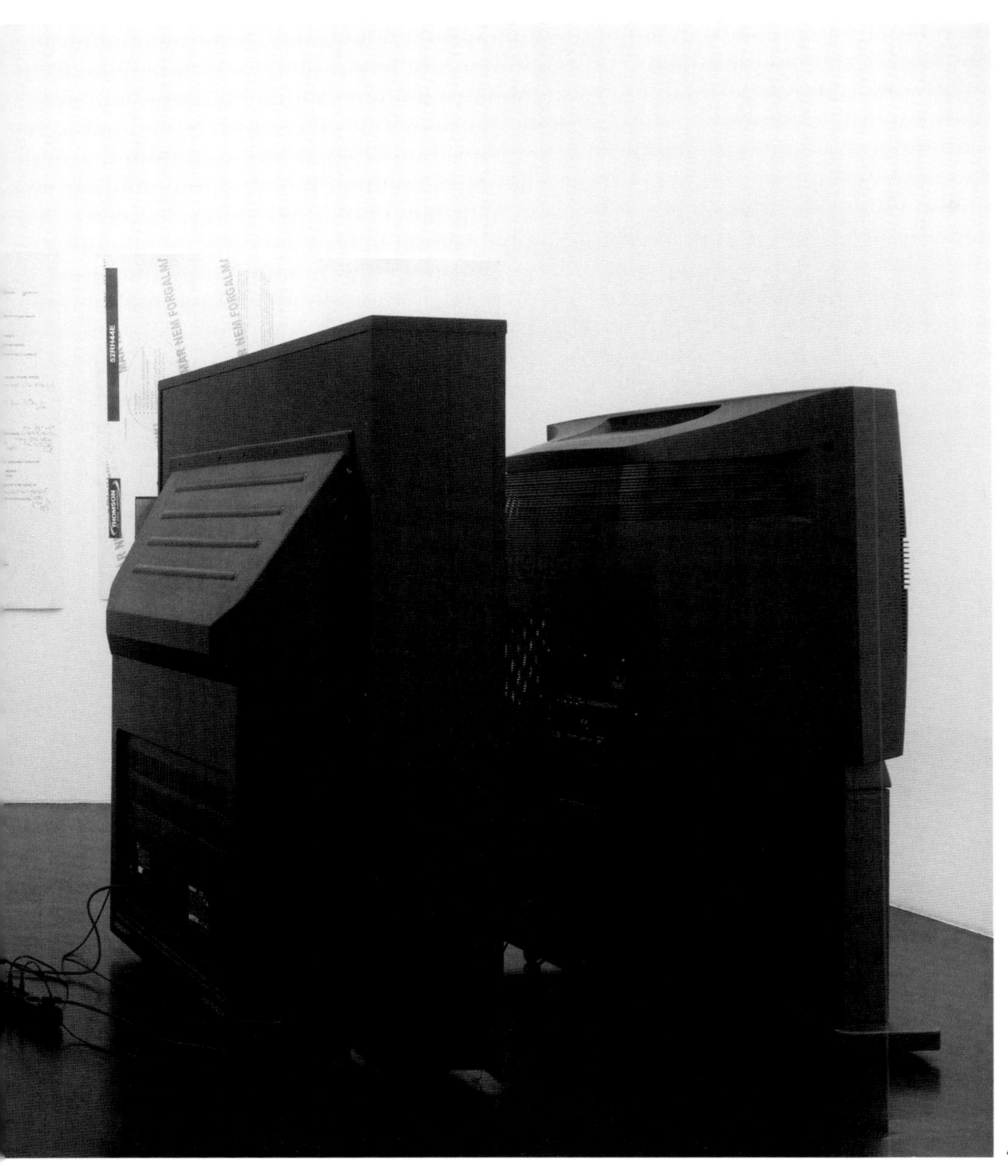

e Simon Denny is passionate about the signifiers of mass and popular culture, about disappearing and state-of-the-art technologies. As an "avid amateur reader and observer" of the various media of the entertainment industry, its aesthetics and underlying structures of inflationary information economies, he uses their images and objects as resources for his exploratory sculptures and installations.

He frequently removes objects from their original context, reassembling them in new formations. His sculptures are deliberately illustrative and elegant and at the same time openly exhibit their simple composition.

Denny's works accompany the transformation of carrier technologies of media installations, from which the heavy square monitors and large projectors as a manifest, physical component of many works are increasingly disappearing, to be replaced by flat screens and quiet, barely perceptible projectors. With no great sense of nostalgia, he comments on the thinning out and loss of depth, which characterizes the aesthetics of these objects today.

One of his favorite themes is television (and our view of it). With iPads, cell phones and other screens, or by assembling multi-hour TV programs, which are shown both at art institutions and in (semi-)public spaces such as hotel lobbies, waiting areas at district offices and railway stations, he shows television as a multiple, fragmented and contradictory medium and at the same time prevents easy identification with stereotypical assignation strategies, which oscillate between enlightenment fantasies and culturally critical defamation.

In order to research myalgic encephalomyelitis, better known as chronic fatigue syndrome, Denny focused primarily on the media representation of this hitherto relatively unexplored condition caused by the retrovirus XMRV. After being discovered in the 1980s, the way people talked about the illness changed considerably, as did the quality and layout of illustrations representing the virus. Denny filtered this public debate from the mass of publicly available material and has distilled from it, among other things, a timeline of the representation of the illness and visualized the changing depiction using split-screen prints.

For another project he addressed an infamous case of TV piracy in the USA in the late 1980s. A low-tech version of the iconic Cyperpunk science fiction figure *Max Headroom*, created in 1984 to announce music videos on the British Channel 4, interrupted two programs of different TV broadcasters in the greater Chicago area. The artist recontextualized the content of the transmission by using screenshots of the program as advertising material promoting it.

4
—Ellen Blumenstein

JAN PAUL EVERS

1 *Kubus 3*, 2011
2 *Zwischen den Gipfeln menschlicher Möglichkeiten*, 2011
3 *Lomi Lomi*, 2011

d   Licht und Schatten, ästhetische, reduzierte Bildausschnitte, ruhige und kontemplative Kompostionen – Jan Paul Evers zeichnet tatsächlich mit Licht. Seine analogen Fotografien lesen sich wie eine breit angelegte, hoch artifizielle Reflexion über Geschichte, Techniken und Prozesse des Mediums Fotografie mit seinen mannigfaltigen Gestaltungsmöglichkeiten. Der 1982 geborene Künstler greift bewusst ins Bild ein. Sein experimenteller Umgang mit Fotografie manifestiert sich bereits in der Dunkelkammer. Er verändert zuweilen sehr aufwendig die Belichtungszeit, arbeitet mit Freistellungen und Schablonen und führt chemische Prozesse durch, bevor er schließlich seine Bilder nur ein einziges Mal entwickelt. Evers arbeitet mit stark lichtempfindlichem Fotomaterial, was zur groben Körnung der Bildoberfläche führt. Seine Arbeiten wie *Schwarzer Schwan (1+2)* von 2009 oder *Der Abstand zwischen den Gipfeln menschlicher Möglichkeiten* (2011) erinnern in ihrer Reinheit und klaren Abstraktion an die Fotogramme der 1920er Jahre und muten zuweilen geradezu nostalgisch an. Die Motive seiner schwarz-weißen Unikate entziehen sich jedweder Reproduzierbarkeit und offerieren dem Betrachter ein umfangreiches Repertoire des Alltäglichen: von Kunstgeschichte, Werbung, über Architektur, Landschaftsausschnitte und Gebrauchsgegenstände bis hin zur abstrakten Formensprache. Was auf den ersten Blick wenig gegenständlich erscheinen mag, offenbart sich bei näherer Betrachtung als verfremdetes Detail einer real existierenden Architektur. *Place de Pyramide* von 2009 beispielsweise entstand beim Warten am Gleis 1 des Kölner Hauptbahnhofes. Seine Bilder entstehen aus anderen Bildern, bauen sich aus unterschiedlichen Grautönen zu einer neuen Komposition zusammen: aus dem Detailfoto der Treppe des Kölner Doms entwarf sich so eine Pyramide.

Evers erforscht in seinen Fotografien nicht nur die Relation zwischen Motiv und Wirklichkeit, sondern spürt auch der Beziehung von Fläche und Raum, Modell und Maßstäblichkeit und dem Verhältnis von Abstraktion und Gegenständlichkeit nach.

Die oftmals irritierenden, narrativen Titel seiner analogen Bildwelten in Kombination mit den rätselhaften, fast ikonischen Motiven laden den Betrachter ein, sich eine eigene Interpretation des Abbildes zu kreieren. Der Abdruck von Wirklichkeit in Evers' Arbeiten lässt sich als ein Abdruck aktueller Wahrnehmungsmuster verstehen. Der Betrachter allein konstruiert die Gegenständlichkeit der Fotografien.
—*Anne Hoffmann*

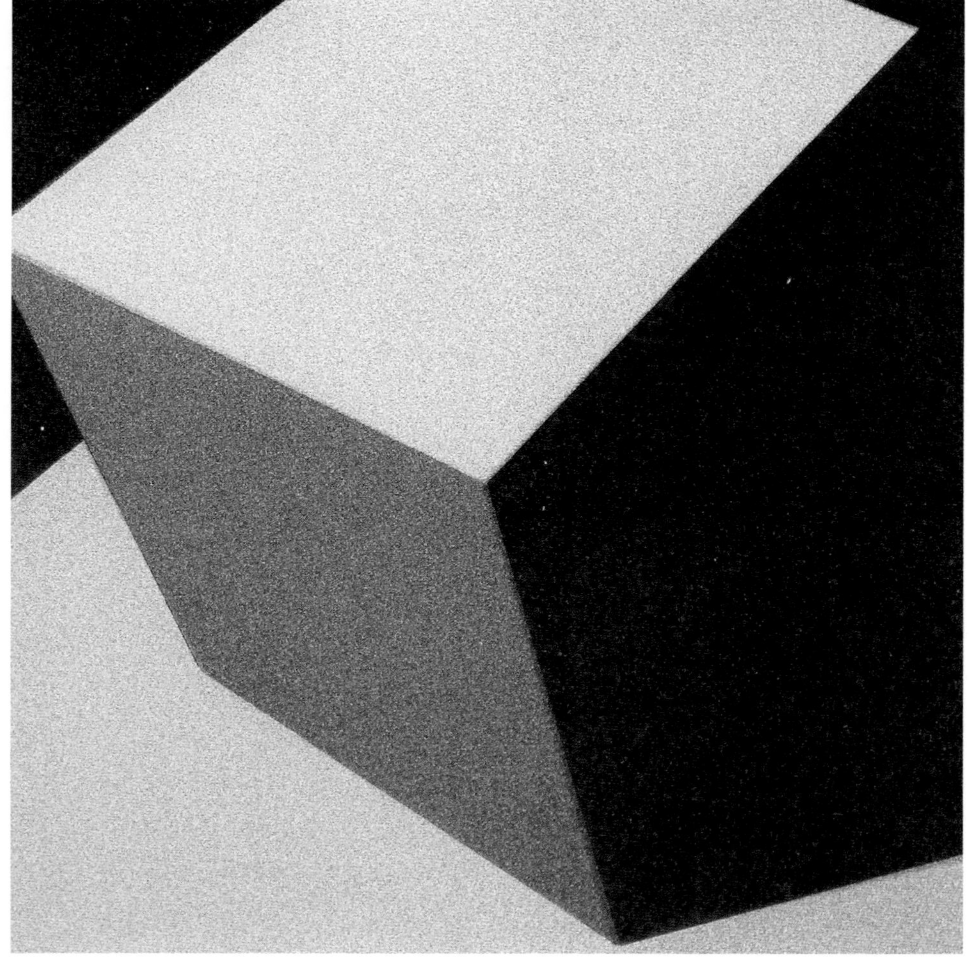

1

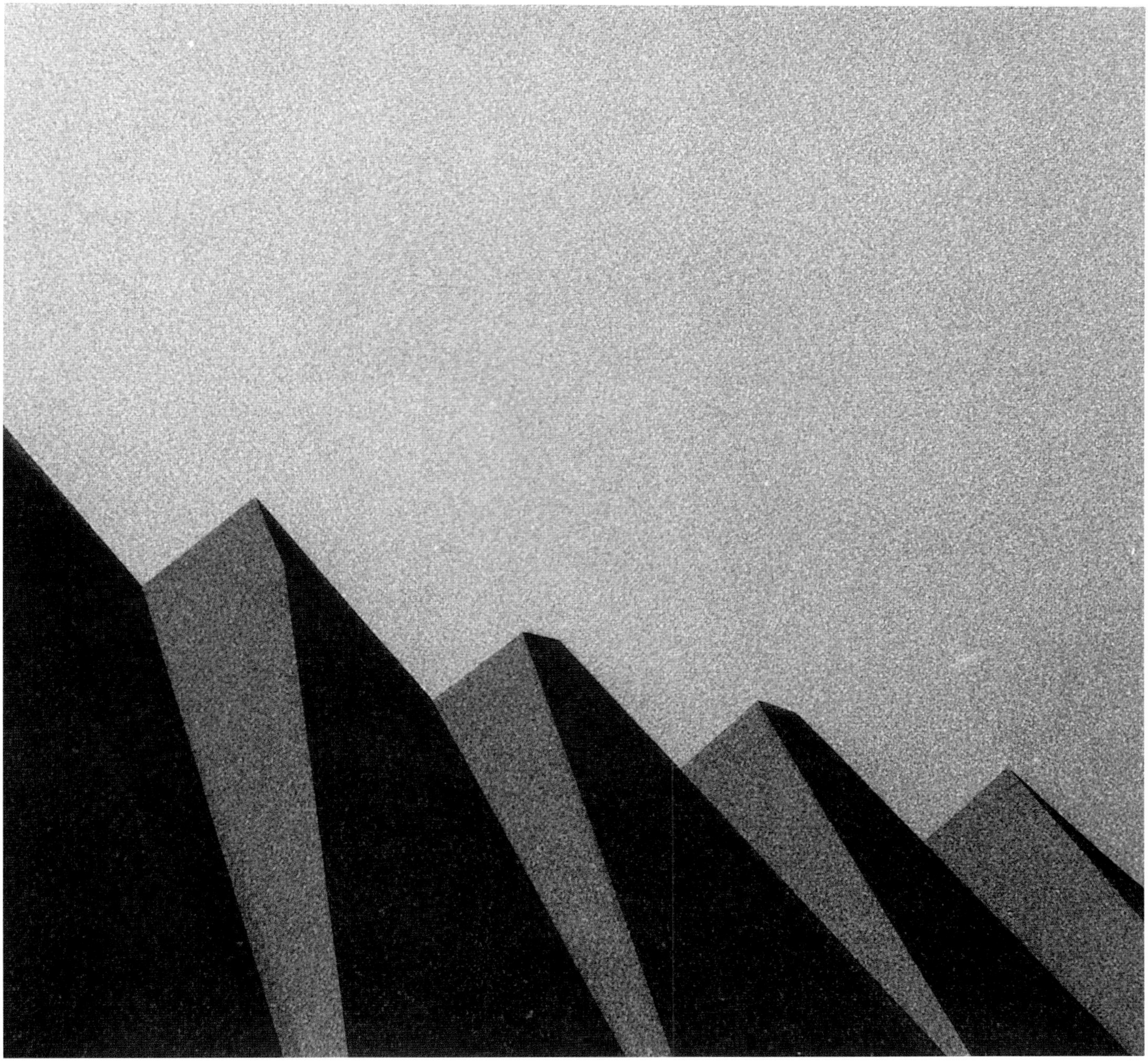

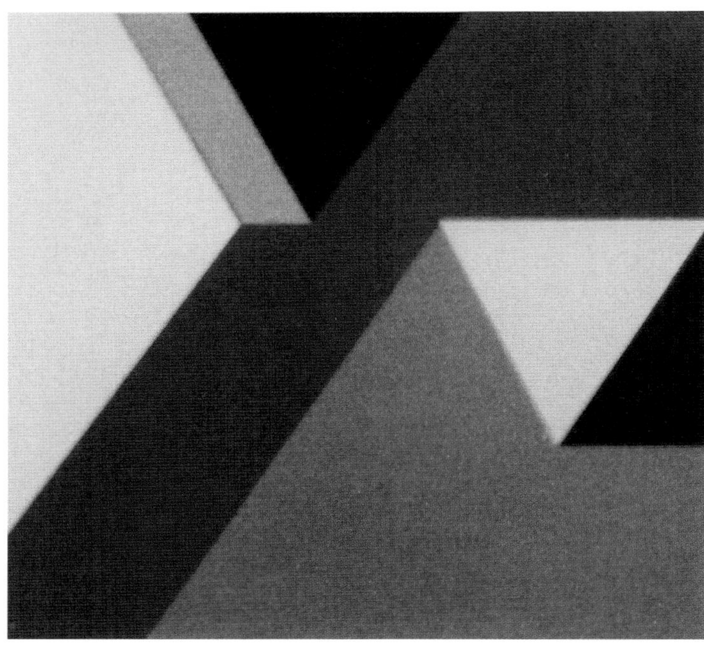

2

3

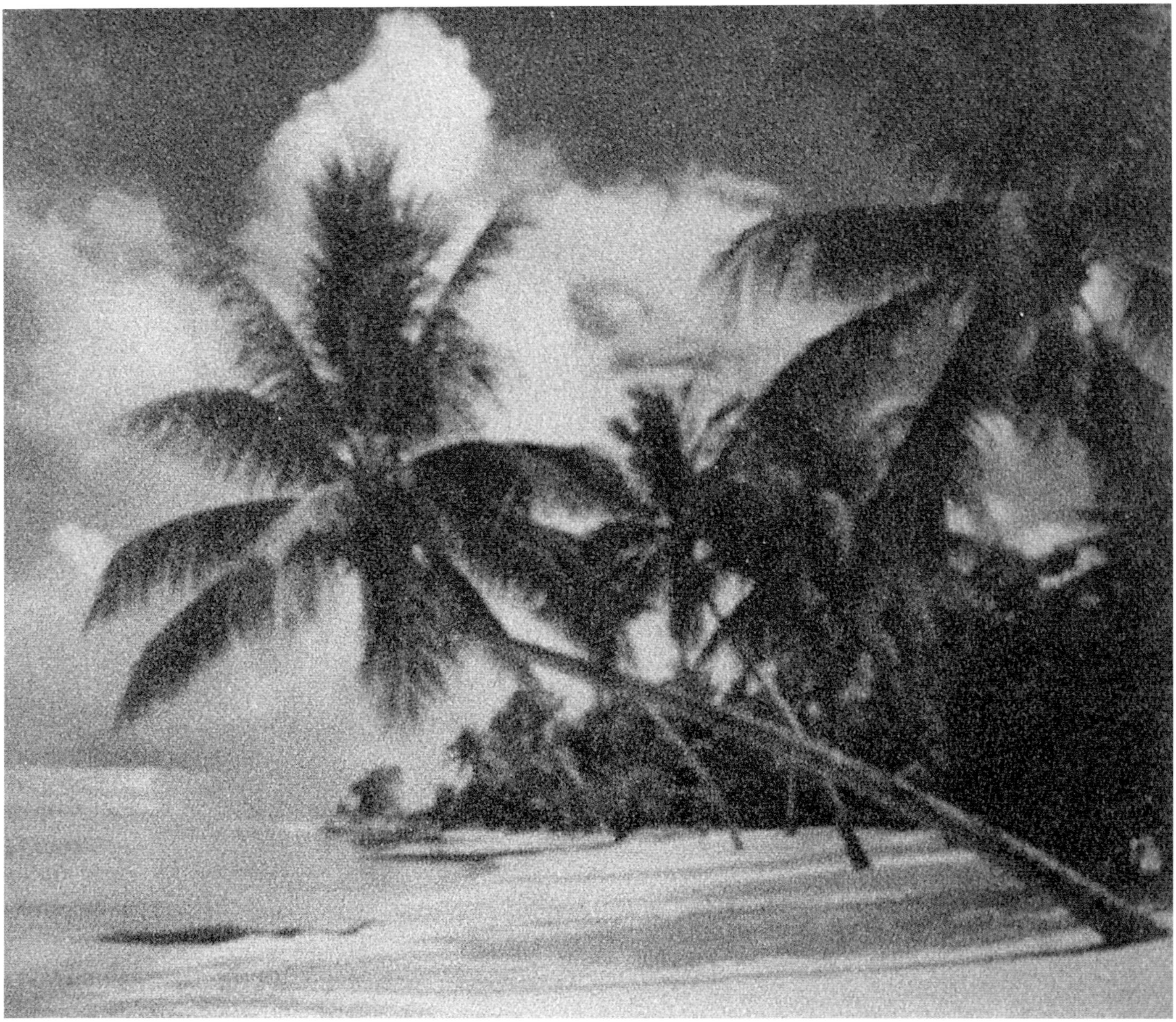

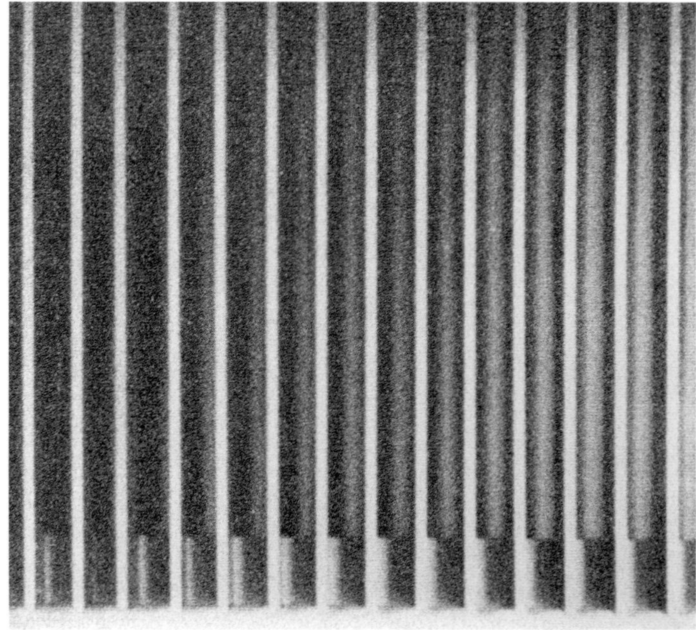

4

5

e   Light and shadow, aesthetic, reduced cropped images, quiet and contemplative compositions; Jan Paul Evers really does draw with light. His analog photographs read like an in-depth, highly artificial reflection on the history, techniques and processes of the medium of photography with its manifold creative possibilities, which seek to produce a copy of reality. The artist, born in 1982, deliberately intervenes in the picture. His experimental approach to photography becomes apparent already in the darkroom. He sometimes goes to great lengths to change the exposure time, works with stencils and free-form select and carries out chemical processes before finally developing his pictures a single time. Evers works with highly photosensitive photographic material, which produces the coarse grain on the image surface. Works such as *Schwarzer Schwan (1+2)* (Black swan [1+2]) of 2009 or *Der Abstand zwischen den Gipfeln menschlicher Möglichkeiten* (The distance between the pinnacles of human possibility) (2011) call to mind 1920s photograms with their purity and clear abstraction and sometimes give a virtually nostalgic impression. The motifs of his black-and-white one-offs are entirely irreproducible and offer the observer a comprehensive repertoire of the everyday, including everything from art history, advertising, architecture, cropped landscapes and everyday commodities to abstract formal language. That which may seem little figurative at first glance on closer inspection turns out to be the abstracted detail of an existing structure. *Place de Pyramide* of 2009, for instance, was taken when the artist was waiting at platform one at Cologne central railway station. His pictures are created from other pictures, as it were, form from various gray tones into a new composition. Thus a pyramid took shape from the photo of a section of stairwell at the Cologne Cathedral.

In his photographs, Evers not only explores the relationship between theme and reality, but also traces that between surface and space, model and scale and, of course, abstraction and figuration. The often confusing, narrative titles of his analog images in combination with the puzzling, almost iconic motifs invite the observer to create his own interpretation of the picture. The copy of reality in Evers' works can be seen as a copy of prevailing patterns of perception. The observer alone constructs the photographs' figuration.
–*Anne Hoffmann*

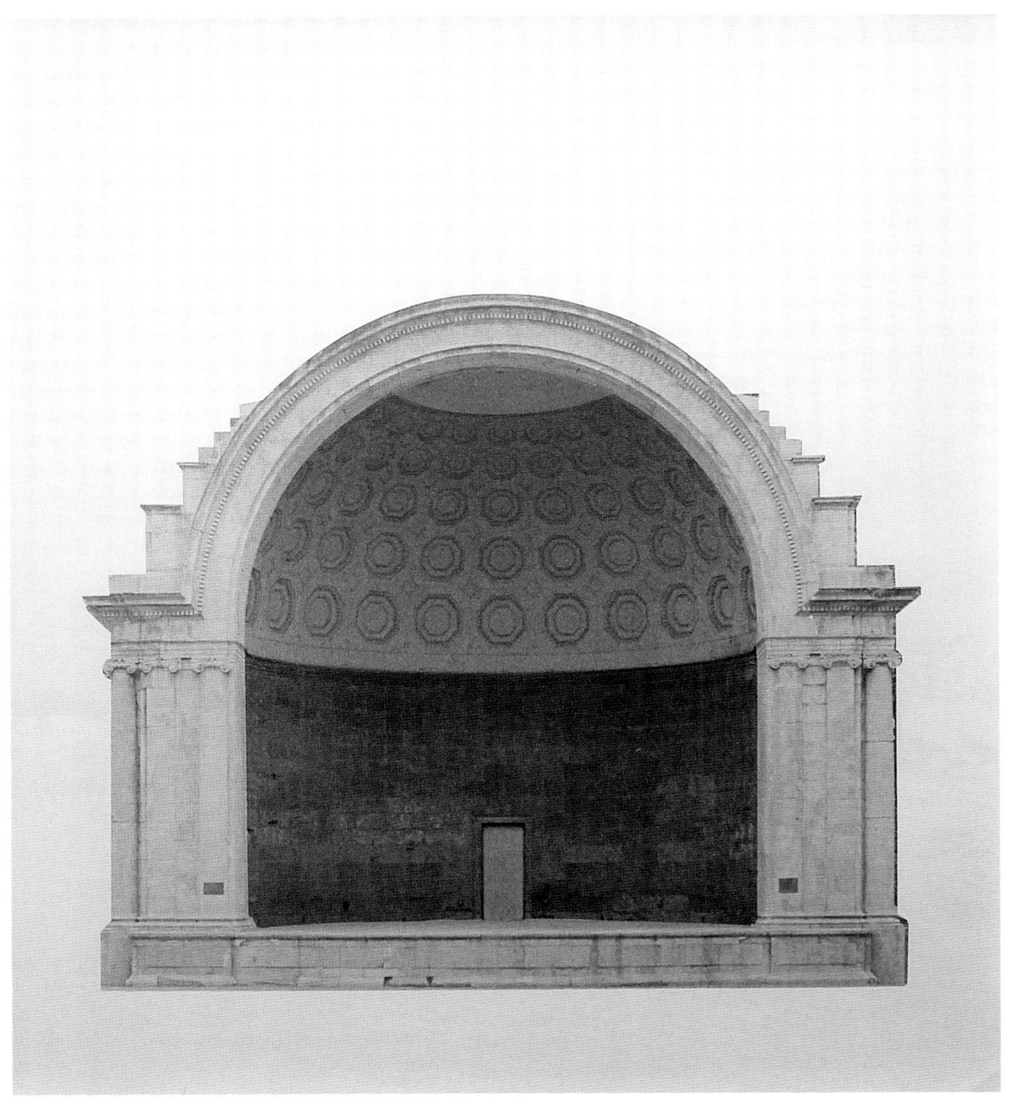

6

OMER FAST

1 *Talk Show*, 2009

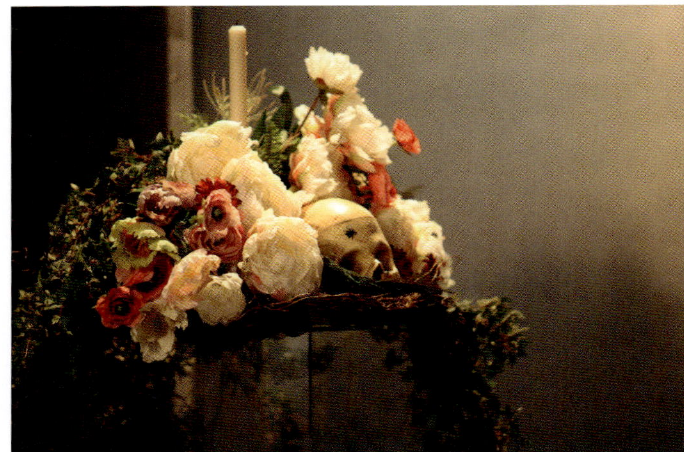

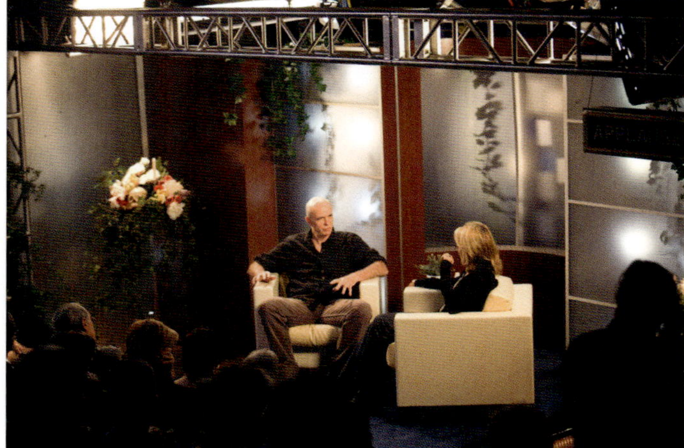

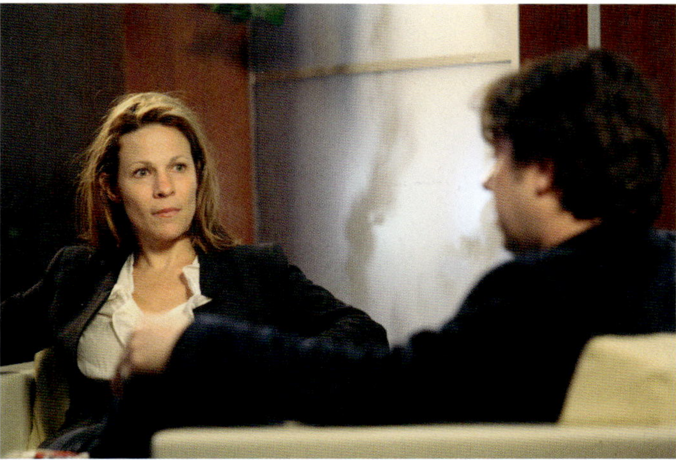

d Omer Fast beschäftigt sich in seinen Doppel- und Mehrfachprojektionen mit den Möglichkeiten filmischen Erzählens. Dabei interessieren ihn gleichermaßen die persönliche Wahrnehmung und die öffentliche Darstellung von Ereignissen. Ausgangspunkt seiner Arbeiten sind häufig reale Begebenheiten, die der Künstler anhand von Recherchen, Interviews oder vorgefundenem Material rekonstruiert und anschließend transformiert.

Seine Videoarbeiten nutzen die spezifischen Möglichkeiten des Mediums, um zu untersuchen, wie Erfahrung in Erinnerung transformiert und dann vermittelt, gespeichert oder auch verdrängt wird. Dokumentation und Fiktion sind hier so miteinander verwoben, dass sie ununterscheidbar werden, die narrative Struktur der Arbeiten spielt mit der Vermischung beziehungsweise der Entkoppelung der Ebenen von Ton, Bild und Schnitt. Nichts mehr ist „authentisch", Ereignisse und Erfahrungen werden nur durch die Fragmentiertheit der Erinnerung an sie und deren Repräsentationen sichtbar. Bei Fast erweist sich Geschichte immer als notwendig konstruiert. Er zeigt, dass sich in einer Darstellung vor allem die Verfasstheit der Welt in der Zeit spiegelt, in der auf sie Bezug genommen wird.

Als Filmemacher arbeitet Fast mit den Darstellungsgewohnheiten der Filmindustrie und unterläuft sie dabei gleichzeitig. Es geht in seinen Arbeiten nicht nur darum, die Konventionen des Kinos und des Erzählens grundsätzlich zu dekonstruieren; vielmehr erweitert er den Rahmen und die Möglichkeiten dessen, was wie erzählt werden kann, von wem, und was das wiederum für unsere Sicht auf und Wahrnehmung von Realität bedeutet.

Eine seiner neuesten Arbeiten, die unter anderem auf der Biennale in Venedig 2011 gezeigt wurde, trägt den Titel *5000 Feet is the Best* (2011) und handelt von „Piloten" unbemannter, amerikanischer Drohnen, die von Containern aus über Monitore gesteuert werden und dabei Situationen detailliert aufzeichnen, die sich Tausende von Kilometern entfernt abspielen.

Der digitale Film basiert auf einem Gespräch des Künstlers mit einem ehemaligen Piloten, wurde aber mit einem Schauspieler inszeniert. Dieser weicht den ihm gestellten Fragen immer wieder aus, indem er scheinbar belanglose Anekdoten erzählt, um dann wiederum unerwartet den Erzählfluss zu unterbrechen und Fast mehrmals direkt zu adressieren – und so die Fiktion des gespielten Interviews zu dekonstruieren. Auf der Bildebene wechseln Szenen aus dem Gespräch mit dokumentarischen Bildern von Kampfhandlungen aus dem Nahen Osten und Eindrücken von Las Vegas, dem Schauplatz des Treffens.

Auf diese Weise setzt Fast die Unvereinbarkeit von medialer Wahrnehmung und traumatisierendem individuellem Erlebnis in Ton und Bild und zeigt die Schwierigkeit auf, beispielsweise die Schrecken von Kriegen überhaupt visuell zu repräsentieren.

Die in *Made in Germany Zwei* gezeigte Installation *Talk Show* (2009) verbindet das traditionelle Format von Fernseh-Talkshows mit dem bekannten Kinderspiel „Stille Post". Ursprünglich vor Live-Publikum für *Performa 09* in New York aufgezeichnet, erzählt der Gast Lisa Ramaci in einer typischen Talkshow-Kulisse von den Ereignissen, die zum Tod ihres Mannes, der als Journalist im Irak arbeitete, geführt haben, sowie von ihrer Beziehung zu dessen Dolmetscherin, die sie aus dem Irak in die USA geholt und ihr damit das Leben gerettet hat. Nachdem Ramaci von der Bühne abgetreten ist, betritt scheinbar der nächste Gast die Szene. Anstatt nun eine andere Geschichte zu erzählen, tauscht die vermeintliche Moderatorin ihre Position, um der gerade eingetretenen Person die Geschichte Ramacis zu erzählen, als wäre es ihre eigene. Dieser Rollentausch wird durch mehrere Konstellationen hindurch fortgeführt, so dass die rund einstündige Videoinstallation dokumentiert, wie der komplexe und emotionale Bericht persönlicher Erinnerung zu einer Seifenoper über Sex und Gewalt verflacht.
—*Ellen Blumenstein*

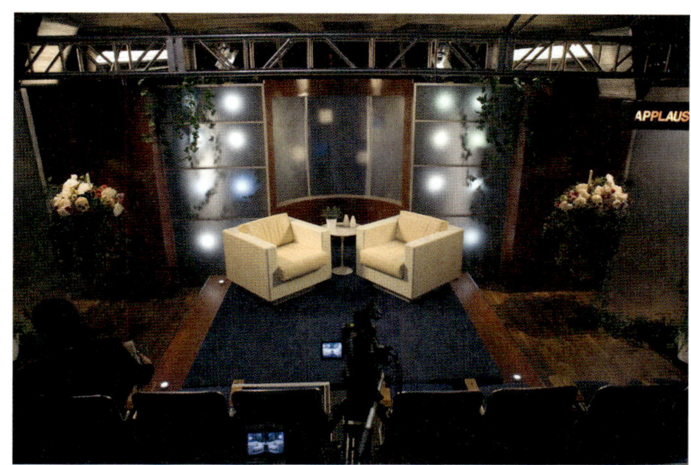

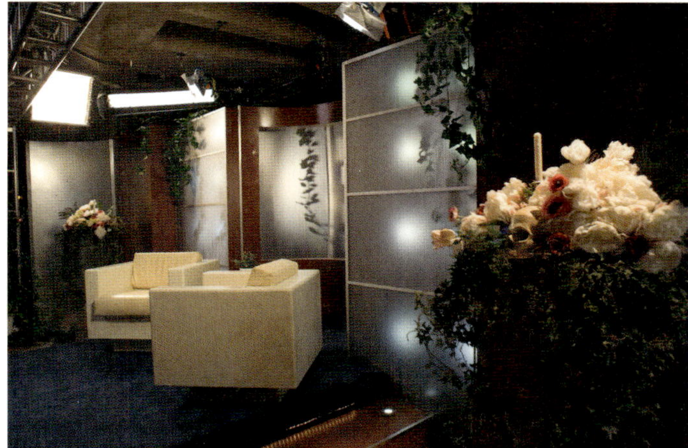

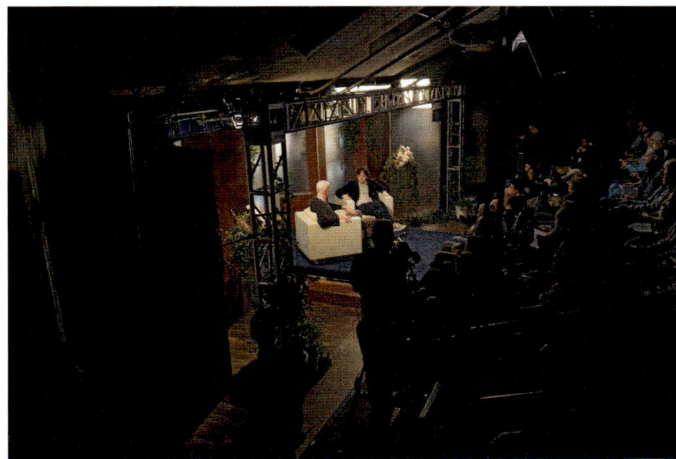

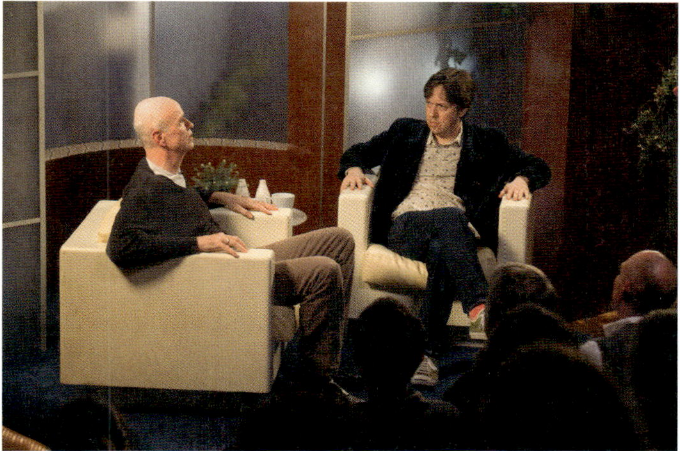

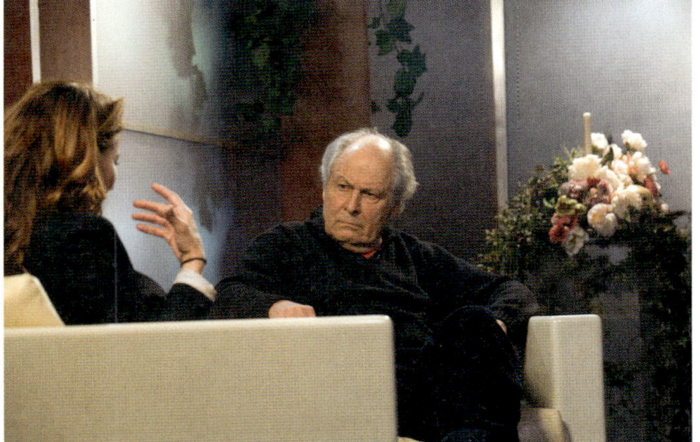

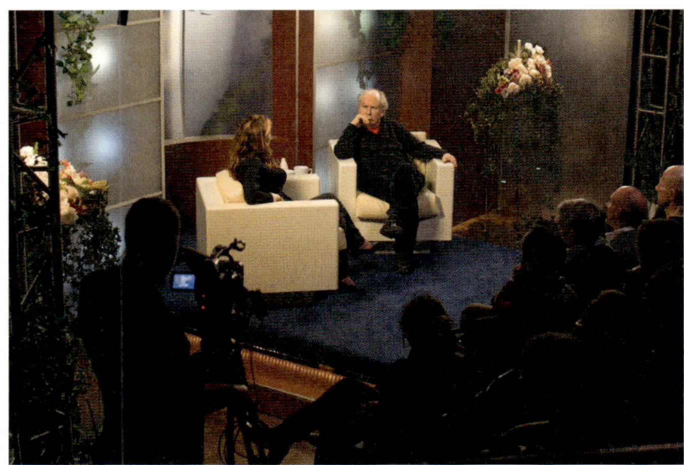

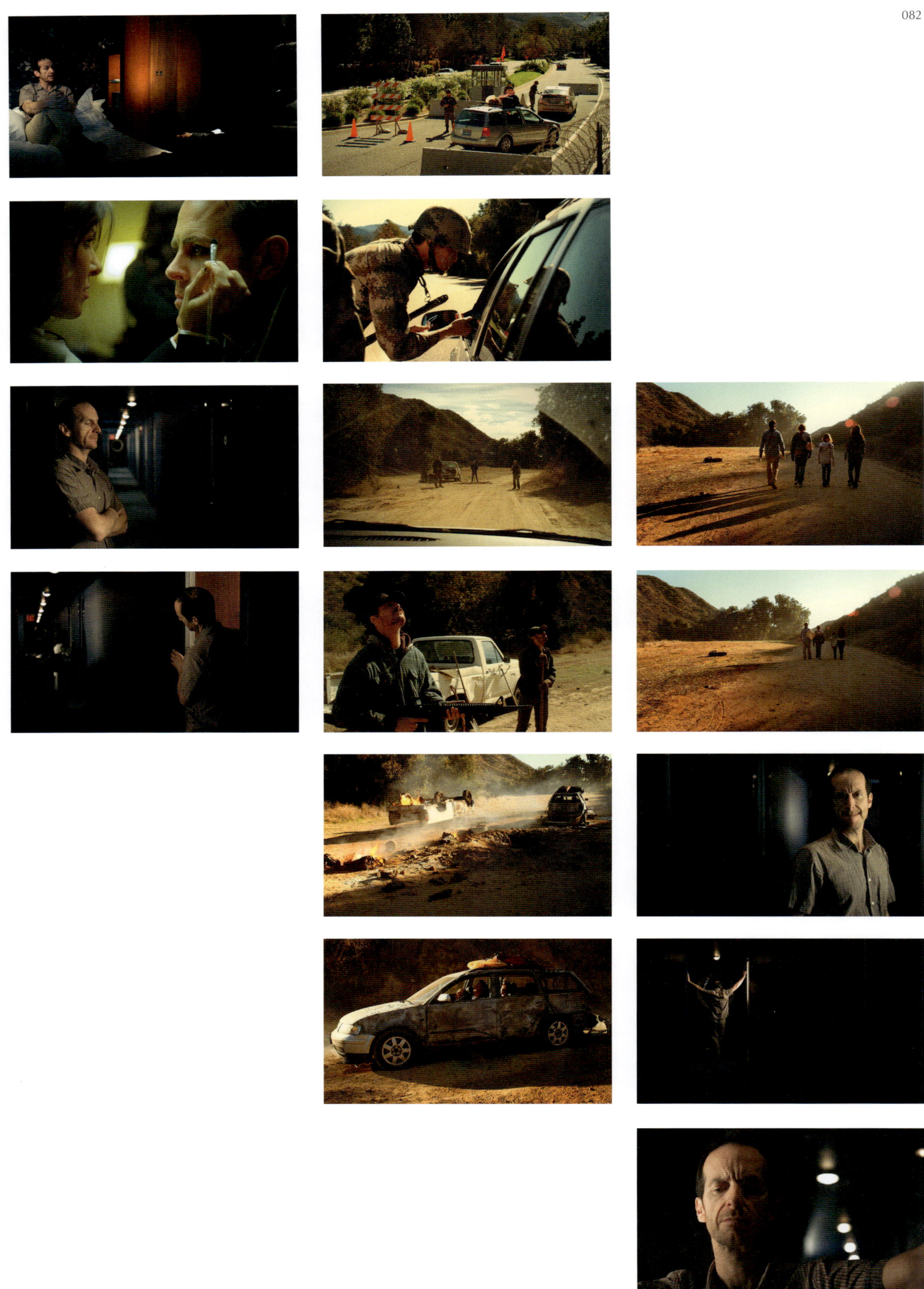

3

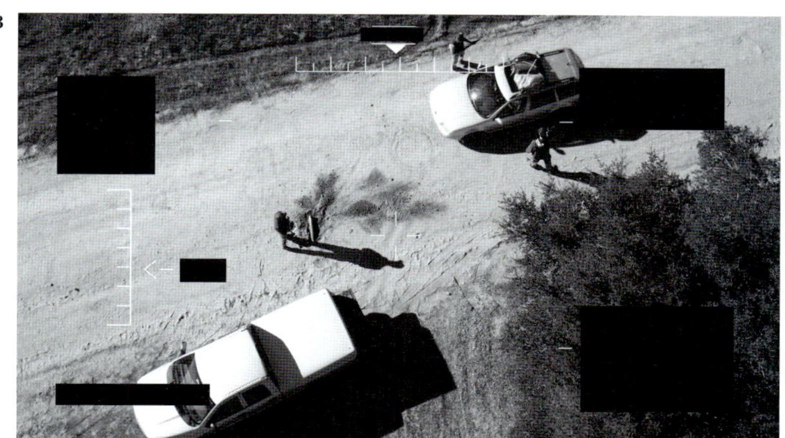

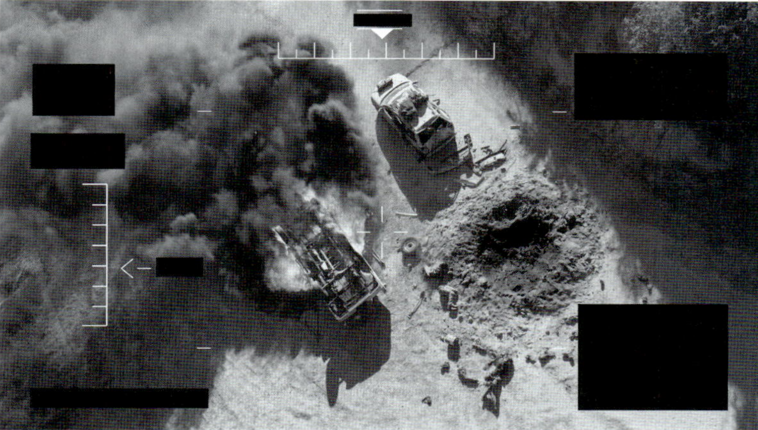

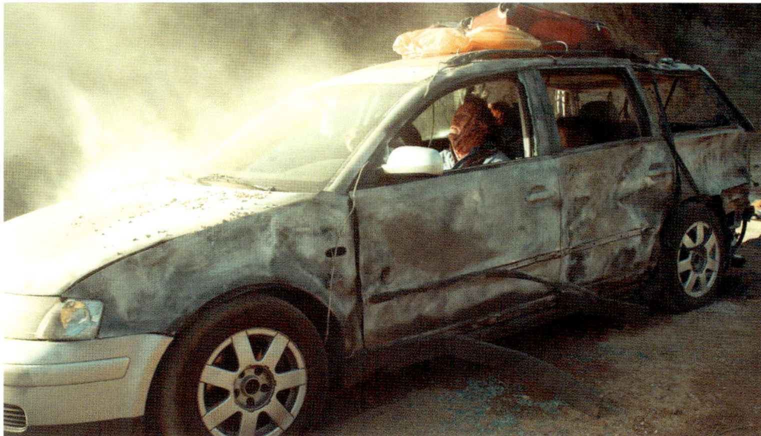

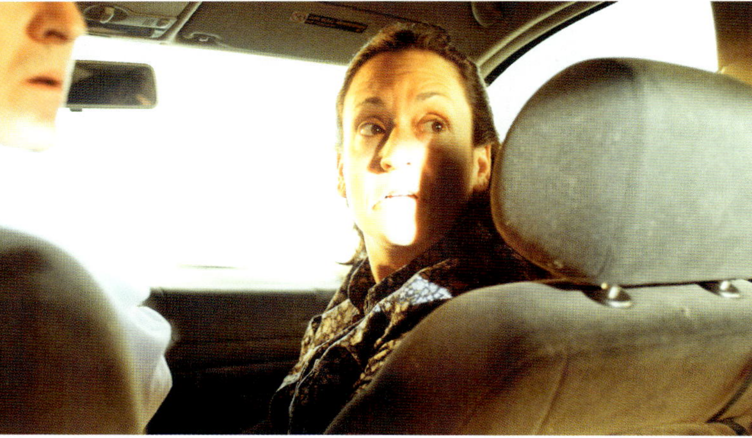

e   In his double and multiple projections, Omer Fast explores the potential of the filmic narrative. He is equally interested in the personal perception and public representation of events. He often bases his works on real occurrences which the artist reconstructs by means of research, interviews and found material and subsequently transforms.

His video works make use of the medium's specific possibilities to investigate how experience is transformed into memory and then communicated, stored or repressed. Here documentary and fictional elements are so closely interwoven that they become indistinguishable; the narrative structure of the works plays with the merging or decoupling of the levels of sound, image and editing. Nothing is "authentic", events and experiences only become visible in the fragmentary memory of them and their representations. In Fast's work history always proves to be necessarily constructed. He shows that in a representation above all the nature of the world is reflected in the time in which it is referred to.

As a filmmaker, Fast works with the representative habits of the film industry and yet circumvents them at the same time. He not only seeks to fundamentally deconstruct cinematic and narrative conventions in his works, but also and above all to expand the framework and possibilities of that which can be told, how, by whom, and what it means for our view and perception of reality.

One of his latest works, which was shown at the 2011 Venice Biennial among other exhibitions, is entitled *5000 Feet is the Best* (2011). It focuses on "pilots" of unmanned American drones controlled via monitors from containers that make detailed recordings of situations played out thousands of kilometers away.

The digital film is based on a conversation the artist had with a former pilot, but was filmed with an actor. The latter repeatedly avoids answering the artist's questions by telling seemingly trivial anecdotes, only to then unexpectedly interrupt the narrative flow and directly address Fast several times, thus deconstructing the fiction of the staged interview. On the image level scenes from the interview alternate with documentary images of fighting in the Middle East and scenes from Las Vegas, where the meeting took place.

In this way Fast puts into sound and images the incompatibility of media perception and traumatic individual experience and highlights the overall difficulty of visually representing, for instance, the horrors of war.

The installation *Talk Show* (2009) featured in *Made in Germany Zwei* combines the traditional format of TV talk show with the well-known children's game "Chinese Whispers". Originally recorded in front of a live audience for Performa 09 in New York, in a typical talk-show setting guest Lisa Ramaci tells of the events that led to the death of her husband, who was working as a journalist in Iraq, and of her relationship to his interpreter, whom she helped flee to the USA, thus saving her life. After Ramaci leaves the stage, the next guest appears. But instead of telling a different story, the supposed presenter swaps chairs and proceeds to tell the newcomer Ramaci's story, as though it were her own. This role reversal is repeated several times with new guests, and the resulting roughly one-hour video installation documents how the complex and emotional report based on personal memory degenerates into a soap opera about sex and violence.
—*Ellen Blumenstein*

ERZÄHLEN IN ZEITEN DES ROMANS –

Zum Wandel narrativer Regimes

„Der Erzähler – so vertraut uns der Name klingt – ist uns in seiner lebendigen Wirksamkeit keineswegs durchaus gegenwärtig. Er ist uns etwas bereits Entferntes und weiter noch sich Entfernendes."[1] So beginnt Walter Benjamin seine Abhandlung über den Erzähler Nikolai Lesskow aus dem Jahre 1936 und stellt hier nicht nur die Direktheit und affektive Kraft dieser Vermittlungsform (ihre „lebendige Wirksamkeit") in den Vordergrund und kommt damit auf den klassisch-platonischen Gegensatz von lebendigem Wort und totem Buchstaben zurück, vielmehr beklagt er zugleich, auch hierin nicht unplatonisch, ihr Vergehen, wenn er feststellt, dass es „mit der Kunst des Erzählens zu Ende geht".[2] Dieses Ende entspricht laut Benjamin dem Verlust des „Vermögens, Erfahrungen auszutauschen", dessen Ursache er darin sieht, dass „die Erfahrung […] im Kurse gefallen" sei und dass es sogar so aussähe, „als fiele sie weiter ins Bodenlose".[3] Das historische Ereignis, das, wie Benjamin hier, nur drei Jahre vor dem deutschen Überfall auf Polen und dem Beginn des Zweiten Weltkriegs, schreibt, diese „Verstummung der Menschen" manifest gemacht hat, war der Erste Weltkrieg, aus dem die Menschen „nicht reicher – [sondern] ärmer an mitteilsamer Erfahrung" zurückgekehrt sind, das heißt an jener lebendigen Erfahrung, „die von Mund zu Mund geht".[4] Dass dies nicht überraschend sein konnte, legt Benjamin in einer berühmten Passage seines Textes dar: „Denn nie sind Erfahrungen gründlicher Lügen gestraft worden als die strategischen durch den Stellungskrieg, die wirtschaftlichen durch die Inflation, die körperlichen durch die Materialschlacht, die sittlichen durch die Machthaber. Eine Generation, die noch mit der Pferdebahn zur Schule gefahren war, stand unter freiem Himmel in einer Landschaft, in der nichts unverändert geblieben war als die Wolken und unter ihnen, in einem Kraftfeld zerstörender Ströme und Explosionen, der winzige, gebrechliche Menschenkörper."[5]

Was der Erste Weltkrieg also zerschlagen hat, ist der generationsübergreifende Erfahrungsraum, den Erzähler und Zuhörer teilen und innerhalb dessen die Erzählung ihre Funktion entfalten konnte: eine Erfahrung mitzuteilen, die einen überindividuell-zeitübergreifenden und deshalb exemplarischen Wert verkörpert. Dieser gemeinschaftliche Erfahrungsraum ist in der „Ausrichtung auf das praktische Interesse" vorausgesetzt, welche die Erzählung auszeichnet, also der Einbettung der Erzählung in einen praktischen Lebenszusammenhang: Denn der Erzähler ist derjenige, „der dem Hörer Rat weiß", und zwar Rat, der nicht als Antwort auf eine Frage, sondern als „Vorschlag", als „Fortsetzung einer (eben sich abrollenden) Geschichte" verstanden wird.[6] Der Hörer kann die Geschichte des Erzählers fortsetzen und den in der Geschichte verkörperten Rat übernehmen, eben weil beide durch einen gemeinsamen Erfahrungsraum verbunden sind, der ihre Rollen austauschbar macht, und so die Geschichte des Erzählers immer auch schon die Geschichte des Zuhörers ist. Die zeitliche Ordnung des Erzählers ist deshalb die der Synchronizität: Der zeitliche Abstand zwischen Erzähler und Zuhörer tritt hinter der Gleichwertigkeit ihrer Erfahrungen zurück. Die Zeit trennt sie nicht, sondern verbindet sie.

Dieser Raum der Synchronizität und Fortsetzbarkeit, in dem sich alles gleichzeitig abspielt und der es der Erzählung erlaubt, über das Ende der Erzählung hinaus praktische Wirkungen zu entfalten, wird im bürgerlichen Zeitalter von der radikalen Diachronie des Romans und seiner medialen Beschränkung abgelöst: Denn der Roman gehört der „Gutenberg Galaxie" (Marshall McLuhan) an und ist wesentlich den medialen Grenzen des bedruckten Papiers unterworfen („sein wesentliches Angewiesensein auf das Buch") und somit vom „lebendigen Wort" geschieden, also von jenem erzählten Wort, das der Erzähler aus der eigenen oder berichteten Erfahrung nimmt und das er selbst wieder zur „Erfahrung derer, die seiner Geschichte zuhören", macht.[7] Der Romancier hingegen hat keinen Anteil mehr an einer Erfahrungsgemeinschaft: Die „Geburtskammer des Romans ist das Individuum in seiner Einsamkeit, das sich über seine wichtigsten Anliegen nicht mehr exemplarisch aussprechen vermag, selbst unberaten ist und keinen Rat geben kann".[8]

Doch bedrohlicher noch für die Erzählung – und medientheoretisch im selben Paradigma zu verorten wie der Roman – ist das, was Benjamin lapidar die „Information" nennt, die in der Tagespresse ihren Ort findet. Sie definiert sich durch ihre Nachprüfbarkeit – ihren dokumentarischen Wert –, ihre Plausibilität und ihren Neuigkeitswert und ist derart der Erzählung entgegengesetzt, die nichts erklärt, sondern zum Nacherzählen bzw. Weitererzählen einlädt: „Das Wunderbare wird mit der größten Genauigkeit erzählt, der psychologische

Zusammenhang des Geschehens aber wird dem Leser nicht aufgedrängt. Es ist ihm freigestellt, sich die Sache zurechtzulegen, wie er sie versteht, und damit erreicht das Erzählte eine Schwingungsbreite, die der Information fehlt."[9]

Auf ironische Weise ist ebenjene „Schwingungsbreite" der Erzählung der Einsatz von Sven Johnes Videoarbeit *Greatest Show on Earth* (2011): Hier kündigt ein „Zirkusanheizer" im Endlosloop Zirkusattraktionen an, die unwahrscheinlicher nicht sein können und das traditionelle „Höher, schneller, weiter" des „Systems Zirkus" *ad absurdum* führen: 70 Schlangenmenschen, die Geburt eines Elefanten in der Zirkusarena, Gold, das vom Himmel regnet … Der Sprecher steht allein im Flutlicht der Arena und kündigt ohne Pause neue Attraktionen und Artisten an, die nicht ein- bzw. auftreten werden – die Bilder entstehen ausschließlich in der Erzählung des Sprechers, die der Zuhörer durch seine Einbildungskraft vervollkommnen bzw. selbst bebildern muss. Diese Diskontinuität zwischen der Ankündigung und den fehlenden Bildern wird durch die Aufnahmen des theatralischen Gehabes des Sprechers noch unterstrichen, der den Zuschauer/Zuhörer wiederholt auffordert: „Stellen Sie sich vor …" Dass diesen Vorstellungen keinerlei Realität entspricht bzw. logischerweise nicht entsprechen kann, bildet den Hintergrund von Sven Johnes fabulöser Narration, die das Universum Zirkus, das sich je schon an der Grenze zwischen Wirklichkeit und Zauber und Illusion bewegt, als spektakuläre Fabelwelt ohne Bilder erzählt. Eine „Leere" oder Bilderlosigkeit, die sich ebenso in der Fotoserie *Following the Circus* (2011) wiederfindet: Die Bilder zeugen davon, wie der Künstler dem Zirkus Probst, den er als Kind bereits 1984 gesehen hatte und der nun von März bis November 2011 erneut getourt ist, durch 50 Städte und Dörfer Ostdeutschlands folgt. Doch Johne folgt ihm mit einer kleinen Verzögerung, so dass die Bilder erst entstehen, wenn das Chapiteau wieder abgebaut ist – wenn der Zirkus also verschwunden und nur der leere Platz übrig geblieben ist. Beide Arbeiten erzählen vom Wanderzirkus, ohne diesen oder seine Attraktionen und Kunststücke je zu zeigen, und überlassen es so dem Zuhörer, sich selbst ein Bild zu machen – „Stellen Sie sich vor …" Auf diese Weise reproduzieren sie ebenjene Schwingungsbreite der Erzählung, dank deren der Zuschauer „sich die Sache zurechtlegen"

kann bzw. muss, denn es gibt keine anderen Bilder als die seiner Einbildungskraft. Zugleich tun sie dies *im Bild*, im filmischen und fotografischen Bild, in Medien, die selbst dem Paradigma der Literalität angehören, insofern sie Geschichten aufzeichnen, auf- und einschreiben, sei es in Worten oder Bildern, anstatt im oralen Paradigma der ephemeren Nach- und Weitererzählung zu verbleiben.

Sven Johne erzählt die Geschichte des Geschichtenerzählens, seine Arbeiten reflektieren auf eine tradierte Form der Übermittlung – der Wanderzirkus als Medium der Oralität – und zeigen zugleich, inwiefern die Trennung zwischen Oralität und Literalität obsolet geworden ist bzw. schon immer war. Damit greifen sie zugleich in die Diskussion um die sogenannte „Literalitätshypothese" ein, welche die Geburt der abendländischen Kultur, Politik und Geschichte in der Entdeckung des griechischen Alphabets verortet, d.h. in der Schriftlichkeit der menschlichen Kultur. In Absetzung zur platonisch-benjaminschen Verurteilung der Schrift als „toter Buchstabe" behaupten Medien- und Literaturwissenschaftler der 1960er und 70er Jahre wie Marshall McLuhan, Walter Ong oder Eric A. Havelock eine enge kausale Beziehung zwischen Schriftlichkeit und Denken und sehen im Eintritt des Menschen und seines Erzählens in die Schriftlichkeit die Ursache für die Umstrukturierung des menschlichen Denkens, das dementsprechend von den Medien, in denen es statthat, mitgeformt wird.[10] Während also hier die Vorherrschaft der Oralität über die Literalität verkehrt wird, zugleich jedoch an der Medienspezifik der Erfahrungsübermittlung und -ausformung festgehalten wird, argumentiert Jacques Derrida in Absetzung zu diesen Debatten, dass nicht die Oralität der Literalität unterzuordnen sei, sondern dass es vielmehr zu zeigen gilt, dass das „lebendige" Wort genau so „zeichenhaft" ist wie der geschriebene Buchstabe: An die Stelle des Gegensatzes tritt die Gleichzeitigkeit von gesprochenem Wort und geschriebener Spur. Denn Derrida geht von der Prämisse aus, dass *jede* Form der Sprache die Schrift voraussetzt, aber eine Form der Schrift, die sich dem traditionellen Verständnis entzieht. Hierfür prägt Derrida den Begriff der „*archi-écriture*", der „Urschrift", die jenes Prinzip bezeichnet, das jeder Unterscheidung von Oralität und Literalität vorausgeht – das also eine Dekonstruktion der Gegensätze durch ein ihnen vorausliegendes Prinzip vornimmt, das als solches nicht aufweisbar ist, ohne das die metaphysischen Gegensätze aber nicht zu denken sind.[11]

Derrida deutet damit eine Medien*indifferenz* an, die Jacques Rancière in seinen Untersuchungen zur Ästhetik absolut setzt: Rancière schließt also in gewisser Weise an Derrida an, obgleich er den Begriff der Ur-Schrift durch den der Fiktion ersetzt, der nicht eine bestimmte Erzählform meint, sondern vielmehr eine allgemeine Logik des Geschichte(n)erzählens, die supramedial funktioniert und Politik, Kunst und Wissen gleichermaßen bestimmt. Für Rancière ist daher die Frage der Narration, die er unter dem Begriff der *Fiktion* verhandelt, keine Frage ihres Mediums, vielmehr ist sie ein Prinzip des ästhetischen Regimes der Künste, das sich gleichermaßen im Bild, in der Schrift oder der Live-Perfomance realisiert.

Einhergehend mit dieser Aufhebung der Medienspezifik, die die Grenzen und Normen markiert, wie welches Medium erzählt und wie es derart auf die Erzählung in spezifischer Weise wirkt, adressiert Rancière eine weitere Aufhebung, nämlich diejenige zwischen Fakt und Fiktion, wenn er schreibt, dass „*Geschichte* schreiben und *Geschichten* schreiben […] zu demselben Wahrheitsregime" gehören.[12] Damit knüpft Rancière an die Hinterfragung der Trennung von fiktivem und nicht-fiktivem Erzählen, zwischen Realitäts- und Fiktionsmedien an, die seit den frühen kritischen Untersuchungen des dokumentarischen Werts der mechanischen Bildmedien bei Roland Barthes oder André Bazin, über die Popularisierung des Begriffs der historischen Einbildungskraft (Hayden White) bis hin zu heutigen kunsttheoretischen Debatten um die Fiktionalität des Dokumentarischen virulent ist. Benjamin hingegen nimmt auch in dieser Hinsicht eine klare Aufteilung der Erzählmedien vor, insofern er den informativ-dokumentarischen „toten" Bericht vom lebendig wiedergegebenen und zum Nachempfinden einladenden Erlebnisbericht unterscheidet, somit das dokumentarische Erzählen dem fiktiven Erzählen entgegensetzt und diese Entgegensetzung medienspezifisch verortet: Während der Romancier für Benjamin hier dem Historiker gleichzusetzen ist, der Geschichte *schreibt* und „die Vorfälle, mit denen er es zu tun hat, auf die eine oder andere Art zu erklären" hat und sich „unter keinen Umständen

damit begnügen [darf], sie als Musterstücke des Weltlaufs herzuzeigen", ist der Chronist der Vorläufer des Erzählers und derjenige, der Geschichte als lebendige Erfahrung übermittelt, denn diese kann nur im gesprochenen Wort vermittelt werden: An die Stelle der Erklärung tritt hier die „Auslegung, die es nicht mit einer genauen Verkettung von bestimmten Ereignissen [zu tun hat], sondern mit der Art ihrer Einbettung in den großen unerforschlichen Weltlauf".[13]

Simon Fujiwaras groß angelegten Archivarbeiten adressieren genau diesen Punkt, indem fiktive Ereignisse in den großen historischen Weltlauf „eingebettet" bzw. parasitär eingeführt werden: Es ist der Künstler selbst, der zum Erzähler wird, wenn er in *The Personal Effects of Theo Grünberg* anhand verschiedener fiktiver archivarischer Versatzstücke – Grünbergs Bibliothek aus fast 1000 Bänden, lyrische Tagebücher, Schallplatten, Zeitungsausschnitte und Postkarten – die Lebensgeschichte des Theo Grünberg re-konstruiert. Es ist auch hier die Einbildungskraft, in diesem Fall des Künstlers, die aus den dokumentarischen „Fetzen" eine Geschichte konstruiert, und auch hier wählt der Künstler die mündliche Erzählung – die Geschichte wird ursprünglich in Form einer Performance vor der Kulisse der Bibliothek des Theo Grünberg präsentiert – und inszeniert so eine doppelte Verquickung: diejenige Grünbergs mit der deutschen Zeitgeschichte einerseits und diejenige des Künstlers mit der Person und (fiktiven) Geschichte Theo Grünbergs andererseits. Der archivarische Hintergrund, der die dokumentarische Verankerung in Szene setzen soll, wird damit zugleich, wie im Fall der phantastischen Geschichten des Zirkusanheizers, zur Bühne einer Verselbstständigung der Narration, eines Abgleitens ins Fabelhafte.

Rancière hingegen thematisiert dieses Abgleiten der historischen Erzählung weniger aus der Sicht des Erzählers als vielmehr hinsichtlich der Logik dessen, was er als „Fiktion" bezeichnet: In der *Aufteilung des Sinnlichen* schließt er damit an die bereits von Aristoteles geführte Diskussion um die unterschiedlichen Darstellungsweisen historischer und fiktiver Geschichten an. In der *Poetik* unterscheidet Aristoteles zwischen einer Geschichte der Dichter und einer Geschichte der Historiker und setzt sowohl die Wirklichkeit der Fiktion entgegen als auch die empirische Abfolge der Ereignisse der poetisch konstruierten Notwendigkeit. Während die Geschichte der empirischen Abfolge der Ereignisse unterworfen ist, kann die Dichtung erzählen, was geschehen „könnte", und zwar gemäß der Glaubhaftigkeit und Wahrscheinlichkeit. Die ästhetische Revolution, die Rancière im Übergang vom repräsentativen zum ästhetischen Regime verortet, bricht mit dieser Trennung und unterstellt „Zeugnis und Fiktion demselben Sinnstiftungsregime" – die Erzählkunst, sei sie Literatur oder Kino, verbindet „den Realismus mit der Künstlichkeit", das, was geschehen ist, mit dem, was geschehen könnte.[14] Gerade anhand des Dokumentarfilms zeigt Rancière, dass diese Erzählform, die eigentlich der Wirklichkeit verschrieben sei, also der empirischen Abfolge der Ereignisse, viel stärker zu „fiktionalen Erfindungen fähig [ist], als das Erzählkino", das der Autorität des narrativen Plots unterliegt.[15]

In diesem Zusammenhang weist Rancière auch den Begriff der „Erzählung" zurück, der uns „in den Gegensatz zwischen Wirklichem und Künstlichem" einsperrt. An seine Stelle rückt er den Begriff der Fiktion als eine „materielle Neuanordnung von Zeichen und Bildern" bzw. als eine beziehungsstiftende Instanz zwischen dem Sichtbaren und dem Sagbaren, dem Empirischen und dem Möglichen. Der Kurzschluss von *Geschichte* und *Geschichten* unter demselben „Wahrheitsregime" bedeutet jedoch nicht, dass Geschich*te* nur aus Geschich*ten* bestünde, also keinerlei dokumentarische Rückbindung habe, vielmehr geht es darum, festzustellen, dass „die ‚Ratio der Geschich*ten*' und die Fähigkeiten, als historische Akteure zu handeln, *zusammengehören*". [16]

Die Arbeit *Talk Show* von Omer Fast führt diese Wechselwirkung von Geschichte und Geschichten paradigmatisch vor: *Talk Show* verortet sich zunächst, und wie der Name schon sagt, eindeutig innerhalb des Oralitätsparadigmas, denn Fast inszeniert dasjenige, was Benjamin als den inneren Anspruch der Erzählung beschreibt: „Geschichten erzählen ist ja immer die Kunst, sie weiter zu erzählen [...]"[17] Diese Feststellung kann einerseits in einem zeitlichen Kontext verstanden werden, denn das Geschichtenerzählen ist nicht an einen abgeschlossenen Zeitraum gebunden, wie dies beim Roman oder der Information der Fall ist, die ihre (auch medialen)

Grenzen nicht transzendieren können. Doch die Kunst, die Geschichten „weiter zu erzählen", meint zugleich ihr *Wieder*-Erzählen, worin die Mitteilbarkeit lebendiger Erfahrung, die Benjamin dem Erzählen zuspricht, auf spezifische Weise zum Tragen kommt. In seiner Video-Performance adaptiert Fast eine spielerische Variante des Wieder-Erzählens, das Kinderspiel „Stille Post": Auf einer Bühne stehen sich zwei Sessel wie in einer Talk-Show-Situation gegenüber. In den Sesseln sitzen zwei Frauen, von denen die eine als Moderatorin auftritt, während die andere die Geschichte des Todes ihres Mannes im Irak und die Flucht seiner ebenfalls angeschossenen Dolmetscherin in die USA schildert. Nach Ende der Geschichte verlässt die Erzählerin die Bühne und eine weitere Frau nimmt ihren Platz ein und spielt nun die Rolle der Moderatorin, während die erste Moderatorin nun zur Erzählerin wird. Dieses Spiel wiederholt sich sieben Mal und bei jedem Wechsel verfremdet und verändert sich die Geschichte. In der letzten Episode erscheint die erste Erzählerin wiederum auf der Bühne, jedoch nun als Moderatorin, und hört sich „ihre" Geschichte aus dem Munde eines Schauspielers an, der sie aus so-undso-vielter Hand gehört hat. Nicht überraschend hat die letzte Geschichte kaum noch etwas mit der ersten Geschichte gemeinsam. Zugleich beschränkt die Arbeit sich nicht auf das Nachvollziehen dieses Kinderspiels auf der Bühne, vielmehr führt sie das Verfremden der Geschichte vor dem Hintergrund der Tatsache vor, dass die erste Geschichte eine „wahre" Geschichte ist und die erste Dame keine Schauspielerin, sondern die tatsächliche Ehefrau des erschossenen Journalisten, und ihre Geschichte keine Fiktion, sondern ein belegbarer Tatsachenbericht. So wird aus einem historischen Ereignis, das von einer beteiligten Person erzählt wird – und somit in bestimmtem Maße einen dokumentarischen Wert hat –, eine fiktive Geschichte, die sich nur noch entfernt und durch verstreute dokumentarische Marker („Irak", ...) auf die anfängliche Begebenheit zurückbeziehen lässt. Die Arbeit veranschaulicht den Prozess des Geschichte(n)erzählens als eine Form der Übermittlung, die notwendigerweise – aufgrund idiosynkratischer oder subjektiver Elemente, die in die Erzählung einfließen – fiktiv bzw. fiktionalisierend ist oder wird.

Fasts Arbeit ist damit nicht nur ein Kommentar zur Diskussion um Oralität und Literalität, sondern ermöglicht zugleich eine Reflexion auf die Verfasstheit von Erzählungen und ihre konstitutive Nähe zur Geschichte. Eben das wird in der Arbeit *Talk Show* offensichtlich, in der sich immer mehr fiktive Elemente unter das historische Geschehen mischen – fiktive Elemente, die zugleich „dokumentarische" Elemente der Schauspieler sind, die sich in die erzählte Geschichte hineinversetzen und sie zu ihrer eigenen machen. Doch zugleich wird hier die Benjamin so teure „Lebendigkeit" mitteilbarer Erfahrung auf paradoxe Weise adressiert: Denn in jeder Übertragungsschleife wird die mehr oder minder nüchterne erste Erzählung des Ereignisses stärker emotionalisiert, affektiv aufgeladen und überzogen, immer stärker wird sie zu einer Geschichte über Liebe und Eifersucht, durchdrungen von kleinen Idiosynkrasien („shoot the hipsters in Brooklyn", „coffee, not tea"…) und persönlichen Ausschmückungen. Am Ende hat die Frau nicht nur einen fiktiven Geschlechtswandel vollzogen, der neue Er ist außerdem schwul und erklärt die offensichtlichen Lücken in der Erzählung geschickt durch Erinnerungslücken aufgrund der traumatischen Ereignisse. Wie Benjamin es für die Erzählung einfordert, wird hier die Lebendigkeit der Erfahrung der anderen zur eigenen lebendigen Erfahrung. Doch dadurch wird zugleich Benjamins Verständnis des Erzählens als Übertragungsmedium par excellence jener lebendigen Erfahrung *ad absurdum* geführt, denn je weiter die Erzählung (oder die Erzählerin) von der ursprünglichen Erfahrung getrennt ist, umso krasser wird die affektive Ausschmückung der Geschichte; zugleich erscheint diese Emotionalität eher als ein Gemeinplatz, sie wird zur Identifizierung mit persönlichen Projektionen und überzieht die Erklärungslosigkeit der Erzählung derart, dass sie eher eine Verstellung der Komplexität der ursprünglichen Erzählung denn ein Zeichen für ihre Vermittelbarkeit darstellt. In diesem Sinne, so könnte man mit Omer Fast schlussfolgern, kann das Übermitteln von Geschicht*e* nur als Geschicht*en* Bestand haben bzw. kann eine Erzählung keine transparente Mitteilbarkeit gewähren, so wie die Fotografie keine Ontologie der Transparenz zulässt.

In diesem Sinne untersuchen die Arbeiten von Sven Johne, Simon Fujiwara und Omer Fast das Medium Oralität unter den historischen Bedingungen des Romans (oder des Dokumentarismus), d. h. in einem zersplitterten, individualisierten Erfahrungsraum.

Doch entgegen der Benjaminschen Diagnose vom Ende der Kunst des Erzählens werden hier gegenwärtige Erzählformen vorgeführt – in der Gestalt des Zirkuspräsentatoren genauso wie in jener des Geschichten erzählenden Performance-Künstlers, der TV-Moderatorin oder der Betroffenen, die ihre Erlebnisse schildert –, die diesen zerbrochenen Erfahrungsraum reflektieren, ohne der Nostalgie Benjamins zu verfallen. Die Arbeiten vollziehen so den „medienkritischen Turn" zwar nach, indem sie das orale Erzählen als Übermittlung spezifischer Erfahrungen – der Kindheit, eines traumatischen Ereignisses, der Wunder und Zauberkunststücke des Zirkus – inszenieren, zugleich stellen sie ihn jedoch infrage, indem sie aufzeigen, dass die medialen Gegensätze und Spezifika genauso wenig aufrechtzuerhalten sind wie die Trennung einer Logik der Geschicht*e* von der Logik der Geschicht*en*. Zugleich, und das ist vielleicht die grundsätzlichste Einsicht der Beschäftigung mit verschiedenen kulturellen, historischen, fiktiven, fabelhaften Narrationen, geht es den Arbeiten nicht darum, sie alle in eins zu setzen – vielmehr geht es darum, jene Logik der Fiktion zu untersuchen, welche die Narrationen, seien sie filmische, literarische oder theatrale Erzählungen, also „tot" oder „lebendig", durchkreuzt und sie in einem Regime der ästhetischen Fiktion vereint.

1   Walter Benjamin, „Der Erzähler. Betrachtungen zum Werk Nikolai Lesskows", in: ders., *Gesammelte Schriften*, Bd. II/2, Frankfurt am Main 1991, S. 438.

2   Ebd., S. 439.

3   Ebd.

4   Ebd.

5   Ebd. Um diesem Verlust des Erzählens als Erfahrungsaustausch theoretisch habhaft zu werden, schlägt Benjamins Text zunächst eine genealogische Untersuchung der Erzählung vor, deren Ursprung sowohl beim „seßhaften Ackerbauer", der die Geschichten und Überlieferungen des Landes kennt, als auch beim „handeltreibenden Seemann" zu finden ist, der Geschichten von seinen Reisen in ferne Länder mitbringt – der Erzähler bringt seinem Zuhörer das Ferne aus Raum und Zeit nahe, und er tut dies auf eine „handwerkliche" Art und Weise bzw. *als* Handwerk, denn im Handwerksstand „verband sich die Kunde aus der Ferne", die der Wanderbursche mitbrachte, mit „der Kunde aus der Vergangenheit", die der Meister an seinen Lehrling weitergab.

6   Ebd., S. 441–442.

7   Ebd., S. 442–443.

8   Ebd., S. 443.

9   Ebd., S. 445.

10 Vgl. u.a. Marshall McLuhan, *Die Gutenberg-Galaxis: Die Entstehung des typografischen Menschen*, Hamburg 2011; Walter Ong, *Oralität und Literalität*, Opladen 1987; Eric A. Havelock, *Als die Muse schreiben lernte: Eine Medientheorie zu Oralität und Literalität*, Berlin 2007.

11 Vgl. Jacques Derrida, *Grammatologie*, Frankfurt am Main 1983, S. 13–14.

12 Jacques Rancière, *Die Aufteilung des Sinnlichen*, Berlin 2007, S. 61.

13 Benjamin 1991, wie Anm. 1, S. 451–452. Ein wesentlicher Unterschied besteht jedoch hinsichtlich der Nähe zur Wirklichkeit der verschiedenen Darstellungsformen, denn während für Rancière die dokumentarischen Medien (zu denen auch der Roman zählt) eine stärkere Anbindung an die Wirklichkeit haben als fiktive Erzählformen, hat für Benjamin gerade die Erzählung eine besonders große Nähe zur lebendigen Wirklichkeit, während Roman und Information sich vielmehr von ihr entfernen.

14 Rancière 2007, wie Anm. 12, S. 60.

15 Ebd., S. 61.

16 Ebd., S. 61–62.

17 Benjamin 1991, wie Anm. 1, S. 446–447.

STORYTELLING IN THE ERA OF THE NOVEL—

On change in narrative regimes

"Familiar though his name may be to us, the story-teller in his living immediacy is by no means a present force. He has already become something remote from us and something that is getting even more distant."[1] These are the opening words of Walter Benjamin's 1936 essay on the storyteller Nikolai Leskov, with which he not only focuses attention on the directness and affective power of this form of communication (its "living immediacy"), thus referring to the classical Platonic contrast of living word and dead letter, but also bemoans, here too not entirely without Platonic undertones, its passing, noting that "the art of storytelling is coming to an end."[2] According to Benjamin, this end equates to the loss of the "ability to exchange experiences," caused by the fact that "experience has fallen in value" and that it even looks "as if it is continuing to fall into bottomlessness."[3] The historical event that, as Benjamin writes here just three years before Germany attacked Poland and the start of the Second World War, made man "[grow] silent" was the First World War, from which the men returned "not richer, but poorer in communicable experience," meaning that living experience "that goes from mouth to mouth."[4] Benjamin writes in a famous passage of his essay that this was not particularly surprising: "For never has experience been contradicted more thoroughly than strategic experience by tactical warfare, economic experience by inflation, bodily experience by mechanical warfare, moral experience by those in power. A generation that had gone to school on a horse-drawn streetcar now stood under the open sky in a countryside in which nothing remained unchanged but the clouds, and beneath these clouds, in a field of force of destructive torrents and explosions, was the tiny, fragile human body."[5]

So what the First World War destroyed was the cross-generational experiential space shared by storyteller and listener and within which the story could perform its function, namely, to communicate an experience that embodies an exemplary value that goes beyond the individual and time. This communal experience is implied in the "orientation toward practical interests" that characterizes the story, i.e. the story's embedding in a practical context. For the storyteller is someone "who has counsel for his readers," counsel that is understood not as an answer to a question, but as a "proposal," the

"continuation of a story which is just unfolding."[6] The listener can continue the storyteller's tale and take on the counsel embodied in the story, precisely because both are connected by a shared experiential space common experience, which makes their roles interchangeable and thus the storyteller's story is always also the listener's story. It follows that the storyteller's temporal order is one of synchronicity. The temporal gap between storyteller and listener retreats behind the equivalence of their experiences. Time does not separate them, but rather connects them.

This space of synchronicity and continuity, in which everything takes place simultaneously and which enables the tale to have a practical effect beyond its end, was replaced in the Modern Age by the radical diachrony of the novel and its medial restriction. For the novel is part of the "Gutenberg Galaxy" (Marshall McLuhan) and is essentially subject to the medial restrictions of printed paper ("its essential dependence on the book"). Thus it is isolated from "oral tradition," i.e. from the words that the storyteller takes from his own or reported experience and that he turns into "the experience of those who are listening to his tale."[7] The novelist, in contrast, has no part in a community of experience: "The birthplace of the novel is the solitary individual, who is no longer able to express himself by giving examples of his most important concerns, is himself uncounseled, and cannot counsel others."[8]

Yet what is even more threatening for the story (and, in terms of media theory, in the same paradigm as the novel) is that which Benjamin succinctly refers to as the "information" found in the daily press. It is defined by its verifiability (its documentary value), its plausibility and its news value and forms a complete contrast to the story that explains nothing, but invites the listener to tell it to someone else: "The most extraordinary things, marvelous things, are related with the greatest accuracy, but the psychological connection of the events is not forced on the reader. It is left up to him to interpret things the way he understands them, and thus the narrative achieves an amplitude that information lacks."[9]

It is precisely this "amplitude" of the narrative that is, in an ironical manner, the focus of Sven Johne's video work *Greatest Show on Earth* (2011). Here we see a "show master" in an endless loop announcing circus attractions that could hardly be more improbable and take the traditional "higher, faster, further" of the "circus system" *ad absurdum*: 70 contortionists, the birth of an elephant in the arena, gold raining from the sky… The speaker is standing alone in the floodlights of the arena, uninterruptedly announcing new attractions and artists that will not appear. The pictures are created solely in the speaker's story, which the listener has to complete or rather illustrate using his powers of imagination. This discontinuity between the announcement and the missing pictures is underlined by the speaker's theatrical manner, who repeatedly calls on the spectator/listener to "Stellen Sie sich vor…" ("Just imagine…"). The fact that, seen logically, these scenes are entirely unrealistic forms the background to Johne's fabulous narration, which presents, without images, the circus universe, already on the border between reality, magic and illusion, as a spectacular fairytale world. This "emptiness" or absence of pictures is likewise apparent in the photo series *Following the Circus* (2011). The images document the artist following the Probst Circus, which he saw as a child in 1984 and which went on tour again from March to November 2011, through 50 towns and villages in eastern Germany. However, Johne followed it with a short delay, meaning that he took his pictures after the tent had been dismantled, i.e., when the circus had moved on, leaving an empty space. Both works tell of a traveling circus without ever showing it or its attractions and stunts, leaving the listener to create a picture himself—"Just imagine…" In this way they reproduce the narrative's amplitude, thanks to which the spectator can or rather has "to interpret things the way he understands them" for there are no images other than those in his mind's eye. At the same time they do this *within the picture*, in the filmic and photographic image, in media that themselves belong to the paradigm of literacy, insofar as they record stories, write them down, be it in words or pictures, instead of keeping to the oral paradigm of the fleeting account.

Sven Johne tells the story of storytelling, his works reflect on a long-established form of circulation—the traveling circus as a medium of orality—and at the same time show the extent to which the distinction between orality and literacy has become obsolete, or always was. In this way they simultaneously engage in the discussion on the so-called "literacy hypothesis," which places the birth of Western culture, politics and history in the invention of the Greek alphabet, i.e. in the written form of human culture. In contrast to the Platonic-Benjaminian denouncement of the written word as the "dead letter," in the 1960s and 1970s media and literary scholars such as Marshall McLuhan, Walter Ong and Eric A. Havelock claimed a close causal relationship between writing and thinking and saw man's use of the written word for his stories as triggering the restructuring of human thought, which is correspondingly also shaped by the media in which it takes place.[10] So while here orality's supremacy over literacy is turned upside down, yet at the same time the media specificity of communicating and shaping experience is maintained, Jacques Derrida argued in contrast to the above debates that not orality should be subordinated to literacy, but that it is more important to show that the "living" word is just as "graphic" as the written letter: Instead of their polar opposition, here the simultaneity of the spoken word and the written trace is emphasized. For Derrida assumed that *every* form of language presupposes writing, but a form of writing, which evades the traditional understanding. In this context Derrida coined the term *"archi-écriture"* ("archi-writing"), which refers to the principle that precedes every distinction between orality and literacy, which deconstructs the differences by way of a preceding principle without which the metaphysical oppositions cannot be posited in the first place.[11]

So Derrida already points to a media *indifference* that in Jacques Rancière's studies on aesthetics becomes absolute. Thus in a way, Rancière follows Derrida, although he replaces the concept of archi-writing with that of fiction, which does not refer to a certain narrative form but rather to a general logic of storytelling that functions on a supramedial level and equally defines politics, art and knowledge. Thus for Rancière, the question of narration, which he addresses under the concept of *fiction*, is not one of its medium, but instead a principle of the aesthetic regime of the arts, that is equally realized in pictures, writing or live performance.

Along with this elision of media specificities that mark the boundaries and norms of how which medium narrates and what specific effect it has on the story, Rancière addresses a further elision, namely that of the distinction between fact and fiction, when he writes that "writing history and writing stories come under the same regime of truth."[12] Here Rancière joins the debate questioning the distinction between fictional and non-fictional narratives, between the media of reality and fiction, which has been raging since the early critical studies of the documentary value of mechanical image media by the likes of Roland Barthes or André Bazin, leading to the popularization of the concept of what Hayden White termed the historical imagination and finally to the current art-theoretical debates on the fictionality of the documentary. Benjamin, in contrast, clearly distinguishes the narrative media in this regard too, insofar as he differentiates between the informative, documentary, "dead" report and the report of living experience, animatedly retold and encouraging empathy, as such contrasting the documentary with the fictional narrative and placing this contrast in the context of media specificities: While Benjamin sees the novelist as equal to the historian, who *writes* history, "is bound to explain in one way or another the happenings with which he deals" and "under no circumstances can he content himself with displaying them as models of the course of the world," the chronicler in contrast is the precursor to the storyteller and the one who passes on history as a living experience, for it can only be communicated via the spoken word. Here the explanation is superseded by the "interpretation, which is not concerned with an accurate concatenation of definite events, but with the way these are embedded in the great inscrutable course of the world."[13]

Simon Fujiwara's large-scale archive pieces address precisely this point, in which fictional events are "embedded" or parasitically introduced into the great historical course of the world. The artist himself becomes the storyteller when, in *The Personal Effects of Theo Grünberg*, he re-constructs using various fictional, archival pieces (Grünberg's library of almost 1,000 books, lyrical diaries, records, newspaper cuttings and postcards) Theo Grünberg's life story. Once again it is the imagination, in this case that of the artist, that constructs a story from the documentary "scraps," and here too the artist chooses to tell the story orally (originally presented in the form of a performance against the backdrop of Theo Grünberg's library). In this way he stages a double fusion: that of Grünberg with German contemporary history on the one hand and that of the artist with the figure and (fictional) history of Theo Grünberg on the other. The archival background, intended to visualize the documentary foundations, thus simultaneously becomes, as in the case of the ringmaster's fantastical stories, a stage on which the narrative takes on a life of its own, sliding into the mythical.

Rancière, in contrast, highlights this slide of the historical narrative less from the perspective of the storyteller and more in terms of the logic of that which he terms "fiction." In *The Politics of Aesthetics* he takes up Aristotle's discussion on the different modes of representation of historical and fictional stories. In his *Poetics*, Aristotle differentiates between the poet's story and the historian's story and contrasts both reality with fiction and the empirical sequence of events with poetically constructed necessity. Whereas history is subject to the empirical sequence of events, the poem can say what "could" happen, within the realm of credibility and probability. The aesthetic revolution, which Rancière places in the transition from the representative to the aesthetic regime, breaks with this distinction and leads to "testimony and fiction [coming] under the same regime of meaning." The art of storytelling, be it literature or cinema, links "the realism […] with the artificialism," that which has happened with that which could happen.[14] Precisely using documentary film Rancière shows that this form of narrative, which is actually devoted to reality, i.e. the empirical sequence of events, "is in this sense capable of greater fictional invention than 'fiction' film," which is subject to the authority of the narrative plot.[15]

In this context Rancière also rejects the term "narrative," which "locks us into oppositions between the real and artifice." Instead he looks to fiction as a "*material* [rearrangement] of signs and images" or "relationships between what is seen and what is said," the empirical and the possible. Yet the merging of *history* and *story* under the same "regime of truth" does not mean that *hi*story consists only of stories, i.e. has no documentary foundation. Rather what is more important is to establish that "the 'logic of stories' and the ability to act as historical agents go together."[16]

The work *Talk Show* by Omer Fast is a paradigmatic representation of this interaction between history and story. As the title indicates, *Talk Show* is initially located clearly within the orality paradigm, for Fast stages precisely that which Benjamin describes as the story's inherent thrust: "For storytelling is always the art of repeating stories […]."[17] We can understand this statement on the one hand in a temporal context, for storytelling is not bound to a defined period of time, as is a novel or information, which cannot transcend their (also medial) boundaries. Yet on the other hand the art of "repeating" the stories also means *re*-telling them, in which the communicability of living experience, which Benjamin ascribes to storytelling, becomes apparent in a specific way. In his video performance, Fast adapts a playful version of this re-telling, namely the children's game Chinese Whispers. Two armchairs are positioned opposite each other on a stage in a talk-show-like set-up. Two women are sitting in the armchairs, one the presenter, the other recounting the story of her husband's death in Iraq and the escape of his interpreter, who also came under fire, to the USA. When her story is finished, the storyteller leaves the stage and another woman takes her place in the armchair and assumes the role of presenter, while the original presenter becomes the storyteller. This game is repeated seven times, the story changing and morphing with each new actor. In the last round the first storyteller reappears on stage, but now as the presenter, and listens to "her" story from the mouth of an actor who has heard it xth-hand. Unsurprisingly, the last story barely resembles the first. Yet the work is not limited to reenacting this children's game on stage; rather, it highlights the defamiliarization of the story against the fact that the first story is a "true" story and the first woman not an actress, but the real wife of the journalist who was shot, and her story not fictional, but a factual account backed up by evidence. Thus here a historical event told by someone involved in it—and which therefore has a degree of documentary value— becomes a fictional story that only distantly resembles the original facts through odd documentary marker ("Iraq", …). This work visualizes the process of (hi)story-telling as a form of mediation that inevitably—owing to idiosyncratic or subjective elements that become incorporated into the account—is or becomes fictional or fictionalizing.

Fast's work is thus not only a commentary on the debate on orality and literacy, but also enables reflection on the nature of narratives and their constitutive proximity to history. Precisely this becomes apparent in *Talk Show*, in which ever more fictional elements are fused into the historical events—fictional elements that are simultaneously 'documentary' elements of the actors who empathize with the people in the story and make it their own. Yet at the same time it also addresses Benjamin's "living" communicable experience in a paradoxical way. For in each round the more or less sober first account of the event is increasingly emotionalized, affectively charged and protracted, it increasingly becomes a story about love and jealousy, permeated by little idiosyncrasies ("shoot the hipsters in Brooklyn", "coffee, not tea"…) and personal embellishments. In the end, the woman has not only undergone a fictional sex change, but the new He is also gay and cleverly explains the obvious gaps in the story citing memory loss following the traumatic experience. As Benjamin claims for the story, here the vividness of the experience of others becomes one's own living experience. Yet at the same time this takes Benjamin's understanding of storytelling as a communication medium par excellence of that living experience *ad absurdum*, for the further the tale (or teller) is removed from the original experience, the more the story is emotionally embellished. Moreover, this emotionality appears to be rather more commonplace; it encourages identification with personal projections and permeates the inexplicability of the story to such an extent that it represents more a shift in the complexity of the original narrative than a sign of its communicability. In this sense, we could conclude with Omer Fast, that *history* can only be passed on in the form of the story, or, a narrative cannot guarantee clear communicability, just as photography does not permit an ontology of transparency.

As such, the works of Sven Johne, Simon Fujiwara and Omer Fast explore the medium of orality under the historical conditions of the novel (or documentarism), i.e. in a fragmented, individualized experiential space. Yet in contrast to Benjamin's diagnosis of the end of the art of storytelling, they present current narrative forms—in the guise of the ringmaster or story-telling performance artist, the TV presenter

or an aggrieved party, sharing her experiences—
that reflect this broken experiential space without
succumbing to Benjamin's nostalgia. In this way
the works may well reproduce the "media-critical
turn" by staging the oral retelling as the passing on
of specific experiences (from childhood, a traumatic
event, the spectacle and magic tricks at the circus),
yet at the same time they question it by showing that
the medial contradictions and specificities are just
as difficult to maintain as the distinction between a
logic of *hi*story and the logic of the story. Moreover,
and this is perhaps the most fundamental point in
view of an examination of different cultural, historical, fictional and mythical narratives, the works
do not seek consider them all as equals, but instead
to explore the logic of fiction that crisscrosses the
narratives, be they filmic, literary or theatrical, i.e.
"dead" or "alive", and unites them in a regime of
aesthetic fiction.

1   Walter Benjamin, "The Storyteller. Reflections on the Works of Nikolai Leskov," in Benjamin, *Illuminations*, (London 1973), p. 83.

2   Ibid.

3   Ibid., pp. 83–4.

4   Ibid., p. 84.

5   Ibid. In order to get theoretical leverage on the loss of storytelling as an exchange of experiences, Benjamin first proposes a genealogical examination of the story, whose origin can be found both with the "resident tiller of the soil," who knows the local stories and tales, and the "trading seaman," who tells stories of his travels to distant lands. The storyteller familiarizes his listener with spatially and temporally distant things, and does so in the way of the "artisan," or rather *as* craftwork, for "in it was combined the lore of faraway places" supplied by the traveler and "the lore of the past," handed down by the master to his apprentice (pp. 84–5).

6   Ibid., p. 86.

7   Ibid., p. 87.

8   Ibid.

9   Ibid., p. 89.

10   See e.g. Marshall McLuhan, *The Gutenberg Galaxy: The Making of Typographic Man*, (Toronto, 1962); Walter Ong, *Orality and Literacy: The Technologizing of the Word*, 2nd edition (New York 2002); Eric A. Havelock, *The Muse Learns to Write: Reflections on Orality and Literacy from Antiquity to the Present*, (New Haven, 1986).

11   See Jacques Derrida, *Of Grammatology*, (Baltimore and London, 1976, trans. Gayatri Chakravorty Spivak).

12   Jacques Rancière, *The Politics of Aesthetics*, (London and New York, 2004), p. 38.

13   Benjamin, 1973, s. fn. 1, p. 96. There is however an important difference in terms of the proximity to reality of the various forms of depiction, for whereas for Rancière the documentary media (which include the novel) have a stronger connection to reality than fictional narrative forms, for Benjamin it is the story that is particularly close to living reality, while the novel and information depart from it.

14   Rancière, 2004, s. fn. 12, pp. 37–8.

15   Ibid., p. 38.

16   Ibid., pp. 38–9.

17   Benjamin, 1973, s. fn. 1, p. 91.

MAX FRISINGER

1 *Altar,* 2008
2 *Rotor,* 2011 (in progress)

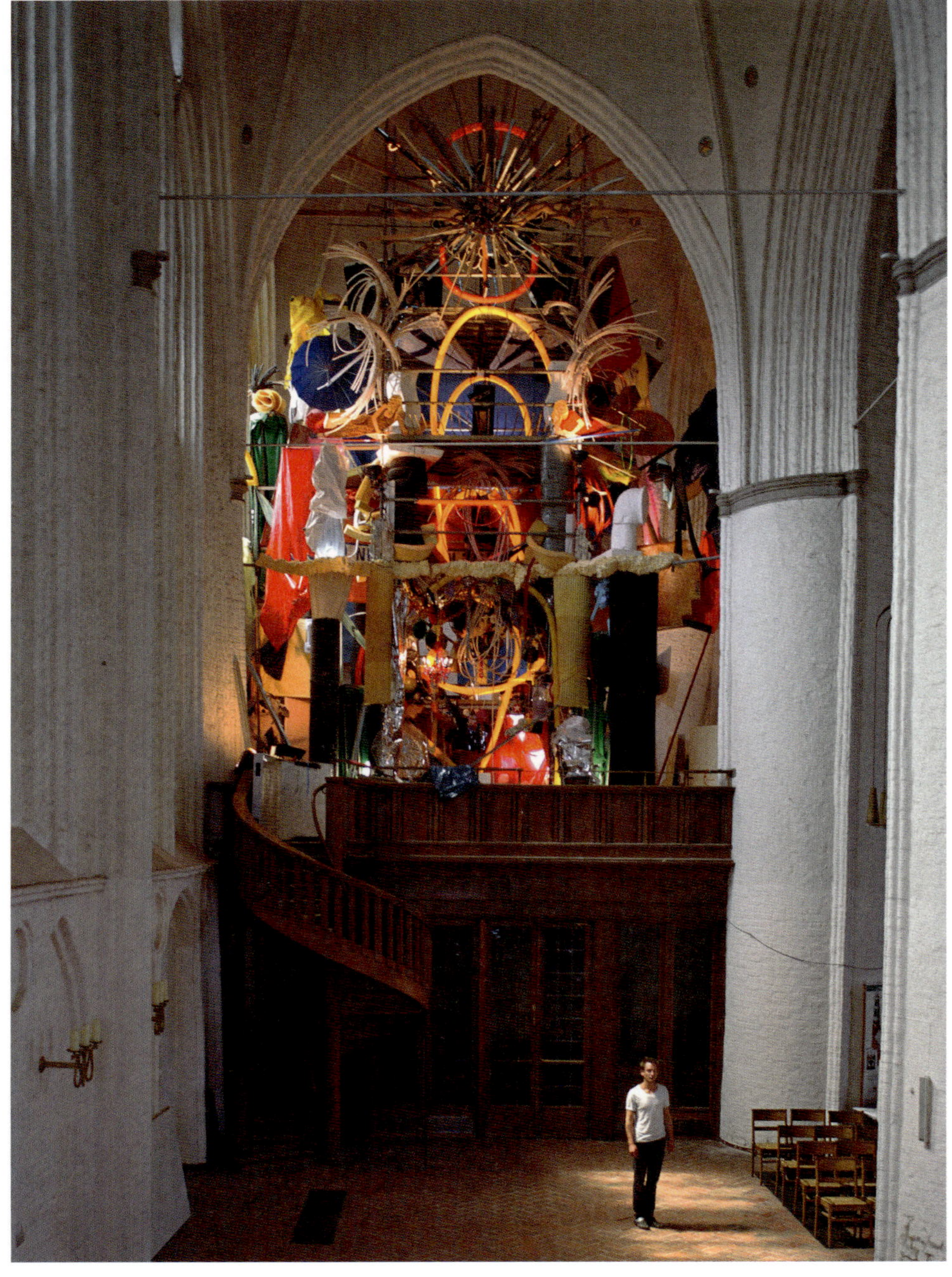

1

d Max Frisinger ist ein leidenschaftlicher Sammler. Auf seinen nächtlichen Exkursionen und Feldforschungstrips durch die Stadt – während des Studiums in Bremen und Hamburg, mittlerweile in Berlin – hat er das Aufspüren von Sperrmüll und Plunder zu einer Arbeitstechnik verfeinert, die im Vorgang des Findens und Aussortierens bereits die Idee skulpturaler Verwertung vorwegnimmt. Was er wählt, hat die Transformation vom Abfall zum Wertstoff augenblicklich hinter sich. In seinen Assemblagen und Installationen fügen sich die Alltagsgegenstände zu abstrakten Kompositionen, ohne jedoch ihren einstigen Gebrauchscharakter zu verleugnen. Als Relikte urbanen Lebens bleiben sie Indizien für die Verfasstheit der Gesellschaft.

Wie merkwürdige Gespinste schweben Frisingers riesige Installationen unter der Decke, als könnten sie der Schwerkraft trotzen. Oder sie reichen – als Raum im Raum – vom Plafond bis zum Boden. Stromkabel, Drähte, Wasserschläuche, Leitern, Teppichrollen und Möbelreste wirken, als hätten sie sich unvermittelt in einem monumentalen Spinnennetz verfangen. *Spydermanstudio* (2010) nennt Frisinger eine zimmergroße Konstruktion, in der die Fundstücke wie Beutefänge gehortet sind. Nur aus der Nähe lässt sich enträtseln, mit welchen Mitteln das vermeintliche Chaos verzurrt, verspannt und fixiert wurde. Aus der Entfernung aber, und auch darauf sind die Arbeiten ausgerichtet, entfaltet das präzise Zusammenspiel der Lineaturen und leuchtenden Farbflächen malerische Qualität. In klassischer Manier komponiert der Künstler aus disparaten Fragmenten ein harmonisches Gesamtgefüge.

Seit 2010 konzentriert er seine Objets trouvés zudem in großformatigen Vitrinen, in deren Resonanzraum die Kunst seiner Vorläufer nachhallt. Man denkt an Armans Akkumulationen von Brillen und Uhren in Plexiglaskuben, an Daniel Spoerris Fallenbilder und die Merz-Kunst von Kurt Schwitters. Dessen Anspruch „Beziehungen schaffen, am liebsten zwischen allen Dingen der Welt" ließe sich treffend als Motto recyceln.

Für *Made in Germany Zwei* hat Max Frisinger eine ortsspezifische Arbeit realisiert. Im Foyer des hannoverschen Kunstvereins spannt er zwischen die Geländer des Treppenhauses ein filigranes Gewebe aus Fundstücken, das die Eingangssituation der Ausstellung poetisch auflädt und dynamisiert.
—*Kristina Tieke*

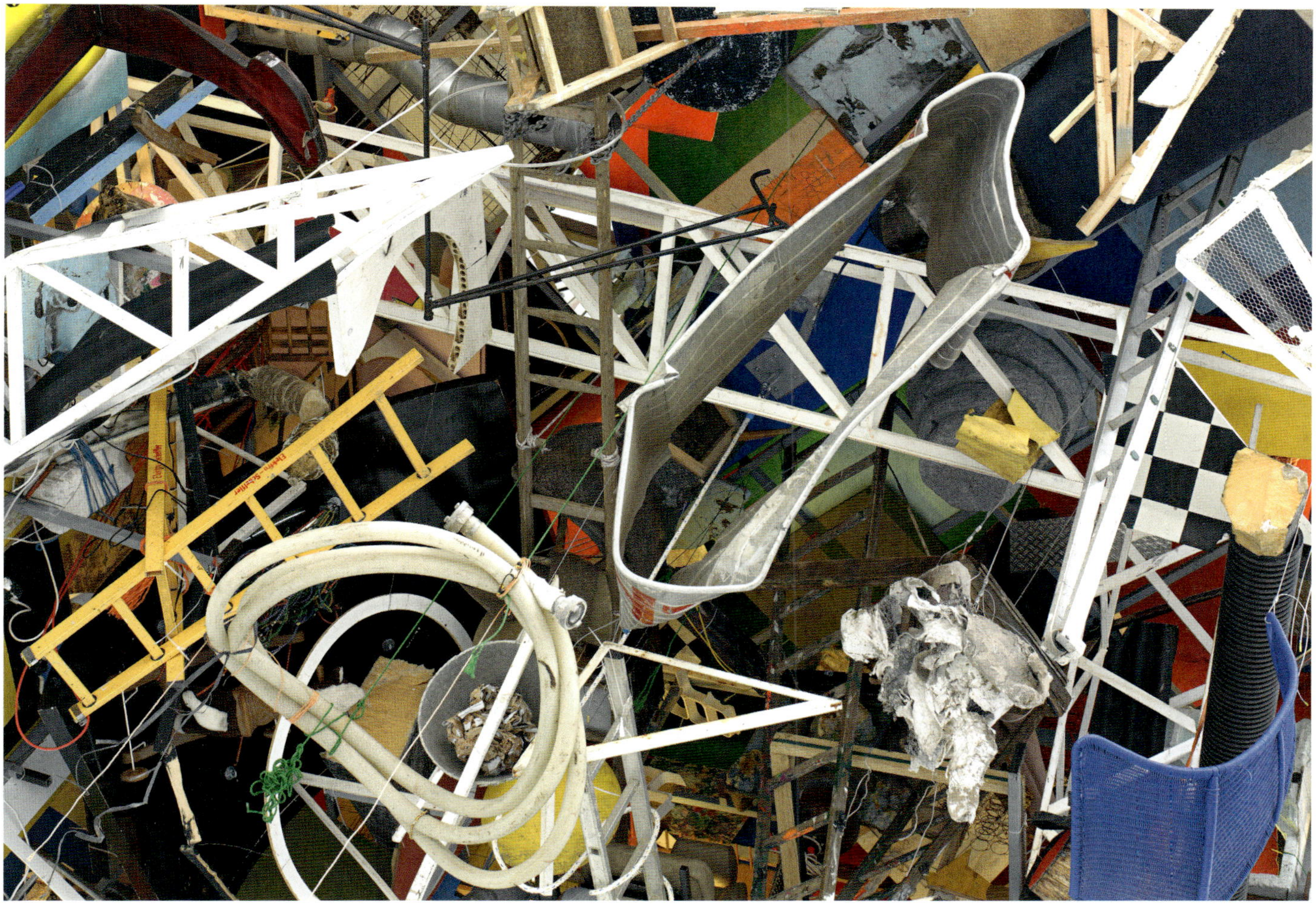

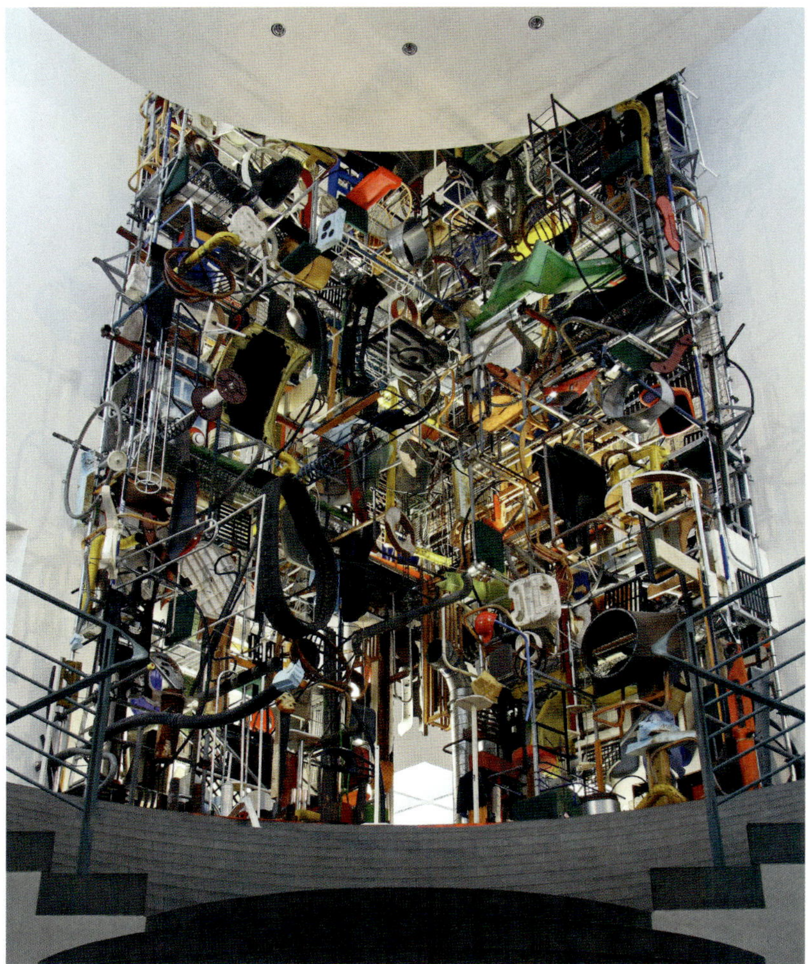

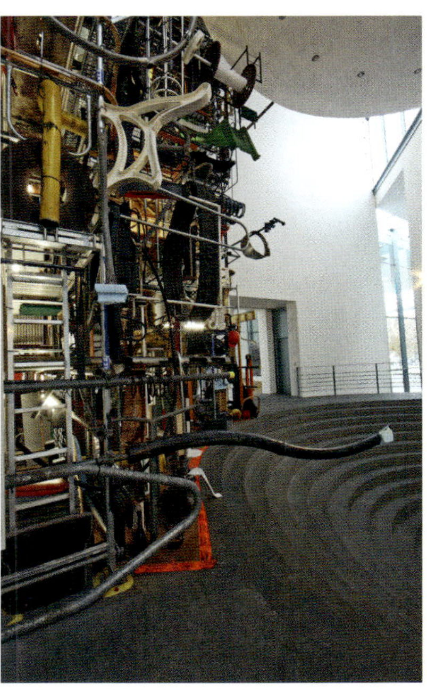

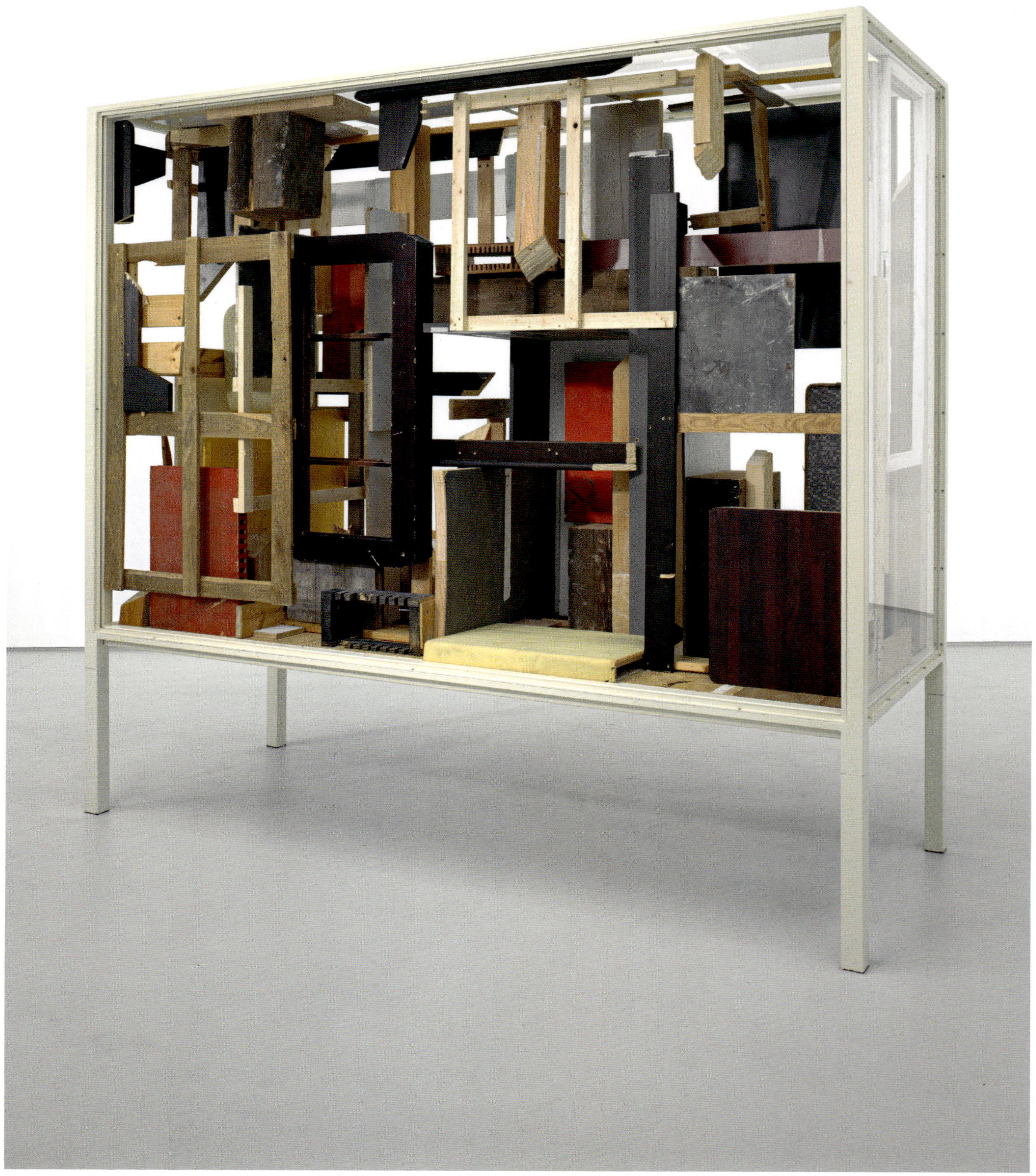

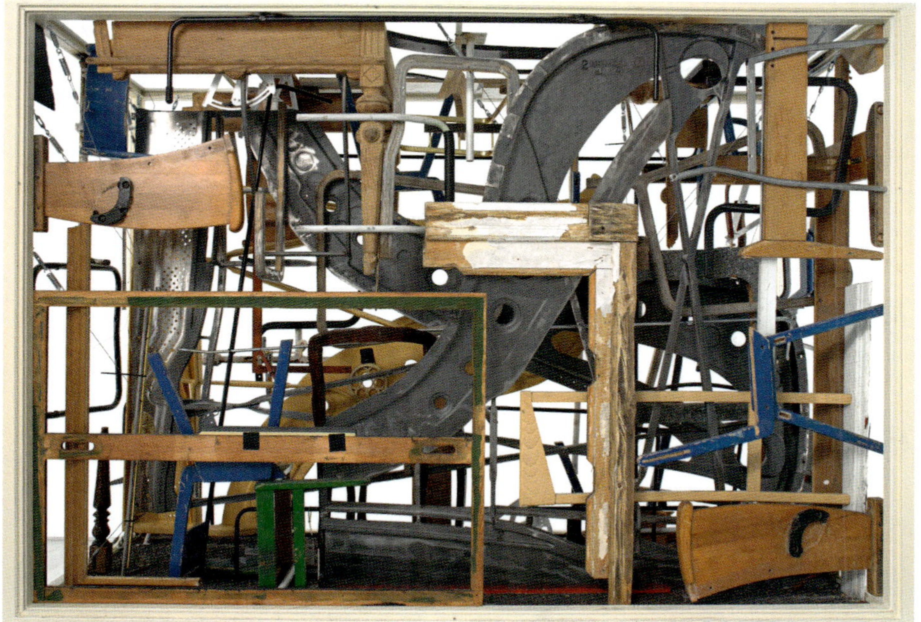

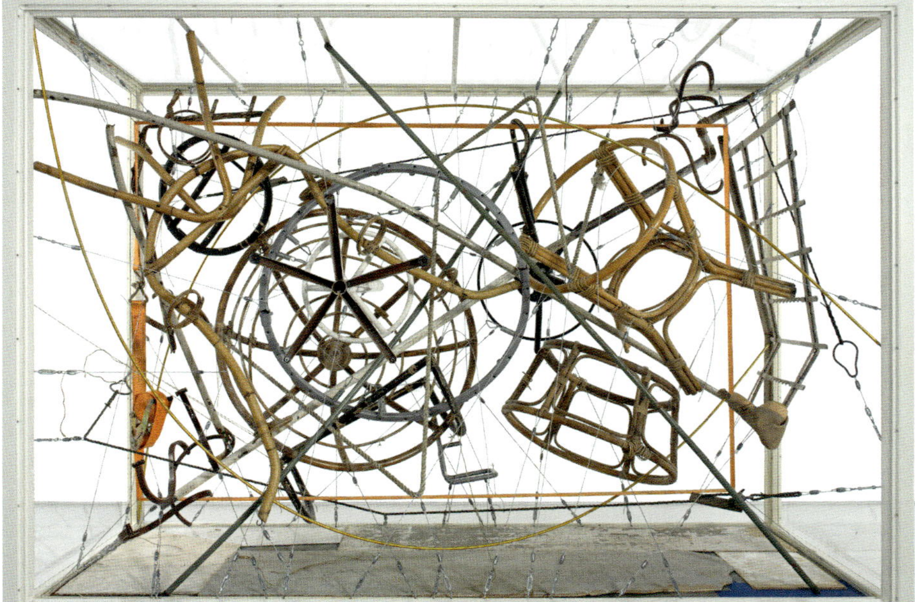

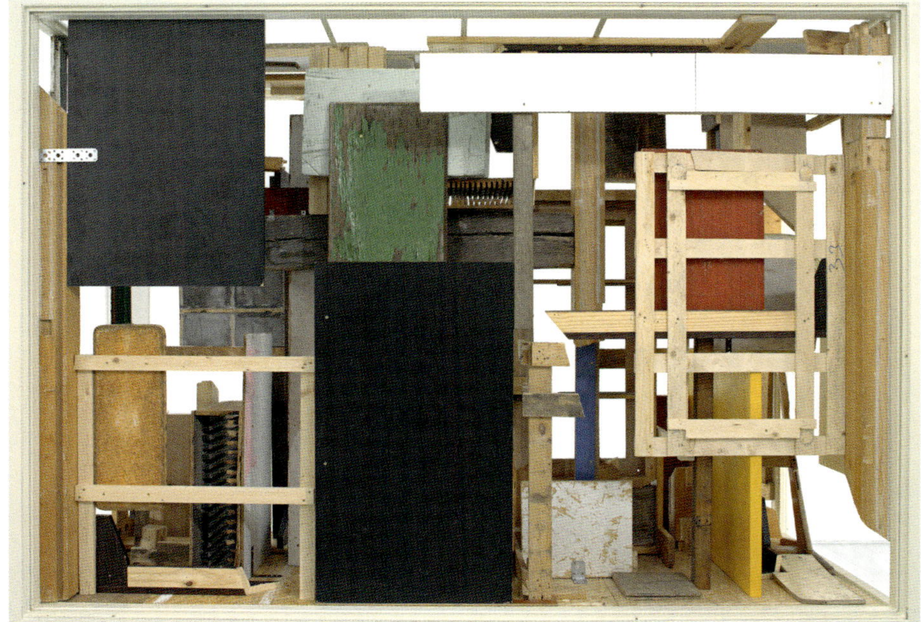

e Max Frisinger is a passionate collector. He has refined seeking out bulky trash and discarded items into a working method on his nightly excursions and field research trips through the city (while studying in Bremen and Hamburg, and now in Berlin). The approach already anticipates the idea of sculptural utilization in the finding and sorting process. The things he chooses undergo the transformation from waste to reusable material the moment he selects them. In his assemblages and installations the everyday objects become abstract compositions, yet without denying their former utility factor. As relics of urban life, they symbolize the composition of society.

Like strange webs, Frisinger's giant installations float under the ceiling, as though they could defy gravity. Or they stretch—as a space within a space—from the ceiling to the floor. Electricity cables, wires, water hoses, ladders, rolls of carpet and pieces of old furniture look as though they have just got caught in a monumental spider web. *Spydermanstudio* (2010) is the name of a room-sized construction in which the artist has heaped up his finds like treasure. It is only on close inspection that we can see how the supposed chaos is tied together, braced and fixed in place. From a distance however, and this is also how the works are to be viewed, the precise interplay of lines and luminous areas of color has a painterly quality. In a classic way, the artist composes from disparate fragments a harmonious whole.

Moreover, since 2010 he has been bringing his found objects together in large display cases, in whose resonance chamber echoes the art of his predecessors. We think of Arman's accumulations of spectacles and watches in Plexiglas cubes, Daniel Spoerri's trap pictures and Kurt Schwitters' Merz art. The latter's call to "create relationships, ideally between all things in the world" would be a fitting motto for reuse here.

For *Made in Germany Zwei* Max Frisinger has realized a site-specific work. In the foyer of the Kunstverein Hannover he has spanned a delicate mesh of finds between the balustrade in the stairwell, which adds a poetic and dynamic quality to the exhibition entrance.
–*Kristina Tieke*

SIMON FUJIWARA

1   *Desk Jop, 2009*
2   *Welcome to the Hotel Munber, 2008–*
3   *The Personal Effects of Theo Grünberg, 2010* (Detail)

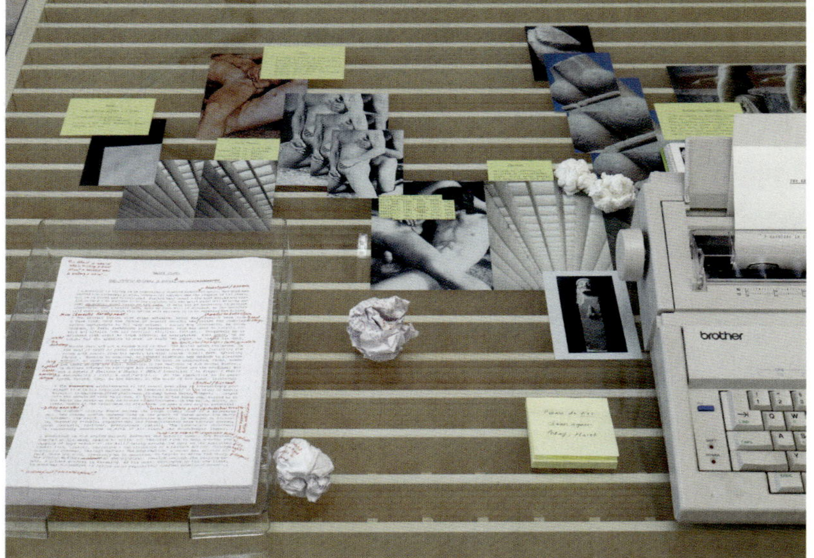

1

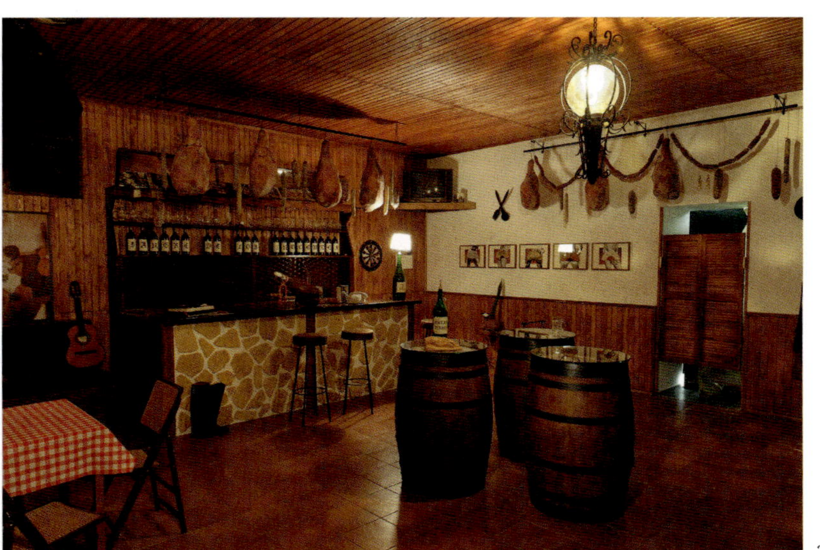

2

d „The stories, names, characters and incidents portrayed in this publication are fictional. No identification with actual persons, places, buildings and products is intended or should be inferred. Consequently, the author cannot be held responsible for any missing or incorrect information." Simon Fujiwara ist ein britisch-japanischer Künstler, der 1982 in London geboren wurde. Er hat in St. Ives seine Kindheit verbracht und zunächst Architektur studiert. Die beiden englischen Sätze finden sich auf den ersten Seiten eines Buches, das eine Ausstellung in der Tate St Ives begleitet. *Simon Fujiwara: Since 1982.* Wiederholt fallen Personen, Ereignisse, Orte und Gebäude der Erzählungen seiner Werke in eins mit denen seines Lebens. Der Künstler nennt seine Arbeiten autobiografisch. Geschuldet ist das nicht einer übermäßigen Selbstbezüglichkeit, sondern dem Ansinnen, die Banalität der eigenen Geschichte im Erzählen über sie abzustreifen. Fiktionen verdichten. Wichtige reale und unangenehme Themen über das Persönliche zu verhandeln, ist zudem wirkungsvoll. Dramatisiert und theatralisiert werden die Narrationen in Performationen, meist einem berichtenden Vortrag Fujiwaras in einem bühnenhaften Setting, der auch eine Präsentation von Bildmaterial und Objekten einschließen kann. Die räumlichen Inszenierungen sind dabei selbst sprechend. Phallische Formen in *Welcome to the Hotel Munber* (2008 bis heute) meint man in allem zu erkennen, so offensiv werden sie eingesetzt und informieren den Blick, auch wenn unbekannt ist, dass es die rekonstruierte Bar eines spanischen Hotels ist, die Fujiwaras Eltern in den 1970er Jahren betrieben haben und die Fujiwara aus Interesse für die Zeit des Franco-Regimes mit dessen Unterdrückung von Sexualität sowie dessen Verbot von Pornografie und Homosexualität zum Schauplatz eines homoerotischen Romans macht, dessen Held sein eigener Vater ist. Ein Roman, den er nicht vollenden kann, über den er deshalb erzählen muss. Die Täuschung des Unvermögens gelingt in der lebendigen Form des mündlichen Berichts der nichts anderes ist als ein Erzählen eben jenes Romans. Eine andere Illusion stellt das Unmögliche plausibel dar. *The Personal Effects of Theo Grünberg* (2010) gibt den Versuch wieder, zu ergründen, wer die Person Theo Grünberg ist, deren Bibliothek erotischer Literatur Fujiwara auf einem Berliner Flohmarkt erwirbt. Wie unwahrscheinlich und schließlich falsch die gesammelten Informationen und aufgespürten Fährten sind, erweist sich als Bewusstheit über die Mittel der Konstruktion. Ebenso das Offenbaren einer Lüge am Ende, die besagt, auch der dritte mögliche Grünberg sei tot, und mit der verhinderten Auflösung die Gefahr der Überflüssigkeit alles vorher Erzählten abwendet. Der Drang zu erzählen ist stärker als der, eine scheinbare Wahrheit zu finden. Es ist nicht möglich, die Abstrusität und gleichzeitige mühelose Leichtigkeit dieser einnehmenden, komplexen Erzählungen wiederzugeben. Man muss ihrer Aufführung beiwohnen oder die Skripte lesen. Eine Ahnung aber gibt *Desk Job* (2009), ein allein stehendes Objekt, ein Schreibtisch, darauf Schreibmaschine, Lampe, Straußenei, homoerotische und pornografische Abbildungen ebenso wie die antiker Architekturen und Statuen und eine Manuskriptseite, der Entwurf eines erotischen Romans. Er handelt von einem Romancier, der einen erotischen Roman verfassen will und daran zunächst scheitert, bevor er beginnt, einen erotischen Roman zu schreiben über einen Romancier, der einen erotischen Roman schreiben will. Überschrieben ist die Skizze mit *The Erotic Writer: A Novel.* Letztlich ist Simon Fujiwara genau das, ein Erzähler erotischer Geschichten. Zusammengenommen bilden die Erzählungen der Werke die Biografie ihres Autors ab als eine Fiktion der Fiktionen.
—*Kristin Schrader*

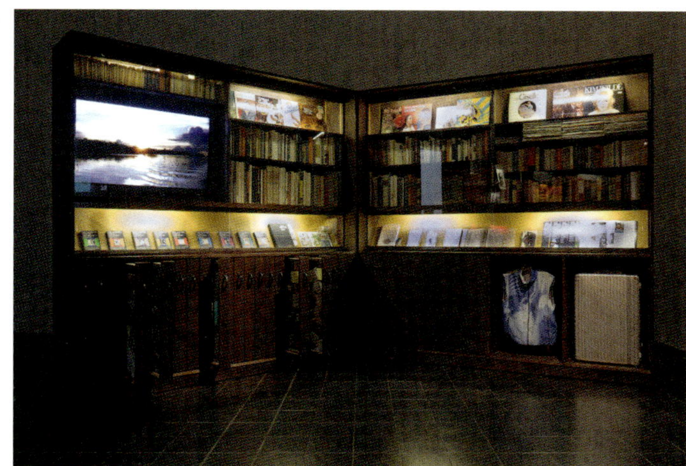
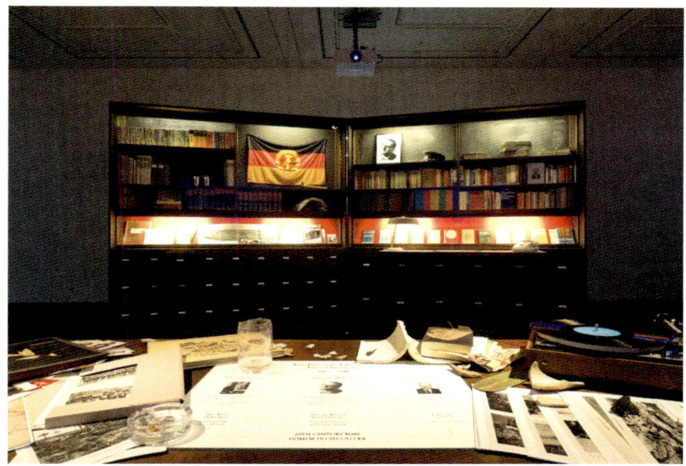
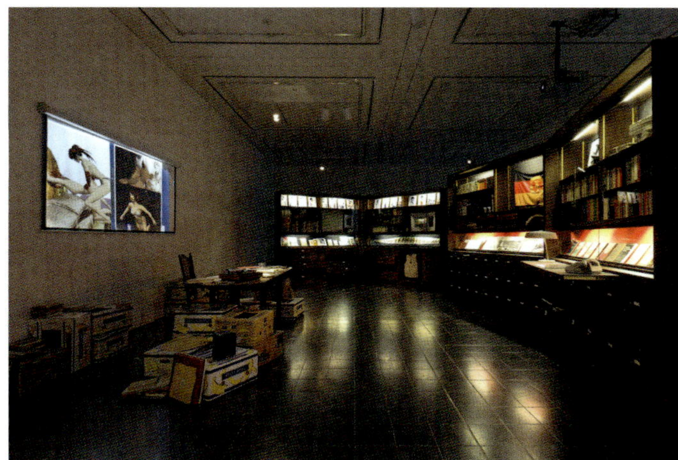
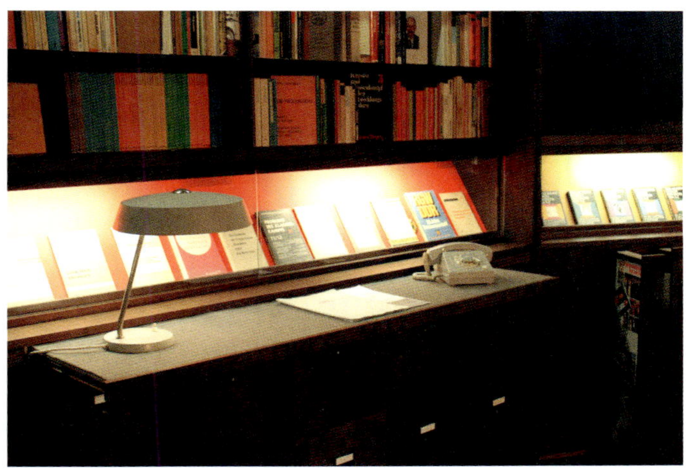
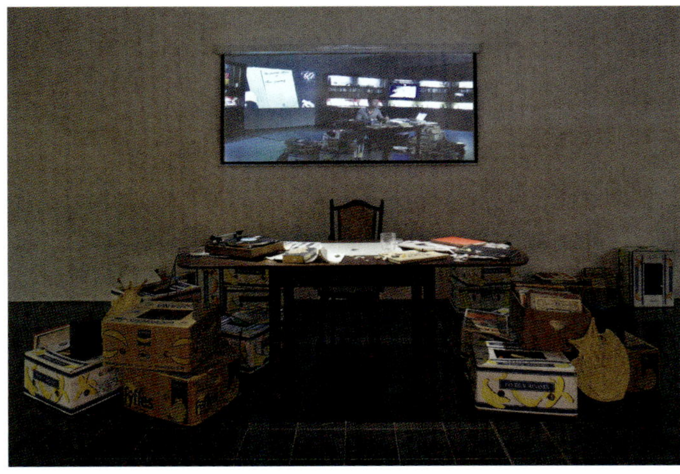
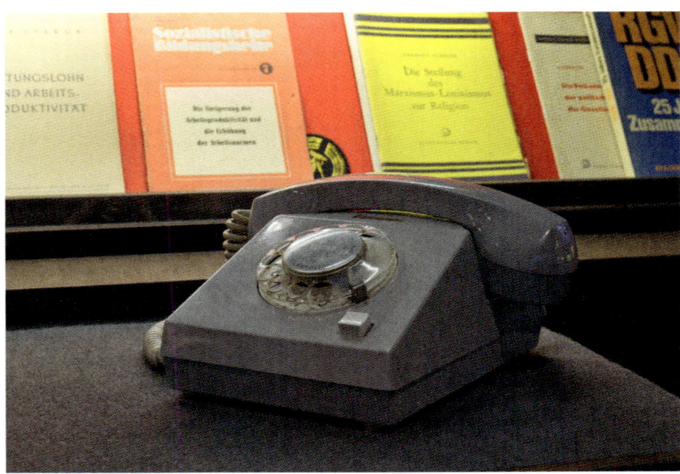
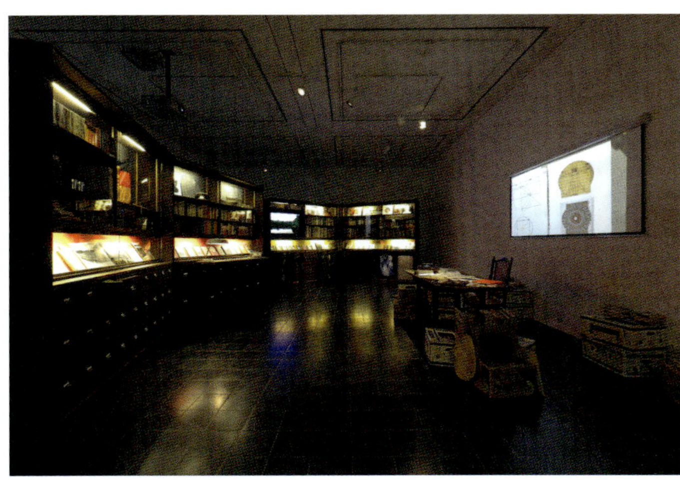
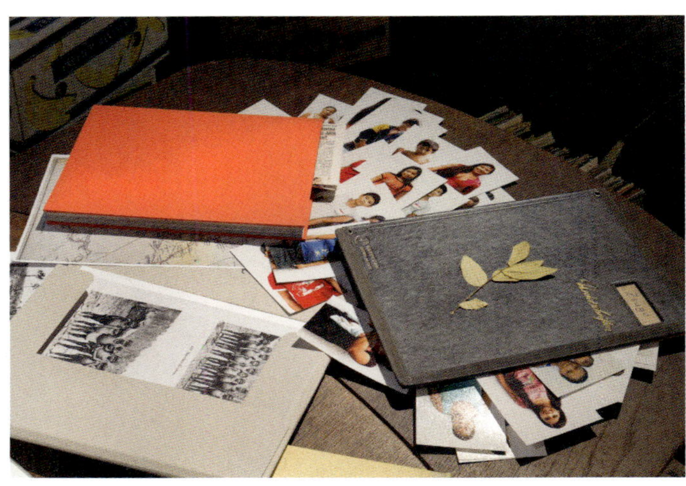

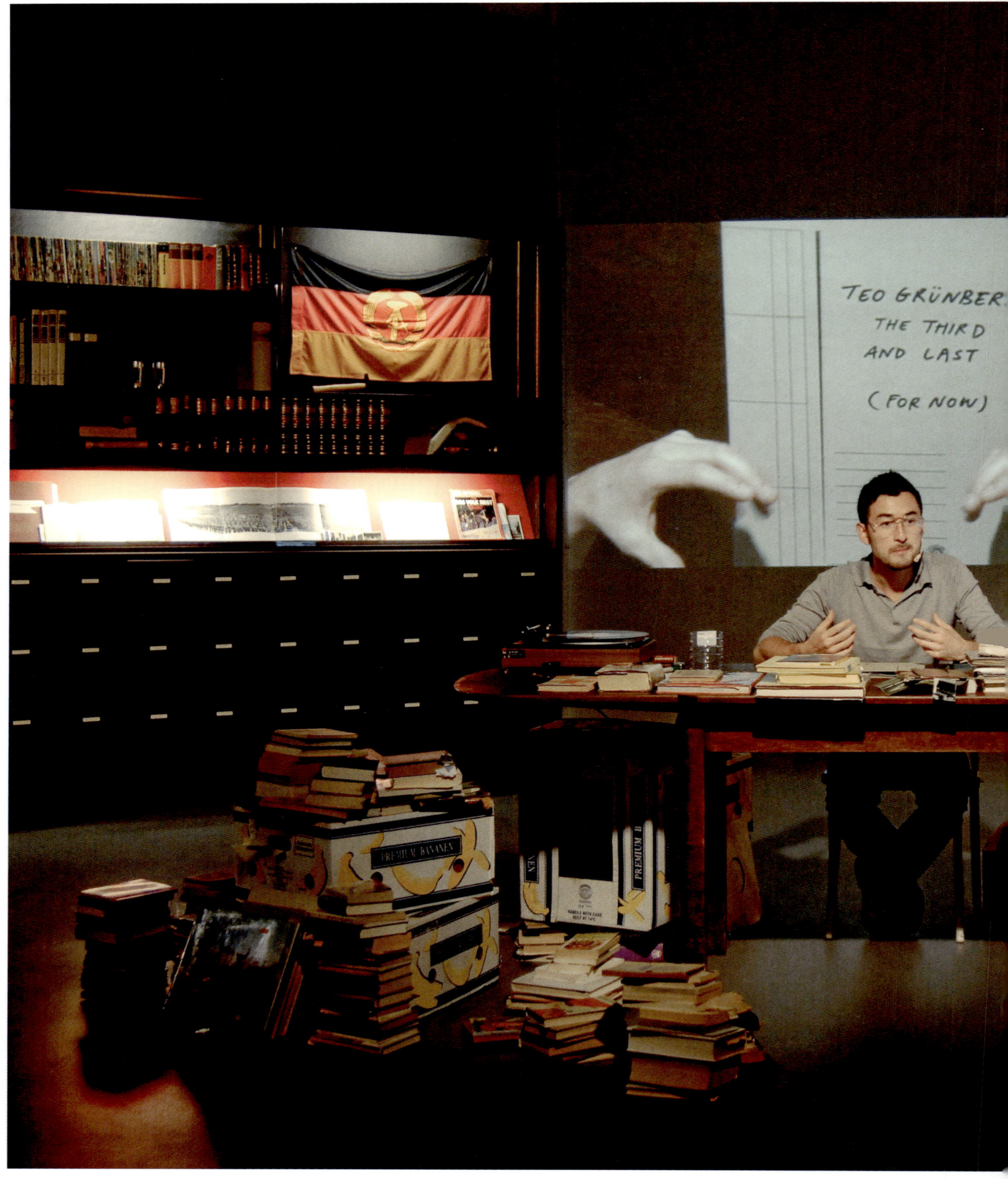
TEO GRÜNBER
THE THIRD
AND LAST

(FOR NOW)

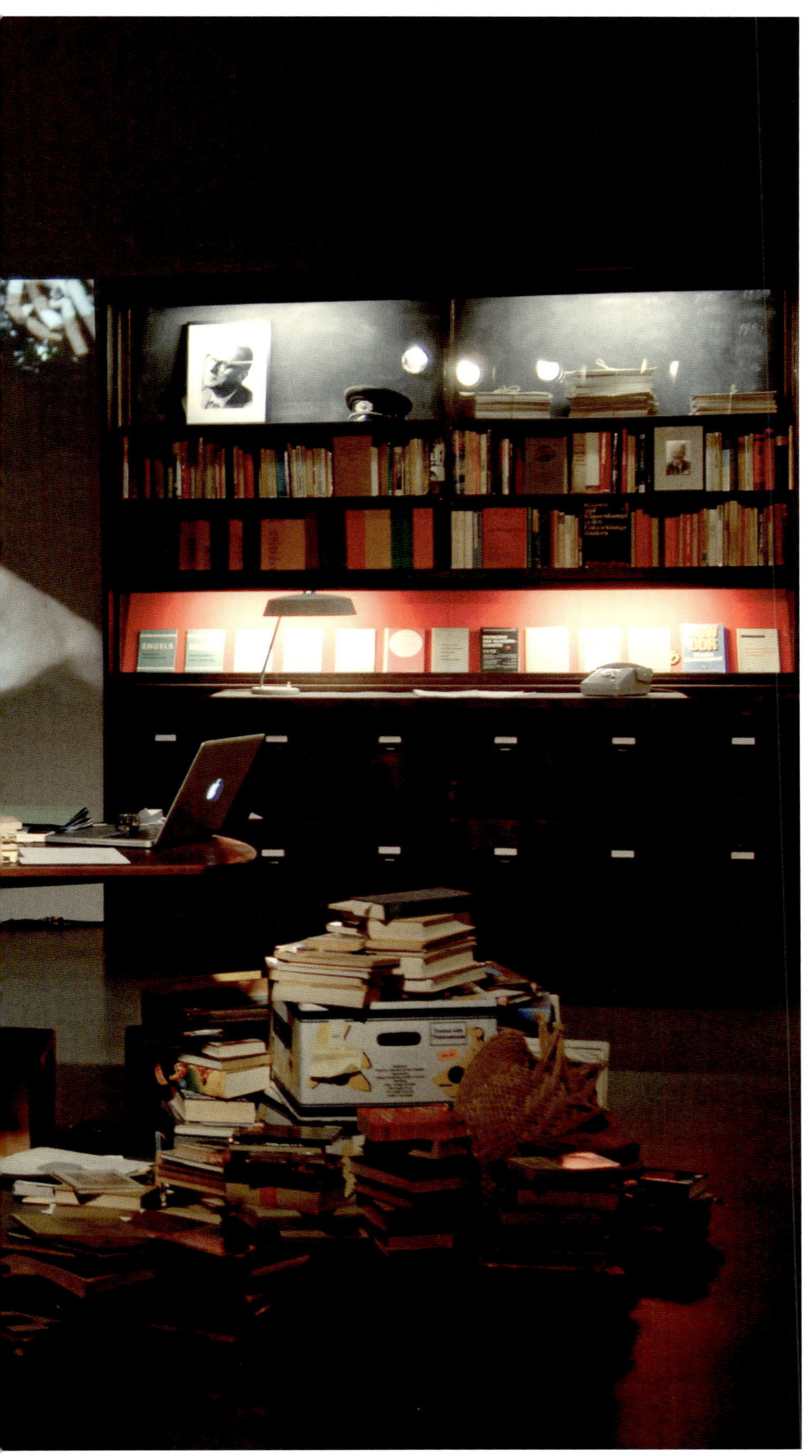

e "The stories, names, characters and incidents portrayed in this publication are fictional. No identification with actual persons, places, buildings and products is intended or should be inferred. Consequently, the author cannot be held responsible for any missing or incorrect information." Simon Fujiwara is a British-Japanese artist, born in London in 1982. The three sentences appear on the first few pages of a book accompanying the exhibition at the Tate St Ives. *Simon Fujiwara: Since 1982*. People, events, places (Fujiwara spent his childhood in St Ives) and buildings (he initially studied architecture) in the stories of his works repeatedly merge with those from his own life. The artist calls his works autobiographical. This is not owing to an excessive self-referentiality, but rather the desire to erase the banality of one's own story by telling people about it. Fictional accounts consolidate. Moreover, addressing important real and unpleasant personal topics is effective. The artist dramatizes and theatricalizes the narratives in performances, generally in the form of a report-style lecture by Fujiwara in a stage-like setting that can also encompass a presentation of image material and objects. The spatial orchestrations speak for themselves. Phallic forms in *Welcome to the Hotel Munber* (2008–present) are used so offensively we think we can see them everywhere. They inform our gaze even when we do not know that this is the reconstructed bar of a Spanish hotel that Fujiwara's parents ran in the 1970s and which the artist, out of an interest in the Franco era, with its suppression of sexuality and ban on pornography and homosexuality, has made into the setting of a homoerotic novel, whose protagonist is his own father. A novel he cannot complete, and which he therefore has to talk about. The illusion of inability succeeds in the living form of the oral report, which is nothing other than an account of precisely this novel. Another illusion plausibly presents the impossible. *The Personal Effects of Theo Grünberg* (2010) portrays an attempt to discover who Theo Grünberg is, whose collection of erotic literature Fujiwara bought on a flea market in Berlin. How improbable and ultimately untrue the gathered information and uncovered tracks is demonstrated as an awareness of the fact that all such accounts are constructed. Like the revealing of a lie at the end, that the third possible Grünberg is also dead, whereby preventing the solving of the mystery averts the danger of everything already told becoming superfluous. The urge to tell a story is stronger than that to find an apparent truth. It is not possible to reproduce the abstruseness and at the same time effortless lightness of these engaging, complex stories. We have to see a performance or read the script. However, *Desk Job* (2009) gives us an idea: a single object, a desk, on it a typewriter, lamp, ostrich egg, homoerotic and pornographic pictures and ancient structures and statues as well as a manuscript page, from the draft of an erotic novel. It is about a novelist who wants to write an erotic novel and initially fails, before starting to write an erotic novel about a novelist who wants to write an erotic novel. The draft is written over with *The Erotic Writer: A Novel*. In the end Simon Fujiwara is precisely that, a teller of erotic stories. Together the stories of his works illustrate their author's life story as a fiction of fictions.
—Kristin Schrader

CYPRIEN GAILLARD

1 *Geographical Analogies*, 2006–2011
2 *The Recovery of Discovery*, 2011

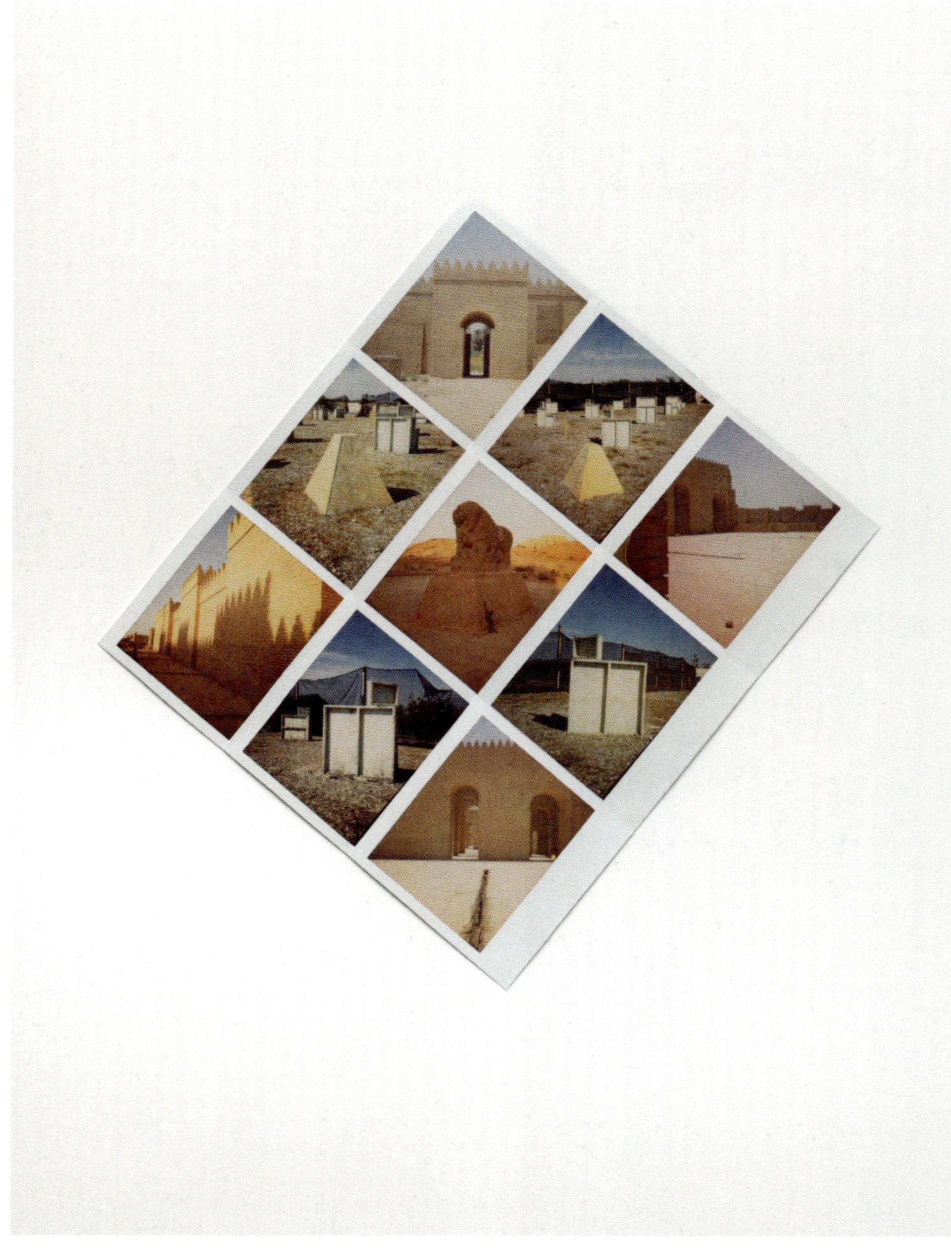

d Der Franzose Cyprien Gaillard fühlt sich keinem Medium im strengen Sinn verpflichtet – passend zu seiner ortsungebundenen Arbeitsweise bewegt er sich nomadisch zwischen Fotografie, Film und Installation. Sein bildmächtiges Werk eint eine Obsession für die Poesie der Zerstörung und deren globalkulturelle Spielarten und Symbole. Dies zeigt sich in Filmarbeiten zu Sprengungen von Architekturutopien der 1970er Jahre in Ost wie West, betitelt mit *Desniansky Raion* (2007) oder *Pruitt-Igoe Falls* (2009), ebenso wie in der Pyramide aus Bierkisten *The Recovery of Discovery* (2011), die zunächst vom fachinteressierten und zunehmend auch touristischen Ausstellungspublikum zuweilen rüde konsumiert und aufgelöst wurde. Zur Preisträgerausstellung „Preis Junge Kunst der Nationalgalerie" zeigte Gaillard in Berlin den mit einer Handykamera gedrehten Film *Artefact* (2011). Unterlegt von einer enervierend eingängigen Song-Wiederholungsschleife sind darin sorgfältig aneinandergeschnittene Bildfetzen aus der Besatzungsgegenwart der im Irak gelegenen antiken Stadt Babylon zu sehen. Durch die Dauerprojektionsschleife sollte sich der auf 35-mm rücktransferierte Film im Ausstellungszeitraum langsam zerstören.

Gaillard interessiert sich für die treibenden Prozesse wie die Hinterlassenschaften von Auflösung und Verfall oder, genauer, das spezifische Erlebnisangebot von Ruinen in einer globalisierten, auf Perfektion, Geschmeidigkeit, Oberfläche und Geschwindigkeit formatierten Welt. Als Ruinen erscheinen in Gaillards Kosmos brutalistische Moderne-Architekturen der 1960er und 1970er Jahre, aber auch weitere Zeichen, die auf das fortwährende Versinken von Kultur(-en) verweisen. Möchte man seinem Werk kulturpessimistische Züge unterstellen, ließe es sich schlüssig mit den Sehnsüchten einer jüngeren Generation rückkoppeln, die sich, aufgewachsen in permanenter medialer Selbstbespiegelung einer vermeintlich endlos gedehnten und vernetzten Gegenwart, als konstruiert und unauthentisch erlebt. Im gleichen Zuge bietet es sich an hier eine ultimativ zeitgenössische Variante des Pittoresken zu entdecken.

Die Arbeiten funktionieren ähnlich eingängig wie der perfekte Popsong in der Musik und knüpfen dabei kluge Rückbezüge in die Kunstgeschichte: Als Paten stehen Künstler der 1960er Jahre wie Robert Smithson ebenso wie Gustav Metzger ein, zu dessen Konzepten der „autodestruktiven Kunst" sich historische Verbindungslinien ziehen lassen. Letztlich gelingt Gaillard in trefflicher Weise, die „Idiome der Populärkultur mit denen des Minimalismus" (Hal Foster) zu verschränken und dabei immer wieder auch in eine performative Form zu gießen.
—*Martin Germann*

1

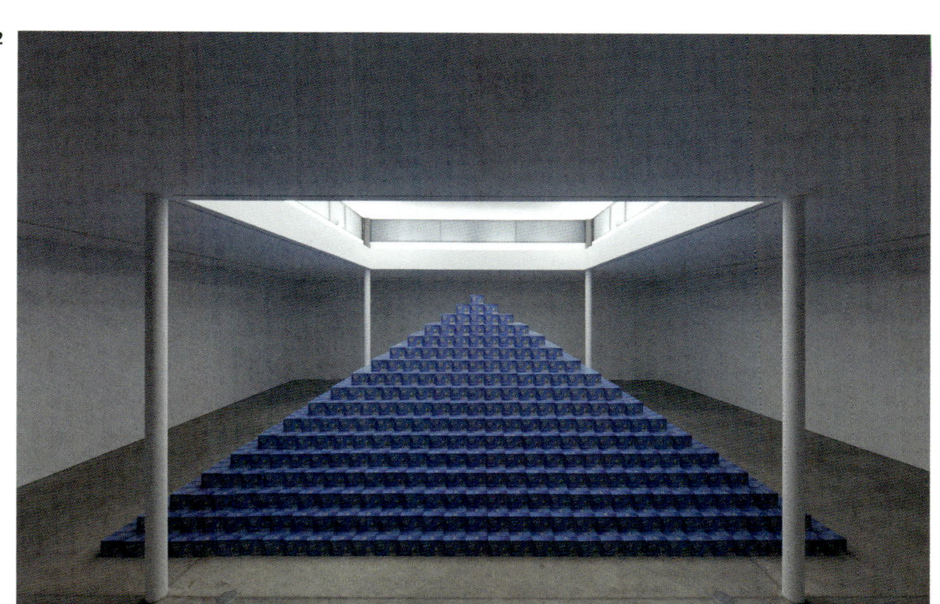

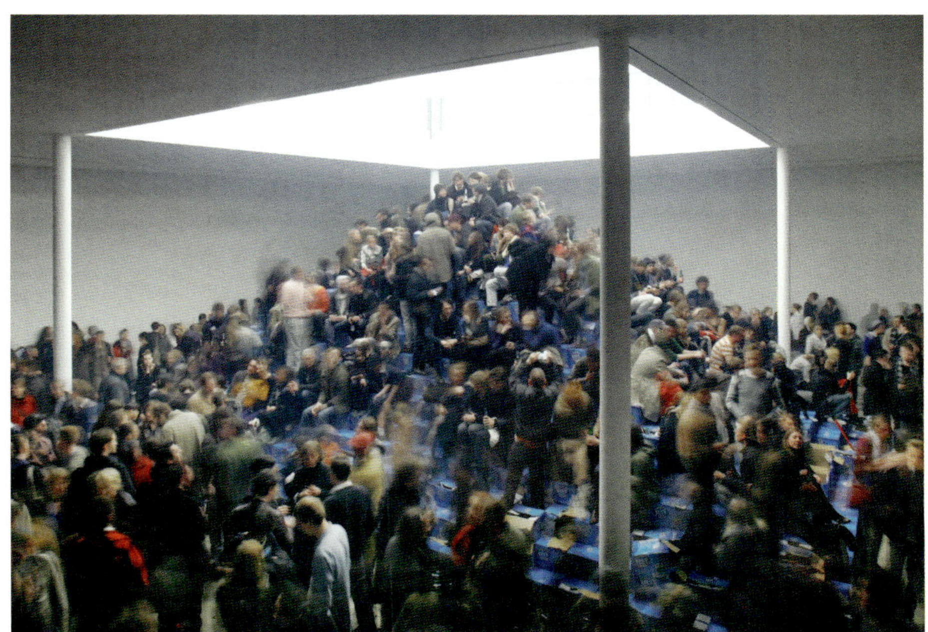

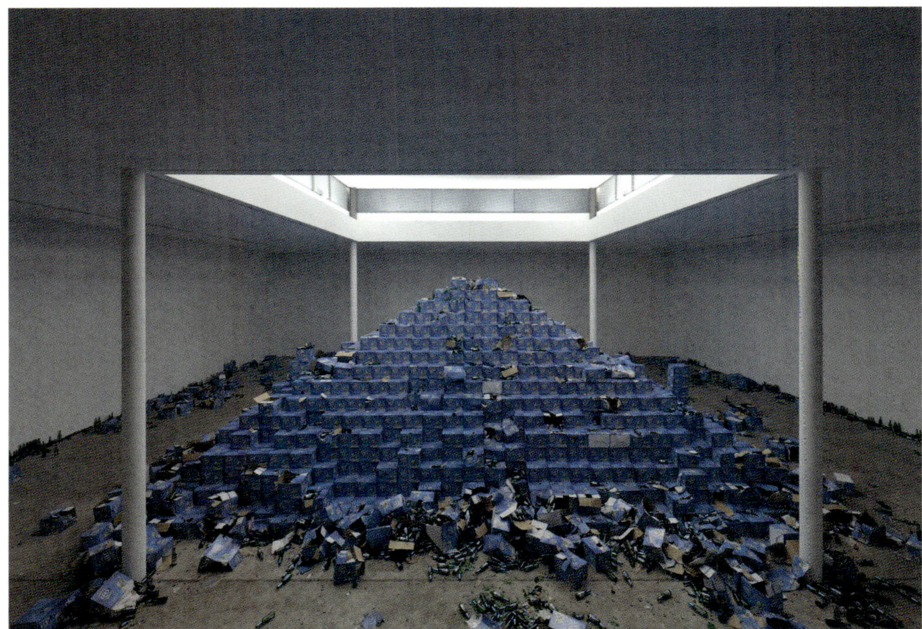

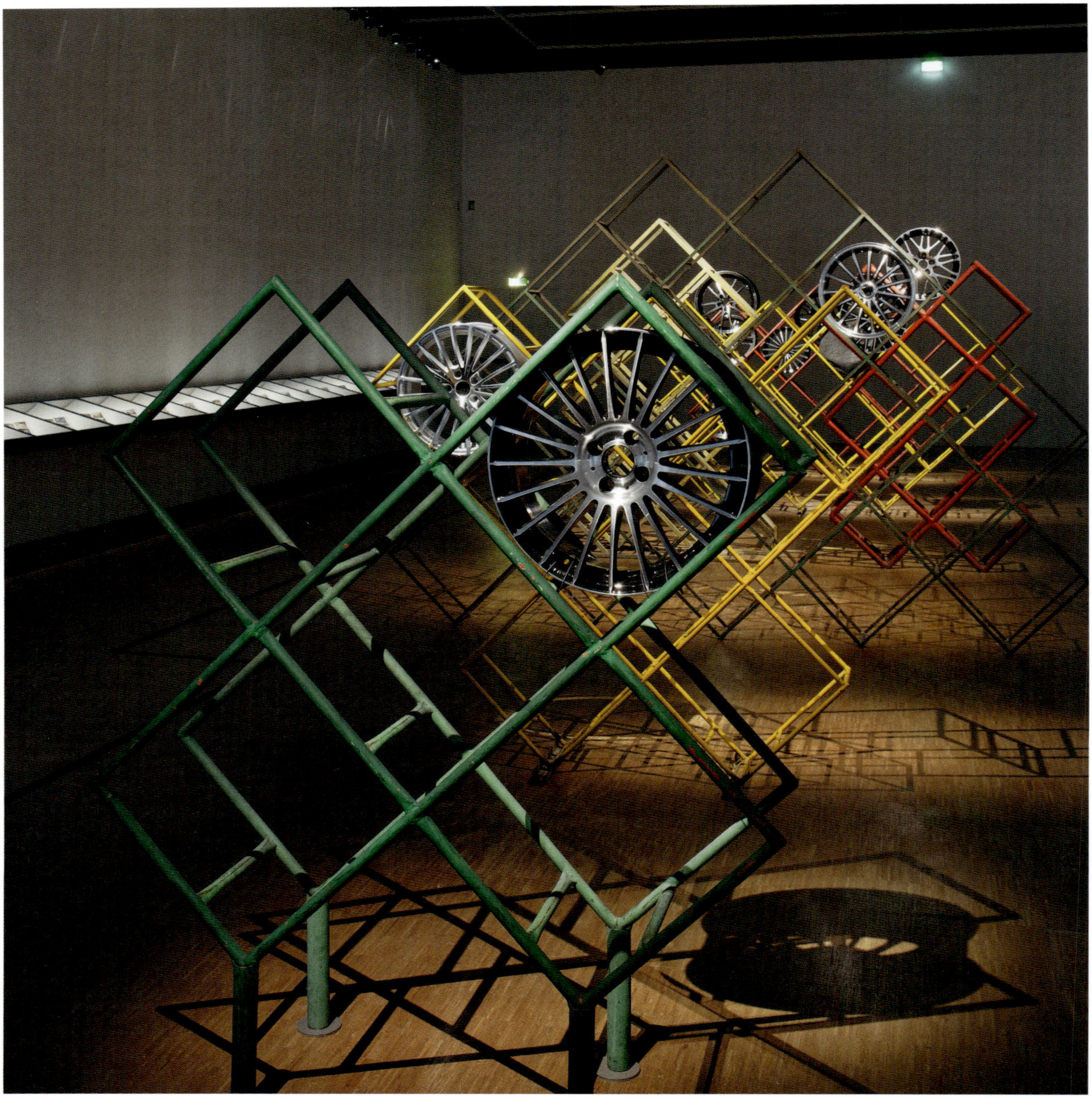

3

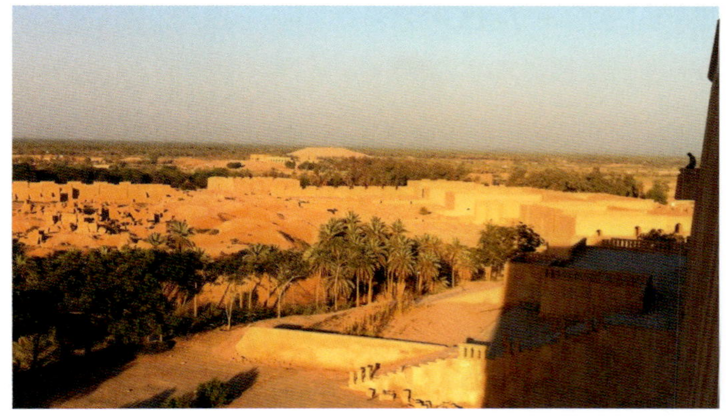

4

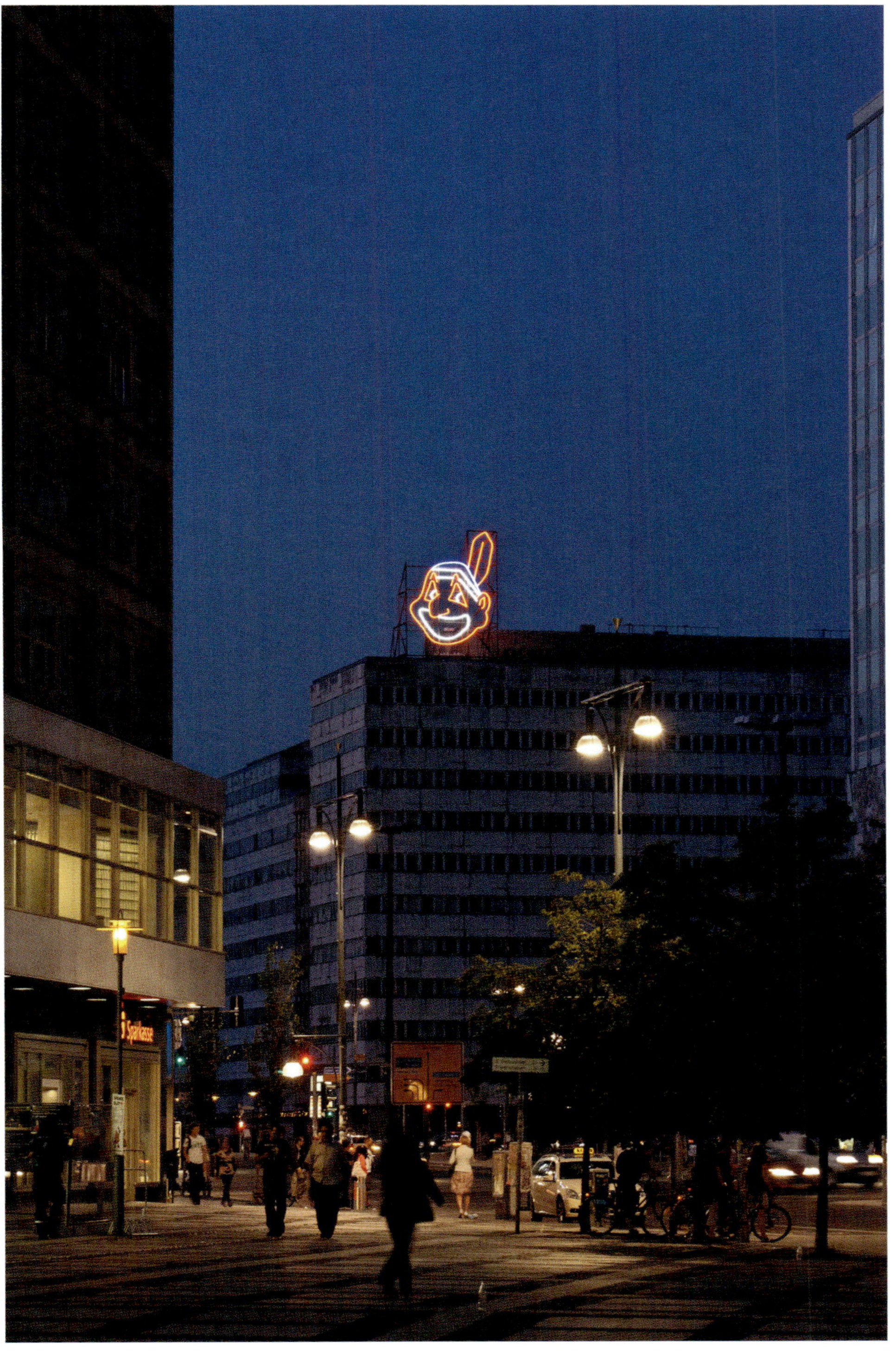

5

e Cyprien Gaillard does not feel bound to any specific medium in the strict sense. In line with his working method, which is unrestricted in terms of location, he moves as a nomad between photography, film and installation. His work combines an obsession for the poetry of destruction and its cultural forms and symbols worldwide. This is apparent in film works of 1970s architectural utopias in both the East and West, often integrating detonations, such as in *Desniansky Raion* (2007) or *Pruitt-Igoe Falls* (2009), as well as the pyramid of beer cases in *The Recovery of Discovery* (2011), which was, in the sense of a contemporary process oriented work, at times rudely consumed and destroyed by the exhibition visitors, initially experts in the field and then increasingly tourists. At the award-winners' exhibition for the "Preis der Nationalgalerie für junge Kunst" in Berlin Gaillard showed his film *Artefact* (2011), which he shot on a cell phone. Backed by an annoyingly catchy, eponymous song on repeat, it shows carefully edited image fragments from the ancient city Babylon, under occupation in present-day Iraq. By constantly being on repeat play, the film, transferred to 35 mm, is intended to gradually destroy itself over the course of the exhibition.

Gaillard is interested in both the forces driving destruction and what is left behind following it and decay or, to be more precise, the specific experience ruins offer in a globalized world, formatted for perfection, smoothness, finish and speed. In Gaillard's cosmos, brutalistic, modern architecture of the 1960s and 1970s appears as ruins, as well as other symbols that reference the continual disappearance of culture(s). A yearning for ruins is per se nothing new, and rather a constant above all down through the last two centuries. If one were to assume Gaillard's oeuvre is pessimistic as regards contemporary culture, then we could meaningfully link it back to the yearnings of a generation that having grown up in the permanent media self-contemplation of an endlessly extended and networked present, experiences itself as constructed and inauthentic. At the same time we can also discover in Gaillard's work a definitively contemporary version of the picturesque.

Many of the works are similarly catchy to the perfect Pop song but make clever references to art history, for instance to artists of the 1960s such as Robert Smithson or Gustav Metzger and their concepts of "auto-destructive art". In the end Gaillard succeeds brilliantly in interweaving what Hal Foster termed "idioms of popular culture with those of Minimalism" and making a performance out of them time and again.

—Martin Germann

GREGOR GLEIWITZ

1   *Ohne Titel/Untitled*, 19.11.2011
2   *Ohne Titel/Untitled*, 12.05.2011

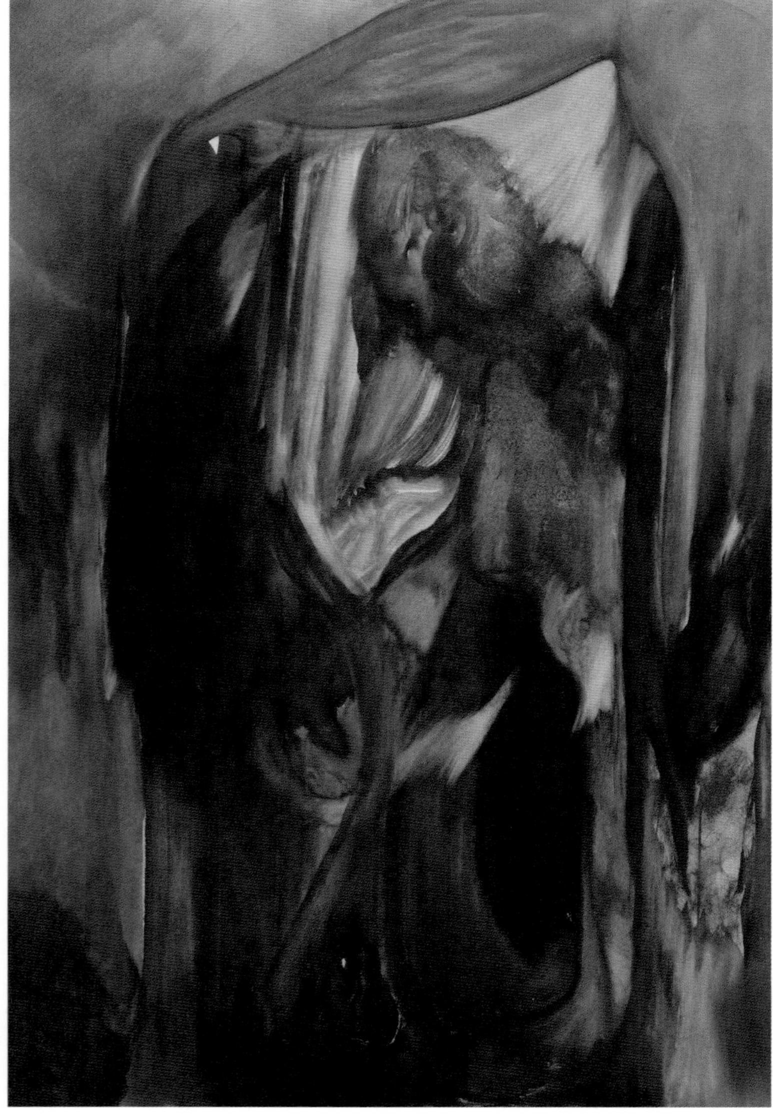

1

d   Gregor Gleiwitz ist ein gegenständlicher Maler: ein Maler, dem es in seiner Malerei um die sinnliche Welt geht, um die Erfahrung des Sehens, um die Wahrnehmung dessen, was uns umgibt. Zugleich ist er ein ungegenständlicher Maler, der es vermeidet, Gegenstände der Wahrnehmung als abgeschlossene und begrenzte Objekte zu präsentieren, sie erkennbar zu machen und zu isolieren. Dabei ist Gregor Gleiwitz kein abstrakter Maler – es geht ihm nicht darum, die Gegenstände von ihrer konkreten sinnlichen Erscheinung zu reinigen, um so zu ihrer abstrakten, ideellen Gestalt vorzudringen. Sein Ziel ist es nicht, hinter dem Schein der Dinge eine verborgene Ordnung sichtbar zu machen. Gregor Gleiwitz ist jedoch auch kein figurativer Maler: Aus der zugleich hoch verdichteten wie fein differenzierten malerischen Oberfläche seiner Bilder schälen sich zwar immer wieder Figurationen, Figurenkomplexe, Körperformen und -fragmente heraus, doch nie schließen diese sich zu einer Figur, die sich klar von einem Grund abheben würde. Vielmehr betreibt Gleiwitz' Malerei ein beständiges Spiel zwischen dem Hervortreiben der Formen aus einem ihnen gemeinsamen Grund und der Absolutsetzung eben dieses Grundes, der alle Formen versammelt und vereint. Keine abgeschlossene Figur kommt dabei vor einem Hintergrund zum Stehen, vielmehr scheinen alle angedeuteten Figurationen in einem zeitlosen Intervall zwischen Werden und Auflösung zu verharren.

In Gregor Gleiwitz' Bildern lässt sich keine Form dauerhaft von ihrem Umraum trennen, jeder Körper ist in seinen Bildern daher zugleich immer auch kein Körper – manchmal scheint sich gar ein Gesicht zu zeigen, doch entzieht es sich im selben Moment wieder. Ebenso körperliche wie körperlose, gesichtslose Wesen scheinen auf, blicken uns an und drängen aus dem Bild: Hybride zwischen Mensch und Tier, vegetabilen und mineralischen Formen, die sich jedem vereindeutigenden Erkennen und Benennen verweigern. Wo diese Wesen sichtbar werden, sind sie doch nicht durch isolierbare Merkmale bestimmt, vielmehr offenbaren sie spürbare, taktile Qualitäten, wie Weichheit und Härte, Wärme und Kälte – affektive Intensitäten, die mehrdeutig bleiben, niemals für sich bestehen, sondern vielmehr erst in ihrem wechselseitigen Erscheinen konkret werden. Gregor Gleiwitz' Bilder machen sich auf einen Weg der Verdichtung und Konzentration, plastisch modellieren und transformieren sie ihr Material, wie unter Druck entstehen die Formen, indem sie aus sich selbst herausgetrieben werden, als Manifestationen der immanenten Kräfte, die in und an ihnen wirken.

Zwischen Gegenständlichkeit und Ungegenständlichkeit oszillierend, ohne je auf dem sicheren Pol der abstrakten Form oder erkennbaren Figur zur Ruhe zu kommen, nötigen uns die Bilder von Gleiwitz ein anderes Sehen ab: Ein Sehen, das auf dem Sichtbaren beharrt, ohne zum Sinn zu springen, ein rohes, prekäres, immer bloß vorläufiges Sehen. Es sind Bilder diesseits der Sprache, die sich auf den Weg zu einer Sinnlichkeit machen, die gewissermaßen vor jeder Gegenstandswahrnehmung angesiedelt und vom Zwang zum Erkennen befreit ist. Wo die Sprache zergliedernd vorgeht, analytisch und verallgemeinernd, führen uns seine Bilder dagegen in kompakte, unauflösliche Räume, in denen beinahe überall die gleiche Dichte von Intensitäten herrscht und keine Besonderheit einer Allgemeinheit untergeordnet wird. Alle Elemente, aus denen diese Räume sich aufbauen, bedingen sich gegenseitig, alle werden sie einer Versammlung ohne Ausschluss einverleibt, ohne sich in dieser zu verlieren.

Die Malereien von Gregor Gleiwitz, wenn wir uns auf sie einlassen, geben sich uns nicht zu erkennen, aber sie beharren auf ihrem Erscheinen, sie verbleiben im Werden. Ihre Intensität, ihre verdichtete Konzentration scheint sie versiegelt zu haben gegen den Zugriff der Sprache, die das Werden stets dem Sein, die Offenheit und Möglichkeit stets dem Erkennbaren und Benennbaren opfert. Gregor Gleiwitz ist ein Maler, der uns das Sehen lehren kann.

–Roland Meyer

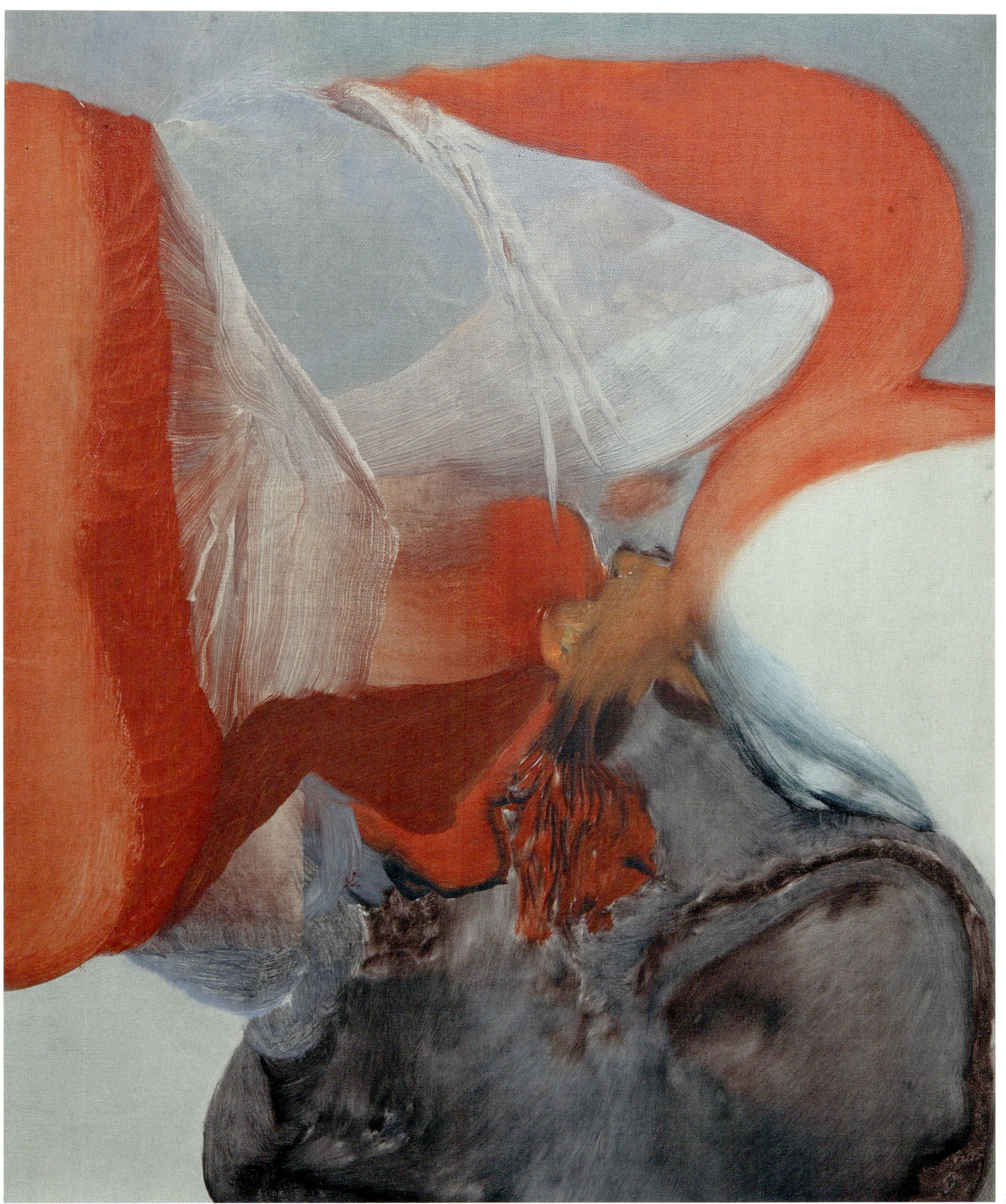

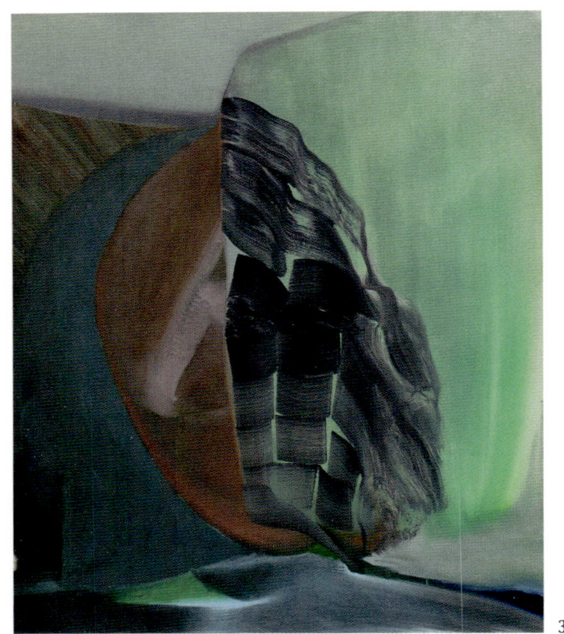

3

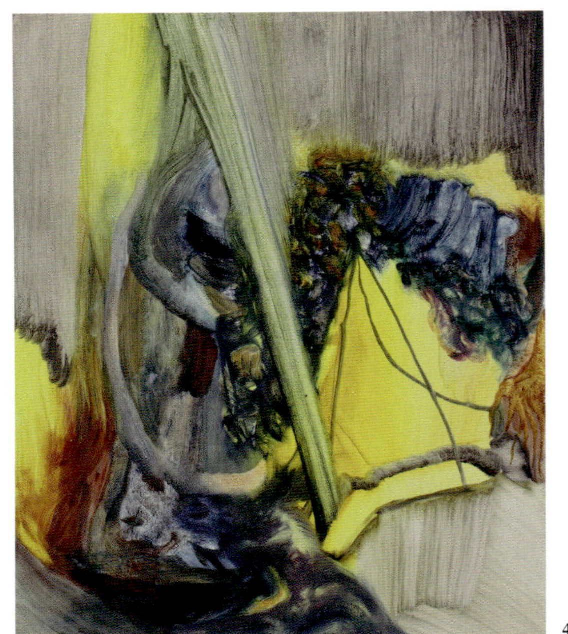

4

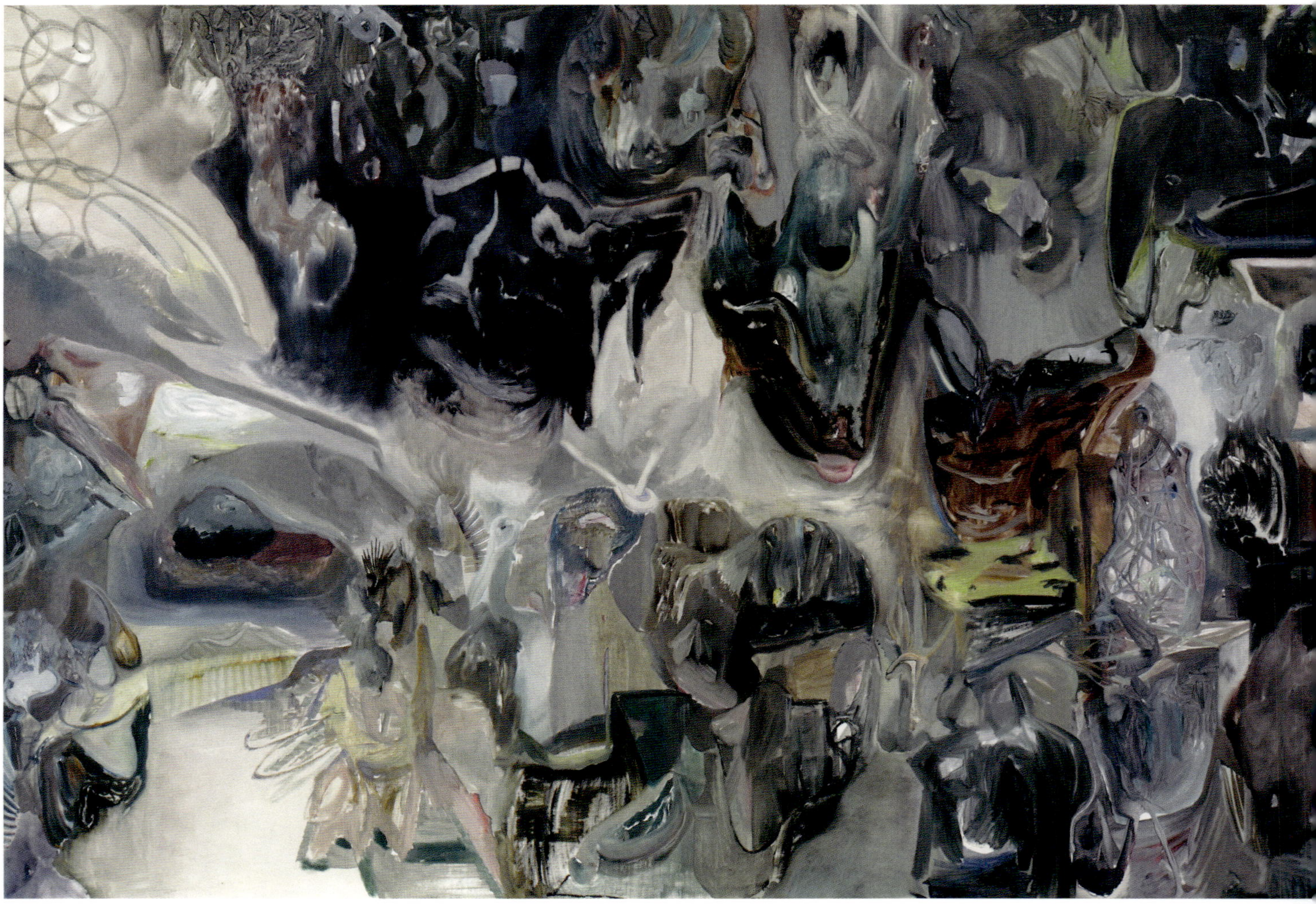

e   Gregor Gleiwitz is a figurative painter, a painter who in his paintings is interested in the sensory world, the visual experience, the perception of that which surrounds us. At the same time he is a non-figurative painter, who avoids presenting things he perceives as distinct and delimited objects, making them recognizable and isolating them. Yet Gregor Gleiwitz is not an abstract painter—he does not seek to cleanse objects of their specific sensory features to reach their abstract, ideal form. He does not aim to reveal a hidden order behind the appearance of things. Yet when he paints, Gregor Gleiwitz does not create clear figures either. Although we can repeatedly make out figurations, figural complexes, body shapes and fragments in his painted works, which are at once highly concentrated and finely differentiated, they never form a complete figure that is clearly set off from the background. Rather, Gleiwitz' paintings engage in a continual interplay between the extrusion of the forms from a common ground and taking precisely this ground and considering it absolute in itself, something that gathers and unites all the shapes and forms. This produces no distinct figure against a background; it is more the case that all the figurations hinted at seem to be caught in a timeless interval between formation and dissolution.

In Gregor Gleiwitz' pictures we cannot separate any form from its surroundings for any length of time, meaning that in his art every body is also never a body—sometimes we might even think we can see a face, but it vanishes just as quickly. We see creatures, faceless creatures that are just as corporeal as they are bodiless. They look at us and emerge from the picture: hybrids between humans and animals, vegetable and mineral forms, which refuse any clear identification and naming. Wherever these creatures appear they are not defined by distinct features, rather they reveal tangible, tactile qualities such as softness and hardness, heat and cold—affective intensities that remain ambiguous, never exist alone, but only take on concrete form in their mutual appearance. Gregor Gleiwitz' pictures go down the path of concentration, sculpt and transform their material. The forms emerge as though under pressure, forced out of themselves, as manifestations of the immanent power within and exerted on them.

Oscillating between figurativeness and non-figurativeness, without ever coming to rest on the safe bank of the abstract form or identifiable figure, Gregor Gleiwitz' art demands a different way of seeing: a seeing that lingers on what can be seen without jumping to the meaning, a raw, precarious, always only temporary seeing. These are pictures on this side of language, on their way to a sensoriality that in a way comes before any perception of the object and is free from the compulsion to identify it. Whereas language, analytical and generalizing, dissects, Gregor Gleiwitz' pictures lead us into compact, indissoluble spaces, in which the same concentration of intensity prevails almost everywhere and no particularity is subordinated to a generality. All the elements constituting these spaces are mutually dependent, all of them are incorporated into a single assemblage, without losing themselves in it.

Gregor Gleiwitz' pictures, if we are open to them, do not reveal themselves to us, but they hold fast to their emergence, they are in a continual state of formation. Their intensity, their condensed concentration seems to have sealed them against language, which always sacrifices becoming to being, openness and possibility to the identifiable and nameable. Gregor Gleiwitz is a painter, who can teach us to see.

—Roland Meyer

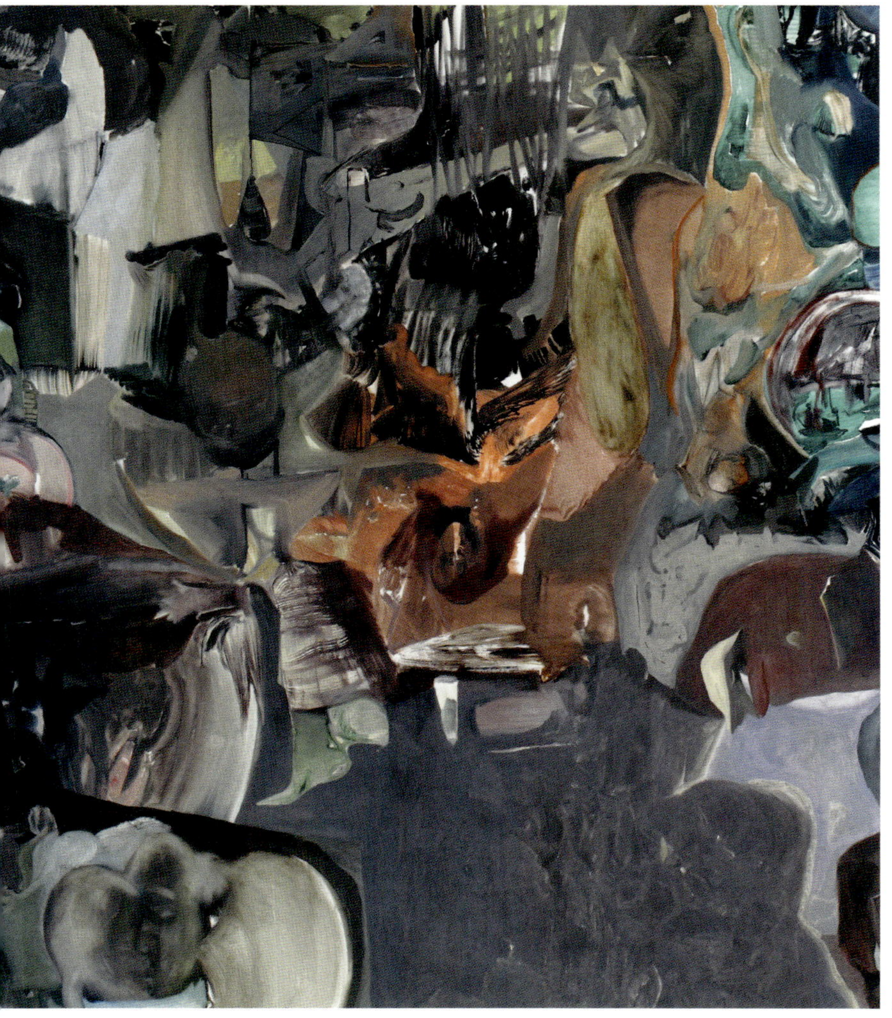

5

DIRK DIETRICH HENNIG

1   *Jean Guillaume Ferrée*, 2009
2   *Jean Guillaume Ferrée, Caspule de temps, 1972*, 2009
3   *Art Press 14*, 1974
4   *Jean Guillaume Ferrée, Sommet, 1955*, 2009

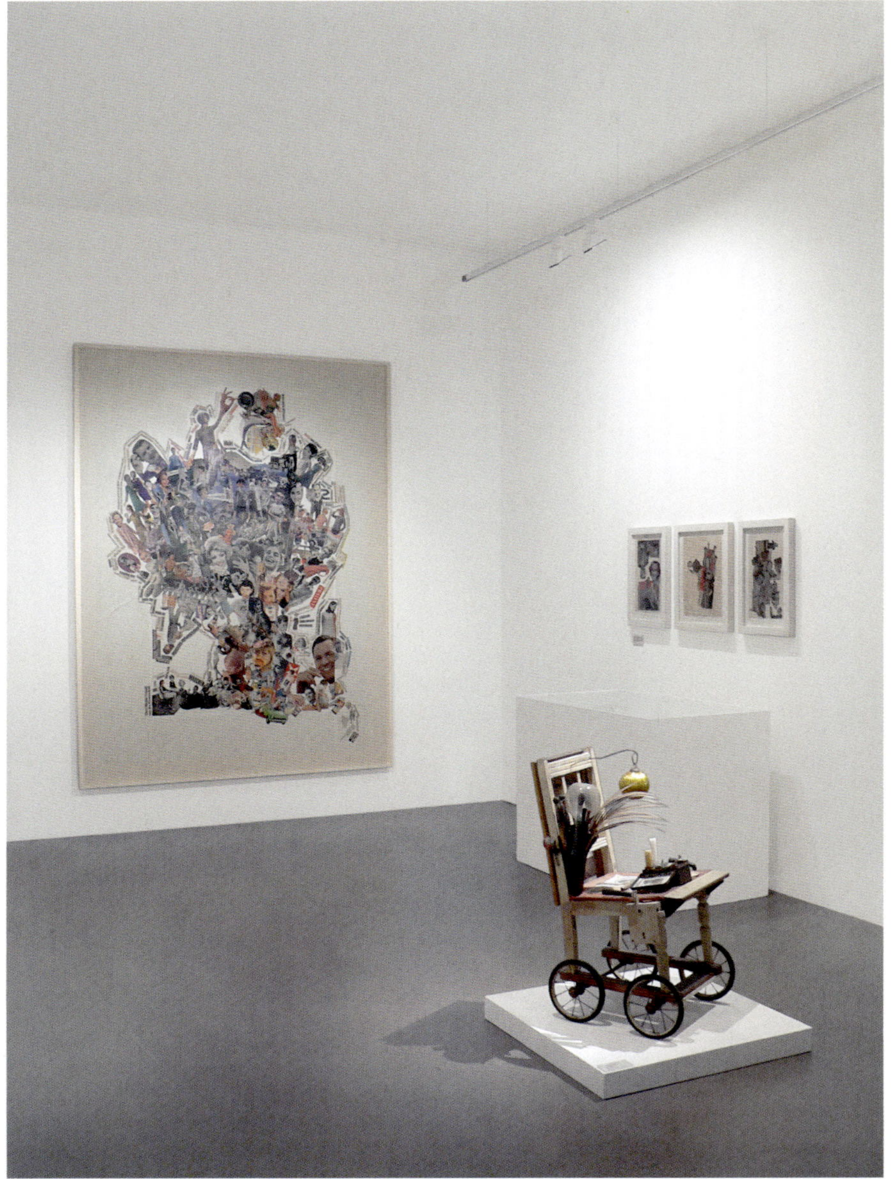

1

d   Der Künstler Dirk Dietrich Hennig arbeitet seit Jahren erfolgreich an seiner eigenen Unsichtbarkeit. Als Autor eigener Werke tritt er kaum in Erscheinung, vielmehr nimmt er die Rolle eines Vermittlers ein, der anderen zur Sichtbarkeit verhilft: vergessenen Künstlern wie George Cup und Steve Elliot oder Jean Guillaume Ferrée, als deren Kurator, Nachlassverwalter und Biograf er auftritt.

Der Fluxus-Künstler Ferrée steht auch im Mittelpunkt der Installation *Centre Hospitalier Spécialisé* (2012). Sie besteht aus der Rekonstruktion der Hinterhoffassade, eines Flures und zweier Räume jener Psychiatrie, in der Ferrée 1962 bis 1974 wiederholt wegen einer seltenen neurologischen Störung, retrograder temporärer Agnosie, behandelt worden sein soll, wie ebenfalls ausgestellte Dokumente verraten. Für Ferrée war die Zeit aus den Fugen geraten – umso mehr musste er sich an stabile räumliche Orientierungen halten. Zwei Orte, die ihm als Ankerpunkte seines Lebens dienten, tauchen im Inneren der Installation als Modelle auf: sein Geburtshaus und jene Klinik, die den Rahmen der Inszenierung bildet – eine *Mise en abyme*, die eine Fiktion in eine weitere einbettet.

Wie jeder gute Geschichtenerzähler weiß Hennig, dass es aufs Detail ankommt. Das Werk der Künstler, die er präsentiert, fügt sich so nahtlos in unser Bild der Kunstgeschichte, dass es erstaunt, dass wir erst jetzt davon Kenntnis erlangen. Etwaige Zweifel werden durch eine Fülle von Sekundärmaterialien zerstreut: Kataloge, Magazine und Zeitungsartikel – die Archive scheinen voller Spuren Ferrées, Cups und Elliots. Vergessen wurden sie aufgrund tragischer Verwicklungen, die sich nachträglich aufschlüsseln lassen.

Die Kunstgeschichte wird mit jeder Künstlergeneration umgeschrieben, in jüngerer Zeit kennt man dies unter dem Begriff des *Artists' Artist*: Halbvergessene Künstler wurden wiederentdeckt, weil sich jüngere Künstlerinnen und Künstler für sie einsetzten. Hennig geht einen Schritt weiter: Seine *Artists' Artists* hätte es ohne ihn nie gegeben. So betreibt er ein ironisches Spiel mit der Geschichte, doch sollte man dessen Ernsthaftigkeit nicht unterschätzen. Nicht postmoderne Willkür, nicht die totale Verfügbarkeit der Geschichte ist sein Ausgangspunkt, eher deren Unverfügbarkeit. Für die moderne Kunstgeschichte hatte jedes bedeutende Werk seinen Platz in einer Fortschrittserzählung, als notwendige Antwort auf eine historische Konstellation. Das Feld des Möglichen wurde so formal immer weiter ausgedehnt, faktisch aber begrenzt: Wo die Avantgarde schon war, konnten spätere Generationen kaum mehr reüssieren.

Wo er Lücken in der Geschichte nachspürt, in die er mit seiner eigenen Arbeit interveniert, scheint Hennig nach ungenutzten Möglichkeiten zu suchen. Die Arbeiten, die er seinen Künstlern zuschreibt, sind nie bloße Parodien, vielmehr formal durchgearbeitete, ästhetisch dichte Werke, denen er nachträglich einen angemessenen historischen Ort schenkt. Dabei gerät ihm die Zeit nicht aus den Fugen, vielmehr fügt er sie so zusammen, dass sie reicher und vielschichtiger als zuvor erscheint.
—*Roland Meyer*

2

art press
14
JUILLET-AOÛT 1974
51 pp.
16 FF
100 FB
6 FS
ANDY WARHOL
ROBERT MOTHERWELL
DOSSIER: ART BRUT
LE NOVEL ANTI-FASCISME – BERNARD-HENRY LEVY
ARCHITECTURES IMAGINAIRE – CINÉMA – PELLICULES
PORNOGRAPHES – LES BIZARRES D'EN BAS DE CHEZ MOI
JEAN GUILLAUME FERRÉE
LE COLLAGE EST UNE ACTIVITÉ HONTEUSE

3

Gipfel
75 PF.
DIE KULT... TE SEIFE
Kult
3

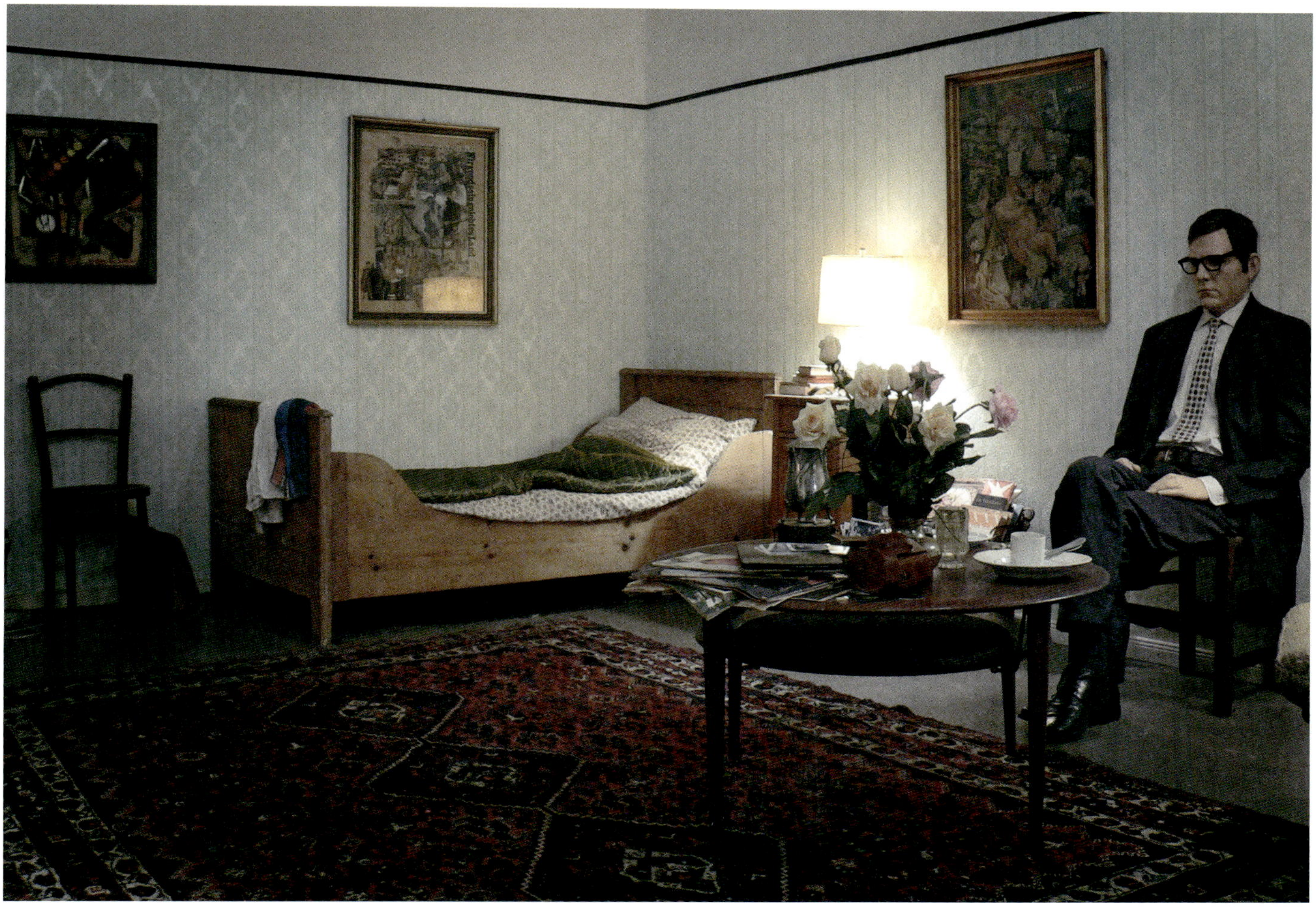

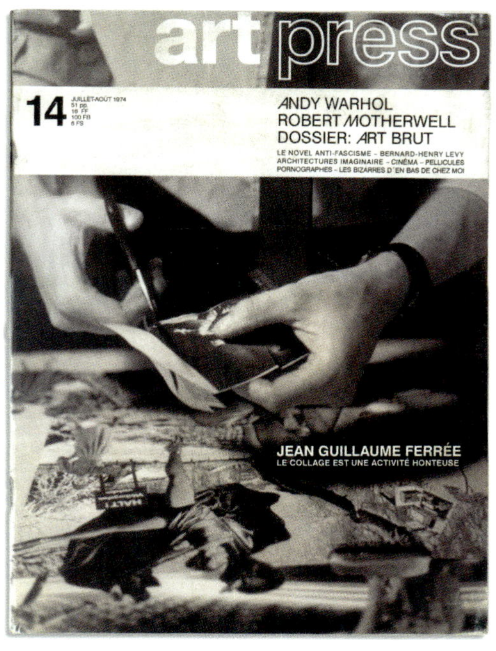

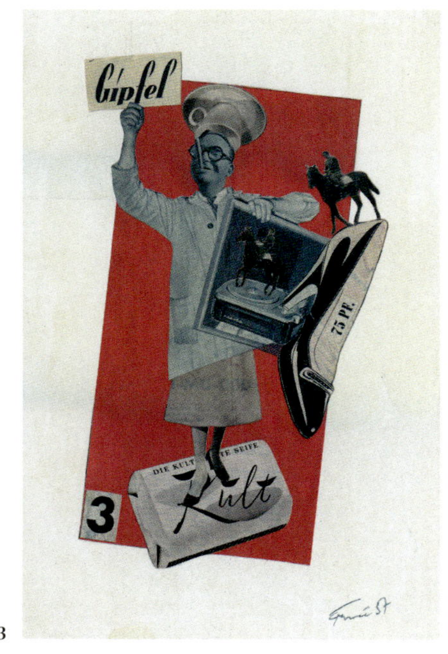

4

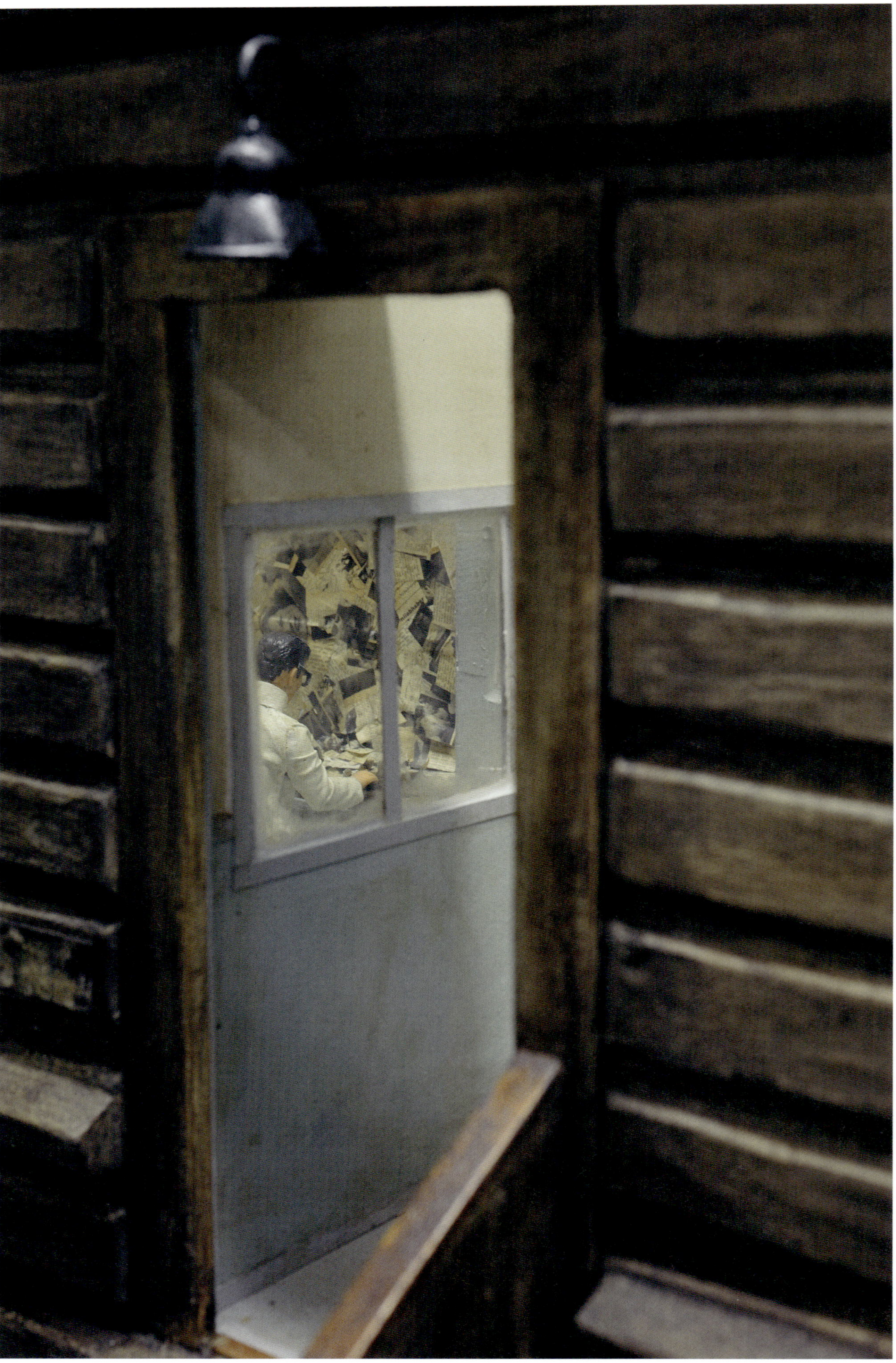

5 *Modell Centre Hospitalier Spécialisé (Lorquin),*
2012 (Detail)

6 *Modell Centre Hospitalier Spécialisé (Lorquin)/*
Modell Rue General de Clerc (Lorquin),
2011/2012

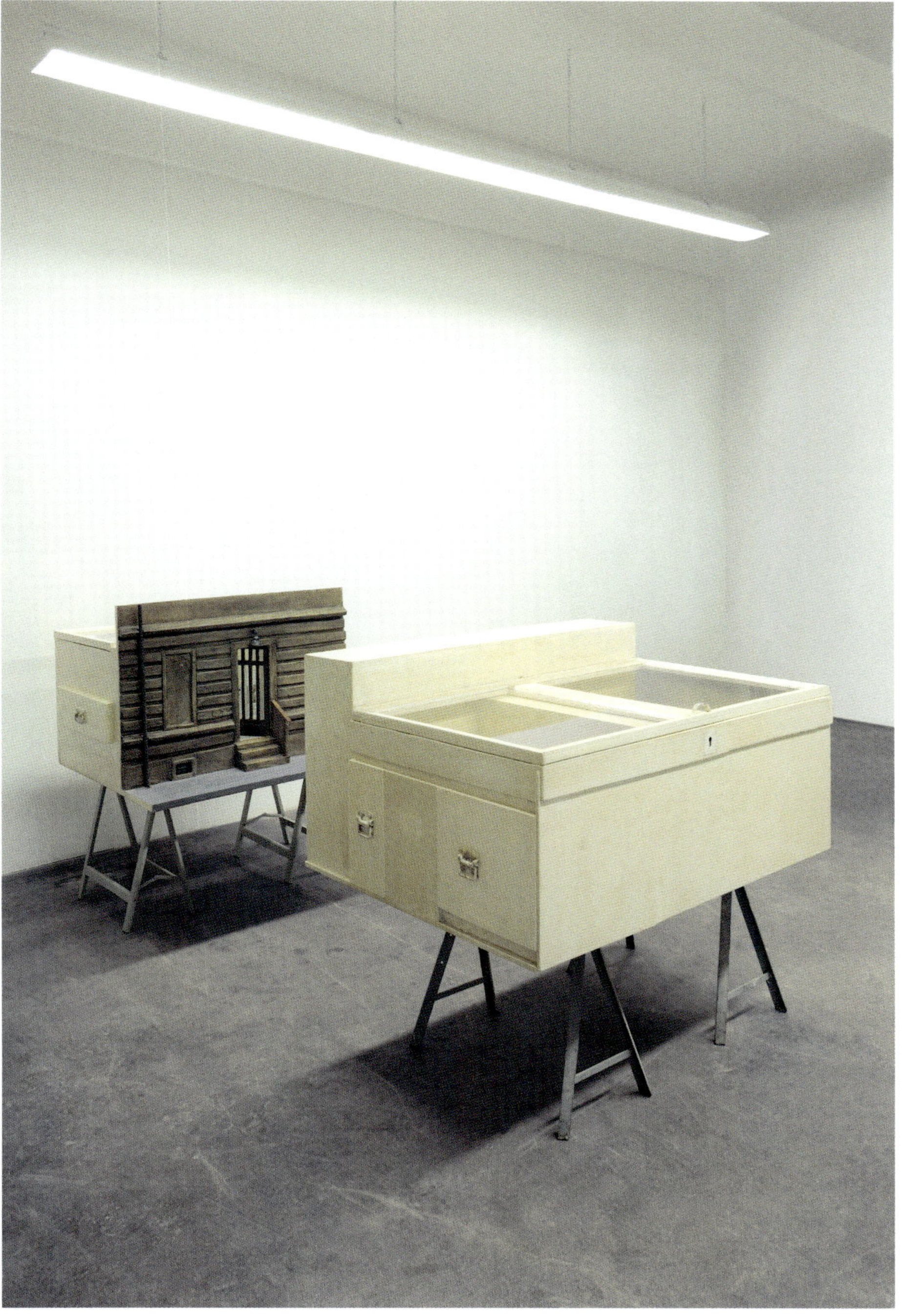

6

e For years, artist Dirk Dietrich Hennig has been working successfully on his own invisibility. He barely surfaces as author of his own works, preferring to assume the role of a mediator, raising the visibility of others: forgotten artists such as George Cup and Steve Elliot or Jean Guillaume Ferrée, for whom he acts as curator, executor and biographer.

Fluxus artist Ferrée is also at the focal point of the installation *Centre Hospitalier Spécialisé* (2012). It consists of a reconstruction of the rear courtyard façade, a corridor and two rooms of the psychiatric facility where Ferrée is said to have been repeatedly treated between 1962 and 1974 for a rare neurological disorder, retrograde temporary agnosia, as also shown by exhibited documents. For Ferrée time was out of joint, and it was all the more important for him to orient himself on stable spatial surroundings. Two places that served him as anchor points in life appear as models inside the installation, namely the house where he was born and the clinic that forms the context for the presentation—a *mise en abyme*, which embeds one fiction in another.

Like every good storyteller, Hennig knows that details are crucial. The work of the artists he presents fits so seamlessly into our picture of art history that it is amazing that we are only becoming aware of it now. Any doubts are dispelled by a wealth of secondary material: catalogs, magazines and newspaper articles – the archives seem to be full of references to Ferrée, Cup and Elliot. Tragic complications led to their being forgotten, which can be subsequently broken down and decoded.

Each generation of artists rewrites art history; more recently this has become known by the term *artists' artist*: half-forgotten artists have been rediscovered, because younger artists have drawn attention to them. Hennig goes a step further: without him his *artists' artists* would never have been. Thus he plays an ironic game with history, but we should not underestimate its seriousness. He takes as his starting point not postmodern arbitrariness, not the total availability of history, but rather its unavailability. In modern art history every key artwork had its place in a story of progress, as a necessary answer to a historical constellation. In this way the field of possibility was formally expanded ever more, but simultaneously also limited, for later generations could hardly succeed where the avant-garde had already been.

Tracing gaps in history, in which he intervenes with his own work, Hennig seems to be looking for unexploited opportunities. The works he ascribes to his artists are never pure parodies, but rather formal, aesthetically condensed pieces that he subsequently gives an appropriate historical location. As such time is not thrown out of joint, rather, he welds it together in such a way that it seems richer and more complex than before.
–Roland Meyer

DAS GESTERN IM HEUTE

Gegenwart und Vergangenheit in der aktuellen Kunst

In der aktuellen Kunst lässt sich ein verändertes Verhältnis von Geschichte und Gegenwart feststellen. Ist für die Kunst des vergangenen Jahrhunderts das Modell des Avantgardismus – die Idee einer ständigen Progression und Innovation – als weitgehend verbindlich angesehen worden, so scheint an die Stelle des darin innewohnenden utopischen Aspektes ein mnestischer Rückgriff zu treten. Ist der zeitgenössischen Kunst die Gegenwart abhanden gekommen und braucht sie Zeugen aus der Moderne oder der Kunstgeschichte, um „Zeitgenossenschaft" zu behaupten?

Or Why Celebrate The Past before the Future Will Come (Accounts of happenings I, II, III) – dieser Titel einer 2010 entstandenen Installation des israelischen Künstlers Alon Levin erhält in diesem Zusammenhang eine programmatische Diktion. Verschiedene rot bemalte Holzobjekte, die unterschiedliche geometrische Formen aufweisen, sind in einer Art Ordnungssystem aufgereiht und werden flankiert von wimpelartigen, an Protestfahnen erinnernden Elementen. Diese Konstruktion wirkt wie ein Baukasten oder Formenarchiv, das zu einer möglichen Reaktivierung bereit liegt. Levin entwickelte diese Formen aus dem abstrakten Vokabular der Kompositionen von El Lissitzky und Kasimir Malewitsch und rekurriert auf den russischen Konstruktivismus, jene Kunstrichtung, die am Anfang des 20. Jahrhunderts mit der Ästhetik ihrer abstrakten Bildsprache die Moderne maßgeblich beeinflusst hat und durch ihre Nähe zur russischen Kulturrevolution eine gesellschaftspolitische Perspektive entwickelte. Über den formulierten Rückbezug im Sinne einer ikonografischen Paraphrase hinaus führt Levins kunstgeschichtlicher Rekurs vor allem aber das Prekäre ästhetischer und ideologischer Systeme vor. Er stellt die Frage, ob die Formen noch Repräsentanten eines gesellschaftlichen Wandels sein können und als eine Art Verheißung eine Re-Komposition der Moderne möglich machen oder ob sie heute nichts weiter als eine bloße Anordnung von Material sein können.

Künstler und Künstlerinnen der jüngeren Generation scheinen die Gegenwart in der Reflexion auf ein Gestern zu erforschen, gewissermaßen in Berufung auf ein Früher, das als Steinbruch und Ruine begriffen wird und das rekonstruiert, transformiert oder imaginiert werden kann.

Die Popkultur der Musikindustrie findet für dieses Phänomen den Begriff der „Retromania", mit dem der britische Musikkritiker Simon Reynolds die popmusikalische Gegenwart diagnostiziert: *Pop Culture's Addiction to Its Own Past*[1], die gleichzeitig die Faszination für das Potenzial des Gestern eröffnet, aber auch mit einer kulturkritischen Melancholie spielt. Ein „Megatrend mit Namen Retro", der sich in der Wiederholung von Musiktrends, Retrobands und Best-Of-Alben wiederfindet, fundiert durch ein „endless digital now", das eine Gegenwart ohne Grenzen erzeugt, die jede Musikdatei als gleich gegenwärtig betrachtet, ungeachtet ihrer historischen Signatur.[2]

Im Zeitalter von YouTube, Web und digitalen Medien ist alles verfügbar, ein freier Zugang zu einem riesigen Reservoir, einem Archiv, das die Allgegenwart von Bildern, Tönen, Informationen und Geschichten ohne Hierarchie bereithält und unerschöpfliche Möglichkeiten des Umherschweifens, des Recycelns, der Um- und Bearbeitung, der Neustrukturierung und Kontextualisierung eröffnet.

Die Recherche, das Katalogisieren und Anhäufen wird zu einem Werkprozess: *Modernity in very General Terms* ist ein über 1000 Seiten starkes Buch, das die Wikipedia-Recherche Alon Levins zum Begriff der Moderne zusammenfasst und als Objekt präsentiert wird. Mit dieser Transformation der Online-Enzyklopädie Wikipedia in das traditionelle Medium Buch entwickelt er ein räumlich geschlossenes Gedächtnismodell[3], das „Moderne" zwar als den Normbegriff der Gegenwart offeriert, die Präsenz bzw. den Zugang aber verwehrt und damit ein tatsächliches Erfassen des Begriffs unmöglich macht. Der argentinische Schriftsteller Jorge Luis Borges, der in seinen Geschichten die Faszination des Buches als Gedächtnismetapher ergründet, berichtet von einem „Sandbuch", in dem der Text buchstäblich durch die Finger rinnt. „Vor der vermeintlich ersten Seite tauchen stets vorige Seiten auf, es erweist sich als wahrhaft unergründliches Buch mit bodenlosem Anfang."[4] Angesichts der Anhäufung von Wissen der Informationsmaschine Wikipedia wird deutlich, dass der Geschlossenheit eines Textes die Unvollständigkeit und Unendlichkeit der Interpretationen gegenübersteht. Es melden sich also Zweifel an, ob der Begriff der Moderne am Anbeginn des 21. Jahrhunderts überhaupt noch greifbar ist und als signifikanter Meta-Begriff eine Bedeutung generieren kann.

„Da ich keinerlei Interesse daran habe, neue Formen zu erfinden, bediene ich mich des vorhandenen Arsenals."[5] Für den Franzosen Cyprien Gaillard sind das die Ruinen der „Moderne", die er in seinem System der „Geographical Analogies" umsetzt. Er bezieht sich dabei auf Strategien der Land Art der 1960er und 1970er Jahre und folgt den Spuren Robert Smithsons. Waren es bei Smithson die Spuren der Industrielandschaft von Passaic, New Jersey,[6] so beschreiben Gaillards Aufnahmen eine globale Ruinenlandschaft. Gaillard dokumentiert Orte, die er im Laufe von drei Jahren Ende der 2000er Jahre bereist hat; sie „ergeben eine Zeitlandschaft, die tief in die Vergangenheit und in die Zukunft führt und von wiederkehrenden Motiven – Säulenfragmenten, Schlössern, modernistischen Architekturen, sozialen Wohnbauten, Denkmälern, Skulpturen – durchlaufen wird, bis das Ruinöse, Morbide, Zerfallene zutage gefördert ist."[7] Es entsteht eine Serie von 900 Fotos, die er in keilförmige Behältnisse setzt, in denen jeweils neun Fotos in Beziehung zueinander angeordnet sind, wobei jedes Bild um 45 Grad gedreht ist und den Ort nur ausschnitthaft wiedergibt. Die Installation erinnert an die Präsentation in naturkundlichen Museen, an einen Archäologen, der seine Funde auswählt, sortiert, zusammenstellt und in Vitrinen präsentiert. „*Geographical Analogies* ist so etwas wie meine persönliche Karte der Welt"[8] konstatiert Gaillard. Seine „Weltkarte" bleibt allerdings ein Fragment und vermittelt eine Atmosphäre von Endzeitlichkeit und Entropie, dabei ist sie gleichzeitig „eine Neubewertung unseres kulturellen Gedächtnisses respektive der Architektur der Nachkriegszeit".[9] Gaillard entwickelt mit seinem Konzept der Archivierung urbaner Strukturen eine Archäologie der Gegenwart, die ein Gestern im Heute formuliert.

Der Kunstkritiker Dieter Roelstraete spricht von einer „Archeological Imaginary in Art"[10] und beschreibt den retrospektiven Blick der aktuellen Kunst als ein archäologisches Graben. „Wer sich der eigenen verschütteten Vergangenheit zu nähern trachtet, muss sich verhalten wie ein Mann, der gräbt. Vor allem darf er sich nicht scheuen, immer wieder auf ein und denselben Sachverhalt zurückzukommen – ihn auszustreuen, wie man Erde ausstreut, ihn umzuwühlen, wie man Erdreich umwühlt. Denn ,Sachverhalt' sind nicht mehr als Schichten, die erst der sorgsamsten Durchforschung

das ausliefern, um dessentwillen sich die Grabung lohnt. Die Bilder nämlich, welche, losgebrochen aus allen früheren Zusammenhängen, als Kostbarkeiten in den nüchternen Gemächern unserer späten Einsichten – wie Torsi in der Galerie des Sammlers – stehen."[11] Mit diesem Zitat von Walter Benjamin im Hintergrund entwickelt er eine Analogie von Archäologie und Kunstproduktion und betont die retrospektive historiografische Arbeitsweise als einen methodologischen Komplex, der ein charakteristisches Merkmal der aktuellen Kunst darstellt. Dabei können verschiedene Aspekte von Gedächtnisarbeit aktiviert werden – das Archiv, das Ausgraben und Aufstöbern, das Rekonstruieren und Nachstellen. Es ist ein „künstlerisches" Forschen, das als ein investigatives Vorhaben sich bestimmter historischer Situationen annimmt und Fakten und Fiktionen der Vergangenheit verarbeitet, quasi „imaginiert".

Dieses „Imaginieren" zeigt sich auch in der retrospektiven Kultivierung bestimmter Medien, wie dem Super-8- und dem 16-mm-Film, dem Schwarz-Weiß im Film und in der Fotografie, der Verwendung des Kodak-Carousel-Diaprojektors oder des Polaroidfilms.[12]

Künstler arbeiten mit Präsentationsformen, zum Beispiel alten Schaukästen, wie sie in Naturkunde- und Heimatmuseen zu finden sind, die sie in einem bewussten Anachronismus in ihre Installationen einbauen. Der Künstler wird dabei zum Kurator, der Artefakte, gefundene und/oder hergestellte Informationen, Objekte und Geschichten organisiert und in Archiven zusammenstellt und eine spezifische Dialektik von Form und Inhalt in der musealen Inszenierung sucht. So entscheidet sich Reynold Reynolds, die „Dokumente" seines Film- und Restaurationsprojektes *The Lost (Die Verlorenen)* (2011–2012), das die historischen Umstände des aus politischen Hintergründen in den 1920er und 1930er Jahren gescheiterten Films *Die Verlorenen* aufarbeitet – Szenen neu dreht, das gefundene Filmmaterial aufarbeitet, der Filmästhetik der Zeit mit Fritz Lang und Friedrich Murnau nachspürt – für die Installation eines fiktiven Museums einzusetzen, das als Archiv den künstlerischen Prozess selbst abbildet und als Erinnerungsmaschine die vergangene Filmgeschichte für die Gegenwart aktivieren kann.

Als Bildstrategie zeigt sich die mnetische Aneignung in den Bildkompositionen der niederländischen Malerin Helen Verhoeven. Sie beschreibt den Malprozess: „[…] Was mich so sehr fasziniert, ist, dass man über die Malerei jemandem aus der Vergangenheit ungemein nahe kommen kann: Man steht vor der Leinwand – zum Beispiel vor einer Höhlenmalerei – an derselben Stelle, an der auch der Künstler gestanden hat. Man hat exakt vor Augen, was er (zuweilen auch sie) damals gesehen hat, und wird so zum Beobachter seiner Handlungen und Entscheidungen. Ich finde es sehr ergreifend, Zeugin des vergangenen Erlebens einer Person zu werden, die Verdichtung der Zeit in einem einzigen Bild zu erfahren."[13] Infolgedessen präsentieren ihre Gemälde eine Fülle kunstgeschichtlicher Referenzen. Es finden sich Zitate und Paraphrasen aus Gemälden von Leonardo da Vinci, Diego Velázquez, Ernst Ludwig Kirchner oder Otto Dix, die sich Verhoeven mit ihrer typischen grauen Farbpalette anverwandelt. In ihren Monumentalgemälden bezieht sie sich auf die Tradition des Atelierbildes, auf jenen „mysteriösen Ort des (potenziell subversiven) schöpferischen Aktes".[14] Ihre Malerei erinnert an die Atelierbilder von Gustav Courbet und Sébastian Charles Giraud, die Mitte des 19. Jahrhunderts entstanden sind.[15] Die bühnenartigen Arrangements der Kompositionen Verhoevens entwerfen so eine referenzielle Zirkulation verschiedener Herkunft und Zeiten. Die Malerei legitimiert sich aus ihrer Geschichte.

Offensichtlich scheint in Anbetracht wachsender globaler Verunsicherung ein Heraufbeschwören des Vergangenen nahe zu liegen. Dem gegenüber steht eine Gesellschaft, die durch das ständige Beschwören von Jugend das Erinnern vergisst. „Our culture's quasi-pathological systemic infatuation with both the New and the Now (‚youth') has effectively made forgetting and forgetfulness into one of the central features of our contemporary condition."[16] Die Kunst hat in dieser Situation die Aufgabe des „Erinnerns" und „Erzählens", eines diskursiven Auseinandersetzens, das sowohl in der Form wie in seinem Inhalt auch im Rückbezug ein kritisches Potenzial gegenüber dem Heute entwickeln kann.

1   Simon Reynolds, *Retromania. Pop Culture's Addiction to Its Own Past*, Reprint, Leipzig 2011.

2   Tobi Müller, „Die Zukunft ist draußen, Simon Reynolds, Retromania", in: *Spex, Magazin für Popkultur*, Nr. 334, Sept./Okt. 2011.

3   Aleida Assmann, „Zur Metaphorik der Erinnerung", in: Kai-Uwe Hemken (Hg.), *Gedächtnisbilder. Vergessen und Erinnern in der Gegenwartskunst*, Leipzig 1996, S. 23.

4   Ebd., S. 24.

5   Cyprien Gaillard, Interview mit Max Dax und Anne Waak, in: *Spex, Magazin für Popkultur*, Nr. 328, Sept./Okt. 2010, S. 77.

6   Vergleiche hierzu: Robert Smithson, *Monuments of Passaic*, New Jersey 1967, und Robert Smithson, „Fahrt zu den Monumenten von Passaic, New Jersey", in: Eva Schmidt und Kai Vöckler (Hg.), *Robert Smithson: Gesammelte Schriften*, Wien und Köln 2000.

7   Ilse Lafer, „Cyprien Gaillard. Urbane Romantik", in: Sabine Folie (Hg.), *Die Moderne als Ruine. Eine Archäologie der Gegenwart*, Generali Foundation, Wien, Nürnberg 2009, S. 137.

8   *Spex*, Nr. 328, wie Anm. 5, S. 82.

9   Lafer 2009, wie Anm. 7, S. 140.

10 Dieter Roelstraete, „The Way of the Shovel: On the Archeological Imaginary in Art", in: *e-flux journal*, Nr. 4, März 2009.

11 Walter Benjamin, *Gesammelte Schriften*, hg. v. R. Tiedemann und H. Schweppenhäuser, Bd. IV/1, Frankfurt am Main 1972, S. 400.

12 Cyprien Gaillard verwendet in „Geographical Analogies" Polaroidfilme. „Der Bildträger ist überaus interessant, weil er langsam zerfällt. […] In zwanzig Jahren werden es nur neun Papierstücke in einem großen Kasten sein." Joanna Fiduccia im Gespräch mit Cyprien Gaillard, „Recycling the Ruins", in: *MAP*, Nr. 16, Winter 2008/2009, S. 54. „Die Produktion von Polaroid-Filmen wurde kürzlich eingestellt, und die letzten Filme verfielen im August diesen Jahres. Das Medium war im Verschwinden begriffen, ich aber wollte es mit meiner Serie auf 900 Bilder bringen. Irgendwann wurde es absurd, weil ich in ein Flugzeug nach New Orleans, Taiwan oder Honkong stieg, um ein einziges Polaroid […] zu machen." Cyprien Gaillard in: *Spex*, Nr. 328, wie Anm. 5, S. 82.

13 Maria Barnas im Gespräch mit Helen Verhoeven, in: *Helen Verhoeven – Part Pretty*, Schunck, Heerlen 2012, S. 100.

14 Brain O'Doherty, *Atelier und Galerie. Studio and Cube*, Berlin 2012, S. 8.

15 Ebd., S. 16–17.

16 Roelstraete 2009, wie Anm. 10, S. 3.

YESTERDAY IN TODAY

Present and past in contemporary art

In current art there is a discernible change in the relationship of history and present. While the model of avant-gardism with its notion of constant progression and innovation is largely considered to be binding for art in the last century, it would seem that the utopian aspect innate to it is being replaced by a mnestic backward turn. Has contemporary art lost a sense of the present? Does it need witnesses from Modernism or art history in order to lay claim to "contemporaneity"?

Or Why Celebrate The Past before the Future Will Come (Accounts of happenings I, II, III) is the title of a 2010 installation by Israeli artist Alon Levin, which in this context has a programmatic character. Various wooden objects painted red that have different geometric shapes are placed in a row according to some sort of systematic order and flanked by pennant-like elements reminiscent of protest banners. The structure looks like a building block kit or an archive of shapes awaiting its potential reactivation. Levin developed the shapes from the abstract vocabulary used in compositions created by El Lissitzky and Kasimir Malevich and draws on Russian Constructivism, that early 20th century current whose aesthetic of abstract images decisively influenced Modernism and links to the Russian cultural revolution had a socio-political thrust. In addition to the recourse he thus formulates in the sense of an iconographic paraphrase, Levin's reliance on art history first and foremost reveals the precarious status of aesthetic and ideological systems. He raises the question whether these shapes can still be representative of social change and as a kind of promise enable the re-composition of Modernism, or whether they will now never possess the potential to be anything more than a mere arrangement of materials.

Young-generation artists seem to explore the present by reflecting on yesterday, by resorting as it were to a past that is construed as a quarry and a ruin which can be reconstructed, transformed or imagined.

In the music industry, Pop culture uses the term "retromania" to describe this phenomenon. British music critic Simon Reynolds speaks diagnostically of current music *Pop Culture's Addiction to Its Own Past*,[1] something that highlights a fascination with the potential of yesterday while likewise toying with a culturally critical sense of melancholy. There is, he claims, a "megatrend named retro" that consists of the repetition of musical trends, retro-bands and Best-Of albums and which rests on an "endless digital now" that generates an unlimited present and considers each music file as equally present, irrespective of its historical signature.[2]

In the age of YouTube, the Internet and digital media, everything is available; we enjoy free access to a huge reservoir, an archive that offers the omnipresence of images, sounds, information and stories without subjecting them to a hierarchy, along with the inexhaustible potential of browsing, recycling, processing, restructuring and contextualizing.

Research, cataloging, accumulating all become a work process: *Modernity in very General Terms* is a volumous book of over 1,000 pages that summarizes Alon Levin's Wikipedia research on the term Modernism and presents it as an object. With this transformation of the online encyclopedia into the traditional medium of the book he advances a spatially closed model of memory[3] that offers "Modernism" as the normative concept of the present, but rejects the present or access to it and thus actually renders the term impossible to grasp. Argentine writer Jorge Luis Borges, who explored the fascination of the book as a mnemonic metaphor in his stories, describes a "book of sand", in which the text literally runs through your fingers. "Prior to the purportedly first page, previous pages keep cropping up, it proves to be a truly unfathomable book with no basis for a beginning."[4] Given the aggregation of knowledge through the Wikipedia data machine, it becomes clear that the closure of a text compares to the incompleteness and infinity of interpretations. Thus, doubts arise as to whether the concept of Modernism is even tangible in the early 21st century and whether as a significant meta-concept is instead of it capable of generating a meaning.

"Since I have no interest whatsoever in inventing new forms I rely on the existing repertoire."[5] For Frenchman Cyprien Gaillard it is the ruins of "Modernism" that he translates into a system of "Geographical Analogies", and he refers here to the strategies of Land Art in the 1960s and 1970s, following in the footsteps of Robert Smithson. While for Smithson it was the traces of industrial settings once found in Passaic, New Jersey,[6] Gaillard's images capture a global landscape of ruins. Gaillard documents places that he traveled to in the last three years of the Noughties; together they "form a temporal landscape that leads deep into the past and future and is shot through with recurrent themes, fragments of columns, castles, modernist edifices, welfare housing, monuments, sculptures, until the ruinous, the morbid, the decayed emerges."[7] The result is a series of 900 photos placed in wedge-shaped receptacles, each of which contains nine photos arranged such that they refer to one another, with each image being rotated 45° and offering only a cropped view of the location. The installation is reminiscent of presentations in museums of natural history, of an archaeologist who selects his finds, sorts them, assembles them and presents them in display cases.

"*Geographical Analogies* is something like my personal map of the world,"[8] Gaillard affirms. However his "world map" does remain a fragment, conveying a feel of the end of time and entropy, and yet is also a "revaluation of our cultural memory as regards the architecture of the post-War age."[9] With his concept of archiving urban structures Gaillard develops an archaeology of the present that construes a yesterday in the today.

Art critic Dieter Roelstraete speaks of an "archeological imaginary in art"[10] and describes the retrospective view of current art as an archaeological dig. "Anyone who seeks to approach their own, buried past must act like a man who digs. Above all there is no point shying away from returning time and again to the same matter, to scatter it the way you scatter earth, in order to scour around in it like you scour around in the earth. Because 'matter' is nothing more than strata the most careful exploration of which will deliver up that which makes the dig worthwhile. Namely the images that, broken free from all past contexts, stand like precious items in the sober chambers of our late insights, like torsi in the collector's gallery."[11] With this quotation from Walter Benjamin in mind, he develops an analogy of archaeology and art production, emphasizing a retrospective historiographical approach as a methodological complex that is a characteristic feature of current art. Here, various aspects of mnemonic work can be activated: the archive, excavation, uncovering, reconstruction and recreation. It is a form of "artistic" research that as an investigative project addresses specific historical situations and processes, past facts and fictions; "imagining" them as it were.

This "imagining" is also to be discerned in the retrospective nurturing of certain media, such as Super-8 and 16-mm film, black-and-white film and photographic material, the use of Kodak Carousel slide projectors or Polaroid film.[12]

Artists work with presentation forms, such as old display cases, as one might find in museums of natural or local history, inserting them into their installations as deliberate anachronisms. Here, the artist becomes curator, he organizes artifacts, found and/or manufactured information, objects, and histories, in order to compile archives and attempt a specific dialectic of form and content in a museum-like staging. Thus Reynold Reynolds resolved to shoot new scenes for the "documents" of his film and restoration project *The Lost (Die Verlorenen)* (2011–2012), which explores the historical circumstances of the film *Die Verlorenen* which failed in the 1920s and 1930s for political reasons. He processed the found film material, tracing the film aesthetic of the age of Fritz Lang and Friedrich Murnau, in order to install a fictitious museum that as an archive reflects the artistic process itself and as a memory machine can activate past film history for the present.

Mnestic appropriation as an image strategy is also to be found in compositions by Dutch painter Helen Verhoeven. She describes the painting process, "[…] What I find incredible is that through painting you can get remarkably close to someone from the past: you can stand in front of a canvas—or cave painting for that matter—exactly where its maker stood. You can see exactly what he (sometimes she) saw, and be witness to all of his movements and decision-making. This history of someone's experience, this compression of time within one image, I find profoundly moving."[13] As a result, her paintings present a wealth of references to art history. There are quotations and paraphrases from paintings by Leonardo da Vinci, Diego Velázquez, Ernst Ludwig Kirchner and Otto Dix, which Verhoeven incorporates into her typical gray palette. In her monumental paintings she refers to both the tradition of the studio painting, to that "mysterious place of the (potentially subversive) creative act."[14] Her paintings are reminiscent of the studio images of a Gustav Courbet and Sébastian Charles Giraud in the mid-19th century.[15] The stage-like arrangements in Verhoeven's compositions thus seek to ensure the referential circulation of different origins and times. Painting is justified by its history.

Given growing global uncertainty it would seem obvious to evoke the past. Compare this to a society that forgets to remember by constantly conjuring up the image of youth. "Our culture's quasi-pathological systemic infatuation with both the New and the Now ('youth') has effectively made forgetting and forgetfulness into one of the central features of our contemporary condition."[16] In this situation, art has the task of "remembering" and "storytelling", a discursive critical enquiry that can develop a critical potential toward the present both in form and in content, not to mention by resorting to the past.

1   Simon Reynolds, *Retromania. Pop Culture's Addiction to Its Own Past,* (reprint, Leipzig, 2011).

2   Tobi Müller, "Die Zukunft ist draußen, Simon Reynolds, Retromaria," in *Spex, Magazin für Popkultur*, no. 334, Sept./Oct. 2011.

3   Aleida Assmann, "Zur Metaphorik der Erinnerung," in *Gedächtnisbilder. Vergessen und Erinnern in der Gegenwartskunst*, ed. by Kai-Uwe Hemken, (Leipzig, 1996), p. 23.

4   Ibid., p. 24.

5   Cyprien Gaillard, in interview with Max Dax and Anne Waak, in *Spex, Magazin für Popkultur*, no. 328, Sept./Oct. 2010, p. 77.

6   See on this point Robert Smithson, *Monuments of Passaic*, (New Jersey, 1967), and Robert Smithson, "Fahrt zu den Monumenten von Passaic, New Jersey," in Robert Smithson, *Gesammelte Schriften*, ed. Eva Schmidt and Kai Völckel, (Vienna and Cologne, 2000).

7   Ilse Lafer, "Cyprien Gaillard. Urbane Romantik," in *Die Moderne als Ruine. Eine Archäologie der Gegenwart*, ed. by Sabine Folie, Generali Foundation, Vienna, (Nuremberg, 2009), p. 137.

8   *Spex*, no. 328, s. fn. 5, p. 82.

9   Lafer, 2009, s. fn. 7, p. 140.

10 Dieter Roelstraete, "The Way of the Shovel: On the Archeological Imaginary in Art," in *e-flux journal*, no. 4, March 2009.

11 Walter Benjamin, *Gesammelte Schriften*, ed. by R. Tiedemann and H. Schweppenhäuser, vol. IV/1, (Frankfurt/Main, 1972), p. 400.

12 In "Geographical Analogies" Cyprien Gaillard uses Polaroid films. "The image medium is definitely interesting because it slowly decays. […] In 20 years' time there will only be nine pieces of paper in a large box." Joanna Fiduccia in conversation with Cyprien Gaillard, "Recycling the Ruins," in *MAP*, issue 16, Winter 2008–9, p. 54. "The production of Polaroid films was recently discontinued, and the last films past their shelf lives in August of this year. The medium was in the process of disappearing but I wanted my series to be made up of 900 images. At some point it all became absurd, as I took a flight to New Orleans, Taiwan or Hong Kong simply to take a single Polaroid." Cyprien Gaillard in *Spex*, no. 328, s. fn. 5, p. 82.

13 Maria Barnas in conversation with Helen Verhoeven, in *Helen Verhoeven – Part Pretty*, Schunck, (Heerlen, 2012), p. 100.

14 Brain O'Doherty, *Atelier und Galerie. Studio and Cube*, (Berlin, 2012), p. 8.

15 Ibid., pp. 16–17.

16 Roelstraete, 2009, s. fn. 10, p. 3.

BENEDIKT HIPP

1 *Grundlage*, 2010
2 *Sein Gewand wirkt*, 2011

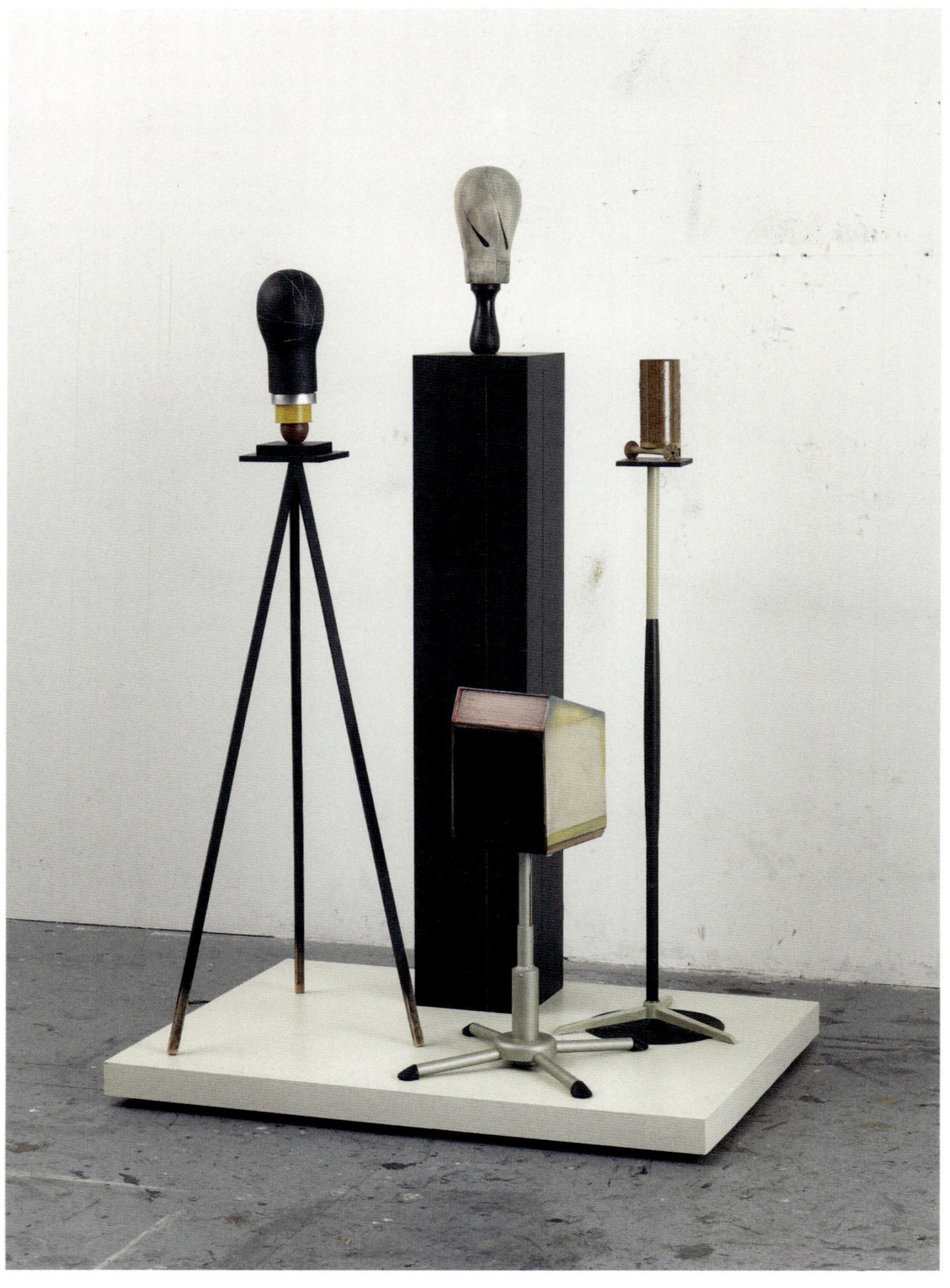

1

d Vor dunklem Hintergrund stehen rätselhafte Figuren, Objekte oder Architekturen. Die oftmals nahezu altmeisterliche Ölmalerei von Benedikt Hipp steht in starkem Kontrast zur Irrealität der dargestellten Situationen: Personen ohne Gesicht; Gestalten, deren Körper und Kleidung direkt in schematisierte Architekturen übergehen; ein leerer Vogelkäfig; die Umrisse eines Hauses auf Stelzen; die Konturen eines Kopfes, die durch abstrakte kleine Farbflächen oder Striche gebildet werden und jegliche Individualisierung der Person vermeiden. Ob Architekturen, Objekte, Figuren oder abstrakte Elemente, sie scheinen allesamt in einem unbestimmten Raum zu schweben. Eine besondere Rolle spielt dabei die Lichtdramaturgie, durch die die Objekte und Figuren vor dem dunklen Hintergrund leuchten und hervorgehoben werden. Immer wieder wird die räumliche Perspektive von zweidimensionalen Mustern und Geometrien durchbrochen. Abstrakte Linien durchziehen das gesamte Bild und lösen den bühnenartigen Raum auf. Handlungsraum der Objekte und Figuren im Bild und der symbolische Raum einer Hinterfragung der Aufgaben und Möglichkeiten zeitgenössischer Malerei sowie metaphysischer Interessen durchdringen sich in Hipps Bildern untrennbar und lösen sich gegenseitig auf. Damit verbindet Benedikt Hipp auf eine fast verstörende Weise die niederländische Ölmalerei des 17. Jahrhunderts mit dem metaphysischen Raumbegriff eines De Chirico. Benedikt Hipp, der an der Akademie der Bildenden Künste in München bei Sean Scully studiert hat, ist sich der irrealen Anmutung seiner Arbeiten bewusst: „Man spricht meinen Bildern oft Surreales zu, was aber nicht ganz stimmt. Vielmehr gehe ich in meiner Arbeit Grundfragen nach, Urformen und Strukturen und somit den Fragen, an denen alle Stränge von Wissenschaft, Philosophie und Theologie oder Spiritualität zusammenlaufen."

Das besondere Interesse am Umgang mit dem Bildraum begann Hipp in den letzten Jahren folgerichtig auf den Betrachterraum auszuweiten. So integriert er seine Bilder zunehmend in umfassende Raumkonzepte, welche die bühnenartige Situation in den Bildern in den Ausstellungsraum installativ erweitern und der skulpturalen Behandlung der Objekte und Figuren in den Bildern tatsächliche abstrakte Skulpturen entgegenstellen. Auf einer Mischung aus Bühnenboden und Spielbrett wird der Betrachter selbst zum Akteur, der von der konkreten Irrealität der Bilder und der realen Abstraktion der Skulpturen eingenommen wird.
—*René Zechlin*

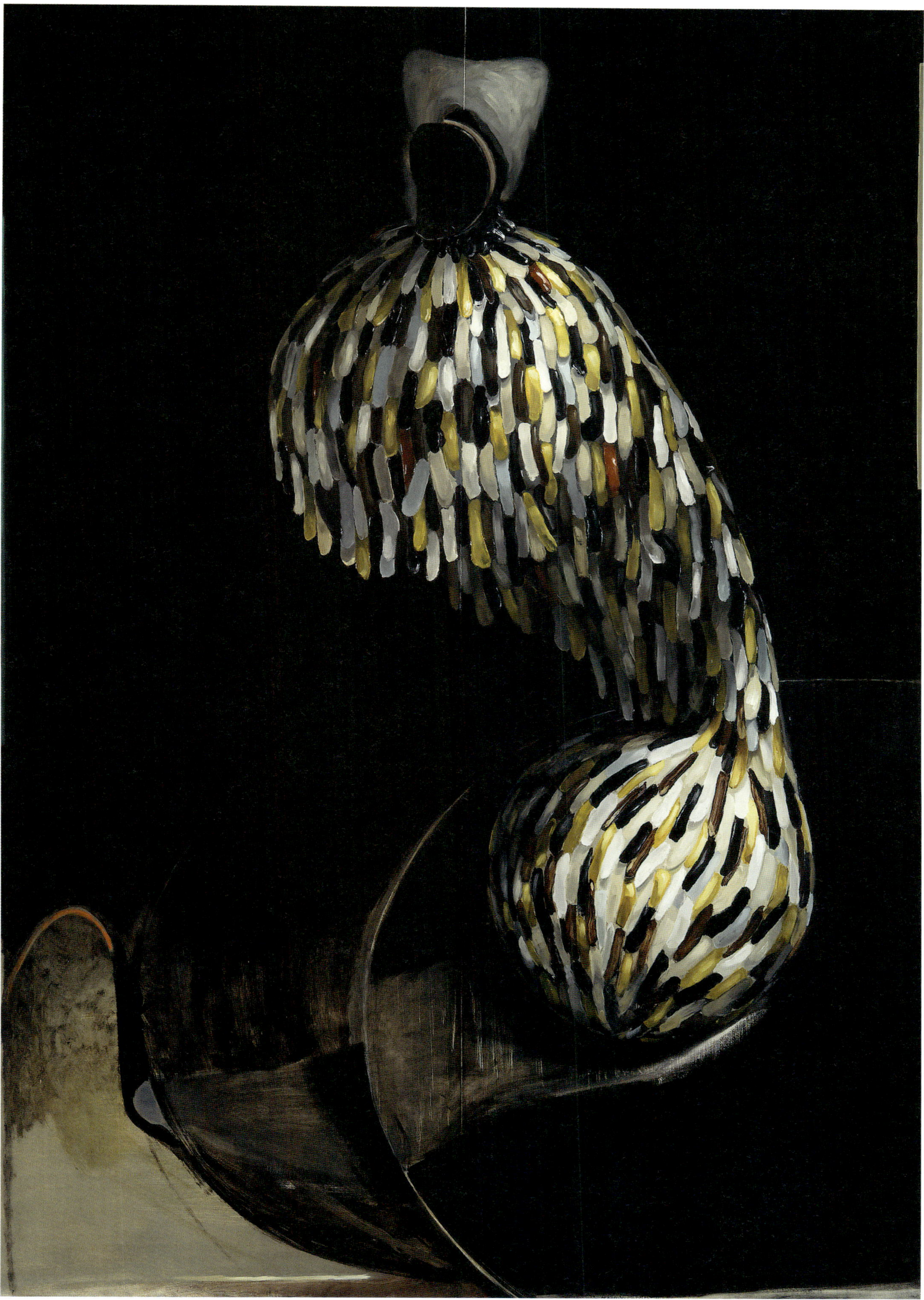

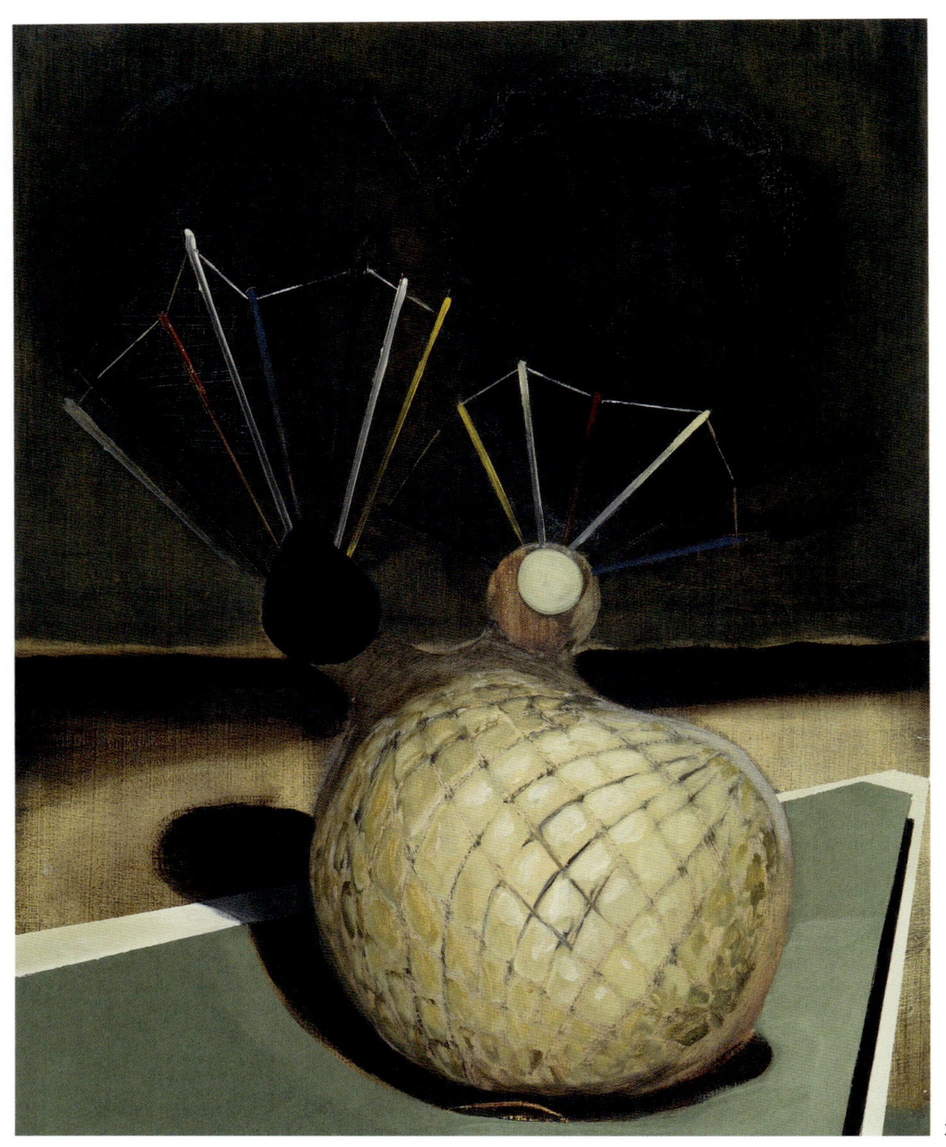

3

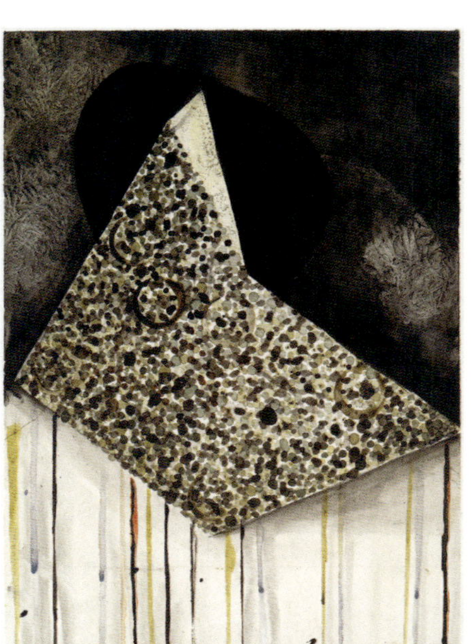

4

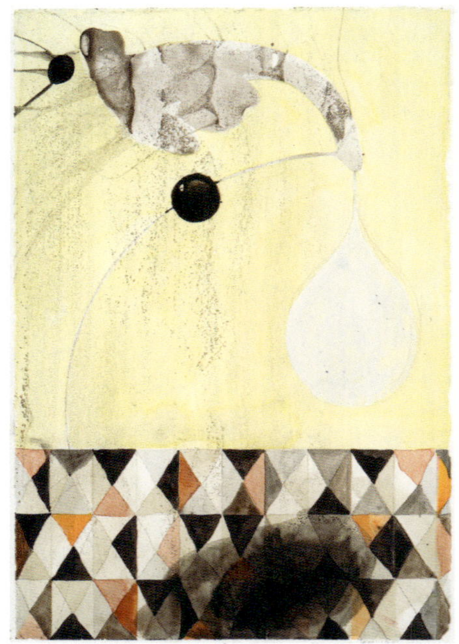

5

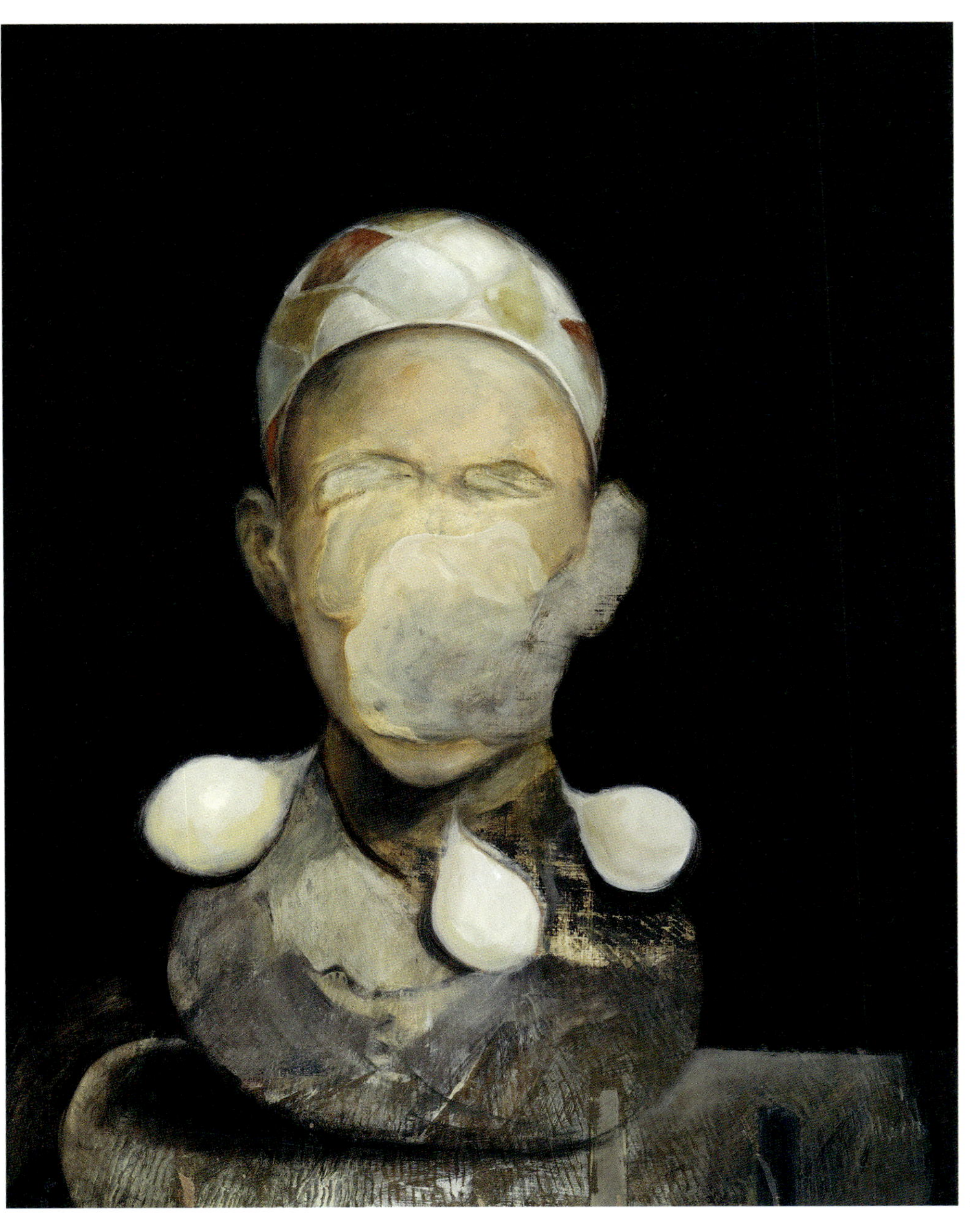

6

e   What we see are arcane figures, objects and structures in front of a dark background. Benedikt Hipp's oil paintings, many of which are on a par with those of the Old Masters, form a stark contrast to the unreality of the situations depicted: people without faces; figures whose body and clothing flow directly into schematic architectural drawings; an empty birdcage; the outline of a house on stilts; the shape of a head formed from small, abstract patches of color or lines and without any personalizing features. Be they structures, objects, figures or abstract elements, all of them seem to float in an undefined space. Lighting plays a special role here, illuminating and emphasizing the objects and figures in front of the dark background. Time and again, the spatial perspective is punctuated by two-dimensional patterns and geometries. Abstract lines intersect the entire picture and break up the stage-like space. The scope of the objects and figures in the works and the symbolic space of questioning the tasks and possibilities of contemporary painting as well as metaphysical interests are inextricably interwoven in Hipp's pictures and cancel one another out. In this way Benedikt Hipp links in an almost unsettling manner 17th-century Dutch oil painting with the metaphysical spatial concept of De Chirico. Benedikt Hipp, who studied under Sean Scully at the Academy of Fine Arts in Munich, is aware of his works' unreal quality: "People often talk of the surreal in connection with my works, but that is not quite correct. It is more the case that I explore fundamental questions in my work, primordial forms and structures and thus the questions on which all the threads of science, philosophy and theology or spirituality converge."

In a logical step, in recent years Hipp has begun expanding his special interest in dealing with the image space to the observer's space. As such, he increasingly integrates his pictures into comprehensive spatial concepts that add an installative element to the stage-like situation in the works in the exhibition space and contrast the sculptural treatment of the objects and figures in the pictures with actual abstract sculptures. On a fusion of stage floor and game board the observer himself becomes a player, who is captivated by the specific unreality of the images and real abstraction of the sculptures.
—*René Zechlin*

OLAF HOLZAPFEL

1 *Unterschlupf, 2009*
2 *Aufenthalt, 2008*
3 *Temporäres Haus, 2010*

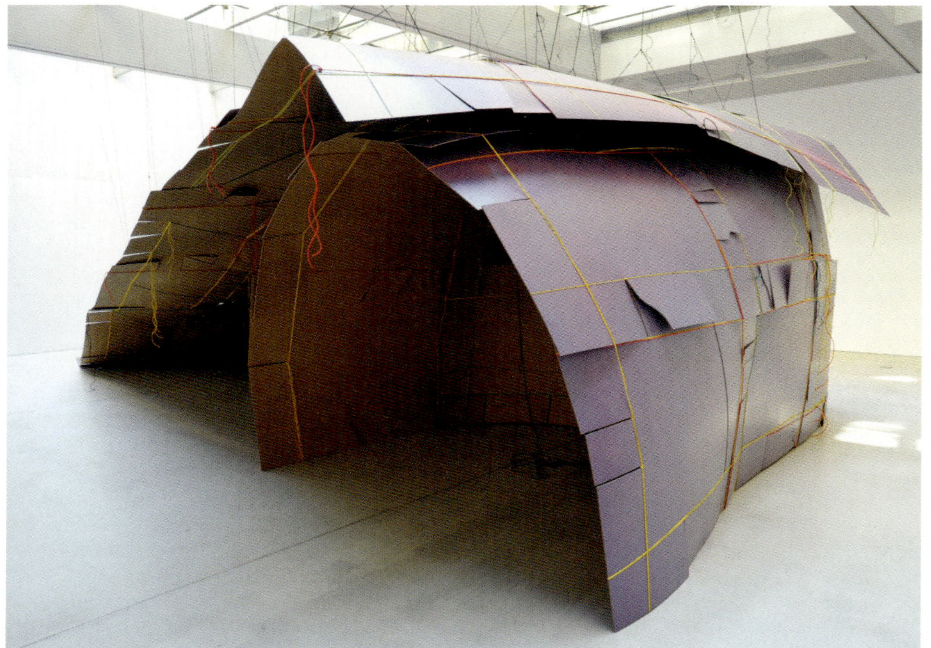

1

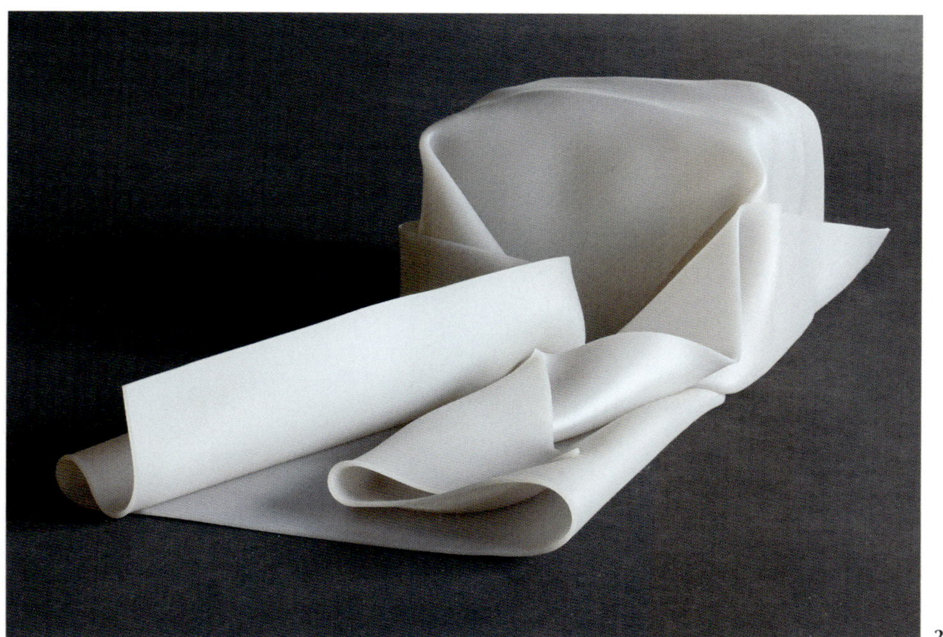

2

d Olaf Holzapfels Arbeiten gestalten Raum. Selbst zweidimensionalen, digitalen Malereien haftet mit ihren Rasterungen das Räumliche als kartografischer Blick an. Wie Landschaften erscheinen aus Hartpappe geformte, sich hebende und senkende Ebenen. Ineinander durch Einschnitte verzahnt, von Schnüren gehalten und an diesen hängend, stülpen sich die Flächen gleichzeitig ins Volumenhafte um. *Unterschlupf* (2009) verweist im Titel auf die grundlegende Funktion eines schützenden Obdachs. Wesenhaft werden die Werke an ihren Grenzen, die sich in die Richtungen des Planen und Körperhaften auffalten. Der Karton schafft in seinen Überlagerungen zahlreiche, auch sinnfreie, uneffektive Binnenräume und ist in sich weich und flexibel. Derartige Veränderungen der Gestalt führen einen nicht-kontinuierlichen Raum wie ein zeitliches Moment ein. In dieser Eigenschaft thematisieren Holzapfels Werke unser Verhältnis zum Labilen und Unsteten unserer Existenz und wie wir uns darin einzurichten suchen. Was als Moment des Zufälligen gelten kann, bringen Faltungen wie *Aufenthalt* (2008) hervor: Nur im gemeinschaftlichen Handeln kann das erwärmte Plexiglas unwiederholbar zu Gebilden geformt werden, in die sich notwendig Abweichungen vom Geplanten einschreiben. Im Material und seiner Handhabung sind das Chaotische und Wirre gefasst.

Die zeltartige Struktur von *Temporary House* (2010) besteht aus einem durchlässigen Geflecht von Kaktusfasern, das Holzapfel zusammen mit dem Stamm der Wichi in Nordargentinien und dessen Kulturtechnik des Sprangens entwickelt. Als Wohnform entspricht das Segel einem nomadenhaften Dasein und ist selbst im urbanen Raum nicht fremd, obschon seine vordergründig unbestimmte Stofflichkeit auf das Wandern dieser Form weist und in der städtischen Umgebung von der Diskrepanz einer Grenze verschiedener Räume erzählt.

Die Frage nach Differenz und Wiederholung kultureller Techniken vermögen auch die Heubilder und Fachwerk-Skulpturen in ihren Bezügen zu regionalen Praktiken zu stellen. Die Heubilder flechten Holzapfel und Bauern in Polen gemeinsam. Myriaden einzelner Halme formen vergleichbar lange und starke Stränge, die in ihren Abweichungen ein ungleichförmiges, in Auflösung ins Einzelne begriffenes Raster ähnlicher Teile hervorbringen. Eine starke historische Färbung besitzen räumliche Skulpturen, die dem architektonischen Prinzip des Fachwerks entspringen. *Industrielles Haus* (2012) untersucht den tatsächlichen Ausgangspunkt etlicher zeitgenössischer Konstruktionen. Die Vielzahl an Verstrebungen des verzapften Gebälks formuliert, vor allem wenn wir es umschreiten, immer neue Zusammenhänge und stützt sich mehrfach in sich selbst ab. Es ist so nicht nur ein dynamischer, unabgeschlossener Raum, der sich ergibt. Er beschreibt auch eine vorhandene Unsicherheit, ein Nicht-Absolutes, sondern Relatives, sich immer neu Formierendes, das das bestimmende Prinzip der Kunst von Olaf Holzapfel ist.
—*Kristin Schrader*

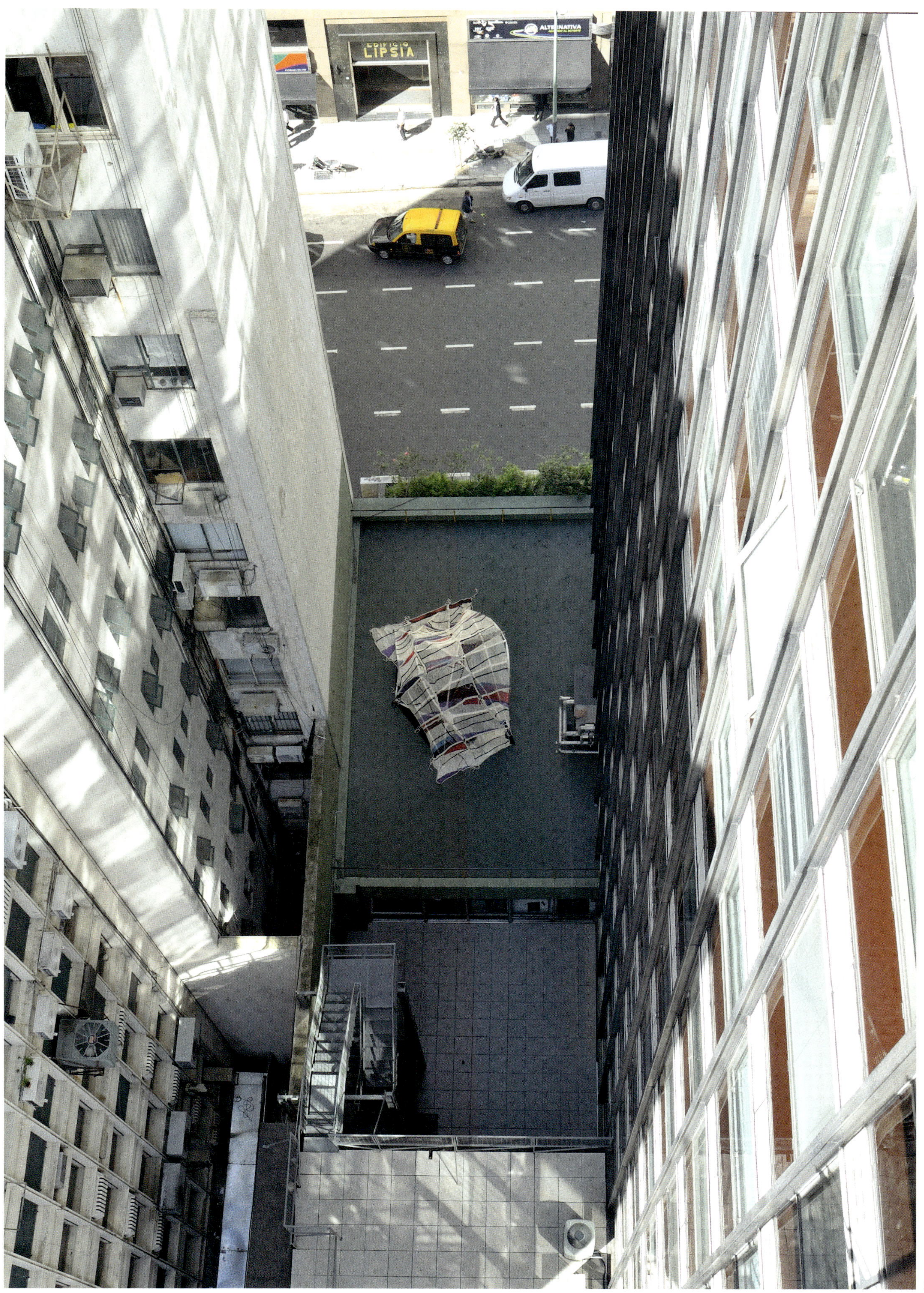

EDIFICIO
LIPSIA
ALTERNATIVA

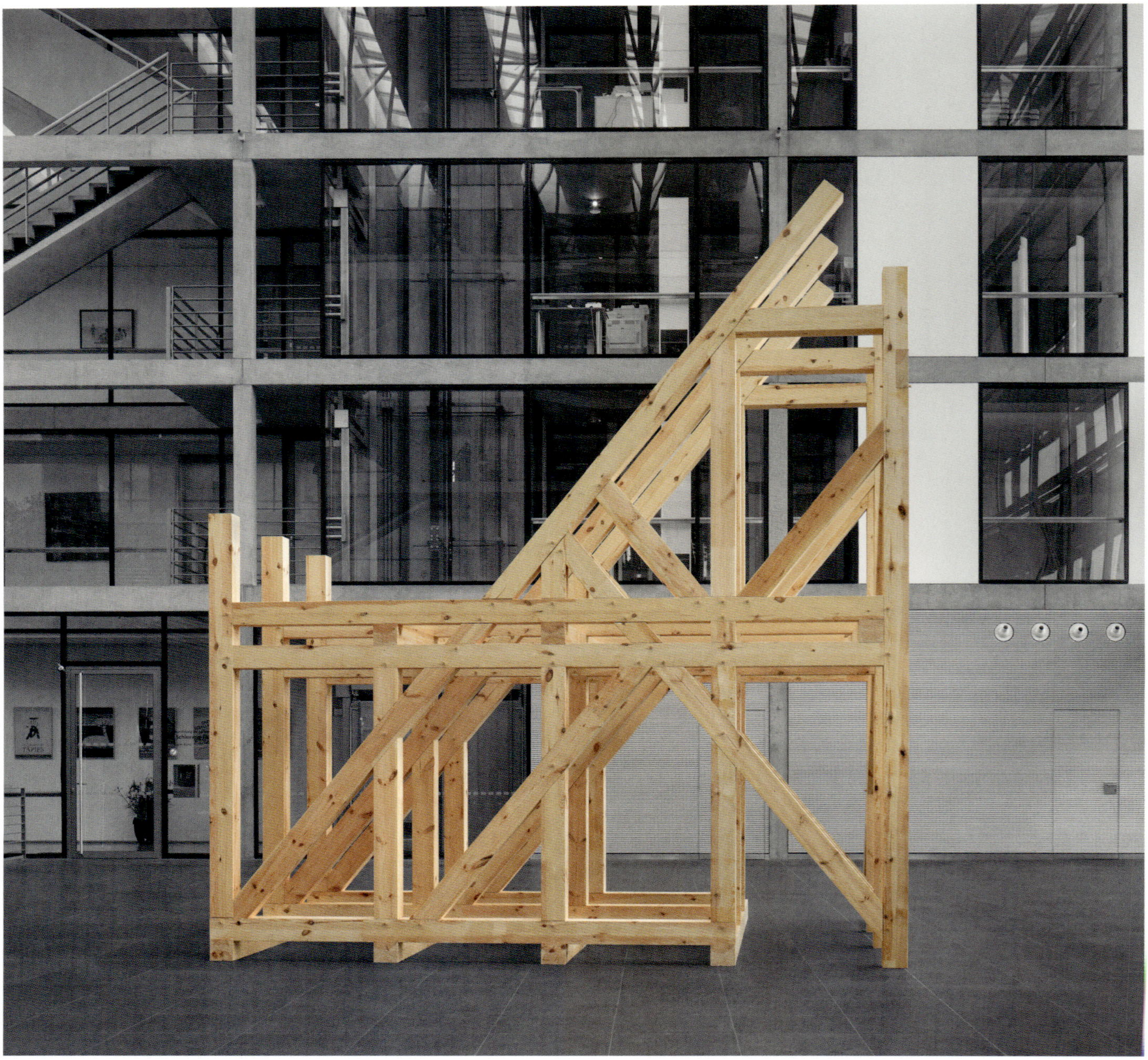

4

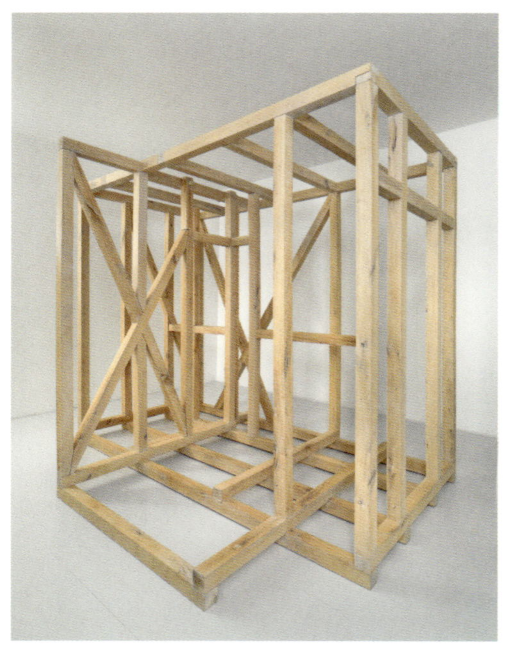

5

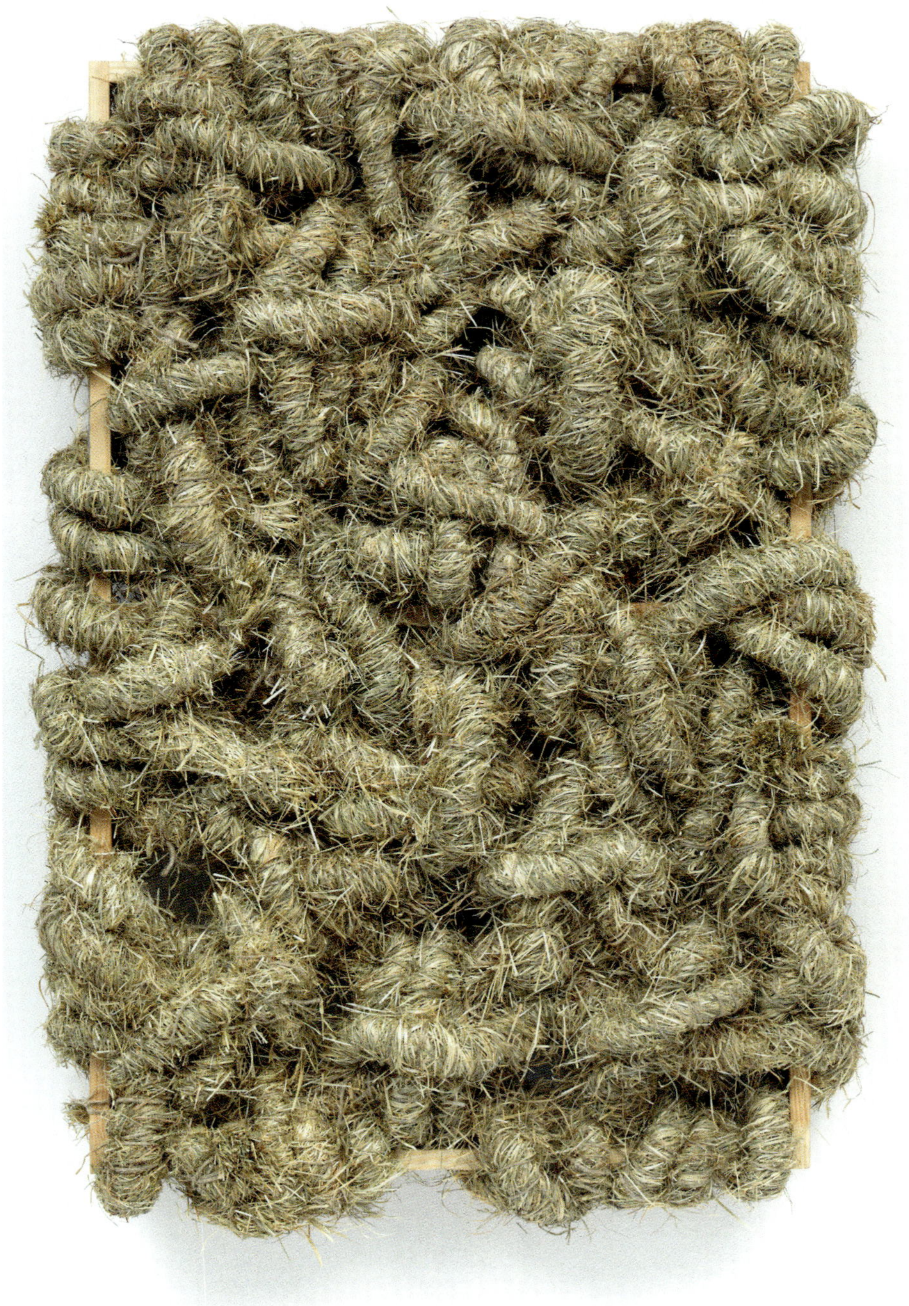

e Olaf Holzapfel's works shape space. Even two-dimensional, digital paintings, with their grid patterns, have an innate spatial quality in the form of a cartographic appearance. The rising and sinking planes, made of hard cardboard, look like landscapes. Interlocked by means of grooves, held together by string and hanging from it, the areas simultaneously become volumes in a sense. *Unterschlupf* (Shelter) (2009) refers in the title to the fundamental function of a protecting shelter. At the edges the works start come into being, unfolding in the direction of planned and physical forms. The overlapping cardboard creates numerous, also meaningless, ineffective interior spaces and is in itself soft and flexible. Such formal changes establish a non-continual space as well as a temporal moment. As such Holzapfel's works highlight our relationship to the unstable and inconstant things in our lives and how we seek to deal with them. Folded works such as *Aufenthalt* (Habitation) (2008) produce what can be considered a moment of chance. For only in a joint effort can the warmed Perspex be molded in a one-off process into shapes, which necessarily differ from what was planned. The chaos and confusion are revealed in the material and how it is handled.

The tent-like structure of *Temporäres Haus* (Temporary House) of 2010 consists of a permeable mesh of cactus fibers that Holzapfel made together with the Wichi people in north Argentina using their cultural technique of spranging. As a form of dwelling the structure refers to a nomadic existence and even in an urban context is not alien, although its ostensibly undefined materiality refers to the roaming of this form and in an urban environment highlights the oddity of any border between different spaces.

The question as to the difference and repetition of cultural techniques is also posed by the artist's hay pictures and timber frame sculptures in their references to regional practices. Holzapfel weaves his hay pictures together with farmers in Poland. Myriad individual straws form strands of similar length and thickness that, being slightly different, create a non-uniform grid of similar parts that is in the process of disintegrating into individual elements. Spatial sculptures based on the architectural principle of timber framing have a strong historical slant. *Industrielles Haus* (Industrial House) (2012) explores the actual starting point of several contemporary structures. The numerous struts of the mortised frame generate, especially when we walk around it, ever new references and support themselves in many instances. Thus the work not only creates a dynamic, open space, but also describes a prevailing uncertainty, not something absolute, but relative, that is constantly reforming itself, and is the defining principle of Olaf Holzapfel's art.
—*Kristin Schrader*

6

SVEN JOHNE

1 *Eldorado Gold 5/12*, 2011
2-7 *Following the Circus*, 2011 (Detail)
(Jena, Leipzig, Merseburg, Torgau, Weißwasser, Reichenbach)

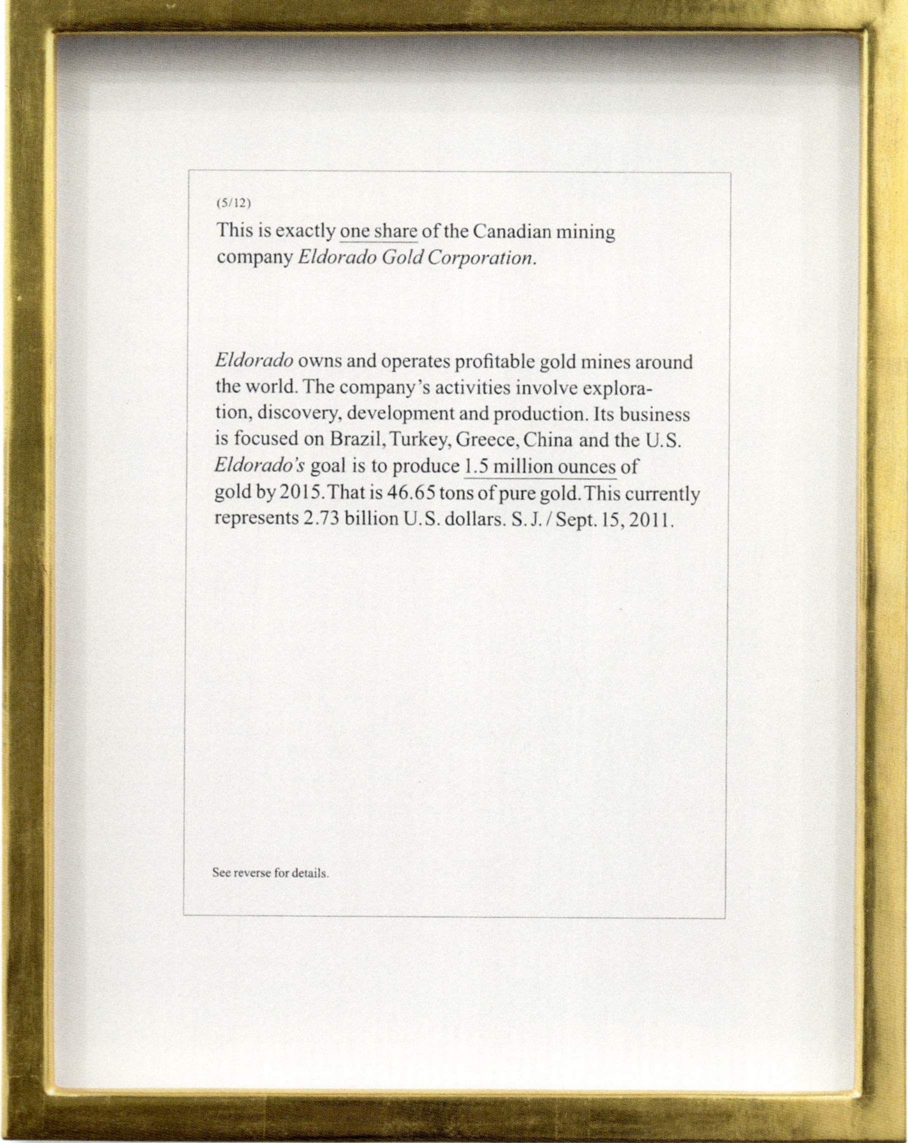

1

d „Was wir die Wirklichkeit nennen", schreibt Marcel Proust in seinem Roman *Auf der Suche nach der verlorenen Zeit* (1913), „ist eine bestimmte Beziehung zwischen Empfindungen und Erinnerungen." Der geheimnisvolle Mechanismus, der Vergangenheit und Gegenwart, Fakten und Fiktion miteinander verknüpft, offenbart unsere Realität als subjektive Konstruktion. In den Arbeiten des Berliner Künstlers Sven Johne bildet sich deutsche Wirklichkeit nach eben jenem Proustschen Prinzip ab, das sich den Kategorien „wahr" oder „erfunden", „gewusst" oder „nur gefühlt" zwangsläufig entzieht. Ausgehend von der eigenen Biografie, von Reiseeindrücken und Zeitungsartikeln sind seine eigenwilligen Bild-Wort-Welten per se authentische Zeugnisse.

Sven Johne wurde auf der Ostseeinsel Rügen geboren und hat in Leipzig Germanistik, Journalistik und Fotografie studiert. In seinem frühen Fotozyklus *Ship Cancellation* (2004) fügt er den kontemplativen Seestücken dramatische Erzählungen von Schiffsuntergängen und deren nautische Positionsdaten hinzu. Die Serie *Ostdeutsche Landschaften* geht auf eine Reise Ende 2004 zurück, wobei die menschenleeren Aufnahmen mit tragischen Biografien von Anwohnern kombiniert sind. Hier wie dort gründet die plausible Kongruenz von Text und Bild auf dem Dokumentarcharakter der Fotografie und der journalistischen Qualität der Notizen. Ihre Glaubwürdigkeit bleibt Behauptung und scheint sich doch wechselseitig zu bestätigen. Selbst dort, wo sich die Geschichte als Inszenierung zu erkennen gibt wie in der Videoarbeit *Tears of the Eyewitness* (2009), schafft Johne eine narrative Identität, die man nicht bezweifeln möchte. Ein Motivationstrainer beschwört hier die Ereignisse der Leipziger Montagsdemonstrationen 1989 und den Fall der Berliner Mauer, um einen Schauspieler auf seine Fernsehrolle einzustimmen. Wenn der Mann schließlich Tränen vergießt, lässt sich nicht sicher sagen, ob ihn die Erzählung oder seine persönliche Erinnerung rührt, ob die Gefühle echt oder vorgetäuscht sind. Der Betrachter mag als Augenzeuge die eigene Reaktion überprüfen.

Auch in Johnes Fotoserie *Following the Circus* (2011), die in der Ausstellung *Made in Germany Zwei* zu sehen ist, werden Leerstellen zur Projektionsfläche. Der Künstler ist dem Wanderzirkus Probst nachgereist, den er aus seiner Kindheit in der DDR kennt, und hat jeweils, kurz nachdem das Zirkuszelt abgebaut wurde, die kargen Spielstätten der Tournee 2011 dokumentiert. Dazu zeigt der Videoloop *Greatest Show on Earth* eine Art Zeremonienmeister, der die unglaublichsten Attraktionen in der Arena ankündigt: 70 Schlangenmenschen, die Geburt eines Elefantenbabys und Gold, das vom Himmel regnen wird. Die Verheißungen der Zukunft sind Teil unserer Gegenwart – gerade so wie das Archiv unserer Erinnerung.
—*Kristina Tieke*

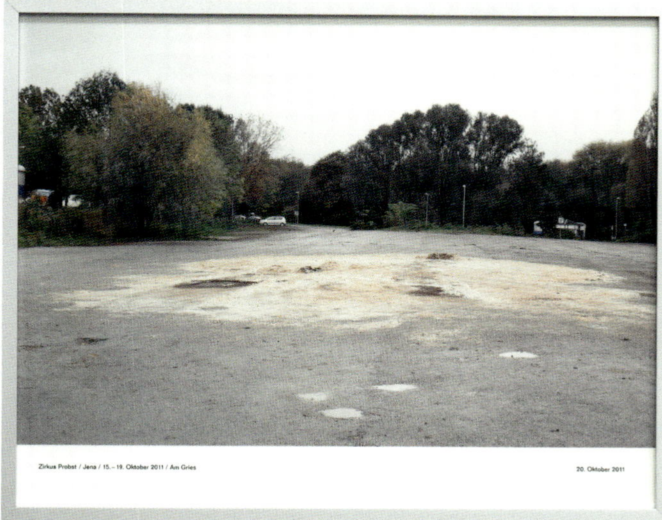

Zirkus Probst / Jena / 15. – 19. Oktober 2011 / Am Gries
20. Oktober 2011

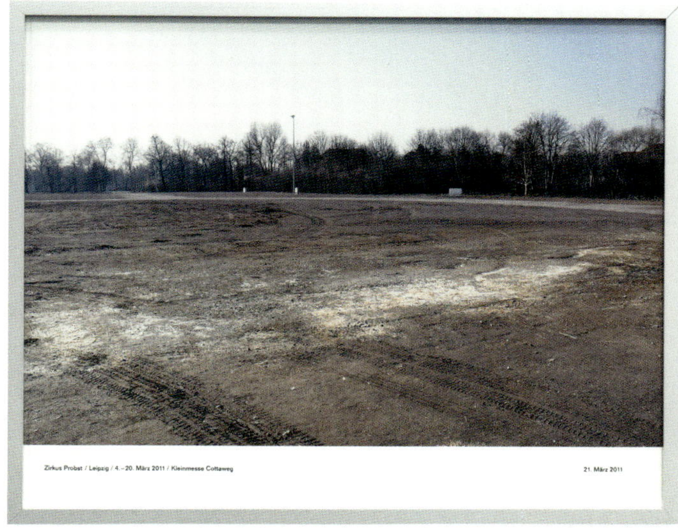

Zirkus Probst / Leipzig / 4. – 20. März 2011 / Kleinmesse Cottaweg
21. März 2011

2

3

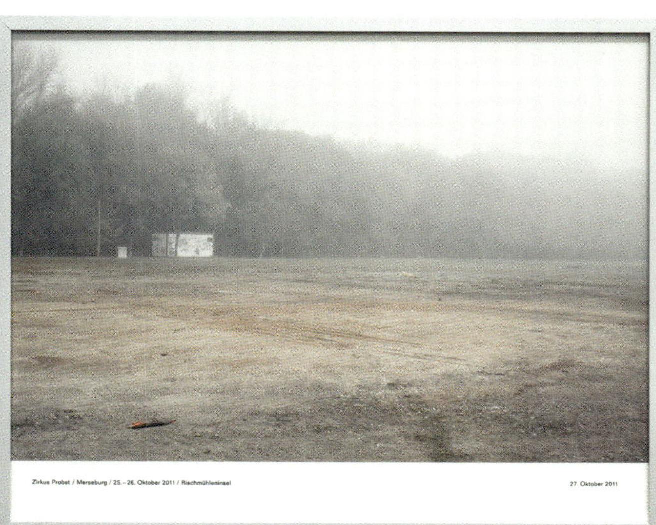

Zirkus Probst / Merseburg / 25. – 26. Oktober 2011 / Rischmühleninsel
27. Oktober 2011

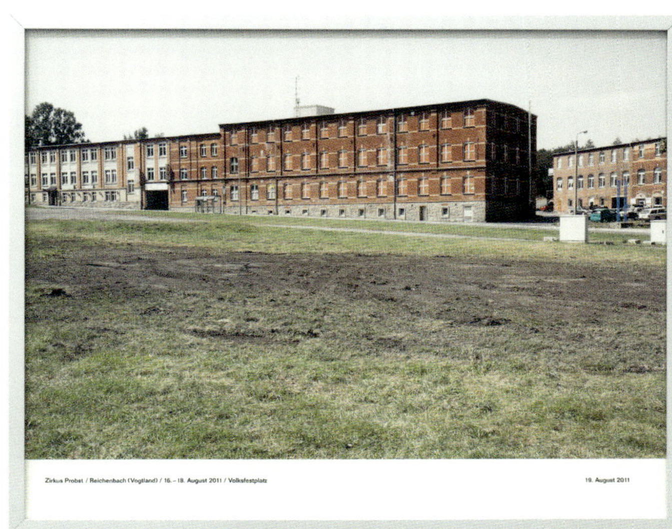

Zirkus Probst / Reichenbach (Vogtland) / 16. – 18. August 2011 / Volksfestplatz
19. August 2011

4

5

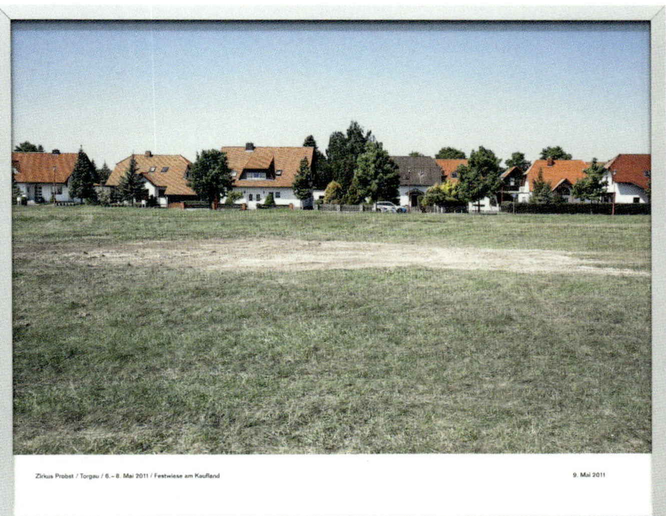

Zirkus Probst / Torgau / 6. – 8. Mai 2011 / Festwiese am Kaufland
9. Mai 2011

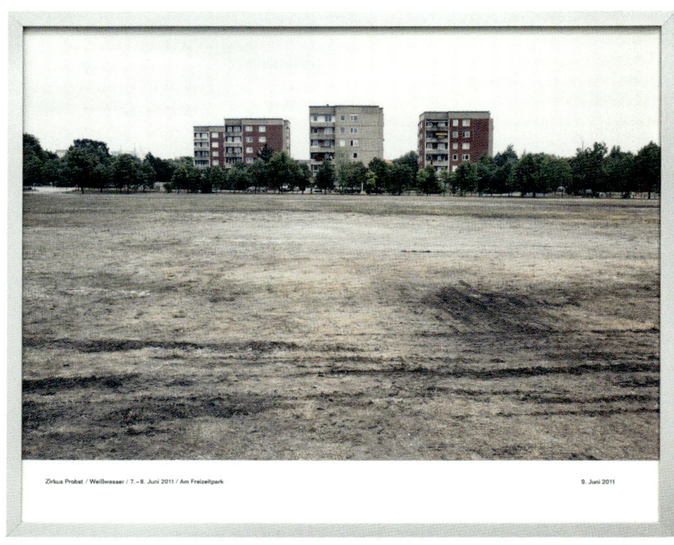

Zirkus Probst / Weißwasser / 7. – 8. Juni 2011 / Am Freizeitpark
9. Juni 2011

6

7

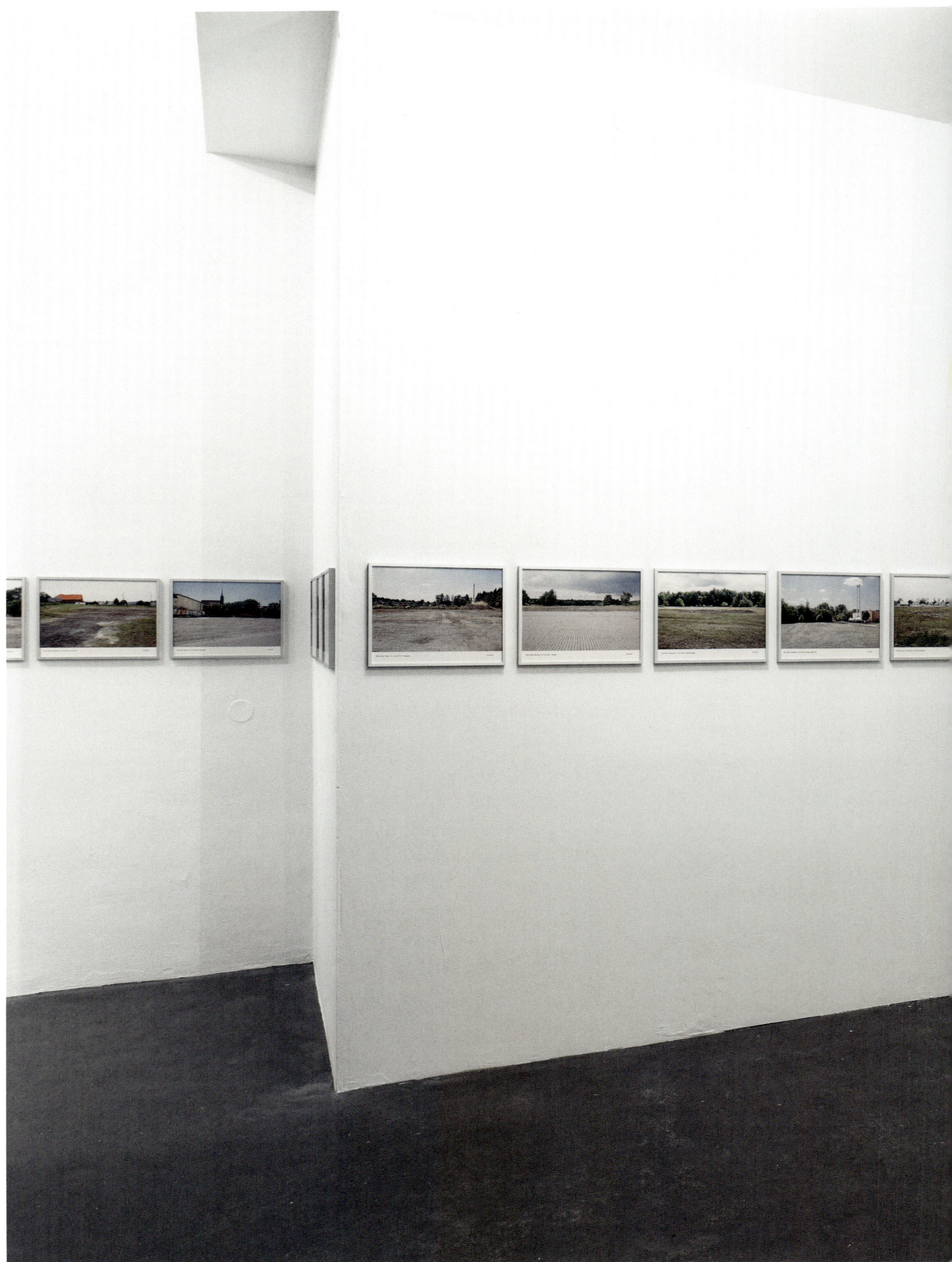

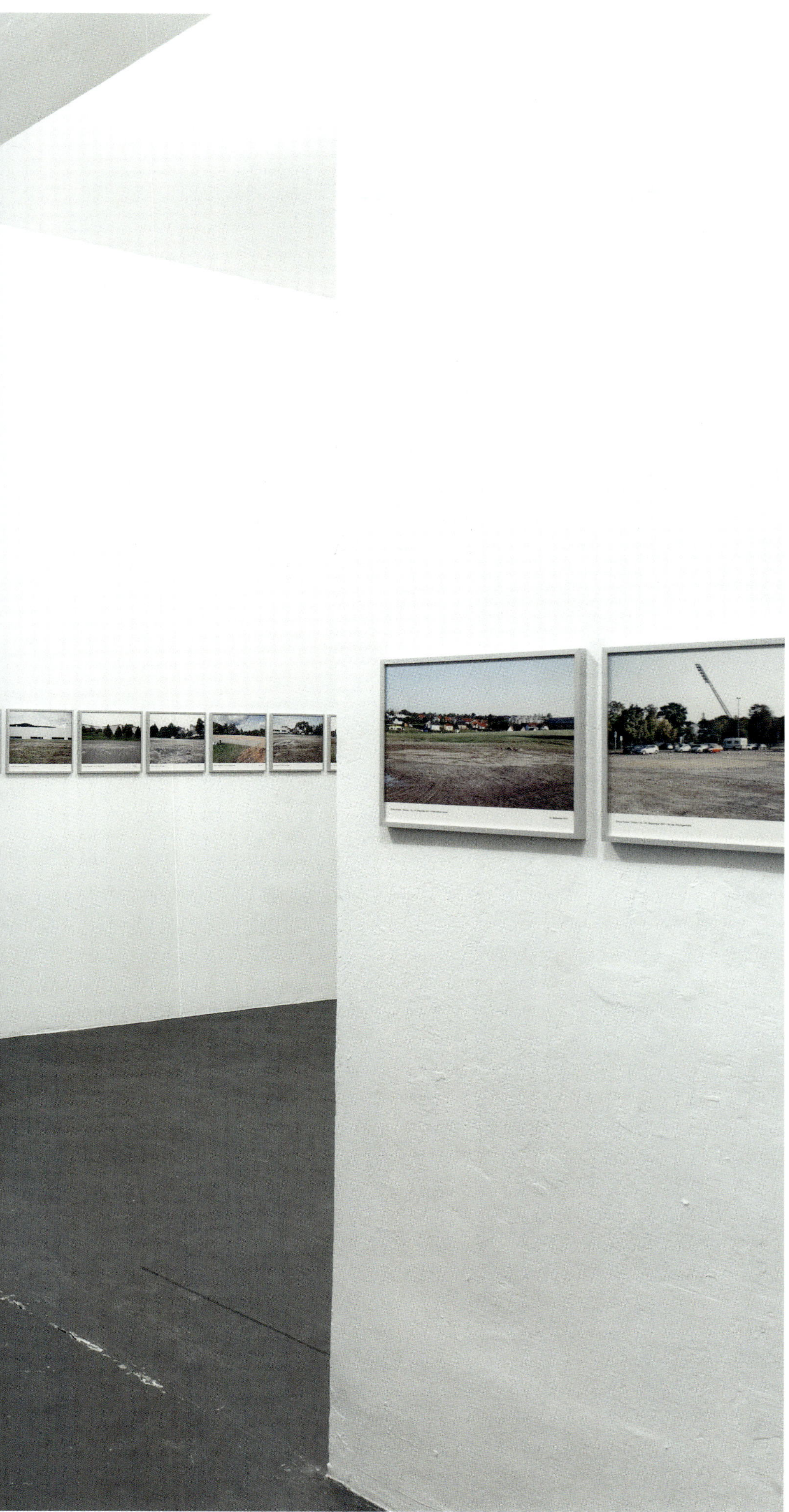

e "What we call reality", writes Marcel Proust in his novel *In Search of Lost Time*, "is a certain relationship between sensations and memories." The mysterious mechanism that links past and present, fact and fiction reveals our reality to be a subjective construction. In the works of Berlin-based artist Sven Johne German reality is depicted according to precisely this Proustian principle, which inevitably evades the categories "true" or "invented", "known" or "only felt". Based on his own biography, travel memories and newspaper articles, the artist's peculiar image/word constellations are authentic witnesses per se.

Sven Johne was born on the island of Rügen in the Baltic Sea and studied German, journalism and photography in Leipzig. In his early photo cycle *Ship Cancellation* (2004) he added to contemplative seascapes dramatic accounts of shipwrecks and their nautical positions. The series *Ostdeutsche Landschaften* (East German landscapes) is based on a trip he made in late 2004. The shots, devoid of people, are combined with inhabitants' tragic life stories. In both cases, the plausible congruence of text and image rests on the documentary character of the photographs and journalistic quality of the notes. Their credibility remains an assertion and yet seems to be reciprocally confirmed. Even where the story reveals itself as staged, as in the video work *Tears of the Eyewitness* (2009), Johne creates a narrative identity that we do not want to doubt. Here a motivation coach invokes the events of the 1989 Monday demonstrations in Leipzig and the fall of the Berlin Wall to get an actor in the right frame of mind for his TV role. Finally when the man weeps we cannot tell whether he is touched by the story or his personal memories, whether his feelings are real or fake. As an eyewitness, the observer may check his own reaction.

In Johne's photo series *Following the Circus* (2011) too, which features in the exhibition *Made in Germany Zwei*, empty spaces become projection screens. The artist spent time following the traveling circus Probst, which he remembers from his childhood in East Germany, and documented each of the barren sites of the 2011 tour just after the circus tent was dismantled. In the video loop *Greatest Show on Earth* we see a kind of master of ceremonies announcing the most incredible attractions in the arena: 70 contortionists, the birth of a baby elephant and gold raining from the sky. The promises of the future are part of our present—just like the archive of our memory.
—*Kristina Tieke*

KELLER/KOSMAS (AIDS-3D)

1 *Energy Conversion Device I*, 2011
2 Von links nach rechts/from left to right:
   DoActive Multitool XL, DoActive EcoPure, 2011
3 *World Community Grid Water Features*, 2010

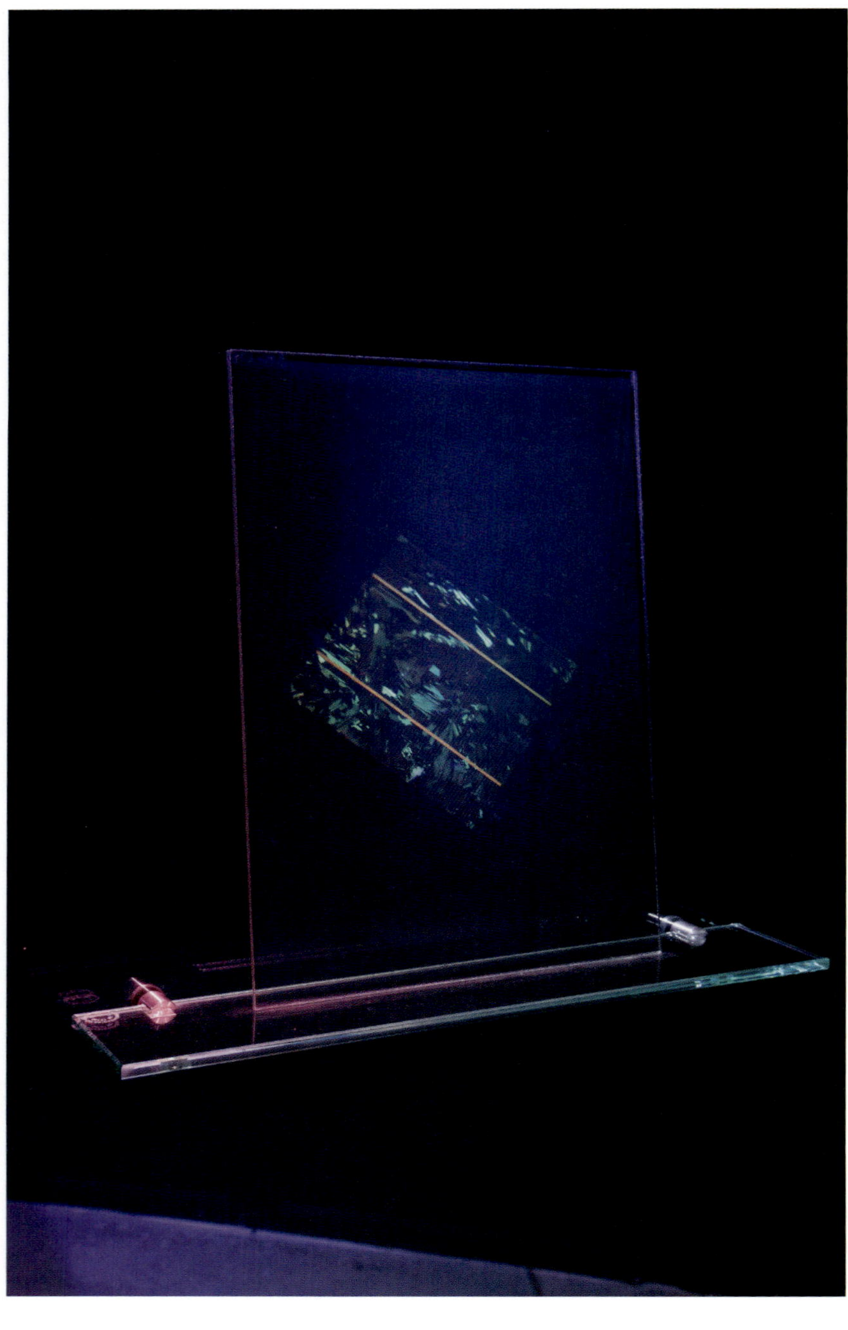

1

d Das Künstlerduo Daniel Keller/Nik Kosmas (Aids-3D) beschreibt sich selbst als „Prosumer", also als Konsumenten, die zugleich produzieren. Die beiden beschäftigen sich mit Fragestellungen, die am Kreuzungspunkt von Kunst, Technologie, Ökologie, Ökonomie und sozialem Aktivismus entstehen. Ihre Arbeit bleibt bewusst ambivalent und oszilliert zwischen praktischer Anwendung, Appropriation und kritischem Diskurs.

Aids-3D spielen mit ihrer Rolle als junge Kulturproduzenten, die im Internet soziale Netzwerke herstellen und pflegen, und überzeichnen diese, um den Glauben an die universelle Äquivalenz von Information, Energie, Wert und Anliegen infrage zu stellen. Indem sie aus einer bewusst naiven Haltung heraus jede Behauptung und jeden Anspruch der Werbung auf die Materialien und Objekte, aus denen ihre Skulpturen entstehen, anerkennen, integrieren oder gar überassimilieren, schließen sie deren Logik kurz.

Diese Strategie wird in der aktuellen Serie *Ideal Work (Creative Solutions)* (2010–2011) sichtbar, einer Reihe von Skulpturen und Tableaus, die aus Solarkollektoren hergestellt sind. Solarkollektoren versprechen eine günstige und nachhaltige Lösung der Klimakrise. Solartechnologien werden ständig verbessert, aber häufig verbrauchen sie mehr Energie und Kapital in ihrer Herstellung, als sie je während ihrer Laufzeit produzieren können. Vor allem dann, wenn es sich um dekorative Modelle handelt, deren Oberfläche aufwendig verziert ist. (Diese Art von Solarkollektoren wird gerne für Kreuzfahrtschiffe und repräsentative Bauten verwendet, wo ein „grünes" Bewusstsein suggeriert werden soll.) *Ideal Work (Creative Solutions)* bringt die Solarzellen in den Ausstellungsraum, wo sie nicht mehr ihre Funktion erfüllen, sondern als passive Objekte auftreten – und als Gleichnis für Wertschöpfung, etwa analog zum Kunstwerk, als das die Solarzellen hier ins Spiel gebracht werden: Der Glaube an Wachstum, das den Markt befeuert, kann nur erhalten werden, wenn Menschen das Kunstwerk diskutieren, Sammler entscheiden, die Arbeit für mehr Geld zu kaufen, als sie in der Produktion gekostet hat, und diese später mit Gewinn weiterzuverkaufen. Mit anderen Worten: Voraussetzung für den Handel mit einer Ware ist deren Nachfrage, und diese ist eng verknüpft mit Begehren, in der Ware mehr zu sehen als ihre bloße Materialität. Und Nachfrage produziert zum Teil ambivalente Produkte, deren zugeschriebenes Potenzial ihre eigentliche Funktion ad absurdum führt.

Für die Ausstellung *Made in Germany Zwei* produzieren Aids-3D fünf neue *World Community Grid Water Features* (2010/2012). Bei diesen Objekten handelt es sich um eine Reihe von im Internet erworbenen Zimmerbrunnen, unter denen jeweils ein Mini-Computer befestigt wird. Wenn der Computer läuft, leuchten die Brunnen. Die ungenutzte Computerzeit wird gespendet an die Organisation „World Community Grid", welche verschiedene internationale Hilfs- und Forschungsprojekte unterstützt, die auf diese Rechnerzeit zugreifen. So spenden Keller/Kosmas die Laufzeit der Ausstellung komplett an Community Grid; ihre Werke – die Zimmerbrunnen-Computer-Skulpturen – leisten damit einen Beitrag zu einem gemeinnützigen Projekt. Die Brunnen selbst sind gewöhnliche Fertigprodukte, deren Ästhetik ein Segment des im Internet vertriebenen Kitsches zur Verbesserung der Wohnatmosphäre vorführt und sich zugleich lustvoll deren Anziehungskraft ergibt. Beides ist unauflösbar miteinander verbunden und darauf insistieren die Arbeiten von Keller/Kosmas: Ein Rückzug von der Auseinandersetzung mit den schwierigen Fragen der Gegenwart ist ebenso wenig möglich wie deren letztgültige Lösung durch persönliches Eingreifen.
— *Ellen Blumenstein*

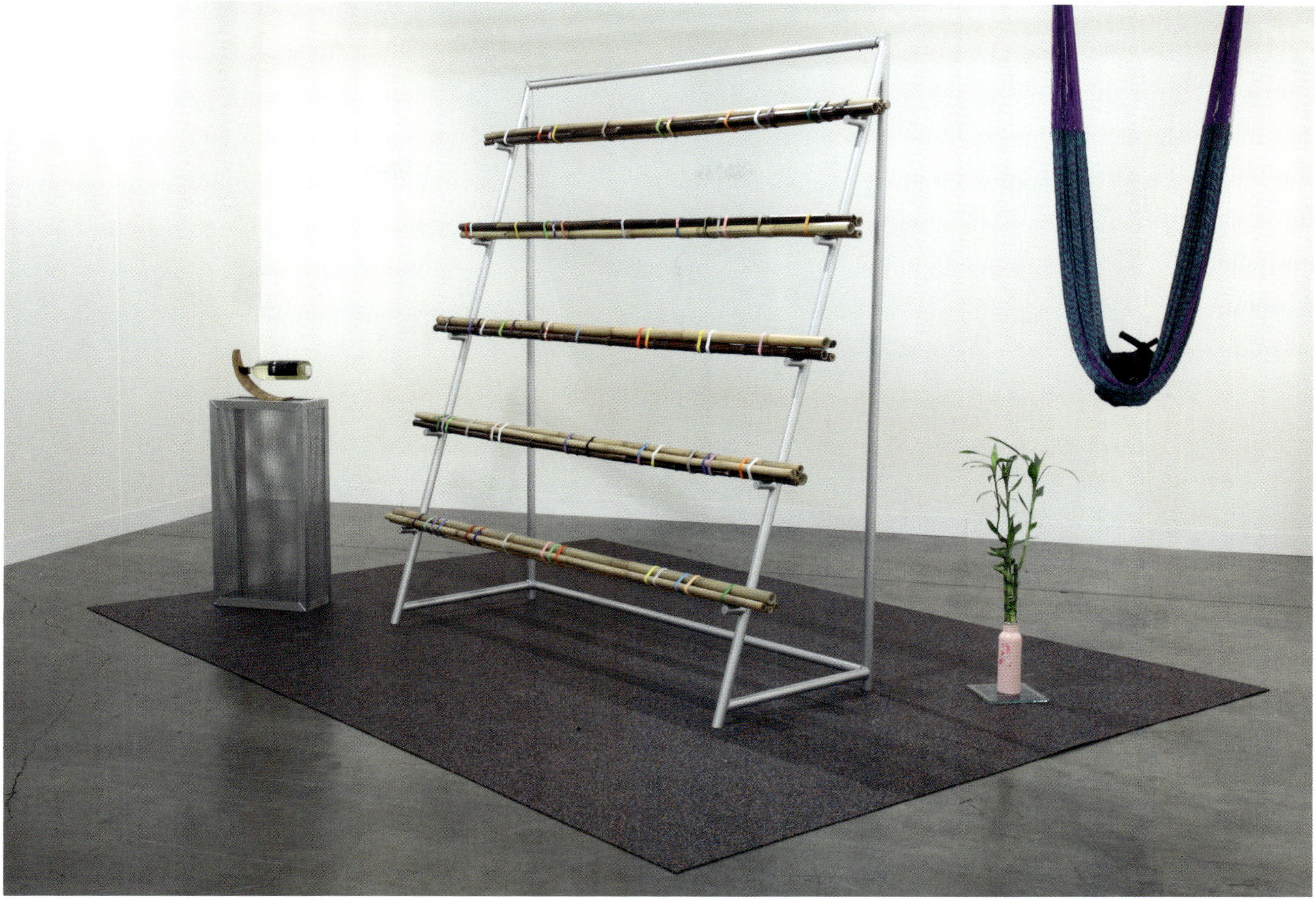

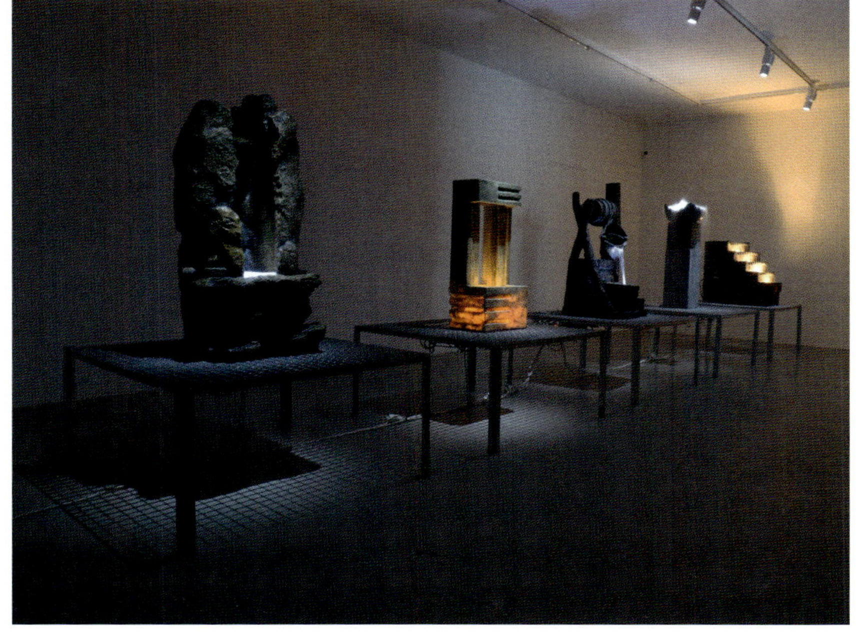

2

3

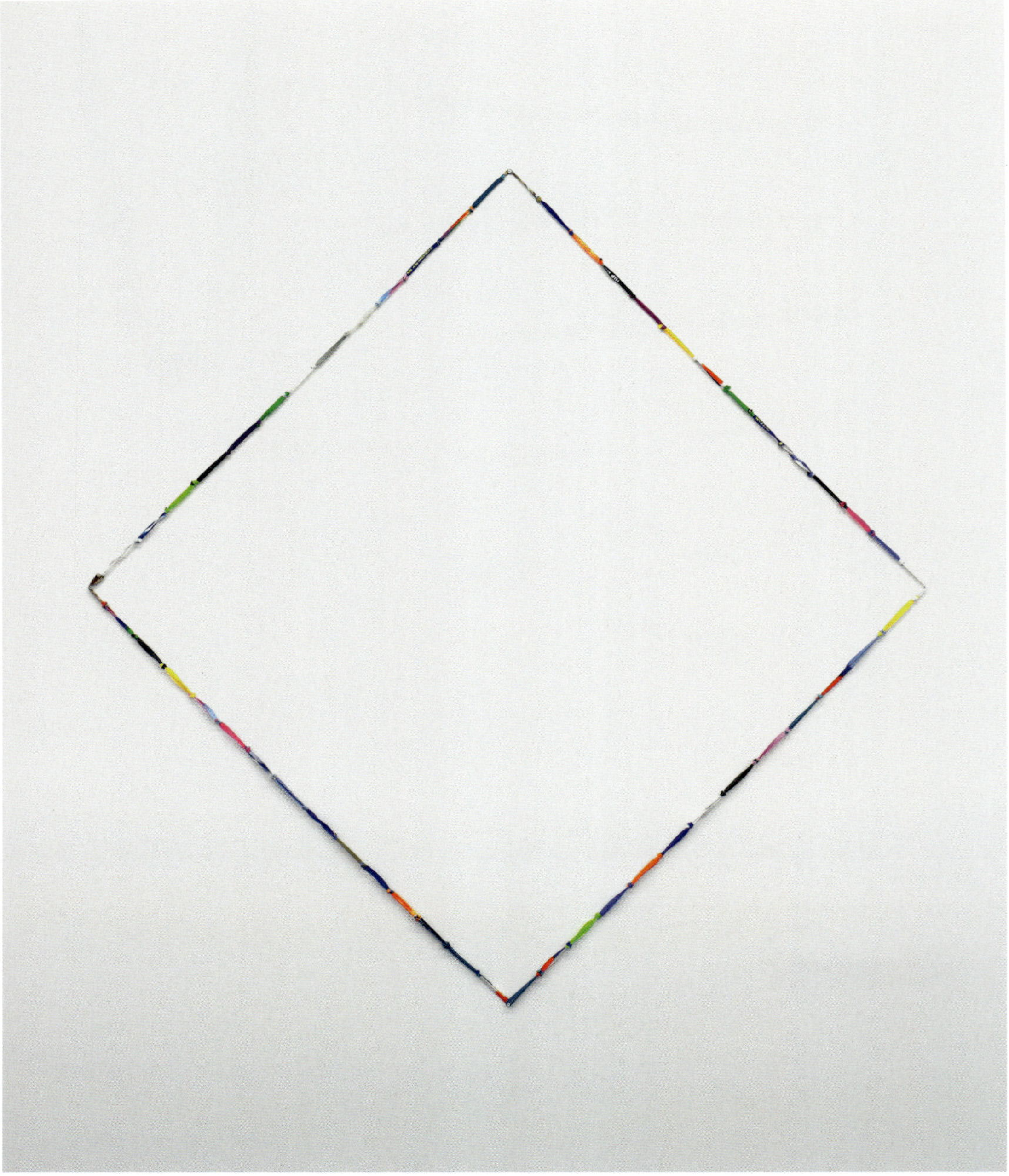

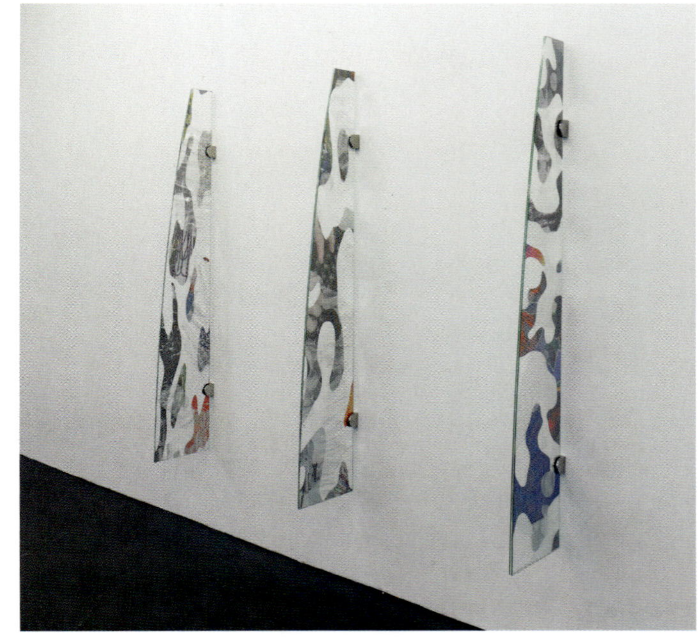

4

5

e   Daniel Keller and Nik Kosmas, who constitute the artist duo Aids-3D, describe themselves as "prosumers", i.e., consumers who also produce something. The pair focuses on questions that arise at the interface between art, technology, ecology, economy and social activism. They deliberately keep their work ambivalent, oscillating between practical application, appropriation and critical discourse.

Aids-3D play with their role as young cultural producers who create and maintain social networks on the Internet and exaggerate these as a way of questioning the belief in the universal equivalence of information, energy, value and cause. By acknowledging, integrating or even over-assimilating, out of a deliberately naïve attitude, every statement and claim found in advertising for the materials and objects they use to create their sculptures, they invalidate the underlying logic of the statements.

This strategy is evident in their current cycle *Ideal Work (Creative Solutions)* (2010–11), a series of sculptures and tableaus made of solar panels. Solar panels promise a low-cost and sustainable solution to the climate crisis. Solar technologies are constantly being improved, but often they consume more energy and capital during the manufacturing stage than they can ever produce while in operation. Especially when decorative models are produced whose surface is intricately patterned. (This kind of solar panel is a popular choice for cruise ships and prestigious buildings seeking to present themselves as "green".) *Ideal Work (Creative Solutions)* brings solar cells to the exhibition hall, where they no longer fulfill their function, but are on show as passive objects—and as an allegory for value added, similarly to an artwork, for instance. Indeed, what is perhaps more the focus than the solar cells themselves is the belief in growth, which fuels the market, can only be upheld if people discuss the artwork, collectors decide to buy the work for more money than it cost to make and sell it later at a profit. In other words, the precondition for trading a good is demand for it, and this is closely related to the will to see more in the product than its pure materiality. And demand sometimes produces ambivalent products, whose allotted potential takes their actual function ad absurdum.

For the exhibition *Made in Germany Zwei* Aids-3D are producing four new *World Community Grid Water Features* (2010–12). These objects are indoor fountains bought on the Internet, amongst each of which the artists have set up a mini computer. When the computer is on, the fountains are illuminated. The unused computer time is donated to the Internet platform "Community Grid", which supports various international charity and research projects that make use of this computer time. Thus Keller and Kosmas are donating the complete exhibition runtime to Community Grid, meaning that their works—the indoor fountain/computer sculptures—are contributing to a good cause. The fountains themselves are regular finished products, whose aesthetics present a segment of the kitsch sold on the Internet to enhance living environments and at the same time readily surrender to their attraction. Both are inseparably linked and this is what the works of Keller and Kosmas insist upon. Indeed, avoiding the difficult questions of the present is just as impossible as definitively solving them through personal intervention.
— *Ellen Blumenstein*

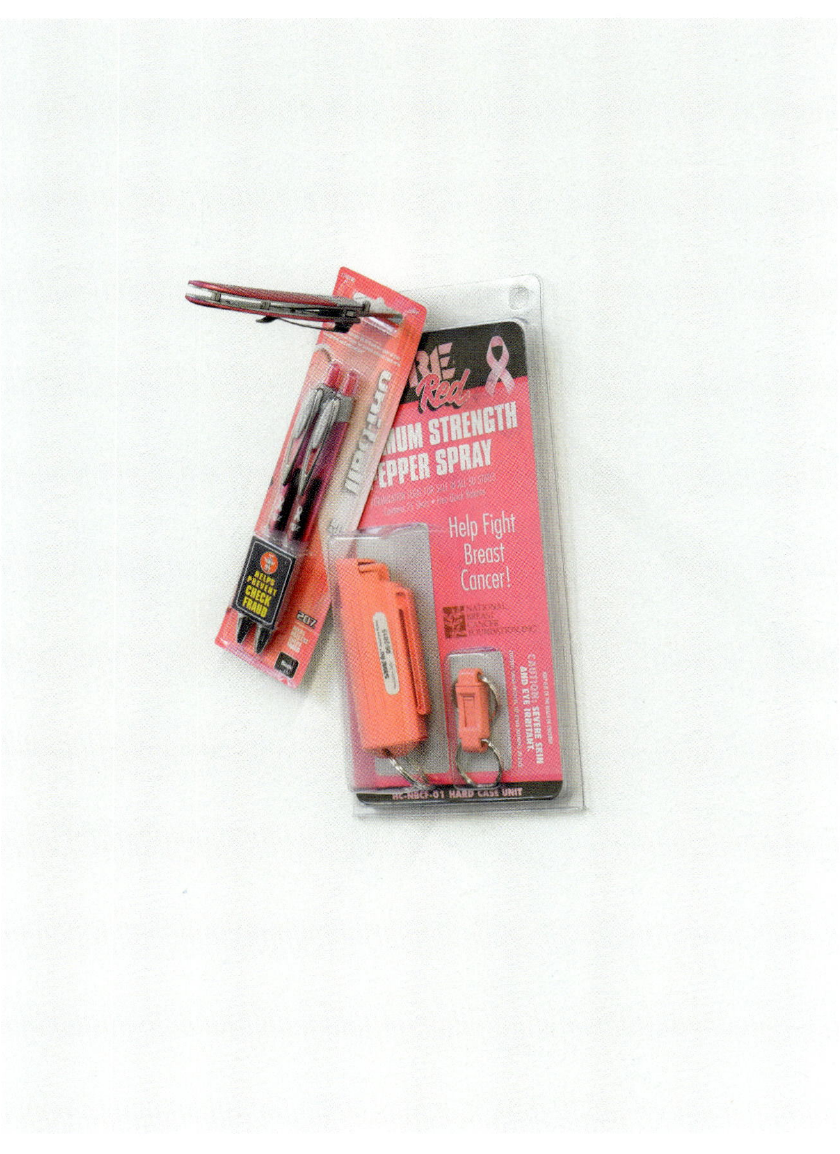

6

KITTY KRAUS

1   *Ohne Titel/Untitled*, 2008
2   *Ohne Titel/Untitled*, 2011

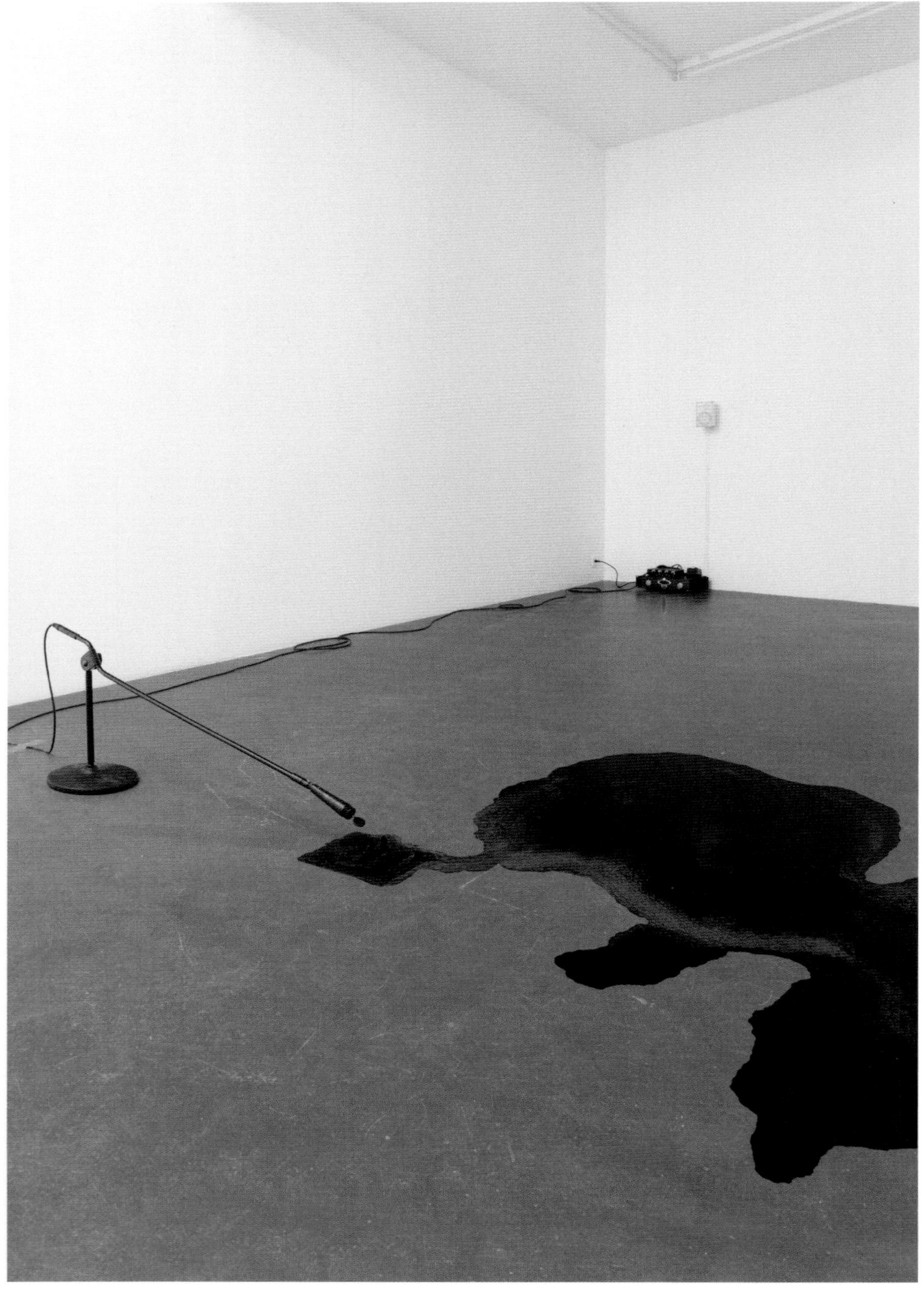

1

d   Die Arbeiten von Kitty Kraus bewegen sich auf einem feinen Grad zwischen Fragilität und Aggressivität. Aus Alltagsmaterialien wie Glas, Tinte, Eis, Spiegeln und Glühbirnen oder auch gefundenen Gegenständen wie den Griffen von Einkaufswagen erstellt Kraus Werke, die weder vollkommen zart noch grob sind. Ihre aus Fensterglas zusammengesetzten Objekte sind nicht nur von der Zerbrechlichkeit des Materials geprägt, sondern auch durch das Herausfordern von dessen Bruchgrenzen und der Schwerkraft. Die frei stehenden oder an Wänden lehnenden Konstruktionen bleiben zuweilen fast unsichtbar und werden doch in Kombination mit ihren scharfen Kanten und der Gefahr des Balanceverlusts zu bedrohlichen Anwesenden des mit ihnen geteilten Raumes.

Die innere Spannung von Kraus' Arbeiten sowie deren ausgeprägt haptische Präsenz bestimmen die Atmosphäre des Ausstellungsraumes. In diesen greifen sie bisweilen in physischer Form ein, so dass der Raum nicht bloße Präsentationsfläche bleibt, sondern zeitweise Teil des Werkes wird. Das sich über den Boden verteilende, mit Tinte eingefärbte Schmelzwasser von Kraus' Eisblockarbeiten schreibt sich langsam in den Boden ein und verdrängt den Betrachter von seinem ursprünglich behaupteten Standort. Der Verbindung von Wasser und Strom – in die Eisblöcke sind mit Steckdosen verbundene Glühbirnen oder Leuchtstoffröhren integriert – haftet etwas Gefährliches, sogar Lebensbedrohliches an. Eine vergleichende Wirkung hat eine Arbeit wie *Ohne Titel* (2009). Der von der Decke hängende Griff eines Lidl-Einkaufswagens wird über seine Verbindung mit einem Motor in Schwingung versetzt, womit er langsam den Raum erobert und den Betrachter auf Distanz hält.

Vielen Werken von Kraus haftet eine minimalistische Formensprache an, gepaart mit prozesshaften oder kinetischen Momenten. Ihr gegenüber stehen lose Verbindungen, rohe Kanten und ungenaue Symmetrien sowie das Ausloten der Materialien und ihrer Grenzbereiche. Dieser kontrastreiche Verbund wiederholt sich in weiteren absurden Paarungen. So wecken Kraus' Objekte Faszination und Unbehagen und sind zugleich weder endlich noch unendlich, weder simpel noch komplex, weder kontrolliert noch unkontrolliert. Das Paradoxe spiegelt sich in der Produktion und Präsentation von Objekten, die sich über tatsächlich ablaufende oder zerstörerisch mögliche Verwandlungen selbst verneinen.
–*Antonia Lotz*

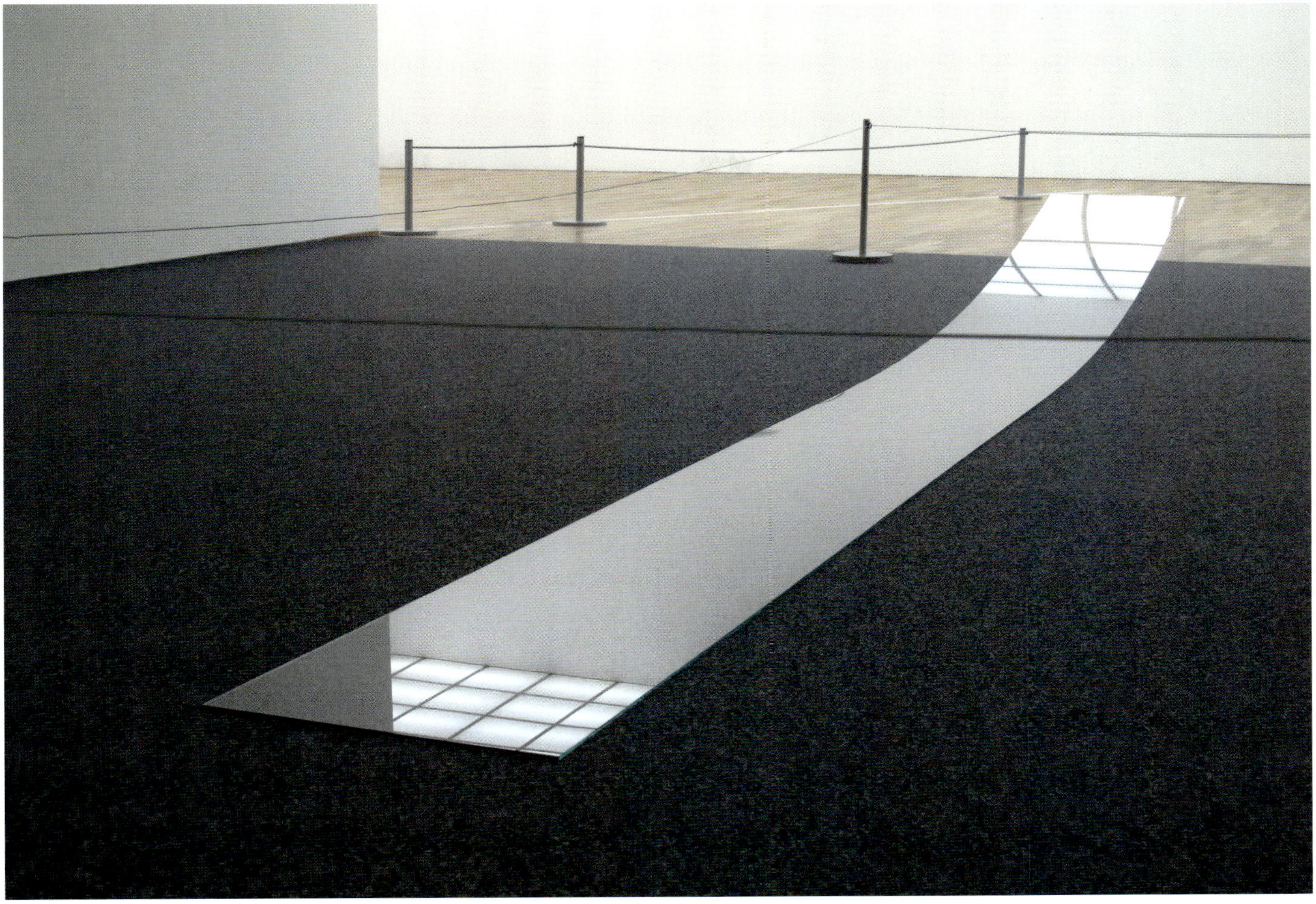

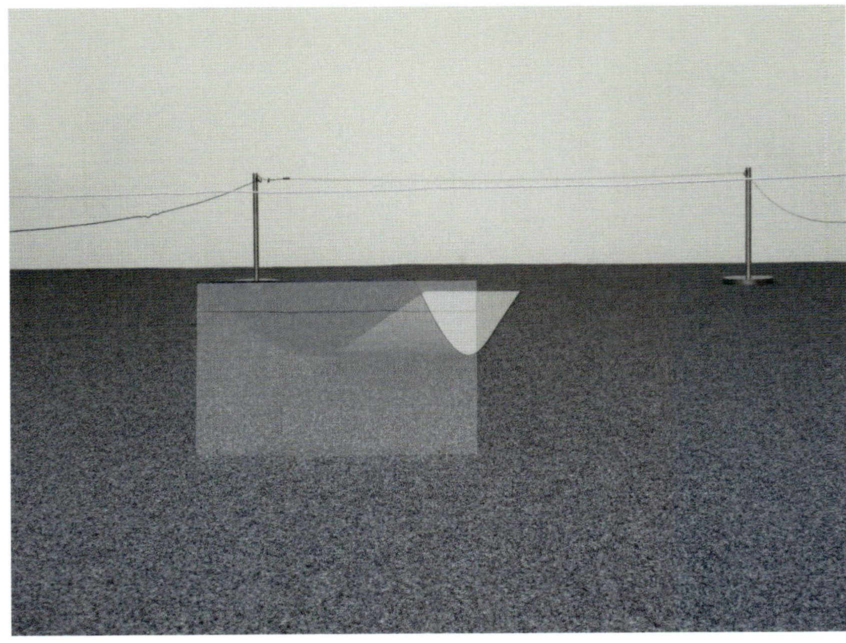

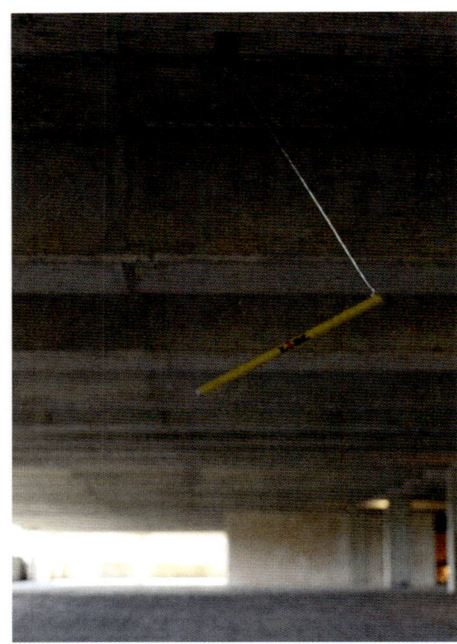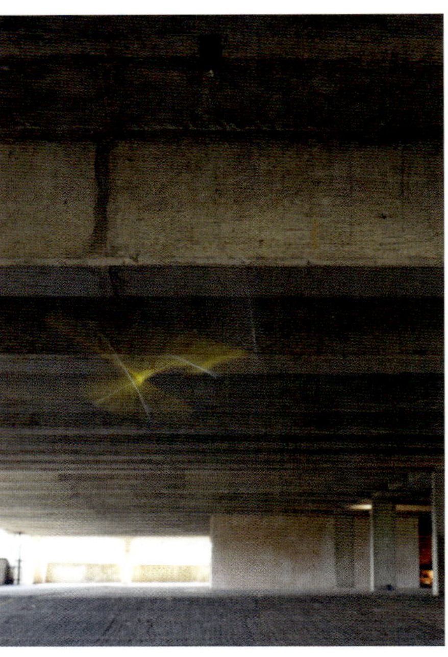

3

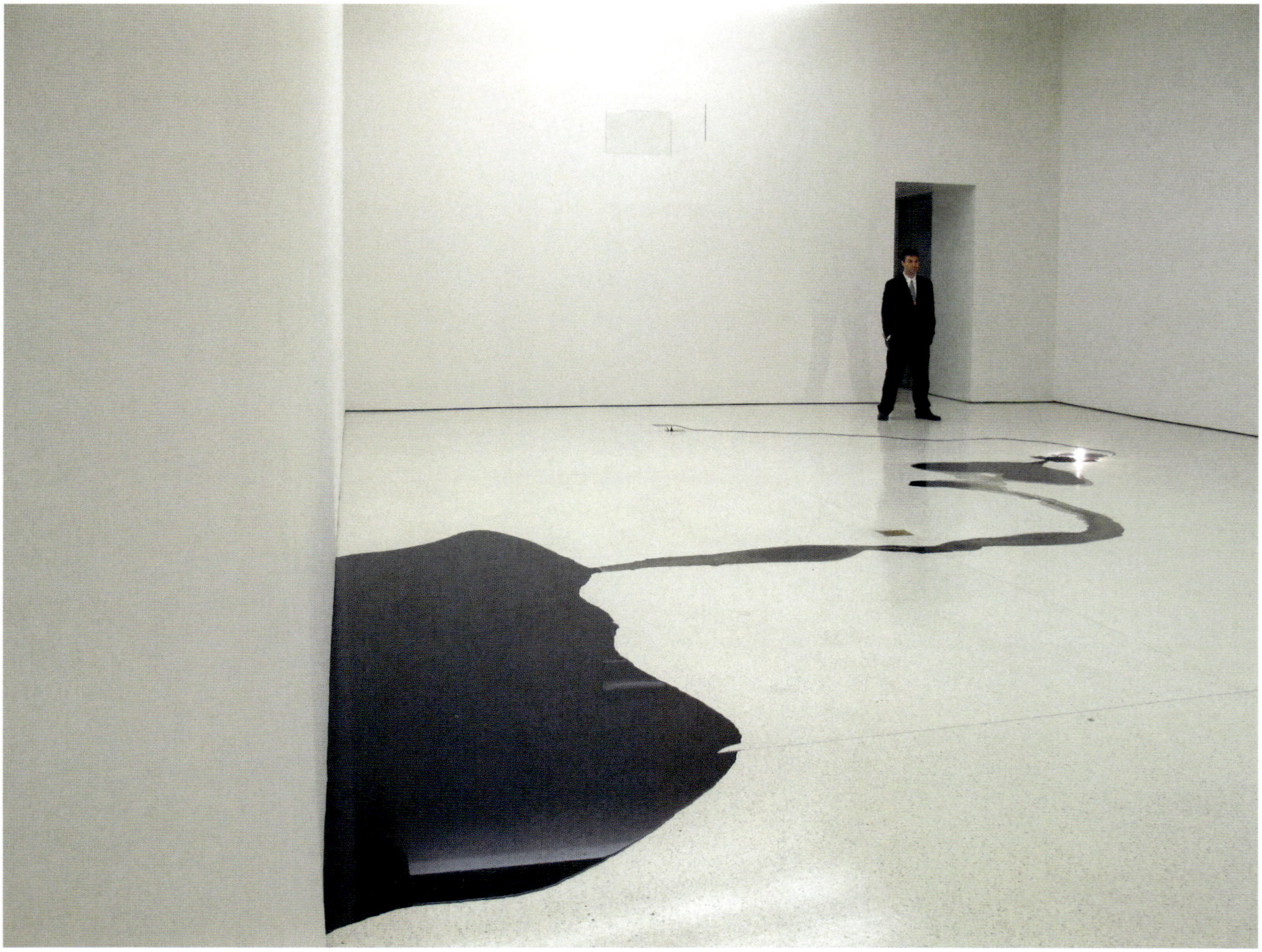

4

3 *Ohne Titel/Untitled*, 2009
4 *Ohne Titel/Untitled*, 2009
5 *Ohne Titel (Spiegellampe)/Untitled (Mirror lamp)*, 2006/2010

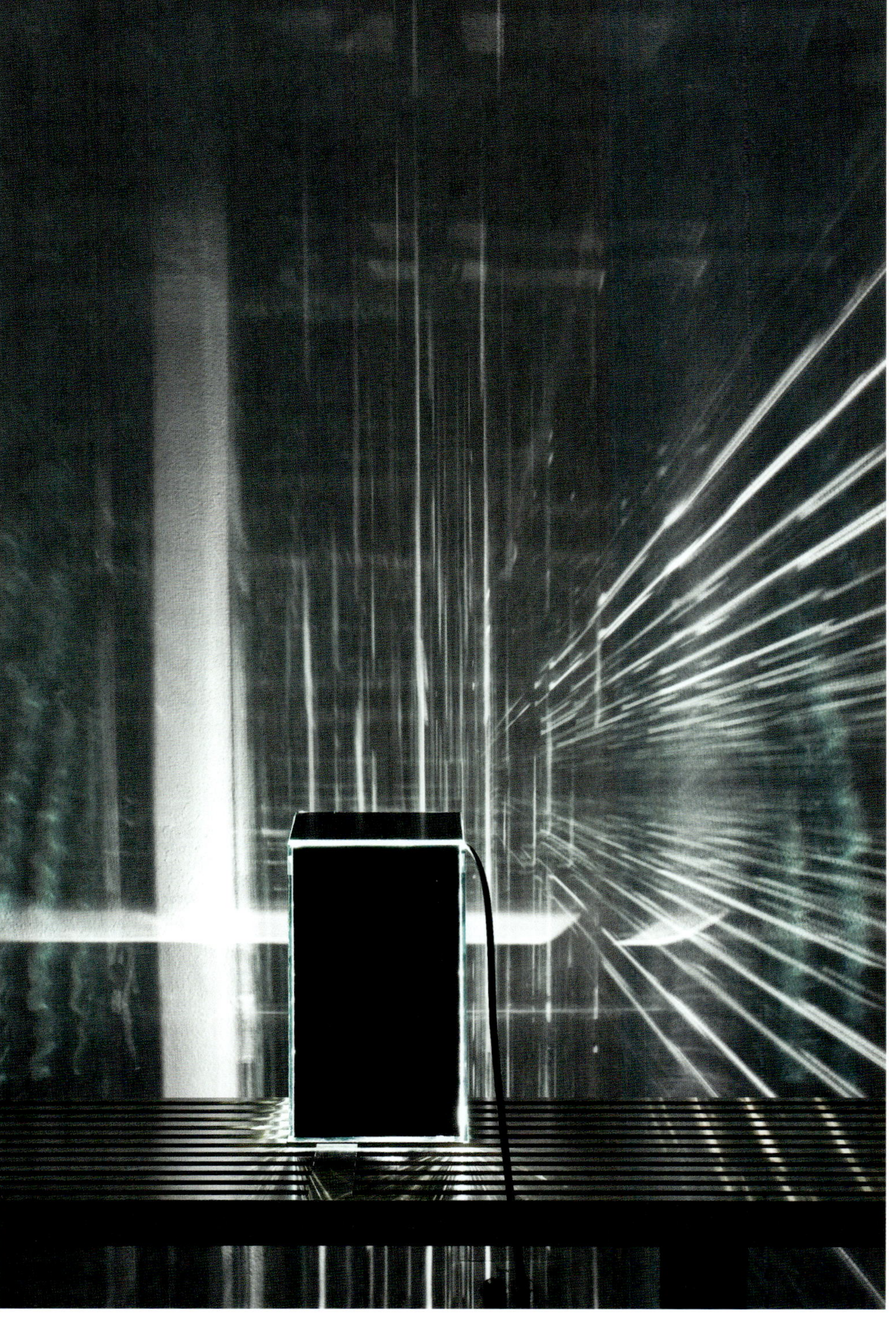

5

e Kitty Kraus' works tread a fine line between fragility and aggression. The artist uses everyday materials such as glass, ink, ice, mirrors and light bulbs as well as found objects like shopping cart handles to create pieces that are neither perfectly delicate nor crude. The objects she makes using window glass are characterized by not only the fragility of the material, but also the challenge to their strength and to gravity. The structures, either freestanding or leaning against walls, are at times almost invisible and yet with their sharp edges and the risk of losing balance become threatening creatures of the space they share.

The inner tension of Kraus' pieces and their decidedly haptic presence inform the atmosphere of the exhibition space. At times they physically intervene in this space, meaning that it is no longer purely a presentation area, but temporarily becomes part of the work. The ink-tinted melt water from Kraus' ice block pieces that spreads out over the floor slowly makes its mark in it and drives the observer away from his original viewpoint. There is something dangerous, indeed life-threatening about the combination of water and electricity – there are light bulbs or neon tubes linked to plug sockets integrated into the ice blocks. A work such as *Untitled* (2009) has a similar effect. The handle from a Lidl shopping cart hanging from the ceiling is connected to a motor which makes it swing, slowly appropriating the space and keeping the observer at a distance.

Many of Kraus' artworks have a minimalist formal idiom, coupled with processual or kinetic elements. These are offset by loose associations, rough edges and imprecise symmetry as well as the exploration of the materials and their limitations. This highly contrastive combination is repeated in further absurd couplings. Thus Kraus' objects are both fascinating and unsettling and at the same time neither finite nor infinite, neither simple nor complex, neither controlled nor uncontrolled. The paradox is reflected in the production and presentation of objects that negate themselves by way of actual or possible transformations with a destructive potential.
—*Antonia Lotz*

RAUM SCHAFFEN

Von der Produktion (symbolischer, virtueller, sozialer) anderer Räume[1]

In den 1920er Jahren produziert Kurt Schwitters mit dem *Merzbau* (1920–1936) in seinem Hannoverschen Atelier ein begehbares Kunstwerk, das oft als Vorläufer der sich im Raum entfaltenden, den Betrachter umschließenden Installation Art genannt wird.[2] Mit dem *Prounenraum* und dem *Kabinett der Abstrakten* schafft El Lissitzky in den 1920er Jahren Bedingungen für das Betrachten von Kunst, die den Besucher aktivieren und seine Bewegung durch den Raum als konstituierend für diesen setzen. Lissitzky schreibt: „Wenn er sonst durch das Vorbeiziehen an den Bilderwänden in eine bestimmte Passivität eingelullt wurde, so soll unsere Gestaltung den Mann aktiv machen. Dies sollte der Zweck des Raumes sein."[3] In der Kunst des späteren 20. Jahrhunderts werden die Verhältnisse zwischen Betrachter und Raum weiter ausgelotet, medial reflektiert, in neue Relationen gebracht und umschrieben – nun auch im Bezug zum institutionellen Raum, dem Außenraum, dem gemeinschaftlichen und subjektiven Raum.[4] Besonders seit den 1960er Jahren taucht Raum als Gegenstand der ästhetischen Erfahrung sowie als Begriff für die Erfassung von Wirklichkeitskonstellationen vermehrt als Thema und Material der Kulturwissenschaften und Künste auf. Arbeiten wie Alvin Luciers akustische Raumerfassung *I am Sitting in a Room* (1969)[5], Dan Grahams Thematisierungen der Interdependenzen von Körper, Selbstbild und Raum (z.B. *Public Space/Two Audiences*, 1976) oder Öyvind Fahlströms kartenhafte Repräsentationen von Relationen (z.B. *World Map*, 1972) zeigen verschiedene Arten des Auslotens von Raum als Grundbedingung menschlichen Selbstverständnisses, Handelns und der Ausbildung von Wirklichkeitsvorstellungen. Der Philosoph Michel Foucault bezeichnete das 20. Jahrhundert als „Zeitalter des Raumes"[6], in den Kulturwissenschaften wird schließlich sogar ein „Spatial Turn" postuliert und damit die disziplinenübergreifende Auseinandersetzung mit Raum als paradigmatisch für das ausgehende 20. und den Anfang des 21. Jahrhunderts gesetzt.[7] Dabei gilt jedoch nach wie vor: „Raum gibt es nicht. (Jedenfalls nicht so, wie es Gegenstände gibt.)"[8]

Im vergangenen Jahr besetzten beispielsweise die Initiativen „Occupy Wall Street" in den USA und „15-M" (Bewegung 15. Mai) in Spanien über mehrere Monate hinweg öffentliche Plätze und veränderten damit den sozialen Raum. Es wurden Zelte aufgeschlagen, man schlief, kochte und

richtete sich provisorisch ein. Die Gebiete im öffentlichen Raum wurden durch diese Benutzung von Durchgangsorten des alltäglichen Lebens zu Orten mit Symbolkraft, die für die Möglichkeit stehen, aufzubegehren, sich zu weigern und andere Wege als die staatlich und gesellschaftlich vorgesehenen zu suchen. An ihnen und durch den Akt des In-Beschlag-Nehmens werden Spaltungen und Brüche artikuliert: Dissens, unterschiedliche Interessen und Vorstellungen der Gestaltung von ökonomischen und sozialen Rahmenbedingungen. Abweichungen von der erwarteten und vorgesehenen Nutzung von Raum thematisieren diesen als Verhandlungsmasse, als offenen Prozess, der durch Markierungen, Aneignungen und Zuschreibungen geformt wird. Den Raum also, der neutral, immer gleich und immer für alle gleich zugänglich bleibt, gibt es nicht.

Bereits das Gehen durch eine Stadt produziert Bedeutung. Michel de Certeau vergleicht dieses 1980 in seinem Text *Die Kunst des Handelns* mit sprachlichen Äußerungen und beschreibt eine Aneignung, Realisierung und das Herstellen von Beziehungen durch das Gehen im Raum (wie der Sprechakt in einer Aneignung, Realisierung von Sprache und dem Herstellen von Beziehungen der Worte zueinander besteht).[9] In dem Video *Der Mythos des Fortschritts* (2008) von Klara Lidén sehen wir die Aufzeichnung einer solchen Aneignung von Raum. Die Künstlerin bewegt sich bei Nacht durch die Straßen der Lower East Side in Manhattan, indem sie ohne Unterlass, langsam und gleichmäßig, die Bewegungen von Michael Jacksons berühmtem „Moonwalk" vollzieht. Autos fahren in normaler Geschwindigkeit an ihr vorbei, während sie selbst den Raum zeitlupenartig entgegen der normalen Fahrtrichtung durchquert. Der „Moonwalk" geht zurück auf pantomimische Darstellungen des Gehens, ohne sich tatsächlich von der Stelle zu bewegen. Verschiedene Tänzer feilten diese Illusion weiter aus, bis der Schritt 1983 mit der Darbietung durch Michael Jackson im US-amerikanischen Fernsehen seinen Weg zur Weltberühmtheit (und als Jacksons Markenzeichen) antrat. Der Moonwalk erweckt den Anschein der Vorwärtsbewegung während sich der Tänzer beziehungsweise die Tänzerin tatsächlich rückwärts bewegt. Mit ihrer Imitation von Michael Jackson spielt Lidén auch auf Jackson als Popstar an, dessen Leben ausführlich in den Medien beschrieben wurde und der eigentlich nur noch als mediale Figur für die Leser und Zuschauer existierte. Die „Gesellschaft des Spektakels" schaut gebannt auf diese Bilder, die wirklicher scheinen als die Wirklichkeit vor der Tür. ‚„Was erscheint, das ist gut; was gut ist, das erscheint.' Die durch das Spektakel prinzipiell geforderte Haltung ist diese passive Hinnahme, die es schon durch seine Art, unwiderlegbar zu erscheinen, durch sein Monopol des Scheins faktisch erwirkt hat."[10] Lidén eignet sich dieses Bild an, verwandelt es zurück in eine Handlung an einem konkreten Ort: der Lower East Side in Manhattan. Dieses Stadtviertel steht wiederum beispielhaft für die Gentrifikation von Gegenden mit ehemals günstigem Wohnraum und damit für die rücksichtslose Vermehrung von Profit, die gewachsene nachbarschaftliche Beziehungen sowie die Geschäfte kleiner Einzelhändler zerstört und damit drastische kulturelle Veränderungen bewirkt. Lidén beschreibt diesen Raum mit ihrem Körper, erfasst und produziert ihn im Akt des Begehens. Sie bürstet mit ihrer Aktion gewöhnliche Verhaltensmuster im öffentlichen Raum gegen den Strich und macht damit die normative Kraft eben dieser Muster sichtbar. In diesem Fall wird die Begehung der Lower East Side zu einem Gang, der Lidéns Zweifel und Widerstand artikuliert und den vermeintlichen Fortschritt in einen konstanten Rückschritt wendet.

Während Michel de Certeau in *Die Kunst des Handelns* alltäglichen Handlungen im Raum und deren subversivem Potenzial nachgeht, versucht Henri Lefebvre in seinem 1974 erschienenen Buch *Die Produktion des Raumes* den Raumbegriff grundsätzlich neu zu bestimmen. Er geht aus von der Feststellung, dass das Wort „Raum" in allen möglichen Kontexten verwendet wird und neben dem konkreten, physischen Raum auch mentale Räume bezeichnet, wie den „literarischen Raum, ideologische Räume, den Raum des Traumes".[11] Lefebvre kritisiert jedoch, dass die Verbindung zwischen beiden nie herausgearbeitet wurde. Um diese Lücke zu füllen, entwickelt er den Begriff des sozialen Raumes, den er auf die Formel bringt, dass der „(soziale) Raum ein (soziales) Produkt ist".[12] Lefebvre differenziert die soziale Produktion von Raum in drei Bereiche, die ineinandergreifen und einander bedingen: 1. Räumliche Praxis: Benutzung von Raum, konkretes Umgehen mit Raum von der Alltags- bis hin zur gesamtgesellschaftlichen Ebene; 2. Repräsentationen von Raum: Karten, Untersuchungen,

Stadtplanungen; 3. Räume der Repräsentation: erlebter, direkt gelebter Raum der Subjekte, die sich in ihm aufhalten, ihn beschreiben, ihn durch Imagination verändern, ihn subjektiv erfahren.[13] Zu dieser dritten Kategorie zählt Lefebvre auch die Kunst: „*Die Repräsentationsräume [espaces de représentation]*: Sie weisen (ob kodiert oder nicht) komplexe Symbolisierungen auf, sind mit der verborgenen und unterirdischen Seite des sozialen Lebens, aber auch mit der Kunst verbunden, die man möglicherweise nicht als Raumcode, sondern als Code der Repräsentationsräume auffassen kann."[14] Klara Lidén etwa vollzieht mit ihrem Straßen-Moonwalk eine symbolische Handlung, mit der sie ihre Zweifel am „Mythos des Fortschritts" zum Ausdruck bringt. Die Handlung sowie ihre Aufzeichnung per Video schaffen einen symbolischen Raumbezug, quasi eine subjektive Kodierung des realen Raumes im Artefakt, welches sich wiederum auf den sozialen Raum bezieht. Lidéns Zweifel wird in eben dem Raum artikuliert, dessen Art der Benutzung und Veränderung Teil und Ursache dieses Zweifels ist. Die Handlung selbst jedoch artikuliert einen anderen Raum, indem sie eine spielerische Umdeutung von Konventionen im Hinblick auf Verhalten, Geschwindigkeiten und Wege im Stadtraum vornimmt. Lidéns Video verweist damit auf die soziale Produktion von sozialem Raum durch gemeinschaftliche und individuelle Arten des Benutzens, Bewegens, des Teilens und Nicht-Teilens, der Verweigerung und Bejahung.

Agata Madejskas fotografische Serie *The Order of Solids* (ab 2010 fortlaufend) wiederum nutzt die technischen Möglichkeiten der Fotografie, um Bilder zu schaffen, die visuelle Formen der Verweigerung proben. Wir sehen schattenrissartige Gebilde auf weißem Grund, inmitten einer Park-Landschaft oder zwischen Häusern. Die Fotografien basieren auf Monumenten und Kunstwerken im öffentlichen Raum, die Madejska ins Bild setzt als rätselhafte Formen, welche zum Teil wie Scherenschnitte ohne Struktur und räumliche Tiefe wirken. Die Monumente werden in diesen Bildern ästhetisiert und verfremdet; ihre konkrete „solide" Materialität wird aufgelöst in Flächen von Licht und Schatten, die zwischen abstrakten Elementen und konkreter Repräsentation von Wirklichkeit verharren. Bildlich stößt Madejska die Monumente vom Sockel, indem sie diese als Leerstellen inszeniert. Mit dieser fotografischen Neuverteilung des Sichtbaren und

Unsichtbaren thematisiert sie den transitiven Charakter von symbolischen Zuschreibungen, die sich im öffentlichen Raum entfalten beziehungsweise vergehen. Sie nutzt die Fotografie als bilderzeugendes Medium, dessen Produkte auf die sichtbare Wirklichkeit zurückgehen. Die Gestaltung dieses Bezuges jedoch entzieht der Darstellung die Notwendigkeit der Wirklichkeitstreue, vielmehr stellen die Fotografien einen symbolischen Raumbezug dar. In Auseinandersetzung mit dem physischen Raum und den Möglichkeiten der Kamera, diesen abzubilden, schafft Madejska subjektiv geprägte Raumdarstellungen, welche die Produktion von Raum durch dessen Gestaltung und Darstellung ins Bild setzen.

Während Lidéns symbolisches Begehen des Stadtraumes und Madejskas Verwandlung von Macht-Repräsentationen in Leerstellen sich auf den realen, begehbaren, sinnlich wahrnehmbaren Raum beziehen, beschäftigen sich Künstler zunehmend mit dem Verhältnis von Material, Materialisierungen und Immaterialität, das insbesondere durch vermehrtes Handeln (kommunizieren, ein- und verkaufen, spielen) im technisch erzeugten Raum der Computer und des Internets virulent wird. Die *World Community Grid Water Features* (2010/2012) des Künstler-Duos Keller/Kosmas (Aids-3D) beschäftigen sich mit dem virtuellen, nur per Computer zugänglichen Raum und seinen Berührungspunkten mit der greifbaren, physischen Wirklichkeit. Im Ausstellungsraum sehen wir eine Reihe von im Internet gekauften Kitsch-Zimmerbrunnen, deren Gestaltung Bezug nimmt auf spirituelle Orte und Rituale durch archaisch anmutende Naturimitate und esoterische Symbole. Die Brunnen selbst als gefundene Objekte weisen auf außerhalb der Ausstellung liegende Räume wie Meditationszentren, Privatwohnungen oder Hotel-Lobbys, wo derartige Produkte zum Einsatz kommen als Dekorationsobjekt und Luftbefeuchter, deren fortwährendes Plätschern eine entspannende Wirkung entfalten soll. Als *World Community Grid Water Features* fungieren sie jedoch vornehmlich als Trägermaterial für unterseitig montierte Mini-Computer, deren Zweck gerade in ihrer Nicht-Nutzung besteht. Auf diesen Computern ist die frei erhältliche Software „World Community Grid"[15] installiert, welche ähnlich wie ein Bildschirmschoner immer dann in Aktion tritt, wenn sich der Computer im Leerlauf befindet.

World Community Grid ist eine nicht-kommerzielle Organisation, die medizinische und ökologische Forschungsprojekte unterstützt, indem die ungenutzte Computerzeit per Grid-Computing[16] in die Bearbeitung von Einzelschritten (etwa statistische Berechnungen) dieser Projekte einfließt. Keller/Kosmas spenden also mit ihren „Computer-Brunnen" die gesamte Dauer der Ausstellung an eine gemeinnützige Organisation. Mit den *World Community Grid Water Features* kreieren sie ein ambivalentes Bild für den persönlichen Beitrag zur Verbesserung der Welt durch komplette Passivität. Dabei geht es nicht um Kritik an der Organisation World Community Grid, sondern um die Beschäftigung mit den Effekten des eigenen Handelns, das sich zunehmend im virtuellen Raum abspielt. Die Brunnen führen quasi ein Doppelleben: Auf der einen Seite existieren sie als Hardware im Raum, die als Imitat einer nie versiegenden Quelle die Energie der Computer im gemeinschaftlichen, weltweit vernetzten „Grid" symbolisieren. Auf der anderen, unsichtbaren Seite „agieren" die Computer, führen Anweisungen aus, verschicken Ergebnisse im virtuellen, nicht zugänglichen Raum, der nur als Vorstellung im physischen Raum des Betrachters anwesend ist. Ist der Computerraum ein unendlicher, körperloser, geruchloser und immaterieller Raum, in dem die Effekte von Handlungen primär als Vorstellungen und Möglichkeiten existieren, so sind die Handlungen in diesem jedoch unauflösbar mit der gelebten Wirklichkeit verknüpft.[17] Der virtuelle Raum erscheint hierbei vor allem als durch Entscheidungen konstituierter Raum: Das Aufsuchen dieser oder jener Website, das Nutzen dieses oder jenen Serviceangebots schafft den Raum im Moment des Aufrufens der IP-Adresse. Die sich dadurch eröffnenden Möglichkeiten wirken sich bis in den realen Raum aus, denn auch wenn im immateriellen Raum grundsätzlich andere Regeln für dessen Produktion gelten, ist das Handeln in diesem dennoch untrennbar mit der Logik des physisch-konkreten Raumes verbunden.[18]

Diese Werkbeispiele zeigen, dass es weder *den* Raum gibt noch Kunstwerke, die nur einen Aspekt von Raum beschreiben oder bestimmen: Klara Lidén besteht auf der normativen Kraft von Verhaltensweisen (und dem Potenzial des Widerstands gegen sie) und der Produktion des konkreten Raums durch Handlungen; Agata Madejskas Fotografien bringen Leerstellen und blinde Flecke zur Ansicht beziehungsweise verteilen sie neu und Keller/Kosmas (Aids-3D) beschäftigen sich mit den Effekten von digital multiplizierten Räumen. Dies geschieht auf der Basis einer grundsätzlichen Annahme beziehungsweise Erfahrung: Raum erscheint als vielfältig gebrochen, unsicher, als „Zweifel".[19] Auch das Miterleben der Verschiebung territorialer Grenzen seit 1989 macht umso deutlicher: Raum ist immer neu zu beschreiben, zu benutzen und damit zu produzieren. Von dem konstruierten Raum der zentralperspektivischen Darstellung sind wir also bei der Vorstellung von Raum angekommen, der multiperspektivisch und veränderlich ist, der durch Handlungen und Darstellungen prozessual hervorgebracht, der produziert wird.[20]

Wonach fragen wir also, wenn wir uns (etwa in der Auseinandersetzung mit zeitgenössischer Kunst) mit dem Raumaspekt beschäftigen? Welche Perspektiven ermöglicht die Frage nach und Ausdifferenzierung von Raumvorstellungen, Repräsentationen und Handlungen im Raum? Was wird damit beschreibbar und sichtbar? Bestimmt man Raum nicht als feste Größe, sondern als zu produzierende Konstellation, gewissermaßen als Wucherung aus physisch Wahrnehmbarem, subjektiv Erlebtem und Repräsentiertem, dann ermöglichen Thematisierungen von Raum unter anderem die Wahrnehmung dieser Zusammensetzung, der Verteilung ihrer Anteile und den damit einhergehenden Verteilungen von Sichtbarkeit. Vorhandenes, vermeintlich Homogenes und Selbstverständliches kann damit in seiner Heterogenität thematisiert und sichtbar gemacht werden. Der Platz Puerta del Sol in Madrid etwa wird durch die Besetzung durch die Demonstranten von 15-M zu einem Raum der artikulierten Differenz. Der temporäre Ausnahmezustand macht in der Bevölkerung vorhandenen Widerspruch gegen staatliches Handeln öffentlich und unübersehbar, da er im Raum – als Praxis im Raum – ausgetragen wird. Klara Lidén schreibt körperlich ihren Zweifel und ihren Protest in das im Sinne von Fortschrittsideen gestaltete Territorium Manhattans ein. Agata Madejska gibt in ihren Bildern dem immer schon von politischen Aneignungen, Machtdemonstrationen und symbolischen Zuschreibungen durchzogenen öffentlichen Raum Ausdruck, und Keller/Kosmas stellen die gegenseitige Durchdringung von immateriellen digitalen und physisch-konkreten Räumen zur Diskussion. Möglich werden diese Freilegungen von grundsätzlicher Heterogenität von Räumen durch Handlungen und Darstellungen, die etwas bewegen, verschieben, anders gewichten – die also auf die Neuverteilung von sinnlich erfahrbaren Raumelementen setzen.

Nicht nur im Zusammenhang mit Raum beschreibt der Philosoph Jacques Rancière in seinem im Jahr 2000 verfassten Text *Die Aufteilung des Sinnlichen* Zusammenhänge von Ästhetik und Politik. Ein grundlegender Gedanke ist hier, dass die Verteilung, wer was wann sinnlich erfahren kann, eine politische Frage ist: „Die Unterteilung der Zeiten und Räume, des Sichtbaren und des Unsichtbaren, der Rede und des Lärms geben zugleich den Ort und den Gegenstand der Politik als Form der Erfahrung vor. Die Politik bestimmt, was man sieht und was man darüber sagen kann, sie legt fest, wer fähig ist, etwas zu sehen, und wer qualifiziert ist, etwas zu sagen, sie wirkt sich auf die Eigenschaften der Räume und die der Zeit innewohnenden Möglichkeiten aus."[21] Rancières „Aufteilung des Sinnlichen" bezeichnet ein „System sinnlicher Evidenzen", also ein System des mit den Sinnen Erfassbaren. Dieses zeigt ebenso die Existenz eines Gemeinsamen auf wie exklusive Unterteilungen, die nur einigen wenigen zugänglich bleiben. Mit anderen Worten: Es ist nicht alles von allen gleich erfahrbar. Die Befragung von künstlerischen Arbeiten auf den Raumaspekt hin stellt eine Möglichkeit dar, Verhältnisse von Sichtbarkeit und Unsichtbarkeit zu zeigen, Abweichungen zu denken und Verschiebungen vorzunehmen. Als „Repräsentationsraum"[22] bietet die Kunst dem subjektiven Erleben von Raum, seiner Aufteilung und Nutzung ein Feld, in dem dieses sichtbar und verhandelbar werden kann. So entsteht ein Möglichkeitsraum, in dem nicht nur alles noch einmal anders gedacht und erprobt werden kann, sondern in dem dieses Andere (besonders im Akt der Verräumlichung innerhalb einer Ausstellung) öffentlich und damit geteilt wird. In der Auseinandersetzung mit heutigen sozialen, virtuellen und konkret-physischen Produktionen von Raum entwerfen Kunstwerke andere Räume der Erfahrung und schaffen damit unbekanntes Terrain im vermeintlich Bekannten und Unverrückbaren.

1 Die Rede von „anderen Räumen" im Titel dieses Essays bezieht sich nicht auf den Text „Von anderen Räumen" Michel Foucaults, sondern verwendet „andere" im Sinne des allgemeinen Sprachgebrauchs als „weitere", „unterschiedliche" Räume.

2 Vgl. Claire Bishop, *Installation Art. A Critical History*, London 2005, S. 41.

3 El Lissitzky, „Demonstrationsräume", in: *El Lissitzky. Maler, Architekt, Typograf, Fotograf. Erinnerungen, Bilder, Schriften*, übergeben von Sophie Lissitzky-Küppers, Dresden 1976, S. 366.

4 Vgl. hierzu auch Robert Kudielka, „Gegenstände der Betrachtung – Orte der Erfahrung. Zum Wandel der Kunstauffassung im 20. Jahrhundert", in: Akademie der Künste (Hg.), *Topos Raum. Die Aktualität des Raumes in den Künsten der Gegenwart*, 2. Aufl., Nürnberg 2006, S. 44–57. Kudielka schreibt hier: „Denn die Ausweitung künstlerischer Konzeptionen, Strategien und Verfahrensweisen auf potentiell alle Handlungsräume hat ihrerseits eine Existenzbedingung moderner Kunstwerke in Erinnerung gerufen, die lange Zeit in ihrer Tragweite unterschätzt wurde. Moderne Kunst ist *ortlos* – und daß man neuerdings allerorts auf sie gefaßt sein muß, scheint die postmoderne Konsequenz dieser Kondition." (S. 45)

5 Alvin Luciers Sound-Arbeit ist auf der Website UbuWeb zugänglich: http://www.ubu.com/sound/lucier.html, zuletzt abgerufen am 27.03.2012.

6 Michel Foucault, „Von anderen Räumen", in: ders., *Schriften*, Bd. 4, Frankfurt am Main 2005, S. 931 (Originaltitel: „Des espaces autres", Vortrag aus dem Jahr 1967).

7 Zum „Spatial Turn" und seiner Diskussion in verschiedenen Disziplinen vgl. Jörg Döring und Tristan Thielmann, „Einleitung: Was lesen wir im Raume? Der *Spatial Turn* und das geheime Wissen der Geographen", in: dies. (Hg.), *Spatial Turn*, Bielefeld 2008, S. 7–45; sowie Stephan Günzel (Hg.), *Raum. Ein interdisziplinäres Handbuch*, Stuttgart und Weimar 2010, bes. S. 90–99.

8 Wolfgang Welsch, „Räume bilden Menschen", in: Egon Schirmbeck (Hg.), *RAUMstationen. Metamorphosen des Raumes im 20. Jahrhundert*, Ludwigsburg 2001, S. 15.

9 Michel de Certeau, *Kunst des Handelns*, Berlin 1988, S. 189 (Originaltitel: *L'invention du quotidien. 1: Arts de faire*, Paris 1980). Vgl. hierzu auch die Praxis der „dérive", des Umherschweifens in der Stadt, welche die Gruppe der Situationisten in den 1960er Jahren in Paris praktizierte mit dem Ziel, sich in den Straßen aufzuhalten, unerwartete und neue Nutzungen und Wege zu finden, den Raum handelnd zu erobern, ohne damit eine dauerhafte Einrichtung anzustreben. Diese Praxis entwickelte sich aus einem Widerstand gegen die planerische Kontrolle des öffentlichen Raumes im Sinne einer subjektiven, leidenschaftlich-spielerischen und flüchtigen Aneignung von Raum, die auf einer sozialen Hervorbringung von Raum durch Handlung insistiert. Vgl. hierzu etwa: Tom McDonough, „Situationist Space", in: ders. (Hg.), *Guy Debord and the Situationist International. Texts and Documents*, Cambridge und London 2002, S. 259ff.

10 Guy Debord, *Die Gesellschaft des Spektakels*, Berlin 1996, S. 17 (Originaltitel: *La Société du Spectacle*, Paris 1967).

11 Henri Lefebvre, *The Production of Space*, Malden, MA, Oxford und Victoria 1991, S. 3 (Übersetzung des Zitats durch die Autorin; Originaltitel: *Production de l'espace*, Paris 1974).

12 Henri Lefebvre, „Die Produktion des Raums" [Übersetzung eines Textauszugs aus dem Einleitungskapitel], in: Jörg Dünne und Stephan Günzel, *Raumtheorie. Grundlagentexte aus Philosophie und Kulturwissenschaften*, Frankfurt am Main 2006, S. 330.

13 Ebd. S. 333.

14 Ebd.

15 http://www.worldcommunitygrid.org/, zuletzt abgerufen am 27.03.2012.

16 Beim Grid-Computing werden einzelne Computer lose miteinander verkoppelt, um eine gemeinsame Aufgabe zu erfüllen, so dass eine Art virtueller Supercomputer entsteht. Die Einzelcomputer können dabei über die gesamte Welt verteilt sein, von verschiedenen Herstellern gefertigt und unterschiedliche Leistungen erbringen. Sobald ein angeschlossenes Gerät von seinem Hauptnutzer nicht verwendet wird und in den Leerlauf tritt, greift die Grid-Computing-Software auf es zu und nutzt die Zeit, um Berechnungen durchführen zu lassen, deren Ergebnisse schließlich an den zentralen Server geschickt werden.

17 So weist Daniel Keller in einer Präsentation der Arbeiten von Keller/Kosmas (Aids-3D) zum Beispiel darauf hin, dass ein Google-Suchvorgang durchschnittlich halb so viel CO_2 produziert wie das Kochen von Teewasser.

18 Bereits die metaphorische Bezeichnung des „Raumes" weist auf diese Verbindung ebenso wie die Idee des Datenraumes als betretbarer Cyberspace, die William Gibson in seinem 1984 veröffentlichten Roman *Neuromancer* entwickelt. Lev Manovich spricht von einer Erweiterung des Raumes durch Technologie, von einem „Überziehen" des physischen Raumes mit „Datenschichten". Vgl. Lev Manovich, „Die Poetik des erweiterten Raumes", in: *Topos Raum*, Nürnberg 2006, wie Anm. 4, S. 347.

19 „Space is a doubt: I have constantly to mark it, to designate it. It's never mine, never given to me, I have to conquer it." Georges Perec, *Species of Spaces and Other Pieces*, London u.a. 2008, S. 91 (Originaltitel: *Espèces d'espaces*, Paris 1974). Der 1936 geborene Georges Perec beschreibt hier seine persönliche Verunsicherung im Verhältnis zu Raum als begründet durch seine eigene Entwurzelung und den Verlust seines Elternhauses und seiner Familie während des Zweiten Weltkriegs.

20 Gilles Deleuze und Félix Guattari entwickeln in ihrem Text „Rhizom" die Idee, dass zeichenhafte Bezüge auf Wirklichkeit einen Anteil an deren Konstitution tragen, anstatt sie nur abzubilden. Sie ziehen hierzu u.a. den Vergleich mit dem Unterschied zwischen einer Karte und einer Kopie heran: „Die Karte ist das Gegenteil einer Kopie, weil sie ganz und gar auf ein Experimentieren als Eingriff in die Wirklichkeit orientiert ist. Die Karte reproduziert kein in sich geschlossenes Unbewußtes, sie konstruiert es." Gilles Deleuze und Félix Guattari, „Einleitung: Rhizom", in: dies., *Tausend Plateaus. Kapitalismus und Schizophrenie*, Berlin 1997, S. 23f. (Originaltitel: *Mille Plateaux*, Paris 1980).

21 Jacques Rancière, *Die Aufteilung des Sinnlichen. Die Politik der Kunst und ihre Paradoxien*, Berlin 2006, S. 27 (Originaltitel: *Le Partage du sensible. Esthétique et politique*, Paris 2000).

22 Lefebvre 2006, wie Anm. 12, S. 333.

CREATING SPACE

On the production of (symbolic, virtual, social) other spaces[1]

→ ULF AMINDE

→ SHANNON BOOL

→ MIKE BOUCHET

→ KEREN CYTTER

→ KELLER/KOSMAS (AIDS-3D)

→ KITTY KRAUS

→ KLARA LIDÉN

→ AGATA MADEJSKA

→ MANDLA REUTER

→ ALEXANDER WOLFF

In the 1920s, with his *Merzbau* (1920–36) Kurt Schwitters created in his studio in Hanover an artwork you could enter, and it is often cited as the precursor of Installation Art, which seeks spatially to embrace the viewer.[2] Likewise in the 1920s, with his *Proun Room* and his *Cabinet of the Abstract* El Lissitzky created the conditions for viewing art that activated the visitor, making the viewer's movement constituent for that space. Lissitzky wrote: "Whereas otherwise the visitor was lulled into a kind of passivity by passing by walls of pictures, our design is meant to make the man active. This should be the purpose of the space."[3] In art in the late 20th century, the relationship between viewer and space was explored further, reflected in the media used, new relations forged, and rephrased, now also in relation to institutional space, outdoor space, common and subjective space.[4] Since the 1960s in particular space has increasingly emerged as an object of aesthetic experience and as a term for grasping the reality constellations and thus as a topic and material for cultural studies and the arts. Works such as Alvin Lucier's acoustic spatial experiment *I am Sitting in a Room* (1969),[5] Dan Graham's highlighting of the interdependencies of body, self-image, and space (e.g., *Public Space/Two Audiences*, 1976) or Öyvind Fahlström's map-like representations of relations (e.g., *World Map*, 1972) show different ways of exploring space as the basic condition of the human understanding of self, action and the emergence of notions of reality. Philosopher Michel Foucault termed the 20th century the "age of space";[6] in cultural studies this is then actually postulated as the "spatial turn" and the trans-disciplinary enquiry into space thus construed as paradigmatic for the closing 20th and early 21st centuries.[7] What remains true throughout, however, is that "Space does not exist. (At any rate not in the same way as objects exist.)"[8]

Last year, for example, the "Occupy Wall Street" initiatives in the United States and the "15-M" (May 15 Movement) in Spain for several months occupied public spaces and in so doing changed social space. Tents were put up, people slept, cooked and provisionally lodged on the sites. This usage changed the public spaces from transit areas in everyday life into places with a symbolic power representative of the possibility of protest and refusal and for seeking out paths different to those foreseen by the state and society. By means of these and the act of occupation, fissures and ruptures were

articulated, dissent, different interests and notions of structuring basic economic and spatial conditions. Departures from the expected and envisaged usage of space highlighted that the space is a matter open for negotiation, an open process that is shaped by markings, appropriations and ascriptions. In other words, there is no space that is neutral, forever the same and always equally accessible to all.

Walking through a city already produces meaning. In his 1980 essay on *The Art of Action*, Michel de Certeau compares this with linguistic utterances and describes the appropriation, realization and creation of relations by walking in space (just as a speech act consists of an appropriation and realization of language and the creation of relationships between words).[9] In Klara Lidén's video *Der Mythos des Fortschritts* [The myth of progress] (2008) we watch the recording of such an appropriation of space. The artist moves at night through the streets of Manhattan's Lower East Side, constantly, slowly and regularly performing the movements of Michael Jackson's famous 'Moonwalk'. Cars drive past her at a normal speed, while she herself crosses the space against the normal direction driven and in extreme slow-motion. The 'Moonwalk' has its origins in actors pantomiming walking without actually moving from the spot. Various dancers refined the illusion until, in 1983, the sequence of steps became world famous as performed by Michael Jackson on US TV (and became his trademark). The 'Moonwalk' creates the sensation of forwards movement while the dancer actually moves backwards. With her imitation of Michael Jackson, Lidén also alludes to Jackson as a Pop star whose life was extensively described by the media and who actually only exists now as a media figure for readers and viewers. "The 'society of the spectacle' is captivated by such images, which appear more real than the reality outside the front door. It says nothing more than 'that which appears is good, that which is good appears.' The attitude which it demands in principle is passive acceptance which in fact it already obtained by its manner of appearing without reply, by its monopoly of appearance."[10] Lidén appropriates this image, turns it back into an action at a specific place: the Lower East Side in Manhattan. This district is a prime example of the gentrification of districts that formerly provided cheap accommodation and thus of the uncaring maximization of profit that destroys neighborly relations that have grown over time and also the small shops, causing drastic cultural change. Lidén uses her body to describe this space, seizing it and producing it in the act of walking. With her action she goes against the grain of habitual behavioral patterns in public space and thus spotlights the normative power of precisely these patterns. In this case, walking through Lower East Side becomes a path articulating Lidén's doubt and resistance, turning purported progress into constant regress.

While in his *The Practice of Everyday Life* Michel de Certeau explores everyday actions in space and their subversive potential, in his 1974 book *The Production of Space* Henri Lefebvre attempts a fundamentally new definition of the concept of space. He starts from the assumption that the word 'space' is used in all possible contexts and designates not only actual physical space but also mental spaces, such as "literary space, ideological spaces, the space of dreams."[11] However, Lefebvre criticizes that the linkages between the two have never been studied. To fill this breach, he develops the term 'social space', which he defines saying "(Social) space is a (social) product."[12] Lefebvre distinguishes the social production of space in three areas that are interwoven and mutually defining: 1. spatial practice: the use of space, actual use of space from the everyday through to the macro-social level; 2. representation of space: maps, studies, urban planning; 3. spaces of representation: people's experienced, directly lived space, in which they reside, which they describe, change by imagination and subjectively experience.[13] Lefebvre considers art as coming under this third category: "*Representational spaces [espaces de représentation]* embodying complex symbolisms, sometimes coded, sometimes not, linked to the clandestine or underground side of social life, as also to art (which may come eventually to be defined less as a code of space than as a code of representational spaces)."[14] For example, with her street 'Moonwalk' Klara Lidén performs a symbolic action, expressing her doubts in the "myth of progress". The action and its recording on video create a symbolic spatial reference, as it were a subjective coding of real space as an artifact that in turn refers to the social space. Lidén's doubt is expressed in precisely that space whose type of use and change is part and cause of the doubt. The action itself articulates another space, undertaking a playful reinterpretation of

conventions as regards behavior, speeds and paths in urban space. Lidén's video thus refers to the social production of social space by common and individual kinds of use, motion, sharing/not-sharing, of refusal and affirmation.

Agata Madejska's photographic series *The Order of Solids* (ongoing as of 2010) uses the technical potential of photography to create images that test the visual forms of refusal. We see silhouette-like structures on a white ground, in the middle of a park-scape or between houses. The images are based on monuments and artworks in public space that Madejska presents in enigmatic forms that in part resemble unstructured silhouettes bereft of spatial depth. The monuments are given aesthetic presence in these images, and alienated; their firm, "solid" materiality dissolves in light/shadow surfaces, lodged between abstract elements and the clear representation of reality. Madejska's images knock the monuments from their plinths by staging them as empty space. This photographic redistribution of the invisible/visible enables her to highlight the transitive character of symbolic ascriptions that arise or dissipate in public space. She uses photography as an image-generating medium whose products derive from visible reality. The shape this reference is given deprives the representation of any need to be faithful to reality, as the photographs instead create a symbolic reference to space. With her inquiry into physical space and the camera's potential to depict it, Madejska offers subjectively defined representations of space that emphasize how space is produced with its design and representation.

While Lidén's symbolic walk through urban space and Madejska's transformation of symbols of power into empty spaces refer to real space accessible to the senses and the body, artists are increasingly addressing the relationship of material, materializations and immateriality as has become so virulent with intensified action (communication, buying/selling, play) in the technically created space of the computer and the Internet. The *World Community Grid Water Features* (2010-2) made by artist duo Keller/Kosmas (Aids-3D) focus on the virtual space only accessible by computer and its points of contact with tangible, physical reality. In the exhibition space, we see a series of kitsch indoor fountains bought on the Internet, the design of which refers to spiritual places and rituals with their archaic-seeming imitations of nature and esoteric symbols. The fountains themselves as found objects refer to spaces outside the exhibition such as meditation centers, private apartments and hotel lobbies, where such products are used as decoration and air humidifiers, whose constant burbling is meant to be relaxing. As *World Community Grid Water Features* they primarily function as the basis for mini-computers installed underneath whose purpose is precisely their non-use. The computers run the "World Community Grid"[15] freeware, which like screensavers always kick in when the computer is idle. World Community Grid is a non-commercial organization that supports medical and ecological research projects by inputting non-used computer time by grid computing[16] into processing individual steps for the projects (such as statistical calculations). In other words, with their "computer fountains", Keller/Kosmas donate the entire duration of their show to a charitable organization. With the *World Community Grid Water Features* they create an ambivalent image for a personal contribution to improve the world by complete passivity. This is not a matter of criticizing the World Community Grid organization but studying the effects of personal action that increasingly takes place in virtual space. The fountains lead double-lives as it were: On the one hand, they are hardware in space, as imitations of a never-ending source symbolizing the power of computers in a shared, world-wide-networked "grid". On the other, invisible hand, computers "act", execute commands, send results into the virtual, inaccessible space that is only present as an idea in the viewer's physical space. While computer space is only an infinite, bodiless, scentless, immaterial space, where the effects of actions are primarily notions and potentiality, the actions in it are inextricably linked to lived reality.[17] Here, virtual space seems above all to be constituted by decisions: visiting this or that Website, using this or that service offering creates the space the moment the IP address is activated. The opportunities this affords actually affect real space, as even if the rules for its products are fundamentally different in immaterial space, action in it is nevertheless inseparably bound up with the logic of actual physical space.[18]

The works discussed here exemplify that there is neither *the* space nor artworks that describe or define only one aspect of space: Klara Lidén insists on the normative power of behavioral patterns (and the potential of resistance to them) and the production of real space by actions; Agata Madejska's photographs visualize or redistribute empty spaces and blind spots and finally Keller/Kosmas (Aids-3D) address the effects of digitally multiplied spaces. All of this occurs on the basis of a fundamental assumption or experience: space appears ruptured in many ways, uncertain, as "doubt".[19] Experiencing the shift in territorial borders since 1989 makes it all the clearer: space must always be re-described, used and thus produced. From the constructed space of depicted central perspective we have thus graduated to a notion of space that is multi-perspectival and mutable, produced processually by actions and representations.[20]

So what do we ask for when we concern ourselves with the aspect of space (e.g., in an inquiry into contemporary art)? What perspectives are enabled by the question about and differentiation of notions, representations and actions in and of space? What does this allow us to describe and visualize? If space is not defined as a fixed variable, but as a produced constellation, as it were as the rampant outgrowth of the physically perceivable, subjectively experienced and represented, then highlighting space allows us to perceive this composition, the distribution of its components, and the related spread of visibility. The heterogeneity of the existent, purportedly homogeneous and self-evident can then be highlighted and visualized. Puerta del Sol square in Madrid, for example, was turned by its occupation by 15-M demonstrators into a space of articulated difference. The temporary state of emergency renders the resistance to state action innate in the population public and unmistakable, as it is enacted in space, as practice in space. Klara Lidén inscribes her doubts and protest into the territory of Manhattan structured in terms of ideas of progress. In her images, Agata Madejska expresses public space as always permeated by political appropriations, demonstrations of power and symbolic ascriptions, and Keller/Kosmas highlight the reciprocal permeation of the immaterial digital and physical/actual spaces. These exposures of the fundamental heterogeneity of spaces are enabled by actions and representations that move and shift things or reweight them—thus prioritizing the redistribution of spatial elements that can be experienced by the senses.

Not only as regards space does philosopher Jacques Rancière describe the linkages of aesthetics and politics in his essay published in 2000 as *The Distribution of the Sensible*. A fundamental idea in it is that the distribution of who can experience what with the senses is a political matter: "It is a delimitation of spaces and times, of the visible and the invisible, of speech and noise, that simultaneously determines the place and the stakes of politics as a form of experience. Politics revolves around what is seen and what can be said about it, around who has the ability to see and the talent to speak, around the properties of spaces and the possibilities of time."[21] Rancière's "distribution of the sensible" denotes a "system of sensory evidences", meaning a system of what we can grasp with the senses. It displays both the existence of a common ground and exclusive subdivisions that remain accessible only to a few, meaning not everything can be experienced by everyone equally. An enquiry into artistic pieces as regards the aspect of space is one way of showing relationships between the visible and the invisible, thinking deviations, and undertaking shifts. As a "space of representation"[22] art offers a field in which this can be visualized and negotiated through the subjective experience of space, its divisions and usages. What arises is a space of possibilities in which not only everything can be rethought and tried out differently, but in which this difference (especially in the act of spatialization within an exhibition) becomes public and thus shared. As an inquiry into contemporary social, virtual and actual/physical productions of space, artworks create different spaces of experience and thus unknown terrain within the purportedly known and inalienable.

1   My use of the term "other spaces" in the title to this essay does not refer to Michel Foucault's essay "Of Other Spaces" but uses "other" in the general sense as "additional", "different" spaces.

2   See Claire Bishop, *Installation Art. A Critical History*, (London, 2005), p. 41.

3   El Lissitzky, "Demonstrationsräume," in *El Lissitzky. Maler, Architekt, Typograf, Fotograf. Erinnerungen, Bilder, Schriften*, recorded by Sophie Lissitzky-Küppers, (Dresden, 1976), p. 366.

4   See on this Robert Kudielka, "Gegenstände der Betrachtung – Orte der Erfahrung. Zum Wandel der Kunstauffassung im 20. Jahrhundert," in Akademie der Künste (ed.), *Topos Raum. Die Aktualität des Raumes in den Künsten der Gegenwart*, 2nd ed., (Nuremberg, 2006), pp. 44–57. Kudielka writes: "Because the extension of artistic concepts, strategies and procedures to potentially include all areas of action has in turn brought to the fore a condition for the existence of modern artworks, the impact of which was long underestimated. Modern art is *placeless*—and the fact that recently one must evidently expect to encounter it in all places can be considered the postmodern consequence of this condition." (p. 45)

5   Alvin Lucier's sound piece can be accessed on the UbuWeb site: http://www.ubu.com/sound/lucier.html, last consulted on March 27, 2012.

6   Michel Foucault, "Des espaces autres", lecture given in 1967.

7   On the "spatial turn" and its discussion in the various disciplines, see Jörg Döring and Tristan Thielmann, "Einleitung: Was lesen wir im Raume? Der *Spatial Turn* und das geheime Wissen der Geographen," in Jörg Döring and Tristan Thielmann (eds.) *Spatial Turn*, (Bielefeld, 2008), pp. 7–45; also see Stephan Günzel (ed.), *Raum. Ein interdisziplinäres Handbuch*, (Stuttgart and Weimar, 2010), in particular pp. 90–9.

8   Wolfgang Welsch, "Räume bilden Menschen," in Egon Schirmbeck (ed.), *RAUMstationen. Metamorphosen des Raumes im 20. Jahrhundert*, (Ludwigsburg, 2001), p. 15.

9   Michel de Certeau, *The Practice of Everyday Life*, trans. Steven Rendall, (Berkeley, 1984) (original: *L'invention du quotidien. 1: Arts de faire*, Paris, 1980). See also on the practice of "derive," of meandering in a city, which the Situationists practiced in Paris in the 1960s with the goal of moving through the streets to find unexpected and new usages and ways of conquering space through action without attempting this as a permanent endeavor. This practice evolved from resistance to the control of public space by the planners—prioritizing a subjective, passionate, playful and fleeting appropriation of space that insists on the social generation of space by action. See for example: Tom McDonough, "Situationist Space," in McDonough (ed.), *Guy Debord and the Situationist International. Texts and Documents*, (Cambridge and London, 2002), pp. 259ff.

10 Guy Debord, *The Society of the Spectacle*, tr. Fredy Perlman and Jon Supak (1970; rev. ed. 1977), p. 12 (original: *La Société du Spectacle*, Paris 1967).

11 Henri Lefebvre, *The Production of Space*, tr. David Nicholson-Smith, (Malden, MA, Oxford and Victoria, 1991), p. 3 (original: *Production de l'espace*, Paris, 1974).

12 Ibid, p. 26.

13 Ibid. p. 33.

14 Ibid.

15 http://www.worldcommunitygrid.org/, last consulted on March 27, 2012.

16 In grid computing individual computers are joined loosely to perform a joint task so that a kind of virtual supercomputer arises. The individual computers can be anywhere in the world, of different makes and capacities. As soon as a linked machine is not used by its main user and is idle, the grid-computing software taps it and uses the time to carry out calculations, the results of which are then sent to the central servers.

17 In a discussion of pieces by Keller/Kosmas (Aids-3D) Daniel Keller points out, for example, that a Google search on average produces half the CO_2 required to boil water for a cup of tea.

18 The metaphoric designation of "space" itself points to this linkage, as does the idea of dataspace as cyberspace you can enter as developed by William Gibson in his 1984 novel *Neuromancer*. Lev Manovich speaks of an extension of space by technology, of "covering" physical space with "data layers". See Lev Manovich, "Die Poetik des erweiterten Raumes," in *Topos Raum*, 2006, s. fn. 4, p. 347.

19 "Space is a doubt: I have constantly to mark it, to designate it. It's never mine, never given to me, I have to conquer it." Georges Perec, *Species of Spaces and Other Pieces*, (London, etc. 2008), p. 91 (original: *Espèces d'espaces*, Paris, 1974). Born in 1936, here Georges Perec describes his personal uncertainty as regards space as rooted in his own lack of roots and the loss of his parental home and family during World War II.

20 In their "rhizome" text, Gilles Deleuze and Félix Guattari developed the idea that semiotic references to reality help constitute the latter rather than depict it. In this context, they draw, among other things, on a comparison with the difference between a map and a copy: "What distinguishes the map from the tracing is that it is entirely oriented toward an experimentation in contact with the real. The map does not reproduce an unconscious closed in upon itself; it constructs the unconscious." Gilles Deleuze and Félix Guattari, "Introduction: Rhizome," in Gilles Deleuze and Félix Guattari, *A Thousand Plateaus* (Minneapolis, 1987) tr. Brian Massumi, p. 12 (original: *Mille Plateaux*, Paris, 1980).

21 Jacques Rancière, *The Politics of Aesthetics: The Distribution of the Sensible*, translated by Gabriel Rockhill, (London, 2004), p. 13 (original: *Le Partage du sensible. Esthétique et politique*, Paris, 2000).

22 Lefebvre, s. fn. 11, p. 33.

ALICJA KWADE

1 *Durchbruch durch Schwäche,* 2011 (Detail)
2 *Andere Bedingung (Aggregatzustand 4),* 2009
3 *1979 leere Liter bis zum Anfang,* 2010

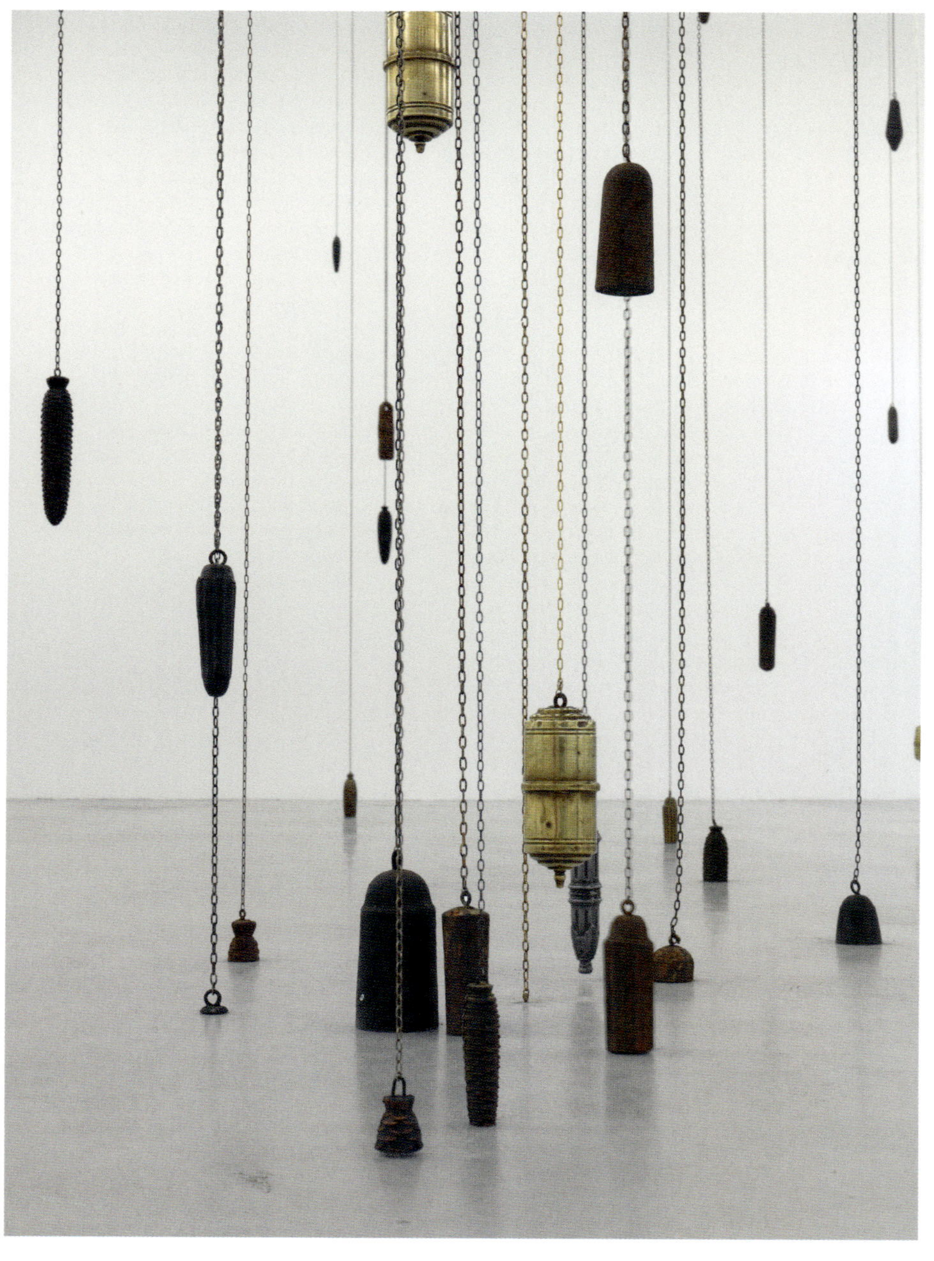

1

d Alicja Kwades Fotografien, Skulpturen und Videoarbeiten beschäftigen sich mit den vielfältigen Erscheinungsformen von Realität. Die Künstlerin, die an der Universität der Künste in Berlin Bildhauerei studiert hat, widersetzt sich jeder medialen Festlegung. Sie sagt: „Im Grunde gehe ich von einer Idee aus, die mich fasziniert, und versuche dann die klarste Lösung zu finden. Eine Fotografie ist nicht nur eine Fotografie, sie kann auch durchaus eine Skulptur sein […]." Die Freiheit, mit der sie Formgrenzen überschreitet, verweist auf die Vielseitigkeit ihres künstlerischen Verständnisses und ihres Arbeitsgebietes, in dem sich kunsthistorische neben philosophischen und naturwissenschaftlichen Referenzen finden. Sie beschreibt ihren Zugang zu diesen Wissensgebieten selbst – gerade im Bereich der Naturwissenschaften – als den eines begeisterten Laien und setzt sich assoziativ mit ihnen auseinander.

Ihre Arbeiten schärfen den Blick und rufen ein Staunen über die Welt und deren Objekte hervor. In den Arbeiten der Reihe *Aggregatzustand* überrascht Kwade beispielsweise, indem sie die physikalischen Eigenschaften von Materialien zu überwinden scheint und das in spannungsvoll atmosphärischen Installationen inszeniert. So lehnen unterschiedliche Gegenstände, wie ein Spiegel, ein Kupferrohr und eine Holzlatte, wie von unsichtbaren Kräften gleichförmig gebogen, nebeneinander an der Wand. Auch die Arbeiten der Reihe *Parallelwelt* behandeln, worauf der Titel verweisen kann, eine zweite Realität – sieht man doch ein Objekt gleich zweimal, allerdings spiegelverkehrt realisiert. Die beiden nahezu identischen Äste *Ast/Antiast Nr. 2* (2010, aus: *Parallelwelt*) oder Kleinwagen *Nissan 1 + 2,* (2009, aus: *Parallelwelt*) sind nicht als Original und Kopie zu bewerten; Kwade versteht sie als verdoppelte Zeit. Das Thema „Zeitlichkeit" – ihre strukturelle Verdopplung, Sezierung oder auch der Moment des Stillstands – beschäftigt die Künstlerin in zahlreichen Arbeiten. Die Installation *Durchbruch durch Schwäche* (2011), die in *Made in Germany Zwei* gezeigt wird, reflektiert diese Faszination. 303 unterschiedliche Uhrengewichte – kleine, große, aus Messing oder Bronze, moderne und historische – hängen von der Decke des Ausstellungsraums. Losgelöst vom Uhrengehäuse, durchspannen sie in vertikalen Linien den Raum und scheinen, gezogen von der Schwerkraft, selbst durch den Fußboden hindurchzugleiten. Zeit beschreibt Kwade nicht durch Bewegung, sondern durch ein im Stillstand inszeniertes Kräfteverhältnis. *Durchbruch durch Schwäche* ist eine für das Gesamtwerk von Alicja Kwade charakteristische Arbeit, in dem sie durch minimale Zustandsveränderungen auf eine verborgene Metaphysik in Gegenständen und Materialien verweist. Mit einer konzentrierten Formensprache gelingen Kwade sinnliche Inszenierungen, die in eine eindrückliche Ideenwelt einführen.
—*Lisa Marei Schmidt*

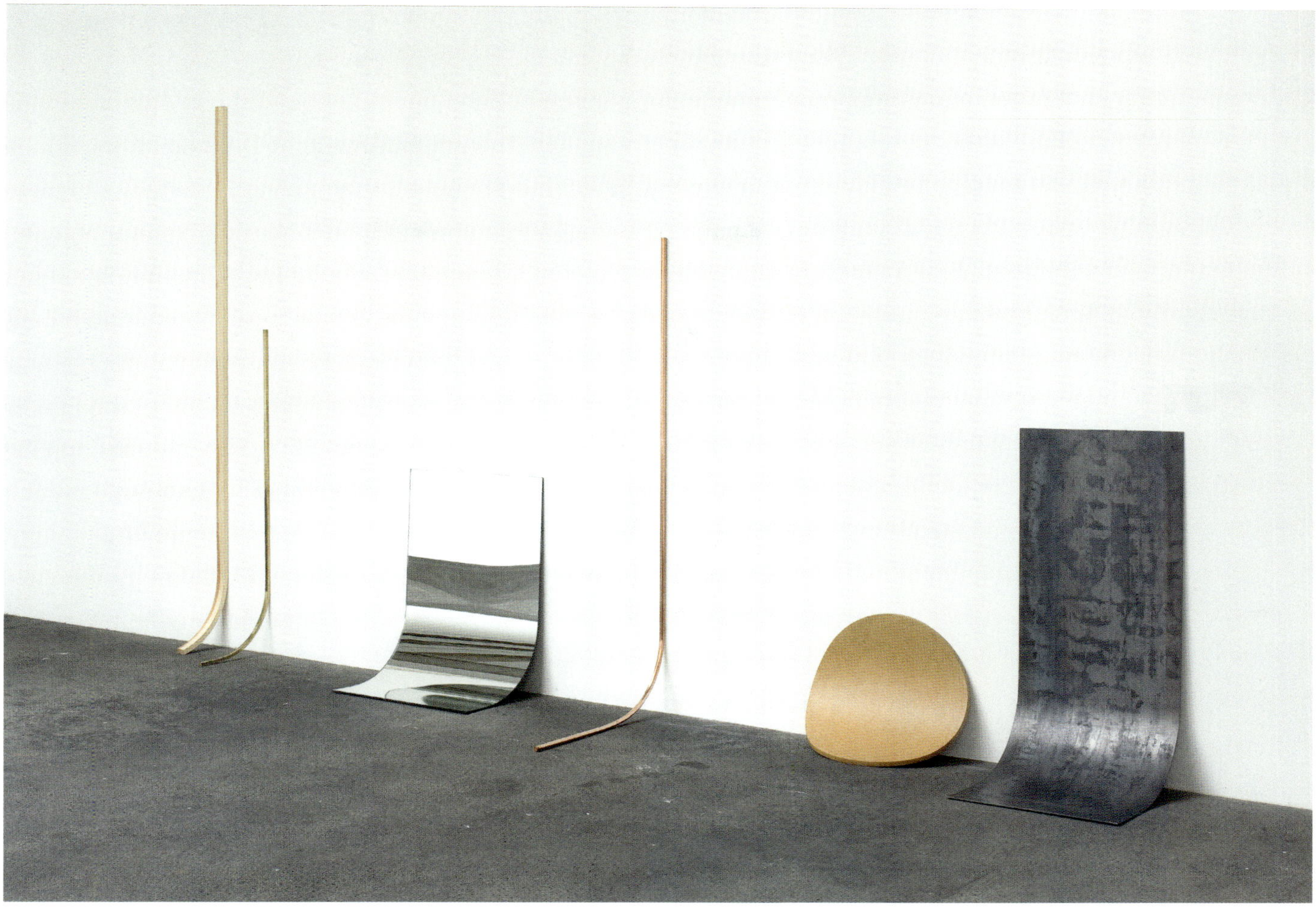

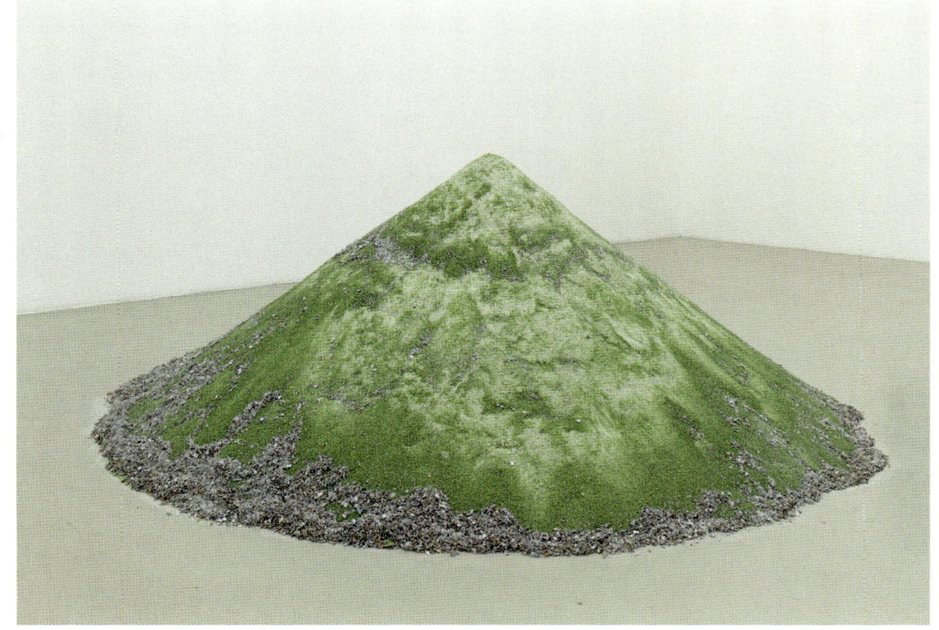

2

3

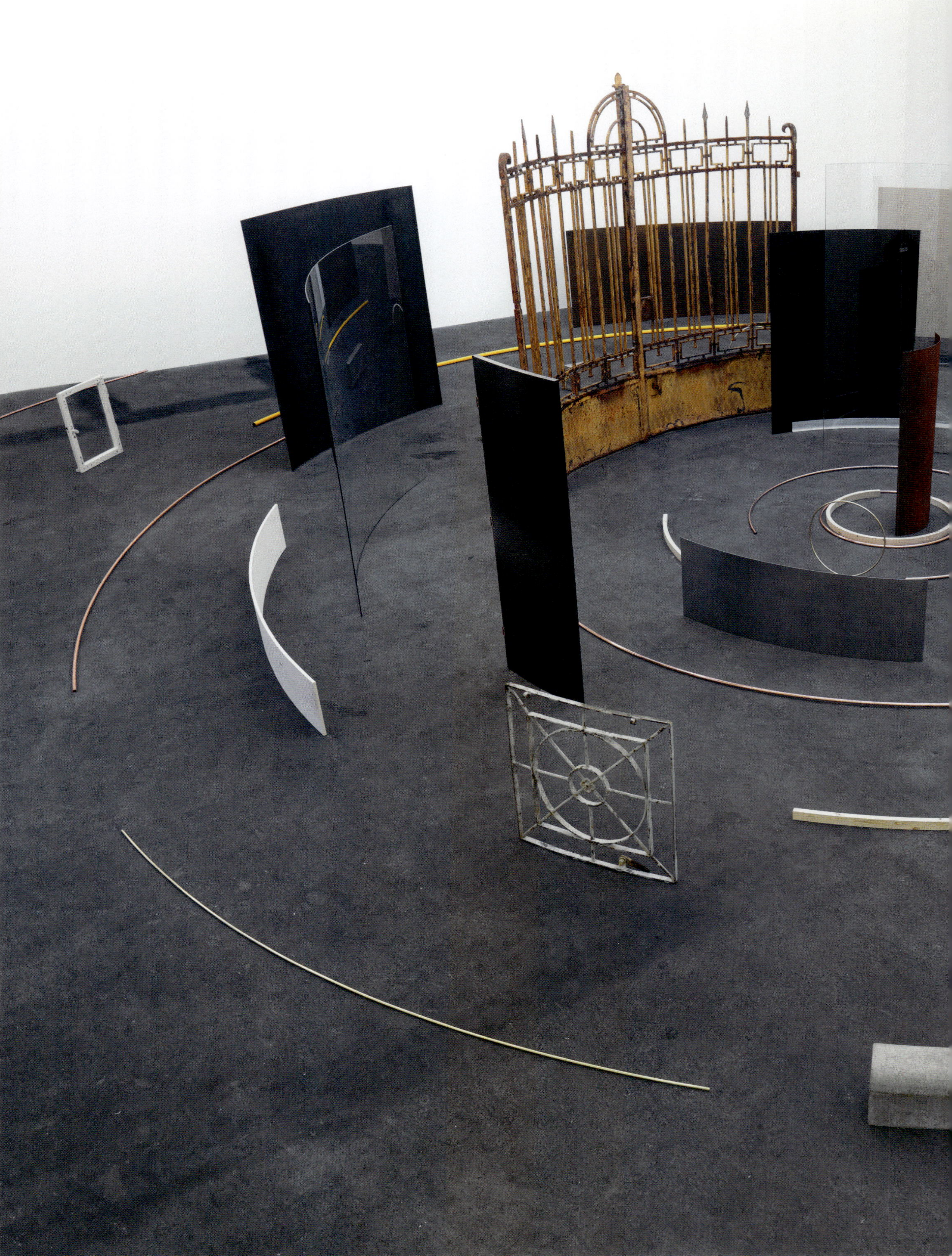

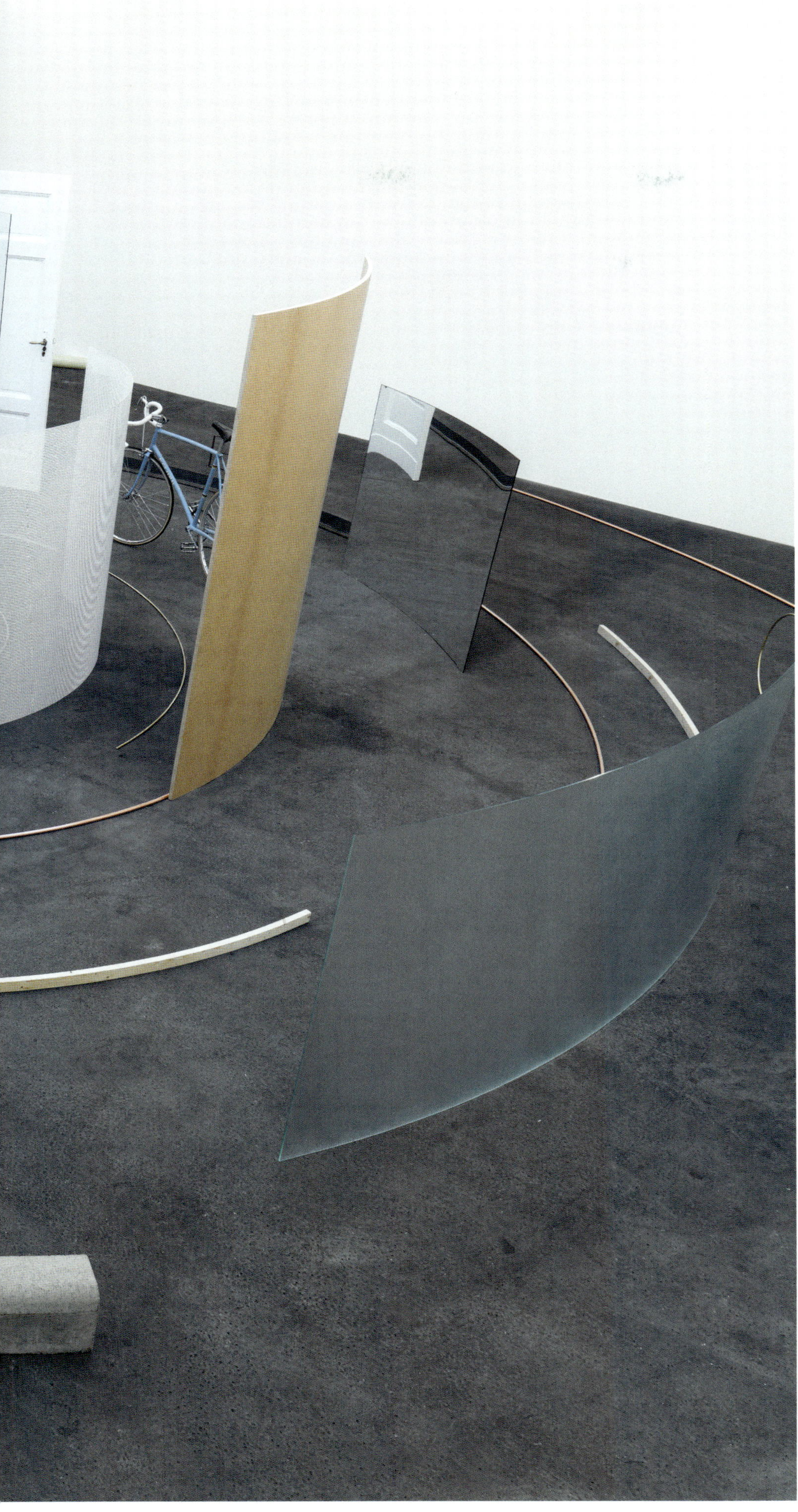

e   Alicja Kwade's photographs, sculptures and video works address the diverse manifestations of reality. The artist, who studied sculpture at the Berlin University of the Arts, cannot be pigeonholed in terms of one media. She says: "Essentially I start with an idea that fascinates me and then try to find the clearest solution. A photograph is not just a photograph, it may well also be a sculpture [...]." The freedom with which she crosses formal boundaries highlights the multifaceted nature of her artistic understanding and her field of work, which encompasses art-historical, philosophical and scientific references. She herself describes her (associative) approach to these disciplines—particularly the sciences—as that of an enthusiastic layperson.

Her works sharpen our gaze and cause us to marvel at the world and its objects. In her *Aggregatzustände* (Aggregate states) series for instance, Kwade surprises us by seemingly overcoming the physical properties of materials in exciting, atmospheric installations. For example, various objects such as a mirror, copper pipe and wooden plank, uniformly bent as though by invisible forces, lean next to each other against a wall. The works from the series *Parallelwelt* (Parallel world) also explore, as the title indicates, another reality. Here we see an object not once but twice, although inverted. The two identical branches *Ast/Antiast Nr. 2* ([Branch/Anti branch no. 2] 2010, from: *Parallelwelt*) or small cars *Nissan 1 + 2*, (2009, from: *Parallelwelt*) cannot be viewed as original and copy; Kwade sees them as time in duplicate. The theme "temporality"—its structural duplication, dissection and the moment of standstill—occupies the artist in numerous works. The 2011 installation *Durchbruch durch Schwäche* (Breaking through weakness) reflects this fascination. 303 different clock weights—small, large, brass or bronze, modern and historical—hang from the ceiling of the exhibition space. Removed from the clock casing, they span the space in vertical lines and, pulled down by gravity, even seem to glide through the floor. Kwade does not use motion to describe time, but a static balance of forces. *Durchbruch durch Schwäche* is characteristic of Alicja Kwade's entire œuvre, referring by way of minimal changes in state to a concealed metaphysics in objects and materials. Using a concentrated formal language Kwade achieves sensory orchestrations that lead us into an impressive world of ideas.
—*Lisa Marei Schmidt*

ALON LEVIN

1 *Art for the Masses II*, 2010
2 *Conclusion to the Big Ideas*, 2011

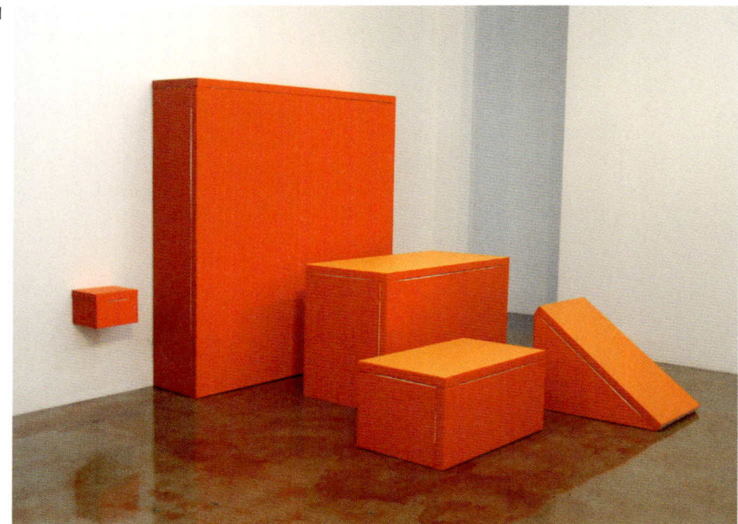

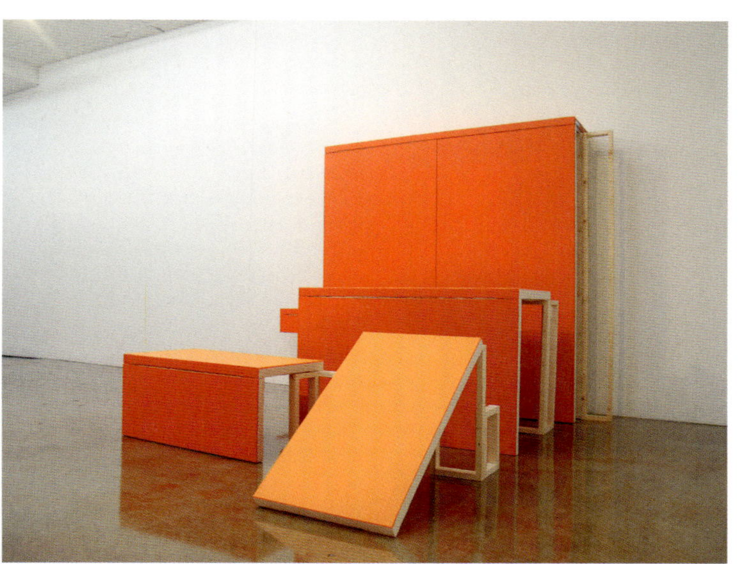

d Alon Levins raumgreifende Konstruktionen kreisen um architektonische und symbolische Manifestationen von abstrakten Begriffen wie Macht, Fortschritt oder Wachstum. Er bezieht sich in der formalen Gestaltung seiner Arbeiten auf Gebäude, Rituale und Bilder, die diese Begriffe symbolisieren und in der Gemeinschaft verankern wie zum Beispiel der Triumphbogen, das Siegerpodest oder das Riesenrad als technische Innovation des 19. Jahrhunderts. Diese übersetzt er in modellhaft anmutende, selbst angefertigte Konstruktionen aus einfachen Materialien wie Holz, Gips und Pappe. Levins Phantome wiederholen Formen, die sich ins kollektive Gedächtnis eingeschrieben haben, und zerlegen sie in ihre Bestandteile. So entstehen Bilder für die Ambiguität von Erfolg und Misserfolg, für die Instabilität von ideologischen, ökonomischen und wissenschaftlichen Systemen. Die Arbeit *A History of Economic Thought or the Execution of Progress* (2006/2008) etwa führt die Idee des Fortschritts in einer endlos wachsenden, improvisierten und entsprechend prekären Struktur ad absurdum. *Or Why Not Celebrate The Past Before The Future Will Come (Accounts of happenings I, II, III)* aus dem Jahr 2010 präsentiert in einem Regalsystem Elemente aus Bildern von El Lissitzky und Kasimir Malewitsch sowie wimpelartige, an Protestfahnen erinnernde Konstruktionen, die hier wie in einem Baukasten auf ihren Einsatz warten. Die so präsentierten und geordneten Objekte stellen ihren Status als Instrumente für gesellschaftlichen Wandel oder bloßes Material infrage.

Levins Arbeitsprozess basiert auf Recherche, Akkumulation und fortwährender Um- und Neustrukturierung der Informationen in ihrer physischen Form. Diese Form ist nicht abgeschlossen, sondern bleibt offen für Modifizierungen und Wiederaufführungen in veränderter Weise. Von Ausstellung zu Ausstellung variiert, wiederholt, de- und rekonstruiert Levin seine Arbeiten, wie zum Beispiel auch für die Ausstellung *Made in Germany Zwei* mit der Arbeit *Art for the Masses I, Upward Formation* (2010–2012). Basierend auf dem Ensemble *Art for the Masses*, dessen Holzkuben angelehnt sind an Display-Systeme im New Yorker Metropolitan Museum, fügt Levin hier neue Elemente hinzu, baut Form und Inhalt auf und ab. So schaffen seine Arbeiten ein Netz von formalen und inhaltlichen Verknüpfungen, das wuchert, sich verschiebt und neue Knotenpunkte herausausbildet – etwa analog zur Online-Enzyklopädie Wikipedia, die dezentral angelegt ist, wächst, sich verändert und potenziell alle Informationen der Welt strukturiert und in sich aufnimmt.

Ein Ausschnitt aus dieser Wissensmaschine erscheint in Buchform erstmals in Alon Levins Ausstellung *End to the Grand Gesture* (2011). Wikipedia bietet den Service an, Suchergebnisse als PDFs zu speichern, diese als Buch zusammenzufassen und gedruckt zuzuschicken. Für seine Ausstellung produzierte Levin ein gebundenes, 1400 Seiten starkes Buch mit dem Titel *Modernity in Very General Terms*, welches seine über Monate hinweg gesammelten Rechercheergebnisse rund um den Begriff der Moderne quer durch alle Wissensgebiete enthält. Ein solches Wikipedia-Buch ist auch Teil seiner neuen Arbeit *Permanently Contemporary* (2012), die in der Ausstellung *Made in Germany Zwei* gezeigt wird. In mehreren Bänden werden hier Wikipedia-Einträge zum Thema „Abstraktion und Unsterblichkeit" zusammengetragen. Die Bücher stützen einen Bilderrahmen, der eine eingegipste Leinwand enthält. Der Gips wird zu einer Schicht, die das Bild dem Blick entzieht und es zugleich konserviert. Die Gipsfläche zeigt sich dabei als solche – die Bildfläche hat keine repräsentierenden Funktionen, sondern zeigt Material, das an die Stelle des Bildes getreten ist. Levin bezieht sich hier auf Funde von Bildern hinter Gipsflächen, die auf diese Weise vor Bilderzerstörungen versteckt und Jahrhunderte später perfekt konserviert wieder entdeckt wurden. Wie die meisten seiner Objekt-Abstraktionen erhält dieses Objekt seine finale Form aufgrund von Entscheidungen, die auf der Basis umfassender Recherchen gefällt werden. Dabei bleibt es jedoch lückenhaft, bedeutungsoffen und verweigert abschließende Antworten. Informationen, Daten, Bauten und Dokumente erscheinen in Levins Arbeiten als bewegliche Bausteine in einer sich ständig transformierenden und aktualisierenden Sicht auf die Welt, der eine tiefe Skepsis gegenüber festgeschriebenen Systemen zugrunde liegt.
–Kathrin Meyer

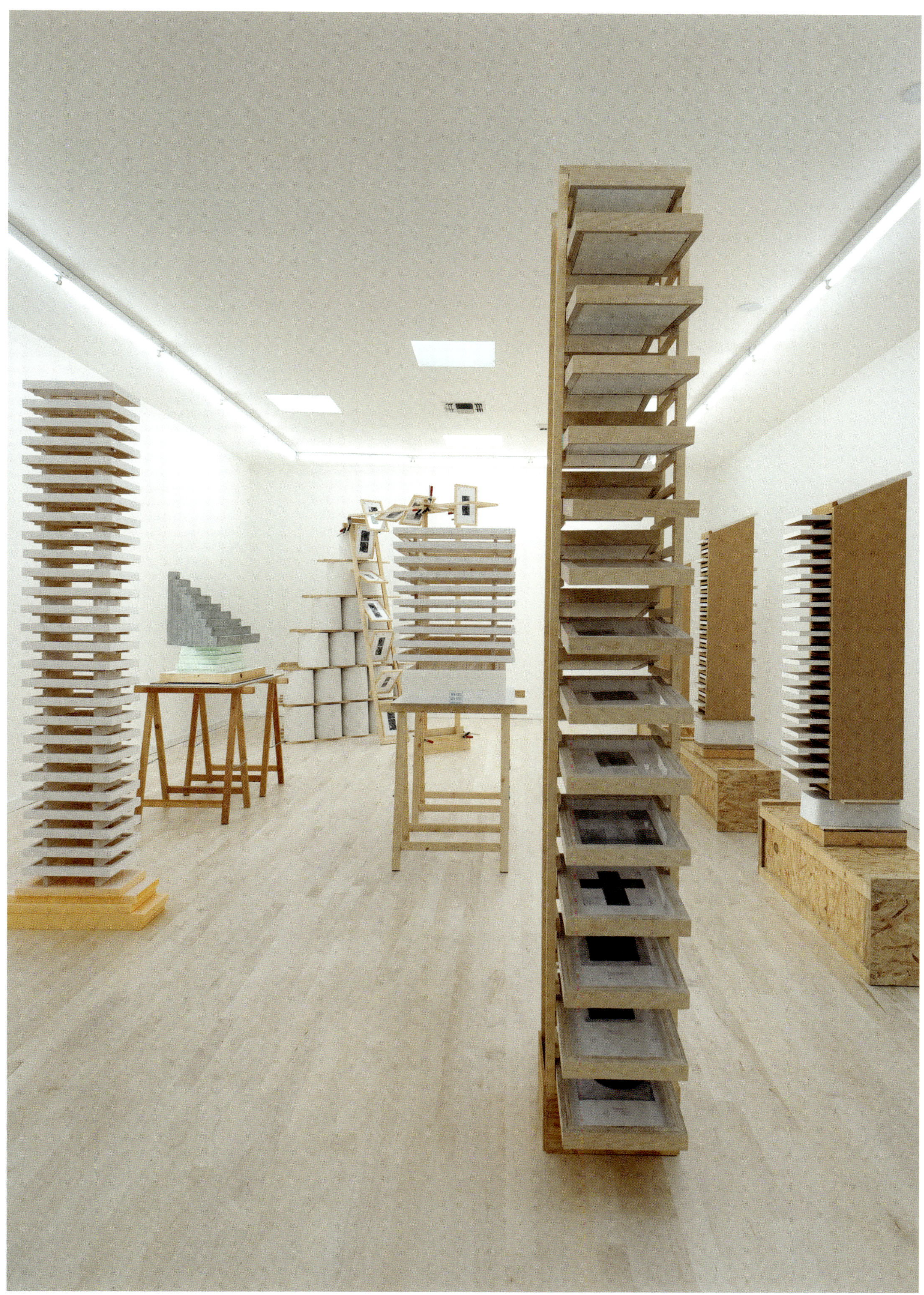

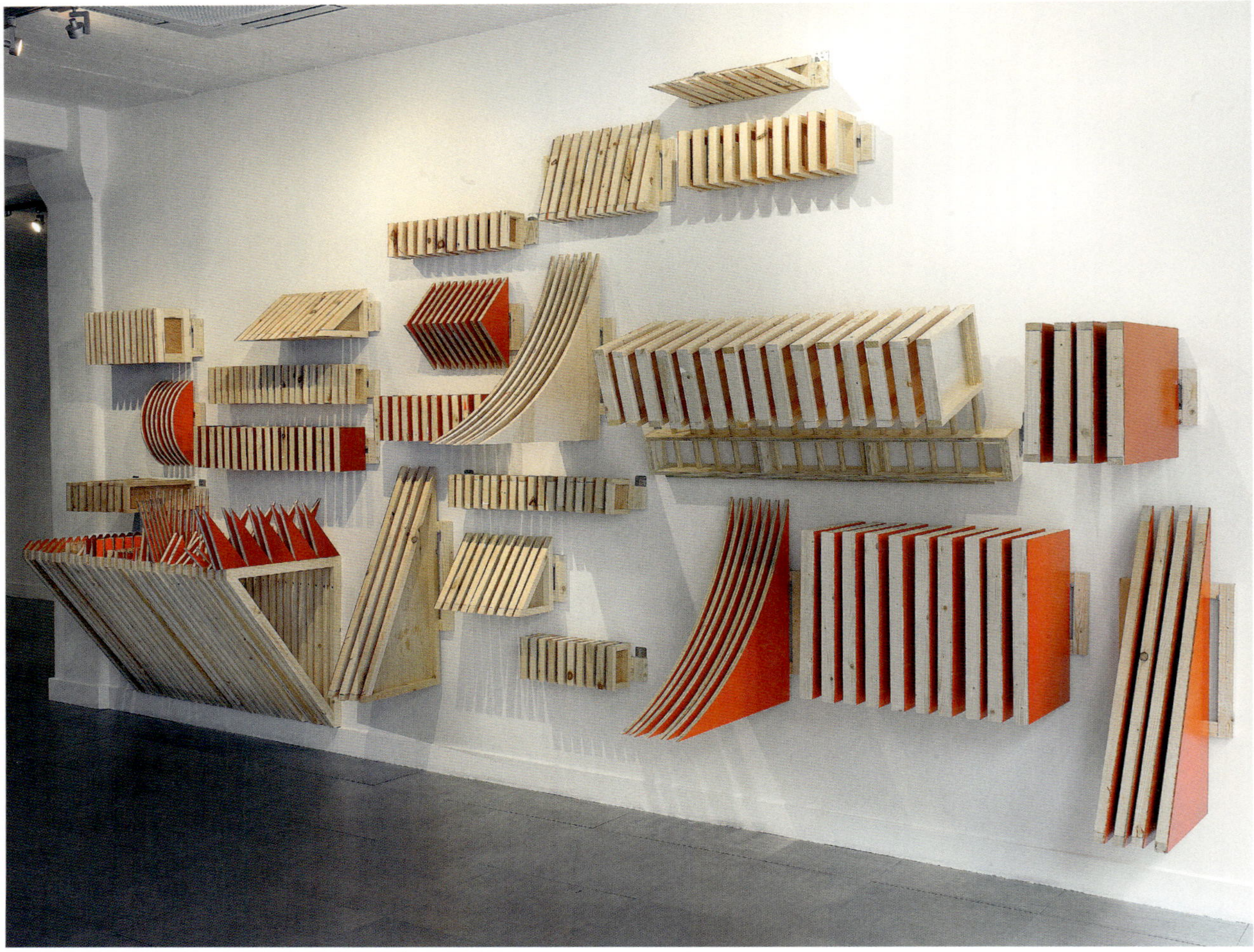

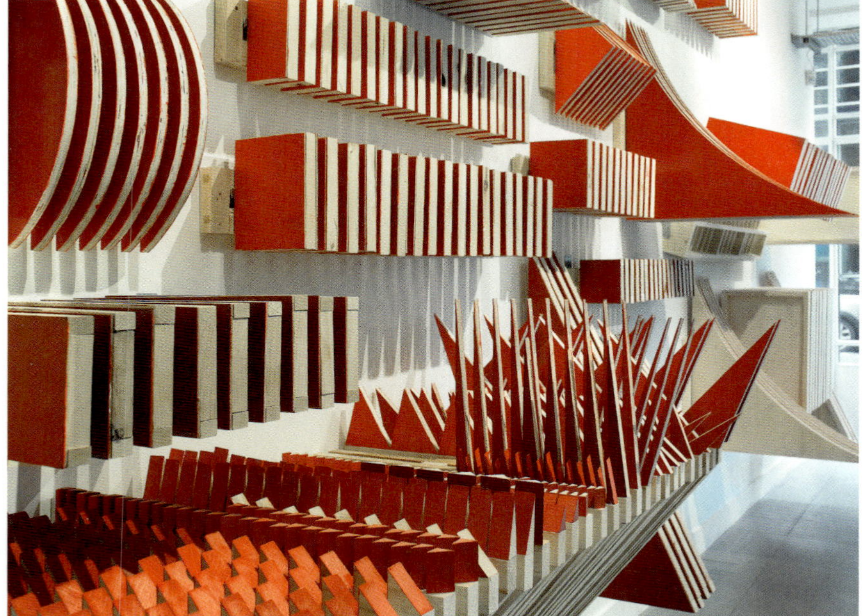

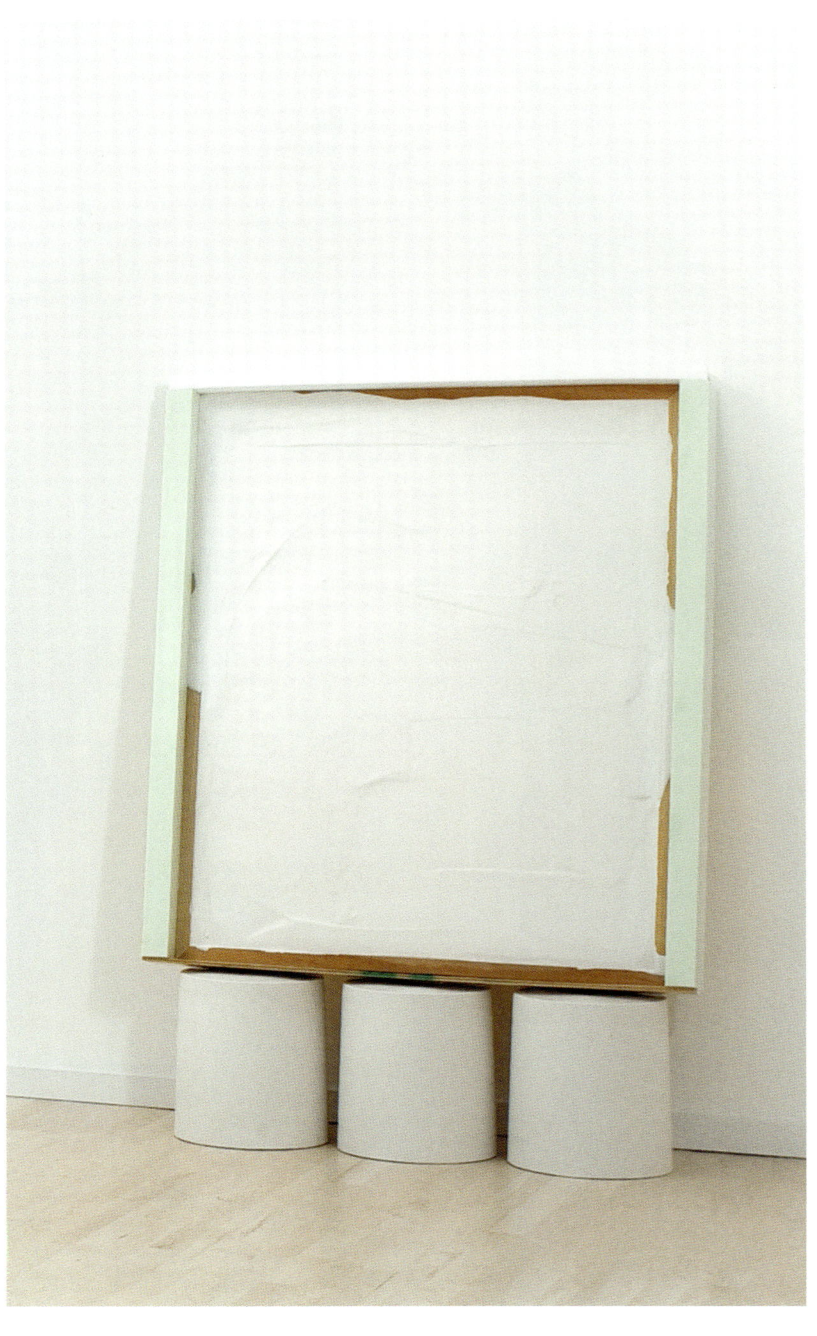

e   Alon Levin's space-consuming structures revolve
around architectural and symbolic manifestations of
abstract concepts such as power, progress and growth.
He references in the formal design of his works buildings, rituals and images that symbolize these concepts
and anchor them in a community, such as the triumphal
arch, winners' rostrum or Ferris wheel as a technological
innovation of the 19th century. He translates these into
model-like constructions he makes himself using simple
materials like wood, plaster and cardboard. Levin's
phantoms trace forms that are rooted in the collective
memory and dismantle them into their components.
The resulting images show the ambiguity of success and
failure, the instability of ideological, economical and
scientific systems. The work *A History of Economic Thought
or the Execution of Progress* (2006–8), for instance, takes
the idea of progress in an endlessly growing, improvised
and thus precarious structure ad absurdum. *Or Why Not
Celebrate The Past Before The Future Will Come (Accounts
of happenings I, II, III)* from 2010 presents in a shelving
system elements from pictures by El Lissitzky and Kazimir Malevich as well as pennant-like constructions reminiscent of protest banners waiting to be used, as in a box
of building blocks. The objects arranged and presented
in this way question their status as instruments for social
change or mere material.

Levin's working process is based on research, accu-
mulation and the continual restructuring of information in its physical form. This form is not complete, but
remains open to modification and representation in
new ways. From one exhibition to the next Levin varies,
repeats, de- and reconstructs his works, as for the show
Made in Germany Zwei with the work *Art for the Masses I,
Upward Formation* (2010–2). Based on the ensemble *Art for
the Masses*, whose wooden cubes reference display systems
at New York's Metropolitan Museum, here Levin add
new elements, changes form and content. In this way
his works create a network of formal and content-based
links, a rampant network that shifts and forms new
nodal points—similar to the online encyclopedia Wikipedia, which is decentrally organized, grows, changes
and has the potential to structure and absorb all the
information in the world.

An excerpt from this knowledge machine appears
in book form for the first time in Alon Levin's exhibition
End to the Grand Gesture (2011). Wikipedia offers a service
whereby search results are saved as PDFs, compiled
into a book, printed and sent to the user. For his exhibition Levin produced a bound, 1,400-page book entitled
Modernity in Very General Terms, containing the results
of his months of research on the concept of Modernity
across all fields of knowledge. A Wikipedia book like this
also forms part of his new work *Permanently Contemporary*
(2012), featured in the exhibition *Made in Germany Zwei*.
Here there are several volumes of Wikipedia entries
on the topic of "abstraction and immortality". The
books support a picture frame containing a plastered
canvas. The plaster becomes a layer that both hides the
picture from view and preserves it. The plaster surface
does not hide—the image space has no representative
function, but shows material that has taken the place
of the picture. Here Levin refers to pictures discovered
behind plastered surfaces, which were thus protected
from destruction and rediscovered, perfectly preserved,
centuries later. As for most of his 'object abstractions',
it is decisions based on extensive research that inform
the final appearance of this object. Yet it remains
incomplete, open to interpretation and refuses to give
conclusive answers. In Levin's works information, data,
structures and documents are mobile building blocks in
a view of the world that is continually being transformed
and updated, and which is based on a profound skepti-
cism of codified systems.
—Kathrin Meyer

4

KLARA LIDÉN

d   Klara Lidéns künstlerische Mittel sind Videos und Installationen, die moderne Kunstgeschichte mit Punk verknüpfen. In Buster-Keaton-Manier inszeniert Lidén menschliches Scheitern in einer von Effizienz geprägten Gesellschaft und ersetzt den homo oeconomicus durch den homo ludens. Ausgangspunkt ihrer Low-Budget-Videos ist der urbane Raum oder das urbane Heim, in welchem kreatives Schaffen zu einer Form der kreativen Anarchie wird. Dabei thematisiert sie existenzielle Fragen wie Besitz versus Freiheit, Fortschritt versus Rückschritt, Effizienz versus Langsamkeit, Mann versus Frau und verwischt die Eindeutigkeit dieser binären Ausrichtungen.

In einer ihrer ersten Arbeiten, *Bodies of Society* (2006), zerstört Lidén ihr Fahrrad mithilfe einer Eisenstange. Was brachial klingt, ist ein spannungsvolles Spiel zwischen liebevollem Streicheln und hartem Zuschlagen: „[…] an erotic masterpiece – an s/m scene of inference, delay and slow gratification", wie Helen Molesworth es auf den Punkt bringt. Das Video ist auch ein amüsanter Befreiungsschlag von emotionalen und physischen Abhängigkeiten. Indem Lidén ein Damenrad lustvoll auseinandernimmt, schlägt sie sich als Typ buchstäblich den Weg frei für eine alternative Geschlechtsidentität.

In *Der Mythos des Fortschritts* (2008) läuft Klara Lidén im Moonwalk durch Manhattan. Während die Kamera ihrem schwerelosen Schreiten folgt, rauschen Fahrräder und Autos ungehindert an der Linse vorbei. Der Effizienz und Schnelligkeit dieser Transportmittel setzt Lidén eine tranceähnliche Bewegung entgegen: repetitiv und konzentriert, schlicht und elegant. Der Mythos des Fortschritts wird hier als ein rückwärts gerichtetes Schreiten jenseits der Schwerkraft definiert, als ein Prozess ohne Ausgangs- und Endpunkt. Traumwandeln ähnlich ist es losgelöst von irdischen Referenzen, dennoch findet es inmitten eines urbanen Kontextes statt. Ein Gegensatz, der weder dem Fortschritt noch der Verneinung des Fortschritts zugetan scheint.

Das Video *Untitled (Trashcan)*, 2011, zeigt Klara Lidén im Atelier in San Antonio, wo sie sich dank eines Stipendiums aufhielt. Im Bildfeld sichtbar sind ein Arbeitstisch, ein Telefon, ein Laptop und Musikboxen sowie eine graue Mülltonne. Die Kamera nimmt die Position einer Überwachungskamera ein, wie es sie in Gefängnissen gibt, sie hat einen erhöhten Standort und den Schreibtisch im Fokus. Lidén imitiert eine Situation, die sie in ihrem Atelier tatsächlich vorgefunden hat: eine Kamera, die „zu ihrem eigenen Schutz" installiert war. Das Video zeigt die Künstlerin von hinten, an ihrem Arbeitstisch sitzend, ohne dass sie einer offensichtlich produktiven Tätigkeit nachgeht: Das Nichtstun spiegelt sich in lauter Musik, eine Coverversion von Neil Youngs *Helpless* dröhnt durch den Raum. Nichts passiert, bis Lidén plötzlich aufsteht und versucht, in der großen Mülltonne zu verschwinden. Zuerst kopfüber, was scheitert, Füße voran gelingt und Lidén verschwindet buchstäblich von der Bildfläche. Eine Beckettsche Performance, in der künstlerisches Scheitern perfektioniert wird.
– *Susanne Figner*

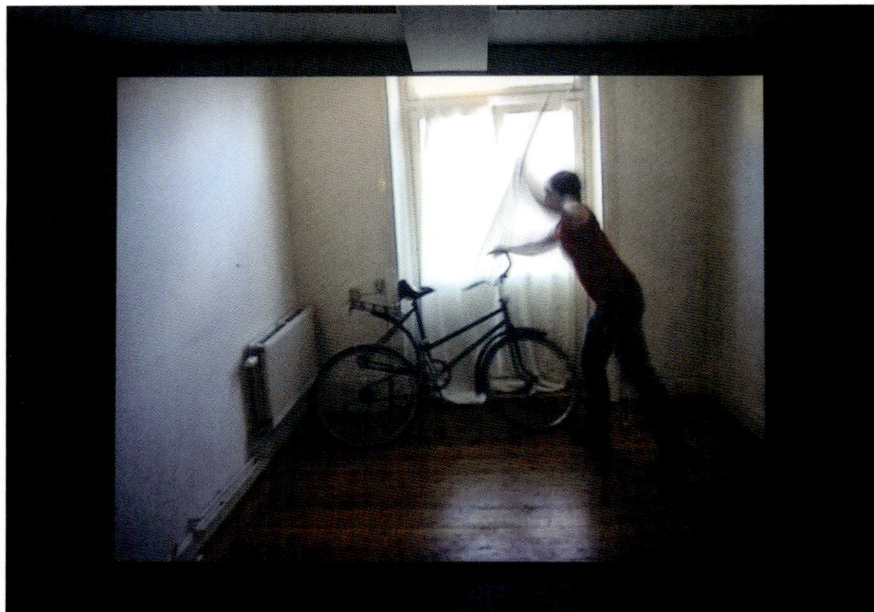

1

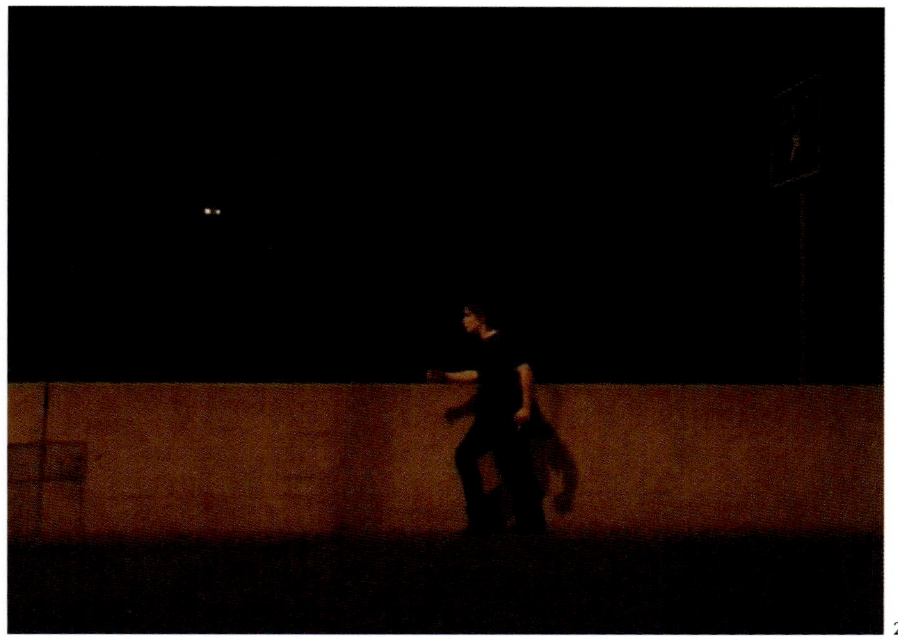

2

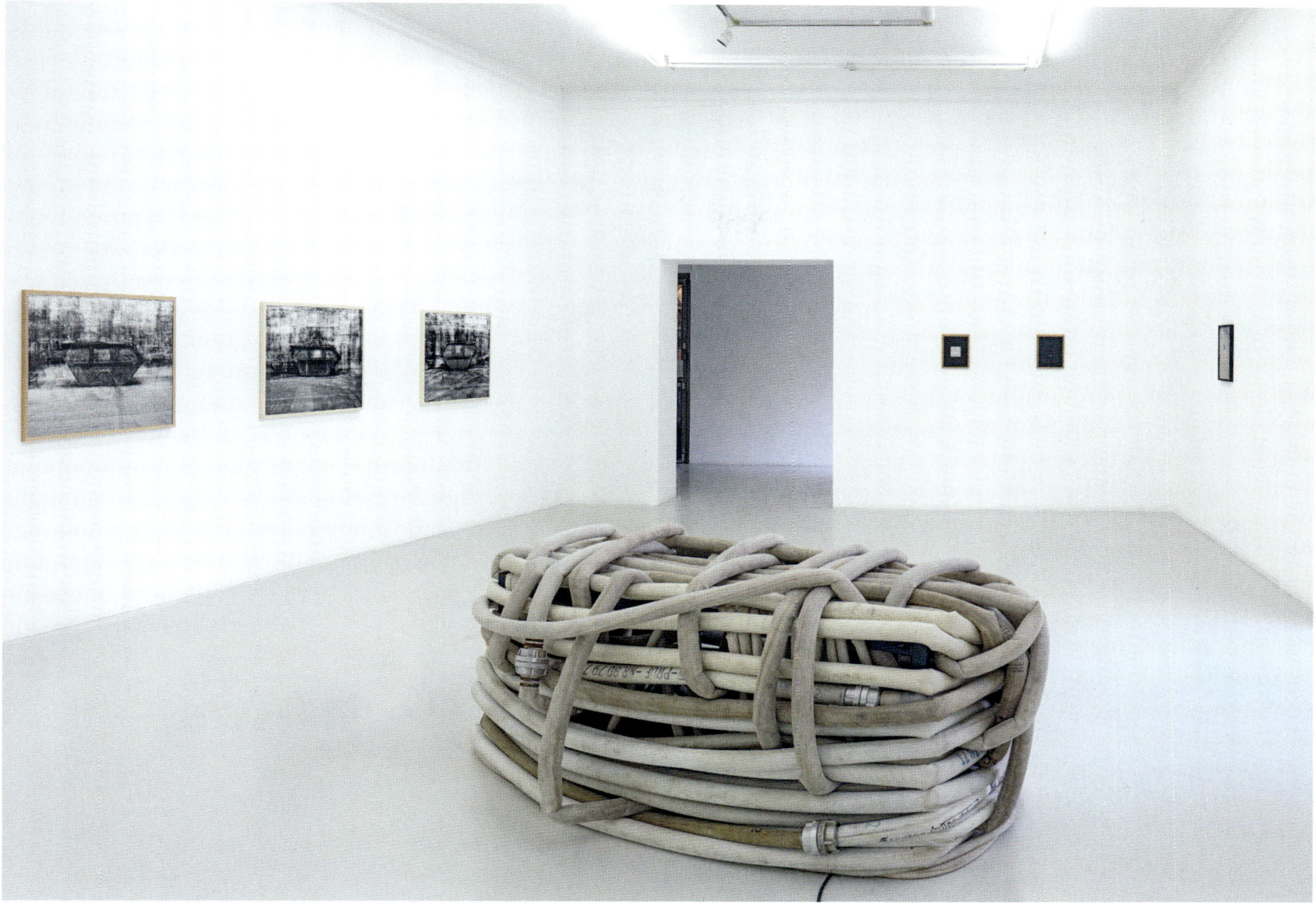

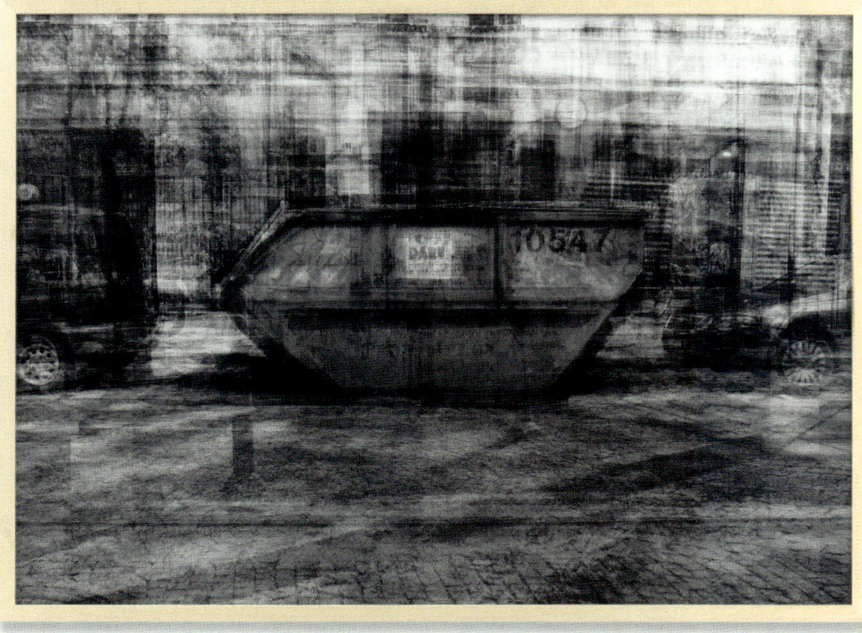

3

4

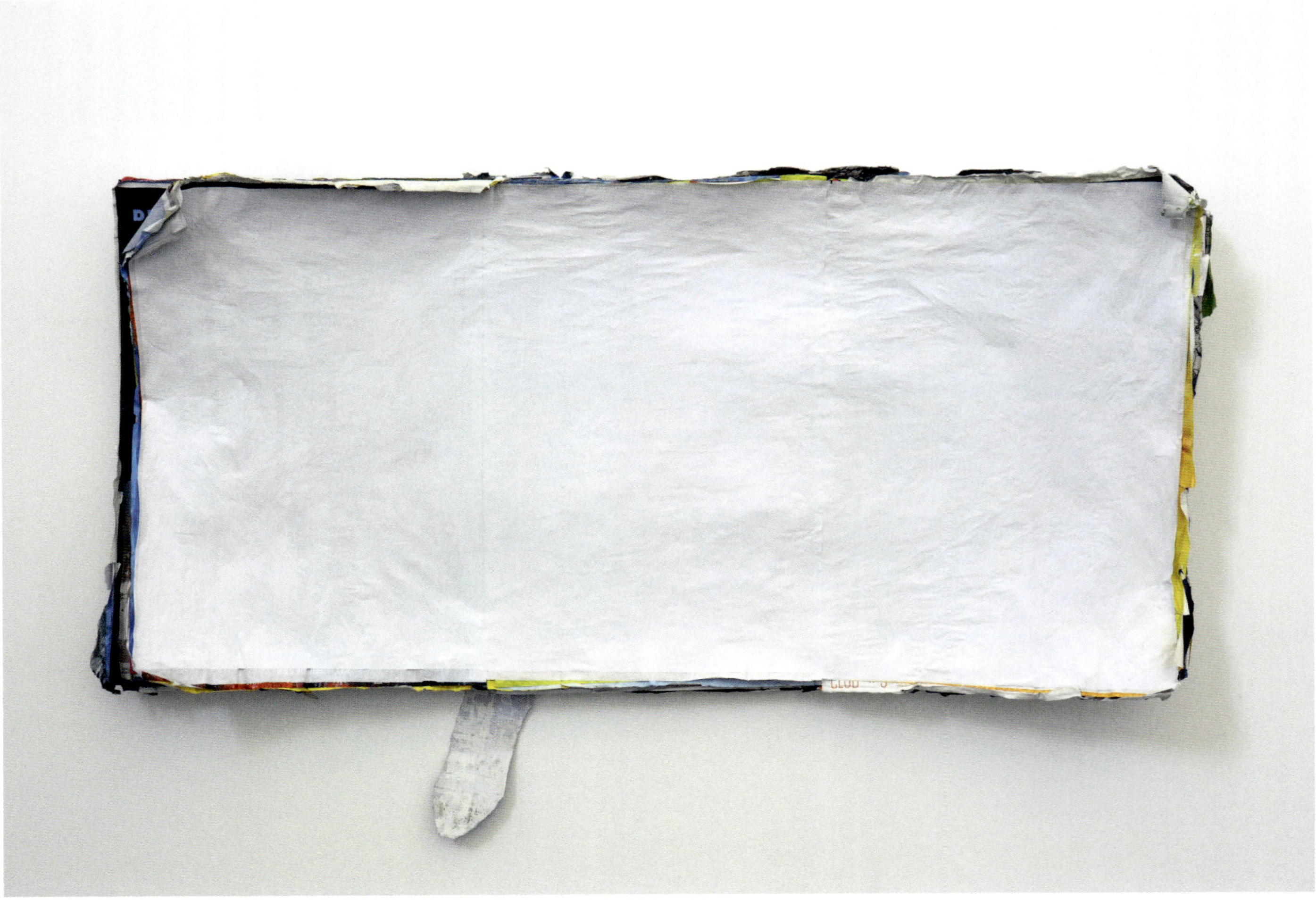

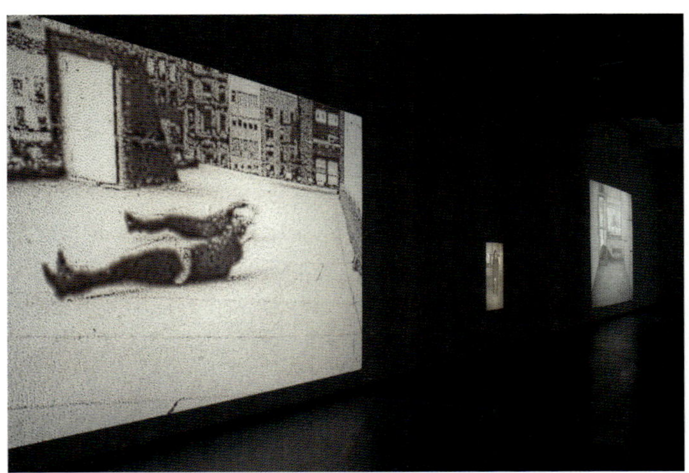

6

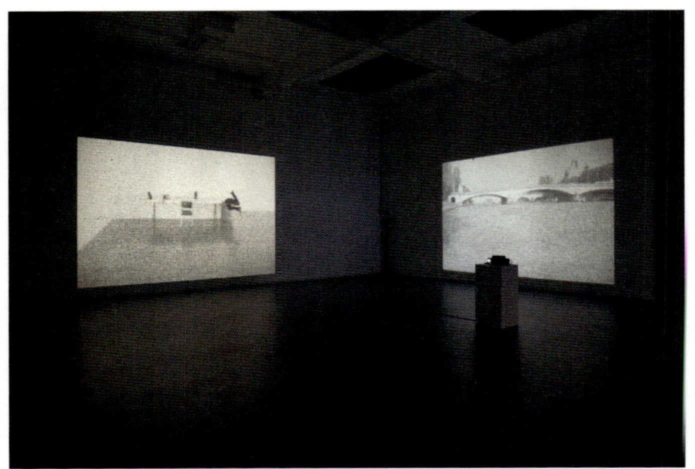

7

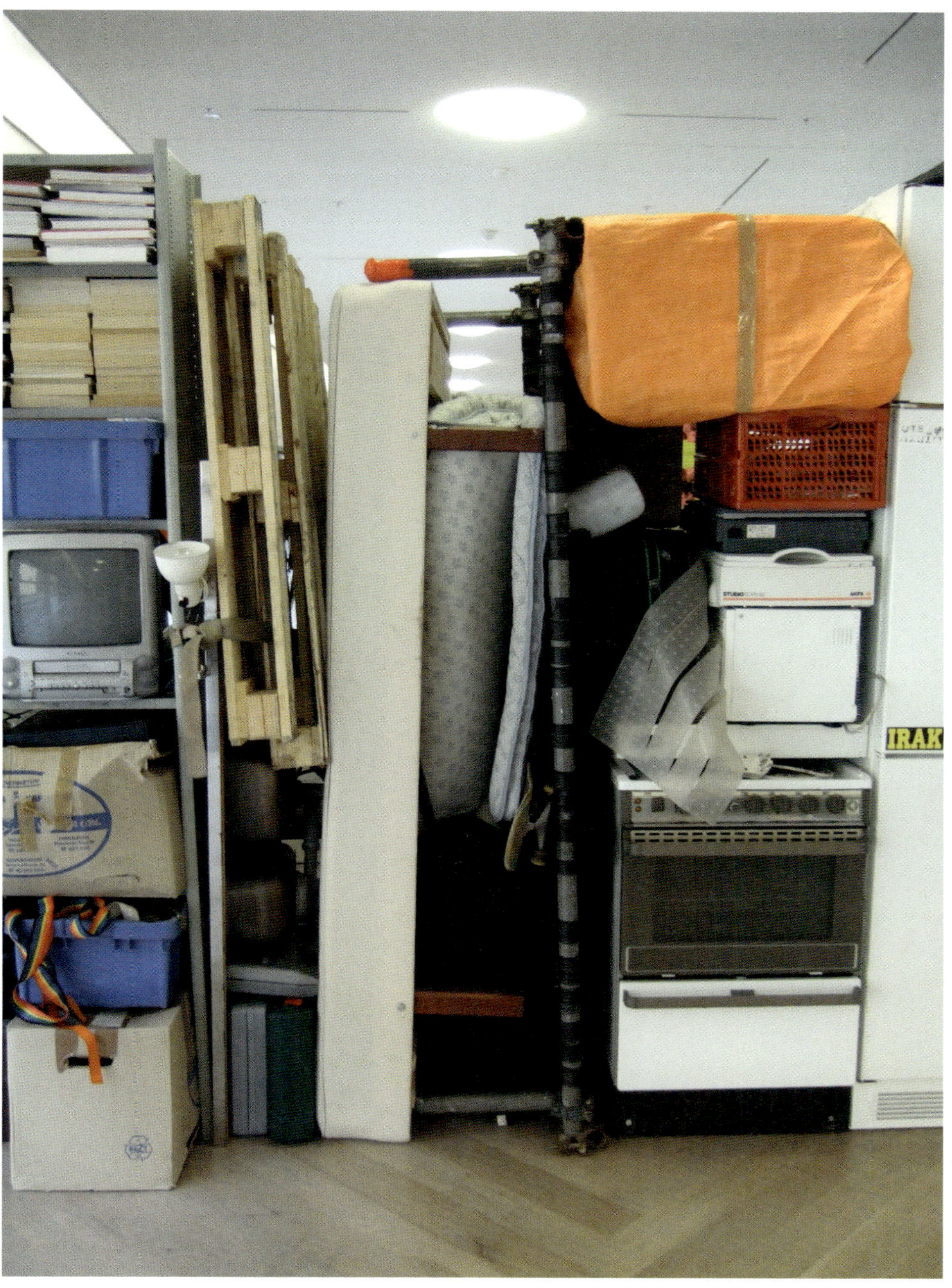

e Klara Lidén's artistic media are videos and installations that link modern art history with punk. In the manner of Buster Keaton, Lidén presents human failure in an efficiency-oriented society and replaces homo oeconomicus with homo ludens. Her low-budget videos are set in the urban space or urban home, where creative production becomes a form of creative anarchy. She focuses on existential questions such as ownership versus freedom, progress versus regress, efficiency versus slowness, man versus woman, and blurs the clear distinctions between these binary terms.

In one of her first works, *Bodies of Society* (2006), Lidén destroys her bicycle using an iron bar. What sounds violent is actually an exciting game of loving caresses and strong blows: "[…] an erotic masterpiece – an s/m scene of inference, delay and slow gratification," as summed up by Helen Molesworth. The video is also an amusing act of liberation from emotional and physical dependency. By battering a ladies bicycle and taking great pleasure in doing so, Lidén literally beats a path towards an alternative gender identity.

In the 2008 work *Der Mythos des Fortschritts* (The myth of progress) Klara Lidén moonwalks through Manhattan. While the camera follows her weightless steps, bicycles and cars whoosh past the lens unobstructed. Lidén contrasts the efficiency and speed of this form of transportation with a trance-like movement: repetitive and concentrated, simple and elegant. Here she defines the myth of progress as a backwards step beyond gravity, a process with no start or end point. Like sleepwalking, it is free of earthly references, yet takes place in an urban context. A contrast, that seems to support neither progress nor its negation.

The video *Untitled (Trashcan)* of 2011 shows Klara Lidén in her studio in San Antonio, where she was working on a scholarship program. We can see a desk, telephone, laptop and speakers, as well as a gray trashcan. The camera assumes the position of a surveillance camera, like those found in jails; it is elevated and trained on the desk. Here Lidén imitates a situation she actually came across in her studio: a camera installed "for her protection". The video shows the artist from behind, sitting at her desk, apparently not engaged in any productive work. The inactivity is reflected in loud music; a cover version of Neil Young's *Helpless* booms through the room. Nothing happens, until Lidén suddenly stands up and tries to clamber into the large trashcan. Initially headfirst, which doesn't work. Feet-first is successful and Lidén literally disappears from the shot. A Beckettesque performance, in which artistic failure is perfected.
– *Susanne Figner*

AGATA MADEJSKA

1   *1906* (Aus der Serie/from the series
    Order of Solids), 2012
2   *Crystal Display* (Aus der Serie/from the series
    Order of Solids), 2010

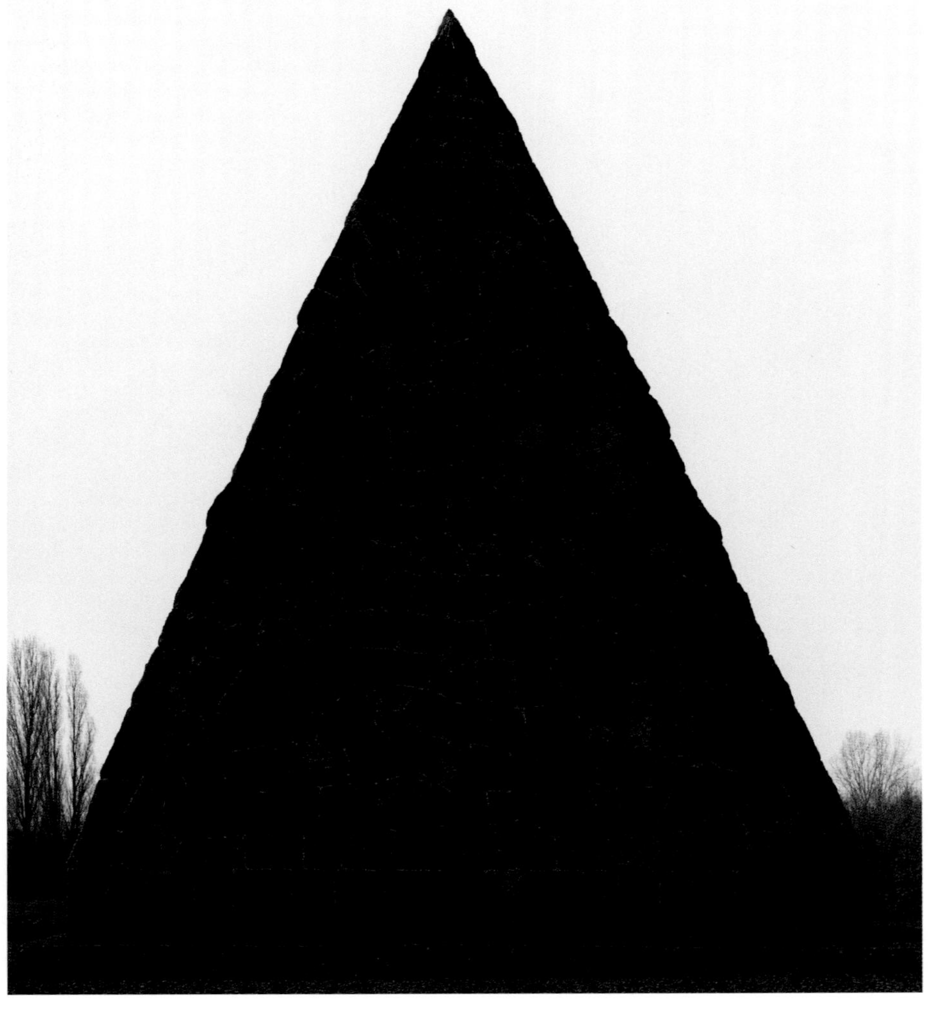

1

d   Agata Madejska findet ihre Bildmotive im urbanen Raum. Sie isoliert in ihren fotografischen Serien architektonische Strukturen – beispielsweise Denkmäler und Spielplatzobjekte wie Rutschen oder Schaukeln – von dem Stadtraum, der diese umgibt. Ihre sehr präzise und langsame Arbeitsweise – Madejskas Werkgruppen umfassen kaum mehr als zehn Fotografien und entstehen über mehrere Jahre hinweg – spiegelt die Perfektion ihrer Bildsuche und -behandlung. Fast wissenschaftlich nähert sich die 1979 in Warschau geborene Künstlerin einem Thema. Sie recherchiert, macht Skizzen und Notizen und sucht lange, bis sie ihre Bildmotive gefunden hat. Ein fast konservativ wirkendes, dabei dezidiert künstlerisches Verständnis des fotografischen Mediums ist in ihren Arbeiten erkennbar. Alle Aufnahmen entstehen analog, ohne künstliches Licht, unter Einbeziehung der natürlichen Witterungen. *Ideogram* (2007–2009) – eine Serie von acht Bildern, die jeweils ca. 60 x 45 cm messen – fotografierte Madejska bei grauweiß bedecktem Himmel. Die Serie zeigt solitäre Hochhäuser, die durch die Konzentration auf die oberen Gebäudeteile von dem Stadtraum isoliert wirken. Alles Störende ist ausgespart. Diese Porträts von Gebäuden sind kühl und zart zugleich. Sie haben eine stark zeichnerische Ästhetik, ähnlich einer Architekturskizze, und werden allein durch die Streben der Glasfassaden strukturiert. Farblich sind die Aufnahmen fast monochrom. Eine Rücknahme der Farbigkeit findet sich in allen Arbeiten von Agata Madejska, auch in ihrer neuesten, 2010 begonnen Serie *The Order of Solids*. Erneut grenzt Madejska ihre Bildmotive – Denkmäler, Skulpturen und Springbrunnen – von der Umgebung ab. Die bilddominierenden Objekte des öffentlichen Raumes können in der Abstraktion der Darstellung zum Teil erst durch den schmalen Bildrand, in dem Häuser und Bäume zu sehen sind, entziffert werden. Sie interessieren Madejska in ihrer Funktion als Projektionsflächen eines kulturellen Kontextes und können als eine übermächtige und gleichzeitig abstrahierende Auseinandersetzung mit der Geschichte und ihrer Repräsentation verstanden werden.

The Order of Solids verdeutlicht darüber hinaus Madejskas Interesse und ihre Hinwendung zur Skulptur, zur Dreidimensionalität sowie ihr Verständnis von Fotografie als Ausgangs- aber nicht Endpunkt ihres künstlerischen Schaffens. In der Präsentation der Bilder versucht sie stets ihren Bildraum skulptural zu erweitern. Dabei spielt es keine Rolle, ob es sich wie in der neuesten Entwicklung ihrer Arbeiten tatsächlich um Objekte im Raum handelt oder ob sich dieses spezifische Interesse für den Raum in der Rahmung der Bilder ausdrückt. Die Präzision ihres Arbeitens zeigt sich in ihrem gesamten Werk – in der Stringenz des Motivs und der Kontrolle des Abzuges, der Präsentationsform und der Installation.
—*Lisa Marei Schmidt*

3

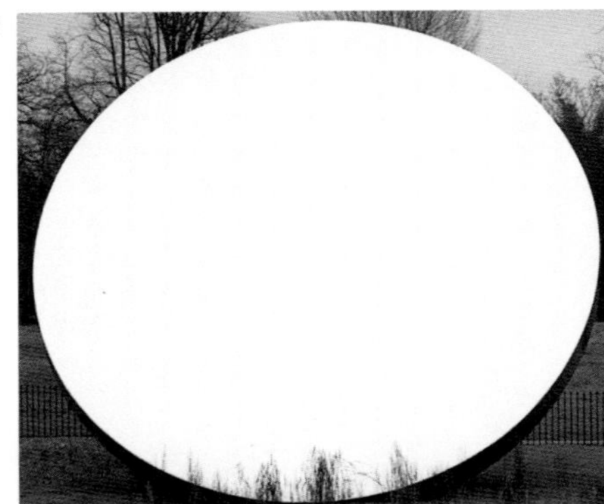
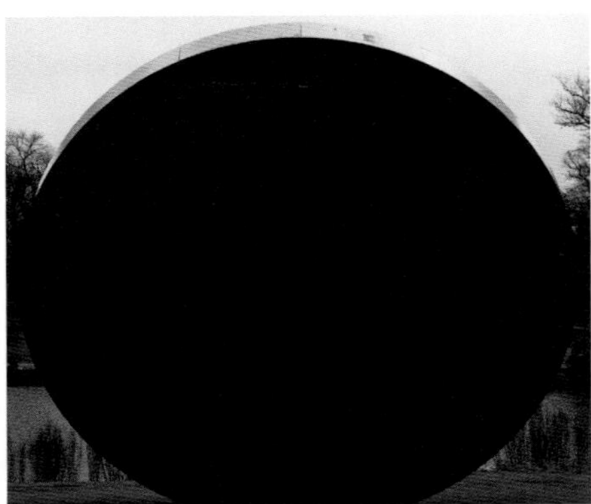

4

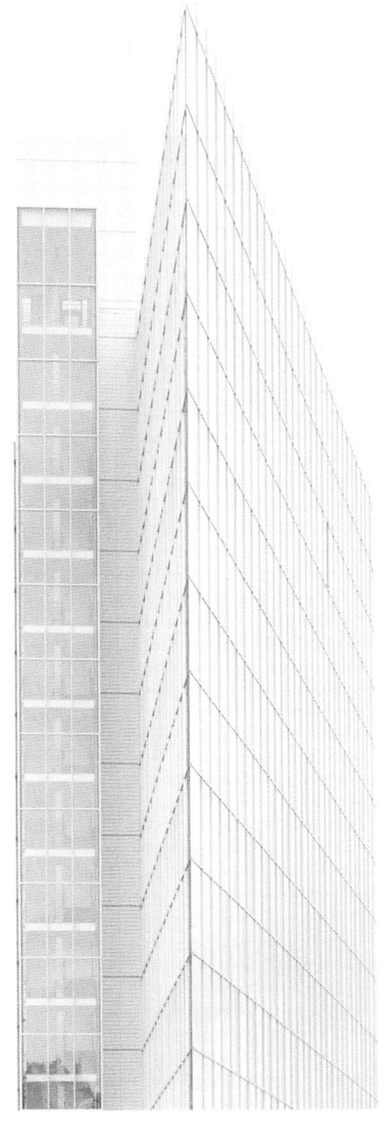

e Agata Madejska finds her artistic themes in urban space. In her photographic series she isolates architectural structures, such as monuments and objects found in playgrounds like slides and swings, from the surrounding cityscape. Her very precise and slow working method (Madejska's series consist of barely more than ten photographs and are several years in the making) reflects the perfection of the way she finds and treats images. The artist, born in Warsaw in 1979, takes an almost scientific approach to her topic. She researches, makes sketches and notes and searches for a long time until she has found her motifs. An almost conservative, yet decidedly artistic understanding of the medium of photography is evident in her works. She uses an analog method for all her pictures, no artificial light, and includes the natural weather conditions. *Ideogram* (2007–9), a series of eight pictures each measuring approx. 60 x 45 cm, was photographed against a grayish-white sky. The series shows solitary high-rises that, with views concentrating on their upper sections, look isolated from the cityscape. The artist has omitted all interfering factors. These portraits of buildings are cool and delicate at once. They have a strong graphic quality, like an architectural sketch, and are structured solely by the braces of the glass façades. In terms of color, the pictures are almost monochrome. A withdrawal of color is apparent in all Agata Madejska's works, including her latest series *The Order of Solids*, which she began in 2010. Once again Madejska demarcates her motifs—monuments, sculptures and fountains—from their environment. In the abstraction of the representation, it is sometimes the case that the objects from the public space that dominate the picture can only be deciphered by means of the thin border, showing buildings and trees. Madejska is interested in their function as foils for a cultural context and can be seen as a powerful and at the same time abstracting exploration of history/the story and its representation.

Moreover, *The Order of Solids* illustrates Madejska's interest and focus on sculpture, three-dimensionality and her understanding of photography as the starting and not the end point of her artistic work. In presenting her images she always seeks to sculpturally expand her image space. It is irrelevant whether, as in the latest development of her works, there are actually objects in the space or whether this specific interest in space is expressed in the framing of the pictures. The precision of her working method is evident in her entire oeuvre – in the motivic stringency and her control of the print, form of presentation and installation.

—Lisa Marei Schmidt

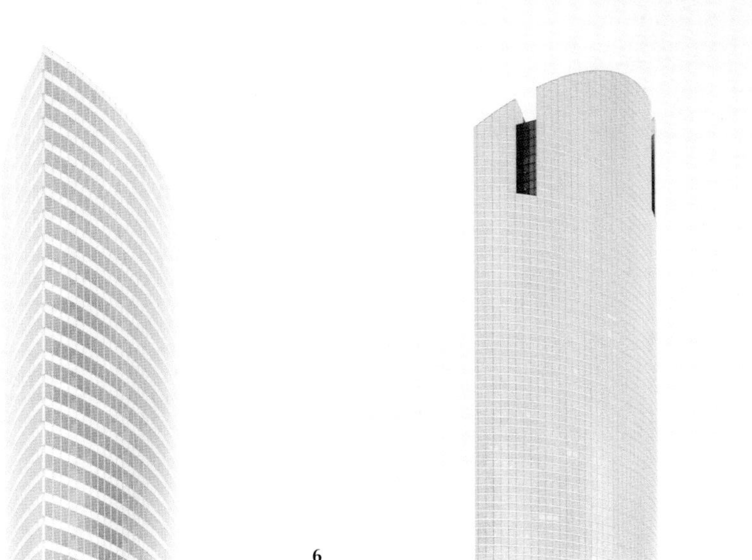

5

6

7

MARCELLVS L.

1   *Toga*, 2010/2011
2   *Toga*, 2010/2011

d   Die Video- und Soundinstallationen von Marcellvs L. zielen auf das Überschreiten des rein Visuellen, auf eine existenzielle, mitunter körperliche Erfahrung des Kunstwerks. In *Toga* (2010/2011) entfaltet die massive Vertikalität des kontinuierlichen Linienstroms verschiedenfarbiger Seile eine sogartige Dynamik. Fünfzehn Minuten lang zeigt die raumgreifende Videoprojektion Nahaufnahmen eines riesigen Fischernetzes, das – von einem dumpfen Dröhnen begleitet – auf einer Spule aufgerollt wird. Im vielschichtigen Mit- und Gegeneinander – in den Überlagerungen, Verschränkungen, Kreuzungen der von Licht und Schatten umspielten Seile – wird die Grenze zwischen Realität und Abstraktion, Chaos und Ordnung durchlässig gemacht. Das oszillierende Liniengeflecht erinnert ebenso an malerische Binnenstrukturen wie an Datenbahnen der Informations- und Kommunikationstechnologie. Die aufstrebenden Lineaturen formieren sich zu einem raumflutenden Strom, der energisch über die Bildgrenzen drängt und das Gefühl von Stabilität sukzessive ins Wanken bringt. Unterstützt durch den begleitenden Sound, erzeugt die Komposition physische Wirkung und verändert die Wahrnehmung von Raum und Zeit. Aufgenommen wurde dieser Sound in der Lagune Venedigs, indem Marcellvs L. einen Konzertflügel kopfüber auf einem Boot installieren ließ und im Inneren Kontaktmikrofone platzierte, um die Geräusche der Lagune durch den Resonanzraum des Klaviers zu filtern.*

Die Konfrontation mit scheinbar alltäglichen Ausschnitten der Wirklichkeit, deren ungeahntes Potenzial sich allmählich, in den feinen Veränderungen des Sichtbaren, im langsamen Verstreichen der Zeit erschließt, ist ein Charakteristikum von Marcellvs L.'s Arbeiten. Zeit wird bei Marcellvs L. als Dauer physisch erfahrbar und eröffnet eine gesteigerte Form der Aufmerksamkeit. Sie als einen Rohstoff zu begreifen und wie eine Skulptur zu formen, damit wir am Fluss der Zeit partizipieren können, ist dem Künstler ein elementares Anliegen.

Seit 2002 entwickelt Marcellvs L. neben seinen raumgreifenden Video- und Soundinstallationen eine fortlaufende Serie sogenannter *VideoRhizome*, die ebenfalls von langen Einstellungen ohne Schnitt und von der Reduzierung erzählerischer Handlungen auf ein Minimum gekennzeichnet sind. Im Titel der Serie schlägt sich der Einfluss der Philosophen Gilles Deleuze und Félix Guattari nieder, deren Denken die Arbeiten prägt. Den philosophischen Begriff weiterentwickelnd und an eine alltägliche Lebensrealität anschließend, hat Marcellvs L. ein rhizomatisches Produktions- und Distributionssystem entwickelt: Neben der den Zufall einbeziehenden Entstehung der Arbeiten ist auch deren Verbreitung nach einem Zufallsprinzip organisiert und steht für nie vollendete, netzwerkartig wuchernde Strukturen, die immer neue Verknüpfungen und Verbindungen eingehen. Die *VideoRhizome* folgen keinem Drehbuch, sondern sind audiovisuelle Aufnahmen spontan entdeckter Szenen und fragiler Begegnungen, die nach festgelegten Rahmenbedingungen – wie beispielsweise unter Verwendung eines Stativs – aufgezeichnet werden. Im Anschluss erhält jede Arbeit eine per Würfelwurf ermittelte vierstellige Nummer und wird in Kopie anonym an eine unbekannte Person verschickt, deren Kontaktdaten (Postleitzahl, Telefon- oder Hausnummer) die entsprechenden Ziffern enthalten.

Marcellvs L.'s Arbeiten zeigen uns die Poesie des Schöpferischen jenseits der „Gesellschaft des Spektakels" und ermöglichen eine gesteigerte Wahrnehmung im Erleben von Zeitlichkeit.
– Ute Stuffer

*   Die vollständige Aufnahme wurde auf dem Album *Klavierwellen* (Tochnit Aleph, LP, Deutschland 2011) veröffentlicht.

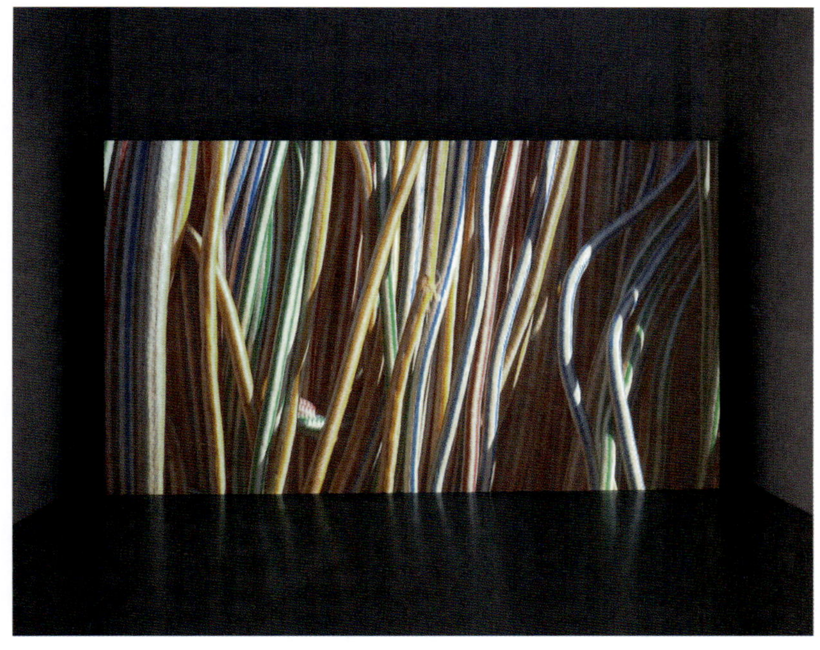

1

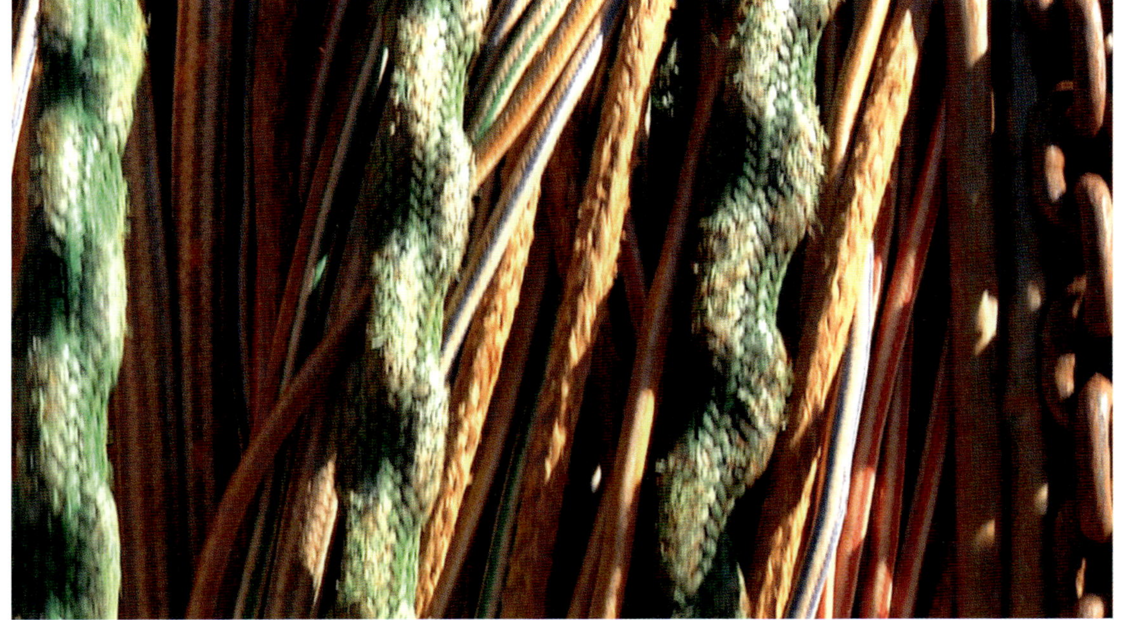

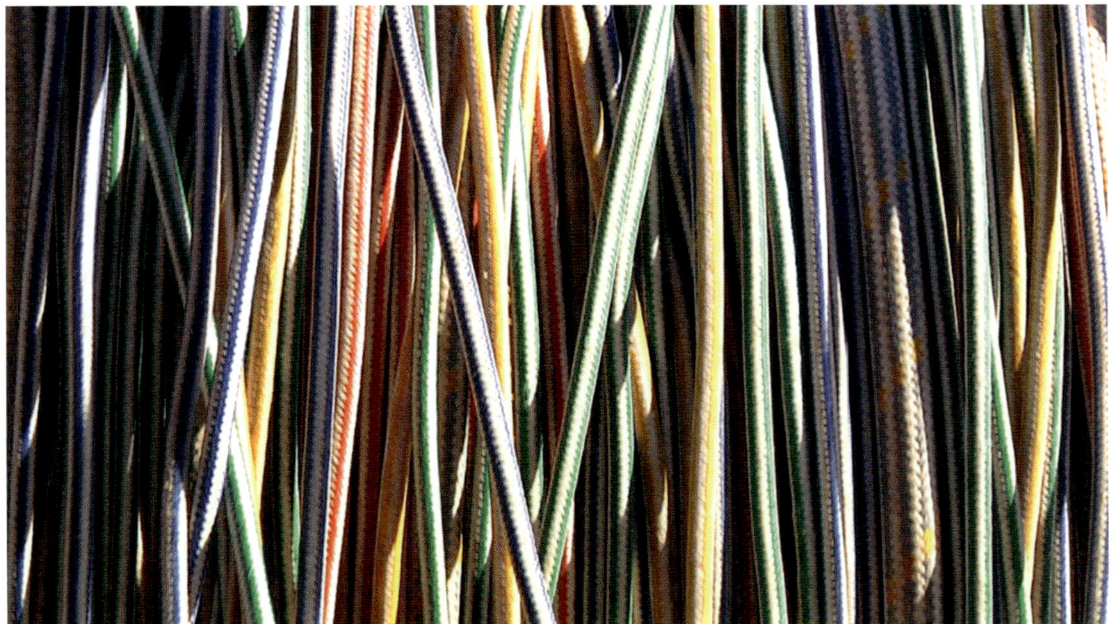

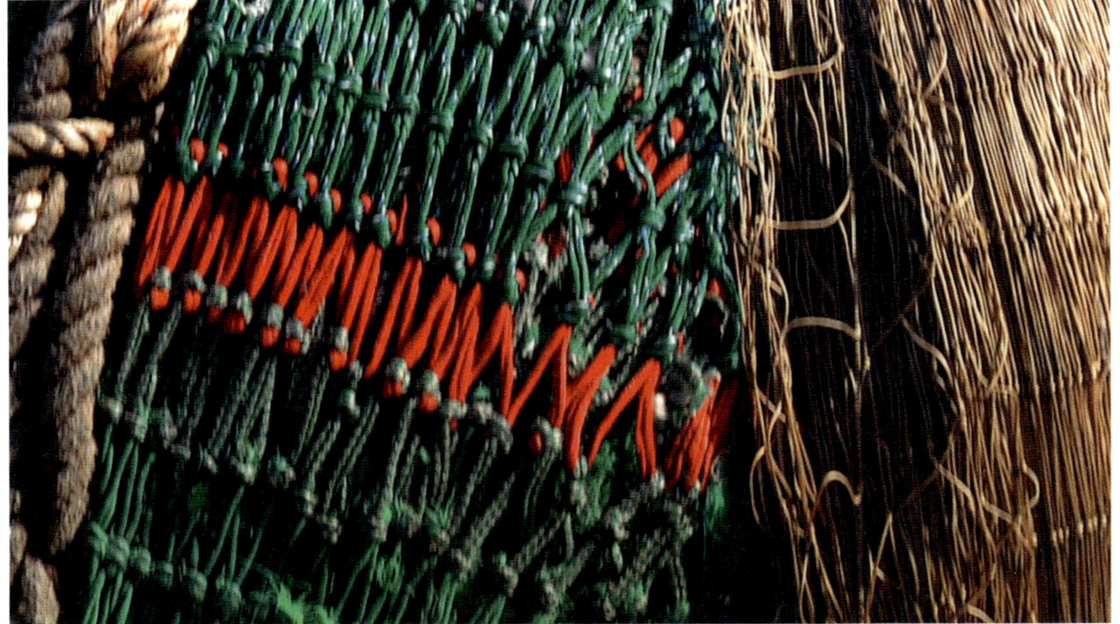

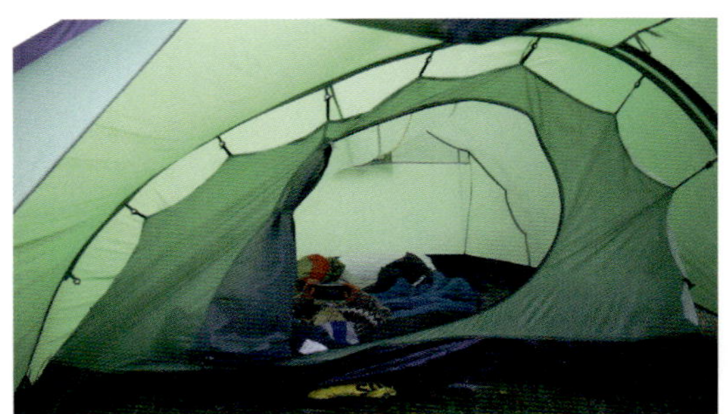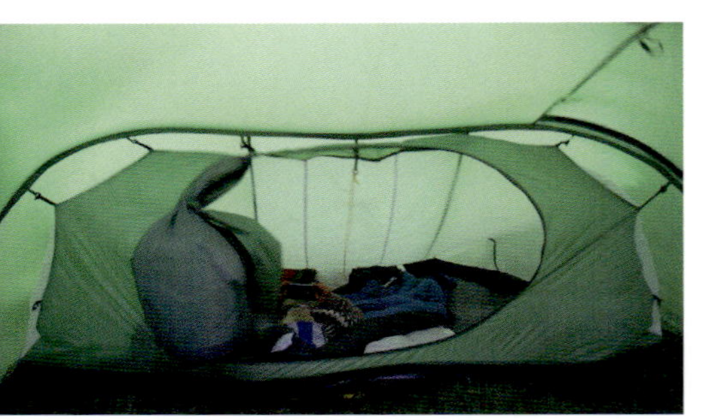

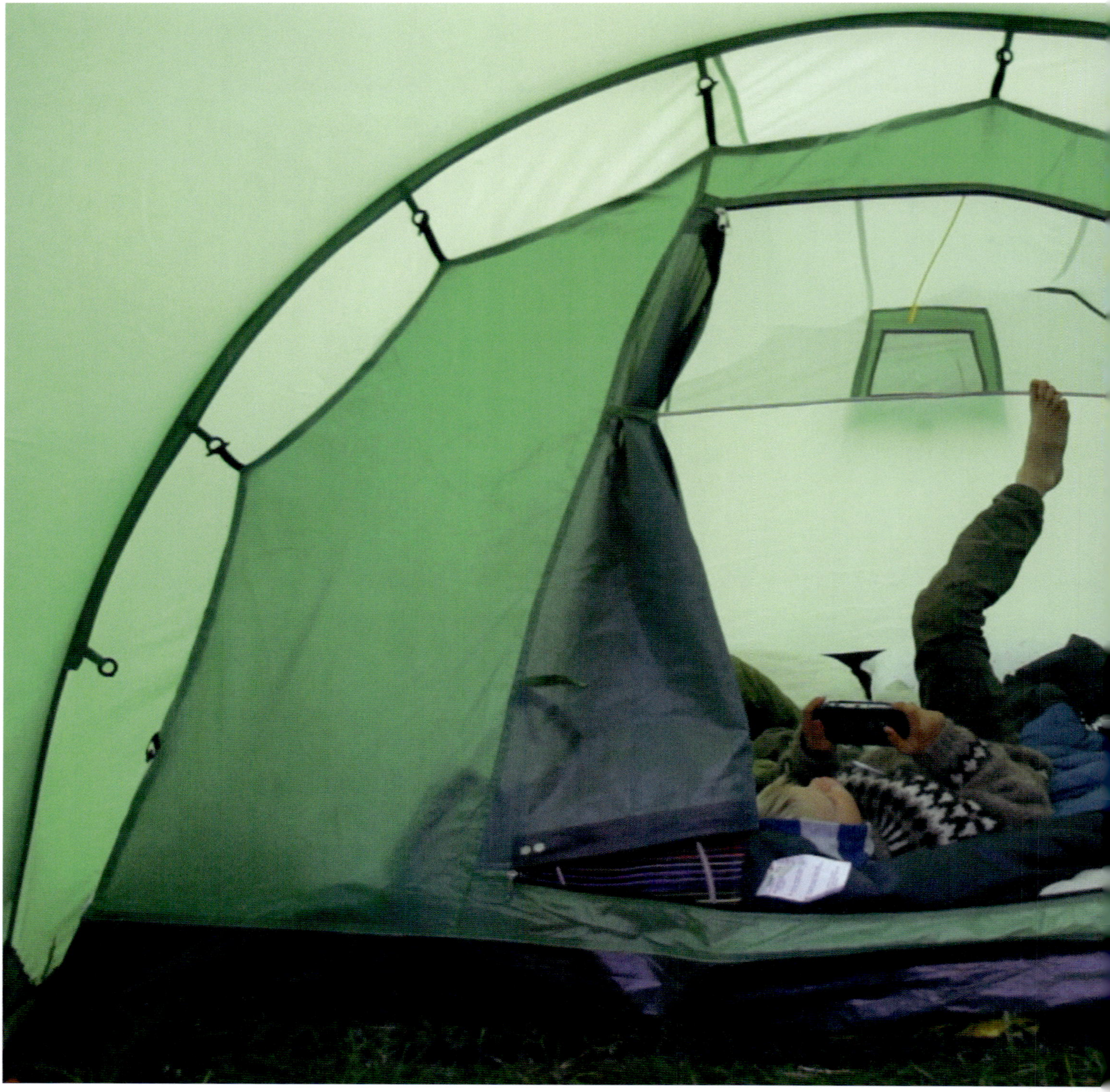

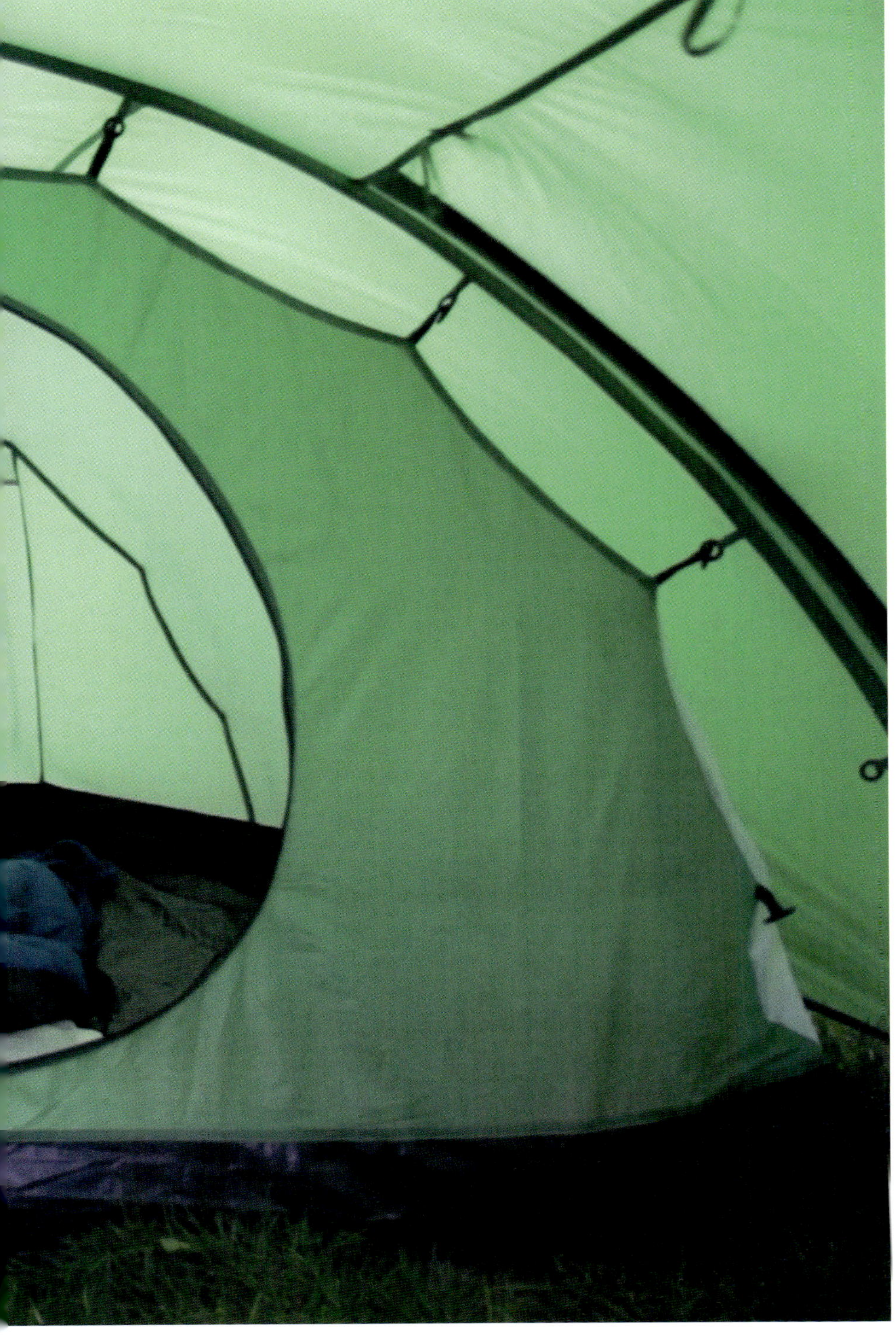

e Marcellvs L.'s video and sound installations seek to transcend the purely visual, to enable an existential, at times physical experience of the artwork. In *Toga* (2010/2011) the solid verticality of the continual upward movement of different colored ropes develops a vortex-like pull. For 15 minutes the space-consuming video projection shows close-ups of a giant fishing net being wound onto a reel, accompanied by a muffled drone. In the multilayered interaction between the skeins, in the overlapping, entangled and crisscrossed ropes played upon by light and shadow—the border between reality and abstraction, chaos and order becomes permeable. The oscillating mesh of lines calls to mind both painted internal structures and data streams in IT and communications technology. The upward-moving lines form a stream that floods the space, that energetically surges beyond the edges of the image and successively rattles the feeling of stability. Supported by the accompanying sound, the composition has a physical effect and alters our perception of space and time. The sound was recorded in the Venice Lagoon: Marcellvs L. had a grand piano installed upside down on a boat and positioned contact microphones inside to filter the sounds from the lagoon through the piano's resonance chamber.[*]

The confrontation with seemingly everyday excerpts from reality, whose unimagined potential gradually, in the subtle changes in what we see, opens up in the slow passing of time, is a characteristic of Marcellvs L.'s works. Here time becomes physically tangible as duration and leads to an enhanced form of attentiveness. Perceiving it as a raw material and shaping it like a sculpture, enabling us to participate in the flow of time, is of elementary importance to the artist.

Alongside his space-consuming video and sound installations, since 2002 Marcellvs L. has been working on a continuous series of so-called *VideoRhizomes*, which are likewise characterized by long, uncut shots and the reduction of narrative plots to a minimum. The series title reflects the influence of philosophers Gilles Deleuze and Félix Guattari, whose ideas shape the works. Building on the concept of philosophy and latching on to an everyday reality, Marcellvs L. has created a rhizomatic system of production and distribution: alongside the creation of the works, which includes the factor of chance, their distribution is also organized according to a random principle and stands for ever incomplete, rampant mesh-like structures that repeatedly engage in new links and connections. The *VideoRhizomes* have no script, but are audiovisual recordings of spontaneously discovered scenes and fragile encounters, filmed in accordance with certain specifications, for instance with a tripod. Subsequently the artist gives each work a randomly generated four-digit number and sends a copy, anonymously, to an unknown person whose contact details (ZIP code, telephone or house number) contain the relevant numbers.

Marcellvs L.'s works show us the poetry of creation beyond the social spectacle and enable an enhanced perception in the experience of temporality.
—*Ute Stuffer*

* The complete recording was released on the album *Klavierwellen* (Tochnit Aleph, LP, Germany, 2011).

MICHAEL PFROMMER

1 *Ohne Titel/Untitled*, 2010
2 *Ohne Titel/Untitled*, 2011

d   Der 1972 in Leonberg geborene Künstler arbeitet bevorzugt mit den Medien Malerei, Zeichnung und Illustration. Vor allem seine Gemälde und Zeichnungen entwerfen geradezu mystische, verstörende Eigenwelten voller Rätselhaftigkeit und Fragezeichen. In pathologischer Manie wiederholt er ein ums andere Mal Motive, Objekte und Personen und vermittelt dadurch das Gefühl fast zwanghafter Rastlosigkeit.

Wir sehen uns mit fragmentarischen Versatzstücken aus des Künstlers unmittelbarer Umgebung konfrontiert: Filmen, Musikstücken, Liederauszügen; Familie und Freunde werden zu eindringlichen narrativen Momenten zusammengeführt oder sogar neu erfunden. Es wird wiederholt, immer und immer wieder, fortgefahren, neu zusammengesetzt. In schematischer Herangehensweise offenbart er mit Ironie und Humor zwischenmenschliche, persönliche, aber auch allgemeingültige gesellschaftliche Zustände. Man hat das Gefühl, tief in das Innerste des Künstlers hineinblicken zu können, die Arbeiten lesen sich wie kleine, repetierende Tore in seine Psyche. Pfrommer arbeitet vor allem im Bereich dunkleren Kolorits. Dies verleiht seinen Arbeiten oftmals einen düsteren bis makaberen Charakter. Seine Bildsprache und vor allem seine zuweilen fantastisch anmutenden Motive betonen die Rezeption und Auseinandersetzung mit Künstlergrößen wie James Ensor, dem Wegbereiter des Expressionismus und Symbolismus, oder auch mit Bernard Buffet und Francisco de Goya, die für verstörende bis erschütternde Motive und Kompositionen bekannt sind. Bei der Betrachtung seiner verzerrt und verunstaltet wirkenden Selbstporträts und aufs höchste verfremdeten Alltagsmotive bis hin zu skurrilen Comic-Adaptionen oder entseelten, leblosen Landschaften beschleicht uns ein Gefühl der Beklemmung und Irritation, welches jedoch durch viel Fingerspitzengefühl und Humor in Bezug auf das Menschliche gebrochen wird. Pfrommers kleine, in sich geschlossene Parallelwelten bauen durch die kursorische Wiederholung bestimmter Eindrücke, Symbole und Motive ein Spannungsfeld zum Betrachter und dem Raum, in dem sie hängen, auf. Die Arbeiten entwinden sich immer wieder dem Betrachter und konfrontieren ihn mit einem hohen Verunsicherungsgrad. Trotzdem ziehen sie ihn durch ihre Ausschnitthaftigkeit und subtil komponierten Elemente tief ins Bildgeschehen hinein.
—*Lisa Marei Schmidt*

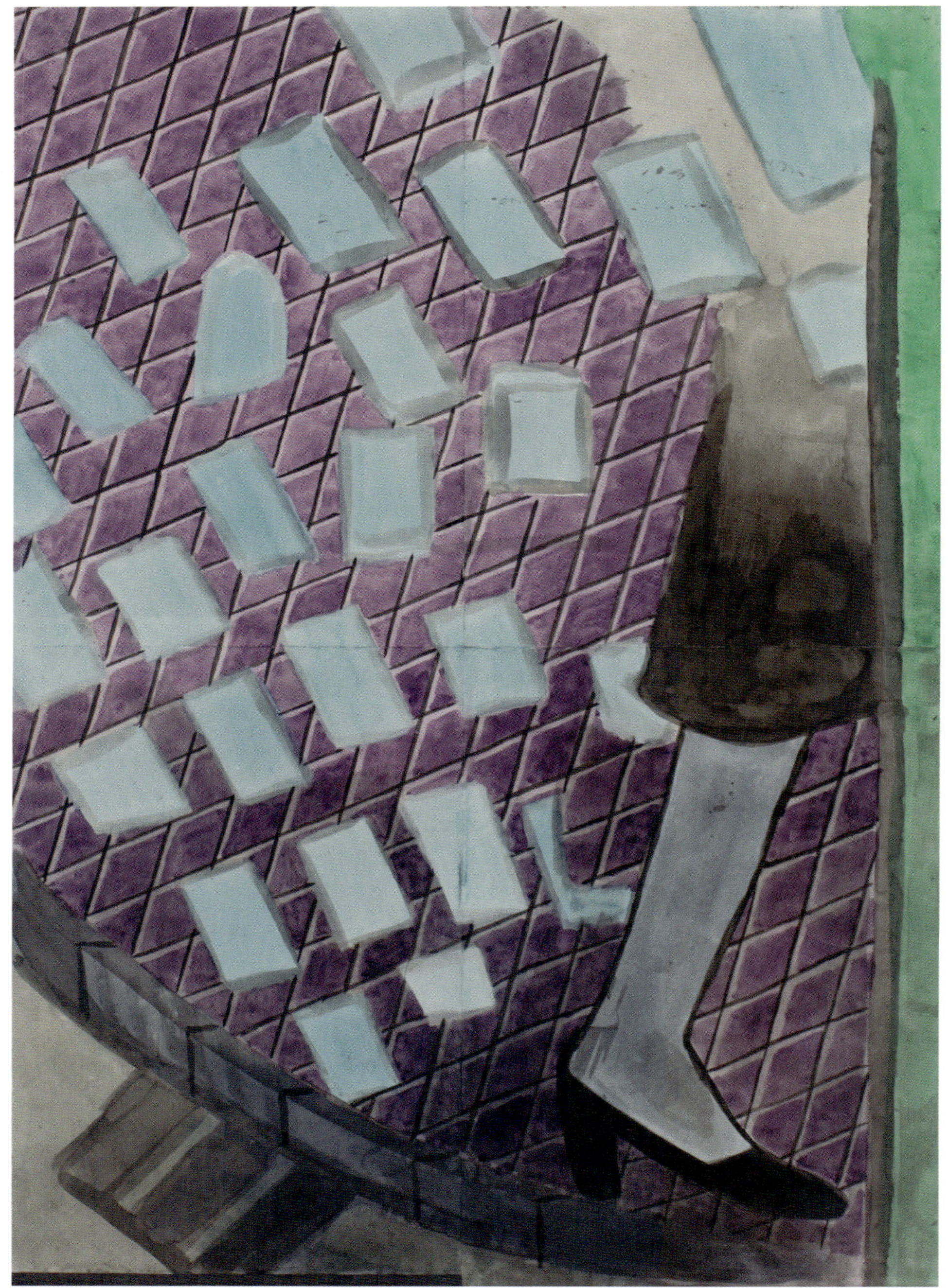

1

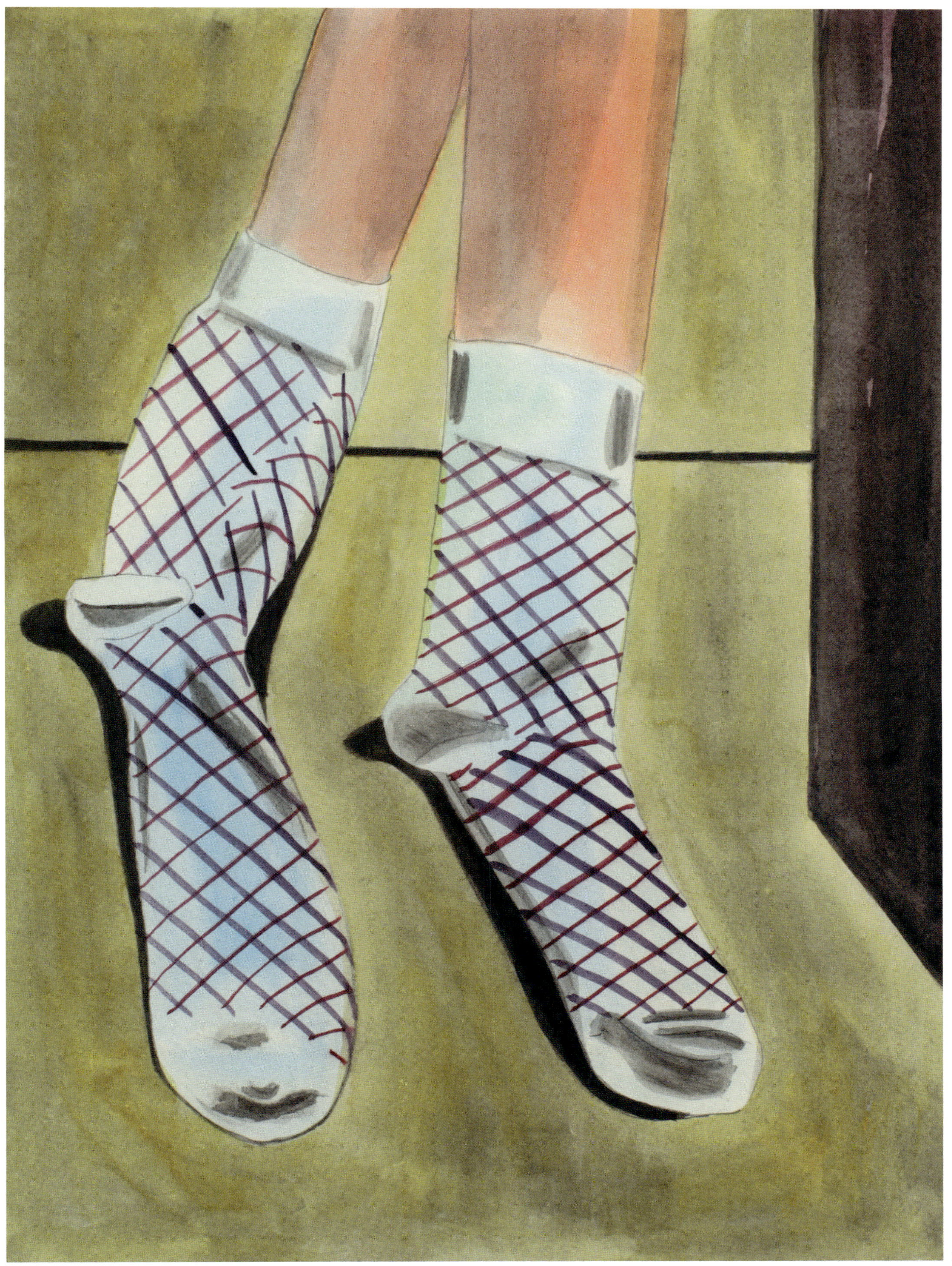

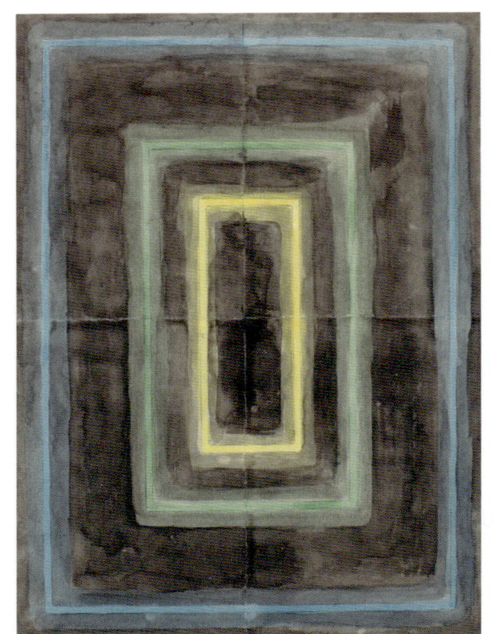

3

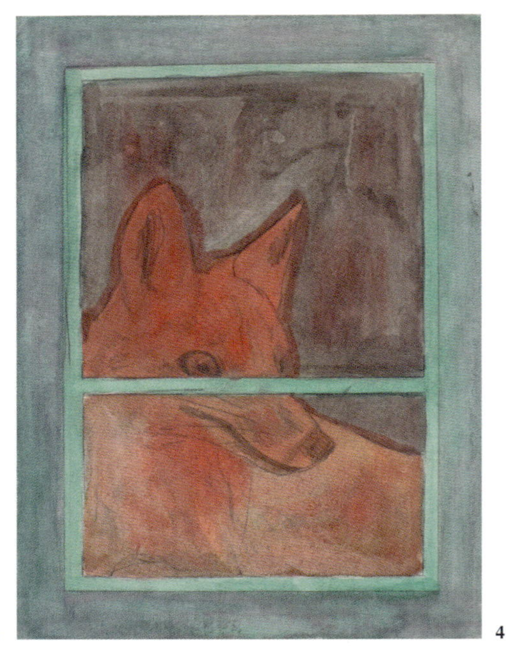

4

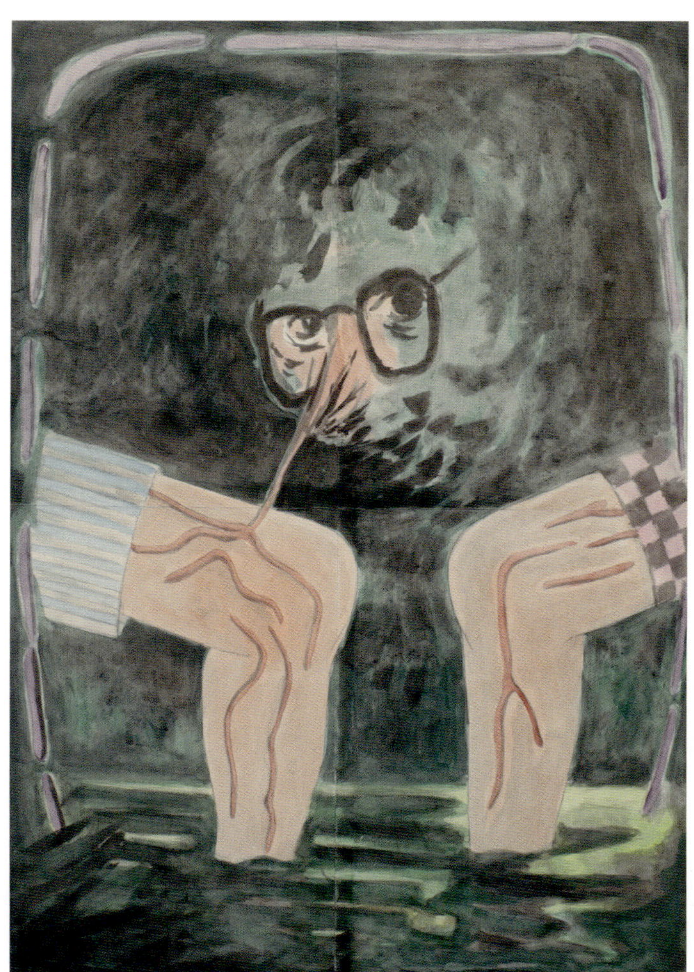

5

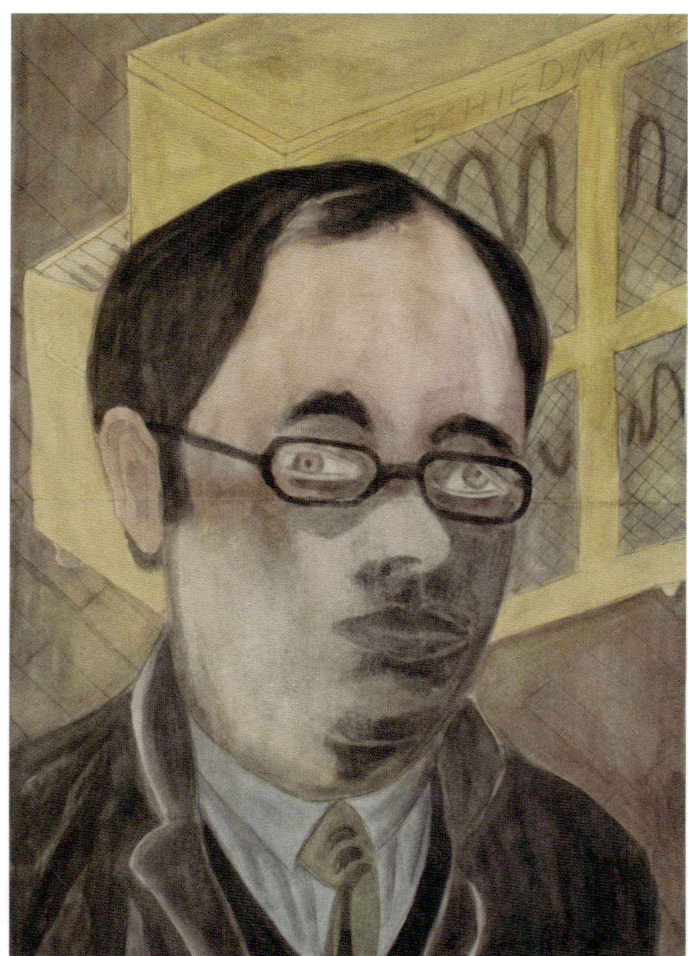

6

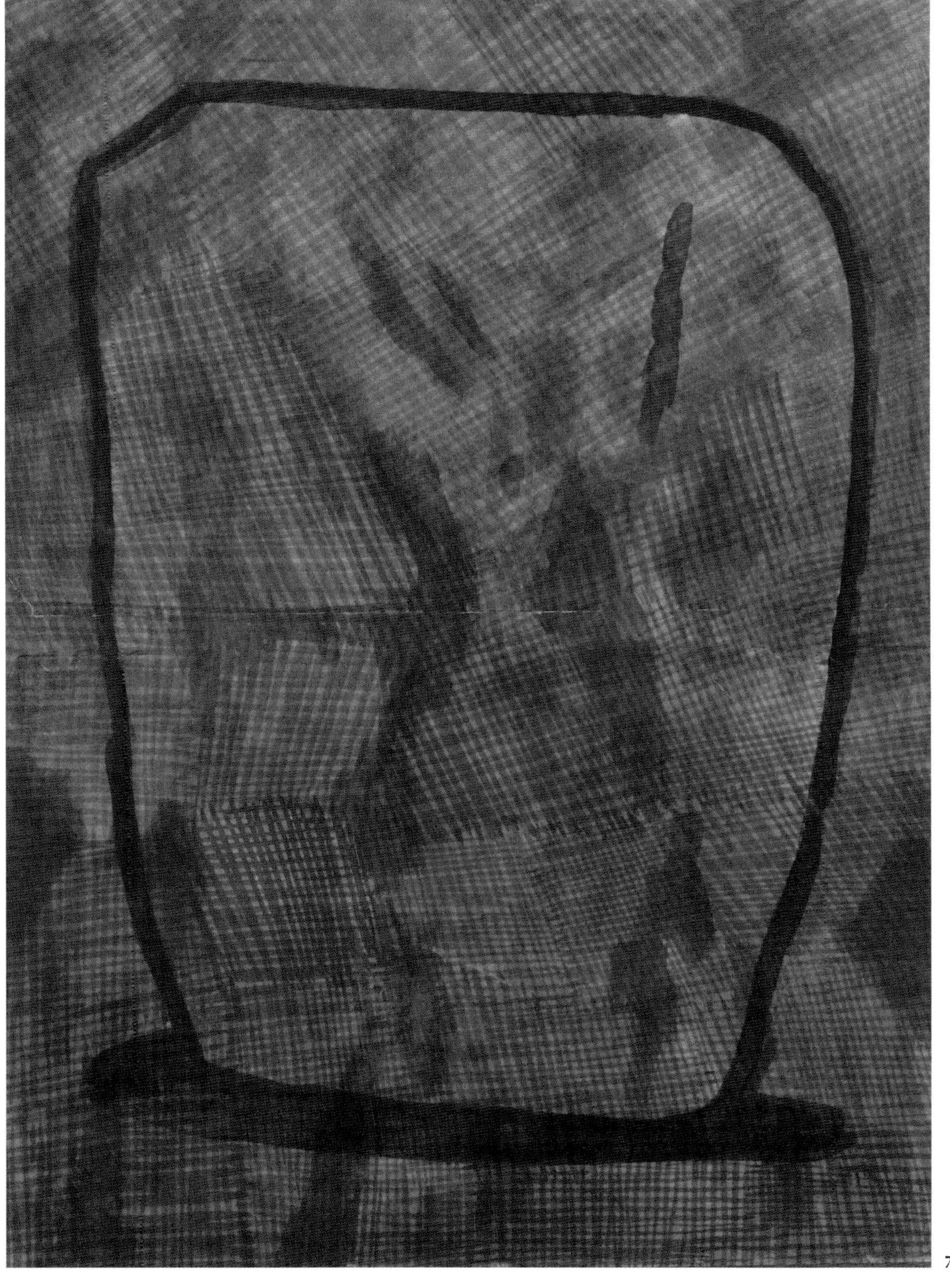

7

e The artist, born in Leonberg in 1972, prefers to work in the media of painting, drawing and illustration. Particularly his paintings and drawings create virtually mystical, unsettling worlds full of mystery and question marks. In a pathological manner he repeats time and again motifs, objects and figures and in so doing conveys a feeling of almost compulsive restlessness.

We are confronted with fragmentary shards from the artist's direct surroundings: films, pieces of music, excerpts from songs. Family and friends are combined into vivid narrative moments or even newly forged. It is repeated, time and time again, continued, rearranged. Taking a schematic approach, he reveals with irony and humor interpersonal, personal, yet also universal social situations. We have the feeling we can look deep into the artist's innermost thoughts; his works are like small, repetitive doors to his psyche. Pfrommer works primarily with dark colors, which often lend his works a gloomy or macabre character. His visual vocabulary and above all his at times fantasy motifs highlight how he references and focuses on important artists such as James Ensor, that pioneer of Expressionism and Symbolism, or Bernard Buffet and Francisco de Goya, who are known for their unsettling and at times harrowing motifs and compositions. Looking at his seemingly distorted and disfigured self-portraits, his highly alienated everyday motifs, bizarre comic adaptations and soulless, lifeless landscapes, a sense of anxiety and confusion creeps over us, which however is then cast aside by a great deal of sensitivity and humor in relation to the human aspect. Pfrommer's small, closed parallel worlds establish a field of tension between the observer and the space in which they hang by means of the cursory repetition of certain impressions, symbols and motifs. The works repeatedly wrest themselves free of the observer and confront him with a high degree of uncertainty. And yet they still pull him deep into the action of the image with their sectional nature and subtly composed elements.
—*Lisa Marei Schmidt*

MANDLA REUTER

1. *Nothing to See Nothing to Hide,* 2011
2. *The Building,* 2010
3. *The Agreement, Vienna,* 2011

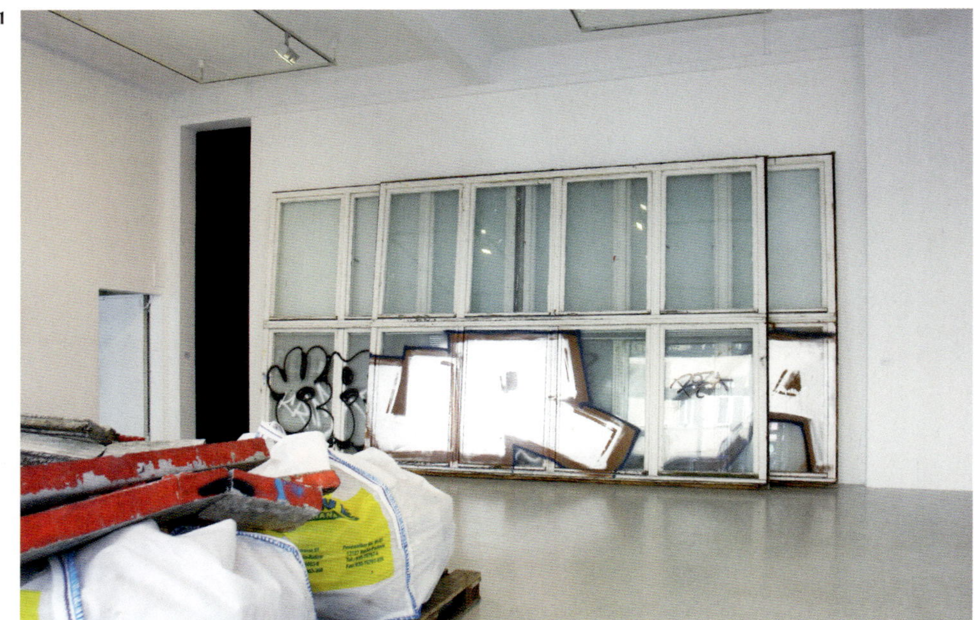

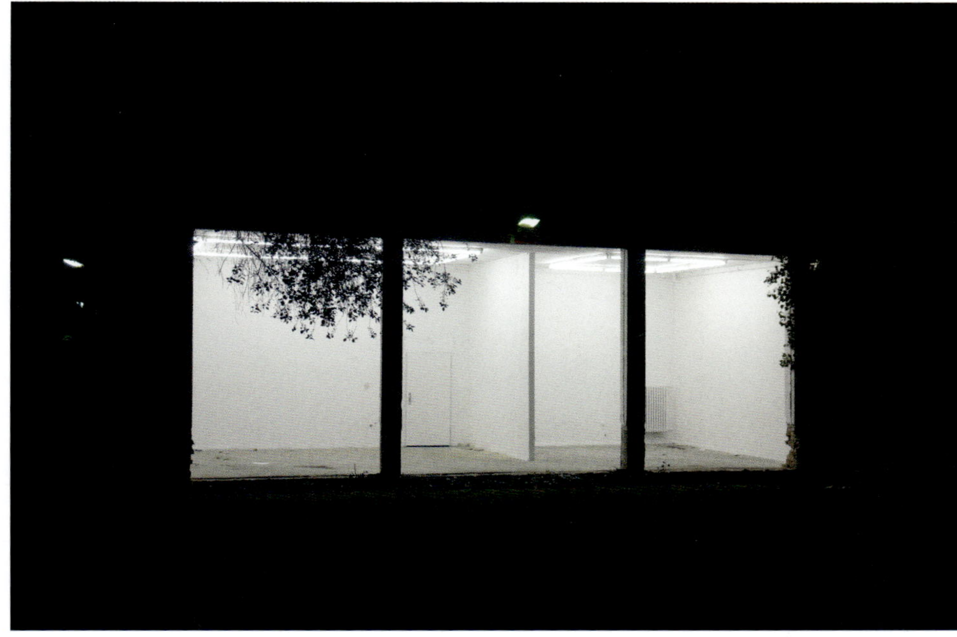

d Was bleibt von unseren Sehnsuchtsorten, wenn man sie radikal kondensiert? Fünftausend Liter Wasser hat Mandla Reuter aus der Fontana di Trevi in Rom geschöpft und in fünf Containern ausgestellt. Die Arbeit *Fountain* (2010) reduziert das Phänomen „Brunnen" auf das Element „Wasser" und schenkt dem Betrachter durch die Transformation eine Ahnung von der Differenz zwischen Dasein und Sein, Existenz und Essenz.

Mandla Reuters Eingriffe in Räume, Orte und Architekturen zeichnen sich durch Kontextverschiebungen aus, durch Blockaden, Grenzöffnungen und Umleitungen von Energie- und Menschenströmen. „Situationen erzeugende Arbeiten" nennt der Künstler sie schlicht selbst. Im Spannungsfeld von physischer und psychischer Realität, Imagination und Wirklichkeit, Original und Kopie aktivieren sie die Wahrnehmung der Besucher, die Teil der Inszenierung werden.

Für *Made in Germany Zwei* hat Reuter im Sprengel Museum Hannover ein Ensemble installiert, das im Zusammenspiel wie ein fiktives Gebäude mit unterschiedlichen Räumen funktioniert. Hier taucht der Trevi-Brunnen wieder auf als Reproduktion der Reproduktion. Projiziert über ein nostalgisch anmutendes Vorführgerät, zeigt der 35-mm-Film *The Shell* (2011) ein Detail der maßstabsgetreuen Las-Vegas-Version des Brunnens: die goldene Muschel im Rundbogen, in ein farbiges Lichtermeer getaucht. Als könnte der virtuelle Brunnen tatsächlich mit Wasser versorgt werden, so zieht sich mäandernd das Rohrsystem *Jet d'eau* (2012) über die Museumsstraße, das den Raum strukturiert und sichtbar macht, was sonst unsichtbar in jedem Wohnhaus verlegt wird. Doch funktionslos enden die Rohre wie Provisorien in der Luft. Ihr skulpturaler Charakter bringt die Funktion der Ausstellungshalle in Erinnerung, in der Reuters dritte Arbeit, der Abguss einer Wand, zwar die Vorstellung eines Hauses komplettiert, doch zugleich wie ein kostbares Artefakt wirkt.

Der Titel *Cellar, Neuschwanstein Series* (2012) evoziert das Bild des Märchenschlosses König Ludwigs II. Noch so ein Sehnsuchtsort, Touristenattraktion, Vorbild der Dornröschenschlösser in Disneyland. Dass Neuschwanstein dem Bayernkönig selbst als bewohnbare Theaterkulisse dienen sollte, eine Reminiszenz an die Wagner-Opern, ist Teil des Mythos. In Mandla Reuters Installation geraten die Verweise und Zitate, Paraphrasen und Assoziationen zum herausfordernden Vexierspiel.
—*Kristina Tieke*

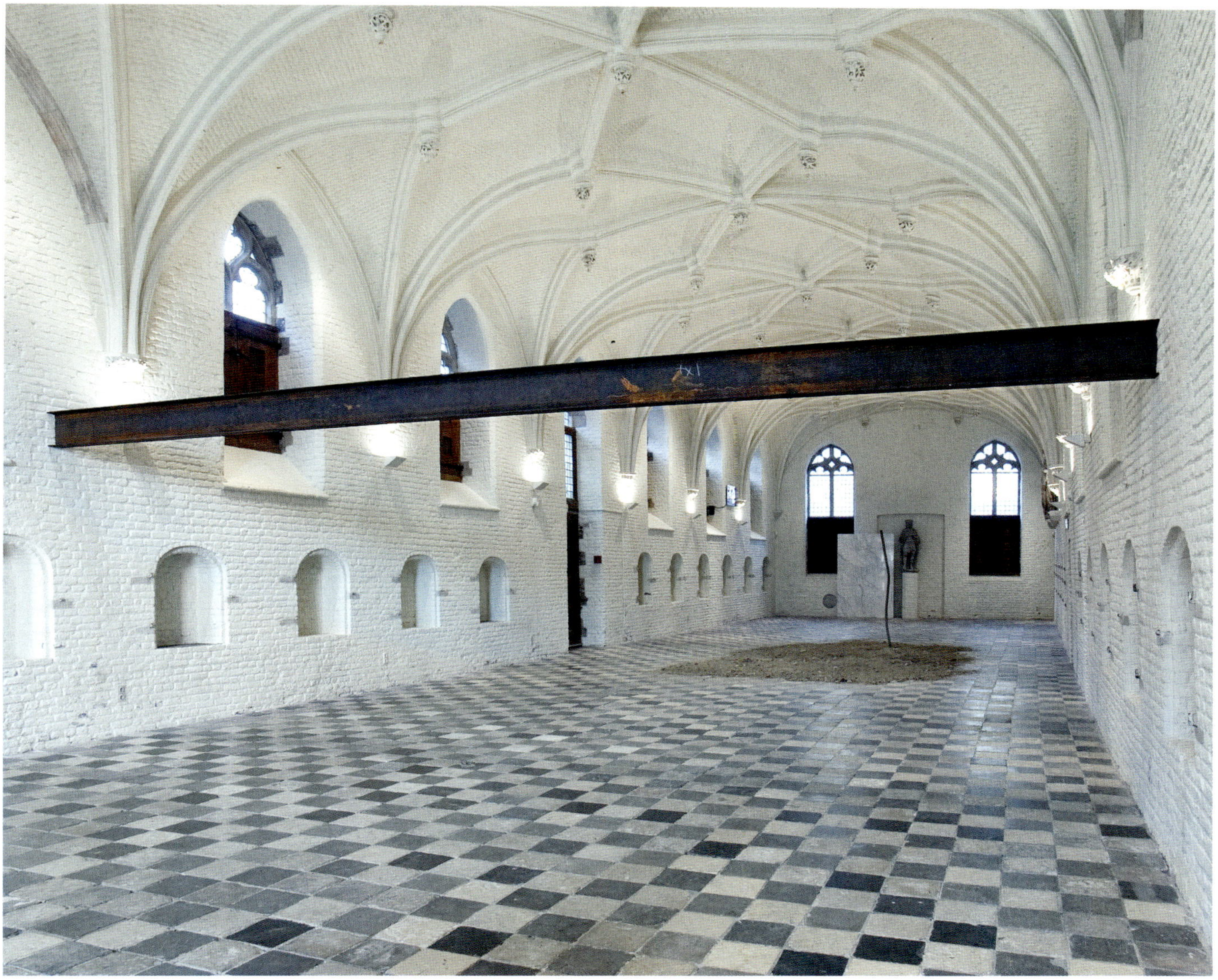

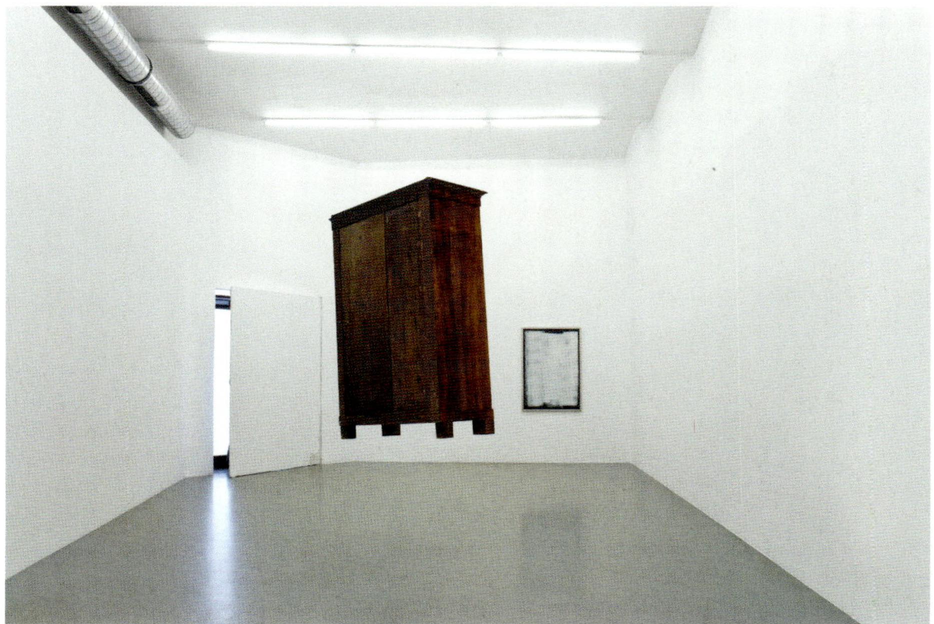

2

3

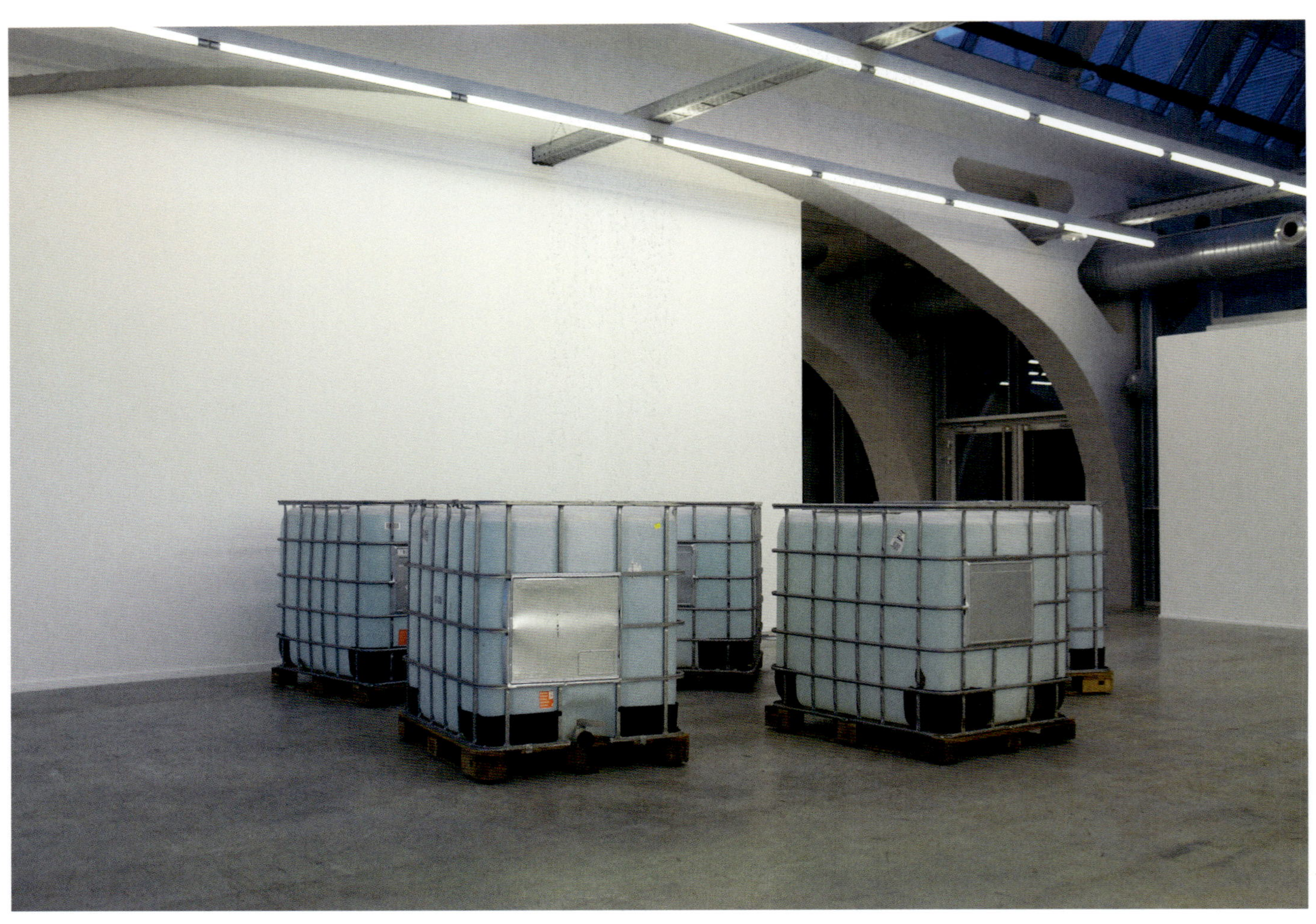

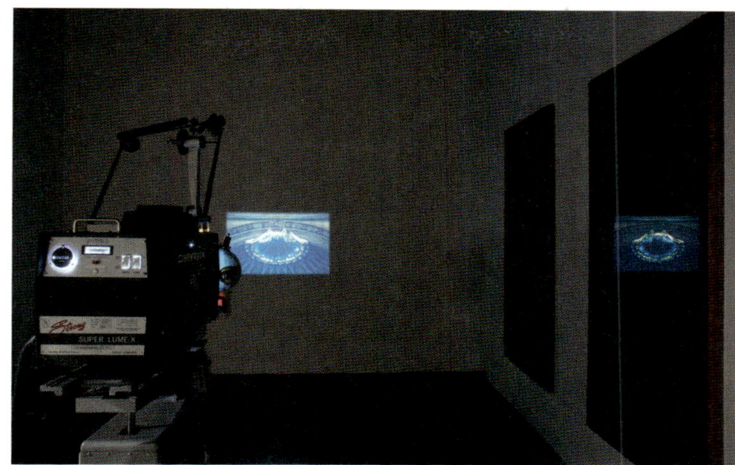

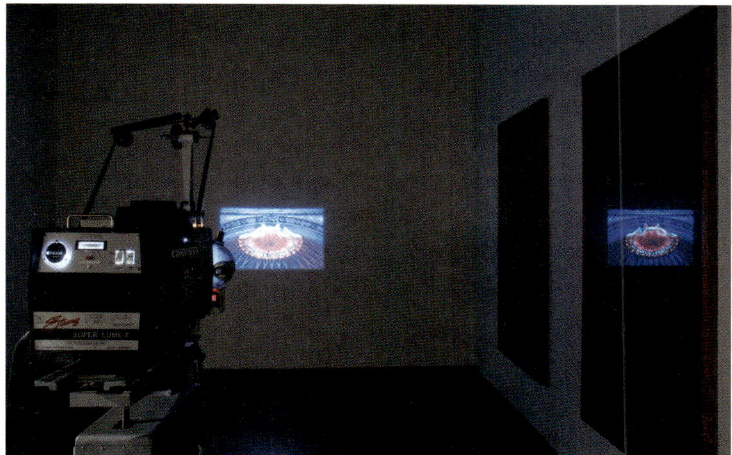

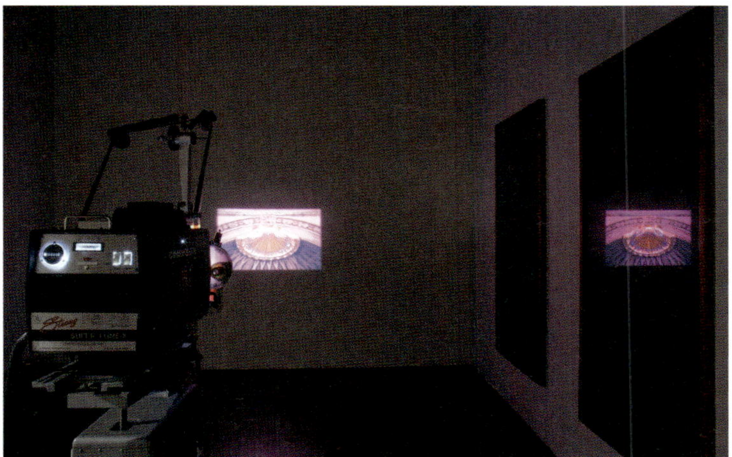

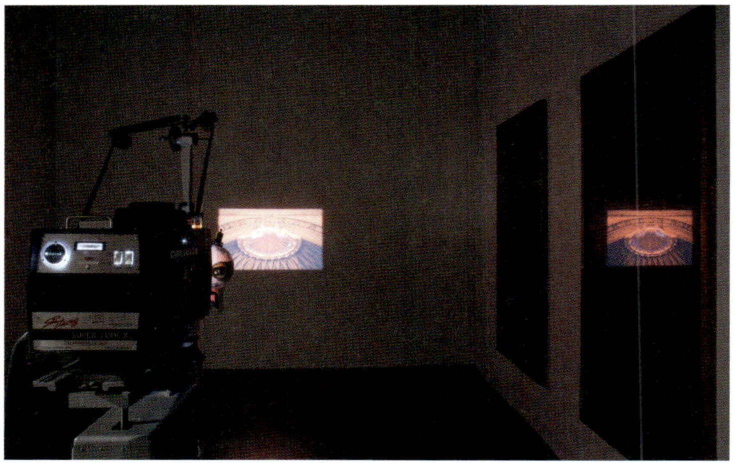

e   What remains of our special places
we long to go to when they are radically
condensed? Mandla Reuter pumped
five thousand liters of water out of the
Trevi Fountain in Rome and exhibited
it in five containers, for instance at De
Vleeshal in Middelburg in the Nether-
lands. The work *Fountain* (2010) reduces
the phenomenon of "fountain" to the
element of "water" and with the transformation gives the observer an idea of
the difference between presence and
being, existence and essence.

Mandla Reuter's interventions in
spaces, places and buildings are characterized by shifts in context, obstruc-
tions, the opening of borders and
diversions of flows of energy and people.
The artist himself simply calls them
"works that create situations". In the
field of tension between physical and
mental reality, imagination and reality,
original and copy, they activate visitors'
perception, who themselves become
part of the show.

For *Made in Germany Zwei* the artist
has installed an ensemble at Sprengel
Museum that, in the way it interacts
with the museum, functions like a
fictional building with various rooms.
The Trevi Fountain reappears here as
a reproduction of the reproduction.
Projected by an old-fashioned machine,
the 35-mm film *The Shell* (2011) shows
a detail of the scale Las Vegas version
of the fountain: the golden shell in the
circular arch, immersed in a colorful
sea of lights. As if the virtual fountain
could actually be supplied with water,
the system of pipes *Jet d'eau* (2012),
otherwise always laid in the walls or
floors of buildings, meanders across the
museum floor, structuring and visual-
izing the space. Yet the pipes end in the
air, without function, like makeshift
solutions. Their sculptural character
calls to mind the function of the exhibition hall in which Reuter's third work is
presented, the cast of a wall, which both
completes the impression of a building
and looks like a precious artifact.

The title *Cellar, Neuschwanstein Series*
(2012) evokes the image of King Ludwig II's fairytale castle. Another place
people long to visit, a tourist attraction,
the model for Cinderella's castles in Disneyland. The fact that Neuschwanstein
was intended to be a residential theater
backdrop for the Bavarian king himself,
reminiscent of Wagner's operas, is part
of the myth. In Mandla Reuter's installation the references and quotations,
paraphrases and associations become a
challenging puzzle.
—*Kristina Tieke*

REYNOLD REYNOLDS

1 *The Lost*, 2011–2012
2 *The Lost*, 2011–2012
3 *The Lost*, 2011–2012
4 *Die Verlorenen – Group Portrait, Residents of Troika*, 1933/2011

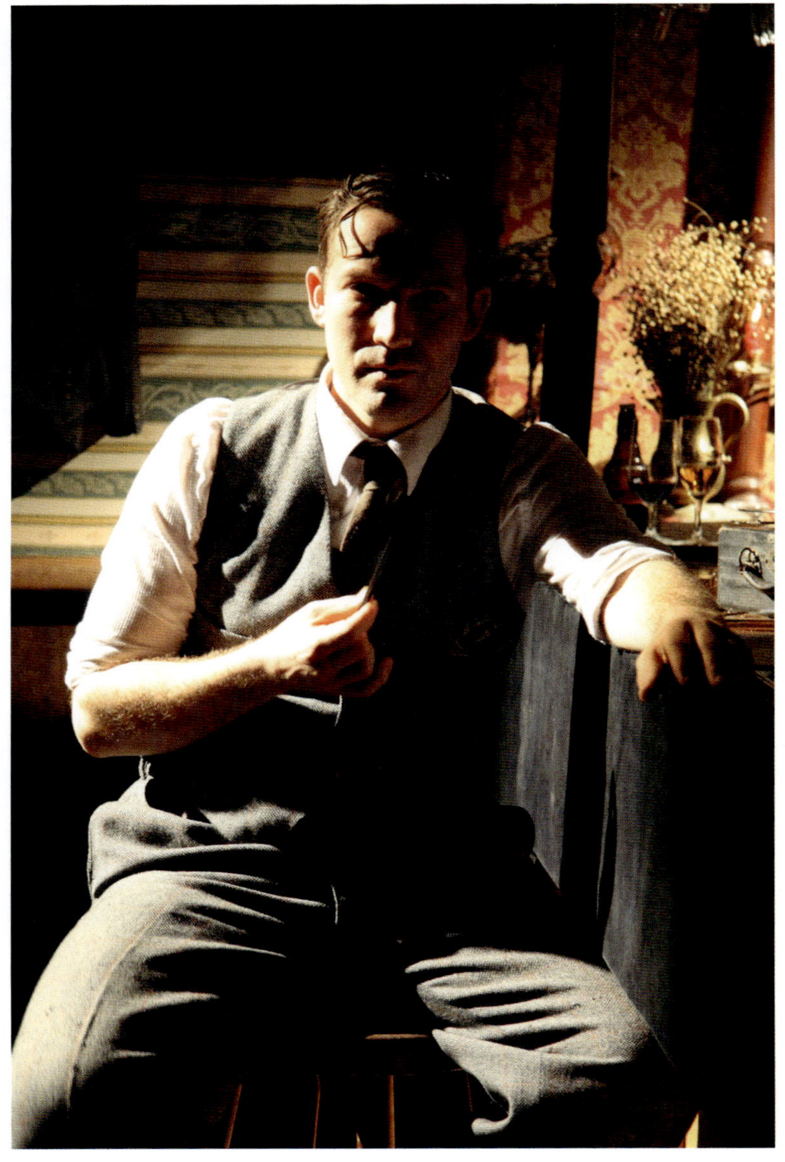

1

d Eine zentrale Fragestellung in Reynold Reynolds' Arbeit betrifft die Endlichkeit und Flüchtigkeit menschlichen Daseins. Der Film als zeitbasiertes Medium wird zum Schauplatz für mikroskopische Beobachtungen des unaufhörlichen Voranschreitens der Zeit. Das Leben selbst in seiner dem Zerfall ausgesetzten Zerbrechlichkeit steht im Mittelpunkt der allegorischen Szenarien. Begrenzte Orte wie eine Wohnung oder ein einziges Zimmer werden zu Symbolen für die untrennbare Verknüpfung von Leben und Tod, Überfluss und Mangel sowie die unaufhörliche Veränderung von Lebewesen und Dingen. Die Eigenschaft des Films, Zeit auf Zelluloid zu bannen, wird dabei zum Material für Reynolds' Auseinandersetzung: Oftmals setzt er Stopp-Motion-Technik oder Zeitraffer ein, verlangsamt, zerstückelt oder beschleunigt die gezeigten Ereignisse. Seine Filme lassen künstliche Welten auf Zeit entstehen, in denen mentale Verfassungen und äußere Lebensbedingungen wie durch ein Vergrößerungsglas betrachtet und kurzgeschlossen werden.

In der Ausstellung *Made in Germany Zwei* gibt Reynold Reynolds Einblick in das Film- und Restaurationsprojekt *The Lost* [Die Verlorenen] (2011–2012). Dieses Projekt stellt die Frage nach den konkreten Produktionsbedingungen von Film sowohl im Hinblick auf die Entstehung einer kohärenten filmischen Erzählung als auch die äußeren historischen Rahmenbedingungen und die Dimension des Materials. *Die Verlorenen* ist der Titel eines Spielfilms, der in den 1930er Jahren in Berlin begonnen, aber wegen der Filmzensur und den dramatischen politischen Veränderungen im Übergang von der Weimarer Republik zur Herrschaft der Nationalsozialisten abgebrochen wurde. *Die Verlorenen* (1930–1933) war konzipiert als kommerzieller Horrorfilm, in dessen Mittelpunkt ein britischer Schriftsteller steht, der in einem Hotel mit Kabarett-Betrieb lebt. Dieses Hotel gehört einem Vampir, der des Mordes an einer jungen Tänzerin beschuldigt wird. Das Kabarett und sein Besitzer werden von aufrechten Mitbürgern bedroht, die das Etablissement für einen Hort der Unmoral halten.

Als die politische Situation in Deutschland sich zuspitzte, die Zensurbehörde den Druck verstärkte und die Produktionsbedingungen untragbar wurden, floh der Regisseur des Films überstürzt aus Deutschland. Das Filmprojekt blieb gänzlich unbekannt, bis eine Filmhistorikerin in den Besitz der Tagebücher des Kameramannes gelangte und Nachforschungen zu einem darin erwähnten Koffer mit Filmrollen, Drehbüchern und Zeichnungen anstellte. Reynold Reynolds erfuhr vom Fund dieses Koffers und widmet sich seitdem mit seinem Team der Restaurierung und Rekonstruktion des Filmes selbst, der Aufbereitung der Dokumente und den Nachforschungen zu den historischen Entwicklungen der deutschen Filmindustrie im Übergang der 1920er zu den 1930er Jahren.

Ein Teil des Projekts *The Lost* befasst sich mit der Aufbereitung und Digitalisierung des Filmmaterials, ein anderer besteht darin, Szenen neu zu drehen. Dabei begibt sich Reynold Reynolds auf die stilistischen Spuren von Fritz Lang, F. W. Murnau und anderen Filmemachern, deren Werke inzwischen zum Kanon der Filmkunst zählen. Die verschiedenen Elemente von *The Lost* lassen eine Welt vor den Augen des Betrachters entstehen, die von heute aus die Vergangenheit visioniert und imaginiert. Hat Reynold Reynolds in seinen früheren Werken Filme aus der Perspektive einer Maschine (*Secret Machine*, 2009) oder der Zeit selbst (*Secret Life*, 2008) gemacht, handelt es sich bei *The Lost* um einen Film aus der Perspektive der Geschichte, die auf konkretes historisches Material angewiesen ist ebenso wie auf die Imagination derer, die dieses Material zum Leben erwecken und in einen Bezug zur Gegenwart setzen. So ist *The Lost* eine Arbeit, die durch die Brille des Vergangenen auf die Gegenwart schaut – und umgekehrt.
–*Kathrin Meyer*

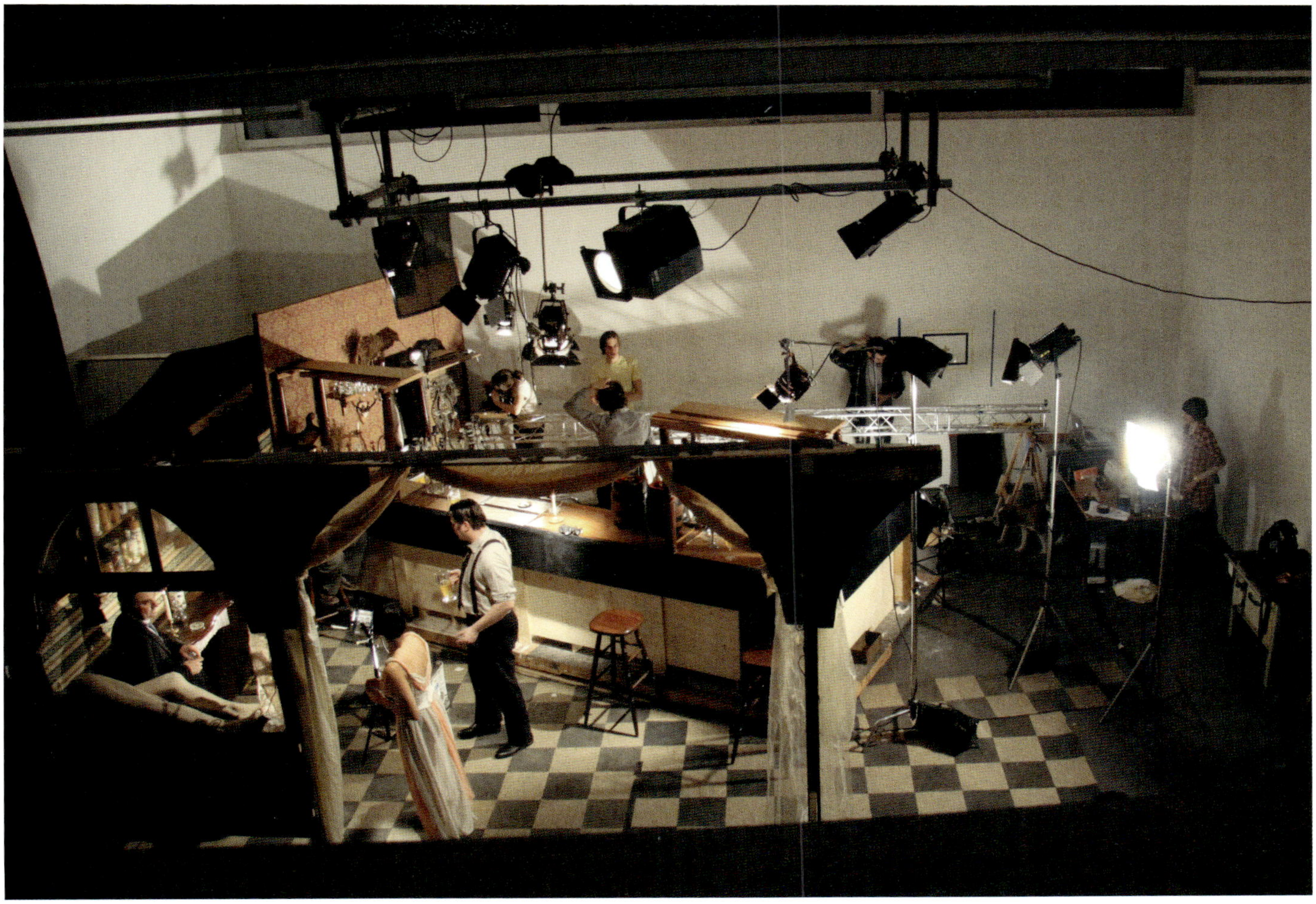

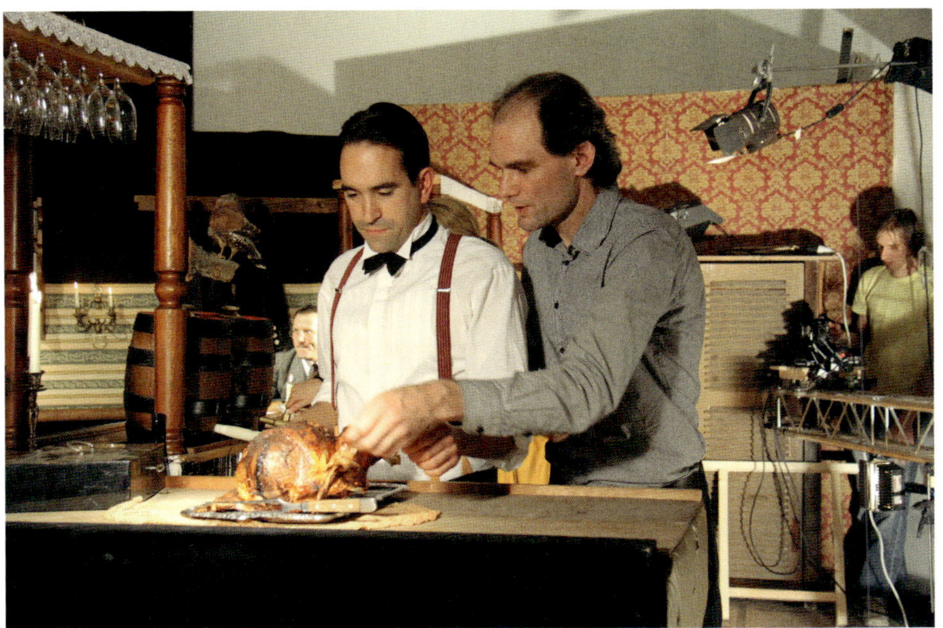

3

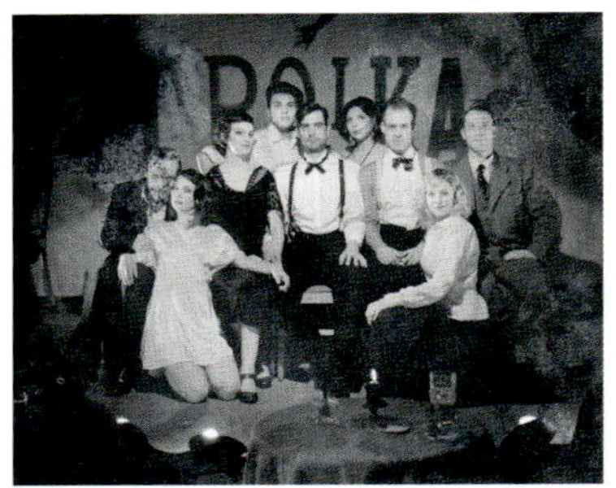

4

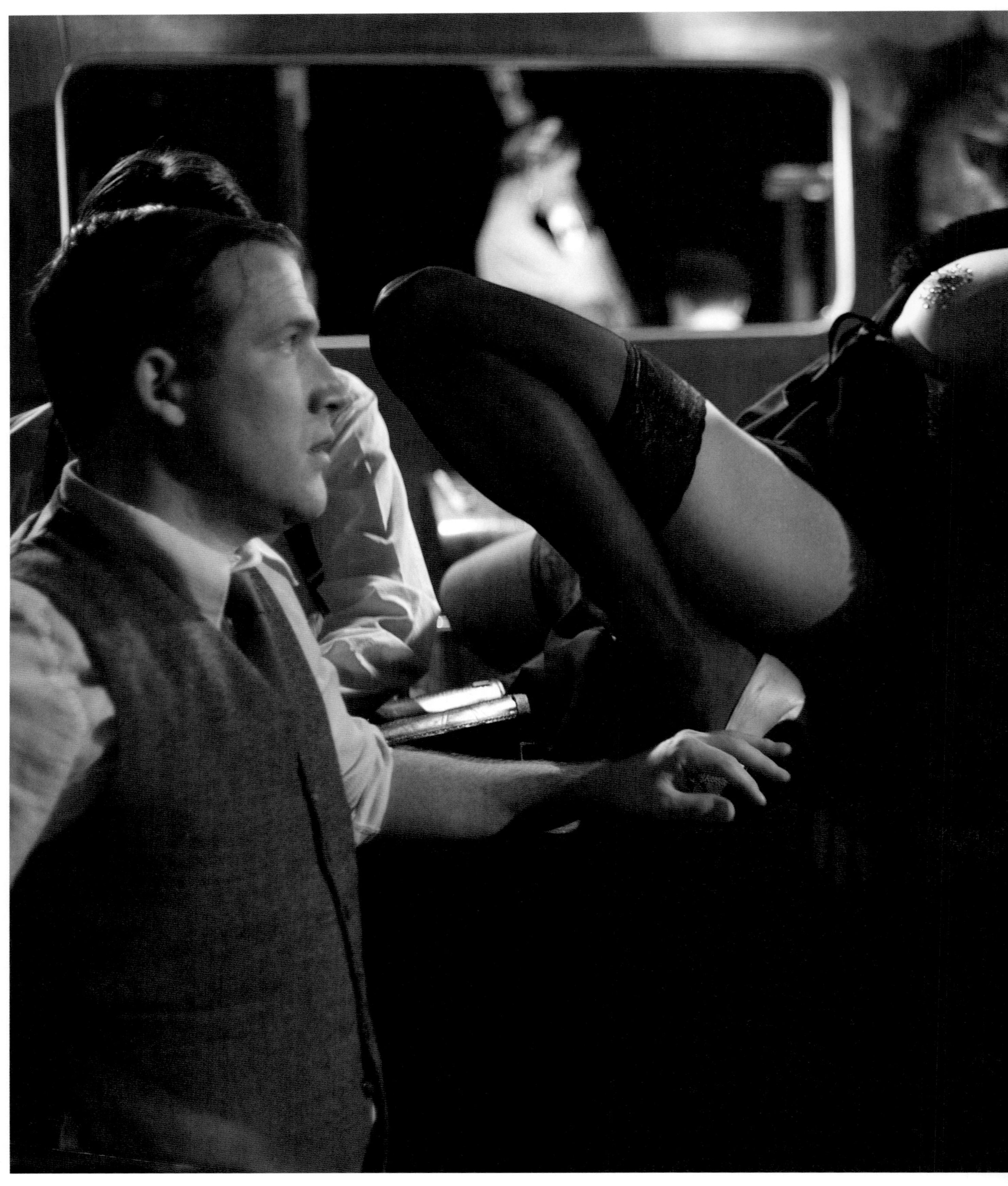

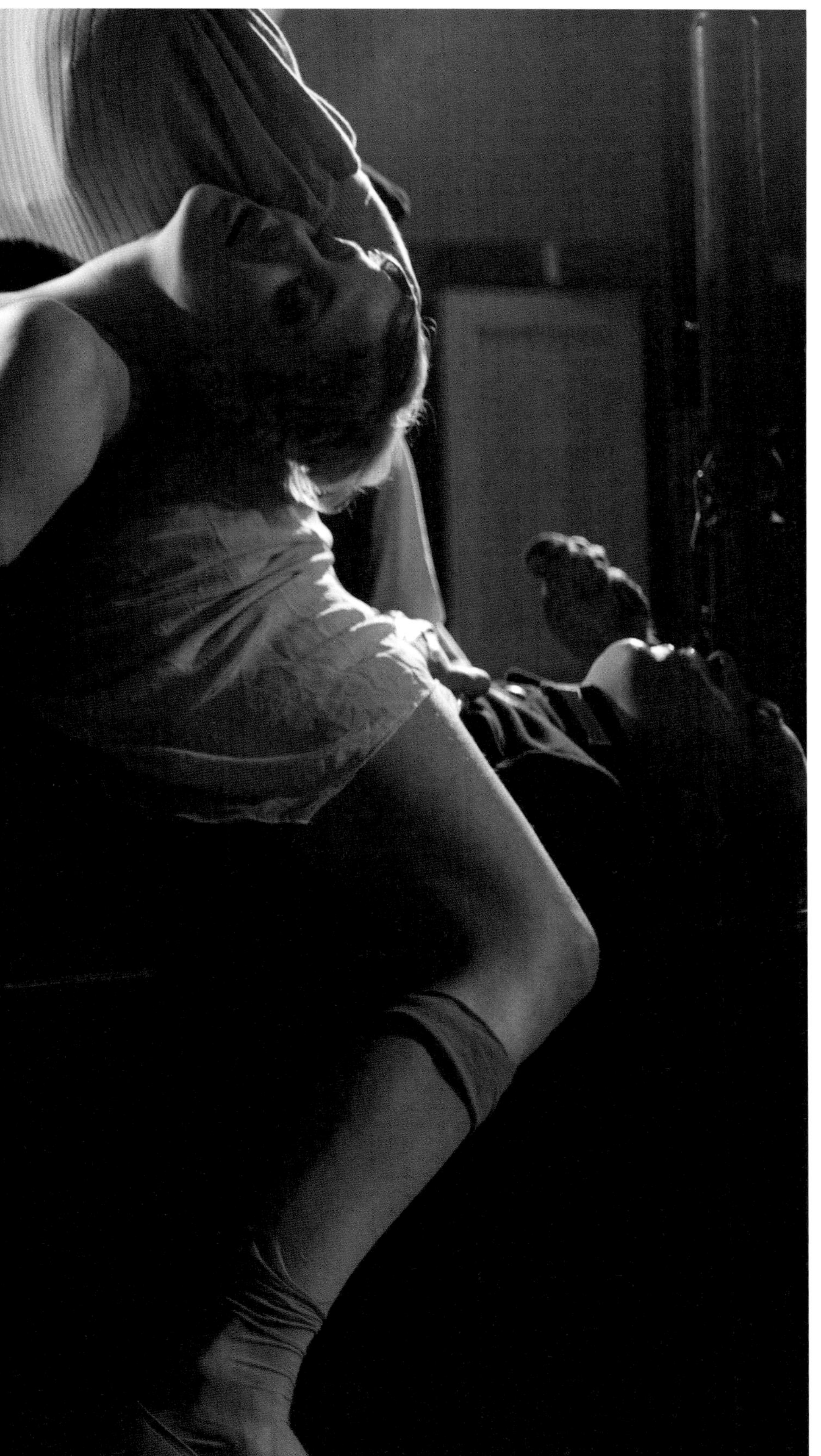

e A central issue in Reynold Reynolds' work is the finite and ephemeral nature of human existence. He uses the time-based medium of film to showcase microscopic observations of the continual progression of time. Life itself, in its fragile, decaying state, is at the center of the allegorical scenarios. Limited places such as an apartment or a single room become symbols of the inextricable link between life and death, excess and shortage and the incessant transformation of living and non-living things. The ability of film to capture time on celluloid becomes the material for Reynolds' study: he often uses stop motion technique in order to slow down, fragment, reverse, or accelerate the events shown. His films create artificial temporal worlds in which mental constitutions and external living conditions are observed and short-circuited as though through a magnifying glass.

In *Made in Germany Zwei* Reynold Reynolds offers an insight into *The Lost* (2011–2012), a film research and restoration project. This project explores the specific production conditions of film in terms of the emergence of a coherent filmic narrative, the external historical context and the material properties of film itself. *Die Verlorenen* (1930-1933) is the title of a movie that began production in Berlin in the 1930s but was abandoned due to film censorship and the dramatic political changes in the country during the transition from the Weimar Republic to Nazi control. *Die Verlorenen* was conceived as a commercial horror movie centering on a British writer living in a cabaret hotel. The hotel belongs to a vampire accused of murdering a young dancer. The cabaret and its owner are threatened by upstanding citizens who claim the establishment is a seedbed of immorality.

As the political situation in Germany worsened, the censors upped the pressure, and production conditions became unbearable; as a consequence the director hastily fled Germany. The film project fell into obscurity until a film historian came into possession of the cameraman's diaries and made investigations into a crate mentioned in them containing rolls of film, scripts and drawings. Reynold Reynolds found out about the discovery of the crate and is now, with his team, working on restoring and reconstructing the film itself, salvaging the documents and researching the historical developments in the German film industry between the 1920s and the 1930s.

Part of *The Lost* project involves restoring and digitizing the film material, another reconstructing scenes attempting to understand the narratives. Here Reynold Reynolds follows in the stylistic footsteps of Fritz Lang, F. W. Murnau and other filmmakers whose works are now among the classics of cinematic art and are still influential today. The various elements of *The Lost* engender a world in the mind's eye of the observer that scans and imagines the past from today's perspective. Whereas in his early works Reynold Reynolds made films from the perspective of a machine (*Secret Machine*, 2009) or time itself (*Secret Life*, 2008), *The Lost* is a film from the perspective of history, reliant on both concrete historical material and the imagination of those who bring this material to life and put it in a present-day context. Thus *The Lost* is a work that looks at the present through the veil of the past, and vice versa.

–*Kathrin Meyer*

5

NINA RHODE

1 *Harmonika*, 2009
2 *Bin*, 2011
3 *ES IT (THRON)*, 2004/2010
4 *Welle*, 2009

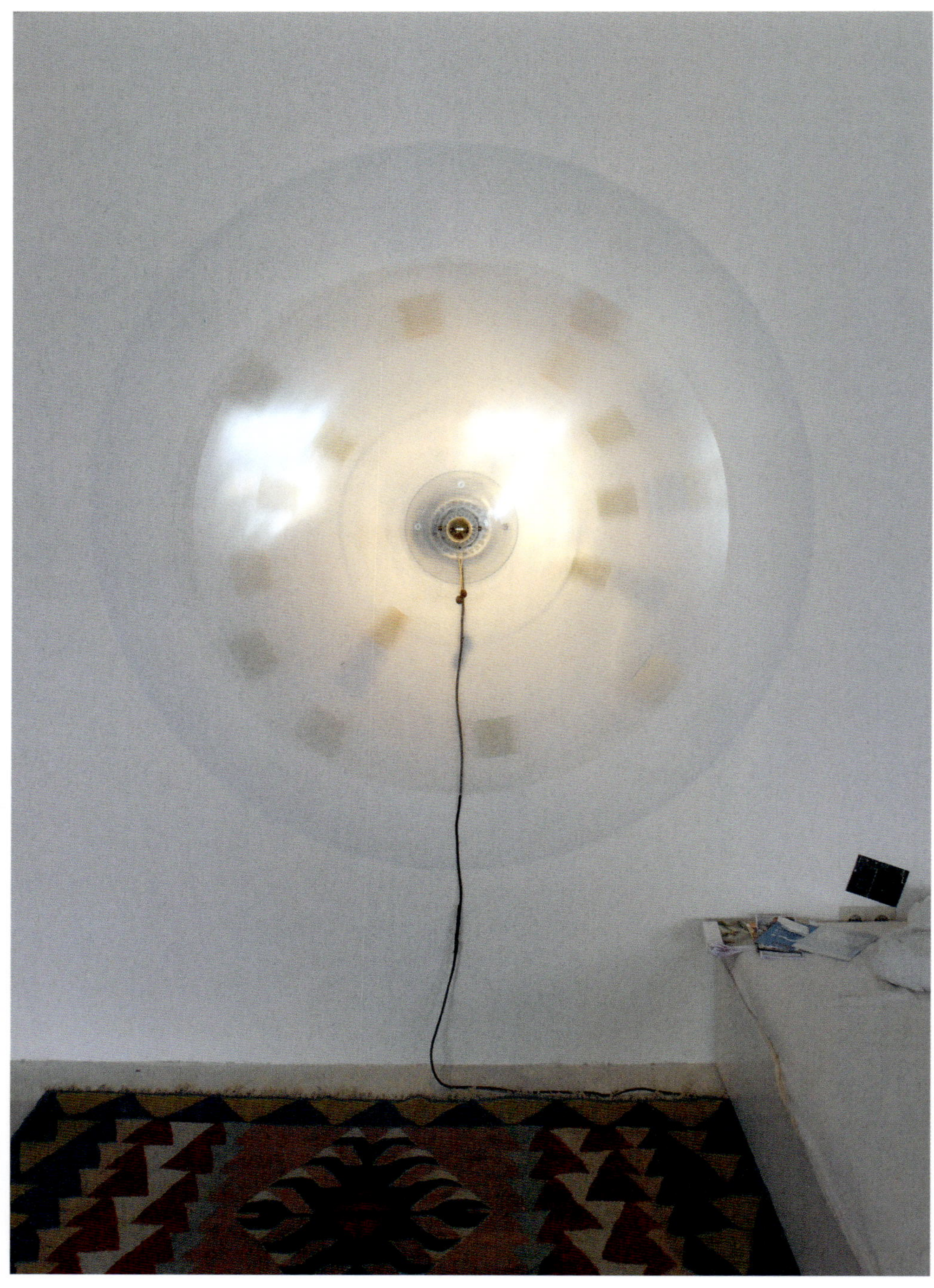

1

d   Nina Rhode entwickelt häufig multimediale Skulpturen und Environments, die mit Licht und Farbe experimentieren. Sie schafft kinetische Objekte, die sie aus zum Teil gefundenen Materialien zu optisch-musikalischen Apparaten verarbeitet oder denen sie durch den Kontexttransfer neue Bedeutungen zuweist. Ihre Versuchsanordnungen folgen bewusst keinem perfekten Plan, um Spielraum für Zufälle zu behalten, weil das Chaos sie mehr interessiert als Perfektion und Ordnung.

Im kontrollierten Umfeld eines Ausstellungsraumes setzt Rhode den Besucher visuellen und akustischen Reizen aus, die direkt auf den Körper einwirken und diesen affizieren. Die Skulpturen bleiben dabei einer einfachen physikalischen Logik und Idee treu. Oftmals besitzen sie eine zusätzlich spielerische Ebene, in welcher der Betrachter selbst Bild- oder Klangphänomene in Gang setzen oder sich ihnen zumindest aktiv aussetzen kann.

Für ihre Einzelausstellung *Friendly Fire* im DCA in Dundee, Schottland (2011), produzierte sie teils auch mechanische Drehscheiben, die entweder manuell zu bewegen sind oder, mit einem Motor versehen, sowohl Farben, grafische Formen oder Sound in Schwingung versetzen. *Säule* (2011) besteht aus fünf als Säule übereinander montierten runden Fotografien, die sich aus Experimenten mit der früheren Arbeit *Ursprung* (2007) ergaben. *Ursprung* besteht aus drei Scheiben in den Grundfarben auf schwarzem Hintergrund. Durch eine chaotische Rotation entstehen immer neue Farbbilder. Die fünf Scheiben der neuen Arbeit sind selbst wieder drehbar, weil die Künstlerin diesen Fotografien kein Oben und Unten vorgeben möchte.

Bei der Arbeit *Harmonika* (2009) entsteht in der Drehung durch die auf eine Scheibe aufgebrachten Harmonikas eine leise und helle Harmonie, die den Raum durchdringt.

Teich (2011) und *Moor* (2011) sind zwei farbige Spiegelbilder, in denen nicht nur der Besucher, sondern auch die anderen Werke inkohärent reflektiert werden und die einen zweiten Raum suggerieren, in dem die Gesetze von Raum und Zeit andere sein könnten.

Nina Rhode ist auch bekannt als Mitglied der Berliner Künstlergruppe Honey-Suckle Company und durch ihre Zusammenarbeit mit dem Musiker Gonzales.
—*Ellen Blumenstein*

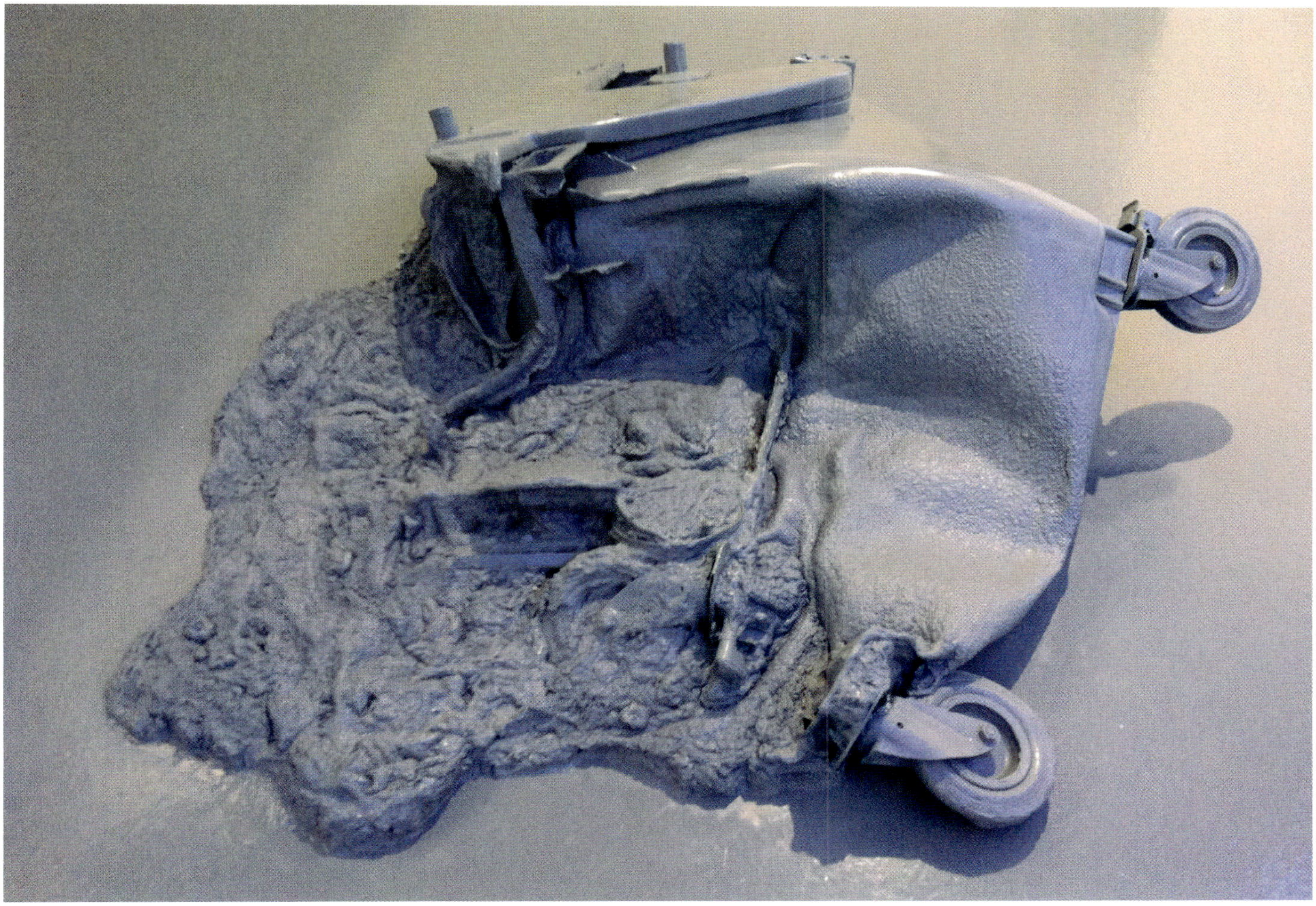

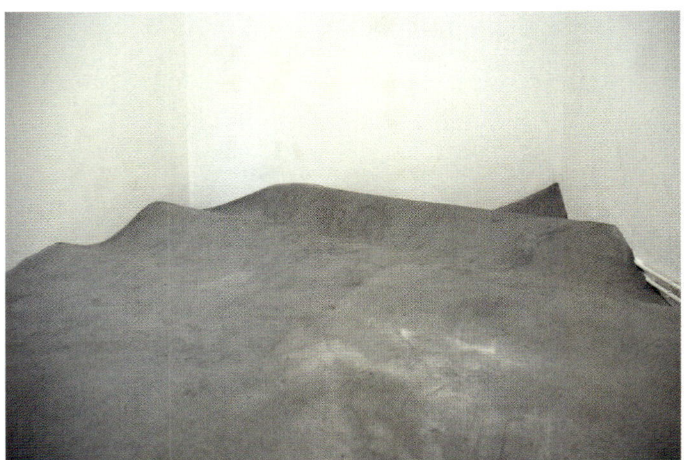

2

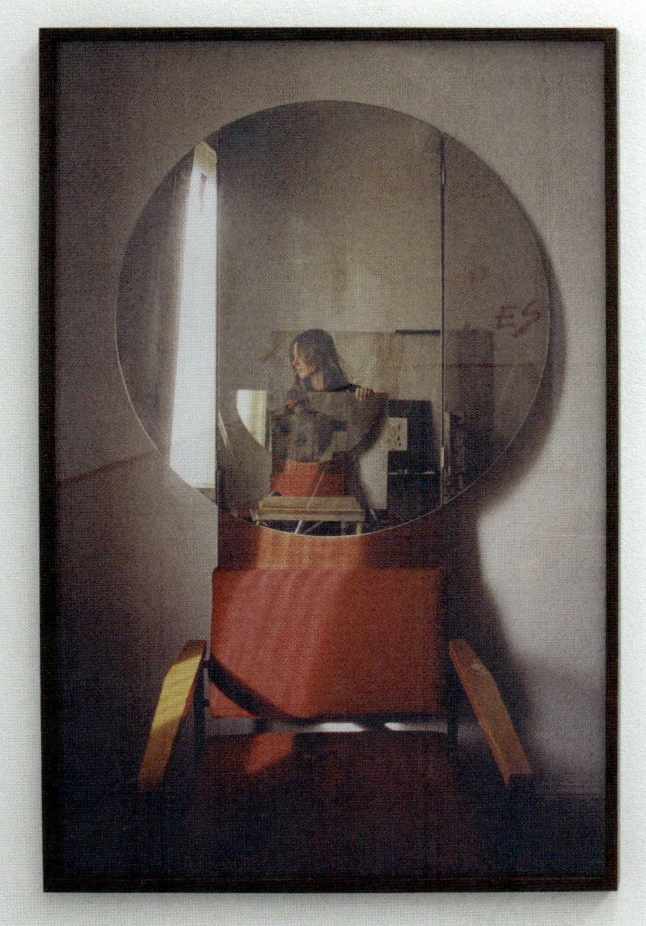

3

4

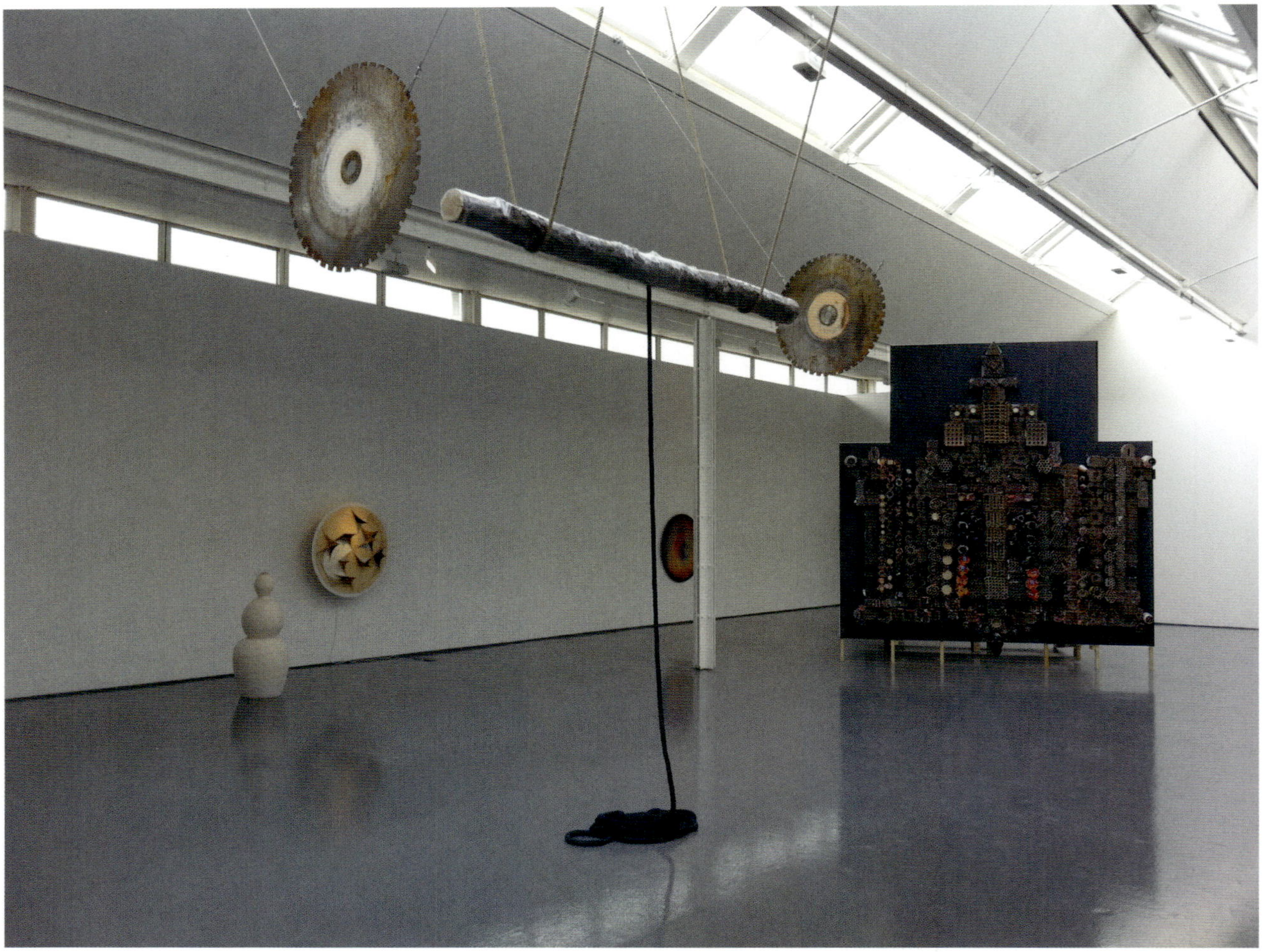

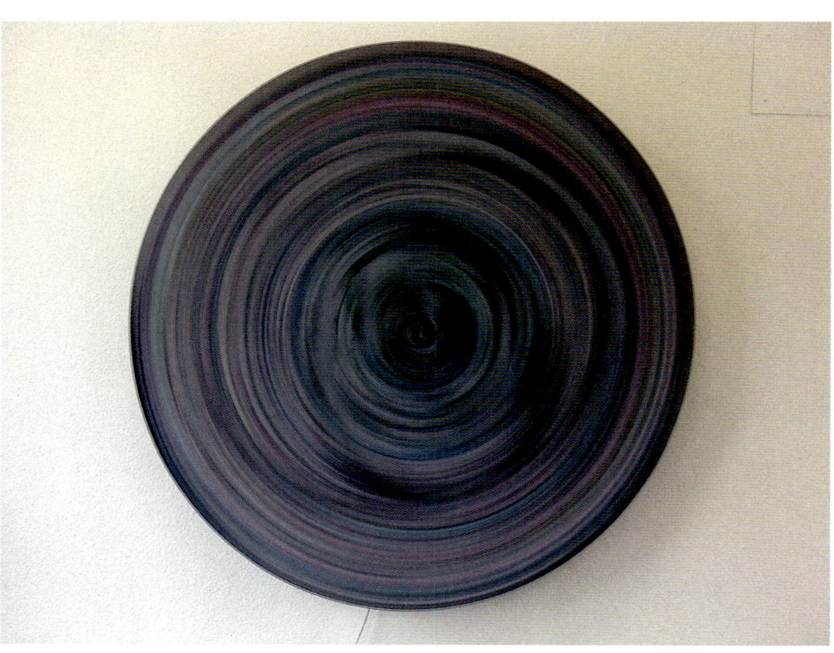

5

6

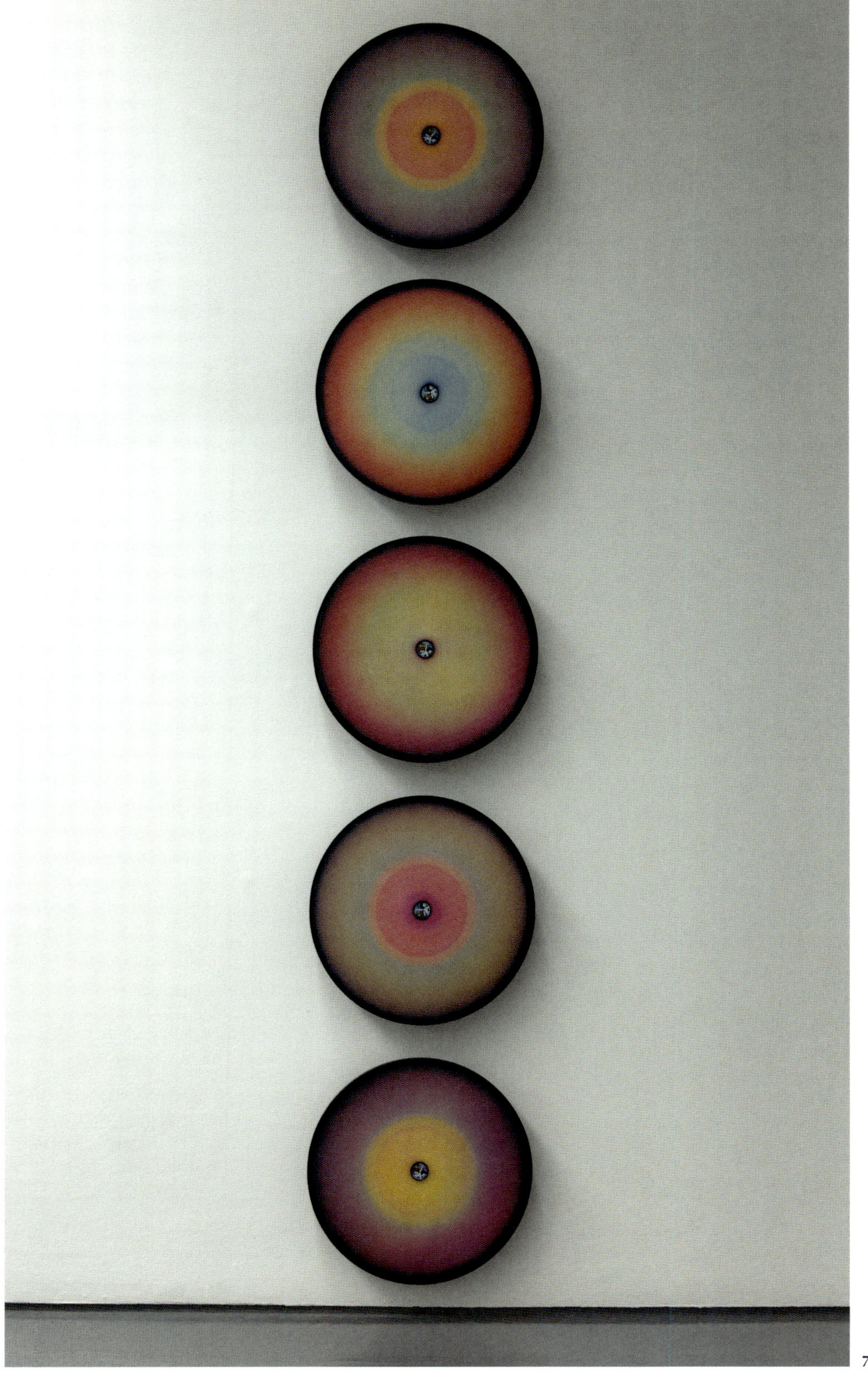

e Nina Rhode often conceives multimedia sculptures and environments that experiment with light and color. She creates kinetic objects that she either forms into optical, musical instruments, in part using found materials, or to which she ascribes new meanings by way of context transfer. Her experiments deliberately follow no perfect plan in order to enable chance to play a role, because she is more interested in chaos than perfection and order.

In the controlled environment of the exhibition space Rhode exposes the visitor to visual and acoustic stimuli that have a direct effect on the body. Yet her sculptures stay true to a simple physical logic and idea. They frequently have an additional playful level on which the observer himself can trigger visual or acoustic phenomena or at least actively expose himself to them.

For her solo show *Friendly Fire* at DCA in Dundee, Scotland (2011), the artist in part also produced mechanical wheels, either operated manually or fitted with a motor, that animate colors, graphic forms and sound. *Säule* (Columns) of 2011 consists of five circular photographs mounted one on top of the other in the form of a column and that resulted from experiments with her earlier work *Ursprung* (Origin) of 2007. *Ursprung* consists of three discs in the primary colors on a black background. A chaotic rotation produces ever new color images. The five discs in the new piece can again be rotated, because the artist does not wish to prescribe a top and bottom for these photographs.

The 2009 piece *Harmonika* (Harmonica) constitutes a rotating disc with a number of harmonicas affixed to it. The spinning of the disc generates a quiet and light harmony that permeates the space.

From 2011, *Teich* (Pond) and *Moor* (Moor) are two color mirror images incoherently reflecting not only the observer, but also the other works. They suggest a second space in which different laws of space and time could apply.

Nina Rhode may also be known as a member of the Berlin-based group of artists Honey-Suckle Company and for her collaboration with musician Gonzales.
—*Ellen Blumenstein*

BERND RIBBECK

1 *Ohne Titel/Untitled*, 2011
2 *Ohne Titel/Untitled*, 2011
3 *Ohne Titel/Untitled*, 2011

d Die titellosen Bilder von Bernd Ribbeck sind gekennzeichnet durch geometrische Figuren und deren symmetrische Anordnung sowie prägnante malerische Spuren, die diesen Ordnungsstrukturen entgegenlaufen. Motive wie Kreise, Dreiecke und Rauten sind geprägt durch die deutlich sichtbaren Spuren des Pinsels, Kugelschreiber oder Lackstifte, die Ribbeck für seine meist kleinformatigen auf MDF-Holz aufgetragenen, farbigen Bilder nutzt. Verschiedene Ebenen in denen auch asymmetrische Zeichnungen verborgen liegen, offenbaren sich bei längerem Betrachten der Werke. Dabei bestechen Ribbecks Bilder durch eine in der Abbildung nur schwer erkennbare Dreidimensionalität. Durch das wiederholte Auftragen und Entfernen – das Abwaschen und Auskratzen – von Pigmenten entsteht ein Spiel voller haptischer, räumlicher und illusionistischer Qualitäten.

Geometrische Figuren sind in ihrer Präzision den natürlichen Formen entgegengesetzt. In der Mathematik sind sie bedeutungsfreie Elemente von Berechnungen und räumlicher Vorstellung. In der Architektur sind sie integrativer Bestandteil des Entwerfens und Konstruierens und somit sowohl Teil der Statik als auch der Formfindung. In der Traumdeutung, Theosophie sowie dem Spiritualismus und den Religionen werden sie zu Trägern von Inhalt und Bedeutung, so verkörpert der Kreis Einheit und Vollendung als visuelles Symbol des Zen-Buddhismus, und das Dreieck gilt im Christentum als Zeichen der Dreifaltigkeit. In der bildenden Kunst sind geometrische Figuren Grundlage der Perspektive, deren Erfindung den Bildraum revolutionierte. Schon in der figurativen Malerei zählten sie zu den maßgeblichen Elementen der Komposition und in der modernen Abstraktion erhielten sie neue Aufgaben von abstrahierter, aufgeladener bis zu konkreter, wertfreier Form. Auch in einer alltäglichen Welt finden sie Anwendung, sie sind Symbole der Vorsicht im Straßenverkehr, des Glücks beim Spiel oder Erkennungsmerkmal von Konsumgütern – eine Raute kann sowohl an das Kostüm des Harlekins, die Automarke Renault, ein Halma-Spielbrett oder eine Salmiakpastille erinnern.

Diese Vieldeutigkeit der Formen, ihre Gleichzeitigkeit von Allem und Nichts, ist von großer Anziehungskraft für Ribbeck. In einer neuen Serie von klein- und mittelformatigen Tafelbildern setzt er sich wiederholt mit demselben Motiv, dem des Kreises bzw. der Null, auseinander. Die Null wird sowohl zur Maßeinheit aller Werke der Gruppe als auch zum Katalysator von Veränderungen über die verschiedenen Einzelbilder hinweg. Die unterschiedlichen Deutungsmöglichkeiten des Kreises von konkreter Form bis aufgeladenem Symbol werden über den Prozess des Malens erforscht. Die Arbeiten sind dabei sowohl bestimmt von Ribbecks individueller malerischer Auseinandersetzung innerhalb eines Bildes – dem Anwenden verschiedener Formen und Materialitäten – als auch durch das Wissen spiritueller, intellektueller oder alltäglicher Hintergründe.
—Antonia Lotz

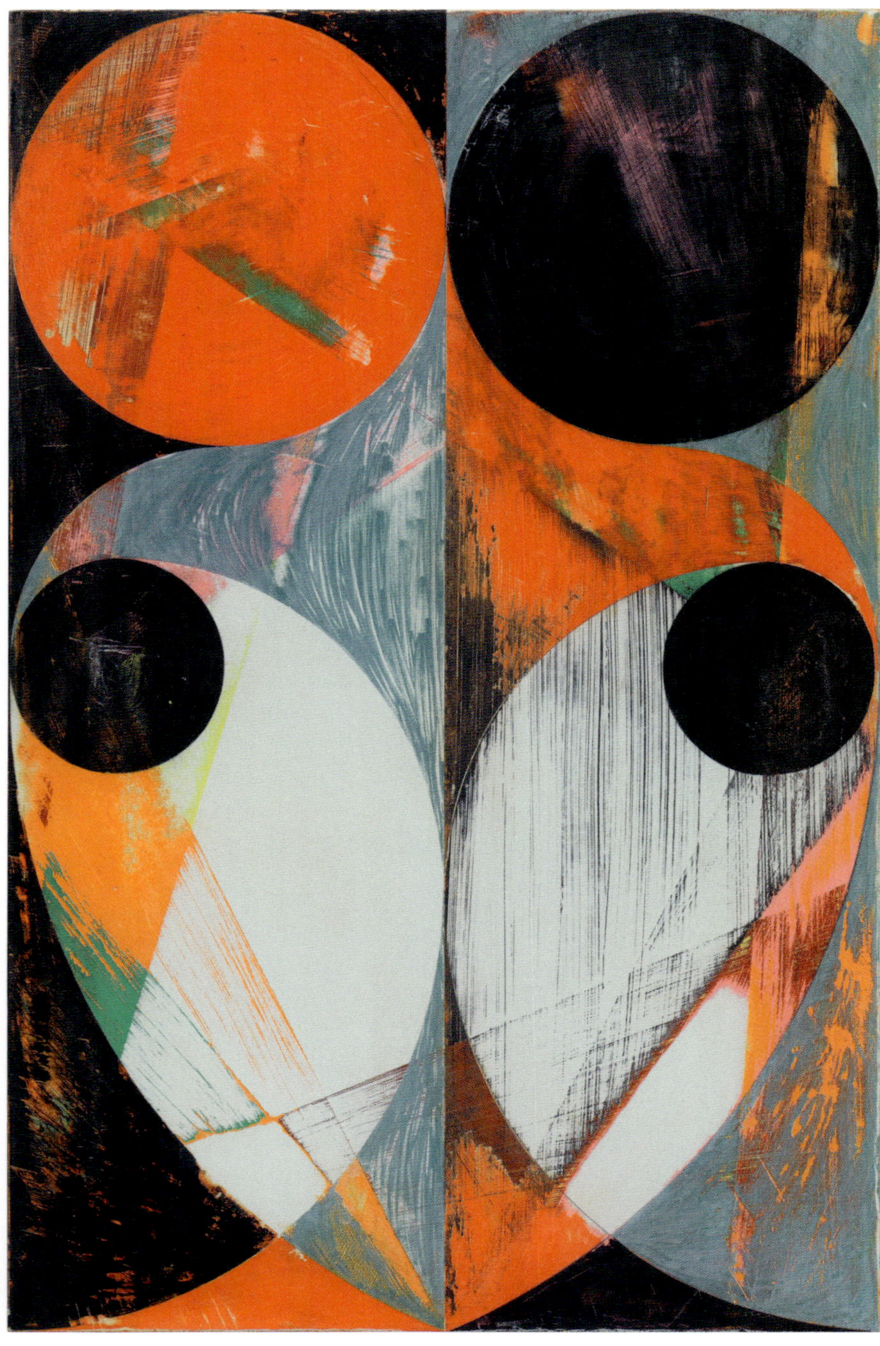

1

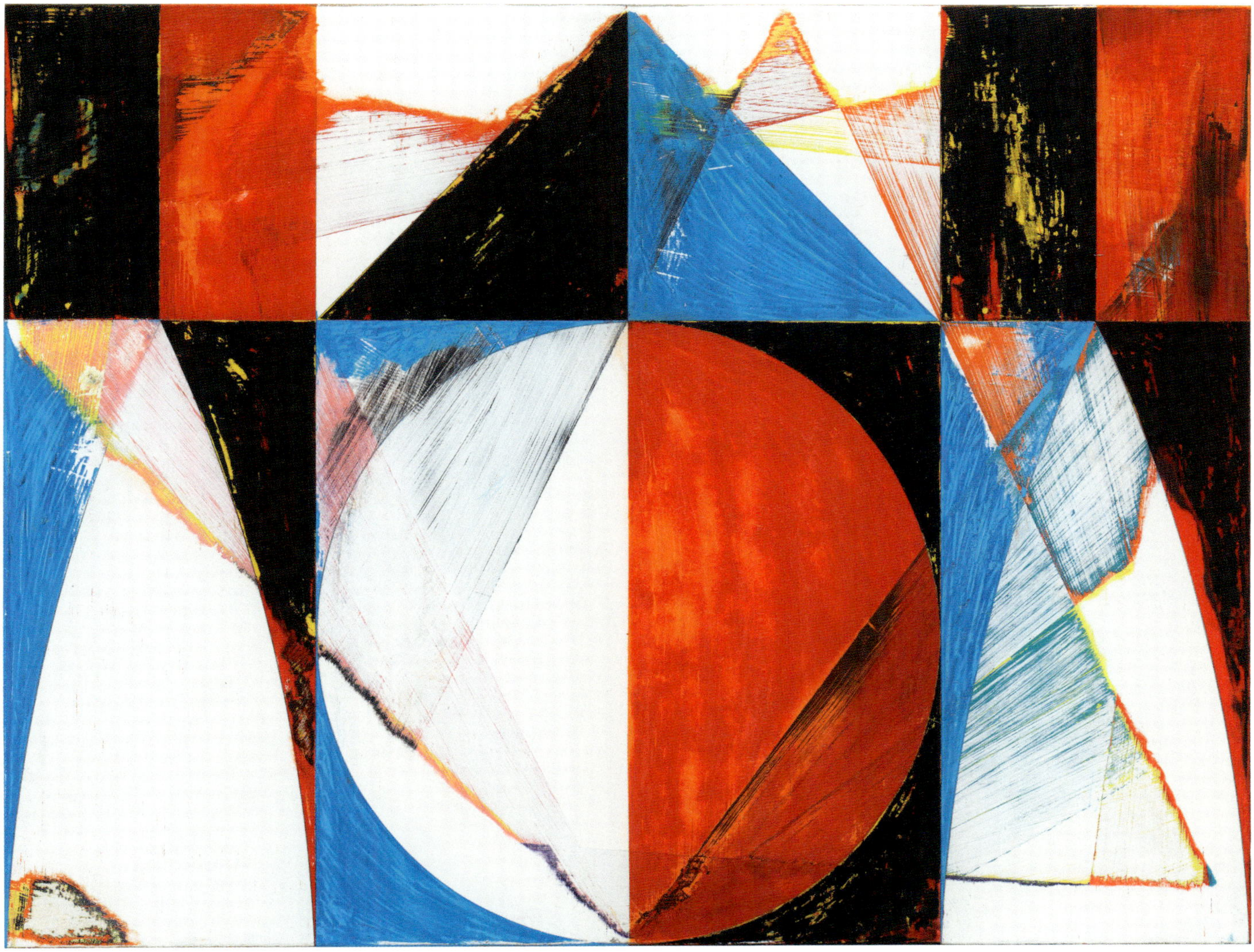

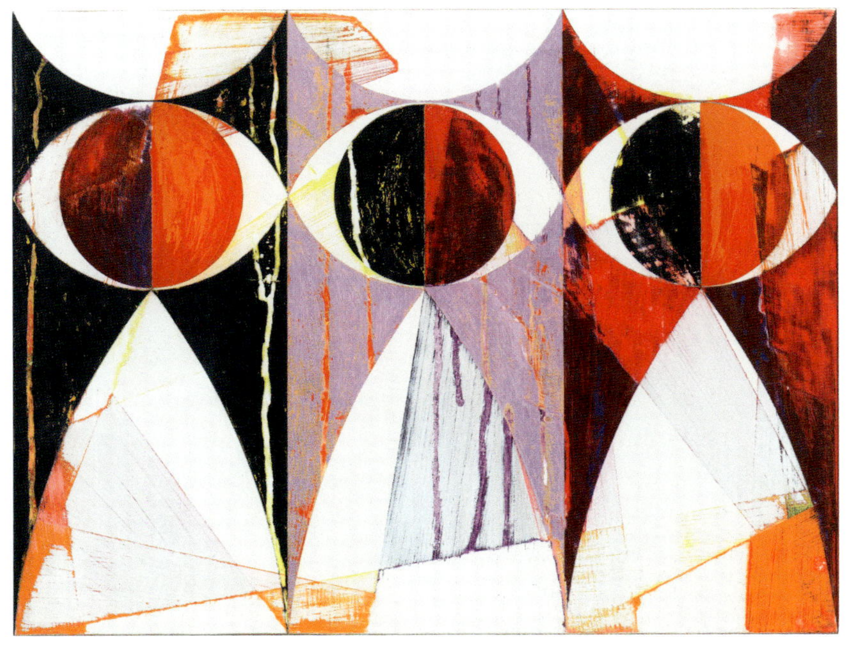

2

3

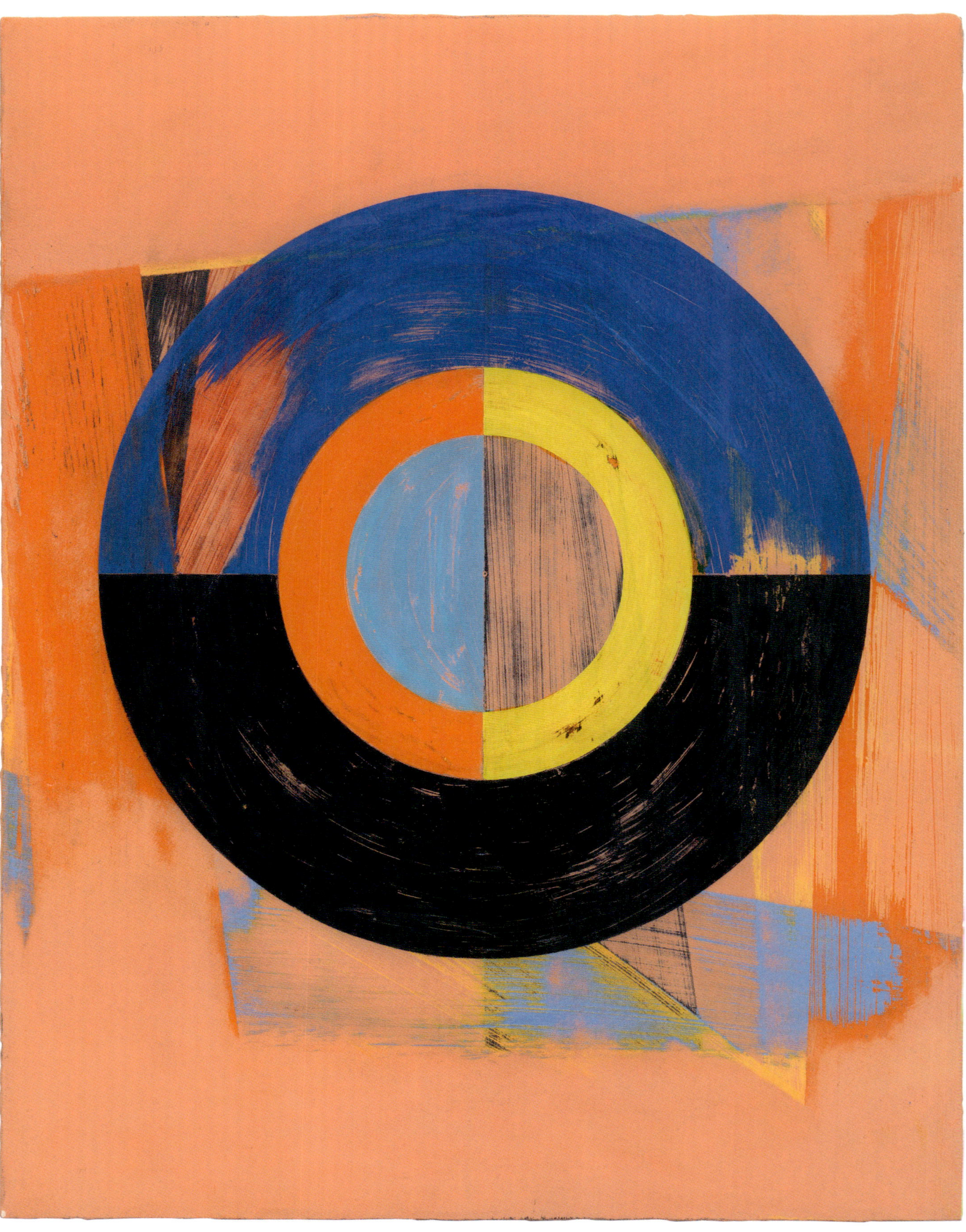

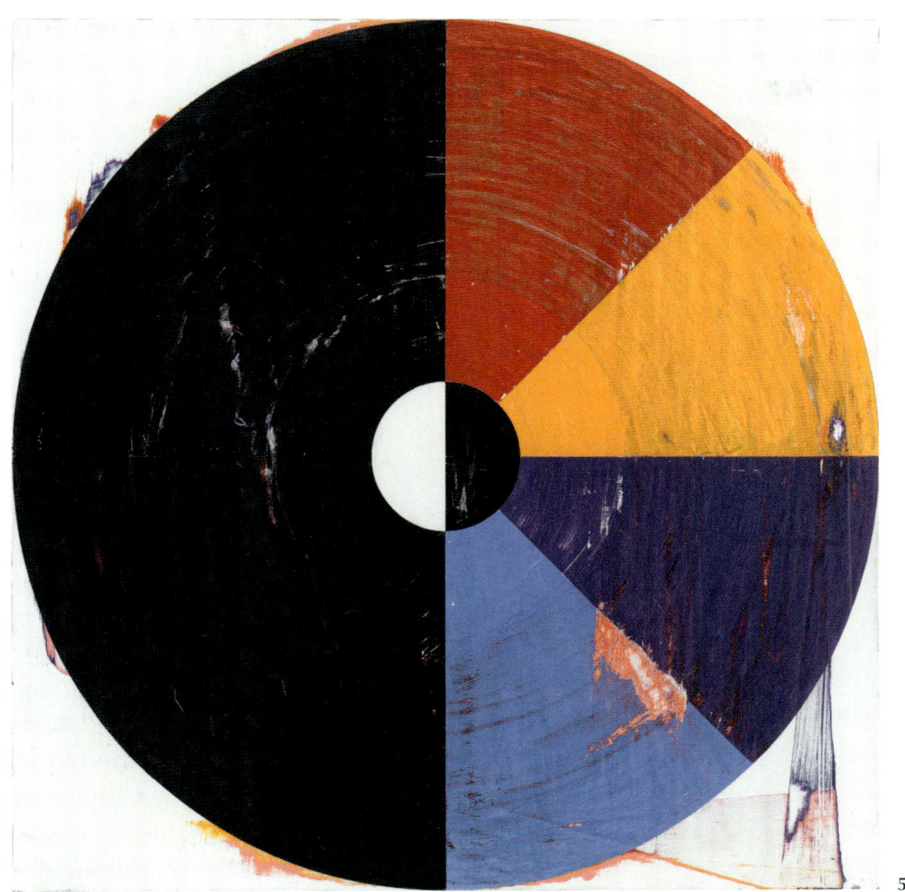

5

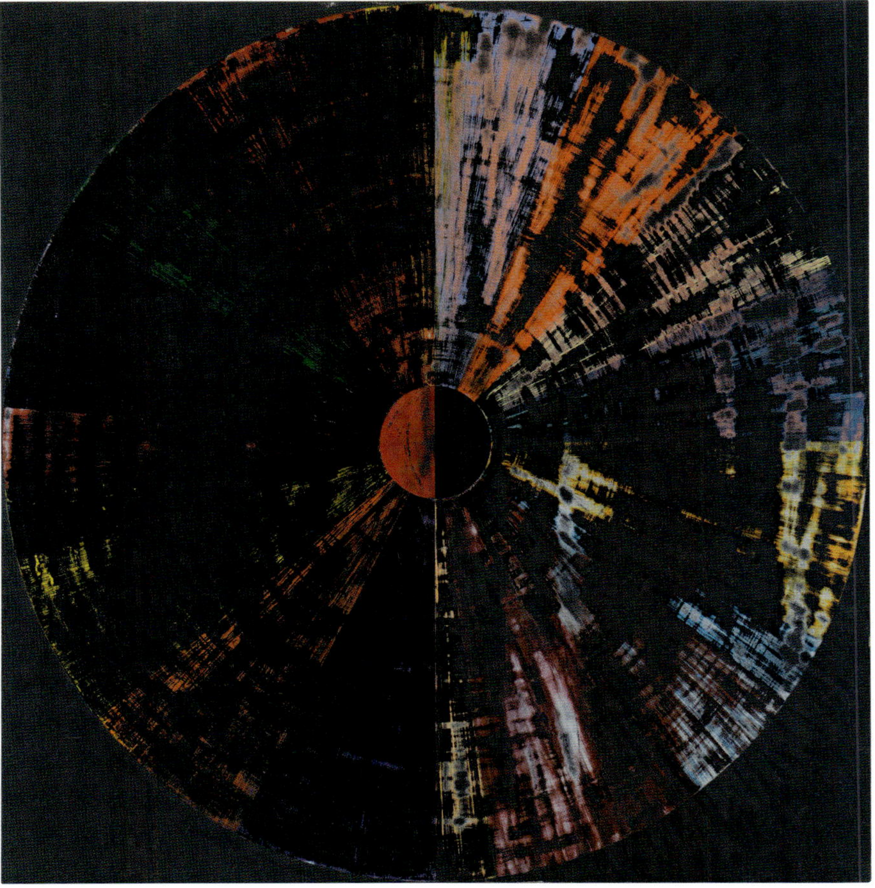

6

e Bernd Ribbeck's untitled pictures are characterized by geometric shapes and their symmetrical arrangement, as well as succinct traces of paint running counter to these orderly structures. Motifs such as circles, triangles and diamonds clearly show evidence of the brush, ballpoint pen or touch-up stick that Ribbeck uses for his pictures, most of which are small-format colored works on MDF wood. Closer inspection of the works reveals various levels, which also conceal asymmetrical drawings. Ribbeck's pictures entail a three-dimensional quality that is hardly discernible in reproductions. By repeatedly applying and removing—washing and scratching off—pigments, the artist creates an interplay of haptic, spatial and illusionistic qualities.

The artist contrasts precise geometric shapes with natural forms. In mathematics they are meaningless elements of calculations and spatial conception. In architecture they are an integral component of the design and construction process and thus relevant to both structural engineering and formal considerations. In the interpretation of dreams, theosophy, spiritualism and religion they have a meaning and significance. For instance, the circle embodies unity and completion as a visual symbol of Zen Buddhism and in Christianity the triangle symbolizes the Holy Trinity. In the visual arts geometric shapes form the basis of perspective, the invention of which revolutionized the figurative image space. Even in figurative painting they were among the important elements of composition and in modern abstraction were given new tasks in the realm of abstracted, charged, concrete and neutral form. They are also used in everyday life, are symbols of the need for caution on the road or of luck when playing games and are recognizable features of consumer goods. A diamond, for example, can call to mind a harlequin's costume, the automobile marque Renault, the board game Halma or a licorice lozenge.

Ribbeck is attracted by these multiple meanings of shapes, their fusion of everything and nothing. In a new series of small and medium-format panel pictures he repeatedly explores the same motif, that of the circle or zero. The zero is both the unit of measurement of all works in the group and a catalyzer of change beyond the various individual pictures. He uses the painting process to investigate the different interpretations of the circle from concrete shape to charged symbol. The works are defined both by Ribbeck's individual painterly study within a picture (the use of diverse forms and materials) and by a knowledge of spiritual, intellectual or everyday contexts.
—*Antonia Lotz*

MICHAEL RIEDEL

1 *Au fur et à mesure que la saison s'avança,*
   changea le tableau que je trouvais à la fenêtre.[24]
   Natürlich wäre hier auch möglich gewesen:
   Au fur et à mesure que la saison s'avança,
   le tableau que je trouvais à la fenêtre, changea.'[24]
   Marcel Proust, 2003
2 *The quick brown fox jumps over the lazy dog,* 2010
3 *Vier Vorschläge zur Veränderung von So im Titel*
   der Ausstellung „So machen wir es" im Kunsthaus
   Bregenz, 2011

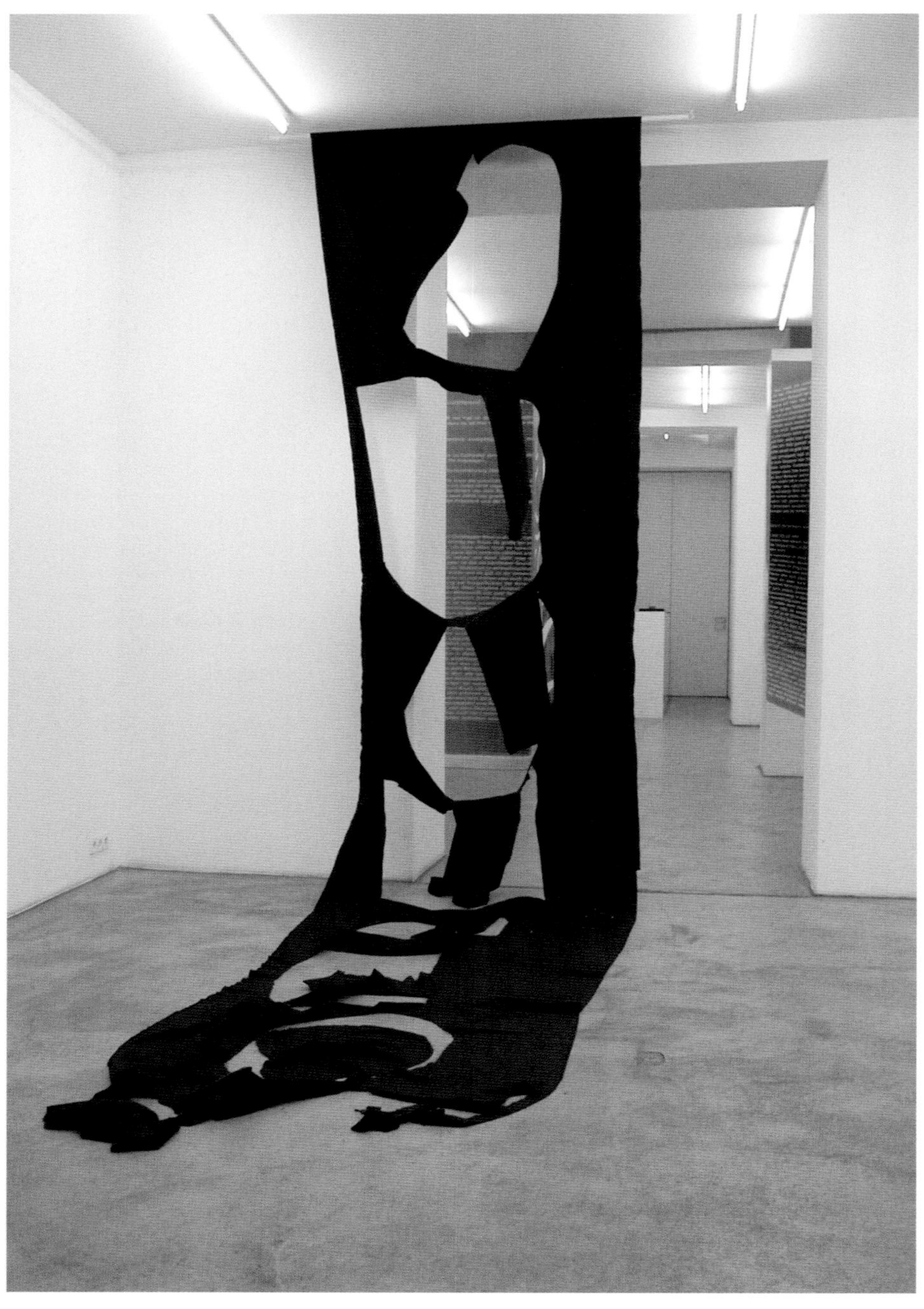

1

d Michael Riedels Werk entsteht durch Aneignung von bestehendem Material und dessen Reproduktion. Seine Interventionen knüpfen an die Strategien der Picture Generation an, schichten diese jedoch mit dem situationistischen Konzept des Détournement. Das Ziel ist nicht die Aneignung der Kopie, um Autorenschaft und Original infrage zu stellen, sondern die mechanische Kopie der Kopie (der Kopie), um den Begriff der Reproduktion als Prozess zu begreifen. Riedel eignet sich das Begleitmaterial von Ausstellungen wie Einladungskarten und Poster, Installationsaufnahmen und html-Codes an, welche er durch maschinelle Interventionen neu auflegt. Mit Hilfe von Bild- und Tonaufnahmegeräten übergibt er das gefundene Material automatischen Fehlerproduktionen, bis es als Lesematerial implodiert.

Von 1999 bis 2002 entstanden die *Filmed Films*, mit der Videokamera abgefilmte Spielfilme. Die von Riedel versandte Einladungskarte bringt die prozessuale Ästhetik auf den Punkt: „[...] Bedingt durch den Autofokus der Kamera, der den abgefilmten Film nicht fokussieren kann, wird die Aufnahme regelmäßig unscharf und pulsiert. Selten ist die Filmdauer identisch mit der Länge des abgefilmten Films. Die meisten Filme enden in der Tasche. Einige Filme beginnen vor dem Film. Über die Vollständigkeit der Filme hat nicht selten auch die Leistung des Akkus der Kamera entschieden [...]." In Anlehnung an die Marketingstrategien der Kinoindustrie gibt es den Filmed Film-Trailer, der mit Hilfe des Programms Final Cut die über neunzig Filme automatisch auf sieben Minuten verkürzt.

2009 bestand Riedels Teilnahme an der Art Basel aus Telefonanrufen, die transkribiert und in seiner seit 2006 fortlaufenden eigenen Artforum-Reihe publiziert wurden. Eine Galerieassistentin hatte die Aufgabe, Kuratoren und Sammlern zu beschreiben, was sich im Lager der Art Basel zum Zeitpunkt des Anrufs abspielte. Die Gespräche beginnen deskriptiv, es werden Kisten, Schränke und Personen beschrieben, die sich im Blickfeld der Assistentin befinden. Das Unternehmen wird zunehmend grotesk, als die Assistentin beginnt, das laufende Gespräch zu zitieren, welches mit einem Spracherkennungsprogramm vor ihr auf einem Computer aufgezeichnet wird. Ein implosives Unterfangen, welches nur durch die Intervention des Empfängers beendet werden konnte.

Für die Ausstellung *Made in Germany Zwei* zeigt Riedel Werke, die auf Gesprächen der Kuratoren basieren, die vor Ausstellungseröffnung stattfanden und die Platzierung der einzelnen Werke in den drei Institutionen zum Inhalt hatten. Riedel verwendet das Transkript als Postermotiv, das sich als Siebdruck in fortlaufender Anordnung über dem Bildträger verteilt. Die ursprünglich verbale Kommunikation wird hier zu einem Ornament, welches den Wert einer kuratorischen Evaluation gleichzeitig unterwandert und als käufliches Werk neu in den Kunstmarkt einspeist.
—*Susanne Figner*

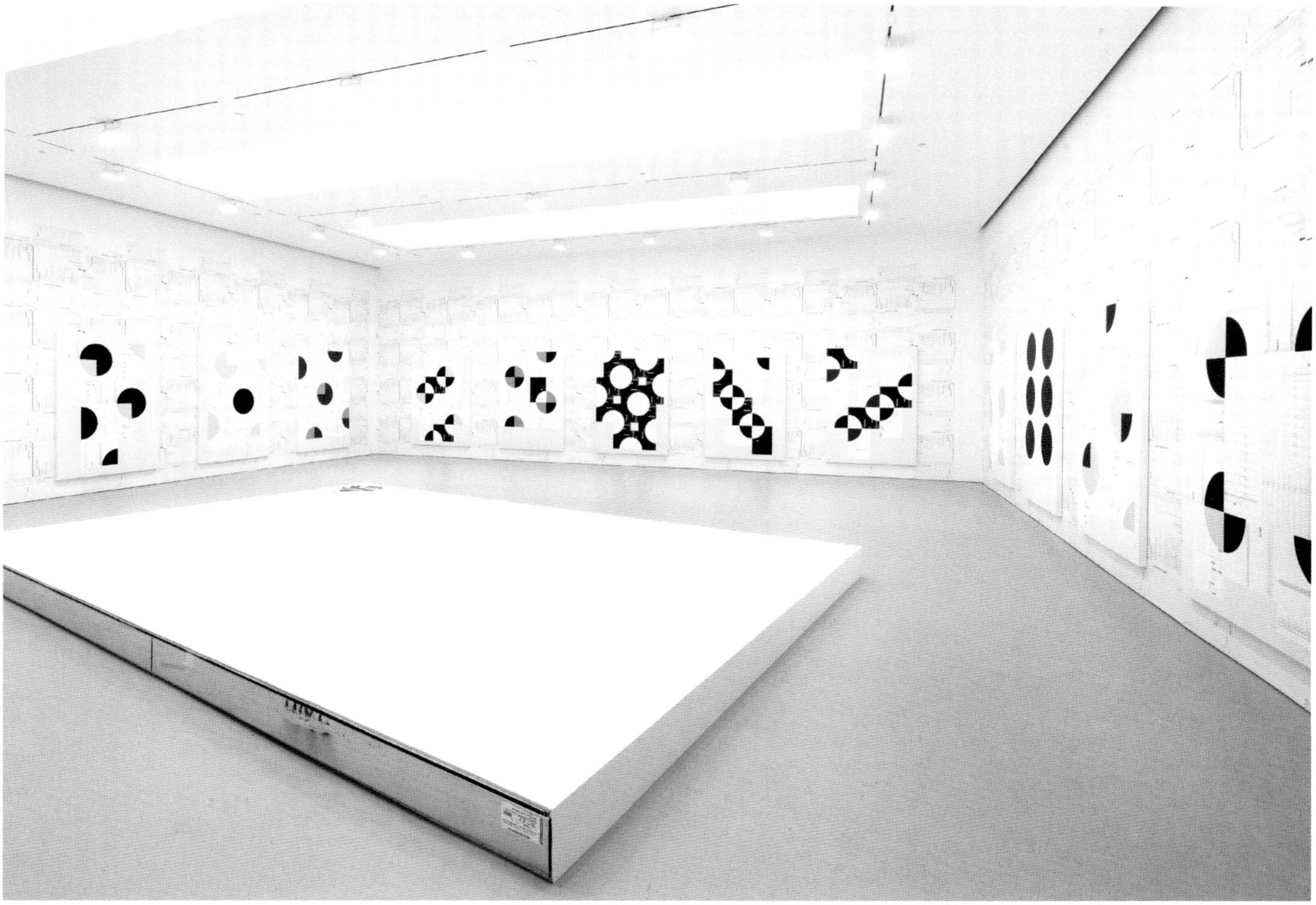

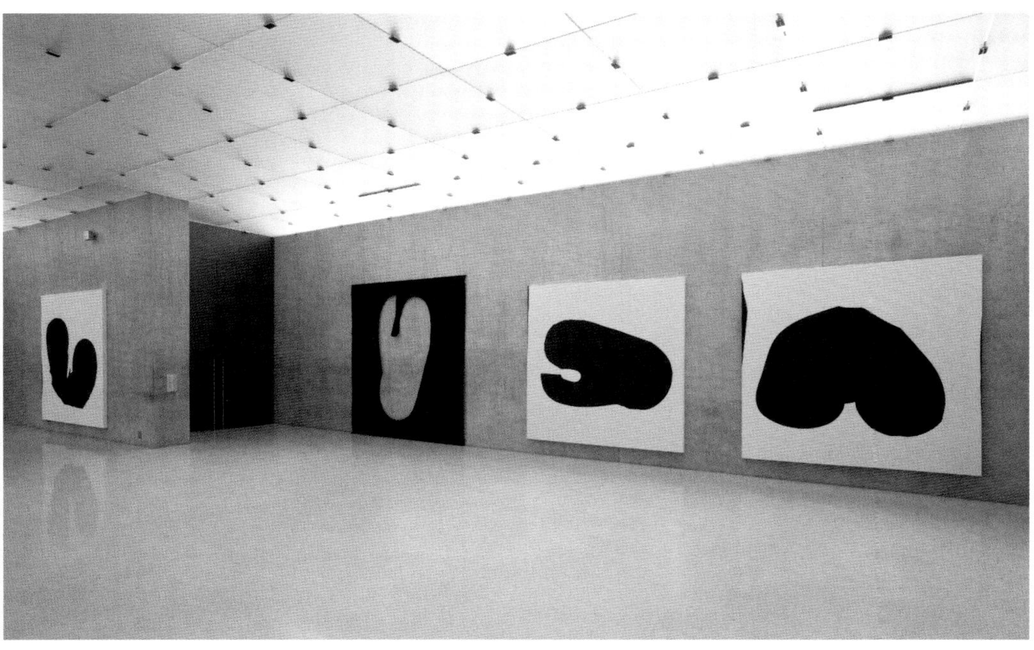

2

3

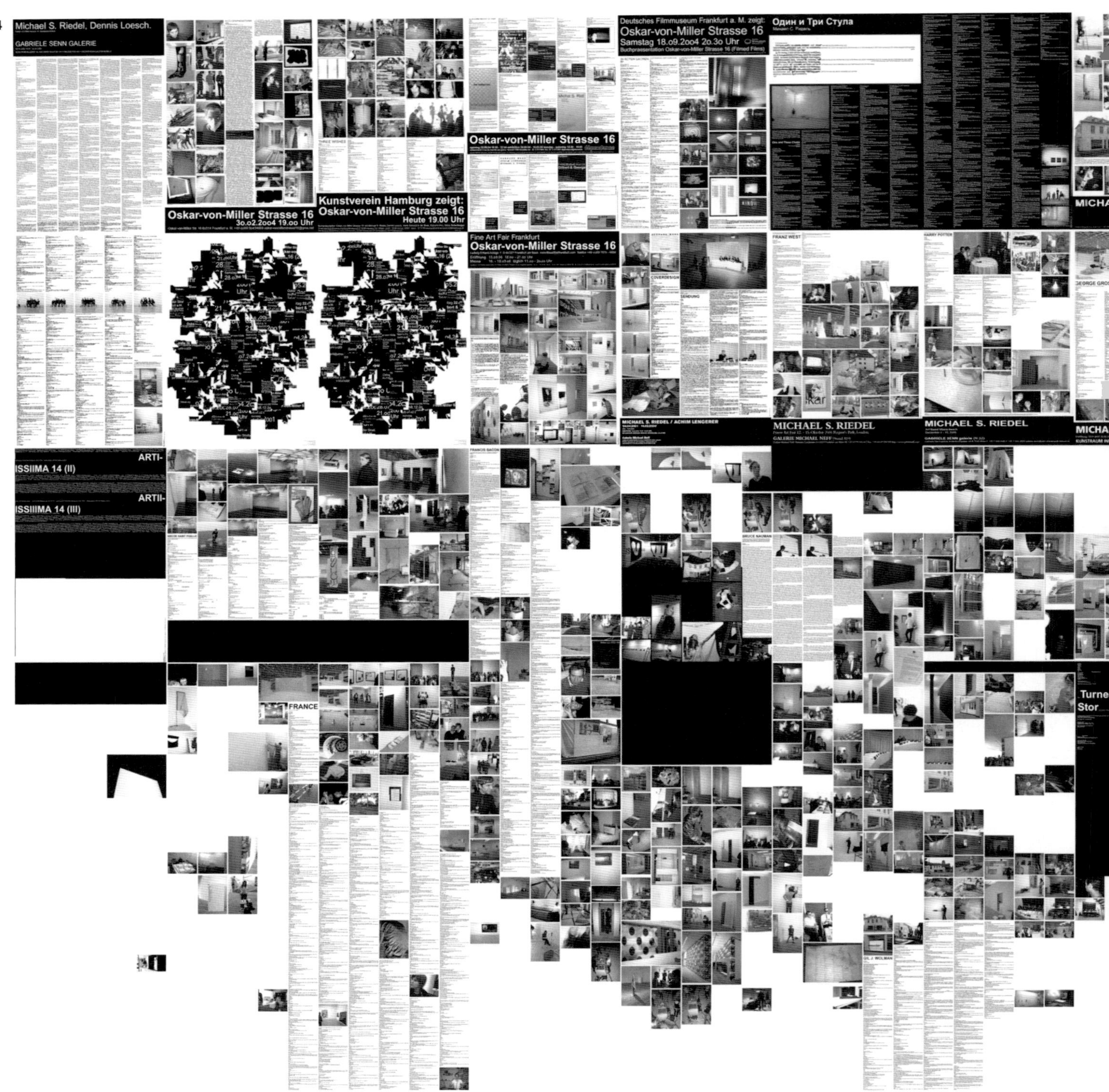

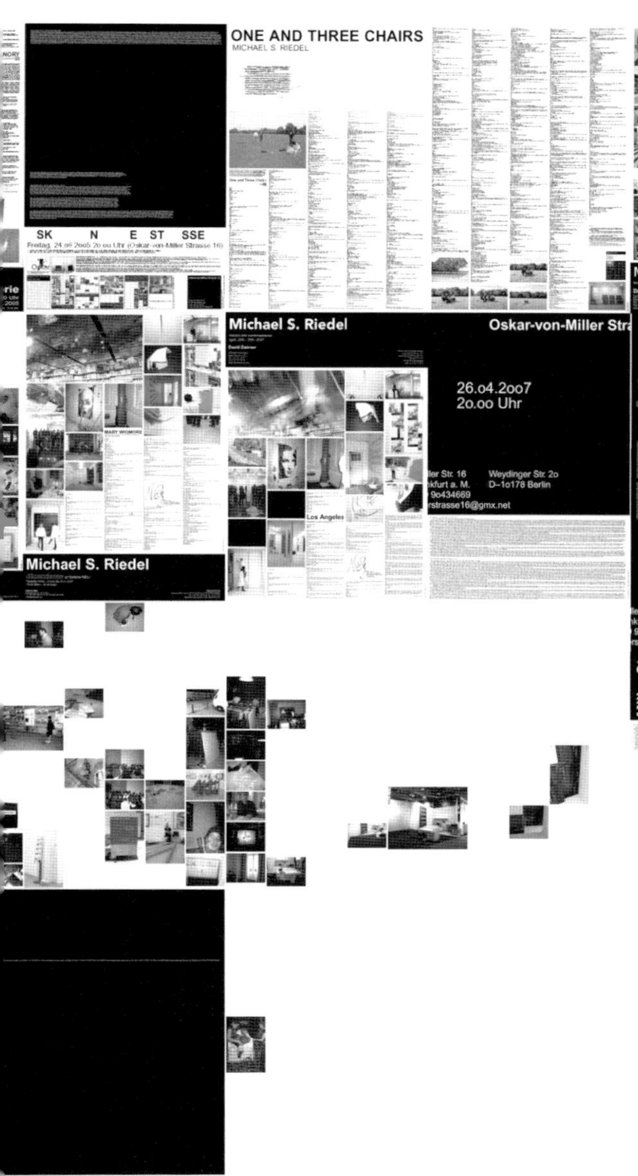

e Michael Riedel's work is a product of his appropriation and reproduction of existing material. His interventions reference the strategies of the Picture Generation, yet interweave them with the Situationist concept of détournement. His goal is not to appropriate the copy in order to question authorship and original, but to produce a mechanical copy of the copy (of the copy) in order to grasp the concept of reproduction as a process. Riedel uses material accompanying exhibitions, invitations and posters, installation shots and html codes, which he then reconfigures by means of mechanical intervention. Using image and sound recording technology he subjects his found material to automatic error production, until it implodes as reading material.

From 1999 until 2002 he produced *Filmed Films*, movies filmed on video camera. The invitation Riedel sent sums up the aesthetics of the process: "[…] Owing to the camera's automatic focus, which is unable to focus on the filmed film, the picture regularly becomes blurred and pulsates. The length of the film is rarely the same as the length of the filmed film. Most films end in the camera bag. Some begin before the film. It is also not rare that the camera battery life decides how much of a film is filmed […]." In reference to the marketing strategies of the movie industry there is the filmed film trailer, which with the help of the program Final Cut automatically shortens the over 90 films to seven minutes.

In 2009 Riedel's project for Art Basel consisted of telephone calls transcribed and published in his own Artforum series, which has been running since 2006. A gallery assistant was given the task of describing to curators and collectors what was going on in the storage of Art Basel at the time of the call. The conversations start off descriptive, with accounts of boxes, containers and people the assistant can see. The undertaking becomes increasingly bizarre when the assistant starts citing the conversation in progress, which she can see on a computer in front of her in a speech recognition program. An implosive work, which only the intervention of the receiver could end.

For the exhibition *Made in Germany Zwei* Riedel is showing works based on the curators' discussions that took place before the exhibition opening and focused on the positioning of the individual works in the three venues. Riedel uses the transcript as a poster motif, which he has screen-printed in a continuous arrangement across the image space. Here the originally verbal communication becomes an ornament, simultaneously subverting the value of a curatorial evaluation and again feeding it into the art market as a work for sale.
—*Susanne Figner*

SHADOW LINES

Ist das 21. Jahrhundert das Zeitalter des „Schlafs der Vernunft"[1], wie der französische Philosoph Alain de Libera es nannte? In einem Text über magisches Denken, der das Verhältnis von Wissenschaft und Übernatürlichem im Mittelalter mit unserer zeitgenössischen Haltung zum Glauben vergleicht, beschreibt er, wie wir auf *der verborgenen Seite der Welt* wohnen, wie wir Schlafwandlern gleich in der Gegenwart leben, durch ein Universum voller Alpträume, Monster und rätselhaften Visionen wandern, durch eine entzauberte Landschaft auf der Suche nach einer neuen Verzauberung.

Zweifelsohne entspringen Heimsuchungen und Gespenster, Geister und unsichtbare Bedrohungen den kulturellen Formen unserer Zeit. Unsere Kunst wird von ungreifbaren Phänomenen heimgesucht,[2] von einer „Geschichte des Fremdartigen" (Michel de Certeau), von Geistern – aus lückenhaften Erfahrungen geboren –, die das Hier und Jetzt bevölkern. Unsere nekromantischen Werke werden von der Rückkehr alter Kräfte gespeist; sie ziehen die Reste einer Kultur mit sich, die unendliche, durch komplexe Verwicklungen miteinander verbundene Erinnerungen anhäuft, wobei die Archäologie zu den wiederkehrenden Figuren der Gegenwart gehört: In immer tiefere Sphären der historischen und kulturellen Materie graben, *schaufeln*, ist das ewige Motiv einer Beziehung zum „geologischen" Wissen.[3] Als Reaktion auf eine wachsende Verfügbarkeit von Fachwissen, im Gegensatz zur von Transparenz besessenen und immer besser informierten Gesellschaft und zum Wissensaustausch, können wir in einer geteilten Kultur zahlreiche Praktiken bezeugen, die sich mit dem Geheimnisvollen, der Geschichte des Okkulten, dem Kult des Mysteriösen und Verborgenen beschäftigen.[4]

Denn jedes „Zeitalter der Wissenschaft", erklärt der französische Philosoph Stéphane Toussaint, gibt der Welt „Gründe für Magie".[5] Mit anderen Worten, „um vernünftig zu klingen, bezeichnen unsere Gesellschaften alles, was sie verstoßen, als ‚magisch'. Dieser Hass des Klans verzerrt die ursprüngliche Bedeutung der *mageia*. Es ist bekannt, dass die Idee der Kaste, oder des Klans, etymologisch den religiösen Typus des Magiers durchdringt. Sie begründet die Ausnahme von dem, was man fürchten soll, auch wenn man sie mit Abstand anbetet: Magier, Zauberer, Priester, Schamane."[6] Die bahnbrechenden Studien

über Hexerei des italienischen Historikers Carlo Ginzburg basieren unter anderem auf Schriften aus der Perspektive der Angeklagten, auf deren Rücken sich Verschwörungstheorien aufbauen, auf der Klasse der Gejagten.[7] Die Geschichte ist, wie er schreibt, ungewiss und gründet zwar auf Beweisen, aber auch auf *Möglichkeiten*. Der Zweck dieses Textes ist es, zu versuchen, den potenziellen Raum zu umreißen, in dem sich die Werke einiger der heutigen Künstlerinnen und Künstler entfalten, die Schattenzonen der rasenden Zeitgeschichte und das Wechselspiel (im architektonischen Sinne des Wortes), die unsere Beziehung zur Welt mitbestimmen.

VORSTELLUNGSKRAFT

Western Round Table 2027 (2007) von Rosa Barba basiert auf der vermeintlichen Begegnung zwischen Marcel Duchamp, Arnold Schönberg und Frank Lloyd Wright in der Mojave-Wüste im Jahr 1948. Sie fand in einem Bunker statt und wurde nicht aufgezeichnet: Das Projekt der Künstlerin besteht in einer Art „re-enactment", ohne die Spuren verfügbar zu machen, die ein Historiker benötigt. Diese Spekulation nimmt die Form zweier Projektoren an, die sich gegenüber und im „Dialog" stehen, mit einem separaten Soundtrack, den Ennio Morricone für die Filme von Federico Fellini geschrieben hat. Beide Maschinen projizieren kein Bild, sondern reines Licht, auf dem sich an der gegenüberliegenden Wand die Schatten der Projektoren abzeichnen.

Auf diese „leere Zone" der Geschichte antwortet die leere Projektion des Films, die ein mechanisches Schattentheater erschafft, eine reduzierte Bühne, bereinigt, technisch, auf der sich das imaginäre Skript abzeichnet, das der Text des Werkes suggeriert. Der Film des Treffens, dessen filmische Dimension durch die von der Künstlerin gewählte Musik verstärkt wird, erinnert an einen anderen unberührten Raum: die Wüste, in der das Treffen stattgefunden haben soll. Die vom Werk erschaffene imaginäre Leinwand wird zur Projektionsfläche der inneren, ungeschriebenen, möglichen, sich bildenden Erzählung in den Köpfen der Zuschauer: einzigartig, vielfältig, jedes Mal anders. Mit Bezug auf die Theorien des französischen Philosophen Michel de Certeau, der die Geschichte als eine Form des Schreibens „zwischen Wissenschaft und Fiktion"[8] auffasste, windet sich Rosa Barbas Werk hin und her zwischen Forschung und alternativer

Geschichte, als offenes Werk zwischen Geschichte und Alternativweltgeschichte.

Der Philosoph Giorgio Agamben weist in *Kindheit und Geschichte* darauf hin, wie sehr der Begriff der „Fantasie" in den vergangenen Jahrhunderten missverstanden wurde. „Nichts kann das Ausmaß der Erfahrung besser veranschaulichen als die Umwälzung, die sie in der Imagination produziert. Denn die Imagination war in der Antike das *Medium* der Erkenntnis par exellence, während sie heute als ‚irreal' vom Bereich der Erkenntnis ausgeschlossen ist."[9] Rosa Barbas Werk *ersinnt* also eine mögliche Geschichte. Sie illustriert eine Geschichte, die keine Bilder hinterlassen hat, ohne sie jedoch zu *re-präsentieren*. Die „abstrakte" oder gar „ikonoklastische" Dimension des Projekts (weißes Licht, keine Leinwand; nur der Ton evoziert eine Art von Erzählung – in Verbindung mit dem filmischen Gedächtnis des einzelnen Zuschauers) stiftet eine einzigartige innere Erfahrung an. Die verinnerlichte Geschichte wird so *geträumt* und liegt in diesem wechselnden vorübergehenden Zwischenraum.

Wie der dänische Künstler Joachim Koester uns erinnert, wandten sich die „Eroberungen" der Abenteurer nach den geografischen Entdeckungen der letzten unberührten Gebiete der Erde im 19. Jahrhundert an der Wende des 20. Jahrhunderts, dem *Inneren* zu (Erfindung der Psychoanalyse, Linguistik, neuer mathematischer Theorien, neuer Formen der Kunst und Schrift – und der „Raum des Innenliegenden"[10] in den Worten Henri Michaux'). So kann man die Arbeit des Künstlers Benedikt Hipp verstehen, dessen Werke, zwischen Malerei und Objekt, einen mentalen Raum zeichnen, der radikale surrealistische Visionen evoziert: fantastische Bestiarien, Chimären, „aufgeladene" Objekte, Sammlungen von „Talismanen", besetzte Reliquien, die im Ausstellungsraum thronen, wie die Formen, die André Breton sammelte, um seine berühmte *Mauer*, diesen imaginären Atlas der Formen zu schaffen, deren Kraft er in einer wahrhaft magischen Kunst ansiedelte.

Der Kritiker Jean Starobinski bezieht sich in einem einleuchtenden Text über die Fantasie auf die komplexe Beziehung, gewissermaßen die „verfehlte Beziehung", die André Breton und Sigmund Freud unterhielten. Der Psychoanalytiker war der Ansicht, dass die Werke der Surrealisten keine

wissenschaftliche Wahrheit vortäuschen konnten. Breton dachte seinerseits, dass *Die Wissenschaft der Träume* (ein schöner Titel, durch den Breton sich mit Freuds Schriften befasst) die übernatürliche Dimension verneinte, die er auf dieser Suche nach dem Unbekannten verfolgte: „Es ist traurig, dass der Monist Freud sich zu der zumindest zweideutigen Aussage verleiten ließ, dass die psychische Realität eine besondere Form der Existenz darstellt, die man nicht mit der materiellen Realität verwechseln sollte […] Freud irrt sich sicher auch, wenn er die Nicht-Existenz des prophetischen Traums daraus folgert – ich meine den Traum, der die unmittelbare Zukunft betrifft –, denn im Traum lediglich einen Ausdruck der Vergangenheit zu sehen, leugnet den Wert der Bewegung."[11]

… AND GHOSTS DREAM AS WELL

Doch laut Jean Starobinski schöpft das *Erste Manifest des Surrealismus* genauso, wenn nicht mehr aus Freuds Theorien wie aus den Theorien, die C. J. Jung zu den freien Assoziationen entwickelte, den französischen psychiatrischen Theorien des 19. Jahrhunderts zum „künstlichen Somnambulismus", zur Hysterie und zu den „Krankheiten der Persönlichkeit". „Die Begriffe, mit denen Breton den Surrealismus definiert, beziehen sich auf Janet, Charcot und Liébeault, und noch mehr auf den exzentrischen Zweig – Spiritismus, Parapsychologie, Medianismus –, einen Hauptzweig, der von Mesmer zu Freud, die Schule von Nancy und die Salpêtrière führt"[12]. Ulla von Brandenburgs Arbeit, die sich eingehend mit der für die Hysterie typischen Körpersprache auseinandergesetzt hat, einer Krankheit, die lange als spezifisch weiblich betrachtet wurde, eröffnet einen Dialog mit diesem unbekannten Raum, den die Surrealisten in der Folge des vorausgegangenen Jahrhunderts bearbeiteten.

In den Werken der Künstlerin findet man tatsächlich eine Art, die stumme Theatralik der Pantomime mit der zeitgenössischen medizinischen Forschung, insbesondere Charcots Forschung an der Salpêtrière, zu verbinden. Arnaud Rykner, ein Experte auf diesem Gebiet, ruft die Bedeutung dieser wichtigen psychologischen Verbindung zwischen dem „Verlangen nach Bildlichkeit" der Pantomime und ihrer „Ablehnung der verbalen Logik" in Erinnerung.[13] Das Werk der Künstlerin ist tatsächlich mit filmischen Stücken wie *Reiter* (2004), *Schlüssel* (2007) oder *Chorspiel* (2010) durchsetzt, die wie „lebende Bilder" oder eher gefilmte Pantomime funktionieren: stumme Szenen, verschlüsselte Gestik, ausgewählte Typen, die wie stilisierte Spiegel unserer Handlungen agieren und ferne Welten ohne Erzählungen schaffen, die unsere Phantasmen entziffern – Fantasien mit einem bewussten Anachronismus, die einen geträumten Raum suggerieren. Die Porträts von angeblich verstorbenen Menschen, die sie auf Seidenpapier schafft und *Spectres* (2008) nennt, geben den Ton eines Gesamtwerkes an, das ganz auf die gespenstische Dimension einer darstellenden Kunst ausgerichtet ist, die die *Spektralität* als wesentlichen Bestandteil einer neuen Pantomime betrachtet: Die Geister spuken auf einer stillen Bühne, sie gleiten in den Raum der Lebenden, um wegen ihrer verfehlten Geschichte Gerechtigkeit zu verlangen. Sie sind Bilder des Todes wie ständige Begleiter des Lebens.

Das Thema des Vorhangs ist außerdem in den Werken der Künstlerin allgegenwärtig (*Curtain*, 2008; *Five Folded Curtains*, 2008). Als Zeichen der theatralischen Illusion par excellence symbolisiert es den Raum der Bühne, auf der die „Magie" sich entfaltet. Es ist auch ein geheimnisvolles Objekt, hinter dem sich eine Welt verborgen hält, eine Maschinerie, eine mögliche Exteriorität: Es ist das Bild selbst der Messe/der Ausstellung, des Gezeigten/Verborgenen, des Geheimnisses. Der Literaturhistoriker Daniel Sangsue erwähnt in einem kürzlich erschienenen Buch über *Geister, Gespenster und andere Untote*, dass in den Orten, wo Geister am häufigsten erscheinen, der Vorhang einen prominenten Platz hat: „Es wird keinen wundern, dass Geister oft im Vorhang der heimgesuchten Räume erscheinen: Es gibt in der Tat eine offensichtliche Beziehung zwischen einem Vorhang, der sich im Luftzug eines Fensters bewegt, und einem Geist, der sich in seinem Leichentuch bewegt", schreibt er.[14] Das Theater braucht wie die Geister den Schatten, und das Werk des Künstlers hebt diese Gemeinsamkeit hervor: Seine Figuren erinnern an vergangene Geschichten und zeigen die stillen Vereinbarungen, die unsere gegenwärtigen Leben im Dialog mit den Stimmen der Vergangenheit schließen und damit einen imaginären zukünftigen, aber unsichtbaren Raum eröffnen.

Genau an dieser Grenze wirken Ulla von Brandenburgs Werke: Das Schwarz-Weiß des filmischen Bildes (das eine notwendigerweise geisterhafte Beziehung evoziert, die wir nach Roland Barthes' Theorie mit dem Medium der Fotografie unterhalten), das mit der grellen, klar abgegrenzten Farbe der Vorhänge (das Theater als Illusion des Lebens) und der neutralen Einfarbigkeit der „Porträts" (ein Generalbass) konfrontiert wird, zeichnet einen sich immer weiter entwickelnden Raum, der nie dargestellt, aber immer suggeriert wird: das Jenseits, aus dem die Geister entweichen. Das Werk der Künstlerin, wie Rosa Barbas bereits erwähnte Arbeit auch, scheint weniger eine mögliche Anwesenheit des Paranormalen in unserem täglichen Leben zu suggerieren als auf eine fast anthropologische Art die Darstellungsweisen der Realität und des Imaginären aufzuzeigen, die Dispositive, die unser Weltbild beeinflussen, indem sie es umtreiben und so die Existenz einer anderen Welt andeuten.

Der Philosoph Gilles Deleuze sprach vom „dämonischen Charakter des Scheins"[15], während der Schriftsteller Pierre Klossowski, der von der Form des Tableau vivant besessen war, von der Notwendigkeit für den modernen Künstler sprach, die „Kräfte des Teufels" zu gewinnen, um „wie die alten Zauberer" ein „belebtes Idol" zu schaffen.[16] In der Serie *Mittnacht* (2008) beruft sich Kathrin Sonntag auf die übliche Geister-Fotografie eines besonderen und oft anonymen Genres, das im 19. Jahrhundert durch verschiedene technische Verfahren Geistererscheinungen in Bildern darstellte, die bei Séancen aufgenommen wurden. Ihre Installationen, die Objekte, Filme und Bilder benutzen, beziehen sich unter anderem auf die mit der Veröffentlichung des *Buches der Geister* von Allan Kardec im Jahr 1857 entstandene Erfindung dieser Praxis, die sich selbst auf wissenschaftliche Experimente des „tierischen Magnetismus" von Mesmer berief.[17] Ihre Werke, die auf der Beobachtung von Objekten in ihrem Atelier basieren, neigen dennoch zu einer gewissen geometrischen Abstraktion: von Bild-Fragmenten, gemischt mit Archiv-Filmen, von organischen Formen. Mit diesem Bezug zum Phantasma, zur imaginären Fantasie (*phantasia*), kann die Fotografie, die Technologie, würden wir heute sagen, uns befähigen, die Wahrheit der Formen, Körper, Objekte zu begreifen (ihre Aura, ihren „subtilen Körper"), sie sorgen für unsere anhaltende Faszination vom Bild als Wirklichkeit gewordener *Magie*.

ENCHANTED CIRCLES

Indem sie an den Randbereichen der Geschichte, den unsichtbaren Geschichten, der Materie der

Geschichtsschreibung arbeitet, schafft Rosa Barba Mittel, welche die Substanz, die die Gesamtheit unserer Faszination für das Unbekannte unterfängt, aufzeigen. Zwei Werke mit einer ähnlichen Botschaft, aber gegensätzlichen Absichten zeigen dies auf ideale Weise. *They Shine* (2008) ist ein Film, der die unmerkliche Bewegung der Sonnenkollektoren in der Mojave-Wüste für einen Tag dokumentiert. Diese Formen erinnern an eine futuristische Konstruktion, deren fast organisches Verhalten an eine Art „zweite Natur", ein eindringliches, geheimnisvolles Science-Fiction-Bild denken lässt. Eine Off-Stimme, die Kommentare der örtlichen Bevölkerung verkündet, schafft eine fiktive Dimension in diesem Dokumentarfilm, der die Zeit und den Raum der Ausstellung ausdehnt: „It uses the light of the sun and the heat coming off the earth and the power of the wind to maintain an invisibility cloak." Auf der anderen Seite erforscht der Film *A Private Tableaux* (2010), der in der U-Bahn von Liverpool aufgenommen wurde, eine verborgene Welt unter der Stadt selbst und schafft ein Werk am Rande der Abstraktion durch eine akribische Beobachtung der Markierungen, die Ingenieure an den dunklen Tunnelwänden hinterlassen haben, des Raumklangs, der Raumresonanz, des geisterhaften Raumeindrucks und schafft eine lineare, beunruhigende, verstörende musikalische Komposition.

In diesen beiden Werken, das eine gen Himmel gerichtet, mit einer räumlichen oder sogar kosmischen Dimension, das andere in Richtung Tiefen der Erde in einer tellurischen archäologischen Vision, forscht die Künstlerin genau an den Orten, an denen die Erklärung auf die physikalische Beobachtung faszinierender Phänomene stößt, deren Formen die „Wahrheit intensivieren", um den Filmemacher Werner Herzog zu zitieren, und die dem Dokumentarfilm eine fiktionale Dimension verleihen: Die „Magie" der Inszenierung, welche die Bilder aus ihrem ursprünglichen Kontext nimmt, setzt den Begriff der Realität aus, um einen latenten, fragmentarischen Raum, eine Art Allegorie der Eroberung des geträumten Unbekannten zu suggerieren. Eingebettet in die Schattenzonen, die einen Zwischenraum erahnen lassen – verstärkt durch die Relation Bild/Ton in Form einer beschaulichen Landschaft –, einen Raum, in dem unsere integrierten Vorstellungen *anderer Welten* die Realität konnotieren und sie in die Richtung der Repräsentation einer möglichen Welt zerren.

Dies ist ja auch in der Tat eine Definition der Magie. Der Philosoph Xavier Papaïs meint, die Magie sei „die verborgene Dimension des Kontexts, die hintergründig den performativen Aspekt des Rituals darstellt".[18] Die Magie „erweitert den Anwendungsbereich des Möglichen" und integriert die Kontinuität in die Welt, wo alles Fragment und Collage, Geheimnis und Fragen ist. Die Magie „flickt" eine zerrissene Welt, sie produziert ein „Bild", wo es fehlt, wo Repräsentationen Lücken aufweisen, wo es Leerstellen gibt. Die Werke Nina Canells arbeiten unersättlich auf der Basis wissenschaftlicher Experimente an dieser ambivalenten Beziehung zwischen Wissenschaft, Magie und Unterhaltung, Wissen und Glauben, Technik, Lernen und Aufklärung. Auf der Grundlage der für das bloße Auge unsichtbaren Phänomene befragen sie auch eine der wesentlichen Aufgaben der Kunst in ihrem Verhältnis zu der paradoxen Bewegung, der *Tour*: In ihrer Kreisform kommt sie zum Einsatz, wo ein *Spielraum* existiert im potenziellen Raum der „tiefen Virtualitäten", und produziert das Imaginäre.

Was würden wir also hinter dem Spiegel sehen, den Rosa Barba und ihre unsichtbaren Geschichten, Benedikt Hipp und seine Geister-Objekte der Welt vorhalten, hinter den Vorhängen von Ulla von Brandenburg oder den Geistern von Kathrin Sonntag, hinter den immateriellen Phänomenen von Nina Canell? Der Anthropologe Marcel Mauss hatte an der Wende zum 20. Jahrhundert vielleicht schon die Antwort: „Man könnte noch sagen, um besser auszudrücken, wie die Welt der Magie die andere überlagert, ohne sich von ihr zu trennen, dass alles passiert, als ob sie auf einer vierten Dimension des Raumes gebaut wurde …"[19]. Marcel Duchamp, dessen erste Readymades sowohl um ihrer selbst willen entworfen wurden als auch für die Qualität ihrer Schatten (und die bei ihren ersten Präsentationen neben wissenschaftlichen Objekten gezeigt wurden), hätte diese Definition für seine Werke nicht abgelehnt. In der Tat sah er im Schatten der Objekte eine andere Dimension, winzig, beweglich, vergänglich – parallel.

Übersetzung: Nathalie Schon, Carina Plath

1   Alain de Libera, „La face cachée du monde", in: *Critique, 2000 ans de magie,* Nr. 673–674, Juni–Juli 2003, S. 430.

2   Siehe z.B. die Ausstellung *Haunted: Contemporary Photography/Video/Performance,* Solomon R. Guggenheim Museum, März–September 2010, die sich speziell diesem Phänomen widmete.

3   Um die Auswirkungen dieser zeitgenössischen Beziehung zum Ende der Geschichte auf die Popkultur und insbesondere auf die heutige Musik zu verstehen, siehe z.B.: Simon Reynolds, *Retromania: Pop Culture's Addiction to Its Own Past,* Reprint, Leipzig 2011.

4   Siehe in dieser Hinsicht auch den Katalog der jüngsten Ausstellung *Secret Societies. To Know, To Dare, To Will, To Keep Silence.* Hg. v. Cristina Ricupero, Alexis Vaillant und Max Hollein, Köln 2011.

5   Stéphane Toussaint, „Les Raisons de la magie", in: *Critique, 2000 ans de magie,* Nr. 673–674, Juni–Juli 2003, S. 473–483.

6   Ebd.

7   Siehe den einleuchtenden „auto-historischen" Text: Carlo Ginzburg, „Sorcières et chamans", in: *Le Fil et les traces. Vrai faux fictif,* Paris 2006, S. 425–445.

8   Michel de Certeau, *Heterologies: Discourse on the Other,* Minneapolis 1986, S. 215.

9   Giorgio Agamben, *Kindheit und Geschichte,* Frankfurt am Main 2004, S. 38.

10 Joachim Koester, zit. v. Dieter Roelstraete, „After the Historiographic Turn: Current Findings", in: *e-flux journal,* Nr. 6, Mai 2009. Siehe http://www.e-flux.com/journal/after-the-historiographic-turn-current-findings/.

11 André Breton, *Les Vases communicants,* Paris, 1955, S. 23–24, zit. nach: Jean Starobinski, „Psychanalyse et littérature", in: *L'œil vivant II, La relation critique,* Paris 1970, S. 324–325.

12 Starobinski, 1970, ebd.

13 Siehe das Buch Arnaud Rykners (Hg.), *Pantomime et théâtre du corps. Transparence et opacité du hors-texte,* Rennes 2009.

14 Daniel Sangsue, *Fantômes, esprits et autres morts-vivants. Essai de pneumatologie littéraire,* Kap. „Quand et où apparaissent-ils?", Paris 2011, S. 103.

15 Zit. nach Xavier Papaïs, „Trois formules sur la magie", in: *Critique, 2000 ans de magie,* Nr. 673–674, Juni–Juli 2003, S. 417.

16 Pierre Klossowski antwortet André Breton, in *L'Art magique,* première publication en 1957 par les Amis du Club Français du Livre, republié en collaboration avec Gérard Legrand, Paris 1991, S. 296.

17 Um das Phänomen besser zu verstehen: Siehe den Eintrag „Spiritisme" von Jean-Michel Stallmann (Hg.), *Dictionnaire historique de la magie et des sciences occultes,* Paris 2006, S. 693–695, und den Ausstellungskatalog Clément Chéroux, Andreas Fischer, Pierre Apraxine, Denis Canguilhem, Sophie Schmit (Hg.), *Le troisième oeil. La photographie et l'occulte,* Paris 2004.

18 Papaïs, 2003, wie Anm. 15, S. 419–420.

19 Marcel Mauss, *Esquisse d'une théorie générale de la magie, 1904, dans Sociologie et Anthropologie,* Paris 1950, S. 111.

SHADOW LINES

Will the twenty-first century, as the French philosopher Alain de Libera claims, be the age of the "sleep of reason"?[1] In a text on magical thinking which compares the relationships between science and the supernatural in the Middle Ages with our present-day attitudes to faith, he examines how we dwell on what he calls "the hidden side of the world"—how we live in the present like so many sleepwalkers, in a nightmarish universe inhabited by monsters and enigmatic visions, a disenchanted landscape in search of re-enchantment.

Hauntings and ghosts, spectres and invisible menaces undoubtedly emerge from the forms created by our present-day culture. Our art is *haunted* by indiscernible phenomena,[2] by a "history of strangeness" (Michel de Certeau), by spirits that arise from incomplete experiences and come to inhabit the here and now. Our necromantic works are nourished by the revival of ancient forces that bring with them the remains of a culture accumulating infinite memories linked by complex interweavings whose archaeology is among the recurring figures of the present: digging more and more deeply into the spheres of historical and cultural matter is the leitmotif of our approach to knowledge as geology.[3] As a reaction to our growing access to knowledge, our obsession with transparency in a society that is exposed to ever more information, and in contrast to the spread of knowledge through a sharing culture, we are now witnessing various practices that focus on secrecy, occult history, the cult of the mysterious and the recondite.[4]

Indeed, as the French philosopher Stéphane Toussaint explains, every "age of science" creates *reasons for magic*.[5] "In order to prove itself rational, our society calls whatever it rejects 'magic'. This clannish hatred distorts the primary meaning of *mageia*. The religious type of the 'magus' is known to be etymologically bound up with the idea of the caste or clan. It is rooted in the notion of fear, even when revered from afar: the magus, the wizard, the priest, the shaman."[6] The Italian historian Carlo Ginzburg's seminal studies on witchcraft are based (among other things) on writings from the viewpoint of the accused, those who provide the basis for conspiracy theories, a class made up of the persecuted.[7] History, says Ginzburg, is uncertain, and is formed not just from evidence but also from *potentialities*.

The purpose of this text is to identify the potential space within which some present-day artists work, the shadowy areas in the speeded-up narrative of contemporary time, and the interplay (in the architectural sense) that helps build our relationship with the world.

IMAGINATION

Rosa Barba's *Western Round Table 2027* (2007) is based on a supposed encounter between Marcel Duchamp, Arnold Schoenberg and Frank Lloyd Wright in the Mojave desert in 1948. The meeting, in a bunker, was undocumented; the artist set out to make it a kind of re-enactment, without any of the traces on which historians depend. This speculative project thus takes the form of two projectors set up face to face, "in dialogue," with a distinct soundtrack that Ennio Morricone wrote for films by Federico Fellini. The two machines project nothing but pure light, casting their own shadows on the opposite wall.

Corresponding to this "blank zone" of history is the empty projection of the filmstrip, creating a mechanical shadow theatre with a reduced, pared-down, technical stage on which the imaginary script suggested by the text of the work is acted out. The film of the encounter, whose cinematic dimension is enhanced by the music the artist has chosen, displays another virgin space: the desert in which it supposedly took place. The imaginary screen formed by the work becomes the projection surface for the inner, unwritten, potential narrative that takes shape—singular, multiple and different each time—in the viewers' minds. Recalling the theories of the French thinker Michel de Certeau, who saw history as a form of writing "between science and fiction,"[8] Rosa Barba's work wends its way between research and alternative history—an open-ended work midway between history and uchronia.

Philosopher Giorgio Agamben's *Infancy and History* recalls how, over the centuries, the very notion of imagination has been debased to the point of forgetting that "nothing can convey the extent of the change that has taken place in the meaning of experience so much as the resulting reversal of the status of the imagination. For Antiquity, the imagination, which is now expunged from knowledge as 'unreal', was the supreme medium of knowledge."[9] And thus

Rosa Barba's work *imagines* a potential history. It turns into images a narrative that has left no images behind, but without actually *representing* it. The "abstract", not to say "iconoclastic" dimension of the project (white light, no screen, with sound as the only form of narration, linked to the individual viewer's cinematographic memory) generates a remarkable inner experience. Thus the internalised history is *dreamed*, and dwells in this intermediate, transitional, shifting space.

As the Danish artist Joachim Koester has pointed out, once the last remaining virgin areas of the world had been geographically explored during the nineteenth century, adventurers at the turn of the twentieth century directed their urge for "conquest" *inwards*, with the invention of psychoanalysis, linguistics, new mathematical theories and new forms of art and writing—towards what Henri Michaux termed "the space within."[10] This is how we can interpret the works of the artist Benedikt Hipp. Midway between paintings and objects, they sketch a mental space that recalls the radical images of Surrealism: bizarre animals, chimeras, "charged" objects, collections of "fetishes," inhabited relics enthroned in the exhibition space, such as the forms that André Breton collected to compose his famous *Wall*, an imaginary atlas of forms whose powers he believed were derived from a truly *magical* art.

In a brilliant text on the imagination, the critic Jean Starobinski discusses the complex—and, in a sense, "failed"—relationship between André Breton and Sigmund Freud. The psychoanalyst did not believe that Surrealist works could lay claim to scientific truth, whereas Breton felt that Freud's work *The Interpretation of Dreams* (which Breton read under the French title *La Science des Rêves*, "The Science of Dreams") overlooked the supernatural dimension he sought in his own pursuit of the unknown: "More depressing still is the fact that […] Freud the monist should have finally let himself make a declaration, ambiguous to say the very least, that 'psychic reality' is just a form of particular existence *that must not be confused* with 'material reality'. […] Freud is again quite surely mistaken in concluding that the prophetic dream does not exist—I mean the dream involving the immediate future—since to hold that the dream is exclusively revelatory of the past is to deny the value of motion."[11]

… AND GHOSTS DREAM AS WELL

Thus, says Starobinski, the *First Manifesto* of Surrealism owes as much—if not more—to Carl Gustav Jung's theories of free association and French nineteenth-century psychiatric theories about "artificial somnambulism," hysteria and "diseases of the personality" as it does to the theories of Freud: "The terms in which Breton defines Surrealism hark back to Janet, Charcot, Liébeault, and even more to the eccentric offshoots—spiritism, parapsychology, mediums and so on—that have parted company with the mainstream running from Mesmer to Freud, via Nancy and the Salpêtrière hospital."[12] The work of Ulla von Brandenburg, who takes a close interest in the body language of hysteria (long considered a typically female condition), engages in dialogue with this unknown space that the Surrealists explored in the wake of the previous century.

Her work shows how the silent theatricality of pantomime can be linked to contemporary medical research, particularly that of Charcot at the Salpêtrière hospital. An expert on this field, Arnaud Rykner, has recalled the importance of this key psychological link between "the desire for image" that is peculiar to pantomime and, at the same time, its "rejection of verbal logic".[13] Throughout von Brandenburg's work we find filmic items such as *Reiter* (2004), *Schlüssel* (2007) or *Chorspiel* (2010), which function as *tableaux vivants*, or rather filmed pantomime: silent scenes, coded body language, identified types, all acting like stylised mirrors of our activities, creating remote worlds devoid of narrative, decoding our avowedly anachronistic fantasies that suggest a dreamed space. The artist's tissue-paper portraits of people that have supposedly vanished, entitled *Spectres* (2008), set the tone for an entire œuvre that focuses on the ghostlike dimension of a stage art in which *spectrality* is a key component of a new pantomime: ghosts haunting a voiceless stage, slipping into the space of the living to demand justice for an incomplete history, images of death as a constantly co-existing part of life.

Indeed, an ever-present motif in von Brandenburg's work is the curtain (*Curtain*, 2008; *Five Folded Curtains*, 2008). This sign of theatrical illusion *par excellence* symbolises the space on the stage where "magic" operates. At the same time it is a mysterious object that conceals an entire world, a machinery, a possible exteriority: it is the very image of exhibition and exposure, of revelation and concealment, of mystery. A recent work on "ghosts, spirits and other living dead" by literary historian Daniel Sangsue notes that the curtain is one of the classic places where ghosts appear: "No-one will be surprised that ghosts often appear in the curtains of haunted rooms, for there is an obvious resemblance between a curtain waving in a draughty window and a ghost wafting in its shroud."[14] Like ghosts, theatre depends on shadow, and von Brandenburg's work homes in on this shared condition: her characters, recalling past histories, silently shape the conventions that govern our present lives in dialogue with the voices of the past, while opening up an imaginary but invisible future space.

It is at this very boundary that Ulla von Brandenburg's works operate: the black and white of film images (recalling our necessarily spectral relationship with photography, as theorised by Roland Barthes), confronted with the vivid, sharp colour of curtains (theatre as an illusion of life), together with the neutral, monochrome basso continuo of "portraits, " sketches a constantly evolving space that is never represented but always suggested: the beyond, from which ghosts emerge. Rather than suggest the possible presence of the paranormal in our everyday lives, the artist's work, like that of Rosa Barba referred to earlier, focuses instead (in an almost anthropological manner) on ways of representing the real and the *imagined*—the devices that shape our view of the world by haunting it, and can even suggest another world.

The philosopher Gilles Deleuze spoke of the "demonic character of the simulacrum,"[15] and the writer Pierre Klossowski, who was obsessed by the *tableau vivant* form, referred to the need of modern artists, "just like ancient magicians," to create an 'animated idol' and to harness "demonic forces."[16] Kathrin Sonntag's *Mittnacht* series (2008) brings together all the clichés of spirit photography, a specific and often anonymous nineteenth-century genre that used various technical processes to take pictures of ghosts during séances. Sonntag's installations, which include objects, films and images, refer among other things to the invention of this practice, launched in 1857 with the publication of Allan Kardec's *The Spirits' Book* and itself derived

from Mesmer's scientific experiments with "animal magnetism."[17] Her works, based on observations of objects in her studio, thus tend towards geometric abstraction of fragments of images blended with archives redolent of cinema, as well as organic forms. Referring to the fantasy (*phantasia*) that photography—or, as we would say nowadays, technology—enables us to grasp the truth of forms, bodies and objects (their aura, or "subtle body"), they delicately explore our ongoing fascination with the image as *magic made real*.

ENCHANTED CIRCLES
Starting with off-camera shots of history and invisible narratives—the very subject matter of historical writing—Rosa Barba sculpts devices that, as it were, reveal the all-pervading substance of our fascination with the unknown. This is well illustrated by two works with similar themes but contrasting results. *They Shine* (2008) is a film documenting the imperceptible movement of solar panels in the Mojave desert in the course of a day. Their shapes suggest a futuristic structure whose almost organic behaviour implies a kind of "second nature", a haunting and mysterious science-fiction image. A voice-off consisting of comments by people living in the area adds a fictional dimension to the documentary, expanding the time and space of the exhibition: "It uses the light of the sun and the heat coming off the earth and the power of the wind to maintain an invisibility cloak." In contrast, *A Private Tableaux* (2010), shot in the tunnels under Liverpool, explores a hidden world beneath the city, creating a work at the boundary of abstraction, based on meticulous observation of marks made by engineers on dark tunnel walls, the ambient sound and resonance of the setting, a ghostlike imprint of space, creating a linear, disturbing, heady musical composition.

Both works—one aimed at the sky (with a spatial or even cosmic dimension), the other at the bowels of the earth (from a terrestrial, archaeological angle)—investigate the exact places where explanation clashes with the physical observation of fascinating phenomena whose concrete forms "intensify truth" (in the words of filmmaker Werner Herzog), turning documentary into fiction: removing images from their original contexts, the "magic" of staging suspends the notion of reality to suggest a latent, fragmentary space, a kind of allegory for the conquest of the dreamed unknown. Nestling in these shadowy areas, these interstitial spaces—to which the artist adds a layer of sound, a kind of contemplative musical landscape—become projection surfaces in which our representations of elsewhere come to imply reality, and twist it towards a representation of a possible world.

Indeed, this is one of the definitions of magic: according to the philosopher Xavier Papaïs, "the hidden dimension of context that is, covertly, the performative aspect of ritual."[18] Magic "broadens the field of the possible" and introduces continuity into a world where all is merely fragment and collage, mystery and questioning. Magic "mends" a torn world, produces an "image" where there is a gap in representation, a visual void. Nina Canell's works, based on scientific experiments, insatiably explore this ambivalent relationship between science, entertainment and magic, knowledge and faith, technology, learning and illumination. Focusing on phenomena that are not visible to the naked eye, they also question one of the essential functions of art in relation to that paradoxical movement known as the "tour": a circular operation arising at the very point where there is *interplay*, in the potential space of "profound virtualities", generating imagination.

What, then, is to be seen behind the mirror that is held up to the world by Rosa Barba with her invisible histories, or Benedikt Hipp with his haunted objects, behind Ulla von Brandenburg's curtains, and in Kathrin Sonntag's spectres or the intangible phenomena observed by Nina Canell? The anthropologist Marcel Mauss may already have had the answer at the turn of the twentieth-century: "In fact, to express more clearly how the world of magic is superimposed on the other world without becoming detached from it, it is as though everything were built upon a fourth dimension of space …"[19] Marcel Duchamp, whose first ready-mades were conceived as much for themselves as for the quality of the shadows they cast (and in fact were initially put on display alongside scientific objects), would not have disagreed with this description of his work. Indeed, it was in the shadows cast by his objects that he glimpsed another, infinitesimal, shifting, ephemeral—parallel—dimension.

1   Alain de Libera, "La face cachée du monde," in *Critique, 2000 ans de magie*, nos. 673–674, June–July 2003, p. 430.
2   See, for example, the exhibition *Haunted: Contemporary Photography/ Video/Performance*, Solomon R. Guggenheim Museum, March–September 2010, which specifically dealt with this phenomenon of remanence.
3   To understand how this contemporary relationship to the end of history has affected popular culture, and especially present-day music, see, for example, Simon Reynolds, *Retromania, Pop Culture's Addiction to Its Own Past*, (London, 2011).
4   For more on this, see the catalogue of the recent exhibition *Secret Societies: To Know, To Dare, To Will, To Keep Silence*, ed. by Cristina Ricupero, Alexis Vaillant and Max Hollein, (Cologne, 2011).
5   Stéphane Toussaint, "Les Raisons de la magie," in *Critique, 2000 ans de magie*, nos. 673–674, June–July 2003, pp. 473–483.
6   Ibid.
7   See Carlo Ginzburg's lucid "auto-historical" text "Sorcières et chamans," in *Le Fil et les traces: Vrai faux fictif*, (Paris, 2006), pp. 425–445.
8   Michel de Certeau, *Heterologies: Discourse on the Other*, (Minneapolis, 1986), p. 215.
9   Giorgio Agamben, *Infancy and History: the Destruction of Experience* (Glosses 1: Fantasy and experience), (London and New York, 1993), p. 24.
10   Joachim Koester, quoted by Dieter Roelstraete in "After the Historiographic Turn: Current Findings," in *e-flux journal*, no. 6, May 2009, see http://www.e-flux.com/journal/after-the-historiographic-turn-current-findings/.
11   André Breton, *Communicating Vessels*, (Lincoln NE, 1990), p. 13.
12   Jean Starobinski, "Psychoanalysis and Literary Understanding," in *The Living Eye*, (Cambridge, MA and London, 1989).
13   See Arnaud Rykner (ed.), *Pantomime et théâtre du corps: transparence et opacité du hors-texte*, (Rennes, 2009).
14   Daniel Sangsue, "Quand et où apparaissent-ils?", in *Fantômes, esprits et autres morts-vivants: essai de pneumatologie littéraire*, (Paris, 2011), p. 103.
15   Quoted by Xavier Papaïs in "Trois formules sur la magie," in *Critique, 2000 ans de magie*, nos. 673–674, June–July 2003, p. 417.
16   Pierre Klossowski replying to André Breton in *L'Art magique*, first published by Les Amis du Club Français du Livre in 1957 and republished in partnership with Gérard Legrand, (Paris, 1991), p. 296.
17   For a fuller understanding of this phenomenon, see the *spiritisme* ("spiritism") entry in Jean-Michel Stallmann (ed.), *Dictionnaire historique de la magie et des sciences occultes*, Paris, Librairie Générale Française, 2006, pp. 693–695, and the exhibition catalogue *Le troisième œil: la photographie et l'occulte*, Clément Chéroux, Andreas Fischer, Pierre Apraxine, Denis Canguilhem and Sophie Schmit (eds.), (Paris, 2004).
18   Papaïs, 2003, s. fn. 15, pp. 419–420.
19   Marcel Mauss, "Esquisse d'une théorie générale de la magie," 1904, in *Sociologie et Anthropologie*, (Paris 1950), p. 111.

RICARDA ROGGAN

1   *RESET 1, 2011*
2   *RESET 2, 2011*
3   *RESET 3, 2011*
4   *RESET 5, 2011*

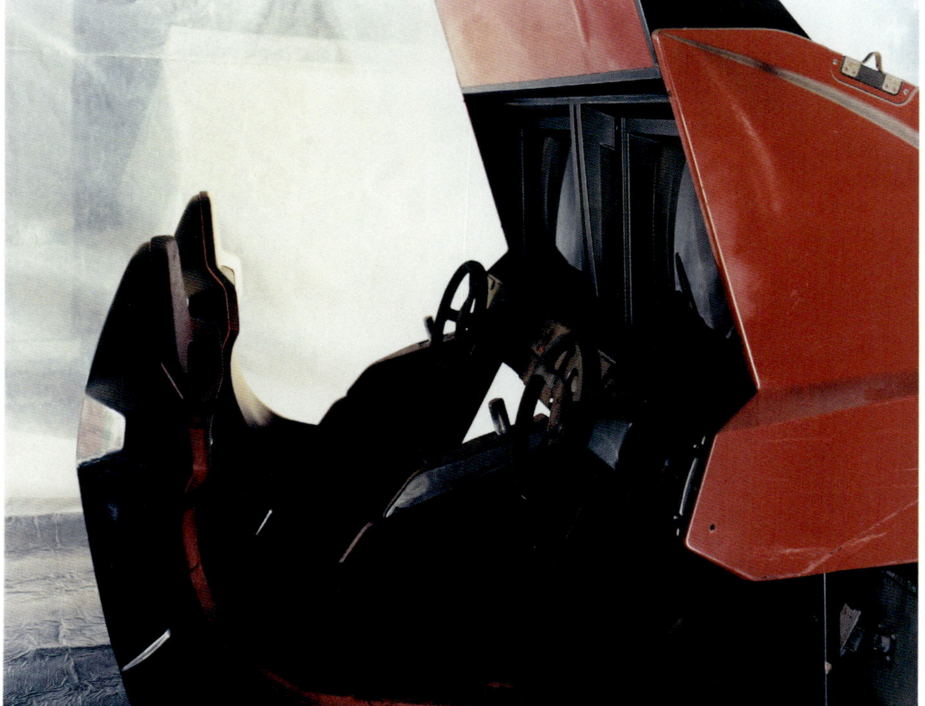

1

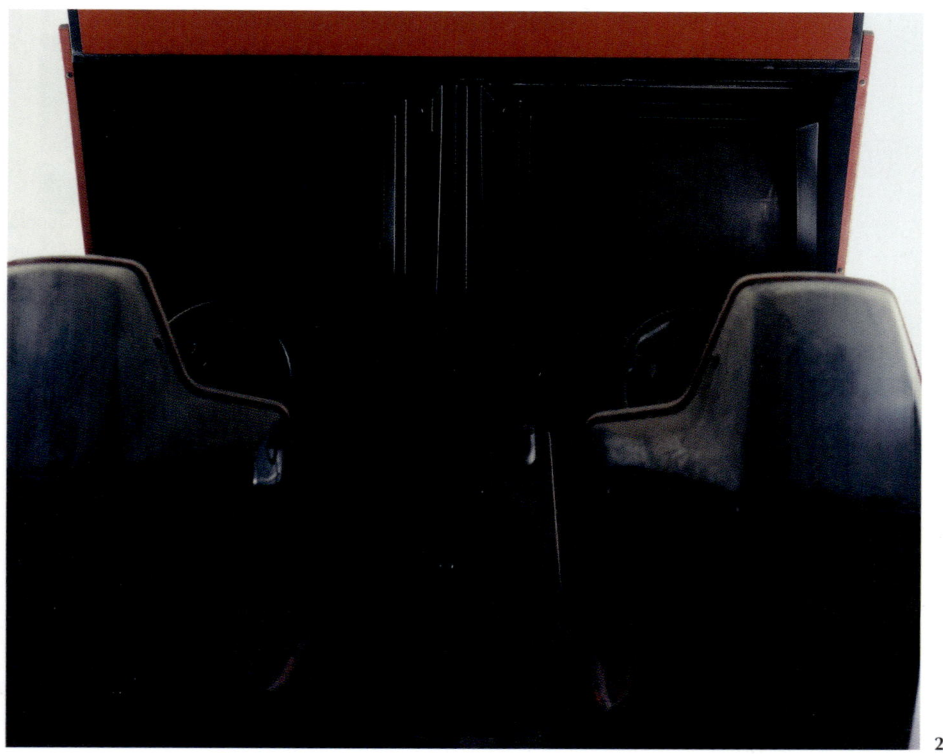

2

d   Wie andere auch vollziehen Ricarda Roggans fotografische Bilder einen Schnitt im Raum und in der Zeit, entnehmen Ausschnitt und Augenblick. Dieses Schneiden ist der Fotografie als Medium eigen, doch wirken Stillstellen und Herauslösen bei Roggan in einer Weise, die diesen Schnitt kaum merklich vollzieht. Selbst dann, wenn sie wie in *Formationen (10/07/7–1)* (2010), *Baumstück 1* (2007) oder *Sedimente 7* (2010) Motive aus einem natürlichen Raum extrahieren: dunkle Wolken, dichtes Laubwerk, Gesteinsschichten. Geschuldet vielleicht der Schwere und Monumentalität des Dargestellten, kann dessen Ruhe beunruhigen, an die Frontalität der Motive, die sich wie eine Doppelung der Bildoberfläche erstrecken, die Frage nach dem Dahinter anschließen als die nach dem Geschehen im nächsten Augenblick. Roggans Arbeiten dehnen Zeit. Auch dann, wenn die Anwesenheit von Dingen in einem Raum auf ein Benutzen und damit Personal deuten. In *Drei Tische mit braunen Beinen I* (2003) oder *Stuhl, Tisch und Liege* (2002) etwa inszeniert Roggan Innenräume, möbliert sie sparsam mit Tischen, Stühlen, Matratzen und anderem, wie dem Notwendigsten einer Zelle. In ihrer Isoliertheit und Platzierung im sonst kargen Raum wird diesen Objekten eine Eigenständigkeit zuteil, die sie nicht anbindet an eine Funktion, sondern ihren Objektcharakter in einen bildhaften, skulpturalen Wert überführt. Hier sind es die Ausgerichtetheit der Räume auf die Fotokamera sowie ein zeitliches Moment, das sich als in die Vergangenheit weisende Spur auf den Oberflächen der Dinge einschreibt, die die Schnitte beider Kategorien, Raum und Zeit, mildern. Mehr noch, die im Bild verhandelte Zeitlichkeit wiegt schwer und arbeitet der Augenblicklichkeit des fotografischen Akts entgegen, wie in der Serie *Garage* (2008). Zwar sind die in einem nach hinten tief schwarzen, damit dimensionslosen Raum abgelichteten Autos derart demoliert, dass dies nur auf einen kurzen, heftigen Aufprall schließen lassen kann, doch steht dem ein alles überdeckender Staub und damit die Suggestion von Dauer gegenüber. Ein Mittel, das auch in der Serie *RESET* (2011) zum Einsatz kommt. Spielautomaten, nun abgeschaltet, verkratzt und verdreckt, sollen eine Erfahrung von Schnelligkeit bereiten wie die Fahrzeuge, denen sie nachempfunden sind. Wie bei diesen scheint im Nicht-mehr-Funktionieren der Dinge ein stilles, fast bedrohliches Potenzial auf. Doch tritt neben die Überalterung noch eine andere Zeitlichkeit, die des entrückenden Spiels, das alles vergessen macht. Die starken Ausschnitte und das Ortlose dieser Fotografien empfinden diese Distanzlosigkeit nach. *SET* (2011) löst die Eigenschaften des dafür inszenierten Raums in seinem Zeigen nicht auf, sondern überführt sie eine enthobene Nicht-Gegenständlichkeit. Wenn auch der Schnitt durch den Raum klarer wird, so ist das Spreizen der Zeit weiterhin eine Konstante in den Arbeiten von Ricarda Roggan.
—*Kristin Schrader*

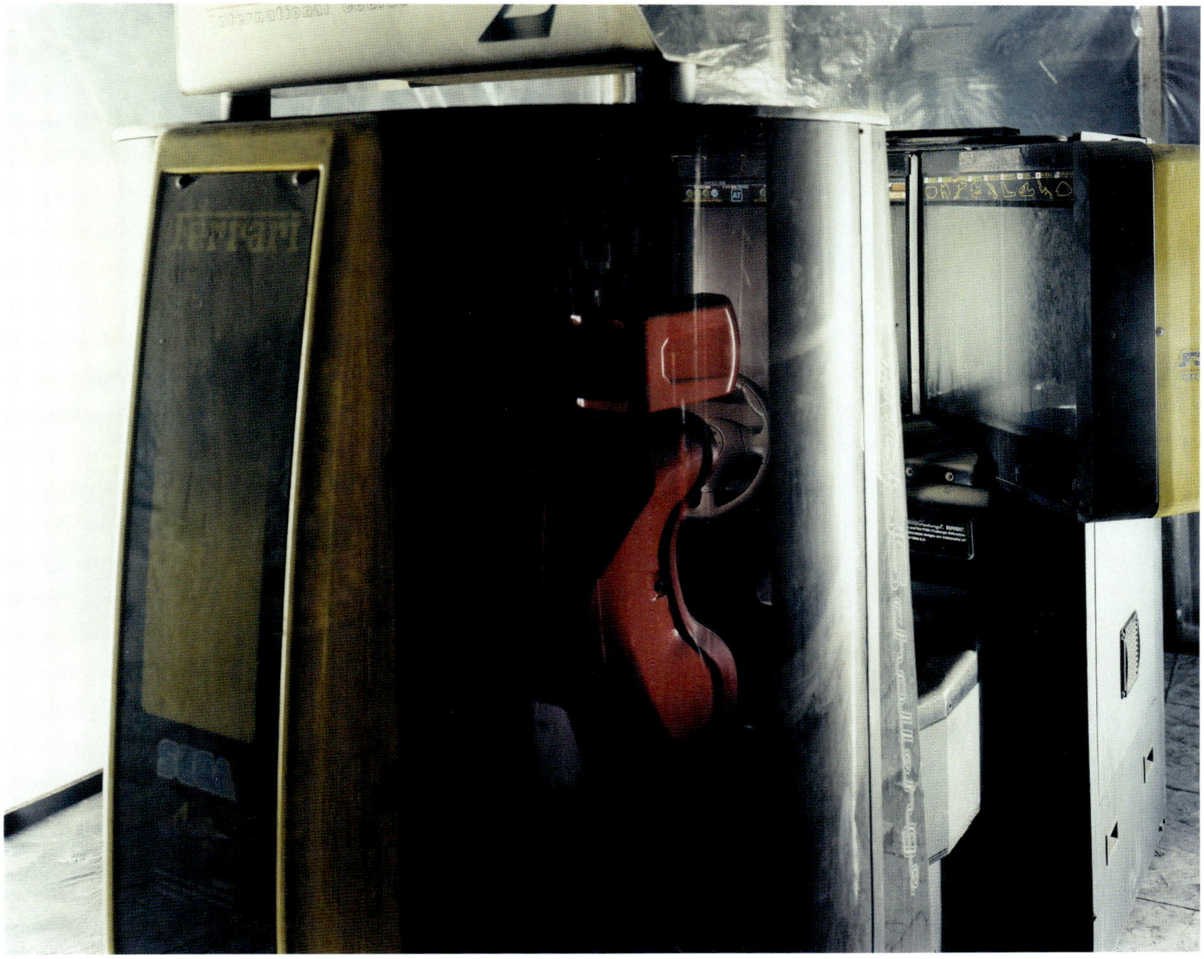

3

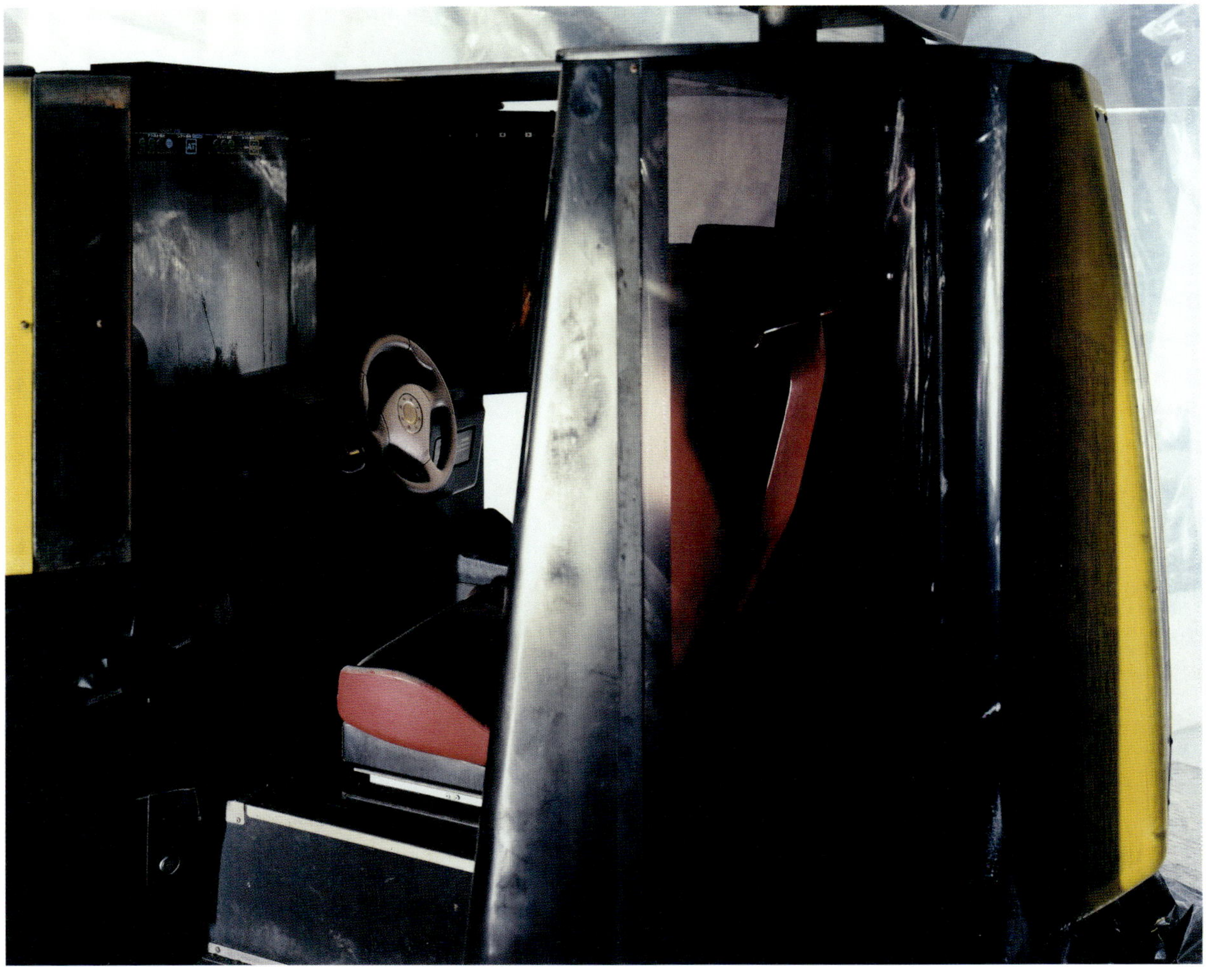

4

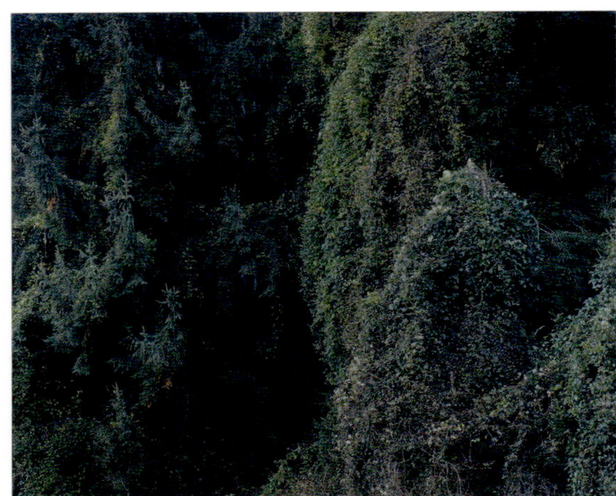

5

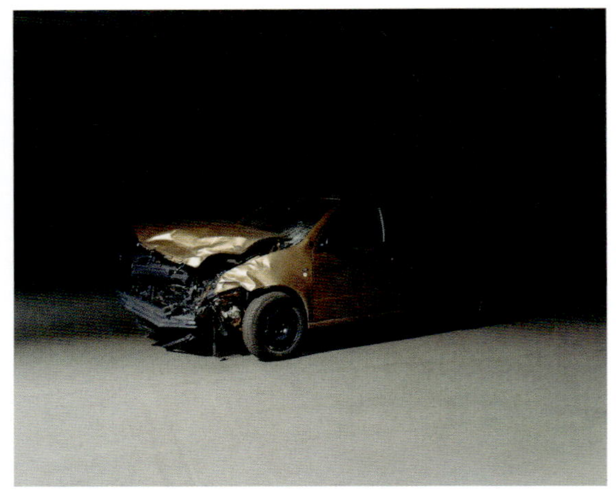

6

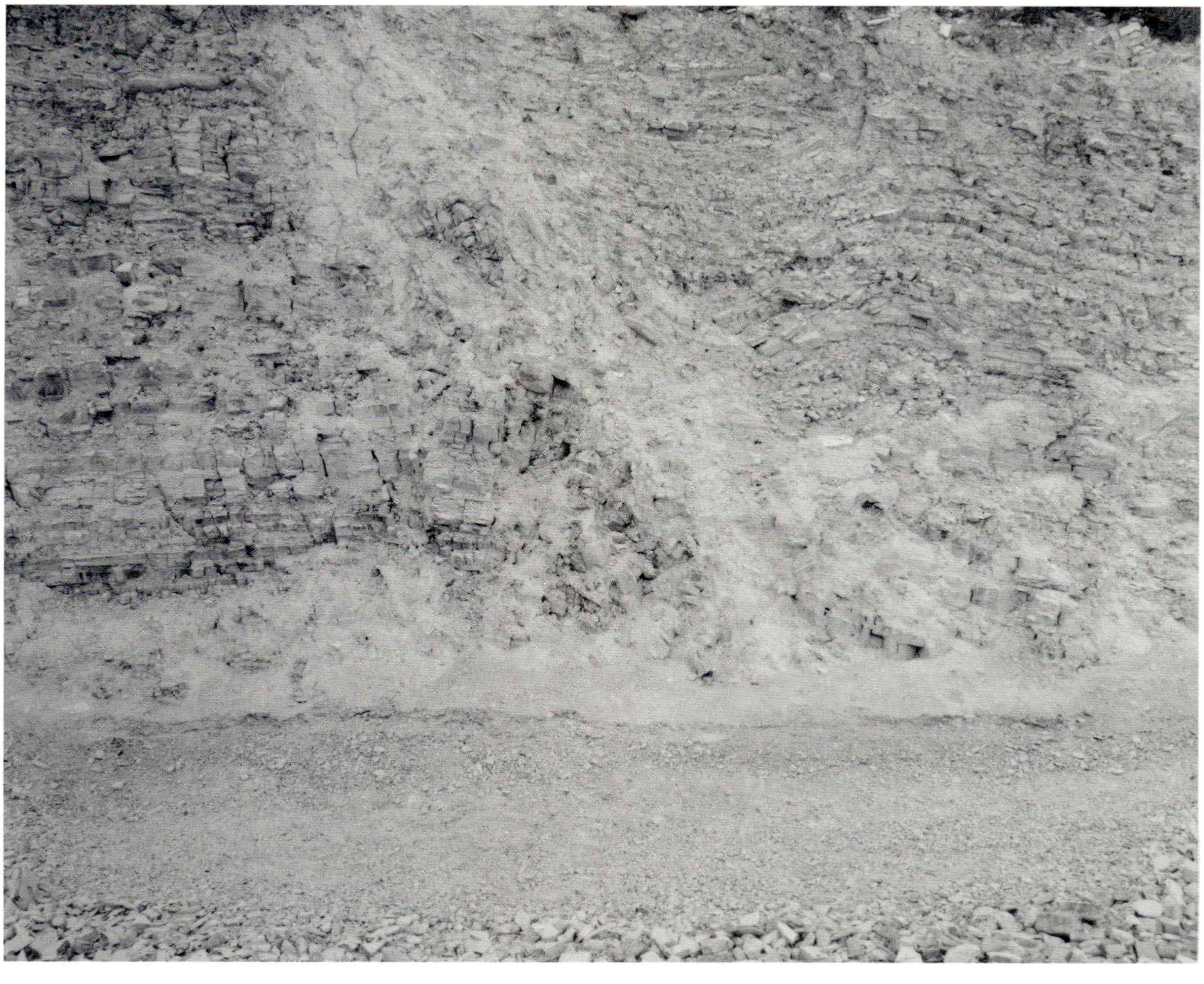

7

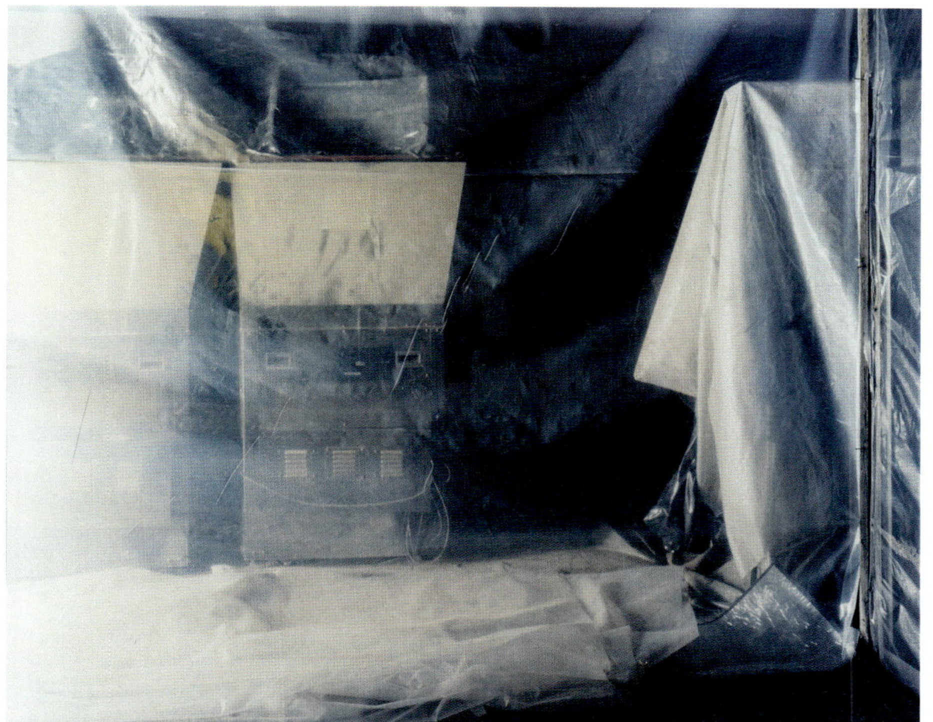

8

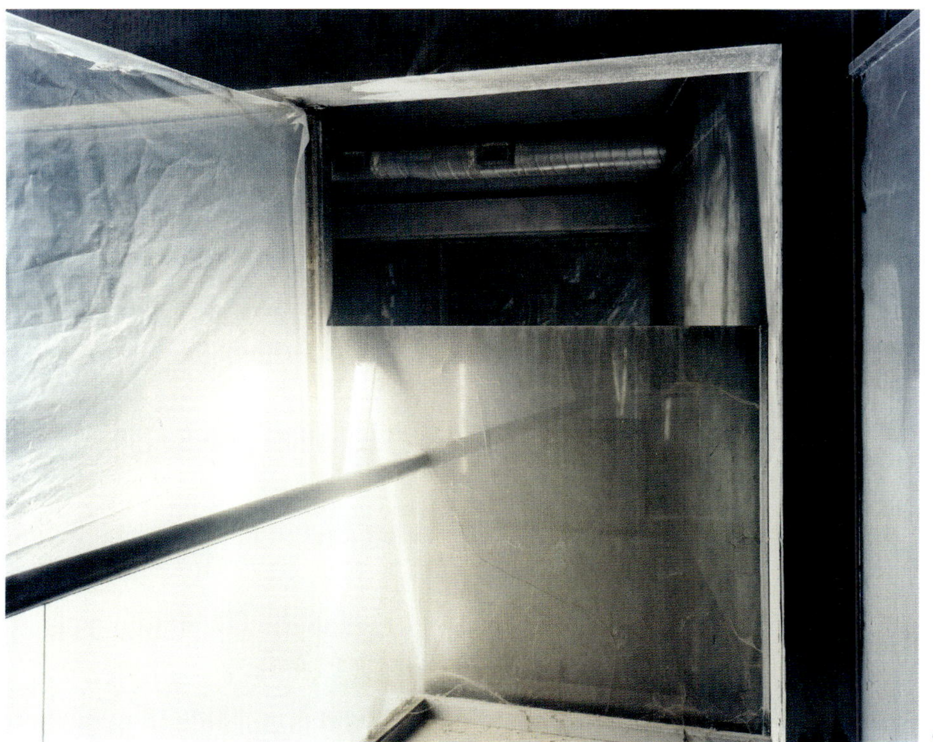

9

e   Similarly to others, Ricarda Roggan's photographs make an incision in time and space, extracting a section and a moment. This cutting is inherent in the medium of photography, yet in Roggan's work freeze-framing and extraction take place in such a way that the cut itself is barely noticeable even when, as in *Formationen (10/07/7-1)* (Formations 10/07/7-1) (2010), *Baumstück 1* (Tree piece 1) (2007) or *Sedimente 7* (Sediments 7) (2010), she extracts motifs from a natural setting, i.e. dark clouds, dense foliage and layers of rock. Perhaps owing to the gravity and monumentality of what is depicted, its aura of calm can be unsettling, linking the frontal perspective of the motifs (which stretch out as though doubling the image surface) to the question of what lies behind it and what will happen in the next moment. Roggan's works extend time. Including when the presence of objects in a space point to their usage and therefore people. In *Drei Tische mit braunen Beinen I* (Three tables with brown legs I) (2003) or *Stuhl, Tisch und Liege* (Chair, table and couch) (2002), for instance, Roggan presents interiors, sparsely furnishing them with tables, chairs, mattresses and other items, like a cell's bare essentials. In their isolation and position within the otherwise bare space these objects take on an independence that does not bind them to a function, but rather transforms their status as objects into a pictorial, sculptural value. Here it is the spaces' orientation on the camera and a temporal moment that inscribes itself on the surfaces of the objects as traces pointing to the past that temper the incisions in both categories; space and time. Moreover, the temporality addressed in the picture weighs heavy and counters the momentariness of the photographic act, as in the series *Garage* (2008). Although the cars, shot in a jet black space at the back which is thus dimensionless, are so damaged that we can only conclude they were subjected to a brief, strong impact, this is contrasted by a blanket of dust that covers everything, suggesting duration. The artist also uses this approach in her series *RESET* (2011). Gaming machines, now switched off, scratched and dirty, are intended to simulate the experience of speed, like the vehicles on which they are based. As with the latter, the defunctness of the objects seems to wield a silent, almost threatening potential. Yet alongside the aging of the machines another temporality emerges, that of the entrancing game, which makes players forget everything else. The strong cropped details and the lack of clear place in these photographs recreate this lack of distance. *SET* (2011) does not dissolve the properties of the space staged for it in its presentation, but transfers to them an intangible non-figurativeness. Even when the incision through the space becomes clearer, the spreading of time continues to be a constant feature in Ricarda Roggan's works.
—*Kristin Schrader*

JULIA SCHMIDT

1   *Drying Rack*, 2009
2   *Untitled (basement) I*, 2010
3   *Untitled (basement) II*, 2010

d   Zentral im Werk von Julia Schmidt ist die Auseinandersetzung mit den realen, ökonomischen und persönlichen Werten von Bildern, Objekten und Gegenständen und den daran geknüpften Erwartungen, Enttäuschungen und Hoffnungen. Mit den Mitteln der Malerei selbst wie auch in verschiedenen Drucktechniken und Installationen hinterfragt Julia Schmidt die Produktions- und Rezeptionsbedingungen von Malerei sowie die allgemeinen Bedingungen der Ökonomie des Handelns, der Arbeit und des Marktes.

Schmidts in dünnen Schichten auf MDF aufgetragene Ölarbeiten erscheinen in reduzierter Farbigkeit und offenbaren ebenso viel, wie sie verbergen. Grundlage sind selbst aufgenommene oder gefundene medial vermittelte Bilder aus Zeitschriften, Büchern und dem Internet, aus denen sich die Künstlerin ein persönliches, komplexes Archiv stetig weiter aufbaut. Durch wiederholtes Schauen und Sichten, Überkleben und Spiegeln kristallisiert Schmidt neue Bildmotive, wobei meist nur Details oder Ausschnitte aus den Vorlagen auf die Bildfläche finden. Im Verbund mit Leerstellen oder Aussparungen entzieht sich das Dargestellte häufig dem identifizierenden Zugriff des Betrachters. Die Wahrnehmung eines Gesamtzusammenhangs wird unmöglich gemacht. So findet sich in dem Bild *Untitled (stackr)* (2008), das auf ein Foto eines improvisierten Verkaufskiosks zurückgeht, im oberen Bereich eine detailgenaue Darstellung von abgelegtem Gerümpel, Kisten, Brettern und Wellblechen, die durch die fehlende Weiterführung des Motivs im unteren Teil seltsam verloren und abstrakt im Bildraum schwebt. Schmidt rückt dabei das in den Vordergrund, was sonst eher im Verborgenen liegt, unbeachtet bleibt, vergessen wurde oder als wertlos gilt, thematisiert aber zugleich die alltägliche Zirkulation von Waren und Produkten an einem Ort, an dem Distribution, Lagerung und Entsorgung dicht aneinander liegen.

Die fragmentarischen Bilder Schmidts, die zwischen Figuration und Abstraktion, Präzision und Ungenauigkeit, Flächigkeit und Körperlichkeit sowie Abwesenheit und Präsenz schweben, bettet die Künstlerin in Installationen mit Bodenarbeiten, Gegenständen und präzise inszenierten Hängungen. Die diskursive und konzeptionelle malerische Auseinandersetzung mit dem Bild wird so deutlich verstärkt wie auch das Spiel der Bedeutungsverschiebung eines einzelnen Werkes – Fragments, Ausschnitts, Details –, je nach Anordnung oder Kontext. So hat Schmidt in der Ausstellung *Control* (2011) die Arbeit *Still life (bowl, coin, bread)* (2009) durch ein Mosaik aus Sperrholz ergänzt, auf und neben dem gefundene alte Uhrenarmbänder, Batterien, lokale Anzeigenseiten, Pappen und Kleidungsstücke platziert sind. Die Fragmente aus Edgar Degas' *Römische Bettlerin* (1857), die Schmidt in Schwarz-Weiß auf MDF wiederholt hat, werden durch ein ambivalentes zeitgenössisches Stillleben am Boden ergänzt. Gezielt bewegt sich die Künstlerin zwischen verschiedenen Stilen und Techniken der Malerei und verweigert sich der Konzentration auf ein bestimmtes Thema und serieller Produktion. Vielmehr stellt Schmidt das Bild und dessen Wert über das stetige Wiederholen und Neu-Vernetzen von Motiven sowie durch das Herstellen neuer Beziehungen und Kontexte infrage – und hält damit das Entstehen von Bedeutung im Fluss.
—*Antonia Lotz*

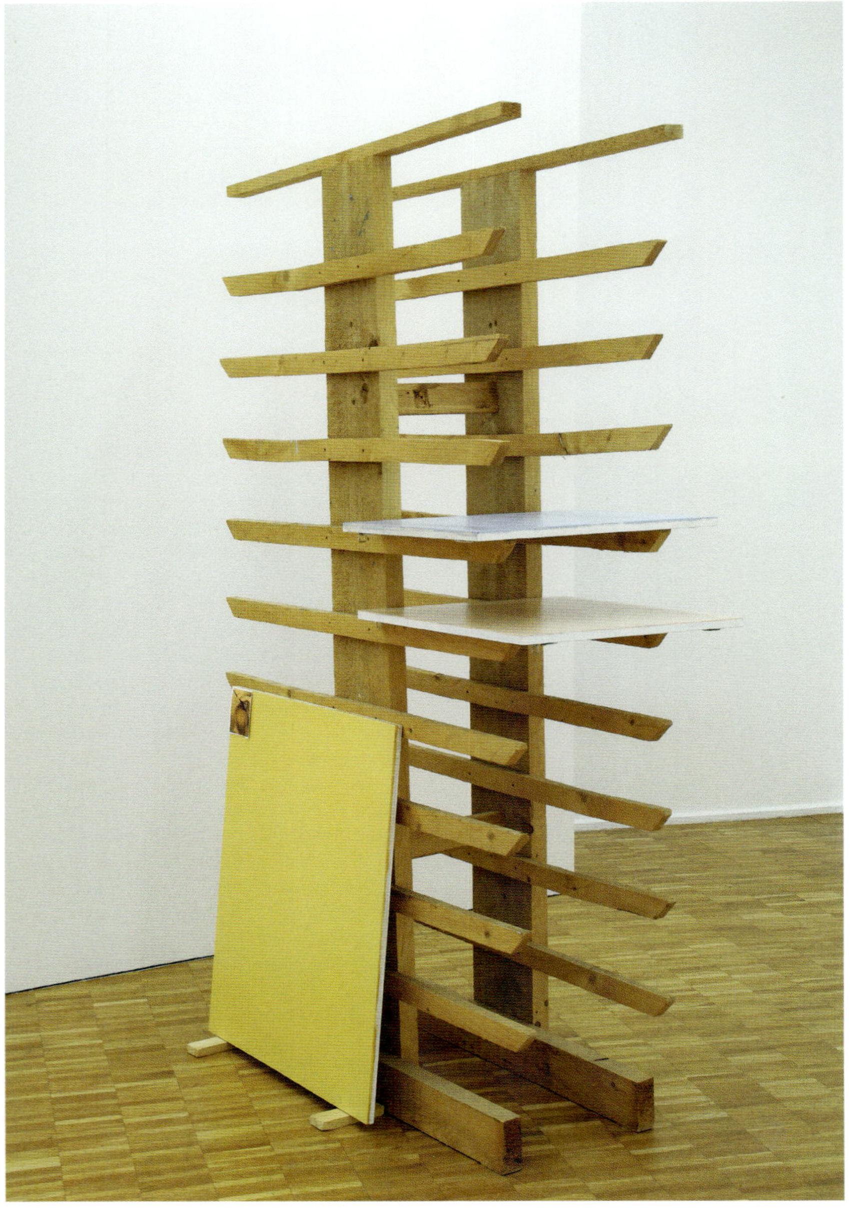

1

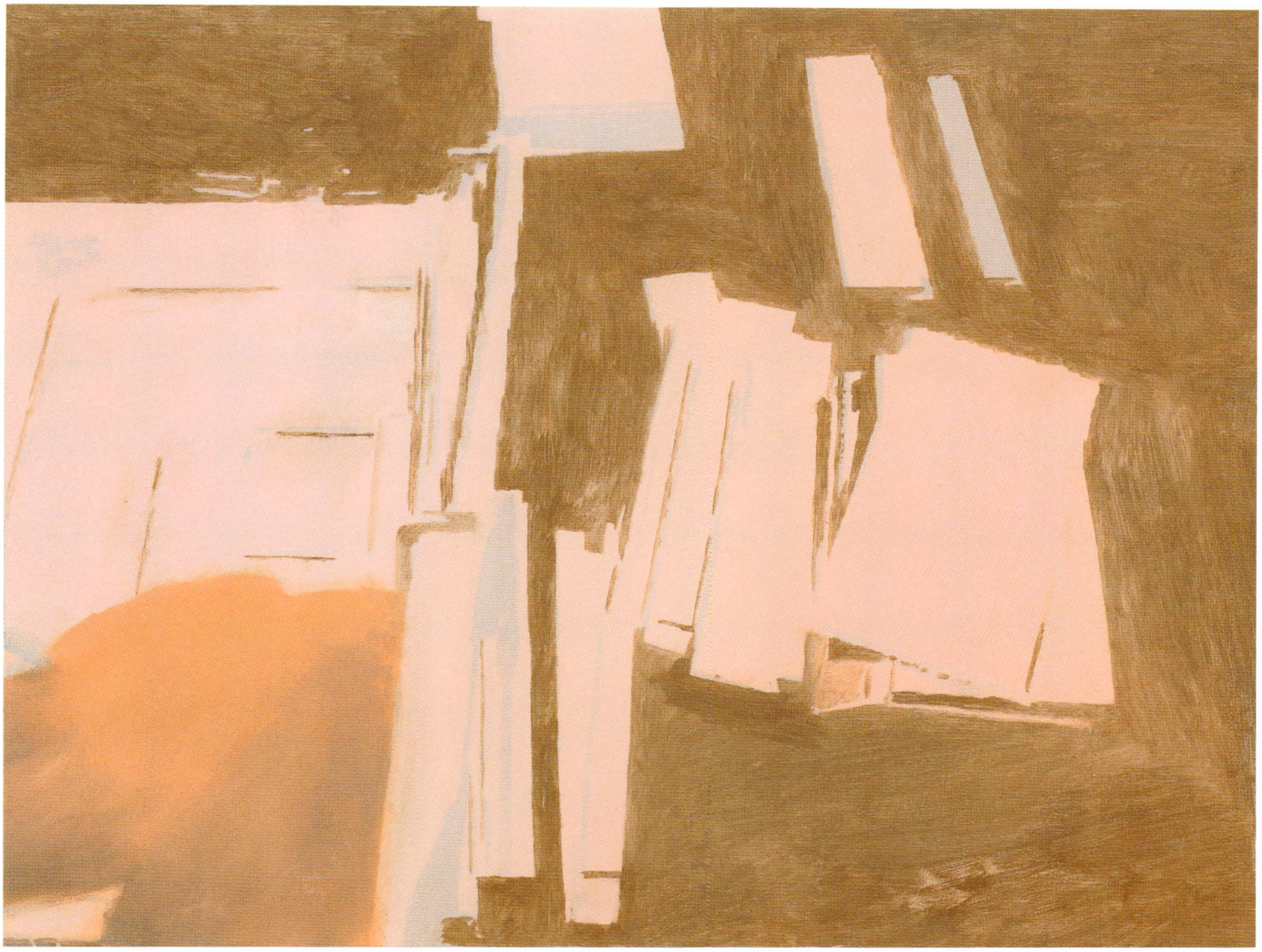

2

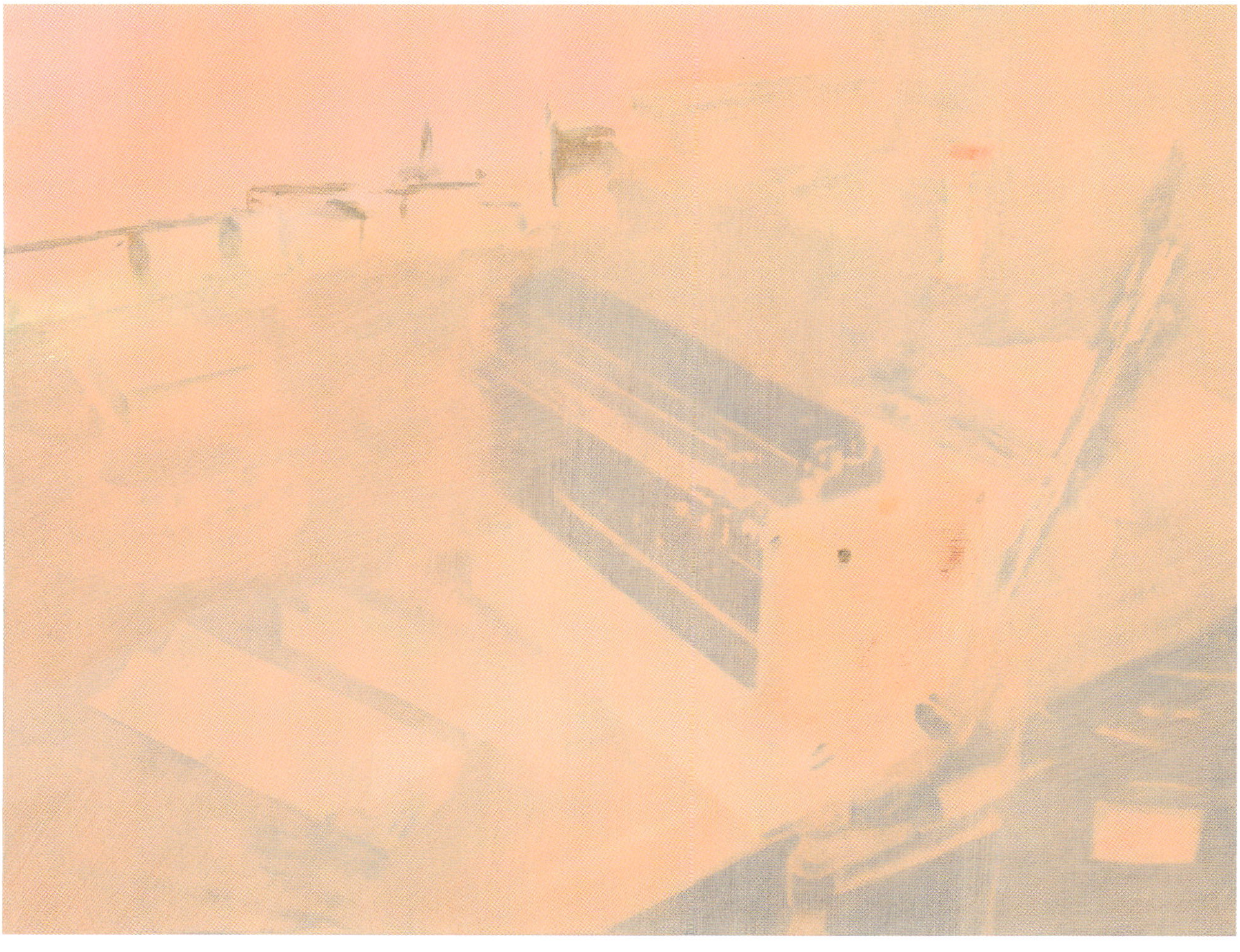

3

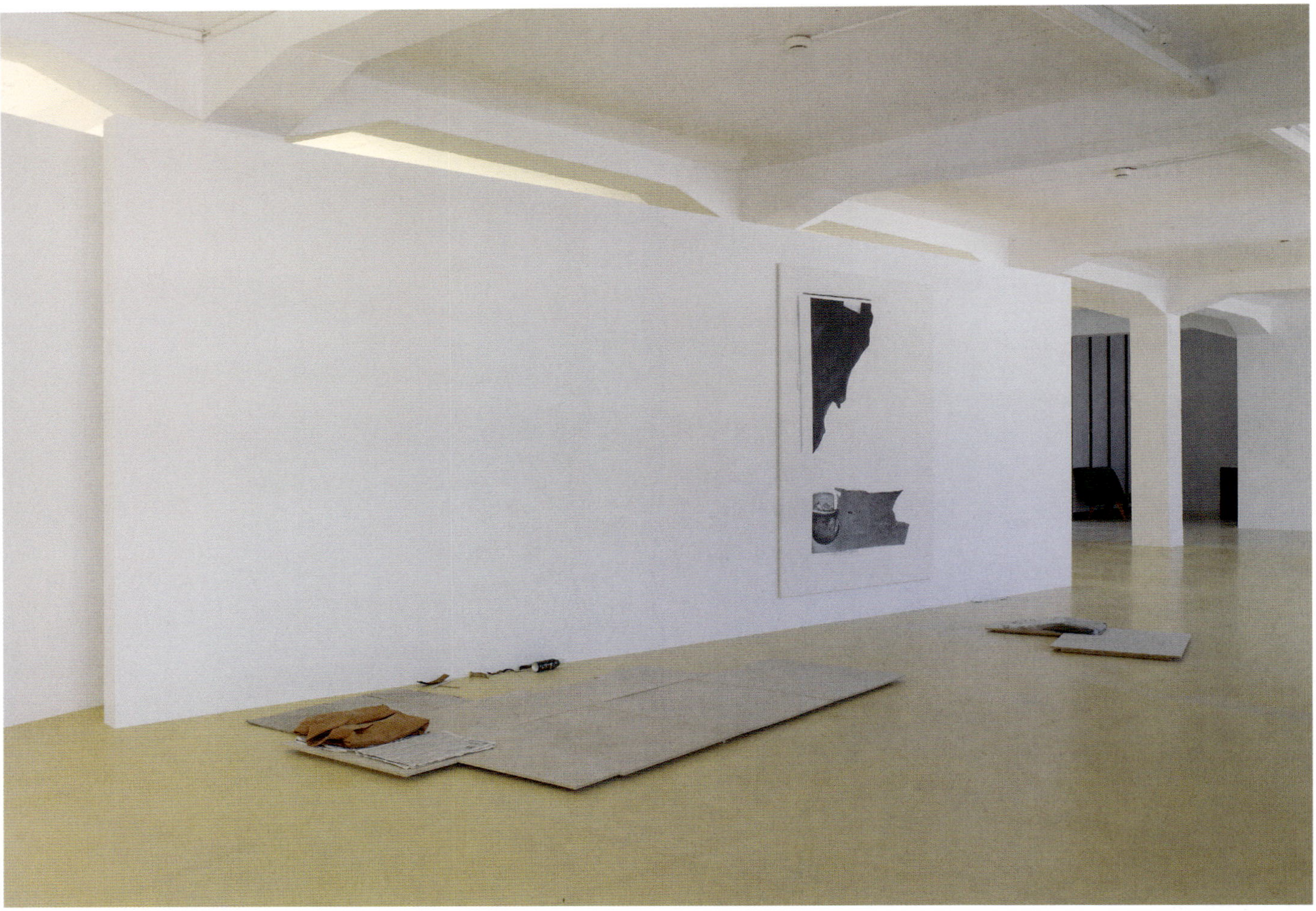

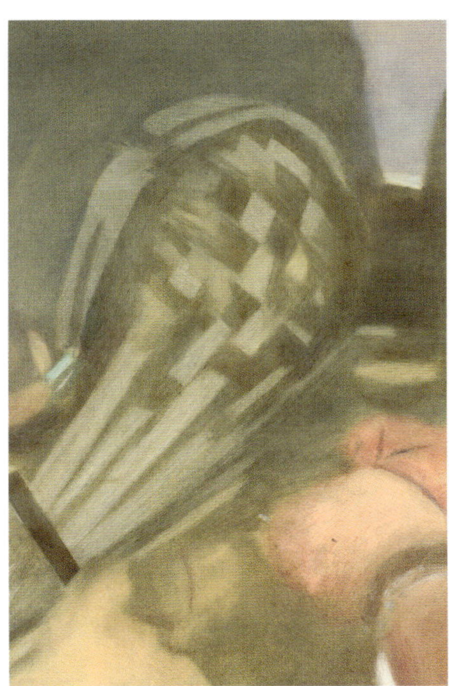

5 6

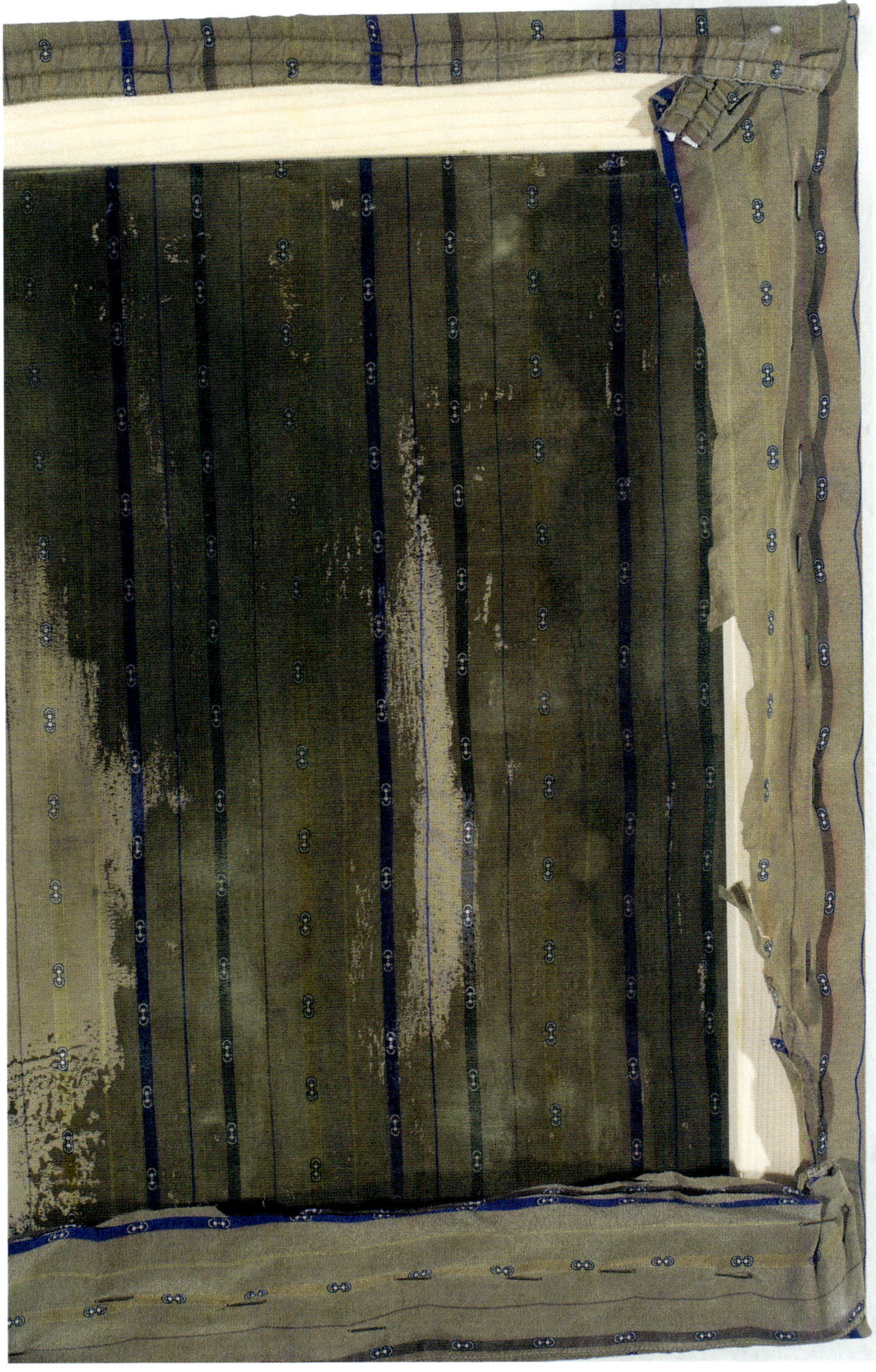

7

e   Central to Julia Schmidt's work is an exploration of the real, economic and personal values of images and objects and the associated expectations, disappointments and hopes. By means of painting as well as various printing techniques and installations, the artist questions the production and reception conditions of painting and the general conditions of the economy of trade, work and the market.

Schmidt's oil paintings, applied in thin layers to MDF, feature reduced colors and reveal just as much as they conceal. They are based on mediatized pictures from magazines, books and the Internet that the artist either took herself or found, with which she continually builds up a personal, complex archive. By repeatedly viewing them, pasting over and reflecting them, Schmidt creates new motifs, although most of them are simply details or cropped sections from the originals. In combination with empty spaces and gaps her pieces often defy identification by the observer. It becomes impossible to perceive an overall context. Thus in the piece *Untitled (stackr)* (2008), based on a photo of an improvised sales kiosk, we see in the upper section a highly accurate depiction of discarded junk, boxes, boards and corrugated sheet metal that, owing to the discontinuation of the objects in the lower section, seem strangely lost and abstract in the image space. Here Schmidt focuses on that which ordinarily remains hidden, goes unnoticed, has been forgotten or is considered worthless, yet at the same time highlights the everyday circulation of goods and products in a place where distribution, storage and disposal converge.

Schmidt embeds her fragmentary images, which hover between figuration and abstraction, precision and imprecision, planarity and physicality, and absence and presence, in installations with floor works, objects and precisely hung pieces. This considerably reinforces her discursive and conceptual painterly exploration of the image, as well as the interplay of shifts in meaning in each piece—fragment, section, detail—depending on arrangement or context. In the exhibition *Control* (2011) for instance, Schmidt added a plywood mosaic to her piece *Still life (bowl, coin, bread)* (2009), on top of and next to which she positioned found old watch straps, batteries, local ad pages, pieces of cardboard and items of clothing. The fragments from Edgar Degas' *A Roman Beggar Woman* (1857), which Schmidt has replicated in black and white on MDF, are complemented by an ambivalent contemporary still life on the floor. The artist consciously employs different painting styles and techniques and refuses to concentrate on a particular theme or series production. Instead she questions the image and its value by continually repeating and re-networking themes and by creating new relationships and contexts—and in so doing keeps the creation of meaning going.
—*Antonia Lotz*

KATHRIN SONNTAG

1 *Blame it on Morandi*, 2011
2 *Making-of*, 2011

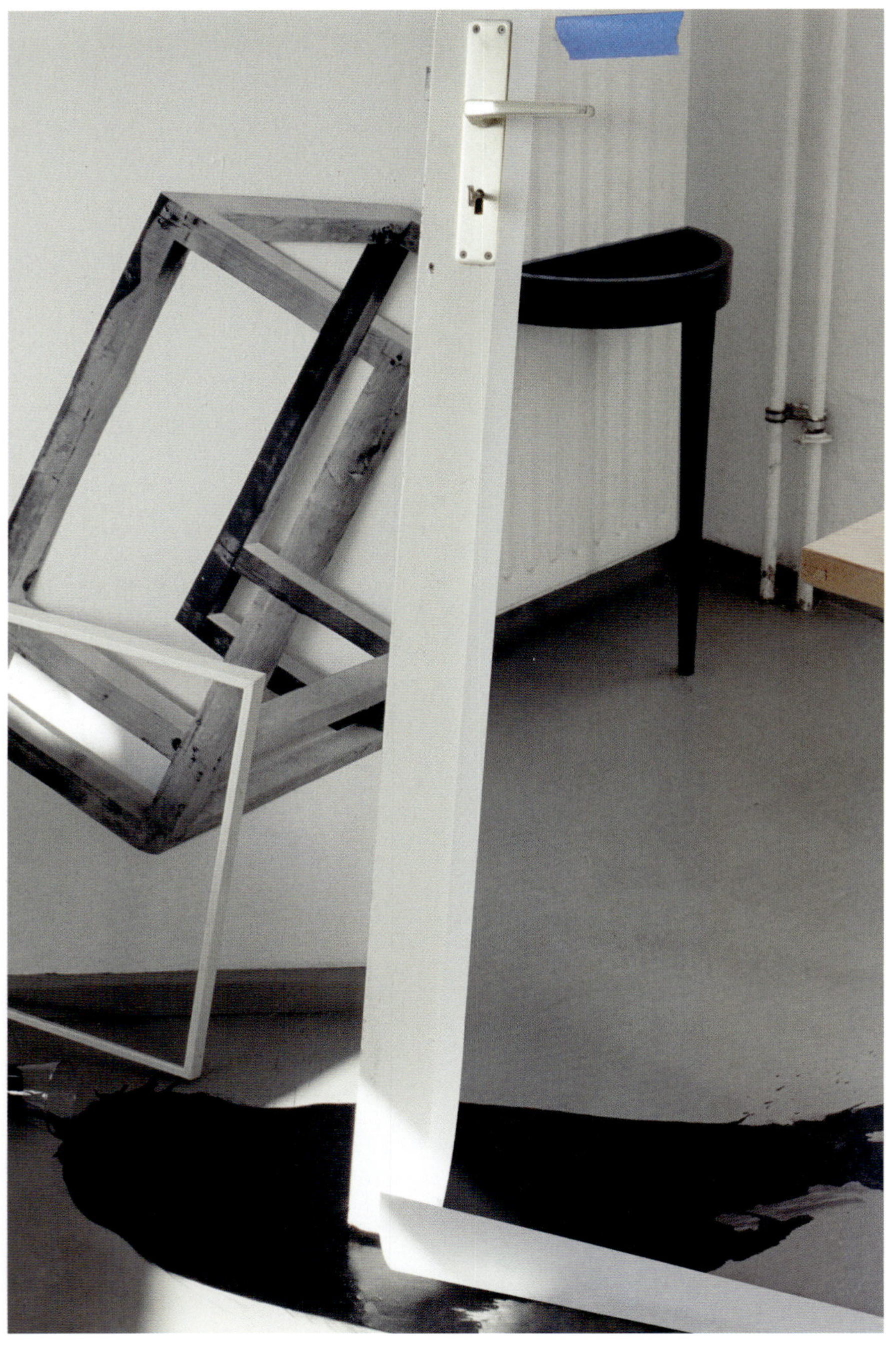

1

d   Nichts ist, wie es scheint in Kathrin Sonntags Arbeiten. Ihre meist in installativem Zusammenhang präsentierten Fotografien, Collagen, Skulpturen und Filme thematisieren die Bedingungen des Wahrnehmens, Beobachtens und Erkennens. Alltägliche Gegenstände und Situationen werden bei Sonntag durch feine Verschiebungen und kompositorische Eingriffe zu Bühnen von dezenter Widersprüchlichkeit, die unsere Wahrnehmung immer wieder neu auf die Probe und vor Rätsel stellen. Die Künstlerin fokussiert in ihren Arbeiten jenen Moment, in dem sich Irritationen in scheinbar Vertrautes und Altbekanntes einschleichen, Seh- und Denkgewohnheiten lustvoll unterlaufen werden und das Alltägliche ein magisches, zuweilen auch unheimliches Potenzial entfaltet.

So zeigt die Diaprojektion *Blame it on Morandi* (2011) Aufnahmen aus dem Atelier der Künstlerin, deren subtile Merkwürdigkeit dem Betrachter – zumindest auf den zweiten Blick – verdeutlicht, dass das, was er zu sehen glaubt, auch ganz anders sein könnte. Ein dunkler Farbfleck auf dem Boden, auf dem Ateliertisch die Reproduktion einer Edward-Weston-Fotografie, ein aufgeklappter Bildband, Münzen, Spielkarten – Bild für Bild wird der Blick von links nach rechts über den Arbeitstisch Sonntags geleitet, über eine Ansammlung sorgsam arrangierter Objekte, die ebenso auf die Tradition des Stilllebens wie des Trompe-l'œil verweist.

Die platzierten Karaffen und Vasen wecken Assoziationen an die Malerei des im Titel zitierten Künstlers Giorgio Morandi, symbolisch aufgeladene Bildmotive wie ein angebissener Apfel oder ein umgestoßenes Glas lassen sich zugleich als gewöhnliche Vorfälle wie als Zeichen der Vergänglichkeit interpretieren. Kunstgeschichtliche Zitate wie das täuschend echt wirkende Bild *Rückseite eines gemalten Gemäldes* (1670) des Niederländers Cornelis Norbertus Gijsbrechts liefern erste Indizien für die von Bild zu Bild zunehmende Verunsicherung über das, was man sieht, und das, was man zu sehen glaubt.

Spiegelungen erzeugen räumliche Irritationen, ein Zeichendreieck und ein Ei scheinen wie durch Magie senkrecht zu stehen. Permanent ist das Auge geneigt, den illusorischen Tricks einer wundersamen Welt der Dopplungen und Verweise zu unterliegen. Das beziehungsreiche Vexierspiel, das die Wahrnehmung zuerst verschleiert, dann verschärft, führt zu einer geradezu detektivischen Spurensuche, die der von Sonntag in Anlehnung an das *Pink-Panther*-Thema komponierte Soundtrack mit einem Augenzwinkern musikalisch aufgreift.

Der Blick wird weiter über den Ateliertisch geleitet zu einer Pinnwand mit der Reproduktion einer sogenannten unmöglichen Figur. Ein gezeichnetes, jedoch nicht konstruierbares Objekt, das über sich selbst hinaus auch auf den Moment in der Bilderabfolge hinweist, indem die Gratwanderung zwischen Illusion und Wirklichkeit ihren Höhepunkt erreicht: der Moment, in dem Anfang und Ende der Serie in einer raffinierten Täuschung zusammenfallen und sich die gesamte Bilderabfolge zu einer unmöglichen Schleife windet.

Mit spielerischer Leichtigkeit gibt Kathrin Sonntag Rätsel auf, wo Wirklichkeit und Illusion verschmelzen, provoziert die Täuschung und Ent-täuschung des Betrachters und lässt die Lücke zwischen Darstellung und Darstellungsweise aufklaffen.
—*Ute Stuffer*

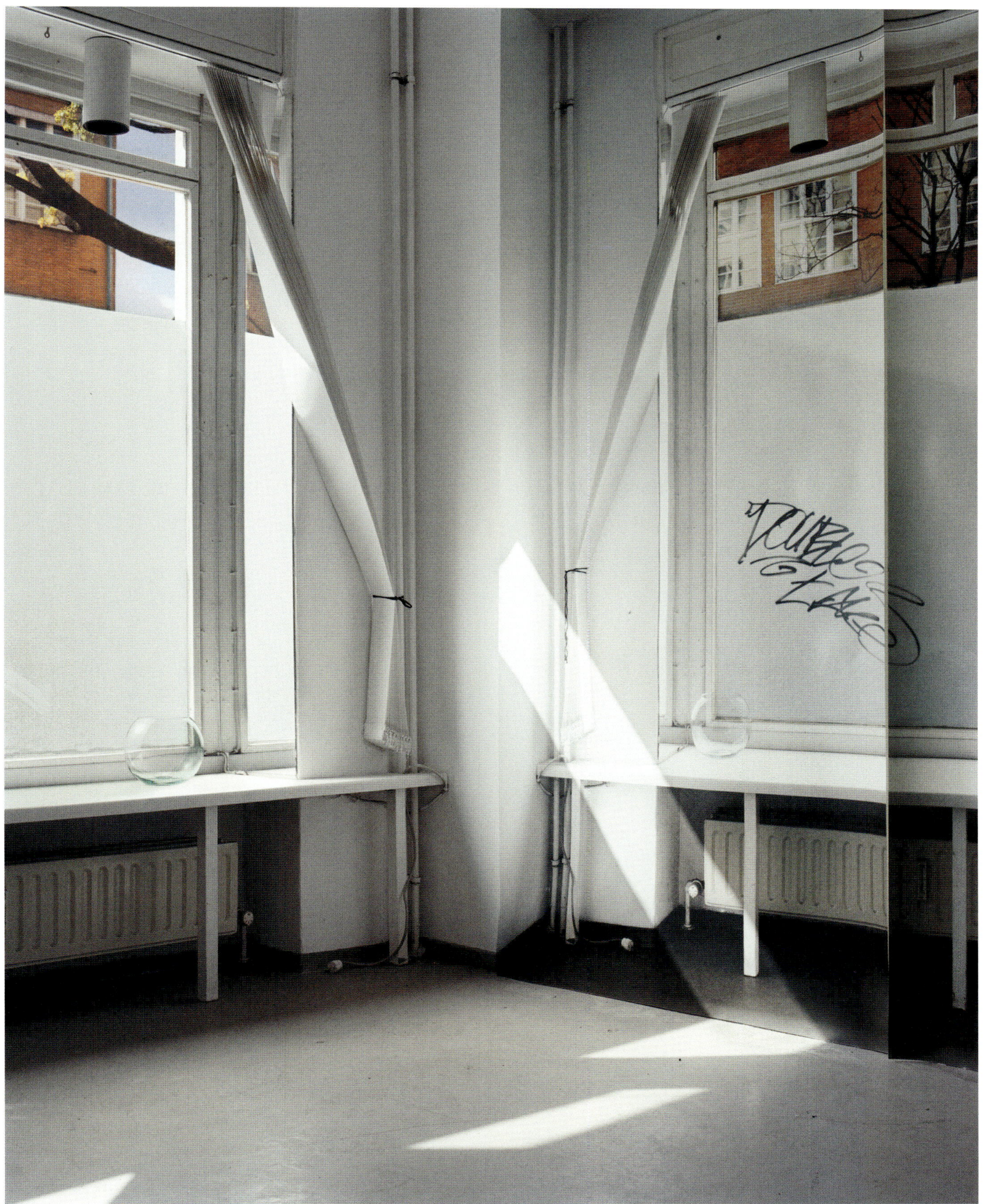

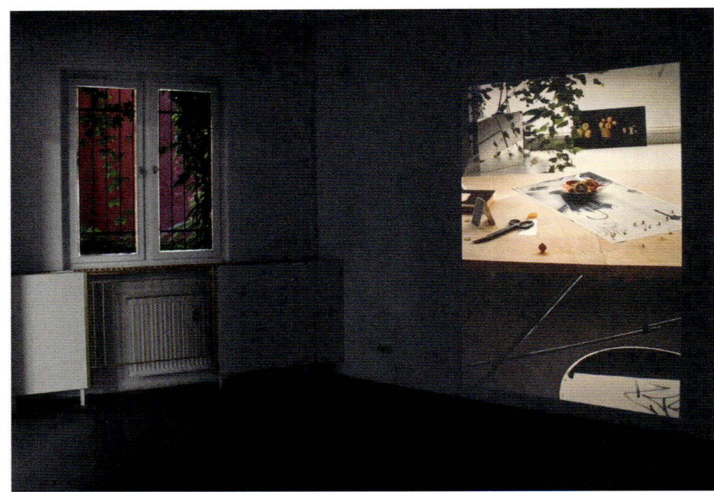

3

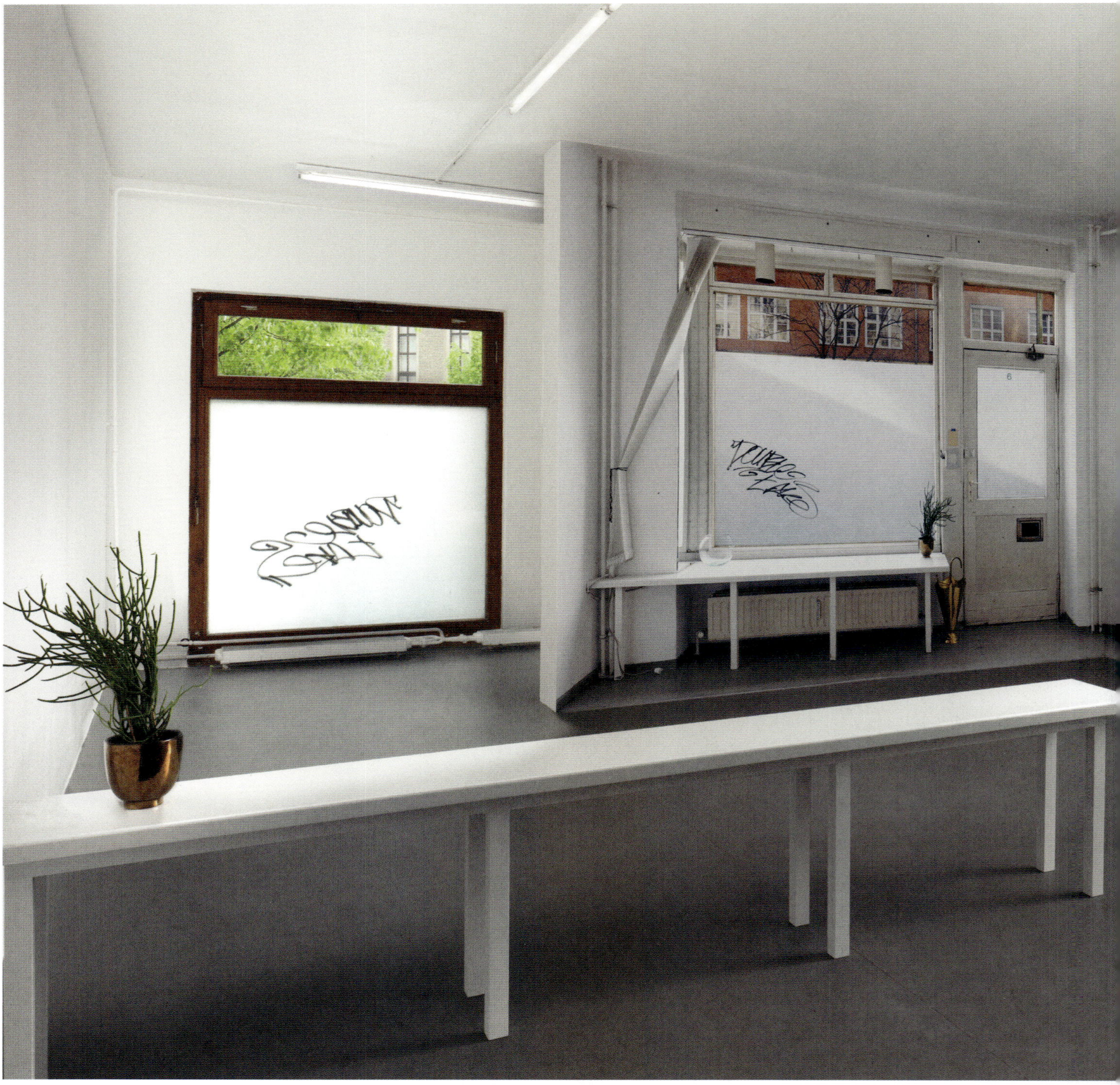

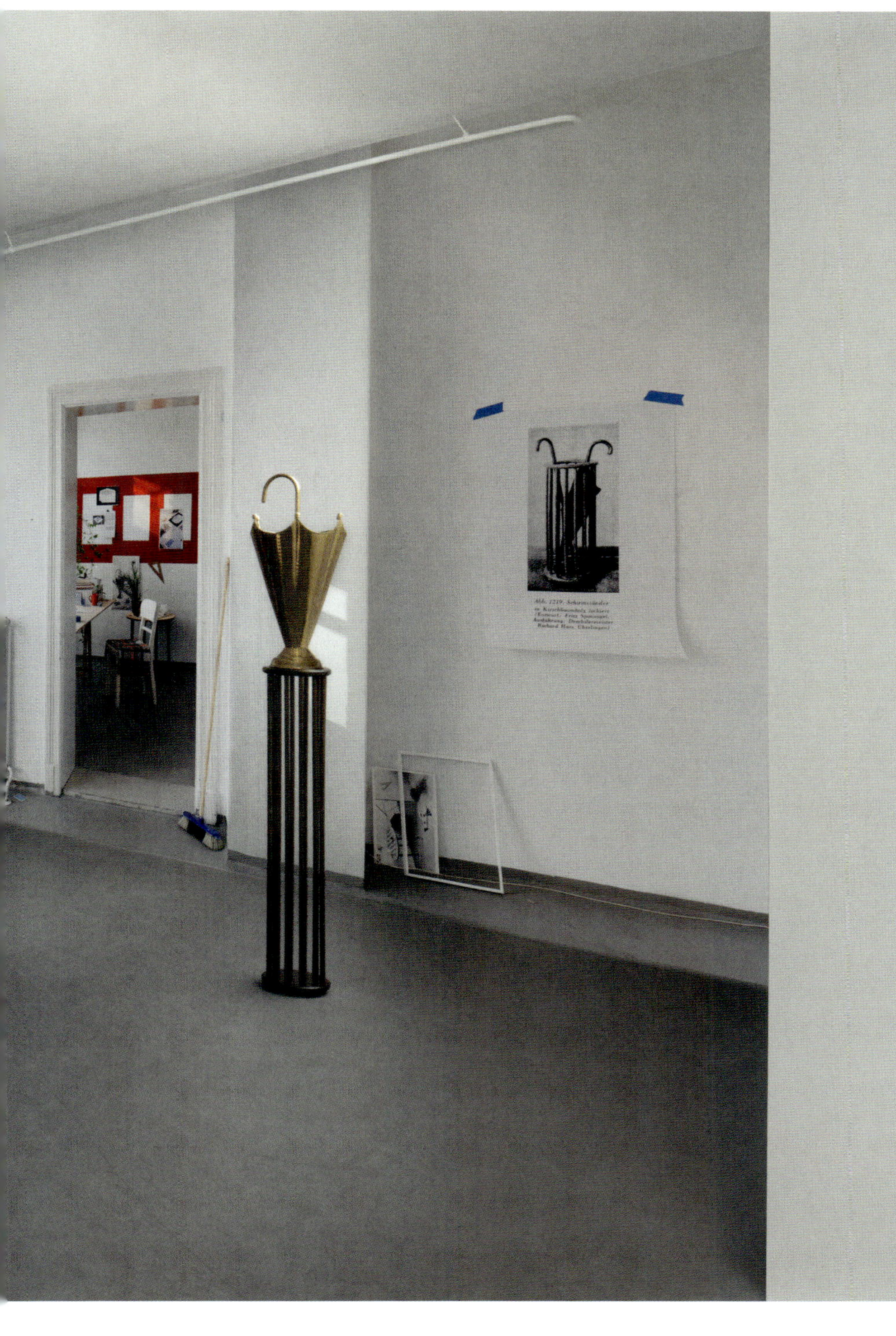

4

e   Nothing is as it seems in Kathrin Sonntag's works. Her photographs, collages, sculptures and films, generally presented in installations, focus on the conditions of perception, observation and recognition. By means of slight shifts and compositional intervention, Sonntag turns everyday objects and situations into stages for subtle ambivalence that repeatedly puzzle and put our perception to the test. In her works the artist focuses on that moment in which irritation creeps into seemingly familiar situations, customary ways of seeing and thinking are happily circumvented and the everyday reveals a magical, sometimes even uncanny potential.

For instance, the slide projection *Blame it on Morandi* (2011) shows shots taken of the artist's studio, whose subtle strangeness makes it clear to the observer—at least on closer inspection—that what he thinks he can see could in fact be very different. A dark spot of paint on the floor, on the table a reproduction of an Edward Weston photograph, an open illustrated book, coins, playing cards—image by image our gaze is directed from left to right over Sonntag's work table, over a collection of carefully arranged objects that makes reference to the tradition of both the still life and the trompe-l'œil. The carefully positioned carafes and vases draw associations with the paintings of the titular Giorgio Morandi, while symbolically charged motifs such as a bitten apple and knocked-over glass can be interpreted as both ordinary occurrences and symbols of transience. Art-historical quotations such as the deceptively genuine-looking *Reverse Side of a Painting* by Flemish artist Cornelius Norbertus Gijsbrechts provide the first indications of the progressively increasing uncertainty regarding that which we see and that which we think we can see.

Mirroring causes spatial confusion; a set square and an egg seem to be standing vertically, as if by magic. The eye constantly tends to succumb to the illusory tricks of a wondrous world of duplications and references. The evocative picture puzzle, which first shrouds and then sharpens perception, leads us to search for clues almost like a detective, with the playful musical accompaniment of the soundtrack that Sonntag composed based on the *Pink Panther* theme tune.

Our gaze is directed over the work table to a pin board with the reproduction of a so-called *impossible figure*. An object that is drawn but cannot be constructed, which refers beyond itself also to the moment in the image sequence when the balancing act between illusion and reality climaxes: the moment when the start and end of the series merge in a clever illusion and the entire sequence forms an impossible loop.

With playful lightness Kathrin Sonntag presents puzzles where reality and illusion merge, provokes the deception and enlightenment of the observer and rips open the gap between what is depicted and how it is depicted.
—*Ute Stuffer*

HELEN VERHOEVEN

1   *A Tragic Taste for Birk Bruski,* 2011
2   *The Second Movement, Acid Girls,* 2011
3   *Stage Disasters,* 2011

d   Von der Gleichzeitigkeit des Ungleichzeitigen erzählen Helen Verhoevens Gemälde; ihr Werk ist ein Multiversum, in dem Vergangenheit und Gegenwart einander durchdringen. In ihren monumentalen Arbeiten, die auf die Tradition der Atelier- und Historienbilder des 19. Jahrhunderts verweisen, choreografiert sie in bühnenartigen Interieurs ein ambivalentes Figurenensemble: Charaktere unterschiedlichster Herkunft und Zeiten. Die Aura dieser Gruppenaufstellungen ist nie ganz geheuer, ob lust- oder leidvoll. Da gibt es Damen und Herren in Abendgarderobe, junge Männer in Uniform, Badenixen und Krankenschwestern, Kleinkinder, Tiere und nackte Gestalten, manche nur schemenhaft angedeutet, Phantome wie aus einem Traum oder Albtraum. Als Gefangene in einem ewigen Wartezimmer hat Verhoeven ihre Protagonisten bezeichnet, unfreiwillig eingefroren in ihrer Koexistenz und sozialen Rolle. Insofern sind diese Genrebilder immer zugleich auch Allegorie, Metapher gesellschaftlicher Verhältnisse.

Das Werk der Niederländerin speist sich aus einem medialen Reservoir, dessen unbegrenzte Verfügbarkeit ihr den Zugriff auf kunsthistorische Vorbilder, Filmstills, Zeitungs- und Familienfotos ermöglicht. Verhoevens piktoraler Kosmos stimuliert das kollektive Gedächtnis und ist doch in letzter Konsequenz ein ganz persönliches Statement. Im Salonstil gehängt, zeigt die variable Installation *Paintings* (2010) das Spektrum ihrer Referenzen mit einer überbordenden Fülle kleiner Formate. Darunter sind Repliken ikonografischer Gemälde wie Leonardo da Vincis *Bildnis der Ginevra de' Benci* (1474-1478), Velázquez' *Las Meninas* (1656), Ernst Ludwig Kirchners *Selbstbildnis als Soldat* (1915) oder Otto Dix' *Liegende auf Leopardenfell* (1927), daneben Ausschnitte und Close-ups eigener Gemälde, die in subtil veränderter Form oder Perspektive ihre autonome Eigenart behaupten. Eine ausgebleichte Farbpalette aus Graunuancen und Sepiatönen scheint alle Leinwände mit einer Patina zu überziehen, welche die Arbeiten synchronisiert und ins Zeitlose entrückt.

Das tiefe Verständnis eines Gemäldes – und nichts anderes sind Verhoevens Aneignungen – charakterisiert die Künstlerin selbst als „überwältigend intime Verbindung mit jemandem aus der Vergangenheit". In einer Ära postmoderner Bilderflut und belangloser Remixkultur ist das eine starke These und zugleich ein Angebot an das Publikum. Den fortschreitenden Zersetzungsprozessen und Auflösungserscheinungen unserer Erinnerung setzt Verhoevens Kunst eine substanzielle Bildstrategie entgegen.
—*Kristina Tieke*

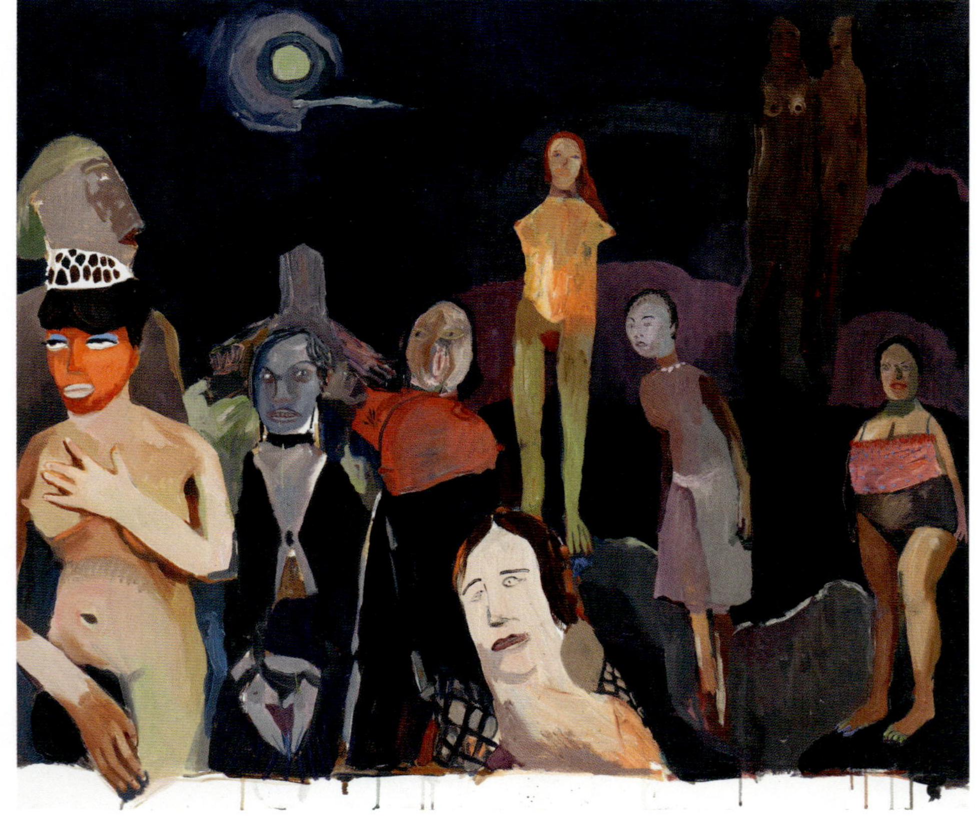

1

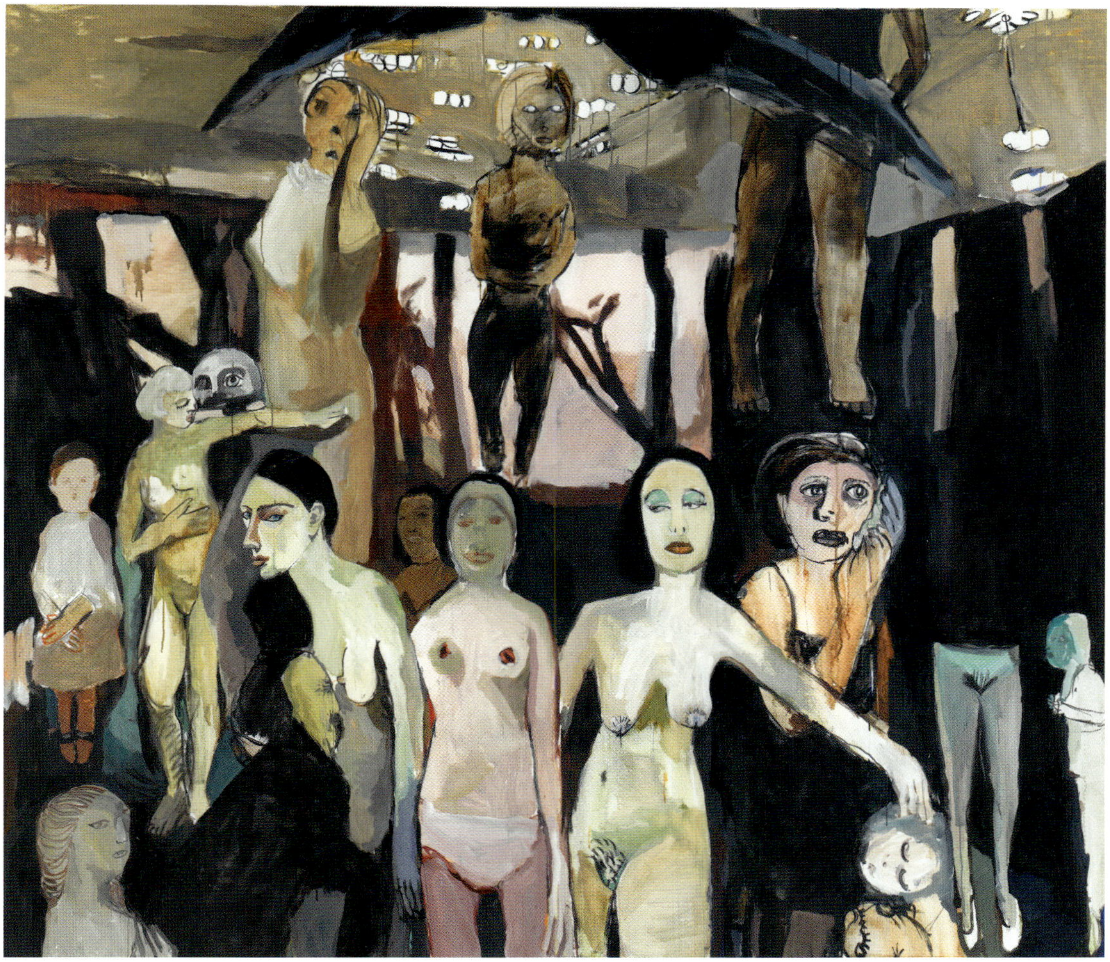

2

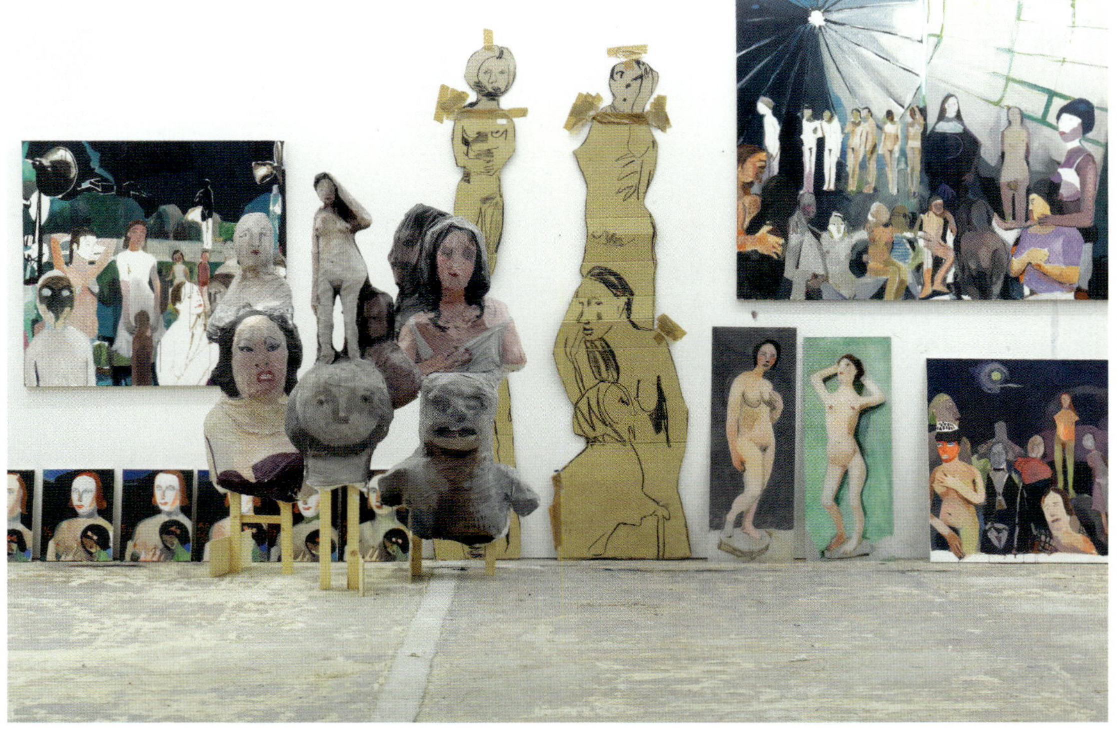

3

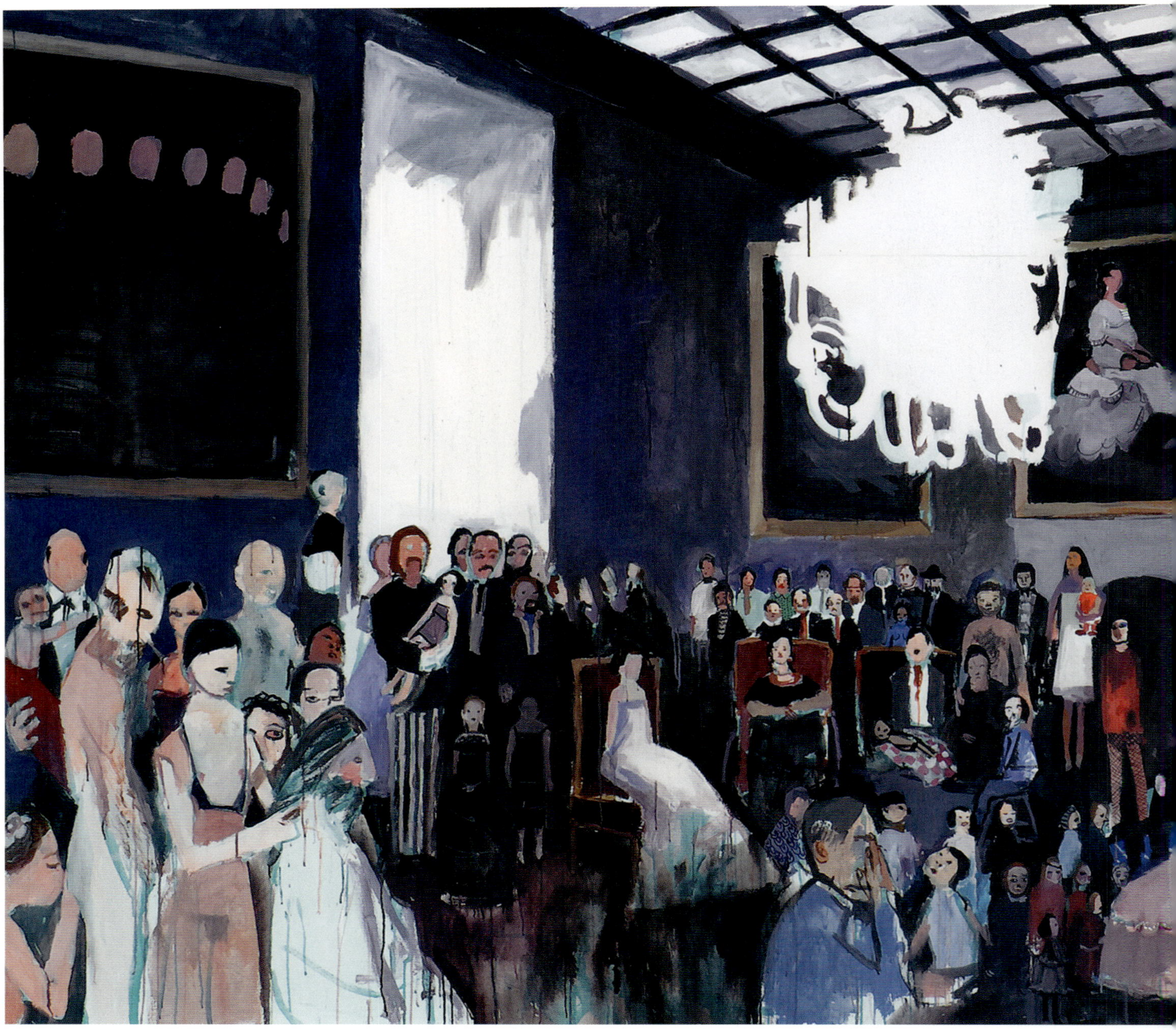

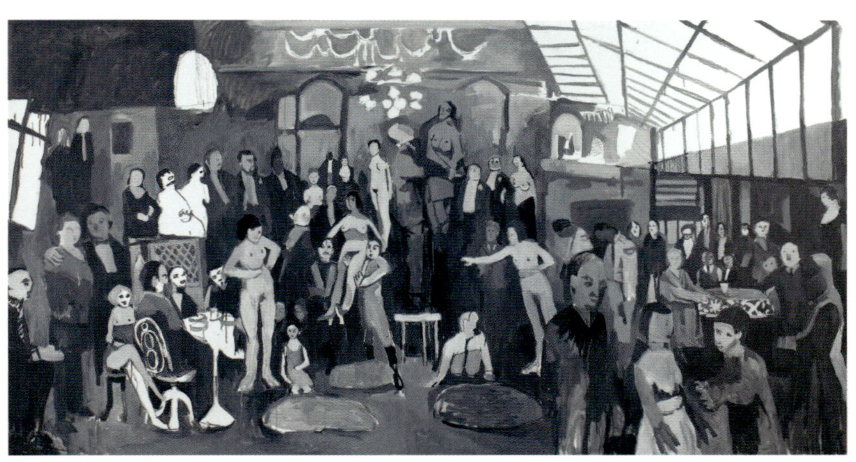

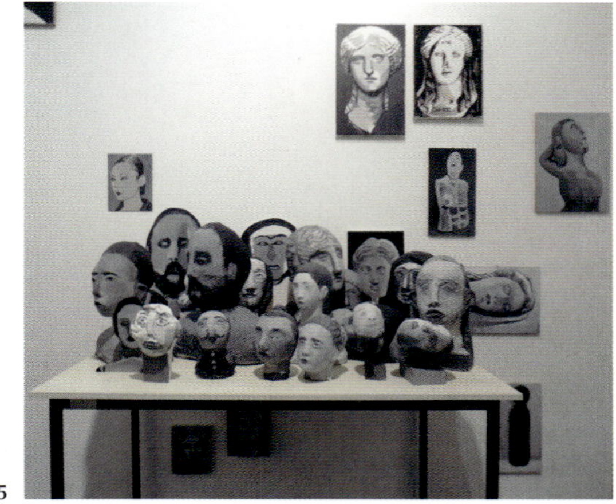

4   *Event One*, 2008
5   *Thingly Character V*, 2010
6   *Heads*, 2010

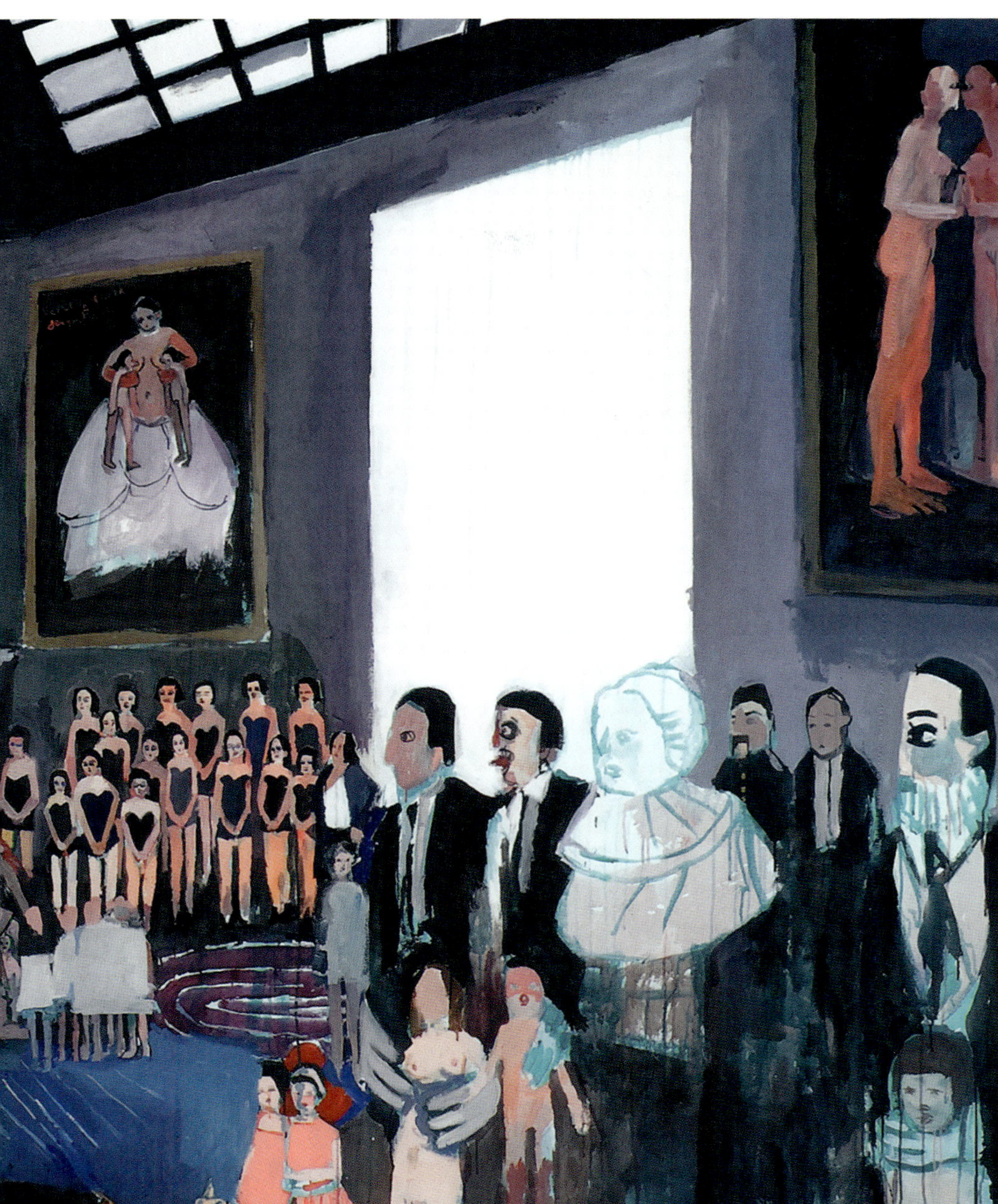

4

e   Helen Verhoeven's paintings tell of the simultaneity of the non-simultaneous; her work is a multiverse, in which past and present permeate each other. In her monumental works, which refer to the tradition of 19th-century studio and historical paintings, she choreographs in stage-like interiors an ambivalent ensemble of figures, characters from all kinds of different places and epochs. The aura of these group compositions is never quite right, whether sensual or sorrowful. There are ladies and gentlemen in evening wear, young men in uniform, beach babes and nurses, small children, animals and naked figures, some only sketchily outlined, phantoms like those from a dream or nightmare. Verhoeven talks of her protagonists as prisoners in a timeless waiting room, involuntarily frozen in their coexistence and social role. As such these genre pictures are always also an allegory, a metaphor of social relationships.

The Dutch artist's work feeds off a media reservoir whose unlimited availability gives her access to art-historical material, film stills, newspaper and family photos. Verhoeven's pictorial cosmos stimulates the collective memory and yet ultimately is a very personal statement. Hung in 'salon' style, the variable installation *Paintings* (2010) shows the spectrum of her references with a huge wealth of small formats. Among them are replicas of iconographic paintings such as Leonardo da Vinci's *Ginevra de' Benci* (1474-1478), Velázquez' *Las Meninas* (1656), Ernst Ludwig Kirchner's *Self-Portrait as a Soldier* (1915) and Otto Dix' *Reclining Woman on Leopard Skin* (1927). Next to them are sections and close-ups of her own paintings, which in a subtly modified form or perspective claim their own autonomous character. A faded color palette of gray and sepia tones seems to cover all the canvases with a patina, synchronizing the works and making them timeless.

The artist herself characterizes the deep understanding of a painting (and this is precisely what Verhoeven's appropriations are) as "an overwhelmingly intimate connection with someone from the past". In a time of postmodern image overload and shallow remix culture this is a strong proposition and moreover an offer to the audience. Verhoeven's art counters the advancing processes and signs of disintegration of our memory with a substantive visual strategy.
–*Kristina Tieke*

JORINDE VOIGT

1 *Piece for Words and Views I, 2012*
2 *Piece for Words and Views III, 2012*

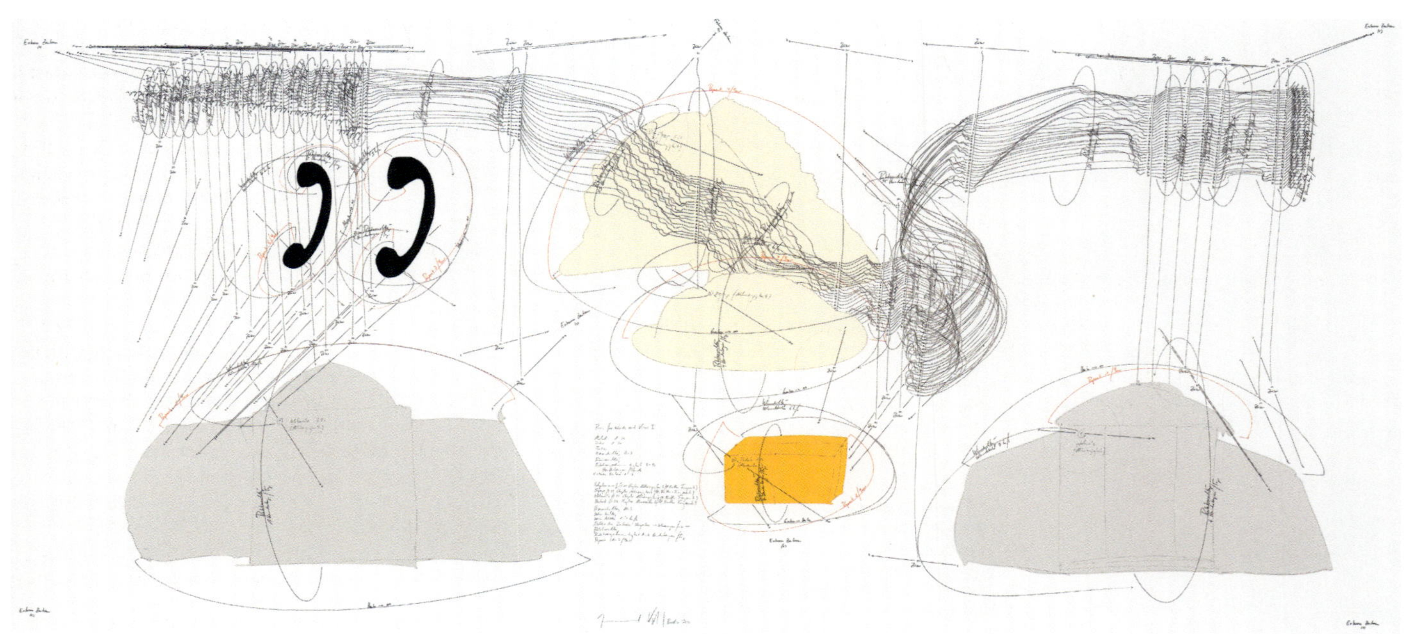

1

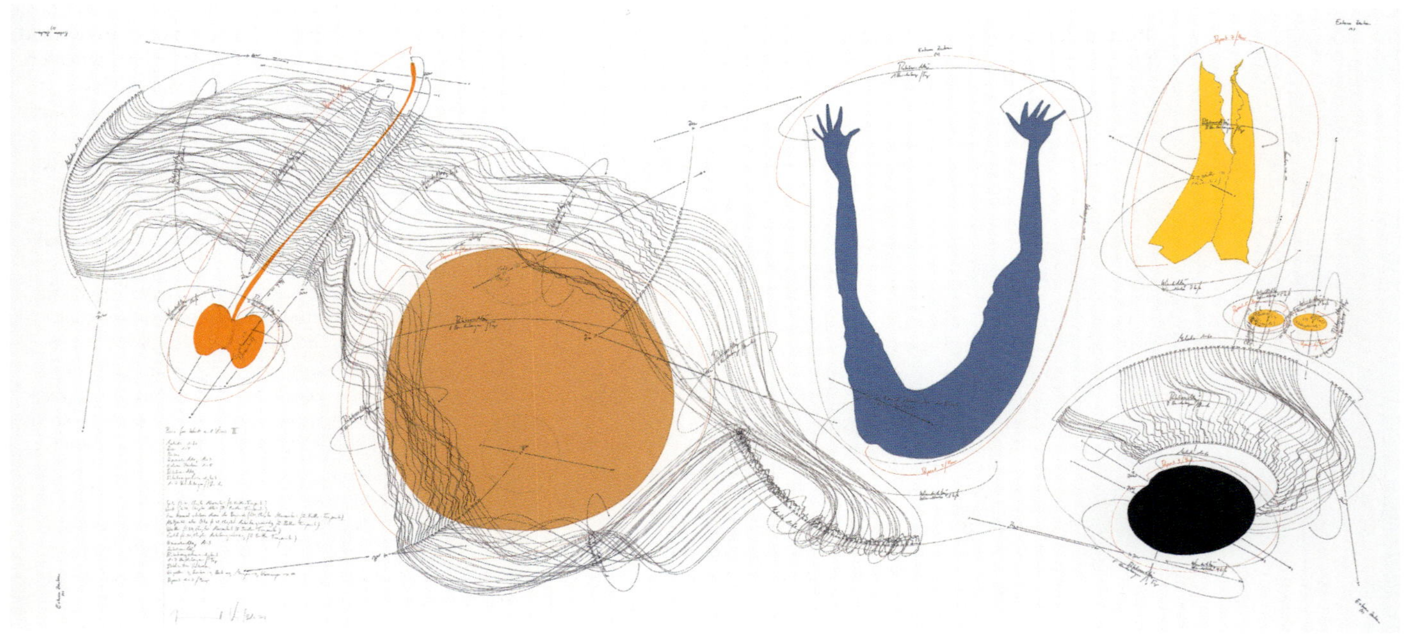

2

d In ihren Zeichnungen entwickelt Jorinde Voigt Kompositionen, die aus der Ferne an Darstellungen von Flugbahnen, Studien über Schwarmbildungen von Vögeln, verzweigte Nervensysteme oder musikalische Partituren erinnern. Unzählige feine Lineaturen formen sich zu dynamischen Strukturen, lassen Bewegungen, Strömungen, Umkehrungen, Turbulenzen und Rhythmen entstehen. Die zumeist großformatigen, seriell aufgebauten Arbeiten entstehen in enger Anbindung an unsere alltägliche Wirklichkeit. Visuelle, akustische, taktile oder olfaktorische Wahrnehmungen werden in Linien, Zahlen und Buchstaben übersetzt. Daten und Informationen verdichten sich in Gestalt von Clustern. Voigts Zeichensysteme sind der Versuch, die Vielzahl der uns umgebenden sicht- und spürbaren Ereignisse in ihrer Gleichzeitigkeit zu erfassen. Der Flug der Vögel, Windböen, Motorengeräusche, Schallwellen, Temperaturverläufe, all das, aus dem unsere Realität zusammengesetzt ist, wird mithilfe von Linien, Pfeilen, Klammern, Plus- und Minuszeichen in ein individuelles Ordnungssystem übertragen. Voigt entwickelt zeichnerische Algorithmen für natürliche wie kulturelle Phänomene, für thermische Bewegungen oder wechselnde Charts der Popmusik. Doch nicht nur die Erfassung und Aneignung der heterogenen Wirklichkeit steht im Mittelpunkt ihrer Kompositionen, sondern ebenso die fiktive Dimension des Vorstellbaren: Temperaturverläufe von 100 bis zu minus 273 Grad Celsius oder Flugkurven von 100 gleichzeitig startenden Adlern durchkreuzen die großformatigen Papierbahnen, Raum und Zeit erhalten utopischen Charakter. Alltägliche Beobachtungen treffen auf fiktive Vorstellungen und setzen Reaktionen in Gang, die sich in einer feingliedrigen Verästelung und Auffächerung der Notationen potenzieren.

So klar und präzise die Zeichnungen sind, so wenig verbinden sie sich zu einem Rapport, der die Welt so darstellt, dass wir unmittelbar verstehen, was in ihr passiert. Sie erinnern an technisch-wissenschaftliche Aufzeichnungsverfahren, die auf dem Prinzip Messung, Berechnung, Systematisierung beruhen, sind jedoch einem höchst eigenständigen Regelwerk unterworfen, dessen Komplexität sich erst nach eingehender Beschäftigung erschließt. Konkrete Referenzebenen werden vor allem über schriftliche Aufzeichnungen in die Zeichnungen übertragen und finden sich in den umfangreichen Titeln der einzelnen Blätter.

In der 36-teiligen Arbeit *Piece for Words and Views I–XXXVI* (2012) kombiniert Jorinde Voigt das zeichnerische Notationsverfahren mit Techniken der Collage. Erstmals bildet die Auseinandersetzung mit Literatur, im Speziellen mit Roland Barthes' *Fragmente einer Sprache der Liebe* (2004), die Grundlage eines Zyklus'. Jedes Blatt vereint unterschiedliche Formationen, die aus farbigem Papier ausgeschnitten und im Anschluss aufgeklebt wurden.

Einige Farbflächen rufen gegenständliche Erinnerungen hervor, bei anderen handelt es sich um amorphe Formationen. Die Fragmente sind bildhafte Assoziationen jener Wörter und beschriebenen Situationen, die sich bei Voigt während des Lesens im Gedächtnis festsetzen. Die imaginierten Formen werden – in Analogie zur japanischen Maltradition – in unterschiedlichen Ansichten ausgeschnitten und im Anschluss mit Wortlaut, Kapitel und Seitenzahl des Buches gekennzeichnet. Eingebettet in schwungvolle Lineaturen mit Vermerk von Windrichtung und -stärke, Rotationsrichtung und -geschwindigkeit, werden die Ausschnitte in imaginäre Bewegungen versetzt sowie räumlich und zeitlich verortet. Dieses Geflecht aus Bezügen und Verknüpfungen wird außerdem mit Klangblöcken unterlegt, in denen jede Linie für eine denkbare Melodie steht.

Im Zentrum von *Piece for Words and Views I–XXXVI* stehen innere Bilder, deren Gestalt sich aus dem Gedächtnis sowie dem Wissen über die Welt formiert und die in neue Strukturen und Erzählungen eingebettet werden.
–Ute Stuffer

e Jorinde Voigt's illustrations present compositions, which, from a distance, could be reminiscent of depictions of flight paths, studies of bird flock formations, ramified nervous systems, or musical scores. She creates infinite filigree linework that transform into dynamic structures, where movements, currents, inversions, turbulence, and rhythms take shape.

The predominantly large-format, serially produced works are closely aligned to our everyday reality. Visual, acoustic, tactile and olfactory perceptions are translated into lines, numbers and letters. Fragments of data and information amass into clusters. Voigt's systems of symbols are an attempt to pin down the plethora of occurrences that we see and experience around us in their simultaneity. Using lines, arrows, brackets, plus and minus symbols, she transforms birds in flight, gusts of wind, roars of engines, sound waves, temperature curves, all of the things that in their combination constitute our reality, into a unique classification system. Voigt developments illustrative algorithms for both natural and cultural phenomena, for thermal movements and for the ever-changing Pop music charts. Yet her compositions do not concentrate exclusively on the acquisition and compilation of our heterogeneous reality, the fictive dimension of the imaginable is just as much a focus: Temperature curves from 100 to minus 273 °C or the flight trajectories of 100 eagles setting off at the same time intersect these large-scale paper webs, space and time become utopian in their character. Everyday observations encounter fictional notions and kick-start responses that aggrandize into a delicate ramification and diversification of these notations.

As clear and precise as Voigt's illustrations are, they do not coalesce to create a harmonious image that depicts the world such that we are immediately enlightened as to what happens in it. They bring technical and scientific recording methods based upon the principles of measurement, calculation and systemization to mind, that are however subject to a highly individual set of rules, whose complexity will only reveal itself upon in-depth examination of the works. Concrete levels of reference are most notably manifest in Voigt's illustrations in the form of written documentation, which finds its place in the extensive titles attributed to the individual pieces.

In her 36-page work *Piece for Words and Views I–XXXVI* (2012), Jorinde Voigt combines these illustrative notation processes with techniques seen in collage. For the first time it was the examination of literature, in particular with Roland Barthes' *Fragments of a language of love* (2004), which provided the basis for such series. Each page presents a combination of different formations which have been cut out from colored paper and then stuck onto the page.

Some of the color planes evoke concrete recollections, others present rather amorphous formations. These fragments are visual associations with those words and elements of the story that have stuck in Voigt's memory while reading. Analogous to the Japanese painting tradition, the shapes she imagines are cut out such that they display different views, and subsequently earmarked with the text, chapter and page number of the book. Embedded in the sweeping linework with a note of the direction and strength of the wind, the direction and speed of rotation, these cutouts are set in illusory movement and held in both place and time. In addition, this nexus of references and connections is accentuated with blocks of sound in which each line corresponds to a possible melody.

A key focus of Voigt's *Piece for Words and Views I–XXXVI* constitute internal images. Their shapes are formed from memory and the knowledge about the world, translated into new structures and stories.
–Ute Stuffer

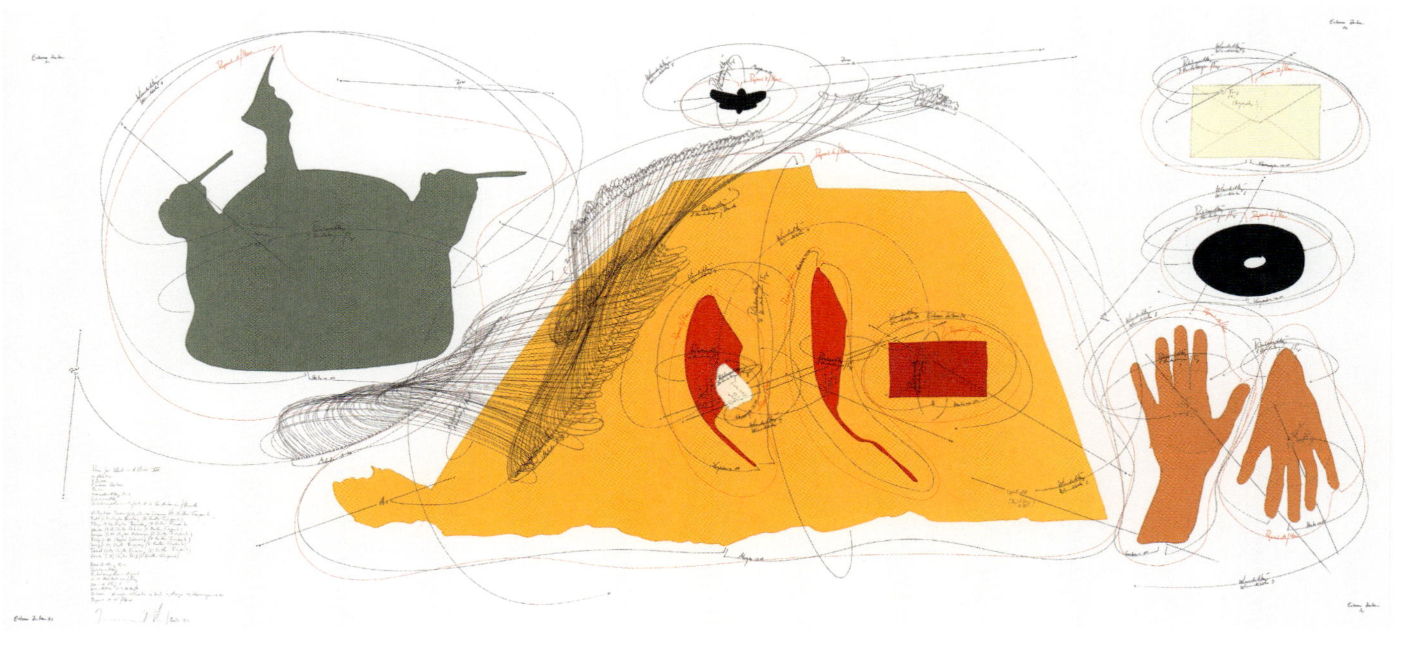

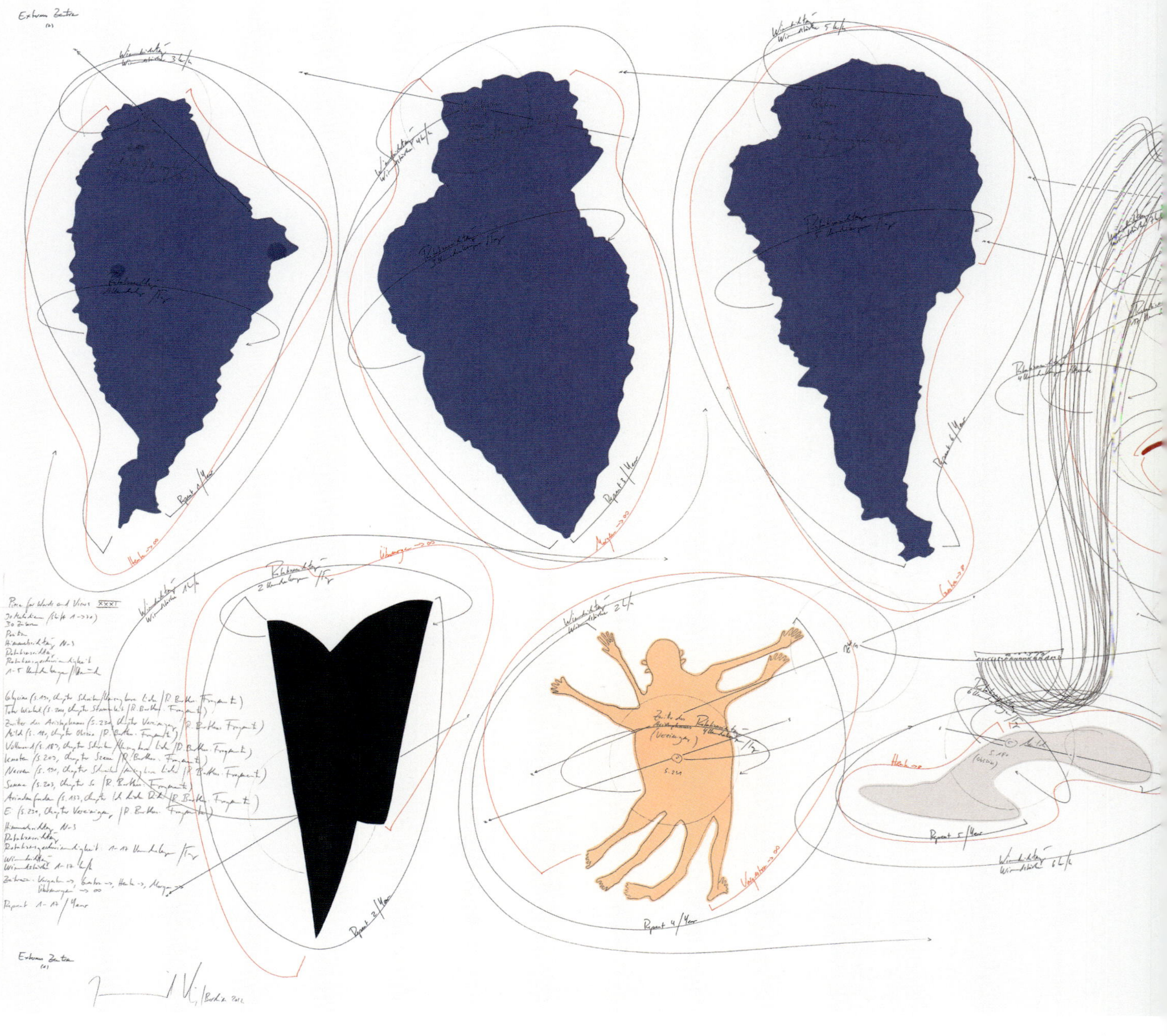

3 *Piece for Words and Views XIV, 2012*
4 *Piece for Words and Views XXXI, 2012*

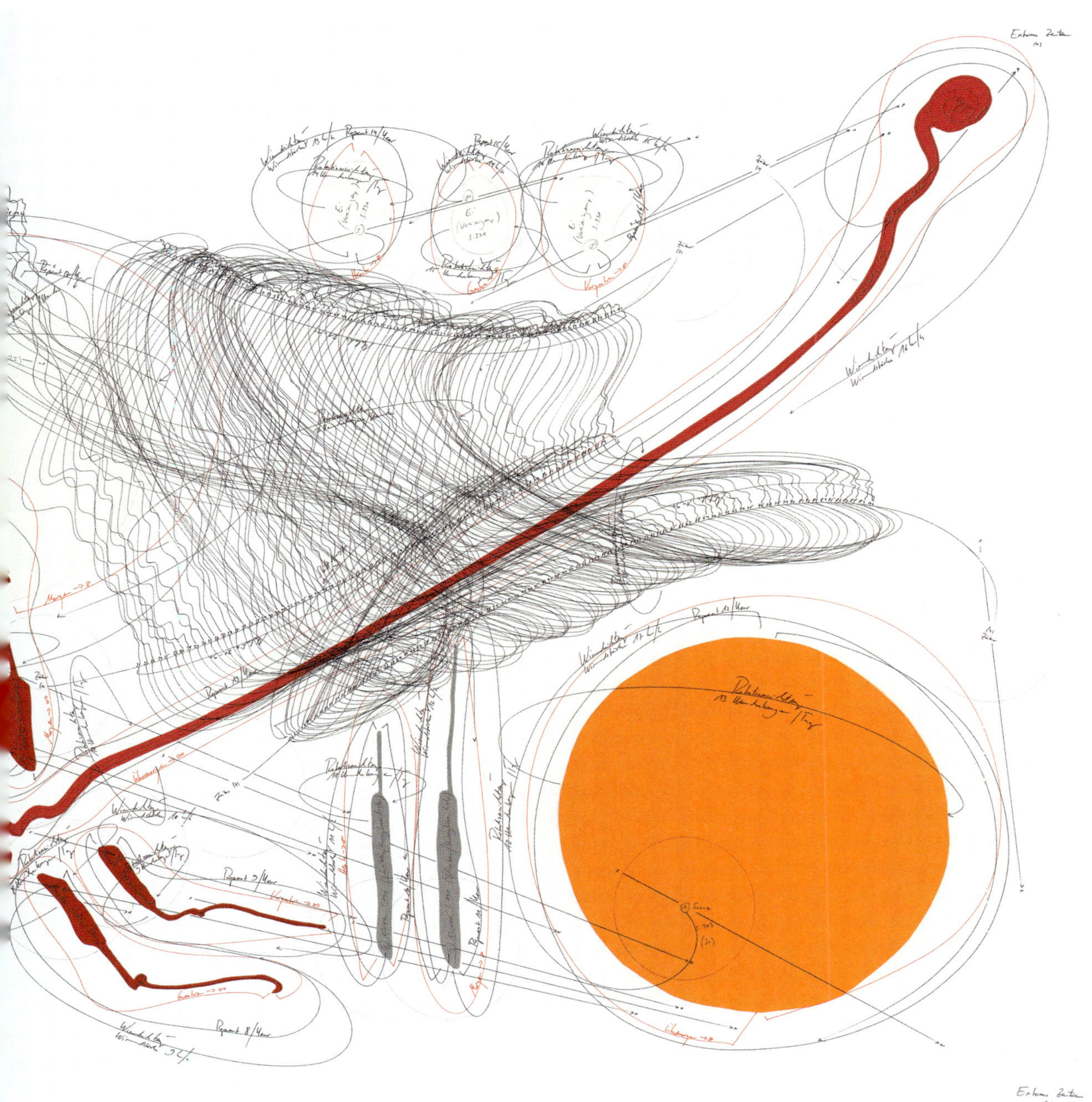

ULLA VON BRANDENBURG

1 *Spectre 4 (Ghost)*, 2008
2 *Kulisy*, 2010 (Detail)

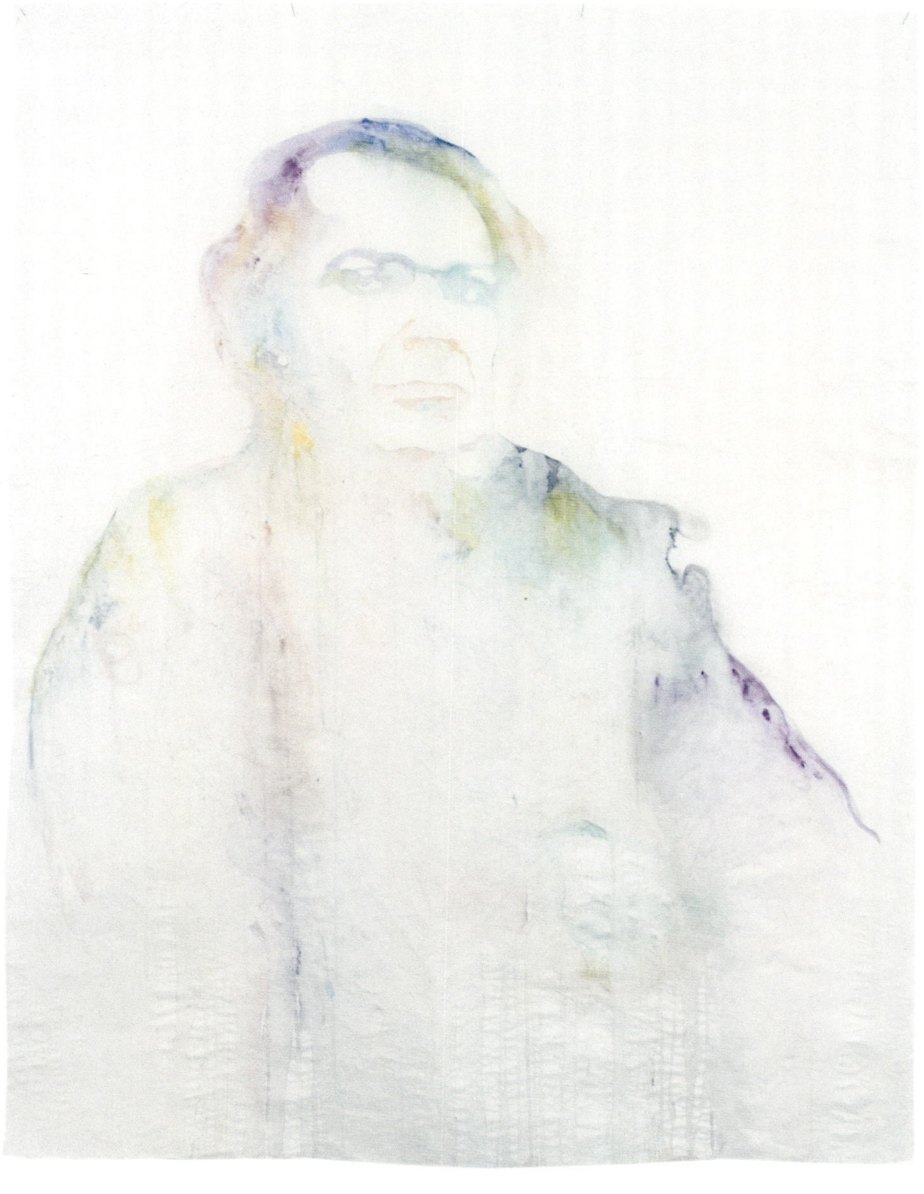

1

d   In *Kulisy* (2010) verdichtet Ulla von Brandenburg ein in vielen Hinsichten für ihr künstlerisches Schaffen bedeutsames Motiv: Theatervorhänge verschiedener Farbigkeit und unterschiedlichen Alters fächern sich, durchsetzt von Seilen, hintereinander zu einer, wie es der Titel bedeutet, Kulisse auf und erwecken den Eindruck räumlicher Tiefe. Als Schwelle weist der Vorhang, ähnlich einer Tür, auf das hinter ihm Liegende, das er verdeckt und noch hinauszögert. Voneinander getrennt und doch in unmittelbarer Nähe liegen zwei Räume oder Welten, als deren Grenzlinie sich der Vorhang formiert. Bei von Brandenburg ist der andere Raum einer des Aufführungshaften, die Trennung eine von Schein und Sein, Illusion und Realität. Ihren Arbeiten auf Papier, Wandmalereien, Installationen, Performances und Filmen eignet insofern ein theatrales Moment, als sie selbst wie Bühnen samt Requisiten, wie Kulissen und Prospekte potenzieller, auch innerlicher Darstellungen erscheinen, es selbst sind oder sie abbilden. *Schachtel* (2010) etwa birgt in früheren Arbeiten eingesetzte, nun eng zusammengerollte Stoffbänder, die auf Vergangenes wie Künftiges weisen. Schwellen und Grenzen werden überschritten und verwischt, vor allem zwischen dem Bild- und Ereignishaften. Die Hinwendung der Künstlerin zum Genre der Tableaux vivants meint jene Tradition des Nachstellens berühmter Szenen der Malerei und Bildhauerei, wie sie vor mehr als zwei Jahrhunderten entstand. Eingefrorene Gesten weisen dabei auch auf unser soziales Rollenspiel. Den statischen Charakter dieser Aufführungen verlebendigt der Film durch die Bewegung der Kamera. Dieses Vermögen des Mediums erinnert an seine anfängliche Rezeption im 19. Jahrhundert. Ein Zeitraum, dem sich von Brandenburg als einem der Auseinandersetzung mit dem Unbewussten wie dem Okkulten, Magischen oder Paranormalen als dem Wunsch, Schwellen wie die anderer Bewusstseinsräume zu überschreiten, intensiv zuwendet. Im frontal ausgerichteten Bühnenraum von *The Objects* (2009) durchquert diesen eine einzige Kamerafahrt und nähert sich nach und nach verschwindenden Dingen: Fächer, Vorhang, Buch, Seil, Glaskugel, Schachbrett, Spiegel, Flöte, Oberhemd, Zirkel und ein Glas assoziieren Schauspiel, Zauberei, Wahrsagen, Geister- und Totenbefragung, Gesellschaftsspiel, Geheimgesellschaften. Nicht nur zeichenhaft, symbolisch vermag von Brandenburg dem Geisterhaften Ausdruck zu verleihen, auch im rein Materiellen, wenn sie wie in *Spectre 4 (Ghost)* (2008) ein Aquarell immer wieder in das Nichtsichtbare überführt.

Motive und Themen durchwandern verschiedene Medien und übersetzen sich in diese, die Betrachter eingeschlossen, die etwa in einer räumlichen Inszenierung durch ihr Gehen die Kamerabewegung eines Films vorwegnehmen oder nicht wissen, ob sie vor oder auf einer Bühne stehen. *Kulisy* aber führt sich in seiner Wiederholung selbst auf, als potenzielle Aufführung in einer Aufführung in einer Aufführung in …
—*Kristin Schrader*

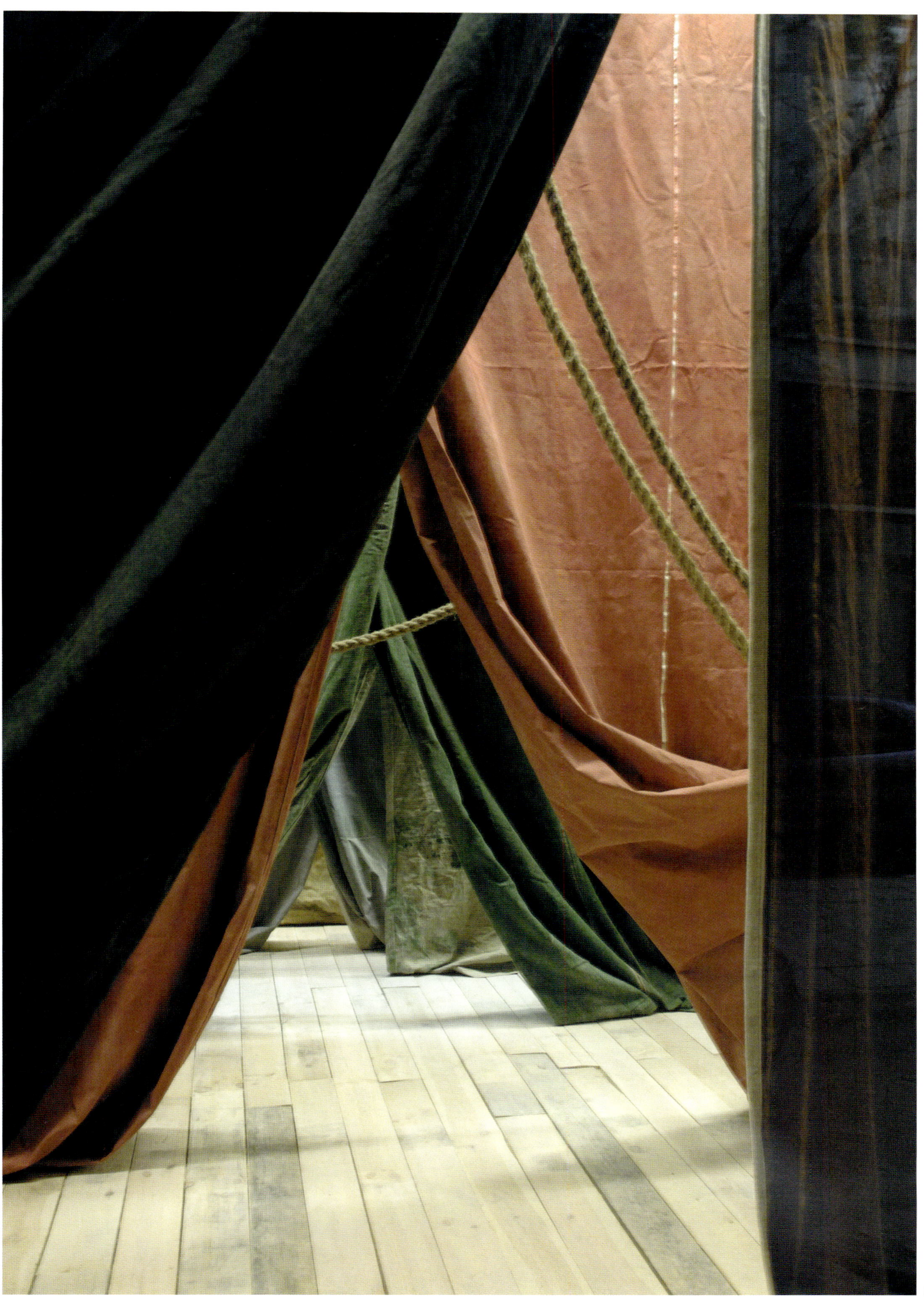

3

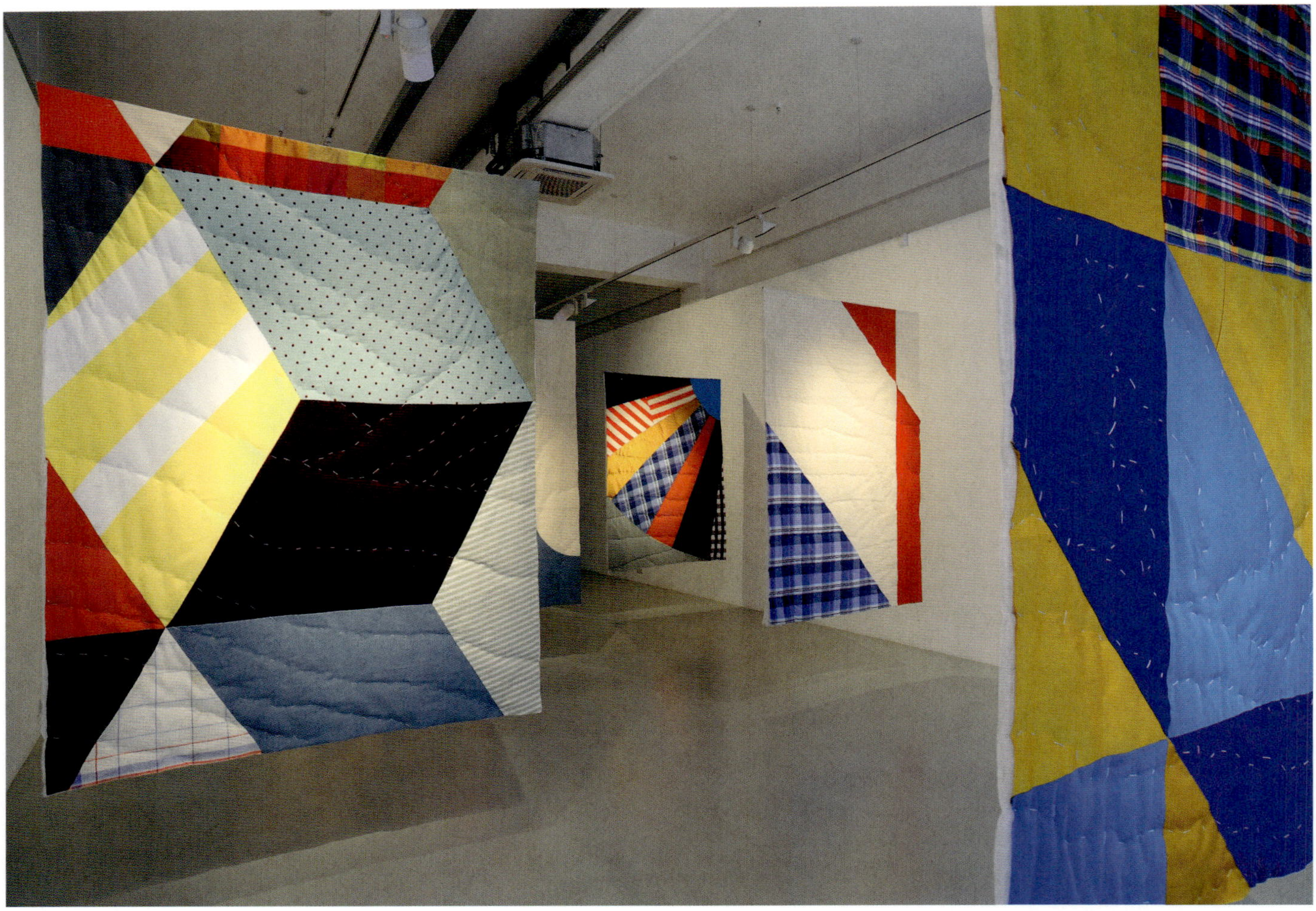

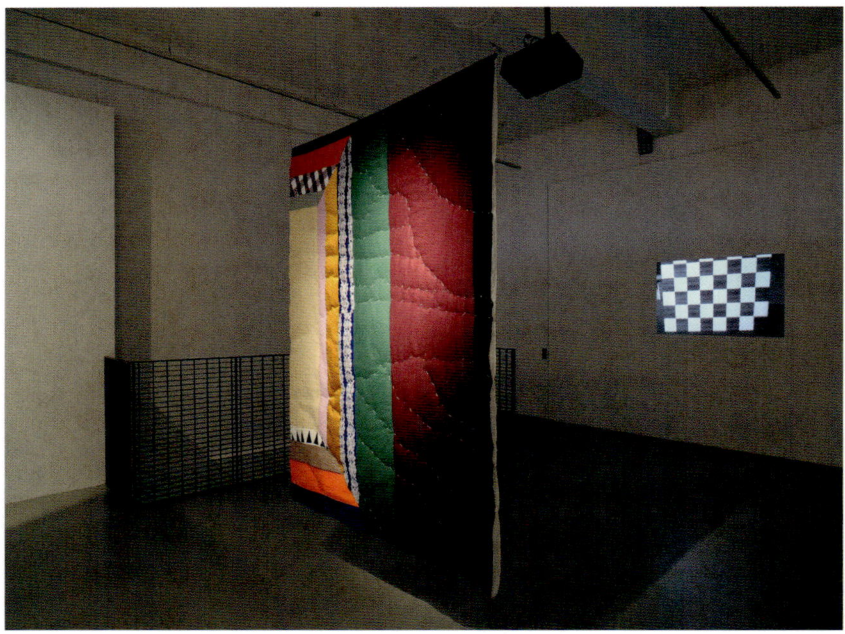

4

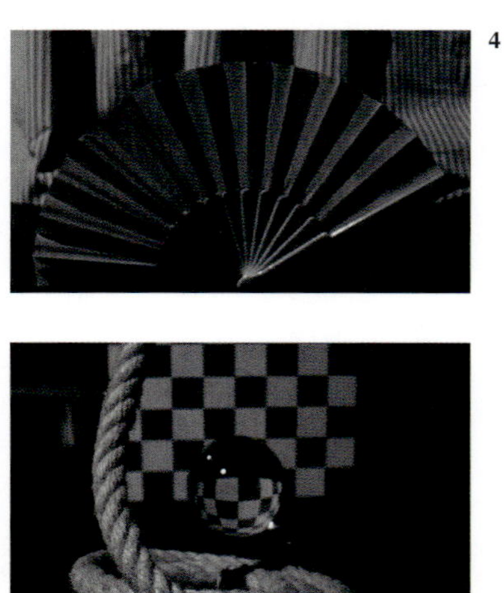

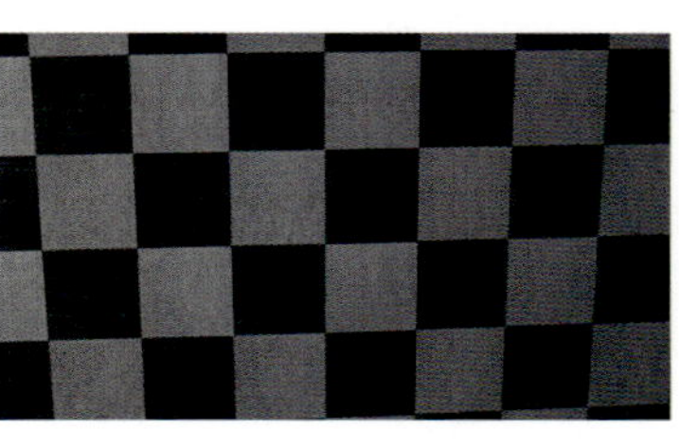

5

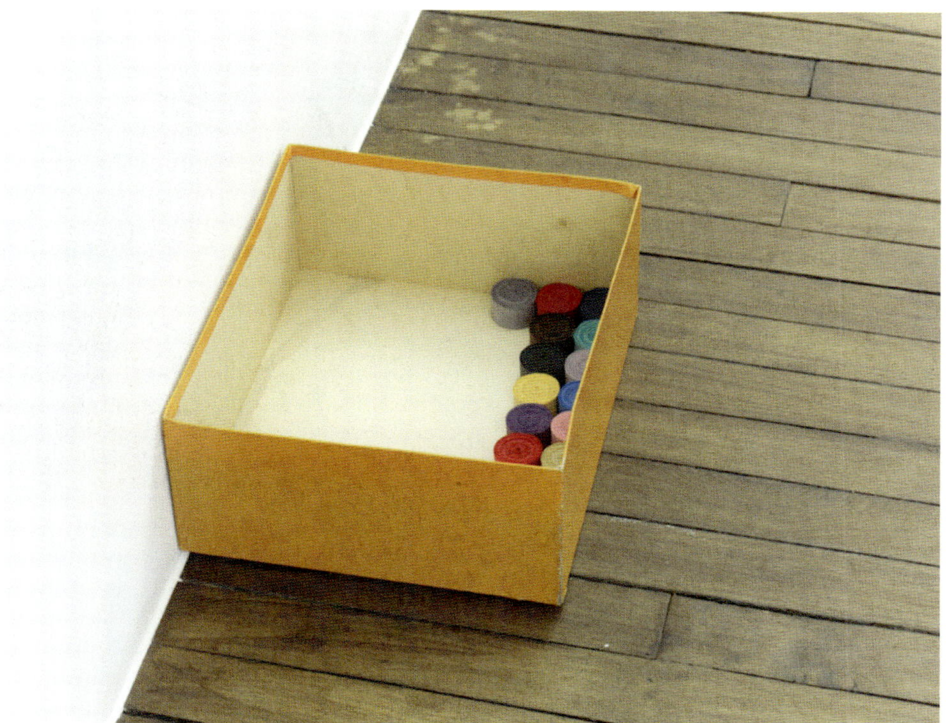

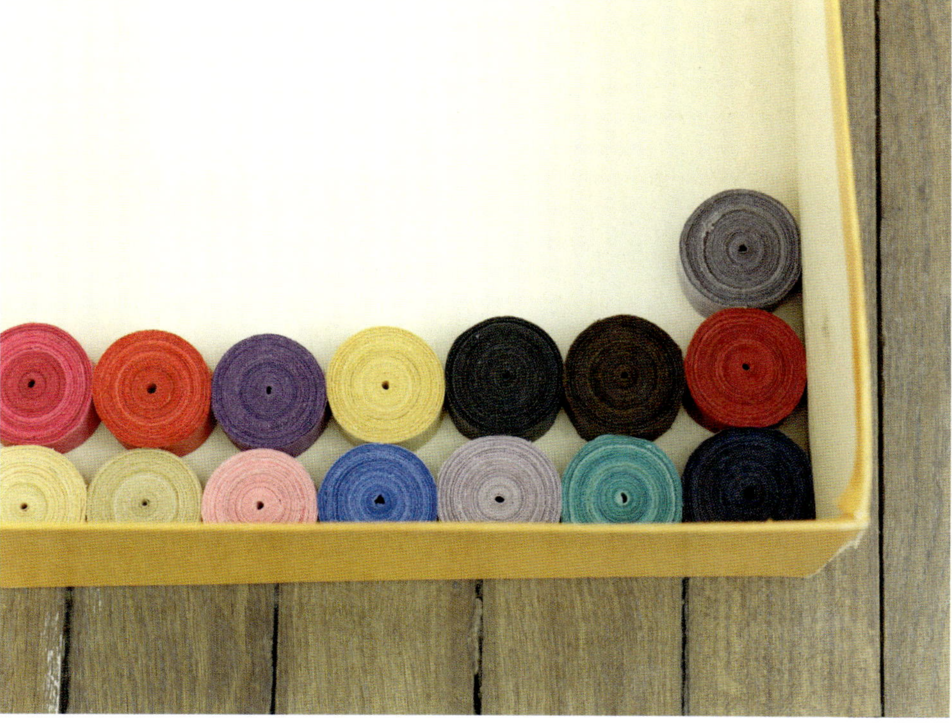

e In *Kulisy* (Setting) (2010) Ulla von Brandenburg finds a condensed form for a motif that in many respects is significant for her artistic work, namely, theater curtains. In different colors and of varying ages, they fan out, intersected by ropes, one behind the other into a stage setting (the title refers to the German word "Kulisse", meaning set) and create the impression of spatial depth. As a threshold the curtain, like a door, points to that which lies behind it, which it conceals and delays. Separate and yet immediately next to each other are two rooms or worlds, the curtain a borderline between them. In von Brandenburg's work the other room is one of performance, the division that between illusion and reality. Her works on paper, murals, installations, performances and films are theatrical insofar as they themselves look like, are or illustrate stages complete with props, stage sets and backdrops of potential, also inner performances. *Schachtel* (Box) (2010), for instance, conceals ribbons used in earlier works, now rolled up tightly, that refer to both the past and future. The artist crosses and blurs thresholds and boundaries, particularly between images and events. Her interest in the genre of the tableaux vivants refers to the tradition of reproducing famous scenes from paintings and sculptures that originate more than two centuries ago. Frozen gestures also point to our social role play. Film animates the static character of these performances through the camera's movements. This ability of the medium calls to mind its initial reception in the 19th century. A time to which von Brandenburg devotes great attention as one of an exploration of the unknown, such as the occult, magical and paranormal, as the desire to cross thresholds such as those into other spaces of consciousness. In *The Objects* (2009), a single camera crosses a frontally oriented stage area and gradually closes in on disappearing objects. A fan, curtain, book, rope, crystal ball, chessboard, mirror, flute, shirt, compass and glass conjure associations with acting, magic, fortunetelling, talking to ghosts and the deceased, games, secret societies. Von Brandenburg lends expression to ghostly aspects not only symbolically, but also in purely material form when, as in *Spectre 4 (Ghost)* (2008), she repeatedly takes a watercolor into the realm of invisibility.

Motifs and themes traverse various media and transform into them, the observers included, who, for instance, in a spatial setting anticipate the camera movement of a film in the path they take or do not know whether they are in front of or actually on a stage. *Kulisy* however, in its repetition, performs itself, as a potential performance in a performance in a performance in …
—*Kristin Schrader*

SUSE WEBER

d   Suse Webers Werke reflektieren Tradition und Macht, symbolische Ordnungen und sozial-gesellschaftliche Strukturen. Sie arbeitet mit Skulptur, Sound, Installation, Film, Theater und Performance. In ihren meist raumgreifenden Installationen entwickelt sie ein spezifisches Zeichensystem, das an die Emblematik von nationalen Symbolen, Elementen aus Vereinsheraldik oder an Wappenzeichen erinnert, aber auch kunsthistorische Zitate und historische und politische Verweise verarbeitet. Die so entstandenen Bildzeichen/Bildbausteine werden in Webers Installationen und Performances zu einem Vokabular, das im Sinne einer individuellen Ikonografie in immer wieder neue Zusammenhänge gestellt und in unterschiedlichen Objekten verarbeitet wird. Zur Herstellung und Konstruktion ihrer Arbeiten nutzt Suse Weber eine Kombination aus industriell vorgefertigten Materialien und Selbsthergestelltem, das durch die handwerkliche Perfektion in die Nähe von massenhaft produzierter Industrieware rückt.

Sie entwirft mit ihren Installationen und Performances einen eigenen Werkbegriff, den sie mit *emblematische Skulptur* bezeichnet. „Sie setzen sich", so schreibt sie in einem unveröffentlichten Text, „aus symbolischen und formalistischen Dimensionen und gesellschaftlichen Dysfunktionen zusammen […], wobei Mechanismen und Konventionen einer Handlung ebenso Material sein können. Ich inszeniere Widerlager, in denen die alltäglichsten Formen der Gesellschaft und der Vergesellschaftung in der ästhetischen Übermarkierung sichtbar werden." Es sind bühnenartige Szenarien, die sie als FORMEL:MARIONETTE bezeichnet und in denen die Künstlerin zu festgelegten Zeiten selbst in Erscheinung tritt. In einem spezifischen, auf die jeweilige Installation bezogenen System agiert Suse Weber mit den Objekten, die als Handlungsträger von ihr als *Marionetten* bezeichnet werden.

Für die Ausstellung *Made in Germany Zwei* hat Suse Weber eine raumgreifende Architektur entwickelt. Es entstehen zwei bühnenartige Räume, die sich auf unterschiedlichen Ebenen um eine neunstufige Treppe spiegeln. Jeweils fünf Dreiecke in rot, schwarz und gelb sind auf den beiden Ebenen in einem Dreieck, eine Perspektive ausbildend, angeordnet. Weber orientiert sich dabei an Bühnenkonstruktionen aus der Renaissance, die die Illusion einer Raumtiefe erzeugen wollten. Anregung bildete eine Zeichnung von Ignazio Danti, die 1583 in Rom entstanden ist.

In dieser *emblematischen Skulptur* werden vier *Marionetten* in fünf geplanten Performances aktiviert. Durch verschiedene Operationen – Wenden, Verschieben, Sortieren und Hinzufügen der Bildzeichen/Bildbausteine – bilden sich bestimmte „rhetorische Figuren", die die Installation durch die jeweils unterschiedlichen Choreografien der Performances immer wieder verändern werden.
—*Gabriele Sand*

e   Suse Weber's works reflect tradition and power, symbolic orders and social structures. She works with sculpture, sound, installation, film, theater and performance. In her generally space-consuming installations she develops a specific system of symbols reminiscent of the emblematics of national symbols, elements from society heraldry or of blazonry, but which also has art-historical, historical and political connotations. The resulting image symbols/components form a vocabulary in Weber's installations and performances that, in the sense of an individual iconography, the artist places in ever new contexts and uses in various objects. To make and construct her pieces, Suse Weber uses a combination of industrially prefabricated materials and homemade components, whose handcrafted perfection aligns them with mass-produced industrial goods.

With her installations and performances she creates her own work concept, which she terms *emblematic sculpture*. "They consist," she wrote in an unpublished essay, "of symbolic and formalistic dimensions and social dysfunctions […], although mechanisms and conventions of an action may also serve as material. I create buttresses, in which you can see the most quotidian forms of society and socialization in the aesthetic overmarking." These are stage-like scenarios, which she terms FORMULA:MARIONETTE and in which the artist herself appears at fixed times. In a framework specifically related to the respective installation, Suse Weber engages with the objects, which, as actors, she calls *marionettes*.

For this exhibition Suse Weber has conceived a space-consuming structure. It features two stage-like spaces that reflect each other at the top and bottom of a set of nine steps. Five triangles in each of the colors red, black and yellow are arranged in a triangle shape on the two levels, forming a perspective. Here Weber drew inspiration from Renaissance stage sets that sought to create the illusion of spatial depth. A particular point of reference was a drawing by Ignazio Danti, produced in Rome in 1583.

In this *emblematic sculpture* four *marionettes* are used in five planned performances. Various actions – turning, moving, sorting and adding to the image symbols/components – lead to the formation of certain "rhetorical figures", which will repeatedly change the installation by way of the various performance choreographies.
—*Gabriele Sand*

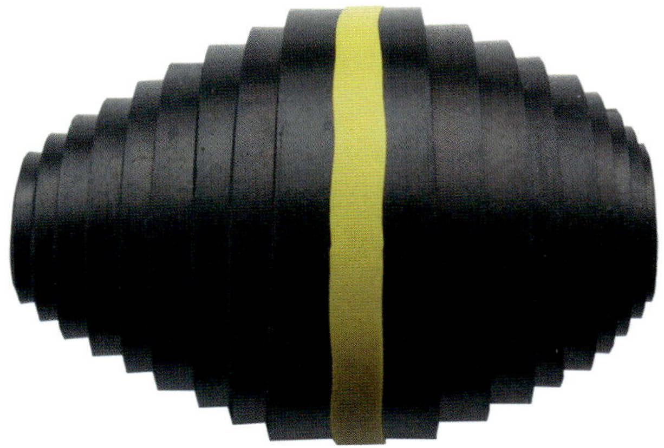

Gummiperle

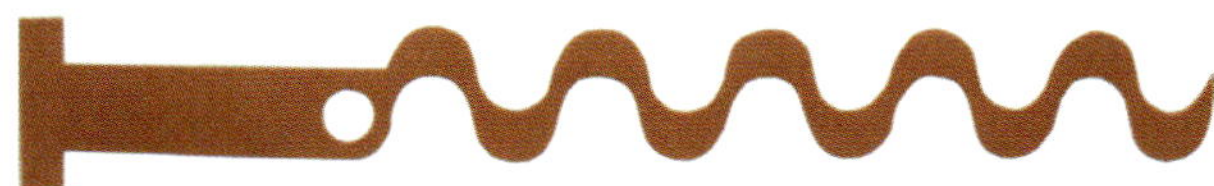

Gummilocke

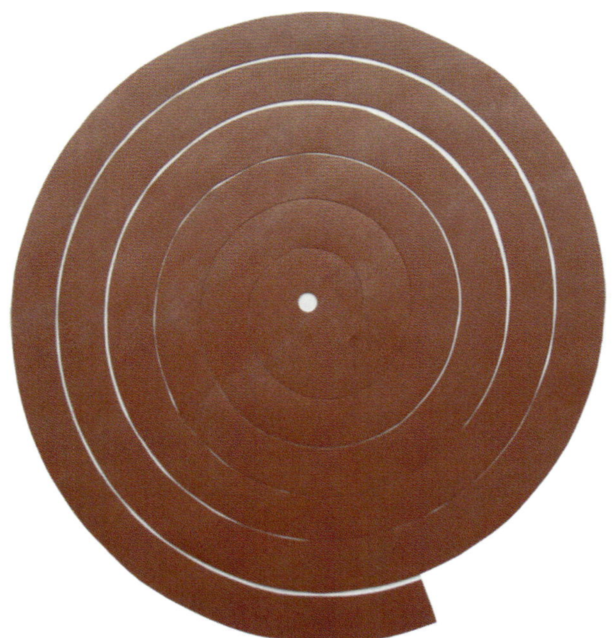

Gummispirale

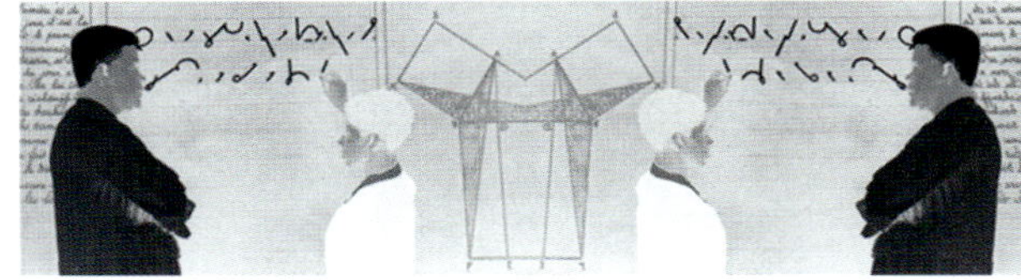

Überlegung 1 und 2

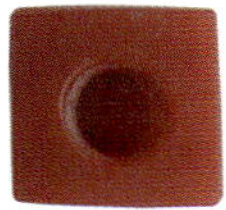

Perlen

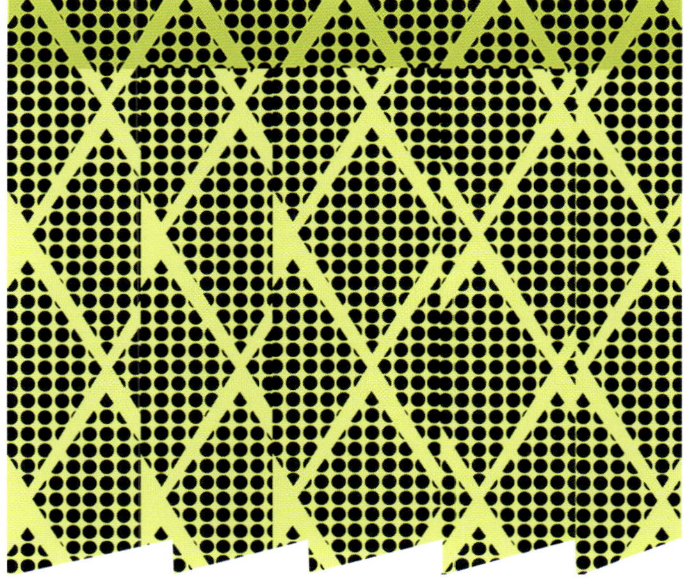

Textilelement

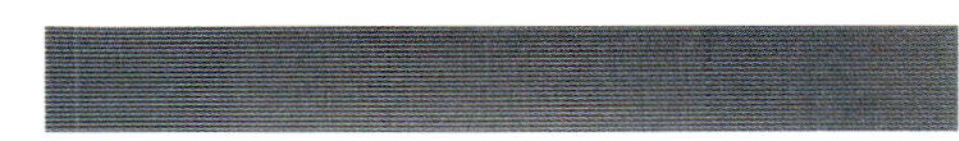

Gummistreifen silbergrau

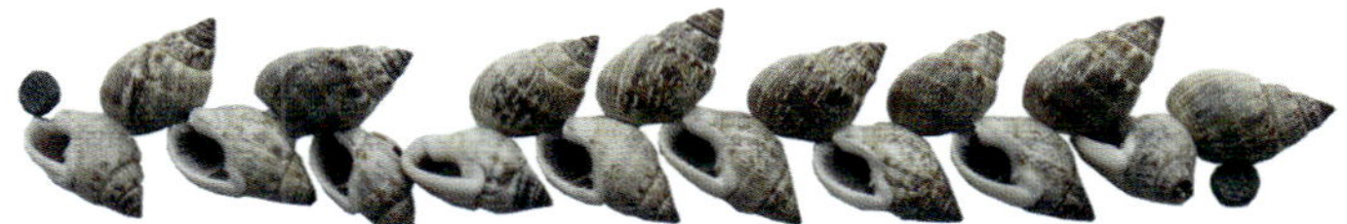

Biospirale

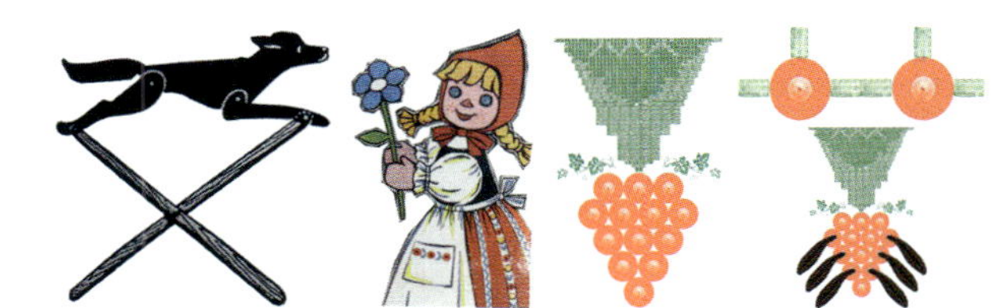

Tatsache 1

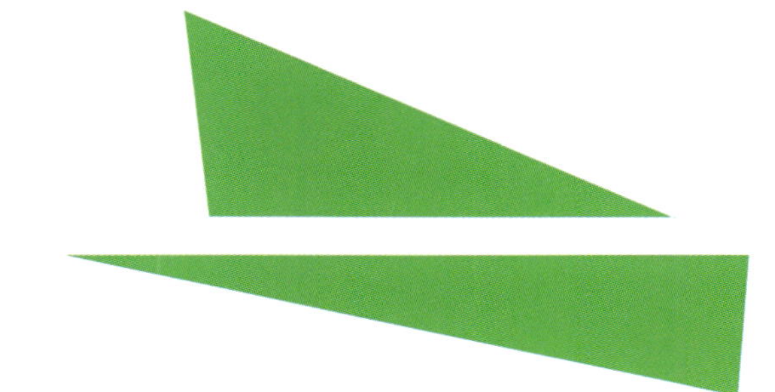

Dreiecke grün

Ausgangsbild **Formel:Marionette-Hannover**, Sprengel Museum 2012

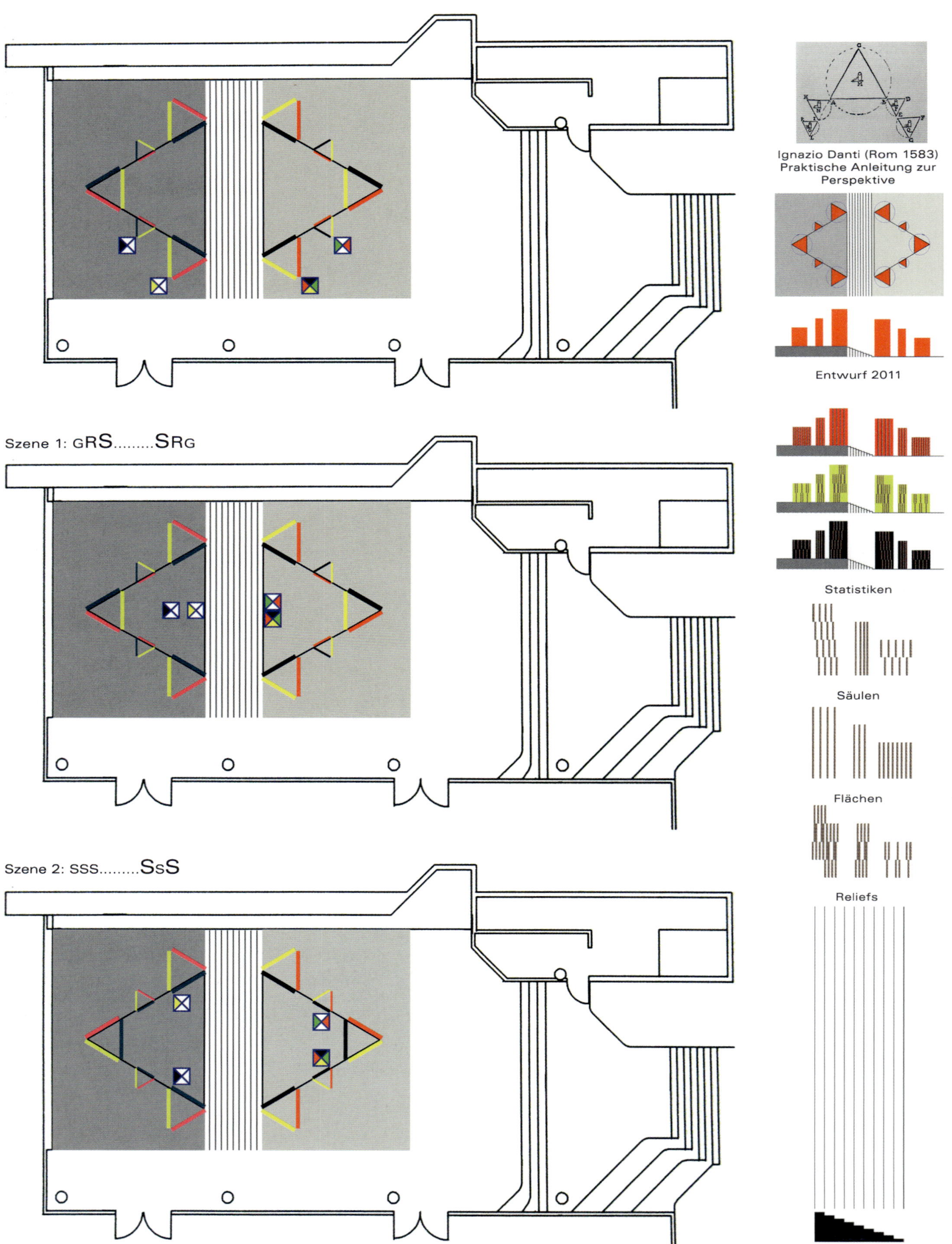

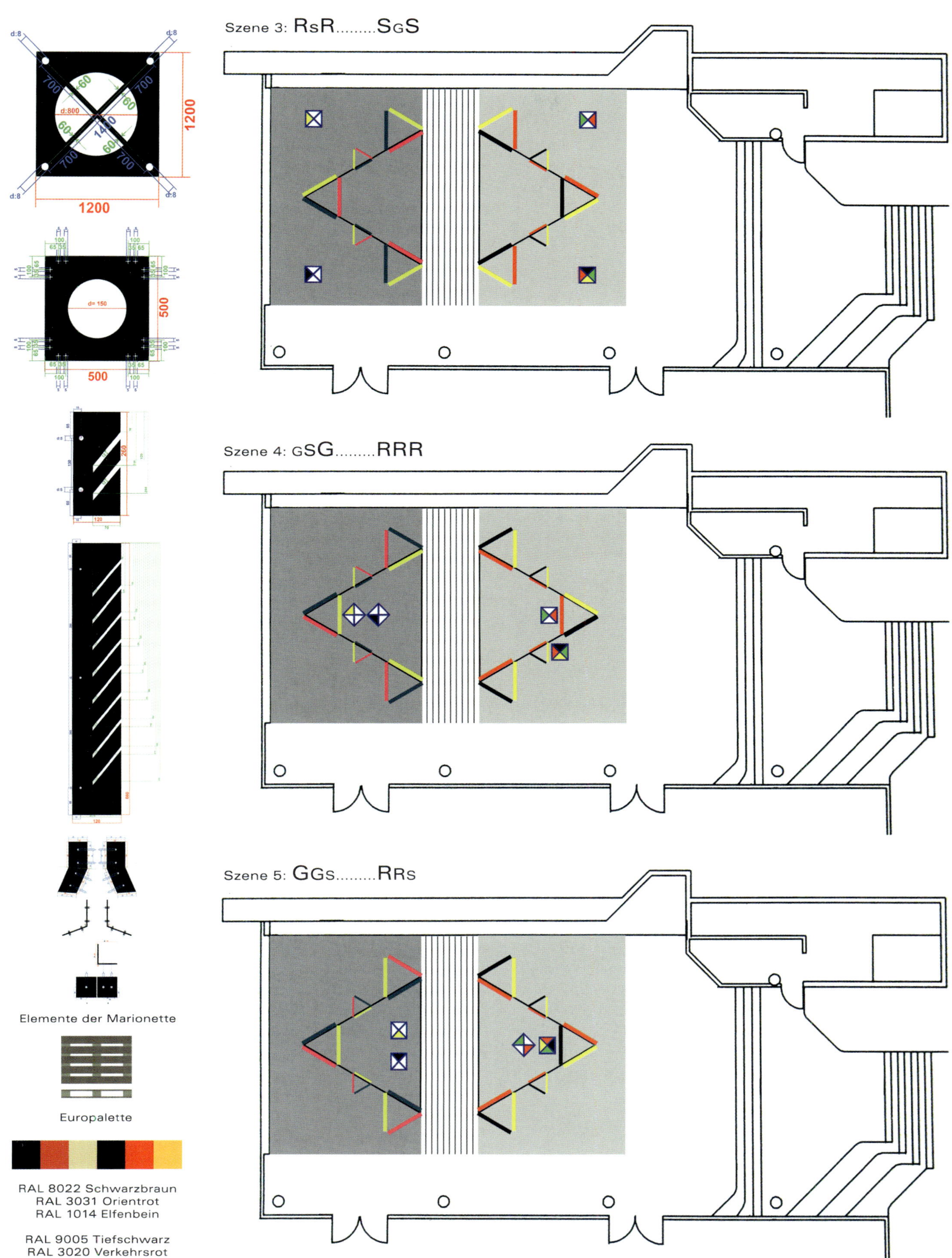
Szene 3: RsR.........SGS
Szene 4: GSG.........RRR
Szene 5: GGs.........RRs
d:8
700
60
60
d:800
140
700
700
60
60
700
1200
1200
d:8
d:8
d:8
100
65 65
d= 150
500
65 65
100
500
260
120
Elemente der Marionette
Europalette
RAL 8022 Schwarzbraun
RAL 3031 Orientrot
RAL 1014 Elfenbein
RAL 9005 Tiefschwarz
RAL 3020 Verkehrsrot
RAL 1021 Rapsgelb

SUSANNE M. WINTERLING

1 *Ohne Titel/Untitled (Angel: I don't recall going together to the cinema in the evening. Still I heard Ancient Indians calling: Trust neither horse, nor modernity),* 2012
2 *Ohne Titel/Untitled (notebook),* 2010/2011
3 *Film General (Körperlichkeit des Druckes),* 2012
4 *peppermint for polke,* 2011

d   In ihren Filmen, Fotografien, Collagen und Installationen beschäftigt sich Susanne M. Winterling mit der Repräsentation von Realitäten. Vorherrschende modernistische Ideen, geschlechterspezifische Machtstrukturen oder hierarchische Geschichtsschreibungen werden in ihren Arbeiten mit einem Blick für das Unterdrückte untersucht und auf ihre Gültigkeit überprüft. Dabei stehen immer wieder bedeutende, aber im allgemeinen Geschichtsbewusstsein weniger bekannte Personen im Zentrum, wie etwa die Architektin Eileen Gray in der Installation *Eileen Gray, The Jewel and Troubled Water* (2008) in den Garderoben der Neuen Nationalgalerie in Berlin. In einem komplexen Geflecht von Verweisen zwischen den verschiedenen Werkkonzepten von Gray, Le Corbusier und Mies van der Rohe reflektiert und enthüllt die Künstlerin Fehlstellen der modernistischen Architekturgeschichte. Deutlich wird an dieser Arbeit das orts- und kontextspezifische Vorgehen Winterlings, deren Installationen sich oft sowohl räumlich als auch inhaltlich auf die vorgefundene Architektur beziehen. Dabei sind es minimale Gesten der Anordnung und Struktur von zum Beispiel Spiegeln, Spiegelsäulen, herabhängenden Stoffen oder Wandfarbe, die auf die Architektur reagieren und damit den funktionalen Raum in eine deutlicher spürbare, physische Erfahrung für den Betrachter verwandeln.

Die Wirkungskraft des Haptischen, Körperlichen und Persönlichen spielt eine bedeutende Rolle in Winterlings Werk, deren Arbeiten von einer Faszination der Bildung und Findung menschlicher Identität sprechen. Häufig fließen biografische Momente und Gegenstände ein, wie Winterlings Liebe zu Pferden oder das Erforschen des eigenen Nachnamens. Die von der Künstlerin gefilmten, fotografierten oder präsentierten Objekte bleiben nie kühl oder unpersönlich, sondern wirken in ihrer gewollten Subjektivität über Gebrauchsspuren, ihren individuellen Charakter, die sorgfältige Inszenierung wie belebt. Ihr Ergreifen, Fassen, Fühlen scheint immer mitpräsentiert, mitgedacht zu sein, so dass der Betrachter eigene Erinnerungen und Empfindungen mit ihnen in Beziehung bringen kann. Besonders deutlich wird dies in einer Reihe neuer Collagen von Winterling, die sich Gesten der Hommage oder des Gebens bedienen. Kleinere Objekte wie ein Parfumfläschchen oder glitzerndes Geschenkpapier sind auf Fotopapier angebracht, dessen drei lichtempfindliche Farbschichten die Künstlerin unter Einbezug von Tageslicht zu individuellen Monochromen herausfordert. In der Arbeit *peppermint for polke* (2011) sind es Pfefferminzdrops, die auf die aus Punkterastern bestehenden Bilder Sigmar Polkes verweisen. Als intensiv riechende Bonbons eigentlich zum Essen bestimmt, schaffen sie eine Brücke zwischen Riechen und Sehen, Assoziieren und Wahrnehmen – wie auch zwischen Präzision von Abbild und Vergänglichkeit von Materie.

Ein ebenfalls wiederkehrendes Motiv in Winterlings Arbeiten ist das Ausloten der Grenzen des jeweiligen von ihr eingesetzten Mediums. So verweisen auch die Collagen, in denen das Fotopapier – dessen Farbe durch Licht und Zeit bestimmt wurde – zum Träger eines Objekts anstelle eines Bildes wird, auf die Technik der analogen Fotografie und deren langsames Verschwinden. In ihren 16-mm-Filmen fängt die Künstlerin inszenierte alltägliche Gesten oder sich bewegende Objekte so ein, dass diese über die haptische Qualität des Films und über die sensible Präsentation als realgroße Darstellungen des Gefilmten in einen gleichberechtigten Dialog mit den im Raum vorhandenen Gegenständen treten. So scheint der bunte Kreisel in dem Film *Untitled (Kreisel)* (2012) zum Anfassen einzuladen. Auch sein dunkles Gegenstück, das nur durch Licht und Bewegung als Objekt zu erkennen ist, wird seine Drehbewegung im Film-Loop nie beenden, und doch scheint gerade dieses, schwarz schimmernd sich mit der Tiefe des Filmraums vereinend, in der Bewegung erstarrt. Es sind präzise Einzel-Porträts, die Winterling in ihren Installationen zueinander in Beziehung setzt und mit denen sie Möglichkeiten sowie Grenzen von Repräsentation aufzeigt.
—Antonia Lotz

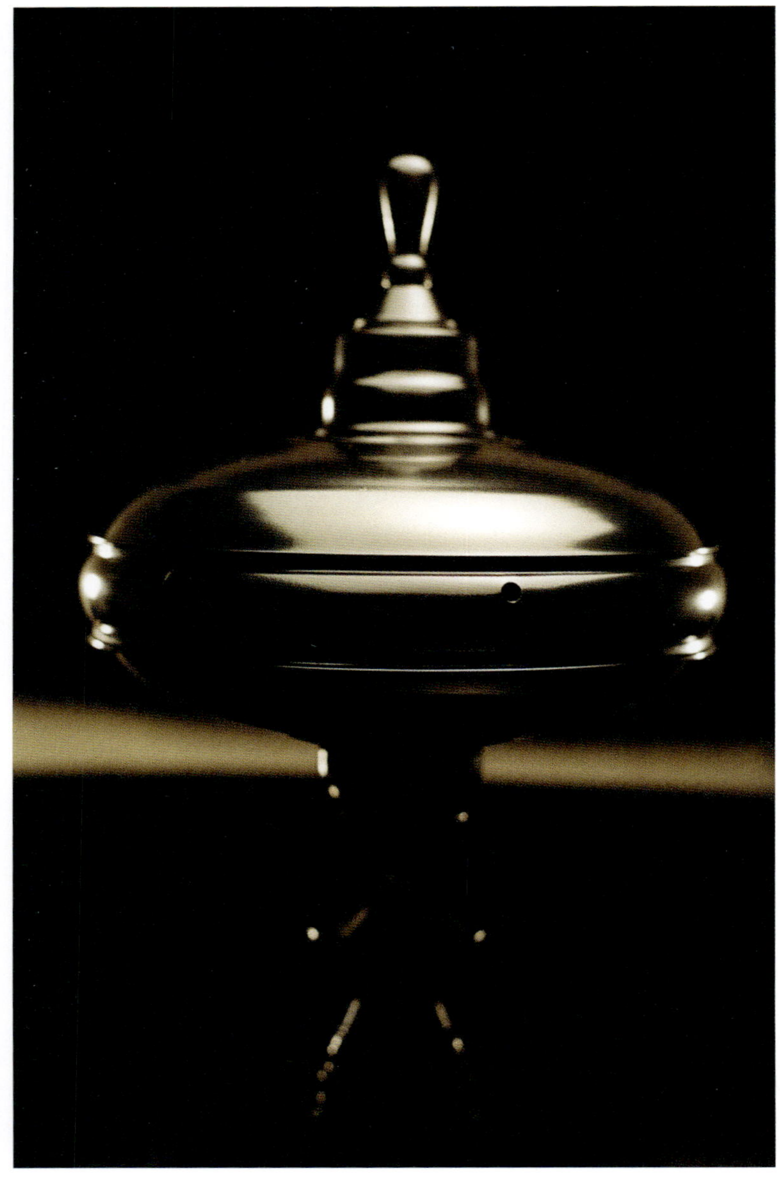

1

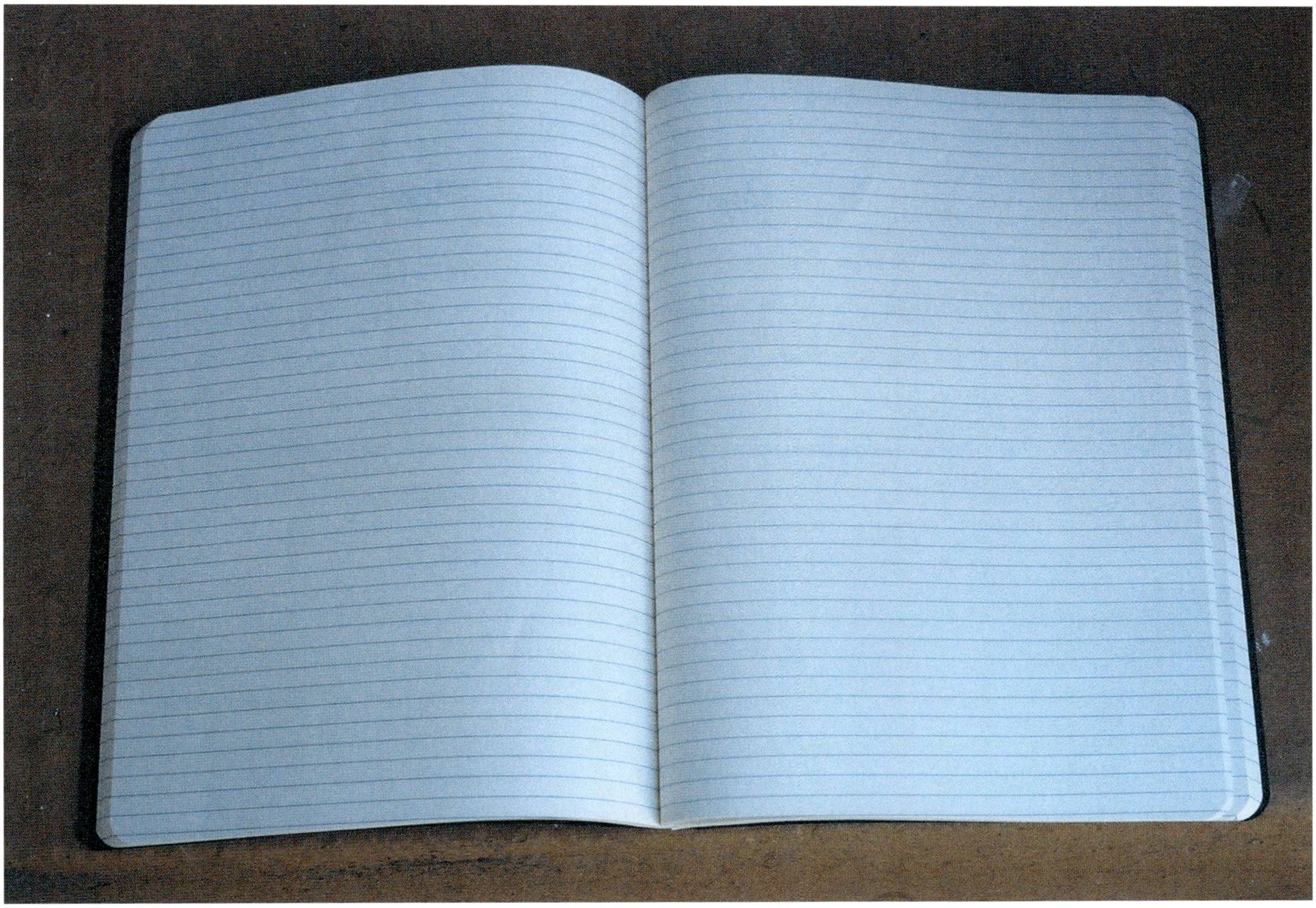

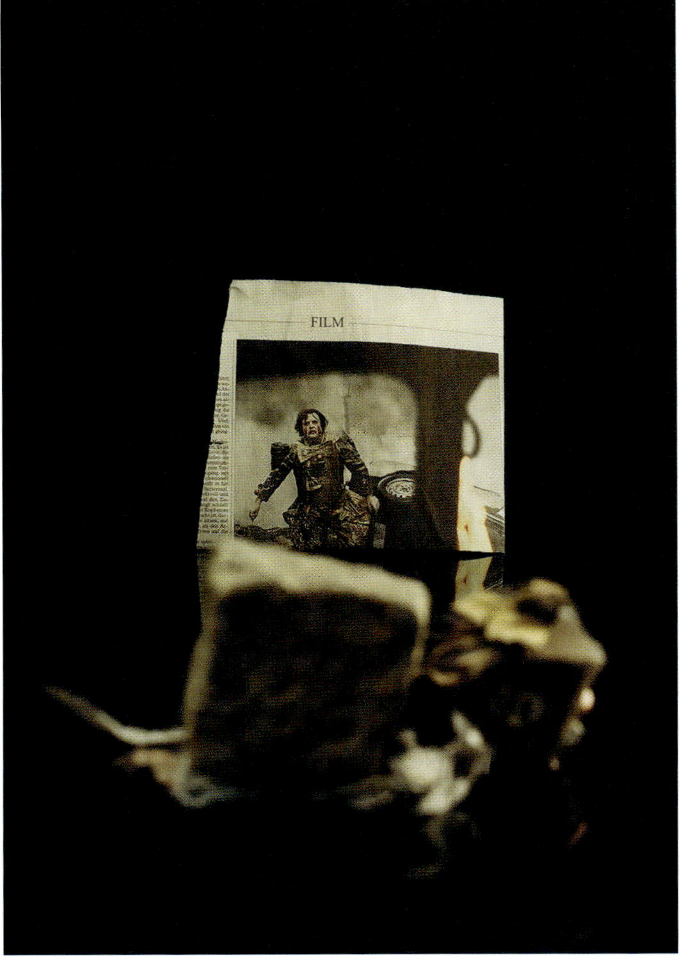

3

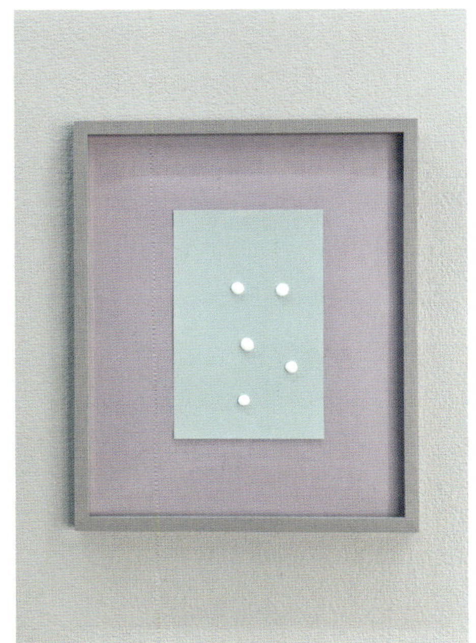

4

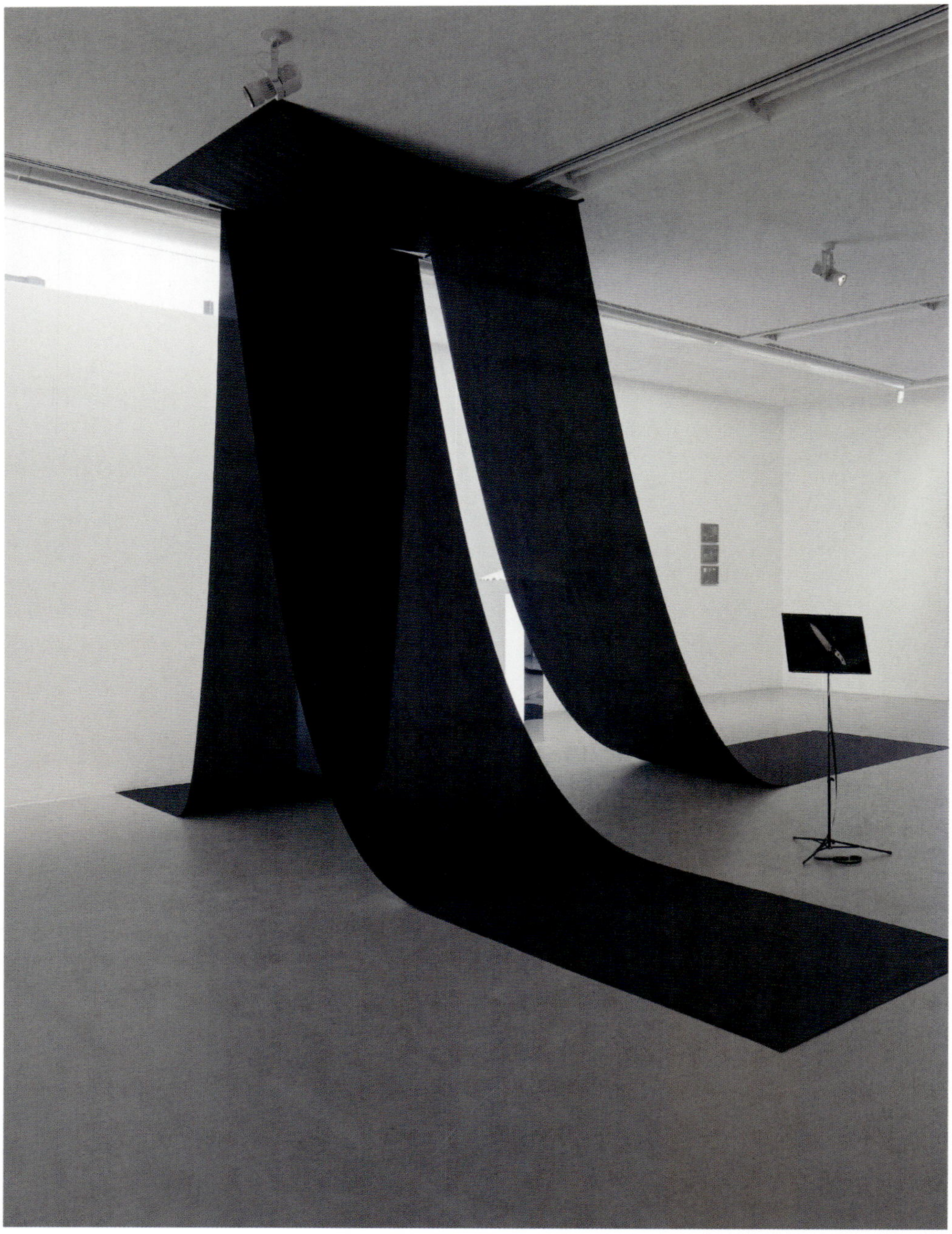

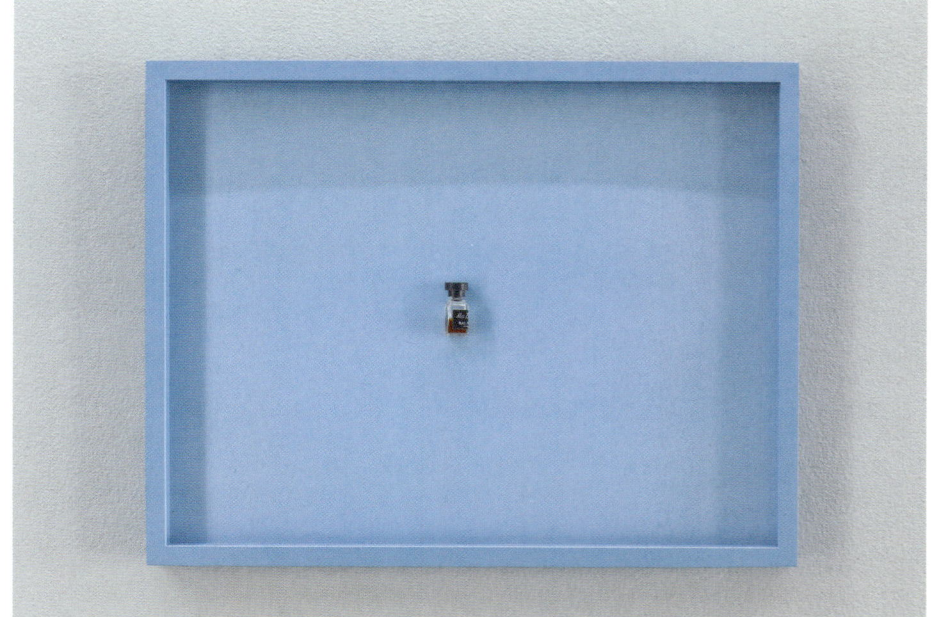

5

6

e   Films, photographs, collages and installations by Susanne M. Winterling explore representations of reality. With an eye for the suppressed, in her works she examines prevailing Modernist ideas, gender-based power structures or hierarchical historiography, assessing them in terms of their validity. Important figures, who despite their significance in their respective field remain lesser known to the wider public, form a reoccurring focus in Winterling's work, for example architect Eileen Gray, the subject of the installation *Eileen Gray, The Jewel and Troubled Water* (2008) displayed in the cloakrooms of the Neue Nationalgalerie in Berlin. In a complex nexus of references between the work concepts of Gray, Le Corbusier and Mies van der Rohe the artist exposes and reflects upon blemishes in Modernist architectural history. The work speaks of the location and context-specific processes used by Winterling whose installations, both spatially and as regards their content, often relate to the existing architecture that surrounds them. Here, it is the subtle elements in the arrangement and structuring of, for instance, mirrors, mirrored pillars, hanging widths of fabric, or the color of the walls that form a response to the architecture and thus transform the room, originally merely functional in its role, into a physical experience that is much more tangible for the beholder.

The impact of the haptic, the physical and the personal plays a significant role in Winterling's work; her pieces bespeak a fascination with the formation and discovery of human identities. They are often imbued with elements and objects from the artist's own life, such as her love of horses or the exploration of her own family name. The objects filmed, photographed or presented by Winterling never remain cool or impersonal, but in their very much intentional subjectivity, their clear traces of use, their individual character and their meticulous staging appear vivified. The holding, touching, feeling of the objects always appears to be on display as an integral part of the piece, such that the beholder is able to relate his own recollections and sentiments to them as well. This is particularly manifest in a series of collages by Winterling that draw upon elements of homage and giving. Smaller objects such as a little perfume bottle or glittery wrapping paper are applied to photographic paper, which the artist exposes to daylight in order to provoke three light-sensitive layers of color transforming them into unique monochrome images. In *peppermint for polke* (2011), peppermint drops are used to reference Sigmar Polke's pictures depicting grids of dots. These sweets so distinct in their strong aroma, actually intended to be eaten, seem to bridge a gap between smell and sight, association and perception – and between the precision of depiction and the impermanence of the subject matter.

Another reoccurring theme in Winterling's works is her way of probing the boundaries of the respective medium in use. One such example is Winterling's collages, in which the photographic paper – whose coloring is determined by both light and time – displays an object rather than an image and indicates techniques seen in analogue photography and their slow, drawn-out disappearance. In her 16-mm films, the artist captures staged, everyday gestures or moving objects in such a way that as life-size representations of the film's subject they exploit the haptic quality of the film and this highly sensitive medium to enter into an equal dialog with the objects present in the room. For instance, in the film *Untitled (Kreisel)* (2012), the colorful spinning top seems to invite the beholder to touch and feel it. While also its dark counterpart, which only light and movement expose as an actual object, will in the film loop continue its spinning into infinity, yet exactly this object, which black shimmering becomes one with the depth of the filmic space, seems to be ossified in its movement. These are concise individual portraits, which Winterling in her installations places in direct relation to one another, thus revealing both the possibilities and the boundaries that define representation.
—*Antonia Lotz*

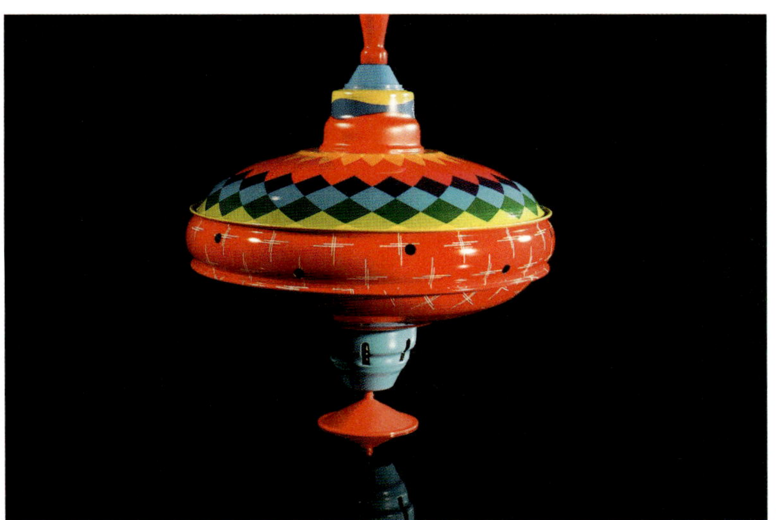

7

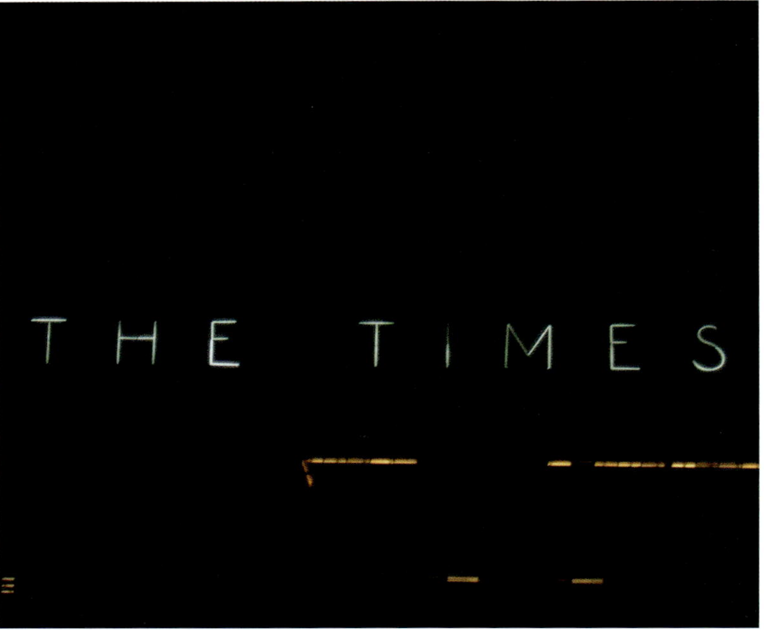

8

ALEXANDER WOLFF

1 *Ohne Titel/Untitled*, 2012
2 *Ohne Titel/Untitled*, 2012

d Alexander Wolff beschäftigt sich mit Erscheinungsformen, Möglichkeiten und Grenzen von Malerei als Tafelbild, Wandbild, Fotografie, Bild im Raum, Raumbild. Dabei beschränkt Wolff sein Tun weder auf den begrenzten Bildraum der Leinwand noch auf Öl- oder Acrylfarbe. Auch Textilfarbe, Schmutz, Staub, verschiedenfarbige, aneinander gefügte Stoffe und Licht zählen zu den Materialien, aus denen heraus seine Bilder entstehen. Materialkombinationen und Formatvariationen erzeugen und bearbeiten Rahmen, Ränder und Übergänge, in deren Zwischenräumen immer wieder die Frage aufscheint, was Malerei noch alles sein kann, welche Voraussetzungen und Vorstellungen über den Status von Bildern mit ihr verknüpft sind. Wodurch nehmen wir ein Bild als Bild wahr? Welche Räume eröffnet das Bild im Raum und wie verändert sich der Raum durch das Bild? Wie spielen Bild und Raum zusammen und wo treten sie gegeneinander an? Was ist ein Bild?

Ein Bild ist unter anderem das, was sich selbst als solches thematisiert. Diejenigen von Wolff tun dies etwa, indem sie Grenzen von Bild und Umraum verwischen und den Betrachter als Bildelement integrieren. Bei einem Wandbild, das Alexander Wolff 2011 in dem Kunstraum SVIT in Prag malte, wird als Material gelistet: Glas, Luftpolsterfolie, Klappstühle, Acryl, Kopien, Schreibtischlampen. Klappstühle sind sowohl Elemente des Bildes auf der Wand, als auch zwei Bestandteile im Raum und so positioniert und angestrahlt, dass ihre Schatten auf der Wand verschmelzen. Setzen sich nun Besucher auf die Stühle, überlappen sich auch ihre Schatten, werden Teil des Bildes. Das bedeutet auch, dass das Bild niemals fertig ist, sondern immer im Prozess des Werdens, unabschließbar und gleichzeitig in jedem Moment des Betrachtens anders und temporär vollendet.

Das Addieren von Materialien, Licht und Körpern zu einer Komposition ist ein Verfahren, dessen sich Wolff bedient, ein anderes ist das Subtrahieren, Auslöschen, Ablösen. Wie etwa von Raufasertapete für das Wandbild, das 2006 bei Circuit in Lausanne entstand. Eine teils scharf umrissene, teils ausgefranste Rautenstruktur wird hergestellt, welche streckenweise die Illusion von Raumtiefe erzeugt. Das Bild bewegt sich hier am Rande des Verschwindens im Umraum und erscheint doch einzig auf der Basis der Beschaffenheit eben dieses Raumes. Er fügt Leerzeichen ein, die die Wand lesbar machen. Weder Raum noch Bild sind gegeben oder selbstverständlich, sondern Ergebnis von strukturierenden Aktionen, Entdeckungen, Experimenten.

Alexander Wolffs Raum-Bilder falten sich in die Wand hinein und aus ihr heraus. Seine Leinwände – als mobile Bildwerke, deren Kontext wechselt – sperren sich nicht minder gegen die Reduzierung auf eine Ebene und Abgeschlossenheit. Hier wird die Fragmentierung, die sich bei den Wandbildern auf den Umraum und die Situation bezieht, im Bildraum selbst vorgenommen. Zum Beispiel, wie in einer Reihe von Arbeiten aus dem Jahr 2011, indem Wolff Stoffe färbt und miteinander vernäht, so dass Überlappungen und Nähte entstehen. Aus der Fernsicht erscheinen die Bilder als geometrische Strukturen, zusammengesetzt aus homogenen, zum Teil an den Rändern ausfransenden Farbflächen. Die Nahsicht offenbart Nähte und die Zusammensetzung der Flächen aus unterschiedlich farbigen Pigmenten. Die Komposition wird erkennbar als zum Teil aleatorisch, den Zufall und die Eigengesetzlichkeit des Materials in die Struktur, den Bildraum-Container, integrierend. Alexander Wolff ist damit nicht nur Maler, sondern auch Maler-Betrachter und Arrangeur, dessen Bilder nicht zuletzt die Bedingungen ihrer Bildhaftigkeit zum Gegenstand machen.

Diese Bedingungen werden nicht nur beobachtbar durch die sichtbaren Elemente, sondern ebenso durch die Lücken und Nahtstellen innerhalb der Bilder; zwischen einem Bild, das abstrakt wirkt und dem konkreten Material, das dieses Bild hervorbringt; zwischen Formen des Bildes und Formen des Raumes. Eine weitere Nahtstelle ist diejenige zwischen dem manuell gefertigten und dem fotografisch oder filmisch erzeugten Bild. Durch die Integration von Fotografien oder Videos in diese Bildräume wird das Verhältnis von abstrakten und repräsentierenden Elementen ebenso thematisch wie der Aspekt von Bewegung, Statik und Licht. Kasimir Malewitsch sprach im Zusammenhang mit seinem *Schwarzen Quadrat auf weißem Grund* (1913) von der Befreiung der Malerei vom „Gewicht der Dinge". Alexander Wolff scheint eher auf diesem Gewicht zu insistieren als notwendige Bedingung, überhaupt von Malerei sprechen zu können.
—*Kathrin Meyer*

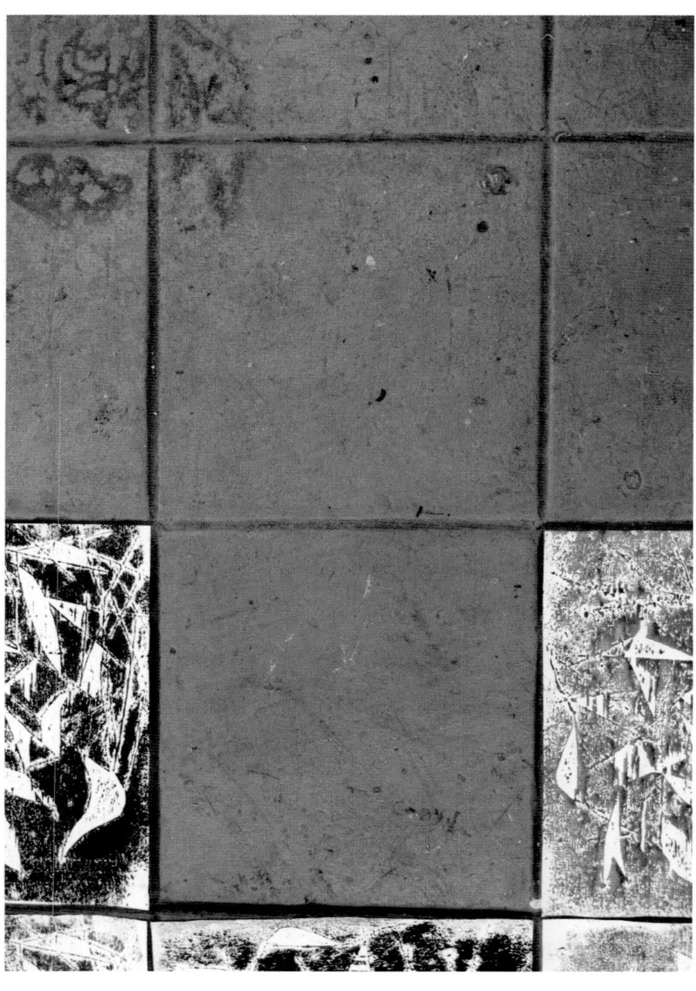

1

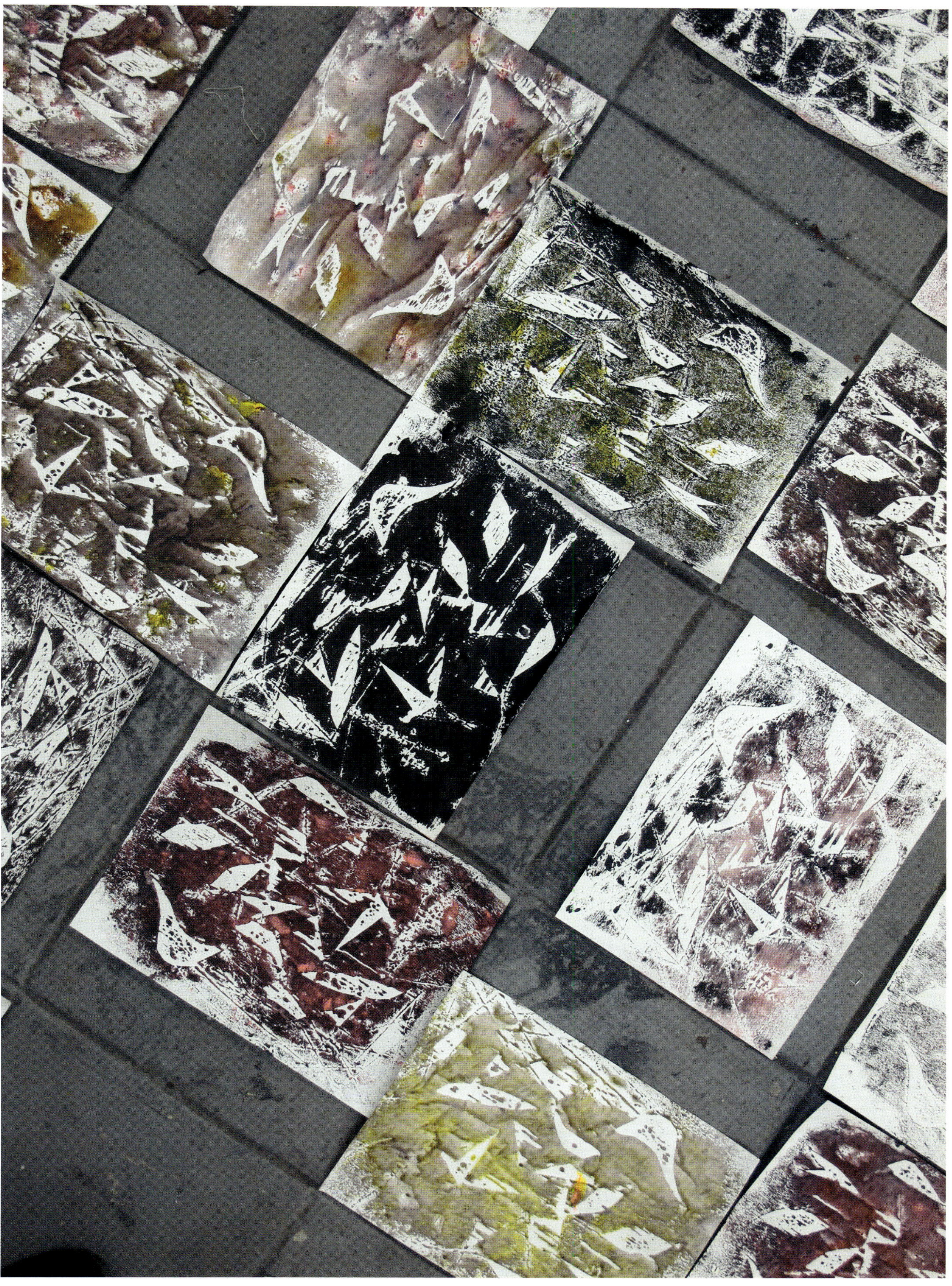

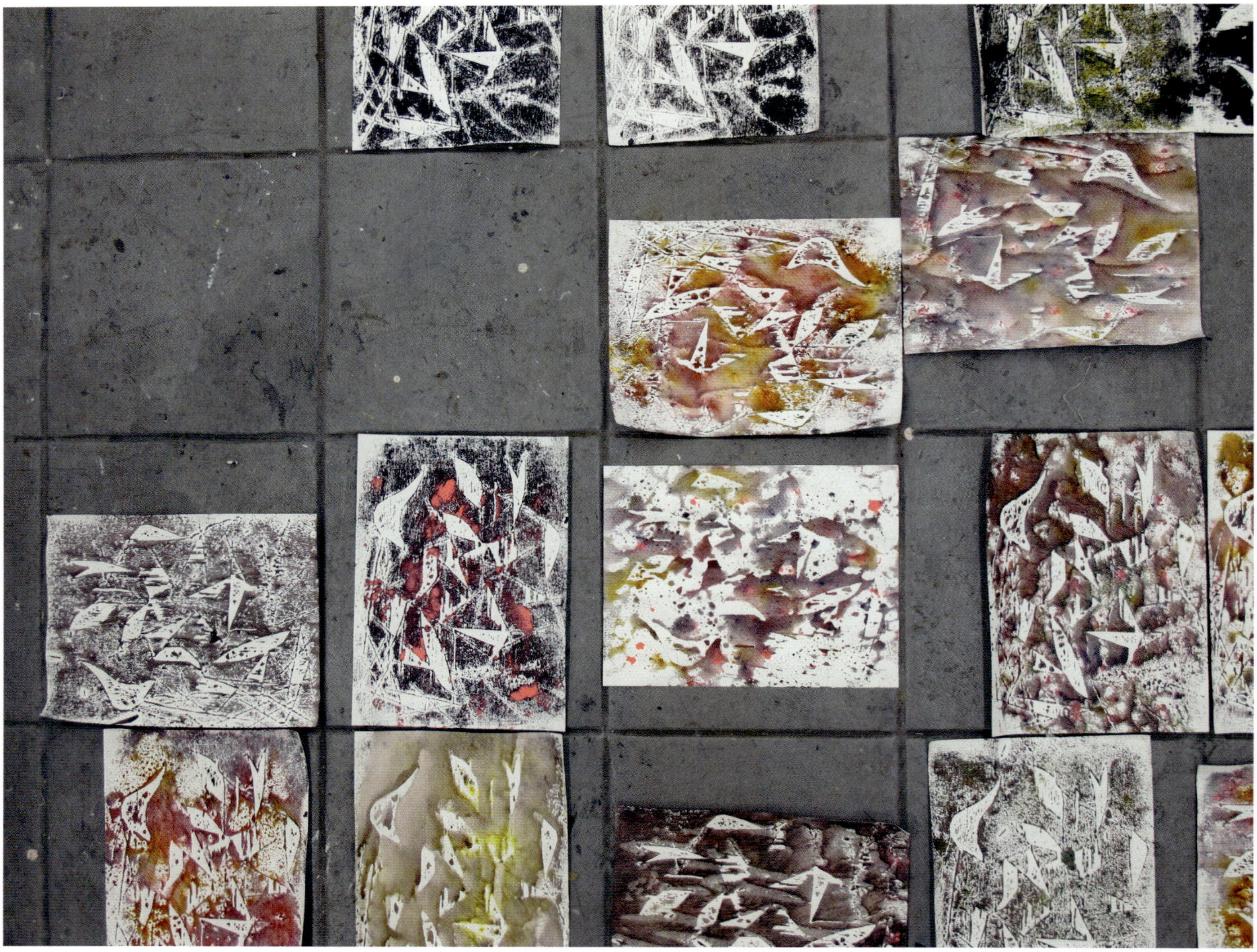

3

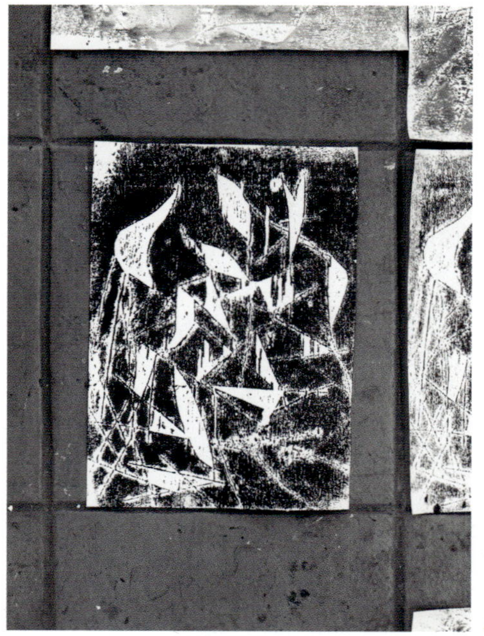

4

e Alexander Wolff is interested in the shapes, possibilities and limits of painting as a panel painting, mural, photograph, image within space, or stereogram. He restricts himself neither to the limited image space of the canvas nor to using oil or acrylic paint. Textile dye, dirt, dust, different colored fabrics joined together and light are among the materials he uses to create his pictures. Combinations of materials and varying formats generate frames, edges and transitions, and in the spaces in-between the question repeatedly flares up as to all the things painting can be and what preconditions and ideas on the status of images are associated with it. What makes us perceive a picture as a picture? What spaces does a picture open up in a space and how does the picture change that space? How do picture and space interact and where do they compete against each other? What is a picture?

A picture is, among other things, that which defines itself as such. Wolff's pictures do this, for instance, by blurring the boundaries between picture and surrounding space and integrating the observer as an artistic element. The following are listed as materials in a mural that Alexander Wolff painted at SVIT in Prague in 2011: glass, bubble wrap, folding chairs, acrylic, copies, desk lamps. Folding chairs are both part of the picture on the wall and two components in the space, positioned and illuminated in such a way that their shadows on the wall merge. When visitors sit on the chairs, their shadows likewise overlap and become part of the picture. This also means that the picture is never finished, but always in the making, unable to be completed and at the same time different and temporarily complete every moment it is observed.

Adding materials, light and bodies to a composition is one method Wolff uses; another is subtracting, deleting, removing. Such as from woodchip wallpaper for the mural he created in 2006 at Circuit Lausanne. He produced a rhomboid structure that was partly sharply outlined and partly blurred, which in places generated the illusion of spatial depth. Here the picture is on the verge of disappearing into the surrounding space and yet is only visible thanks to the nature of precisely this space. Wolff adds blank spaces that allow us to read the wall. Neither the space nor the picture are a given or self-evident, but the result of structuring actions, discoveries, experiments, curiosity.

Alexander Wolff's space-pictures fold into the wall and out of it. Moreover his canvases—as mobile sculptures with changing contexts—refuse to be reduced to a single level and isolated. Here the fragmentation relating to the space surrounding the murals takes place in the image space itself, for instance in a series of works from 2011 in which Wolff dyed and sewed together pieces of material in such a way that they overlap and show seams. From a distance the pictures look like geometric structures composed of homogeneous areas of color, some of which are blurred at the edges. On closer inspection we see seams and the arrangement of the sections of different colored pigments. The composition emerges as in part aleatory, integrating chance and the autonomy of the material into the structure, the image space container. Thus Alexander Wolff is not only a painter, but also a painter-observer and arranger, whose pictures take as their theme not least the pictorial conditions of their own existence.

These conditions can be seen not just in the visible elements, but also the gaps and joints within the pictures; between a seemingly abstract picture and the actual material that creates this picture; between forms of the picture and forms of the space. There is a further joint between the picture produced manually and that produced by photography or film. By integrating photographs or videos into these image spaces Wolff highlights both the relationship between abstract and representative elements and the aspect of movement, motionlessness and light. In reference to his *Black Square* (1915), Kazimir Malevich spoke of the liberation of painting from the "weight of things". Alexander Wolff seems rather to insist upon this weight as a necessary condition for being able to talk of painting at all.

—*Kathrin Meyer*

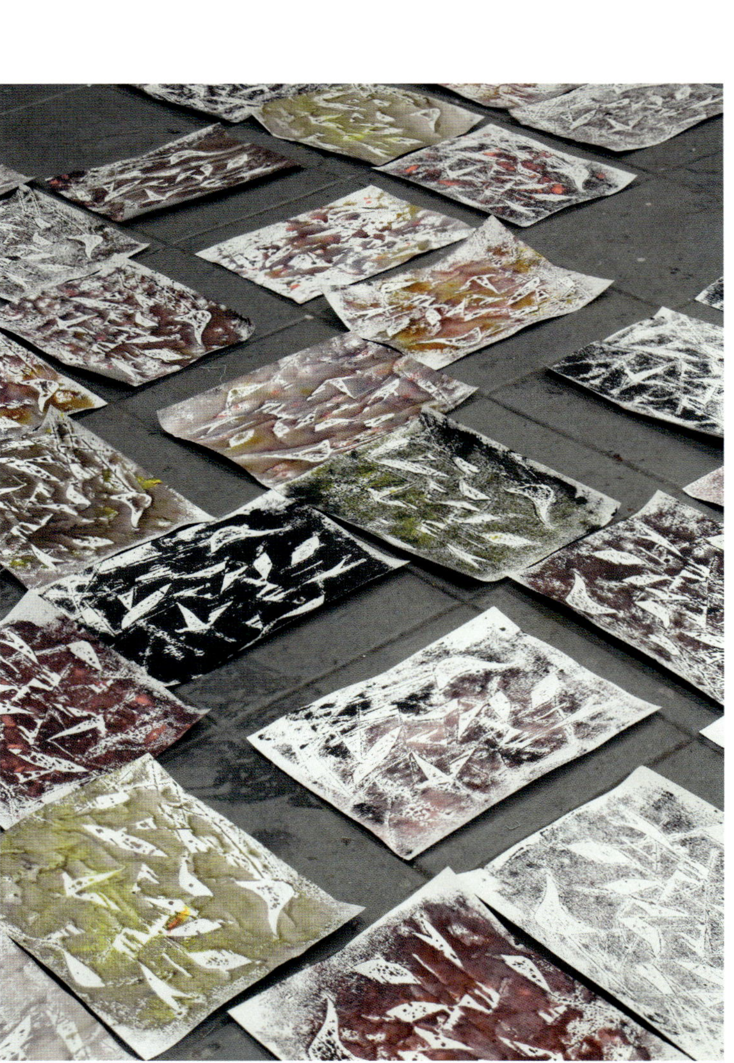

5

BIEGEN, FLECHTEN, KNETEN – EDITIEREN, FORMATIEREN, MASKIEREN

Über Medien und Materialien

Ab den 1960er Jahren, kurz bevor Fotografie und Videokunst Eingang in den Kanon bildender Kunst finden, verortet die Kunstwissenschaftlerin Rosalind Krauss den Beginn einer „postmedialen Kondition", die prägend für heutiges künstlerisches Schaffen sei.[1] Beschreibbar wird diese etwa anhand Jeff Walls Integration von Leuchtkästen – Formaten kommerzieller Werbeflächen – in die Fotografie oder William Kentridges Erweiterung von Malerei und Zeichnung mit Techniken des Animationsfilms: Innerhalb des Arbeitsmediums soll eine Distanz zu dessen kulturellen Anwendungsmöglichkeiten eingenommen werden, auch mit dem Ziel, kritikfähig bleiben zu können. Krauss benennt den Belgier Marcel Broodthaers als historischen Repräsentanten für eine „postmediale" Methode. Als zentral gelten die zwölf Abteilungen seines fiktiven Museums[2], das als Simulation der bürgerlichen Institution auch mit dem Ende eines historischen, über Arbeitsmedien definierten Kunstverständnisses spielt. Filmisches Bild und Schrift, Zeichen und Symbol, Ausstellung und Werk durchdringen und durchkreuzen Broodthaers' Werk ebenso wie Hoch- und Populärkultur.

Da Krauss unter „postmedialer Kondition" nicht einen ideologisch und programmatisch einengenden Begriff versteht, kann vereinfacht auch auf die medienübergreifende Kunstproduktion verwiesen werden: Je nach künstlerischem Konzept wird zur Erreichung der entsprechenden Form ein Set aus Techniken eingesetzt. Schon die Anzahl der Arbeitsmedien, die ein Großteil der bei *Made in Germany Zwei* beteiligten Künstlerinnen und Künstler individuell einsetzt, beweist die Aktualität: Neben Malerei, Skulptur, Fotografie, Performance, Video und der ab den späten 1970er Jahren bedeutsam gewordenen Installation wird

jedoch noch kaum der Computer erwähnt, der, vom binären Code seines Prozessors angetrieben, nicht nur die Techniken sämtlicher Medien auf dem Bildschirm vereint, sondern mit dem Internet einen alternativen Erfahrungs- und Ausstellungsort samt einem unüberschaubaren Konvolut neuen *Materials* in Form von Daten und Informationen liefert. Die Welt und ihre Geschichte(n) zeigen sich im postdigitalen Lebensraum als gigantisches flächiges, miteinander verwobenes Tableau aus Datensätzen: In Form von Bildern und Informationen sind diese Materialien immer und überall verfügbar. Ein kurzer Blick in die Geschichte der Kunst zeigt, dass der Begriff des *Materials* für unterschiedliche Aspekte stehen kann: Der bloße Werkstoff im Sinne eines physischen Materials kann genauso gemeint sein wie ein inhaltliches Thema – oder aber auch das Medium selbst.

Als physischer Stoff wie Holz, Stein oder Metall wird Material im vormodernen Kunstwerk als binärer Gegensatz zur Form gedacht, die dessen weltliche Schwere zur Erreichung eines höheren Zustandes im Kunstwerk überwinden soll. Eine Idee, die sich später in ihr Gegenteil verkehrt: Mit der aufkommenden Moderne soll sich jede künstlerische Technik einer wie auch immer gearteten Befragung ihrer spezifischen Bedingungen und Parameter widmen – und so zum Material ihrer eigenen Arbeit machen. Paradigmatisch für die Materialwerdung des Mediums ist die Geschichte der Malerei. Ihr Alleinstellungsmerkmal visueller Wirklichkeitswiedergabe wird ab Mitte des 19. Jahrhunderts von der Fotografie bedroht. Vom Distinktionsbestreben unterstützt, widmet sich ein maßgeblicher Teil der modernistischen Stile und -ismen von Impressionismus bis zu Abstraktem

Expressionismus und Informel der Hinwendung der Malerei nach innen: zu ihrer vermeintlichen *Natur*. Heute wird der Begriff „Medium" reflexartig mit den Schriften des Kunstkritikers Clement Greenberg assoziiert, der vom avantgardistischen Künstler der Moderne erwartet, sich der Essenz der Malerei zu widmen und deren absolute Reinheit auszuformulieren: Die Parameter eines Bildes bestehen in einer zweidimensionalen Oberfläche, einem abgegrenzten Bildträger, sowie darauf verteilter Farbe. Was nicht notwendigerweise zum Medium der Malerei gehöre, habe keinen Platz auf einem Bild. Später ergänzt Greenberg dieses flächige Ideal, indem er die *Optikalität*, die räumliche Erfahrung des Betrachters, als Kern der Malerei setzt – angesichts dessen aber die Frage nach der Unterscheidbarkeit gegenüber weiteren Arbeitsmedien aufkommt: Wo liegen dann überhaupt die Grenzen zur Skulptur? Im Verhältnis zwischen Medium und Material öffnet sich ein gedankliches Scharnier, da, derart gegen Null reduziert, beides bruchlos ineinanderfällt. Donald Judd beantwortete den Konflikt mit seinen *Spezifischen Objekten* (1965), die, weder das eine noch das andere, jede Kategorisierung negieren. Neben weiteren Ereignissen ist hier einer der zahlreichen geschichtlichen Umbrüche hin zu einer „postmedialen Kondition" zu verorten, die heutiges Kunstschaffen wesentlich prägt. Unsere Vorstellung von Material ist heute jedoch auch von technologischen Umbrüchen geprägt.

Im Jahr 1985 findet im Pariser Palais de Tokyo die Ausstellung *Les Immatériaux* statt. Jean-François Lyotard – der Philosoph als Kurator – formuliert als These, die Welt büße zukünftig ihre materiellen Unterschiede ein, an die Stelle fester Gegenstände rücke die Wahrnehmung flüchtiger Oberflächen. Vor 27 Jahren veranstaltet, ist die Schau durchaus eine medienkulturelle Prophetie auf den aktuellen Status quo. Der Computer dient nicht mehr nur der Erleichterung bürokratischer Prozesse, die neuen Technologien sind ubiquitär geworden: In alle Lebensbereiche eingedrungen, sitzen sie an den unscheinbarsten Stellen. Die virtuellen Handlungsräume umweht längst nicht mehr die Aura der Utopie: Das Leben im *Cyberspace* gleicht nicht der entfesselten Befreiung, wie noch vor einem Jahrzehnt mit werblicher Bildwucht gepriesen, vielmehr ist es auf narzisstische, kapitalistische und kommunikative Weise Wirklichkeit geworden. Damit einher geht das Verschwinden unterschiedlicher taktiler Ebenen, auf dem Bildschirm hat alles Gezeigte als reproduzierbarer Datensatz ein- und dieselbe materielle Beschaffenheit.

Welchen Einfluss hat also das Hinzukommen virtueller Arbeits- und Lebensräume auf das künstlerische Schaffen, gerade auf der gedanklichen Folie der Wechselverhältnisse von Material und Medium? Der Autor David Joselit[3] nennt in diesem Zusammenhang eine von Richard Serra angefertigte Verbenliste, die Tätigkeiten analogen Kunstmachens beschreibt: Darin tauchen Begriffe wie *Falten*, *Rollen*, *Biegen* auf – Verben, die sich auf die unmittelbare körperliche Arbeit mit einem Objekt beziehen. Joselit kontrastiert Serras Aufzählung mit einer weiteren Liste, die Aspekte gegenwärtiger künstlerischer Arbeit beschreiben könnte: Hier ist von *Formatieren*, *Markieren* oder *Kopieren* die Rede – das Aufspüren, Auswählen, Umdeuten oder Verbergen von Bildern und Informationen, Tätigkeiten, die tendenziell einem entkörperlichten Informations-Management zuzurechnen sind. Auf der anderen Seite sind die von Richard Serra beschriebenen Aktivitäten nach wie vor aktuell, die emphatische Hinwendung zur Erzeugung sinnlicher Erfahrung in der dinglichen Materialität scheint sich sogar zu verstärken. Beide Richtungen driften nur scheinbar auseinander und verbinden sich heute häufig in der Technik der *Übersetzung*: Zwischen Materialien und Medien, zwischen *online* und *offline*, zwischen immateriellen Datenströmen und dinglicher, physischer Form, vermeintlich disparate Ding-Eigenschaften, die im Kunstwerk miteinander in Beziehung gesetzt werden. Längst existiert eine erste Generation, für die sich, mit dem Internet aufgewachsen, die Unterscheidbarkeit zwischen sozialen, virtuellen sowie physischen Lebensräumen anders darstellt als für vorherige Generationen. Zur Umkreisung einer entsprechenden künstlerischen Haltung und eines dazugehörigen Lebensstils existieren Begriffe wie „Internet State of Mind" oder „Post Internet Art"[4], Begriffe, mit denen ein ambitioniertes Programm formuliert wird.

Als Repräsentanten können die 1986 bzw. 1985 geborenen Künstler Keller/Kosmas gelten. Deren Interesse gilt der allgemeinen Frage, wie die digitalen Technologien in einem nunmehr globalen, virtuellen Raum unser soziales Handeln beeinflussen. Ihr Werk ist samt der eingenommenen Künstlerrolle

zwischen Produzent und Konsument als hyperaffir-
mative, den Kapital- wie den Kunstmarkt inkludie-
rende Institutionskritik begreifbar, wie etwa in der
Serie *Ideal Work (Creative Solutions)*: Solarkollektoren,
die im realen Einsatz mehr Kosten als Nutzen produzieren, werden in Skulpturen verwandelt, die
auf dem Kunstmarkt gegen ihre defizitäre Natur
existieren könnten. Malerei oder Skulptur finden
insgesamt eine, je nach Blickwinkel, ironische
Reanimation oder konsequente Weiterführung. Die
unsichtbare Aura, die sich dem nicht reproduzierbaren Kunstwerk unterstellen lässt, schlägt bei einer
an Matisse erinnernden Malerei in Gefahr um, die
sich, ebenso unsichtbar, im giftigen Farbmaterial
manifestiert oder in den *World Community Grids*
(2010), mit Online-Hilfsorganisationen verlinkte
Zimmerbrunnen-Skulpturen, in eine Delegation
des Betrachters zum potenziellen, unperfekten
Wohltäter. Die (Im-)Materialität globaler Geld- und
Zeichenströme gerät mit tradierten künstlerischen
Techniken in gleicher Weise in Dialog wie online
mit offline.

Ein Beispiel ist auch der Neuseeländer Simon
Denny, der die Geschmeidigkeit täglicher Kom-
munikationsflüsse ins Absurde umleitet, indem
er Wegstrecken bildhauerisch dekonstruiert und
isoliert – so etwa in *Deep Sea Monitors* (2009): Die
Rauminstallation zeigt nach Kriterien der Chrono-
logie sowie technischer Leistungsfähigkeit hinterein-
andergereihte Monitore, auf denen 3D-Aufnahmen
von Aquarien abgespielt werden – Testbilder, mit
denen im kommerziellen Einsatz die Brillanz und
Tiefenschärfe von Bildschirmen demonstriert wird.
Die banale Utopie der Selbstauflösung im dreidimensional bewegten Bild findet eine noch banalere
Rückübersetzung ins statische Medium der Skulptur: Kunst als strategisch amateurhaft durchgeführ-
ter Technik-Regress, das Display der Bildschirme ist
am Ende so dünn wie das darauf präsentierte Argument. Bedeutetes und Bedeutendes – Trägertech-
nologie und transportierte Information – geraten
in eine groteske Feedbackschleife. Sprichwörtlich
ist hier der Grund vor lauter Fischen ebenso wenig
auszumachen wie eine Unterscheidung zwischen
Anfang und Ende – oder zwischen Original und
Kopie – möglich und notwendig scheint.

Eine Abhebung vom technisch Reproduzierbaren
und die Existenz als „Original" waren immer eine
der letzten Bastionen des Mediums Malerei, obwohl

auch die Kopie stets kunstgeschichtliche Hono-
rierung erfährt, denkt man nur an Andy Warhols
Spiele mit Serialität in den 1960er Jahren oder auch
Paul Gauguins ehrfürchtige Version (*The Specter
Watches Her*, 1891) von Édouard Manets *Olympia*
(1865). Ganz abgesehen vom ostasiatischen Kultur-
raum, wo, eingebettet in ein anderes Verständnis
von Geschichte und Meisterschaft, die optimierte
Reproduktion den Vorrang vor dem Original hat.
Gerade im Windschatten der Digitalisierung ver-
schärfen sich zuletzt die Debatten rund um das im
Westen verbreitete Urheberrecht und das geistige
Eigentum. Finden solche Fragen eine Reflexion
in der bildenden Kunst, gerade im Umgang mit
klassischen Arbeitsmedien? Marieta Chirulescu hat
Malerei studiert, ihre Werke werden als Wandbilder
präsentiert, beinhalten dabei aber deren eigenen
Entstehungsprozess: Die Künstlerin wählt ein
Dokument aus, scannt es ein, druckt es aus, bemalt
es, scannt es erneut ein und druckt das Resultat auf
eine Leinwand. Dies stellt nur vorläufig das letzte
Glied einer potenziell unendlichen Handlungskette
von Versionen dar. Bilder bleiben bei Chirulescu
immer provisorisch, über eine Abfotografie oder
einen erneuten Scan sind sie potenziell weiter bear-
beitbar. Auf dahingehend prekäre Bilder verweisen
auch Chirulescus neueste Arbeiten: Sie erinnern an
ein Vorschau-Programm auf einem Bildschirm, das
ein vermeintliches Original indiziert – ein Spiel mit
dem Status digitaler Bilder, denen kein unmittelbar
organischer Abdruck der Wirklichkeit zugrunde
liegt. Als leere Repräsentationen, als Bilder ohne
Urbild, fußen sie auf einem abstrakten Datensatz.
Als künstlerischer Versuch, innerhalb einer global
überbordenden Bilderkultur der künstlerischen Produktion neue Ideen von Bildern zu widmen, steht
Chirulescus Arbeit durchaus in einer Linie mit der
von Künstlern wie Cheyney Thompson, Sergej
Jensen oder Wade Guyton, die die sozialen wie
technischen Peripherien, an die das Medium der
Malerei angeschlossen ist, als bildgebend einsetzen:
So wie Guyton automatisierte Befehle an den Tin-
tenstrahldrucker ins Bild setzt, Jensen eher gewobe-
nen Stoff als Farbe verwendet oder Thompson reelle
Arbeitszeit mit Detailvergrößerungen der Leinwand
selbst verschränkt, erweitert Marieta Chirulescu
das Feld über die Miteinbeziehung von Reproduk-
tionsmedien vom Scanner bis zur Fotografie. Diese
wiederum ist das bevorzugte Arbeitsmedium von
Jan Paul Evers, der deren Regeln überschreitet,

um zu malerisch anmutenden Ergebnissen zu kommen. Durchaus vergleichbar mit Chirulescus Methode, integriert er gefundene Fotografien, Filmschnipsel und weitere Vorlagen digitaler wie analoger Herkunft, die er in der Dunkelkammer übereinander- respektive ineinanderfließen lässt – der Entwicklungsprozess ist für die Bildkreation entscheidender als die einzelnen Bestandteile von Negativ bis JPEG. Damit scheinen die Schritte in Evers' Arbeit eher denen eines Malers oder denen eines Bildhauers vergleichbar, die aber im Medium der Fotografie eingesetzt werden. Jeder Abzug ist, dazu passend, ein Unikat, was dem fotografietypischen Charakteristikum der Reproduzierbarkeit entgegenläuft. Die Zeitgenossenschaft sowohl von Evers wie Chirulescu besteht im spielerischen Aushebeln unzeitgemäßer Vorstellungen von Original und Reproduktion. Dies geschieht etwa auch über die Inszenierung von Zonen *zwischen* den Bildern, etwa in der konstruktiven Indienstnahme vermeintlicher Übertragungsfehler. Chirulescu setzt etwa Staubpartikel auf dem Scanner als bildgebend ein, so wie bei Evers die grobe, nach außen gestülpte Körnung im Bild nicht mehr nur zu einem Negativ zurückführt, sondern nun für eine Dimension eines vielschichtigen Prozesses der Bildfindung eines Nebeneinanders unterschiedlicher Quellen steht.

In Olaf Holzapfels Werk fließen ebenfalls unterschiedliche Arbeitsmedien ineinander, vorzugsweise Malerei und Skulptur. Zuletzt beschäftigt er sich mit Heubildern – Wandobjekte, die in Zusammenarbeit mit polnischen Bauern erarbeitet werden: Nach einer traditionellen Kulturtechnik flechten diese Heu zu kräftigen Seilen, die, seriell hergestellt, aufgrund des organischen Materials jeweils leicht voneinander abweichen. Nach der Lieferung ins Atelier arbeitet Holzapfel die Seile in einen Holzrahmen ein. An der Wand präsentiert, zeigt sich nicht nur das Bild eines Rasters mit notwendigen Fehlern, sondern ein Artefakt, das die künstlerische Übersetzung einer tradierten Kulturtechnik birgt. Komponenten in Holzapfels Arbeit erinnern durchaus an postminimalistische Herangehensweisen etwa von Eva Hesse, Richard Serra oder Dan Graham, die die industriellen Ordnungsprinzipien minimalistischer Kunst über eine Rückbindung an das Organische (Hesse), das Prozesshafte (Serra) oder das Urbane (Graham) kritisieren. Der Konstruktion von Holzapfels Heubildern wie auch seinen Fachwerk-Skulpturen liegt jedoch die binäre

Logik des digitalen Codes ebenso zugrunde wie kulturräumliche Spannweiten, die ein heutiges, global wie lokal ausgerichtetes Leben prägen. Zwischen dem Leben in der Stadt und der Sehnsucht nach dem Land, zwischen globalen und lokalen Kulturen und deren Techniken, zwischen Modernismus und dessen vermeintlicher Überwindung changierend, stellen Holzapfels Werke gefrorene, unterbrochene Bewegungen wie die unscharfen Pläne dar, nach denen sich Bewegung und Handlung vollziehen.

Auch Rosa Barba bewegt sich mit dem Film *The Long Road* (2010) zwischen unterschiedlichen Arbeitsmedien. Mit der Handkamera zeichnet sie aus der Luft den ovalen Verlauf einer in der Wüste liegenden Rennstrecke nach, bevor der Film – im Sinne eines Zirkelschlusses – auf der Rennstrecke selbst endet, was einem Spiel mit filmischer An- und Abwesenheit gleichkommt. Vermeintlich objektive Aufzeichnung und subjektive Interpretation überlagern und durchkreuzen sich. Eine solche Tautologie stellt Barba auch in *Stating the Real Sublime* (2009) her: Der Projektor hängt an seinem eigenen, durchlaufenden Filmmaterial von der Decke und versucht dabei, einen projiziertes weißes Bild auszubalancieren. Alle Bestandteile des Mediums Film werden zu einer neuen Inszenierung eingesetzt, die weder Film noch Skulptur ist und sich einer Zuordnung letztendlich entzieht.

Nicht ohne Grund ist Rosa Barba am Ende der Einführung genannt, erinnern Ihre Werke im Hang zum „Alten", zu antiquierten, aus der Zeit gefallenen Technologien, doch vage an Marcel Broodthaers. Dieser interessierte sich nicht nur für Grammatiken einzelner Medien unter- und zueinander, sondern fühlte sich insgesamt vom „Alten" angezogen: Die Formensprachen und Insignien des bürgerlichen 19. Jahrhunderts grundieren sein Werk und üben explizit Kritik: Frei nach Walter Benjamin glimmt in der Darstellung des Veralteten letztmals die utopische Dimension eines ehemals Neuen auf, ähnlich der spektakulären Agonie eines sterbenden Sterns. Vom Zugriff der unmittelbaren Verwertbarkeit befreit, offenbart das veraltete Ding das leere Versprechen kapitalistischen Handelns. Für die Gegenwart kann eine solche Funktion nicht mehr bruchlos attestiert werden: In der alles durchdringenden Sättigung des kulturellen Raums durch Bilder, in denen selbst das Alte[5] das Neueste repräsentieren kann, haben die kommerziellen

Verwertungslogiken der Warenproduktion nur noch mächtigere Züge angenommen. Nach Rosalind Krauss war für Broodthaers das bevorzugte Medium keine künstlerische Technik – es war die *Fiktion*, die die Wirklichkeit immer schon bedingt und mit ihr verflochten hat. In einer Gegenwart, in der bildliche Phantasmen den Realraum bis zur Ununterscheidbarkeit penetrieren, erscheint es sinnvoll, die oben bereits angedeutete Technik der *Übersetzung* als zeitgemäßes Medium anzuerkennen: In einer Matrix aus vermeintlich nahen und fernen, physischen und immateriellen Lebensräumen, -zeiten und -sprachen scheint die Übersetzung am ehesten imstande, Fehler, Grenzen, Lecks, blinde Flecken aufzuspüren.

1   Rosalind Krauss, *A Voyage on the North Sea – Broodthaers, das Postmediale*, Zürich und Berlin 2008.

2   Begonnen 1968 mit dem Musée d'Art Moderne Département des Aigles, Section XIXe siècle in Brüssel, entwickelte sich das Museum an so unterschiedlichen europäischen Ausstellungsorten wie etwa der *documenta 5* (1972) oder dem Kölner Kunstmarkt (1972) weiter.

3   David Joselit, „What to do with Pictures", in: *October*, Nr. 138, 2011.

4   Die einleitenden Worte zum *Post Internet Survival Guide* lauten: „The shift to a multi-polar, mobile, post-democratic, gated, real-time set of conditions effectively redistributes the global balance of powers. The existing structures of our (Western) mode of thinking and being, including the flows of energy and value, the domain of aesthetics, the currency of art, and our role in the process that is civilization are being reshaped and re-articulated. The scale of these changes are reflected in the dynamics of formats—files, gadgets, species, identities, ideologies, brands, styles, cultures, natural disasters, memes, technologies—entering the ultimate platform and player of dissemination: Internet.", http://www.katjanovi.net/postinternet-survivalguide.html, zuletzt abgerufen am 15.4.2012.

5   Hier lässt sich an Simon Reynolds' „Retromania" denken, das popkulturelle Collagieren vergangener Stile und Phänomene – ebenso aber auch an den massiven Gebrauch von Programmen wie etwa „Instagram", die, vorzugsweise in sozialen Medien eingesetzt, Fotografien mit einer künstlichen Patina versehen.

BEND, PLAIT, KNEAD – EDIT, FORMAT, MASK

About media and materials

Starting in the 1960s, shortly before photography and video art made an entry into the canon of the visual arts, art critic and theorist Rosalind Krauss defined the onset of a "post-media condition," which is formative for contemporary artistic creation.[1] This condition can be illustrated by Jeff Wall's integration of media into photography (he put slides in back-lit display cases stemming from commercial advertising display areas) or William Kentridge's use of cartoon film techniques to expand painting and drawing. An attempt is made within the work medium to maintain a distance to the cultural means of application, partly so that it can still be subject to criticism. Krauss named the Belgian Marcel Broodthaers, whose twelve departments of a fictional museum[2] are considered one of his major works as a historical representative of a "post-media" method. As a simulation of the middle-class institution it also plays with the end of a historical understanding of art defined via work media. Cinematic images and writing, sign and symbol, exhibition and work penetrate and intersect Broodthaers' work as do highbrow and lowbrow culture.

Since Krauss does not interpret the "postmedia condition" as a strictly defined ideological and programmatic concept, it is also feasible to refer broadly to intermedial art production: Depending on the artistic concept a set of techniques is employed to achieve the corresponding form. The number of work media used by the majority of artists participating in *Made in Germany Zwei* itself testifies to how topical this is: alongside painting, sculpture, photography, performance, video and installations (which gained importance from the late 1970s onwards), scarce mention is made of the computer, which driven by the binary code of its processor not only unites the techniques of all media on a screen but with the Internet delivers an alternative exhibition venue and place for experience together with a confusing body of new *materials* in the guise of data and information. The world and its hi/stories are displayed in the post-digital living space as a gigantic, two-dimensional, interwoven tableau of sets of data: as images and information these materials are always available everywhere. A short glimpse at the history of art reveals that the concept of *material* can represent different aspects: it may refer to the actual physical material, or to the thematic content—but equally to the medium itself.

As a physical substance like wood, stone or metal in the pre-modern artwork material is conceived as a binary contrast to form, which should overcome the latter's worldly weight in order to achieve a higher state in the artwork. An idea that will later become reversed to its opposite: With the emergence of the modern age every artistic technique should devote itself to some kind or other of exploration of its specific conditions and parameters—and accordingly become the material of its own work. The history of painting is paradigmatic for the materialization of the medium. From the middle of the nineteenth century its unique position as representing the visual depiction of reality is threatened by photography. Sustained by a desire to stand out, a substantial proportion of Modernist styles and -isms from Impressionism to Abstract Expressionism and Informal Art devote themselves to turning painting inwards: to its supposed *nature*. Today, the term "medium" is automatically associated with the writings by art critic Clement Greenberg, who expects from the avant-garde artists of Modernism that they devote themselves to the essence of painting and express its absolute purity: the parameters of an image consist of a two-dimensional surface, and a delimited picture surface on which paint is distributed. What does not necessarily belong to the medium of painting has no place on the picture. Later Greenberg expands this two-dimensional ideal by making *opticality*, the observer's spatial experience—the core of painting. However, this then throws up the question about how it can be distinguished vis-à-vis other work media: Where then do the divides to sculpture lie? In the relationship between medium and material a conceptual hinge (pivot) opens us, since as both are reduced to such an extent to zero, both collapse into each other. Donald Judd provides an answer to the conflict with his *Specific Objects* (1965), which are neither the one nor the other, and thwart every attempt to create categories using work media. Of the various events one to be mentioned here is one of the numerous radical changes in history towards a "postmedial condition,", which substantially shapes art creation today. However, today our concept of material is also shaped by radical changes in technology.

In 1985 the exhibition *Les Immatériaux* took place at Palais De Tokyo in Paris. Jean-François Lyotard (a philosopher as curator) formulated the thesis that in future the world would lose its material distinctions, solid objects would be replaced by the perception of transient surfaces. Organized 27 years ago the show can certainly be seen as a cultural media prophecy of the current status quo. The computer no longer serves just to make bureaucratic processes easier, the new technologies have become more ubiquitous: Having penetrated into all areas of life you find them in the most insignificant places. There is no longer an aura of utopia surrounding virtual areas of action: Life in *cyberspace* no longer seems like the unbridled liberation it was extolled to be a decade ago with forceful advertising imagery, rather it has become reality in a narcissistic, capitalist and communicative manner. This also involved the disappearance of differing tactile levels, as a set of data that can be reproduced everything shown on the screen has one and the same material nature.

So what influence does the addition of virtual work and living spaces have on artistic creation, especially when considered against the conceptual backdrop of the correlation between material and medium? In this context, author David Joselit[3] names a list of verbs Richard Serra compiled, which describes the activities of analog art making: It includes terms such as *fold, roll, bend*—verbs, which refer to the direct physical work with the object. Joselit contrasts Serra's list with a further list, which might serve to describe aspects of contemporary art work: He talks of *formatting, marking* or *copying*— tracking down, selecting, reinterpreting or masking images and information, acts that can generally be ascribed to immaterial information management. On the other hand the activities Richard Serra described remain relevant, indeed the emphatic turning towards the production of sensual experience even seems to be on the increase. It is only seemingly that both directions seem to drift apart; today they are frequently combined in the technique of *translation*: between materials and media, between *online* and *offline*, between immaterial data flows and concrete, physical form, seemingly disparate specific properties that are placed in relation to one another in the artwork. We have long had a first generation that grew up with the Internet and for whom the distinction between social, virtual and physical living spaces is different than for previous generations. In order to pinpoint such an artistic attitude and the attendant lifestyle we have terms such as "Internet State of Mind" or "Post Internet Art,"[4] terms used to formulate an ambitious program.

Artistic duo Keller/Kosmas, born in 1986 and 1985 respectively, can be seen as representatives of this. They focus on the general issue of how digital technologies influence our social activities in a now global, virtual space. Along with their role as artists between producer and consumer, their work can be considered a hyper-affirmative institutional critique encompassing both the capital and art market, as shown, for instance, in the series *Ideal Work (Creative Solutions)*. This piece consists of solar panels the costs of which are under real conditions higher than their benefits and which are transformed into sculptures that could counter their deficient nature on the art market. Depending on perspective, overall painting and sculpture are ironically reanimated or consistently continued. In a painting reminiscent of Matisse the invisible aura we can assume the irreproducible artwork to have morphs into danger, manifested in likewise invisible toxic color material or, in *World Community Grids* (2010), indoor fountain sculptures linked to online charity organizations, in the delegation of the observer to a potential, imperfect philanthropist. With traditional artistic techniques, the (im)materiality of global flows of money and streams of symbols enters into dialog in the same way as online with offline.

New Zealand artist Simon Denny is also exemplary here, who redirects the smoothness of communication flows into absurdity by sculpturally deconstructing and isolating pathways, as in *Deep Sea Vaudeo* (2009). This room installation shows, amongst others, a row of monitors, ordered one behind the other according to chronological and technical performance criteria, playing 3D recordings of aquariums. These are test pictures used commercially to demonstrate the excellent optical qualities of the screens, such as sharpness. The banal utopia of self-dissimination in the three-dimensional image undergoes an even more banal transformation back into the static medium of sculpture: art as technical regress, performed in a strategically amateurish manner. In the end the screen is as flimsy as the argument it presents. Signified and signifier (technology and information transmitted) end up in a grotesque feedback loop. Here we cannot see to the bottom of the proverbial pool, just as little as a distinction between beginning and end, or between original and copy, seems possible or necessary.

Departing from technical reproducibility and existence as an "original" were always one of the last bastions of the medium of painting, although the copy always also enjoys art-historical appreciation; we need to think only of Andy Warhol's experiments with seriality in the 1960s or Paul Gauguin's version (*The Specter Watches Her*, 1891) of Édouard Manet's *Olympia* (1865). Not to mention East-Asian cultures, where, embedded in a different understanding of history and mastery, a successful reproduction takes precedence over the original. Precisely in the lee of digitalization, the debates revolving around copyright and intellectual property common in the West are coming to a head. Are such issues reflected in the visual arts, in particular with regard to classic media? Marieta Chirulescu studied painting; her works are presented as paintings on the wall, yet feature their own creative process. The artist selects a document, scans it in, prints it out, paints it, scans it in again and prints the result on canvas. This is only provisionally the last step in a potentially infinite chain of versions. In Chirulescu's work, images are always only provisional, and can potentially be worked on further by photographing or scanning them again. The artist's latest pieces also refer to such precarious images. They call to mind a preview program on a screen presumably alluding to an original—a game with the status of digital images, which are not based on any directly organic copy of reality. As empty representations, images without an archetype, they rest on an abstract data set. As an artistic attempt to devote new pictorial ideas to artistic production within an excessive global image culture, Chirulescu's work is wholly consistent with that of artists such as Cheyney Thompson, Sergej Jensen or Wade Guyton, who use both the social and technical peripheries to which the medium of painting is linked as formative means. Just as Guyton uses automated commands for an ink-jet printer in his pieces, Jensen prefers to use rather fabric instead of colors, and Thompson interweaves representations of real working time with enlarged details of the canvas itself, Marieta Chirulescu expands the field by including reproduction media such as scanning and photography. This again is also Jan Paul Evers' preferred working medium, who crosses its boundaries to achieve painterly results. Using an approach comparable to Chirulescu's method, he integrates found photographs, snippets of film and other digital and analog sources, which he superimposes or indeed merges in the darkroom—the development process is more decisive for the image than the individual components such as negative and JPEG. Thus the steps in Evers' work seem more comparable to those of a painter or sculptor, but applied to the medium of photography. Consequently, every print is unique, which opposes the media typical characteristic of reproducibility. Both Evers' and Chirulescu's contemporaneity consists in playfully dislocating outmoded ideas of original and reproduction. This also takes place, for instance, via the staging of zones *between* the images, such as in the constructive use of supposed transmission errors. Chirulescu uses, for example, dust particles on the scanner as formative elements, while in Evers' work the coarse, outward-oriented grain of the image no longer only comes from a negative, but stands now for one dimension of a multilayered image-forming process of a juxtaposition of various sources.

Olaf Holzapfel likes to combine different artistic media in his work, with a preference for painting and sculpture. Most recently he turned his attention to hay pictures—wall pieces he developed together with farmers in Poland, who wove the hay into thick ropes employing traditional braiding techniques. Produced in series using organic materials, the braids show slight deviations from one another. Once they have been delivered to his studio Holzapfel inserts the braids into a timber-frame structure which, displayed on the wall, not only reveals a depiction of a grid structure with inherent and therefore necessary blemishes, but is an artifact that bears the artistic translation of a cultural technique that has been passed on through generations. Elements in Holzapfel's work no doubt bring to mind the post-minimalist approaches by the likes of Eva Hesse, Richard Serra or Dan Graham, who criticize the industrial classification principles in minimalist art in reference to the organic (Hesse), the processual (Serra) and the urban (Graham). Holzapfel's hay pictures are just as his timber frame sculptures conceived on the basis of the binary logic of digital codes as well as the expanses of cultural spaces, which inform our present lives in their global and local orientation. Oscillating between city life and longing for the countryside, between global and local cultures and their techniques, between Modernism and the apparent overcoming of it, Holzapfel's pieces symbolize frozen, interrupted movements in the sense of diffuse plans on the basis of which we move and act.

Rosa Barba likewise moves between different artistic media in her film *The Long Road* (2010).

Using a hand-held camera, she traces the oval course of a race track in the desert from above before the film—in the sense of coming full circle—ends on the racecourse itself, thus playing with the presence and absence of the camera. Supposedly objective recordings and subjective interpretation superimpose and intersect. Barba produces the same tautology in *Stating the Real Sublime* (2009): The projector is suspended from the ceiling on the film reel itself, which runs through it in an attempt to balance a projected white image. All elements of film as a medium are used to create a new form of depiction, which is neither film nor sculpture and ultimately escapes classification.

It is not without reason that Rosa Barba is presented at the end of the introduction, given that her works in their orientation towards what is "old," towards antiquated, outmoded technologies vaguely recall Marcel Broodthaers, who not only had an interest in how individual media were structurally interrelated, but had a penchant for "old" things in general: The formal idioms and insignia of bourgeois 19th-century life form the basis of his work and formulate an explicit criticism: Loosely referencing Walter Benjamin, the depiction of the antiquated will for one last time shine a light on the utopian dimension of what was formerly new, in analogy to the spectacular agony of a dying star. Liberated from the necessity to find immediate application, the outmoded thing reveals the empty promise of capitalist action. For the present, however, it is impossible to attest such a function without cracks: As a result of the cultural space being saturated with images, in which even the old[5] is able to represent cutting-edge trends, the logic of commercial exploitation in goods production has necessarily become more powerful. Rosalind Krauss believes that Broodthaers preferred medium was not a working medium in terms of an artistic technique, but rather *fiction*, as something that has always determined reality and interlinked with it. In a present, in which visual phantasms penetrate the real world such that it is impossible to tell the difference between fact and fiction, it seems reasonable to embrace the technique of *translation* briefly sketched above as a contemporary medium: In a matrix composed of supposedly near and far, physical and immaterial habitats, lifetimes and languages, translation seems best designed to detect errors, boundaries, leaks, and blind spots.

1   Rosalind Krauss, *A Voyage on the North Sea – Broodthaers, das Postmediale*, (Zurich and Berlin, 2008).

2   Started in 1968 with the *Musée d'Art Moderne Département des Aigles, Section XIXe siècle* in Brussels, the museum continued to evolve at various European exhibition venues including *documenta 5* (1972) and Kölner Kunstmarkt (1972).

3   David Joselit, "What to do with Pictures," in *October*, no. 138, 2011.

4   The *Post Internet Survival Guide* opens thus: "The shift to a multi-polar, mobile, post-democratic, gated, real-time set of conditions effectively redistributes the global balance of powers. The existing structures of our (Western) mode of thinking and being, including the flows of energy and value, the domain of aesthetics, the currency of art, and our role in the process that is civilization are being reshaped and re-articulated. The scale of these changes are reflected in the dynamics of formats—files, gadgets, species, identities, ideologies, brands, styles, cultures, natural disasters, memes, technologies—entering the ultimate platform and player of dissemination: Internet," http://www.katjanovi. net/postinternetsurvivalguide.html, last consulted on April 15, 2012.

5   Simon Reynolds' "Retromania" springs to mind here, which deals with Pop culture's collaging of past styles and phenomena—along with the massive use of programs such as "Instagram", which, widely popular in the social media, is used to give photographs an artificial patina.

KÜNSTLERBIOGRAFIEN/ ARTISTS' BIOGRAPHIES

SAÂDANE AFIF

*1970 in Vendôme
Lebt/Lives in Berlin

EINZELAUSSTELLUNGEN (AUSWAHL)/
SOLO EXHIBITIONS (SELECTION)
2012   MMK Zollamt, Frankfurt am Main
2011   Schinkel Pavillon, Berlin
2010   Centre Pompidou, Paris
2008   Witte de With Center for
       Contemporary Art, Rotterdam

GRUPPENAUSSTELLUNGEN (AUSWAHL)/
GROUP EXHIBITIONS (SELECTION)
2011   *French Window: Contemporary
       French Art Scene*, Mori Art
       Museum, Tokio
2010   *Morality*, Witte de With Center for
       Contemporary Art, Rotterdam
2009   *Kunstpreis der Böttcherstraße in
       Bremen*, Weserburg
2007   *documenta 12*, Kassel
       Learn to Read, Tate Modern,
       London

AUSZEICHNUNGEN (AUSWAHL)/
AWARDS (SELECTION)
2009   Prix Marcel Duchamp, Paris
2006   Prix International d'Art
       Contemporain de la Fondation
       Prince Pierre de Monaco

BIBLIOGRAFIE (AUSWAHL)/
BIBLIOGRAPHY (SELECTION)
*Saâdane Afif: Another Anthology of Black
   Humour*, MMK Zollamt, Frankfurt am
   Main, Nürnberg 2012.
Technical Specifications, Witte de
   With Center for Contemporary Art,
   Rotterdam 2008.
Saâdane Afif – Lyrics, 2 Bde., Palais de
   Tokyo, Paris 2005.

ULF AMINDE

*1969 in Stuttgart
Lebt/Lives in Berlin

EINZELAUSSTELLUNGEN (AUSWAHL)/
SOLO EXHIBITIONS (SELECTION)
2012   Heidelberger Kunstverein
2011   Galerie Tanja Wagner, Berlin
2010   Kunstverein Arnsberg
2009   Volksbühne Berlin (Theater)
2008   Jet, Berlin
2007   Gesellschaft für Aktuelle Kunst,
       Bremen

GRUPPENAUSSTELLUNGEN (AUSWAHL)/
GROUP EXHIBITIONS (SELECTION)
2012   *30 Räume, 30 Künstler*, Neues
       Museum in Nürnberg u.a.
2011   Plateaux Festival 2011, Frankfurt am
       Main
       Selected Artists, NGBK Berlin
2010   *Urbi et Orbi*, Museum Paço des
       Artes, São Paolo
       *Curated by … Clemens v.
       Wedemeyer*, Galerie nächst
       St. Stephan, Wien
2009   *Un/Mögliche Gemeinschaft*,
       Shedhalle, Zürich
       Playing the City, Schirn Kunsthalle,
       Frankfurt am Main
2007   *zwischen zwei toden*, ZKM
       Karlsruhe
       Rock'n Video, MAC/VAL – Musée
       d'Art Contemporain du Val de
       Marne, Vitry-sur-Seine
2006   *Von Mäusen und Menschen*,
       4. Berlin Biennale

BIBLIOGRAFIE (AUSWAHL)/
BIBLIOGRAPHY (SELECTION)
Ulf Aminde, *miserere*, Berlin 2011.
Susanne Weiß, Lena Ziese, *Ulf Aminde:
   Ruhe und Ordnung*, Berlin 2009.
Ellen Blumenstein, Felix Ensslin (Hg./ed.),
   zwischen zwei toden, Ostfildern 2007.
Anne Kersten, „The Survival of the
   Fittest", in: Ulf Aminde. *the survival
   of the fittest*, Kunstverein Wolfsburg,
   Wolfsburg 2005.

ROSA BARBA

*1972 in Agrigento
Lebt/Lives in Berlin

EINZELAUSSTELLUNGEN (AUSWAHL)/
SOLO EXHIBITIONS (SELECTION)
2012   Kunsthaus Zürich
2011   Fondazione Galleria Civica, Trento
       MART, Museum, Rovereto
2010   TATE Modern, London
       Center of Contemporary Arts,
       Tel Aviv

GRUPPENAUSSTELLUNGEN (AUSWAHL)/
GROUP EXHIBITIONS (SELECTION)
2012   *Unfinished Journeys*, Museum of
       Contemporary Art, Oslo
2011   *Les Marques Aveugles*, Centre d'Art
       Contemporain, Genf
2010   *Premio Italia*, Maxxi Museo
       nazionale delle darti del XXI secolo,
       Rom
       Touched, Liverpool Biennale
2009   *Making Worlds*, Palazzo delle
       Eposizione, 53. Biennale di Venezia

BIBLIOGRAFIE (AUSWAHL)/
BIBLIOGRAPHY (SELECTION)
Rosa Barba, White is an Image, mit Texten
   von Lynne Cooke, Ian White u.a.,
   Ostfildern 2011.
Kirsty Bell, „Suspended Animation", in:
   Frieze, Mai 2011.
Lynne Cooke, „Best of 2010", in: *Artforum*,
   203, Dezember 2010.
Holland Cotter, „Ecstatic Resistance", in:
   The New York Times, Dezember 17,
   2009.
Daniel Birnbaum, „Best of 2008", in:
   Artforum, 263, Dezember 2008.
Rosa Barba, *Printed Cinema #1–10, 2004–
   2008*, Brüssel, Köln 2008.

ALEXANDRA BIRCKEN

*1967 in Köln
Lebt/Lives in Köln

EINZELAUSSTELLUNGEN (AUSWAHL)/
SOLO EXHIBITIONS (SELECTION)
2012   Kunstverein Hamburg
2011   Studio Voltaire, London
       Kimmerich Gallery, New York
2010   Kölnischer Kunstverein
2009   BQ, Berlin und Herald St., London
2008   Ursula Blickle Stiftung, Kraichtal
       Docking Station, Stedelijk Museum,
       Amsterdam

GRUPPENAUSSTELLUNGEN (AUSWAHL)/
GROUP EXHIBITIONS (SELECTION)
2011   *Skulpturales Handeln*, Haus der
       Kunst, München
       *Gesamtkunstwerk: New Art From
       Germany*, Saatchi Gallery, London
       EINS PLUS EINS, M.1 Arthur
       Boskamp-Stiftung, Hohenlockstedt
2010   *SPOT ON 05*, Museum Kunstpalast,
       Düsseldorf
2009   *The Long Dark*, The International 3,
       Manchester; Hatton Gallery,
       Newcastle-upon-Tyne
2008   *Borders*, Museum Boijmans Van
       Beuningen, Rotterdam
2007   *Unmonumental*, New Museum of
       Contemporary Art, New York

BIBLIOGRAFIE (AUSWAHL)/
BIBLIOGRAPHY (SELECTION)
Julienne Lorz, Patrizia Dande (Hg./ed.),
   Skulpturales Handeln, München 2011.
Yilmaz Dziewior u.a. (Hg./ed.), *The Art of
   Tomorrow*, Berlin 2010.
Alexandra Bircken, Museum Kunstpalast,
   Düsseldorf 2010.
Richard Flood u.a., *Unmonumental*, New
   York 2007.
Alex Bircken, BQ Köln, Köln 2004.

SHANNON BOOL

*1972 in Comox, CDN
Lebt/Lives in Berlin

EINZELAUSSTELLUNGEN (AUSWAHL)/
SOLO EXHIBITIONS (SELECTION)
2012   Galerie Kadel Willborn, Karlsruhe
       Daniel Faria Gallery, Toronto
2011   Kunstverein Bonn
2010   Gesellschaft für Aktuelle Kunst,
       Bremen
       CRAC / Musée d'Art Moderne
       d'Alsace, Altkirch
2008   RMIT Project Space, Melbourne

GRUPPENAUSSTELLUNGEN (AUSWAHL)/
GROUP EXHIBITIONS (SELECTION)
2011   *iRonic. Die feinsinnige Ironie der
       Kunst*, Kunstpalais Erlangen
2010   *New Frankfurt Internationals*,
       Frankfurter Kunstverein
2009   *Rock Opera*, CAPC, Bordeaux
       7 x 14, Kunsthalle Baden-Baden
2008   *Drawing on Sculpture*, Henry
       Moore Institute, Leeds
2006   *Spiralen der Erinnerung*, Hamburger
       Kunstverein
2005   *Sammlung Deutsche Bank,
       Jubiläumsausstellung*, Deutsche
       Guggenheim, Berlin
2004   *Geneologies of Glamour*, migros
       museum, Zürich

BIBLIOGRAFIE (AUSWAHL)/
BIBLIOGRAPHY (SELECTION)
CRAC Alsace u.a. (Hg./ed.), *Shannon Bool –
   Inverted Harem*, Berlin 2011.
Rosemary Heather, „Ornament as Content:
   An Interview with Shannon Bool", in:
   cmagazine, 92, 2006.
Vanessa Joan Müller, „Watchlist: Shannon
   Bool", in: *Monopol*, 6, 2005.
Emma Dexter, *Vitamin D*, New York 2005.

MIKE BOUCHET

*1970 in Castro Valley
Lebt/Lives in Frankfurt am Main

EINZELAUSSTELLUNGEN (AUSWAHL)/
SOLO EXHIBITIONS (SELECTION)
2011   O.P.A (Oficina para Proyectos de
       Arte), Guadalajara
2010   COBRA Museum, Amstelveen
       Schirn Kunsthalle, Frankfurt am Main
       The Box, Los Angeles
2009   Frieze Projects, Frieze, London
2005   Kunstraum Innsbruck
2003   Maccarone, Inc., New York

GRUPPENAUSSTELLUNGEN (AUSWAHL)/
GROUP EXHIBITIONS (SELECTION)
2012 *Track*, S.M.A.K., Ghent
2011 *Strictly Global*, Deutsche Bank
Frankfurt am Main
2009 *Making Worlds*, 53. Biennale di
Venezia
2007 *2. Moskau Biennale*
2006 *5 Billion Years*, Palais de Tokyo, Paris
Of Mice and Men, 4. Berlin Biennale
2005 *Greater New York 2005*, MoMA
PS1, New York

BIBLIOGRAFIE (AUSWAHL)/
BIBLIOGRAPHY (SELECTION)
Max Hollein und Matthias Ulrich
(Hg./ed.), *Neues Wohnen*, Köln 2010.
Mike Bouchet, *Selected Works 1989–
2009*, Berlin, New York 2009.
Noemi Smolik, „Nur nicht den Kopf
verlieren!", in: *Frankfurter Allgemeine
Zeitung* 14.01.2008.
Maurizio Cattelan u.a., *Von Mäusen und
Menschen*, Berlin 2006.
Christine Kintisch (Hg./ed.), *Strich
Zeichnung Bild*, Wien 2005.

MATTI BRAUN

*1968 in Berlin
Lebt/Lives in Köln

EINZELAUSSTELLUNGEN (AUSWAHL)/
SOLO EXHIBITIONS (SELECTION)
2012 Arnolfini, Bristol
2011 Galleria S.A.L.E.S., Rom
2010 La Galerie, Noisy-le-Sec und
Kunstverein Braunschweig
2009 Kunstmuseum Liechtenstein
2008 Museum Ludwig, Köln; Museion,
Bozen
2007 Esther Schipper, Berlin
2006 Theateraufführung, Laban Theatre
and The Showroom, London
2003 The Showroom, London
2002 Stedelijk Museum, Bureau Amsterdam

GRUPPENAUSSTELLUNGEN (AUSWAHL)/
GROUP EXHIBITIONS (SELECTION)
2010 *Mental archeology*, Kunstverein
Nürnberg; Le Crédac, Ivry-sur-Seine
2009 *AK-Kunstprojekte*, Arbeitskammer,
Wien
Le Travail de Rivière, Centre d'art
contemporain Le Crédac, Ivry-sur-
Seine
2008 *Santhal Family*, MUHKA, Antwerpen
2007 *L'homme nu*, Maison Populaire,
Montreuil
2004 *Tracer*, Witte de With Center for
Contemporary Art, Rotterdam

BIBLIOGRAFIE (AUSWAHL)/
BIBLIOGRAPHY (SELECTION)
Kunstverein Braunschweig (Hg./ed.),
Matti Braun. Salo, Braunschweig 2011.
Matti Braun, Kola, Vaduz 2010.
Kasper König, Nina Gülicher (Hg./ed.),
Matti Braun: Özurfa, Bozen 2009.
Matti Braun, R.T., London 2003.
Renate Goldmann (Hg./ed.), *Matti Braun*,
Köln 2003.
Matti Braun, Rajkot, Köln 2002.

NINA CANELL

*1979 in Växjö
Lebt/Lives in Berlin

EINZELAUSSTELLUNGEN (AUSWAHL)/
SOLO EXHIBITIONS (SELECTION)
2012 Cubitt Gallery, London
Douglas Hyde Gallery, Dublin
2011 Kunsthalle Fridericianum, Kassel
2010 MUMOK, Wien
2009 Neuer Aachener Kunstverein
Kunstverein Hamburg
2008 ICA, London

GRUPPENAUSSTELLUNGEN (AUSWAHL)/
GROUP EXHIBITIONS (SELECTION)
2012 18th Biennale of Sydney
Intense Proximity: La Triennale, Paris
2011 *Twenty: Acquisitions*, Irish Museum
of Modern Art, Dublin
Labor (Ars Viva Prize), SALT, Istanbul
2010 *On Line*, MoMA, New York
Modernautställningen, Moderna
Museet, Stockholm
6th Liverpool Biennial, Tate
Liverpool
2009 *All That is Solid Melts into Air*,
MuHKA, Antwerpen/Mechelen

BIBLIOGRAFIE (AUSWAHL)/
BIBLIOGRAPHY (SELECTION)
Steve Connor, *Nina Canell: Into the Eyes
as Ends of Hair*, London 2012.
Dieter Roelstraete und/and Karl Lydén,
Nina Canell: To Let Stay Projecting ...,
Wien 2010.
Melanie Bono, Annette Hans (Hg./ed.),
Nina Canell: Evaporation Essays,
Berlin 2010.
Adam Szymczyk, „Nina Canell", in:
*Creamier – Contemporary Art in
Culture*, London 2010.

MARIETA CHIRULESCU

*1974 in Sibiu
Lebt/Lives in Berlin

EINZELAUSSTELLUNGEN (AUSWAHL)/
SOLO EXHIBITIONS (SELECTION)
2011 White Cube Bermondsey, London
Kunstverein-Albrecht Dürer
Gesellschaft, Nürnberg
Neues Museum in Nürnberg
2010 Kunsthalle Basel
2009 Kunsthalle Mainz
Projektraum der Temporären
Kunsthalle Berlin

GRUPPENAUSSTELLUNGEN (AUSWAHL)/
GROUP EXHIBITIONS (SELECTION)
2011 *Ein psycho-geographischer Plan*,
Galerie Max Mayer, Düsseldorf
2010 *Back to the Old House*, Clifton
Benevento, New York
Fade In to you, Herald St, London
2009 *La preuve concrète*, The Concrete
Proof, Centre Europeen d'Actions
Artistiques Contemporaines,
Straßburg

BIBLIOGRAFIE (AUSWAHL)/
BIBLIOGRAPHY (SELECTION)
Dominikus Müller, „Am offenen Scanner,
Scanning the surface", in: *Frieze*, 3,
2011.
Felix Vogel, „Marieta Chirulescu", in:
Inside the White Cube, White Cube
Bermondsey 2011.
Chris Sharp, „Ghosts in the Machine", in:
Art Review, Juni 2010.
Mihaela Chiriac, Adam Szymczyk,
Marieta Chirulescu, Berlin 2010.

KEREN CYTTER

*1977 in Tel Aviv
Lebt/Lives in Berlin

EINZELAUSSTELLUNGEN (AUSWAHL)/
SOLO EXHIBITIONS (SELECTION)
2012 Oakville Galleries, Toronto
DiverseWorks, Austin
2011 Stedelijk Museum, Amsterdam
Kunstverein München
2010 Moderna Museet, Stockholm
Project Series, Hammer Museum,
Los Angeles
2009 Le Frac Ile-de-France/Le Plateau, Paris
X Initiative, New York

GRUPPENAUSSTELLUNGEN (AUSWAHL)/
GROUP EXHIBITIONS (SELECTION)
2012 *Found in Translation*, Guggenheim
Berlin
2011 *The plot*, The Power Plant, Toronto
2010 8th Gwangju Biennale
2009 *Fare Mondi/Making Worlds*, 53.
Biennale di Venezia
*The Generational: Younger Than
Jesus*, New Museum, New York

BIBLIOGRAFIE (AUSWAHL)/
BIBLIOGRAPHY (SELECTION)
Daniel Birnbaum, „True lies", in: *Artforum*,
März 2010
Skye Sherwin, „Keren Cytter's Production
Machine", in: *Art Review*, April 2009.

NATALIE CZECH

*1976 in Neuss
Lebt/Lives in Berlin

EINZELAUSSTELLUNGEN (AUSWAHL)/
SOLO EXHIBITIONS (SELECTION)
2012 Ludlow 38, New York
Nassauischer Kunstverein,
Wiesbaden
2011 Kunstverein Langenhagen
Kunstverein Düsseldorf/Project
Space
Galerie Catherine Bastide, Brüssel
2010 Galerie Katharina Bittel, Hamburg

GRUPPENAUSSTELLUNGEN (AUSWAHL)/
GROUP EXHIBITIONS (SELECTION)
2012 *Reflection and Empathy*, Kai 10,
Düsseldorf
2011 *Anfang gut. Alles gut.*, Kunsthaus
Bregenz
2010 *Der diskrete Charme des blinden
Flecks*, Westfälischer Kunstverein,
Münster
Milk Drop Coronet, Camera
Austria/Kunsthaus Graz

BIBLIOGRAFIE (AUSWAHL)/
BIBLIOGRAPHY (SELECTION)
Andrew Berardini, Barry Schwabsky,
Natalie Czech-Ludlow 38, Berlin 2012.
Vanessa Joan Müller u.a., *Natalie Czech:
I have nothing to say. Only to show*,
New York 2012.
Gigiotto Del Vecchio, „Natalie Czech –
Hidden Poems", in: *Mousse*, 32, 2012.
Judith Vrancken, „Natalie Czech at
Uqbar", in: *Flash Art*, 114, 2011.
Will Corwin, „Natalie Czech at Katharina
Bittel", in: *Frieze*, 138, 2011.
Jens Asthoff, „Natalie Czech bei Katharina
Bittel", in: *Artnet*, 2010.

SIMON DENNY

*1982 in Auckland
Lebt/Lives in Berlin

EINZELAUSSTELLUNGEN (AUSWAHL)/
SOLO EXHIBITIONS (SELECTION)
2012   Aspen Art Museum
       Westfälischer Kunstverein, Münster
2011   Petzel Gallery, New York
       Neuer Aachener Kunstverein
2010   Halle für Kunst, Lüneburg
       Artspace Sydney
2009   Galerie Buchholz, Köln
2008   Ursula Blickle Stiftung, Kraichtal

GRUPPENAUSSTELLUNGEN (AUSWAHL)/
GROUP EXHIBITIONS (SELECTION)
2012   Remote Control, ICA, London
2011   So machen wir es, Kunsthaus
       Bregenz
       Based in Berlin, KW, Berlin
2010   Verbotene Liebe, Kölnischer
       Kunstverein
       Throwing Three Balls in the Air to
       Get a Straight Line, Malmö
       Konsthall
       Let us compare Mythologies, Witte
       de With Center for Contemporary
       Art, Rotterdam

BIBLIOGRAFIE (AUSWAHL)/
BIBLIOGRAPHY (SELECTION)
Mathieu Malouf, „A painting is a TV that
    doesn't work", in: Texte zur Kunst, 85,
    2012.
Nora Reinhardt, „Das Eigenleben der
    Kleckse", in: Die Zeit, 1.3.2012.
Envisaging Vocational Rehabilitation,
    Westfälischer Kunstverein, Münster 2012.
Cruise Line, NAK, Aachen 2011.
Conland, Natasha, „Looking Back/Looking
    Forward", in: Frieze, 136, 2011.
Renate Puvogel, „Simon Denny", in:
    Kunstforum International, 209, 2011.
Simon Denny – Aquarium Videos, Michael
    Lett, Auckland, Galerie Buchholz, Köln
    2010.
Jörg Heiser, „Ignorieren reichte nie,
    Ironisieren nicht mehr", in: Frankfurter
    Allgemeine Zeitung, 27.10.2010.

JAN PAUL EVERS

*1982 in Köln
Lebt/Lives in Köln

EINZELAUSSTELLUNGEN (AUSWAHL)/
SOLO EXHIBITIONS (SELECTION)
2011   Galerie Max Mayer, Düsseldorf
       Galerie Kadel Willborn, Karlsruhe
2008   Mayerei, Karlsruhe

GRUPPENAUSSTELLUNGEN (AUSWAHL)/
GROUP EXHIBITIONS (SELECTION)
2012   Carl Strüwe im Kontext
       zeitgenössischer Fotografie,
       Bielefelder Kunstverein
2011   The sound of downloading makes
       me want to upload, Sprengel
       Museum Hannover
       gute aussichten 2010/11,
       Deichtorhallen, Hamburg
2009   Ein loses Kontingent von Welt,
       Photomuseum Braunschweig
       Der Schnitt durch die Oberfläche
       legt neue Oberflächen frei,
       Temporary Gallery, Köln
2008   90 – 60 – 90, Galerie Gillian
       Morris, Berlin

BIBLIOGRAFIE (AUSWAHL)/
BIBLIOGRAPHY (SELECTION)
Magdalena Kröner, „Taschenspielertricks
    mit Taschenspiegeln", in: Frankfurter
    Allgemeine Zeitung, 11.02.2012.
Thomas Thiel, „Formen des Mikrokosmos
    im Kontext zeitgenössischer
    Fotografien von Liz Deschenes, Jan
    Paul Evers und Jochen Lempert", in:
    Carl Strüwe, Reisen in unbekannte
    Welten, Bielefeld 2012.
Feymedia (Hg./ed.), State of the Art
    Photography, Düsseldorf 2012.
Thomas Weski, Inka Schube (Hg./ed.),
    Photography Calling!, Hannover 2011.

OMER FAST

*1972 in Jerusalem
Lebt/Lives in Berlin

EINZELAUSSTELLUNGEN (AUSWAHL)/
SOLO EXHIBITIONS (SELECTION)
2012   The Power Plant, Toronto
       Wexner Center for the Arts,
       Columbus, Ohio
2011   Kölnischer Kunstverein
       La Caixa Forum, Barcelona
2010   Cleveland Museum of Art
       Whitney Museum of Art, New York

GRUPPENAUSSTELLUNGEN (AUSWAHL)/
GROUP EXHIBITIONS (SELECTION)
2011   54. Biennale di Venezia
       Found in Translation, Guggenheim
       Museum, New York
2010   The More Things Change, San
       Francisco Museum of Modern Art
       A Million and One Days, Lithuanian
       National Gallery of Art, Vilnius

MAX FRISINGER

*1980 in Bremen
Lebt/Lives in Hamburg und Berlin

EINZELAUSSTELLUNGEN (AUSWAHL)/
SOLO EXHIBITIONS (SELECTION)
2011   Kunstmuseum Bonn
2010   Contemporary Fine Arts, Berlin
2009   Galerie Katharina Bittel, Hamburg
       Trottoir, Hamburg

GRUPPENAUSSTELLUNGEN (AUSWAHL)/
GROUP EXHIBITIONS (SELECTION)
2011   Gesamtkunstwerk: New Art from
       Germany, Saatchi Gallery, London
       Schnitte im Raum. Skulpturale
       Collagen/Cuts in Space, Sculptural
       Collages, Museum Morsbroich,
       Leverkusen
2010   Ein Fest für Boris, Vittorio Manalese,
       Berlin
       Reemtsma Haus, Hamburg
       Opossum, Galerie Oel – Früh,
       Hamburg

AUSZEICHNUNGEN (AUSWAHL)/
AWARDS (SELECTION)
2011   Kunstpreis Start,
       Kunstmuseum Bonn

SIMON FUJIWARA

*1982 in London
Lebt/Lives in Berlin

EINZELAUSSTELLUNGEN (AUSWAHL)/
SOLO EXHIBITIONS (SELECTION)
2012   Tate St. Ives
2011   The Power Plant, Toronto
2010   Art Statements, Art Basel 41

GRUPPENAUSSTELLUNGEN (AUSWAHL)/
GROUP EXHIBITIONS (SELECTION)
2012   Print/Out, The Museum of Modern
       Art, New York
2011   The Air We Breathe, SFMOMA
       Berlin 2000–2011: Playing Among
       the Ruins, Museum of
       Contemporary Art, Tokyo
       Archive and Histories, Hamburger
       Kunsthalle
2010   The Lecture as a Work of Art, Public
       Art Fund, New York
       Huckleberry Finn, CCA Wattis
       Institute, San Francisco
       Map Marathon, Serpentine Gallery,
       London

AUSZEICHNUNGEN (AUSWAHL) /
AWARDS (SELECTION)
2010   The Baloise Art Prize, Art Basel 41
2009   Arts Foundation Fellowship Award,
       National Prize

BIBLIOGRAFIE (AUSWAHL)/
BIBLIOGRAPHY (SELECTION)
Simon Fujiwara: Since 1982, Tate St. Ives
    2012.
The Air We Breathe, SFMOMA,
    San Francisco 2011.
Christine Macel, „Best of 2010", in:
    Artforum, Dezember 2010.
Hans-Ulrich Obrist, „Interview", in:
    Kaleidoscope, Herbst 2010.
Jessica Morgan, „Simon Fujiwara", in:
    Artforum, September 2010.

CYPRIEN GAILLARD

*1980 in Paris
Lebt/Lives in Berlin

EINZELAUSSTELLUNGEN (AUSWAHL)/
SOLO EXHIBITIONS (SELECTION)
2011   Centre Georges Pompidou, Paris
       KW Institute for Contemporary Art,
       Berlin
2010   MMK Zollamt, Frankfurt am Main
       Kunsthalle Basel
       Wexner Center for the Arts, Ohio
2009   FRAC Champagne Ardenne, Reims
       Museum Fridericianum, Kassel

GRUPPENAUSSTELLUNGEN (AUSWAHL)/
GROUP EXHIBITIONS (SELECTION)
2011   Based in Berlin, Berlin
       54. Biennale di Venezia
2010   Directions: Cyprien Gaillard and
       Mario Garcia Torres, Hirshhorn
       Museum and Sculpture Garden,
       Washington
       The Original Copy: Photography of
       Sculpture, 1839 to Today, The
       Museum of Modern Art, New York

BIBLIOGRAFIE (AUSWAHL)/
BIBLIOGRAPHY (SELECTION)
Elsewhere, Museo Tamayo, Mexico City
    2011.
Cyprien Gaillard: Disquieting Landscapes,
    Columbus 2010.
Roxana Marcoci, The Original Copy:
    Photography of Sculpture, 1839 to
    Today, New York 2010.
Adam Szymczyk u.a., Cyprien Gaillard.
    Geographical Analogies, Basel 2010.
Gioni Massimiliano, „Younger than Jesus",
    in: Artist Directory, London 2009.

GREGOR GLEIWITZ

*1977 in Polen
Lebt/Lives in Berlin

EINZELAUSSTELLUNGEN (AUSWAHL)/
SOLO EXHIBITIONS (SELECTION)
2012 Galerie Manzoni Schäper, Berlin
2011 Grafisches Kabinett Düsseldorf
Kunstraum Morgenstraße, Karlsruhe
Grafisches Kabinett Düsseldorf,
Offspace Sebastian Riemers
2009 Offspace des Temp1-Projektes in
Schererstr. 11, Berlin

GRUPPENAUSSTELLUNGEN (AUSWAHL)/
GROUP EXHIBITIONS (SELECTION)
2012 *SNEAK PEEK/Artists of the Gallery*,
Galerie Manzoni Schäper, Berlin
2011 *Seb Koberstädt, Gregor Gleiwitz* im
Dok25, Düsseldorf
*Es gibt keinen sicheren Ort,
nirgends/Touching The Void*,
Zeitraumexit, Mannheim
2010 *Germanica Humira*, Forgotten Bar
Projects, Berlin
2009 *Hüttendong*, After The Butcher,
Offspace Berlin
2008 *Malerei 2008*, Westfälischer
Kunstverein, Münster
Menetekel, Clemens Goldbach
und/ and Gregor Gleiwitz,
Simultanhalle Köln
2007 *El Manifiesto de Santiago*, Matucana
100 in Santiago de Chile

DIRK DIETRICH HENNIG

*1967 in Herford
Lebt/Lives in Hannover

EINZELAUSSTELLUNGEN (AUSWAHL)/
SOLO EXHIBITIONS (SELECTION)
2009 Vertretung Niedersachsen beim
Bund, Berlin
2008 Städtische Galerie, Nordhorn
Kunstverein Wolfsburg
2005 Musée Ferrée temporairement,
Heiligenrode
2003 Roselius Museum, Worpswede

GRUPPENAUSSTELLUNGEN (AUSWAHL)/
GROUP EXHIBITIONS (SELECTION)
2011 *Architectures de film*, Centre
George Pompidou, Paris
2010 *The Square the Line and the Light*,
Tate Modern, London
2009 *hier und anderswo OWL 2*, MARTa,
Herford
2007 Small sculpture Triennale Murska
Sobota (SI)

BIBLIOGRAFIE (AUSWAHL)/
BIBLIOGRAPHY (SELECTION)
Ludwig Seyfarth, „Ironie, Fälschung und
Moral", in: *Kunstforum International*,
213, 2011.
Krist Gruijthuijsen, *Encyclopaedia of
Fictitious Artists – The Addition*, Zürich
2010.
A.C. Greenspan, „George Cup & Steve
Elliott. Eine Rekonstruktion", in:
Kunstforum International, 204, 2010.
Naoko Kaltschmidt, „Blacked Out. George
Cup & Steve Elliott. Retrospektive", in:
Springerin, Band 15, Heft 1, 2009.

BENEDIKT HIPP

* 1977 in München
Lebt/Lives in München

EINZELAUSSTELLUNGEN (AUSWAHL)/
SOLO EXHIBITIONS (SELECTION)
2012 Kunstpalais Erlangen
2011 Galerie Kadel Willborn, Karlsruhe
2010 Bielefelder Kunstverein
2009 Art 40 Basel, Art Statements, Basel
Sammlung der Deutschen
Bundesbank, Frankfurt am Main

GRUPPENAUSSTELLUNGEN (AUSWAHL)/
GROUP EXHIBITIONS (SELECTION)
2011 *Secret Societies*, Schirn Kunsthalle,
Frankfurt am Main
Secret Societies, CAPC, Musée d'art
contemporain de Bordeaux
2010 Museum van Bommel van Dam,
Venlo
2009 Lothringer 13, Städtische Kunsthalle
München
2008 *Do you have expectations?*,
Wartesaal, Zürich

BIBILIOGRAFIE (AUSWAHL)/
BIBLIOGRAPHY (SELECTION)
Secret Societies, Schirn Kunsthalle, CAPC
Bordeaux 2011.
Michael Hübl, „Künstler Benedikt Hipp",
in: Detlef Bluemler (Hg./ed.), *Kritisches
Lexikon der Gegenwartskunst*, Ausgabe
90, 2010.
Thomas Thiel, *Atlas ohne Vermerk*,
Bielefeld 2010.
Deutsche Bundesbank (Hg./ed.), *Benedikt
Hipp*, Frankfurt am Main 2010.
Gregor Jansen, Jörg Scheller (Hg./ed.),
Benedikt Hipp I, Berlin 2010.

OLAF HOLZAPFEL

*1969 in Görlitz
Lebt/Lives in Dresden und Berlin

EINZELAUSSTELLUNGEN (AUSWAHL)/
SOLO EXHIBITIONS (SELECTION)
2011 Galerie Gebr. Lehmann, Dresden
2010 Johnen Galerie, Berlin
2009 Galerie im Taxispalais, Innsbruck
Kunstmuseum Mülheim
2008 Galerie Hussenot, Paris
Autocenter, Berlin
2007 Galerie Sabine Knust, München
2005 Galerie Gebr. Lehmann, Dresden

GRUPPENAUSSTELLUNGEN (AUSWAHL)/
GROUP EXHIBITIONS (SELECTION)
2012 *Wahlverwandtschaften*, Museum
für Völkerkunde Hamburg
2011 *Illuminations*, 54. Biennale di
Venezia, Latin American Pavillion
Abstrakt//Skulptur, Georg Kolbe
Museum, Berlin
Köln Skulptur 6, Skulpturenpark Köln
Draußen ist feindlich, Kunstsalon
Bel Etage, Berlin
2010 *Menos Tiempo que lugar*, Museo
Nacional de Bellas Artes, Santiago
de Chile
Welt und System, Städtische
Galerie, Dresden
2008 *Der große Wurf*, Haus Lange und
Kaiser-Wilhelm-Museum, Krefeld
2007 *Very Abstract and Hyper Figurative*,
Thomas Dane Gallery, London
2006 *Construction, Ratio and Sense*,
Galerist, Istanbul
Fundstücke und Transit, Johnen
Galerie, Berlin
2005 *Fokus Istanbul*, Martin-Gropius-
Bau, Berlin

SVEN JOHNE

*1976 in Bergen auf Rügen
Lebt/Lives in Berlin

EINZELAUSSTELLUNGEN (AUSWAHL) /
SOLO EXHIBITIONS (SELECTION)
2012 Galerie Christian Nagel, Antwerpen
2011 Hong Kong Arts Centre
KLEMM'S, Berlin
Ber inische Galerie
2010 Frankfurter Kunstverein
Leopold Hoesch Museum, Düren

GRUPPENAUSSTELLUNGEN (AUSWAHL)/
GROUP EXHIBITIONS (SELECTION)
2012 *Making History*, Museum für
Moderne Kunst, Frankfurt am Main
2011 *Aschemünder*, Haus der Kunst,
München

I've dreamt about, MUDAM,
Luxemburg
Wunder, Deichtorhallen, Hamburg
2010 *Kunstfilmbiennale*, KW Institute for
Contemporary Art, Berlin
Squatting, Temporäre Kunsthalle,
Berlin
2009 *Vilnius COOP: gaps, fictions
and practices, The X Baltic Triennial
of International Art*, Vilnius
2008 *Vertrautes Terrain, Kunst in/über
Deutschland*, Zentrum für Kunst
und Medientechnologie, Karlsruhe

BIBLIOGRAFIE (AUSWAHL)/
BIBLIOGRAPHY (SELECTION)
Marianne Ingenwerth-Stiftung, Karl
Schmidt-Rottluff Förderungsstiftung
Berlin, Studienstiftung des deutschen
Volkes (Hg./ed.), *Karl Schmidt-Rottluff
Stipendium 2012*, Düsseldorf 2012.
Frankfurter Kunstverein (Hg./ed.), *Sven
Johne: Berichte zwischen Morgen und
Grauen*, Frankfurt am Main 2010.
Günther Peill foundation, Leopold Hoesch
Museum (Hg./ed.), *Sven Johne: Winter/
Badende*, Düren 2010.

KELLER/KOSMAS (AIDS-3D)

*1986 Daniel Keller in Detroit
*1985 Nik Kosmas in Minneapolis
Leben/Live in Berlin

EINZELAUSSTELLUNGEN (AUSWAHL)/
SOLO EXHIBITIONS (SELECTION)
2012 Neuer Aachener Kunstverein
Kraupa-Tuskany, Berlin
2011 NIMK-Nederlands Instituut voor
Mediakunst, Amsterdam
T293, Napoli
2010 Autocenter, Berlin
0047, Oslo
2009 YAMA, Istanbul
Galeria Stereo, Posen

GRUPPENAUSSTELLUNGEN (AUSWAHL)/
GROUP EXHIBITIONS (SELECTION)
2012 3rd Moscow International Biennale
for Young Art
New Order, Mediamatic,
Amsterdam
2011 *Based in Berlin*, Berlin
The New Psychedelica, Mu,
Eindhoven
2010 *Smart Frrridge*, Kunstverein
Medienturm, Graz
Enchanted, School of Development,
Berlin
2009 *Younger Than Jesus*, New Museum,
New York
The World is Flat, X Initiative,
New York

BIBLIOGRAFIE (AUSWAHL)/
BIBLIOGRAPHY (SELECTION)
Katja Novitskova (Hg./ed.), *Post Internet Survival Guide 2010*, Berlin 2011.
Keller/Kosmas (Aids-3D) interviewed by Simon Denny, *KALEIDOSCOPE blog*, 2011.
Domenikus Müller, „Für eine Handvoll JPGS – Tumblrismus!", in: *De:Bug*, 3, 2011.
Daniel Völzke, „Kunst 2.0", in: *Monopol*, 2, 2011.

KITTY KRAUS

*1976 in Heidelberg
Lebt/Lives in Berlin

EINZELAUSSTELLUNGEN (AUSWAHL)/
SOLO EXHIBITIONS (SELECTION)
2012   Focal Point Gallery, Southend-on-Sea
2011   Galerie Neu, Berlin
2010   Wadsworth Atheneum, Hartford
2009   Guggenheim Museum, New York
2008   Kunstverein Heilbronn
       Kunsthalle Zürich

GRUPPENAUSSTELLUNGEN (AUSWAHL)/
GROUP EXHIBITIONS (SELECTION)
2011   *Preis der Nationalgalerie für junge Kunst*, Hamburger Bahnhof, Berlin
2010   *What you see is where you're at*, National Galleries of Scotland, Edinburgh
2009   *Kunstpreis der Böttcherstraße*, Stiftung Neues Museum Weserburg, Bremen
2008   *Political/Minimal*, KW – Institute for Contemporary Art, Berlin
       So ist es und anders, Muzeum Sztuki, Lodz/Museum Abteiberg, Mönchengladbach

BIBLIOGRAFIE (AUSWAHL)/
BIBLIOGRAPHY (SELECTION)
Kunstverein Heilbronn (Hg./ed.), *Kitty Kraus*, Bielefeld 2009.
Nancy Adajania, Anne Ellegood; et al., *Vitamin 3-D. New Perspectives in Sculpture and Installation*, London/New York 2009.
Christy Lange, „Kitty Kraus. Identical dimensions and precarious constellations", in: *Frieze*, Oktober 2008.
Jennifer Allen, „Kitty Kraus", in: *Artforum*, November 2006.

ALICJA KWADE

*1979 in Kattowitz
Lebt/Lives in Berlin

EINZELAUSSTELLUNGEN (AUSWAHL)/
SOLO EXHIBITIONS (SELECTION)
2012   Johann König, Berlin
2011   Zentrum für Kunst und Medientechnologie, Karlsruhe
       Villa Tokyo, Toyko
       Oldenburger Kunstverein
2010   Johann König, Berlin
       Ereignishorizont, kestnergesellschaft, Hannover
2009   Johann König, Berlin
       Galerie Christina Wilson, Kopenhagen
2008   Hamburger Bahnhof, Museum für Gegenwart, Berlin

GRUPPENAUSSTELLUNGEN (AUSWAHL)/
GROUP EXHIBITIONS (SELECTION)
2012   Harris Lieberman, New York
       K21, Düsseldorf
       Karl Schmidt-Rottluff Stipendium, Kunsthalle Düsseldorf
2011   *Berlin 2000 – 2011 Playing among the ruins*, Museum of Contemporary Art, Tokio
       „__" Vorübergehend unsichtbar, MMK Zollamt, Frankfurt am Main
2010   *Dorothea von Stetten-Kunstpreis*, Kunstmuseum Bonn
       One Leading Away From Another, 303 Gallery, New York
       Ampersand, Daimler Contemporary, Berlin
       Wystawa, Museum of Modern Art, Warschau
       Neugierig?, Bundeskunsthalle, Bonn
2009   *Berlin meets Vienna*, Salon Österreich, Wien
       BERLIN 2000, Galerie Pace Wildenstein, New York

AUSZEICHNUNGEN (AUSWAHL)/
AWARDS (SELECTION)
2010– 2011   Robert Jacobsen-Preis
       Karl Schmidt-Rottluff Stipendium
2008   Piepenbrock Förderpreis für Skulptur 2008

ALON LEVIN

*1975 in Tel Aviv
Lebt/Lives in Berlin und Den Haag

EINZELAUSSTELLUNGEN (AUSWAHL)/
SOLO EXHIBITIONS (SELECTION)
2011   AMBACH & RICE, Los Angeles
       KLEMM'S, Berlin
2010   AMBACH & RICE, Seattle
2009   KLEMM'S, Berlin

GRUPPENAUSSTELLUNGEN (AUSWAHL)/
GROUP EXHIBITIONS (SELECTION)
2012   *Track*, S.M.A.K., Ghent
2011   *Material World*, Groninger Museum
2010   *Zwischenraum*, Kunstverein Hamburg
       History of art, the, David Roberts Art Foundation, London
       Remodeling Systems, CCS Bard, Annandale-on-Hudson
2009   *Weak Signals, Wild Cards*, De Appel, Amsterdam
2008   *Word Event*, Kunsthalle Basel
       Shifting Identities, Kunsthaus Zürich

BIBLIOGRAFIE (AUSWAHL)/
BIBLIOGRAPHY (SELECTION)
Alon Levin u.a., *Modernity in Very General Terms*, Berlin 2011.
Suzanne Kappeler, „Utopien im Raum", in: *NZZ*, 05.05.2011.
Angelika Burtscher und/and Judith Wielander (Hg./ed.), *Visible*, Berlin 2010.
Kara Kemp-Welch, „History of Art, the", in: *Art Monthly*, Juni 2010.
Alon Levin u.a, *Things Contemporary*, Berlin 2009.
Benjamin Genocchio, „Dutch Modern Art …", in: *The New York Times*, 27.09.2009.

KLARA LIDÉN

*1979 in Stockholm
Lebt/Lives in Berlin

EINZELAUSSTELLUNGEN (AUSWAHL)/
SOLO EXHIBITIONS (SELECTION)
2012   New Museum, New York
2011   Galerie Neu, Berlin
       Moderna Museet, Stockholm
2010   Serpentine Gallery, London
       Kunstverein Bonn
       Jeu De Paume, Paris
2009   Kunsthalle Fridericianum, Kassel
       Museum of Modern Art, New York
2007   Moderna Museet, Stockholm
2005   Reena Spaulings Fine Art, New York

GRUPPENAUSSTELLUNGEN (AUSWAHL)/
GROUP EXHIBITIONS (SELECTION)
2011   *Preis der Nationalgalerie für junge Kunst 2011*, Nationalgalerie, Berlin
       International Art Exhibition ILLUMInations, 54. Biennale di Venezia
2009   *Non-Solo, Non-Group Show*, Kunsthalle Zürich

BIBLIOGRAFIE (AUSWAHL)/
BIBLIOGRAPHY (SELECTION)
Helen Molesworth, „In Memory of Static", in: *Artforum*, March 2011.
Sophie O'Brien u. a. (Hg./ed.), *Klara Lidén*, London 2010.
Sam Thorne, „Klara Liden, Anarchic Urbanism", in: *Frieze*, Sommer 2008.
Roberta Smith, „Klara Liden", in: *The New York Times*, 14.01.2005.

AGATA MADEJSKA

*1979 in Warschau
Lebt/Lives in Essen

EINZELAUSSTELLUNGEN (AUSWAHL)/
SOLO EXHIBITIONS (SELECTION)
2010   WIDMER+THEODORIDIS contemporary, Zürich
2009   Galerie allerArt, Bludenz
2006   Projektraum Mikro, Düsseldorf

GRUPPENAUSSTELLUNGEN (AUSWAHL)/
GROUP EXHIBITIONS (SELECTION)
2012   *Förderpreis des Landes NRW für junge Künstler*, Abtei Kornelimünster, Aachen
       Der Mensch und seine Objekte, Museum Folkwang, Essen
2011   *reGeneration2*, Aperture Gallery, New York
2010   *Bloomberg New Contemporaries*, ICA, London
       Menos tiempo que lugar, Palacio National de las Artes, Buenos Aires
2009   *Bienal de Cuenca*, Museo de Arte Moderno, Ecuador
2008   *Gute Aussichten 2007/2008*, Deichtorhallen, Haus der Fotografie, Hamburg

BIBLIOGRAFIE (AUSWAHL)/
BIBLIOGRAPHY (SELECTION)
Der Mensch und seine Objekte, Museum Folkwang, Essen 2012.
Förderpreis des Landes NRW für junge Künstler, Abtei Kornelimünster, Düsseldorf 2011.
William A. Ewing u.a., *reGeneration 2 – Tomorrow's Photographers Today*, Aperture Gallery, London 2010.

Olivier Richon u.a., *Picking up/Bouncing back*, London 2010.
Menos tiempo que lugar, Palacio National de las Artes und/and Goethe-Institut, Brasilien 2010.
daadada, DAAD, London 2009.

MARCELLVS L.

*1980 in Belo Horizonte
Lebt/Lives in Berlin

EINZELAUSSTELLUNGEN (AUSWAHL)/
SOLO EXHIBITIONS (SELECTION)
2011 Bloomberg SPACE, London
The Living Art Museum, Reykjavik
2010 Infinitesimal, carlier | gebauer, Berlin
Kunsthalle Wien

GRUPPENAUSSTELLUNGEN (AUSWAHL)/
GROUP EXHIBITIONS (SELECTION)
2011 *Kunst und Philosophie*, Neuer Berliner Kunstverein
2010 *Stadt am Rande*, Today Art Museum, Beijing
2009 *Die Neue Galerie*, Museumslandschaft Hessen, Kassel
7th Mercosul Biennial, Porto Alegre
2008 16th Biennale of Sydney
ars viva 07/08 sound, Kunstverein Hannover
2007 *30° Panorama da Arte Brasileira*, MAM, São Paulo
9. Biennale Lyon
2006 27th Bienal de São Paulo
Nam June Paik Award, Museum für Angewandte Kunst, Köln

BIBLIOGRAFIE (AUSWAHL)/
BIBLIOGRAPHY (SELECTION)
Marcellvs L., *COMMA 34*, Bloomberg *SPACE*, London 2011.
Marcus Steinweg, *Marcellvs L., VideoRhizome II*, Nürnberg 2010.
Kulturkreis der deutschen Wirtschaft im BDI e.V. (Hg./ed.), *ARS VIVA 07/08*, Berlin 2007.
9e Biennale de Lyon, Lyon 2007
Lisette Lagnado, „Marcellvs L.", in: *Ice Cream*, New York 2006.

MANDLA REUTER

*1975 in Nqutu
Lebt/Lives in Berlin

EINZELAUSSTELLUNGEN (AUSWAHL) /
SOLO EXHIBITIONS (SELECTION)
2011 Vleeshal, Middelburg
Galerie Mezzanin, Wien
2010 Galerie Croy/Nielsen, Berlin
Francesca Minini, Mailand
2009 Mezzanin Galerie, Wien
Schinkelpavillon, Berlin
Kunsthalle Lingen
2008 Neue Alte Brücke, Frankfurt am Main

GRUPPENAUSSTELLUNGEN (AUSWAHL)/
GROUP EXHIBITIONS (SELECTION)
2012 *An Incomplete History of Incomplete Works of Art*, Francesca Minini, Mailand
2011 *You Don't Love Me Anymore*, Westfälischer Kunstverein, Münster
Köln Skulptur 6, Skulpturenpark Köln
Based in Berlin, Berlin
Imagine Being Here Now, 6th Momentum Biennial, Moss, NO
2010 *Sculptures Die Too*, Kunsthalle Mulhouse

BIBLIOGRAFIE (AUSWAHL)/
BIBLIOGRAPHY (SELECTION)
Alessandro Rabottini, „Mandla Reuter", in: *Frieze*, März 2011.
Adam Carr, „Mandla Reuter", in: *Flash Art*, März 2010.
Mandla Reuter: The Image Itself, Berlin 2007.
Mandla Reuter, *Pigment Piano Marble*, Buenos Aires 2006.
Mandla Reuter u.a., *Tokyo Panda*, Frankfurt am Main 2004.
Frühe Arbeiten, Frankfurt am Main 2001.

REYNOLD REYNOLDS

*1966 in Alaska
Lebt/Lives in Berlin

EINZELAUSSTELLUNGEN (AUSWAHL)/
SOLO EXHIBITIONS (SELECTION)
2012 Galerie Zink, Berlin
2011 Haus der Kulturen der Welt, Berlin
2010 Institut für moderne Kunst Nürnberg
2009 *Six Easy Pieces*, Invaliden1 Berlin, basis, Frankfurt

GRUPPENAUSSTELLUNGEN (AUSWAHL)/
GROUP EXHIBITIONS (SELECTION)
2012 *Supertemporal. Int. Video Art Today*, Kulturhuset Stockholm
2011 *Videonale 13*, Kunstmuseum Bonn
2010 *Höhepunkte der Kölner KunstFilmBiennale*, KW Berlin
2009 3. Moskau Biennale

FILM PERFORMANCES
2012 *The Lost*, Month of Performance Art Berlin
2010 *Six Easy Pieces*, MMX Open Art Venue Berlin

FILM FESTIVAL SCREENINGS
Int. Film Festival Rotterdam: 2011, 2009, 2002, 2001
Sundance Film Festival: 2009, 2005, 2002, 2000, 1999
Ann Arbor Film Festival: 2009, 2005, 2003

RETROSPECTIVE SCREENINGS
2012 Videoformes, Clermont-Ferrand
2011 Madatac, Museo Nacional Centro de Arte Reina Sofía, Madrid
2010 Gijon Film Festival
BAFICI Buenos Aires Int. Film Festival

NINA RHODE
(aka Ninja Pleasure)

* 1971 in Düsseldorf
Lebt/Lives in Berlin

EINZELAUSSTELLUNGEN (AUSWAHL)/
SOLO EXHIBITIONS (SELECTION)
2011 Dundee Contemporary Arts, Dundee
4D, Fernsehturm, Berlin
2009 Galerie Sandra Bürgel, Berlin
2008 Galerie Sandra Bürgel, Berlin
2007 Kunstverein Hamburg Harburg
2006 Kunsthalle Basel
2005 Künstlerhaus Stuttgart; Cubitt Gallery, London
1998 1. Berlin Biennale

GRUPPENAUSSTELLUNGEN (AUSWAHL)/
GROUP EXHIBITIONS (SELECTION)
2011 *You Don't Love Me Anymore*, Westfälischer Kunstverein, Münster
KW69 #7 by Kalin Lindena, KW Berlin
2009 *Modern Modern*, Chelsea Art Museum – Miotte Foundation, New York
2005 *Organism*, mit/with Gonzales & John Dekron, Nuit Blanche, St Jean de la Montmartre, Paris
2004 *Freier*, Galerie Art:Concept, Paris
2001 1st Price for Music Video (Gonzales, *Take me to Broadway*), Internationales Kurzfilmfestival/ International Short Film Festival Oberhausen
1997 *Rock the city down*, documenta X, Kassel
1995 bis/to 2011 Mitglied/Member of the *Honey-Suckle Company*

BERND RIBBECK

*1972 in Köln
Lebt/Lives in Berlin

EINZELAUSSTELLUNGEN (AUSWAHL)/
SOLO EXHIBITIONS (SELECTION)
2012 Alison Jacques Gallery, London
Galerie Peter Kilchmann, Zürich
2010 Galerie Kamm, Berlin
Ben Kaufmann, Berlin (mit/with Alois Corbaz)
2009 Harris Liebermann, New York
Alison Jacques Gallery, London
Oldenburger Kunstverein (mit/with Claudia Wieser)

GRUPPENAUSSTELLUNGEN (AUSWAHL)/
GROUP EXHIBITIONS (SELECTION)
2011 *The Cosmos of Rudolf Steiner*, Kunstmuseum Stuttgart
2010 *Rudolf Steiner & Contemporary Art*, Kunstmuseum Wolfsburg
2009 *Slow Paintings*, Museum Morsbroich, Leverkusen
2008 *Manifesta 7*, Trentino South Tyrol
2007 *Compilation III*, Kunsthalle Düsseldorf

BIBLIOGRAFIE (AUSWAHL)/
BIBLIOGRAPHY (SELECTION)
Christopher Bedford „Dear Painter …", in: *Frieze*, 145, März 2012.
Sven Drühl „Neue Abstraktion in der aktuellen Malerei", in: *Kunstforum International*, Januar 2011.
Markus Brüderlin, Ulrike Gross, *Rudolf Steiner & Contemporary Art*, Köln 2010.
Rajesh Punj „Bernd Ribbeck", in: *Flash Art*, Oktober 2009.

MICHAEL RIEDEL

*1972 in Rüsselsheim
Lebt/Lives in Frankfurt

EINZELAUSSTELLUNGEN (AUSWAHL)/
SOLO EXHIBITIONS (SELECTION)
2012 Schirn Kunsthalle, Frankfurt am Main
2010 Kunstverein Hamburg
2008 Lewis Glucksman Gallery, Cork
2007 Kunstraum Innsbruck
2006 Art 37 Basel

GRUPPENAUSSTELLUNGEN (AUSWAHL)/
GROUP EXHIBITIONS (SELECTION)
2011 *So machen wir es. Techniken und Ästhetik der Aneignung*, Kunsthaus Bregenz
2010 *Permanent Mimesis: An exhibition about Realism and Simulation*, Galleria Civica d'Arte Moderna e Contemporanea, Turin

2009 *Stutter*, Tate Modern, London
2007 *The History of a Decade that has not yet been named*, Biennale Lyon
2005 *1. Moskau Biennale*, Lenin Museum, Moskau
2003 *Kontext, Form, Troja*, Secession, Wien

BIBLIOGRAFIE (AUSWAHL)/
BIBLIOGRAPHY (SELECTION)
Michael Riedel, *The quick brown fox jumps over the lazy dog*, Hamburg/New York, 2010–2011.
Michael Riedel, *Perlstein*, London 2011.
Michael Riedel, *Meckert*, Köln 2009.
Michael Riedel, *Gedruckte und nicht gedruckte Posters (2003–08)*, Köln 2008.
Michael Riedel, *Neo*, Frankfurt am Main 2005.
Michael Riedel, *False Frieze Art Fair Catalogue*, Frankfurt am Main 2004.

RICARDA ROGGAN

*1972 in Dresden
Lebt/Lives in Leipzig

EINZELAUSSTELLUNGEN (AUSWAHL)/
SOLO EXHIBITIONS (SELECTION)
2012 Galerie EIGEN + ART, Berlin
2011 Nicosia Municipal Arts Center und/and Goethe-Institut, Nicosia
Koichi Ando Gallery, Tokio
2010 *natura nova*, Galerie EIGEN + ART, Berlin
2009 Kunst-Raum im Deutschen Bundestag, Berlin
Galerie EIGEN + ART, Leipzig
2008 KW Institute for Contemporary Art, Berlin
2007 MART, Rovereto
2006 Landesgalerie Linz/Fotohof Salzburg
2004 Museum der bildenden Künste Leipzig

GRUPPENAUSSTELLUNGEN (AUSWAHL)/
GROUP EXHIBITIONS (SELECTION)
2012 *Recent Photography from Leipzig*, Zabludowicz Collection, New York
2011 6. Curitiba Biennale, Brasilien
Sammlung Bergmeier, Kunstsaele Berlin
2010 Biennale de la Photographie et des Arts visuels, Liège
2009 *Drei. Das Triptychon in der Moderne*, Kunstmuseum Stuttgart
2006 *4. Berlin Biennale*
2005 *Zwischen Wirklichkeit und Bild, Positionen deutscher Fotografie der Gegenwart*, The National Museum of Modern Art, Tokio
2003 *Zeitgenössische Deutsche Fotografie*, Museum Folkwang, Essen

JULIA SCHMIDT

* 1976 in Wolfen
Lebt/Lives in Leipzig

EINZELAUSSTELLUNGEN (AUSWAHL)/
SOLO EXHIBITIONS (SELECTION)
2012 Nomas Foundation, Rom
2010 Meyer Riegger, Berlin
2009 *STOKROOM*, Galerie für Zeitgenössische Kunst, Leipzig
2008 *Lavoro*, Casey Kaplan Gallery, New York
2007 Museum der bildenden Künste Leipzig
2006 Casey Kaplan Gallery, New York

GRUPPENAUSSTELLUNGEN (AUSWAHL)/
GROUP EXHIBITIONS (SELECTION)
2012 *Die Villa Massimo zu Gast im Martin-Gropius-Bau*, Berlin
2011 *about painting*, abc art berlin contemporary, Berlin
Control, Magazine 4, Bregenzer Kunstverein
2009 *Trouble with Realism*, KOW, Berlin

BIBLIOGRAFIE (AUSWAHL)/
BIBLIOGRAPHY (SELECTION)
Julia Schmidt, Markus Dreßen (Hg./ed.), *Practices Procedures Flows Reversals*, Leipzig 2010.
Freisteller, Villa Romana – Preisträger 2008, Nürnberg 2008.
Julia Schmidt, Hans-Werner Schmidt (Hg./ed.), *Tourism and Painting*, Leipzig 2006.
Julia Schmidt, Beatrice von Bismarck, *Noise of Palace*, Frankfurt am Main 2004.

KATHRIN SONNTAG

*1981 in Berlin
Lebt/Lives in Berlin

EINZELAUSSTELLUNGEN (AUSWAHL)/
SOLO EXHIBITIONS (SELECTION)
2011 Kunstverein Hamburg
Galerie Kamm, Berlin
2010 Kunstraum Walcheturm, Zürich
2009 Swiss Institute, New York
Gesellschaft für Aktuelle Kunst, Bremen
2007 white light, Düsseldorf

GRUPPENAUSSTELLUNGEN (AUSWAHL)/
GROUP EXHIBITIONS (SELECTON)
2011 *making and art*, Stadtgalerie Schwaz/Tirol
2010 *Leopards in the Temple*, Sculpture Center, New York

2009 *Das Gespinst. Die Sammlung Schürmann zu Gast im Museum Abteiberg*, Museum Abteiberg, Mönchengladbach
A la surface de l'infini, La Galerie, Noisy le Sec
2008 *Privatsphäre*, Nürnberger Kunstverein

BIBLIOGRAPHIE (AUSWAHL)/
BIBLIOGRAPHY (SELECTION)
Christy Lange, „Nature Morte", in: *Frieze*, 143, 2011.
Ulrich Clewing, „Pingpong für die Augen", in: *AD Magazin*, Oktober 2011.
Silke Hohmann, „Kathrin Sonntag", in: *Monopol*, 5, 2011.
Dr. Georg und Josi Guggenheim Stiftung, Kunstraum Walcheturm (Hg./ed.), *Futur Intérieur*, Zürich 2010.
Janneke de Vries (Hg./ed.), *SUPERKALIFRAGILISTIKEXPIALIGETIK*, Bremen 2010.
Burkhard Meltzer, „Kathrin Sonntag", in: *Frieze*, 131, 2010.
Chris Sharp, „Mise en Scène", in: *Art Review*, 39, 2010.

HELEN VERHOEVEN

*1974 in Leiden
Lebt/Lives in Den Haag und Berlin

EINZELAUSSTELLUNGEN (AUSWAHL)/
SOLO EXHIBITIONS (SELECTION)
2012 Wallspace, New York
SCHUNCK, Heerlen
2010 Galerie Diana Stigter, Amsterdam
2008 Mesler & Hug, Los Angeles
2007 Galerie Fons Welters, Amsterdam

GRUPPENAUSSTELLUNGEN (AUSWAHL)/
GROUP EXHIBITIONS (SELECTION)
2012 *Objects of Dismissal*, AUTOCENTER, Berlin
Young Painting, Dordrechts Museum
2011 *Bellevue*, Stedelijk Museum, Amsterdam
2010 *In.flec.tion*, HVCCA, New York
2008 *Royal Painting Prize*, GEM Museum, Den Haag
2007 *Recent Acquisitions*, Essl Museum, Wien

AUSZEICHNUNGEN (AUSWAHL)/
AWARDS (SELECTION)
2010 Wolvecamp Prize
2008 Royal Painting Prize

BIBLIOGRAFIE (AUSWAHL)/
BIBLIOGRAPHY (SELECTION)
Maxine Kopsa, „Heksenjacht", in: *Metropolis M*, Februar 2012.
Emily King, „Dinner at the Hilfigers", in: *Fantastic Man*, Frühling 2011.
Karen Rosenberg, „Helen Verhoeven", in: *The New York Times*, 31.10.2008.
Roberta Smith, „Pruesspress@Rental", in: *The New York Times*, 27.06.2008.
William Booth, „Big Walls to Fill", in: *The Washington Post*, 10.12.2007.
Joao Ribas u.a., „The ArtReview 25: Emerging US Artists", in: *Art Review*, April 2005.

JORINDE VOIGT

*1977 in Frankfurt am Main
Lebt/Lives in Berlin

EINZELAUSSTELLUNGEN (AUSWAHL)/
SOLO EXHIBITIONS (SELECTION)
2012 *5th Drawing Prize Daniel & Florence Guerlain*, Salon du Dessin, Paris
2011 Von der Heydt-Museum, Wuppertal
2010 Gemeentemuseum, Den Haag
2009 Heidelberger Kunstverein
Byrd Hoffman Watermill Foundation, New York

GRUPPENAUSSTELLUNGEN (AUSWAHL)/
GROUP EXHIBITIONS (SELECTION)
2012 *Turbulences*, Espace Culturel Louis Vuitton, Paris
2011 *International Art Exhibition*, Palazzo Papadopoli, 54. Biennale de Venezia
2010 *Future Generation Art Prize 2010*, Pinchuk Art Center, Kiew

BIBLIOGRAFIE (AUSWAHL)/
BIBLIOGRAPHY (SELECTION)
Julia Klüser, *Jorinde Voigt – Nexus*, Wuppertal 2011.
Klaus Adolphs, *LINIE LINE LINEA: Zeichnung der Gegenwart*, Köln 2010.
Niklas Maak, „Die Flugbahnen des Adlers in unserem Gehirn", in: *Frankfurter Allgemeine Zeitung*, 09.08.2010.
Dirk Luckow, Petra Gördüren (Hg./ed.), *DOPPLEREFFTEKT: Bilder in Kunst und Wissenschaft*, Kiel 2010.
Barbara Gärtner, „Die Vermessung der Welt", in: *Monopol*, 4, 2008.

ULLA VON BRANDENBURG

*1974 in Kar sruhe
Lebt/Lives in Paris und Hamburg

EINZELAUSSTELLUNGEN (AUSWAHL)/
SOLO EXHIBITIONS (SELECTION)
2012 Rosascape, Paris
2011 Produzentengalerie, Hamburg
2010 K21 Kunstsammlung Nordrhein-
Westfalen, Düsseldorf
2009 Le Plateau – FRAC* Ile de France,
Paris
2008 Docking Station, Project Space
Stedelijk Museum, Amsterdam

GRUPPENAUSSTELLUNGEN (AUSWAHL)/
GROUP EXHIBITIONS (SELECTION)
2011 *Una Espressione Geographica*,
Fondazione Re Rebaudengo, Turin
2010 *WYSTAWA*, Museum of Modern
Art, Warschau
2009 *Making Worlds*, Palazzo delle
Eposizione, 53. Biennale di Venezia
2008 *YOKOHAMA 2008: International
Triennal of Contemporary Art*,
Yokohama
2007 *Performa 07*, 2. Visual Art
Performance, New York Biennale
The World as a Stage, Tate Modern,
London

BIBLIOGRAFIE (AUSWAHL)/
BIBLIOGRAPHY (SELECTION)
Simone Menegoi, *Le Chevalier existant*,
Paris 2012.
Melitta Kliege, *Gespenster, Magie und
Zauber in der Kunst*, Nürnberg 2011.
„Ulla von Brandenburg", in: Ingvild Goetz
et al., *Fast Forward 2: The Power of
Motion*, Ostfildern 2010.
Betti-Sue Hertz, „Tableaux Vivants: In the
New Theatricality", in: *Flash Art*, 275,
2010.

SUSE WEBER

*1970 in Leipzig
Lebt/Lives in Berlin

EINZELAUSSTELLUNGEN (AUSWAHL)/
SOLO EXHIBITIONS (SELECTION)
2011 Kunsthalle Lingen
2010 Galerie Barbara Weiss, Berlin
2009 WIELS Contemporary Art Centre,
Brüssel
Kunsthalle Lingen, MARTa Herford
Base-Alpha Gallery, Antwerpen
Galerie Barbara Weiss, Berlin
Troubleyn Laboratorium, Antwerpen
2008 MMIII Kunstverein Mönchengladbach

GRUPPENAUSSTELLUNGEN (AUSWAHL)/
GROUP EXHIBITIONS (SELECTION)
2012 *Selected Artists 2011*,
Arbeitsstipendium für Bildende
Kunst des Berliner Senats 2011,
Neue Gesellschaft für Bildende
Kunst, Berlin
2011 *Informellnatur*, Galerie Sabine
Knust, München
*KW69 #5, Eva-Maria Wilde: Nach
Abschluss der Reise*, KW Berlin
2010 *SENT BY MAIL*, Galerie Barbara
Weiss, Berlin
studies & theory, KWADRAT, Berlin
2009 *Zeigen. Eine Audiotour durch Berlin
von Karin Sander*, Temporäre
Kunsthalle, Berlin
Full of Emptiness, BEL ETAGE,
Berlin
Berlin 2000, Pace Wildenstein,
New York

SUSANNE M. WINTERLING

*1971 in Rehau
Lebt/Lives in Berlin und Oslo

EINZELAUSSTELLUNGEN (AUSWAHL)/
SOLO EXHIBITIONS (SELECTION)
2012 Salzburger Kunstverein
Tempo Rubato, Tel Aviv
2011 Sandy Brown, Berlin
2010 Centre d'Édition Contemporaine,
Genf
2009 Gesellschaft für Aktuelle Kunst,
Bremen
The Front Room, Contemporary Art
Museum, St. Louis
Hiromi Yoshii, Tokio

GRUPPENAUSSTELLUNGEN (AUSWAHL)/
GROUP EXHIBITIONS (SELECTION)
2011 *Coming after*, The Power Plant,
Toronto
2010 *Von realer Gegenwart: Marcel
Broodthaers heute*, Kunsthalle
Düsseldorf
*… nur Papier, und doch die ganze
Welt …:* Staatsgalerie, Stuttgart
*Nobody Gets to See the Wizard.
Not Nobody. Not Nohow*, Anna
Kustera, New York
2009 *Little Theatre of Gestures*, Museum
für Gegenwartskunst, Basel;
Konsthall, Malmö
Scorpio's Garden, Temporäre
Kunsthalle, Berlin
Modern Modern, Chelsea Art
Museum, New York

BIBLIOGRAFIE (AUSWAHL)/
BIBLIOGRAPHY (SELECTION)
Jens Asthoff, „Susanne M. Winterling", in:
Artforum, Apr l 2010.
Joseph Del Pesco, „Susanne M.
Winterling", in: *Flash Art*, Oktober
2008.
Karen Rosenberg, „A Member of the
Wedding", in: *The New York Times*,
August 2008.
Daniel Voelzke, „Susanne M. Winterling",
in: *Monopol*, April 2008.
Kyle Bentley, „Susanne M. Winterling", in:
Artforum, November 2007.

ALEXANDER WOLFF

*1976 in Osterburg
Lebt/Lives Berlin und Los Angeles.

EINZELAUSSTELLUNGEN (AUSWAHL)/
SOLO EXHIBITIONS (SELECTION)
2012 Galerie Mezzanin, Wien
2011 Studio Sandra Recio, Genf
2010 Anne Mosseri-Marlio Galerie,
Zürich
Federico Bianchi Contemporary
Art, Mailand
2009 Galerie Ben Kaufmann, Berlin
2008 Westfälischer Kunstverein, Münster

GRUPPENAUSSTELLUNGEN (AUSWAHL)/
GROUP EXHIBITIONS (SELECTION)
2011 *Flaca/Tom Humphreys*, Portikus,
Frankfurt
Mind the Gap, Kai 10, Düsseldorf
2009 *Ein Traum ist alles Leben …*,
Kunsthalle Lingen
2008 *Zuordnungsprobleme*, Galerie
Johann König, Berlin
2007 *The Four Colour Contingency*, The
Approach, London

BIBLIOGRAFIE (AUSWAHL)/
BIBLIOGRAPHY (SELECTION)
Erin Olivia Weber u. a., *EU r US*, Wien
2012.
Bettina Brunner, „Alexander Wolff
at Mezzanin/Vienna", in: *Frieze*, 4,
2012.
Dominique von Burg, „Mitzi Pederson,
Alexander Wolff, Anne Mosseri-Marlio
Galerie Zuerich", in: *Kunstbulletin*,
6, 2010.
Daniela Ambrosio, „Alexander Wolff at
Federico Bianchi Milan", in: *Flash Art*,
4, 2010.
Jens Asthoff, „Alexander Wolff at
Mezzanin/Vienna", in: *Artforum*,
Sommer 2009.

ABBILDUNGEN/ ILLUSTRATIONS

SAÂDANE AFIF

1
The Speaker's Corner of Hamra Street, 2011
Skulptur: Holz, bemalt und graviert,
Poster: Siebdruck auf Papier/Sculpture:
wood, painted and engraved, Poster:
serigraph on paper
Skulptur/Sculpture: 40 x 60 x 35 cm,
Poster/Poster: 128 x 93 cm gerahmt/framed
Courtesy: Galerie Mehdi Chouakri, Berlin
Photo: Jan Windzsus

2
Back-Up 2, 2010
Ton, glasiert, Siebdruck auf Papier/Clay,
glazed, serigraph-poster
Dimensionen variabel/Dimensions variable
Courtesy: Galerie Mehdi Chouakri, Berlin/
Galerie RaebervonStenglin, Zürich
Installationsansicht/Installation view:
L'Insoutenable Légèreté de l'être, Yvon
Lambert, New York 2011
Photo: Christian Patterson

3
The Museum of the Perfect Man, 2009
5 Bronzen, Fassung, Lichtsystem/5
bronzes, socket, light system
Dimensionen variabel/Dimensions variable
Courtesy: Galerie Mehdi Chouakri, Berlin
Installationsansicht/Installation view:
Feedback, EACC, Castelló 2009
Photo: Pascual Mercé

4-6
Stereo (DATRAC), 2010
Holz, Stoff, Metall, MP3-Player, Verstärker,
Boxen, Glühbirnen, Leuchtröhren, Kabel,
gerahmtes Poster/Wood, cloth, metal,
mp3-player, amplifier, speakers, bulbs,
tube lights, cable, framed poster
Teatrino: 195 x 80 x 90 cm,
Poster: 135 x 95 x 4 cm
Courtesy: Galerie Mehdi Chouakri, Berlin
Photos: Jan Windzsus

7
*Lady Liberty's Bones (Material for
procession)*, 2009
Rahmen aus Holz und schwarz lackiertem
Metall, Lenkerband, Architektur-Modell
aus lackiertem Holz, Radsportbekleidung,
Plakat, Metronom, Eiermann-Tisch/
Wooden and black varnished iron
stretcher, bar tape, varnished wooden
architecture model, cycling dress, poster,
metronome, egg man desk
181 x 190 x 60 cm
Courtesy: Galerie Mehdi Chouakri, Berlin
Photo: Jan Windzsus

ULF AMINDE

1
Kragen, (Steuerbelege 2010-2011), 2012
Steuerbelege/Tax forms
Dimensionen variabel/Dimensions variable
Courtesy: Der Künstler/The artist;
Tanja Wagner

2
*der Noth gehorchend, nicht dem eignen
Trieb*, 2012
Tribünenteile, 5 Akte/Tribune parts, 5 acts
Installationsansicht/Installation view:
Kunstverein Heidelberg
Photo: Michael Kaesler

3
unterlenker, unbekannter Künstler, 2008
Farbprint/Colorprint
160 x 120 cm
Courtesy: Der Künstler/The artist;
Tanja Wagner

4
Johanna, 2010
Farbprint/Colorprint
80 x 100 cm
Courtesy: Der Künstler/The artist;
Tanja Wagner

5
*Bildet Banden, (follow your leader), Arbeit
und Liebe mit Künstlern (und Managern
der Einrichtung)*, 2012
Leinwand, HD Video, Archivmaterial/
Canvas, HD video, archive material
Im Uhrzeigersinn von oben/Clockwise
from top: Installationsansicht, Detail, Video
still/Installation view, detail, video still
Courtesy: Der Künstler/The artist;
Tanja Wagner

6
*quad III (Erschöpfung) Obdachloser läuft
1h auf Rechteck*, 2007
Mini dv PAL Farbe, Ton/Mini dv PAL color,
sound
45'12"
Installationsansicht/Installation view:
curated by, Galerie Nächst, St. Stephan,
Wien
Courtesy: Der Künstler/The artist;
Tanja Wagner
Photo: Galerie Nächst St. Stephan, Wien

7
Frontalunterricht, 2009
Installation, Stuhl, Video/Installation, chair,
video
39'34", Mini dv PAL, Audio
Video Still
Courtesy: Der Künstler/The artist;
Tanja Wagner

ROSA BARBA

1
Boundaries of Consumption, 2012
16-mm-Film, Projektor, 2 Metallkugeln,
Filmdosen/16-mm film, projector, 2 metal
globes, film cans
Courtesy: Die Künstlerin/The artist; carlier |
gebauer, Berlin; GióMARCONI, Mailand

2
*The Hidden Conference: About the
Discontinous History of Things We See
and Don't See*, 2010
35-mm-Film, Farbe, optischer Ton/35-mm
film, color, optical sound
13'40"
Courtesy: Die Künstlerin/The artist; carlier |
gebauer, Berlin; GióMARCONI, Mailand

3
Stating the Real Sublime, 2009
Skulptur/Sculpture
16-mm-Film, modifizierter Projektor/
16-mm film, modified projector
Courtesy: Die Künstlerin/The artist; carlier |
gebauer, Berlin; GióMARCONI, Mailand

4
They Shine, 2007
35-mm-Film, Farbe, optischer Ton/35-mm
film, color, optical sound
Courtesy: Die Künstlerin/The artist; carlier |
gebauer, Berlin; GióMARCONI, Mailand

5
Stage Archive, 2011
Skulptur/Sculpture
35-mm-Film, Plexiglas, Gleitrollen,
Neonlampen, Geräte, Steuerung/35-mm
film, perspex, guiding rollers, neon lamps,
engines, control
Ø 320cm
Courtesy: Die Künstlerin/The artist

ALEXANDRA BIRCKEN

1
Fast, 2010
Baumstamm, Stuhl, Stiefel, Gips, Strumpf,
Watte, Leder, Draht, Äste, Wolle, Stoff,
Nadeln, Wachs, T-Shirt, Schrauben/Trunk,
chair, boot, plaster, sock, cotton wool,
leather, wire, twigs, wool, cloth, needles,
wax, T-shirt, screws
235 x 46 x 65 cm
Courtesy: BQ, Berlin; Herald St, London;
Kimmerich, New York
Photo: Lothar Schnepf

2
Knotenbild II + III, 2009
2-teilig, Fine Art Inkjet Print, kaschiert auf
Spanplatte, Holzrahmen/2 parts, inkjet
print, laminated on flake board, wood
frames
190,5 x 193,4 x 18,8 cm Installationsmaß/
Installation size
Courtesy: BQ, Berlin; Herald St, London;
Kimmerich, New York
Photo: Roman März

3
Model, 2007
Beton, Steine, Äste, Schrauben,
Kupferdraht, Plastikfolie, Heftklammern/
Concrete, stones, twigs, screws, copper
wire, plastic foil, staples
209 x 99 x 101 cm
Courtesy: BQ, Berlin; Herald St, London;
Kimmerich, New York
Photo: Christiane Kues

4
Pferdchen, 2008
Schaukelpferd (Holz), Äste, Schrauben,
Wolle/Rocking horse (wood), twigs,
screws, wool
137,5 x 88,5 x 36 cm
Courtesy: BQ, Berlin; Herald St, London;
Kimmerich, New York
Photo: Jonas Leihener

5
In Mud I Trust, 2011
Stoff, Gips, Aluminiumleiste/Fabric,
plaster, aluminium bar
113 x 112,5 cm
Courtesy: BQ, Berlin; Herald St, London;
Kimmerich, New York
Photo: Thomas Müller

6
Ship, 2005
Wolle, Holz/Wool, wood
45 x 58 x 24 cm
Courtesy/Photo: BQ, Berlin; Herald St,
London; Kimmerich, New York

7
Knut, 2010
Polyesterwattierung, Kunststoff, Klebstoff/
Polyester batting, plastic, glue
240 x 150 x 120 cm
Courtesy: BQ, Berlin; Herald St, London;
Kimmerich, New York
Photo: Lothar Schnepf

SHANNON BOOL

1
Acid Washed Jeans Divider, 2011
Gebleichtes Denim/Bleached denim
320 x 300 x 10 cm
Courtesy: Galerie Kadel Willborn,
Karlsruhe
Photo: Heinz Pelz

2
Boxing Girls, 2012
Siebdruck, Batik und Farbe auf Seide/
Silkscreen, batik and paint on silk
166,2 x 117 cm
Courtesy: Galerie Kadel Willborn,
Karlsruhe
Photo: Heinz Pelz

3
Gaza Zebra (1st Version), 2012
Photogram
Diptychon/Diptych, 155 x 430 cm
(gerahmt/framed)
Courtesy: Galerie Kadel Willborn,
Karlsruhe
Photo: Heinz Pelz

4
From a Kingis Quair, 2012
Installationsansicht/Installation view:
Kadel Willborn, Karlsruhe
Photo: Heinz Pelz

5
„[]" Bars with Collection, 2012 (Detail)
Stahl, Bronze/Steel, bronze
283 x 45,3 x 45,1 cm
Courtesy: Galerie Kadel Willborn,
Karlsruhe

6
„O" Bars with Pencil, Eyeliner and Cream,
2012 (Detail)
Stahl, Bronze/Steel, bronze
253 x 77,2 x 46,3 cm
Courtesy: Galerie Kadel Willborn,
Karlsruhe

7
*Stacked „ []" Bars with Envelope and
Compact Powder*, 2012 (Detail)
Stahl, Bronze/Steel, bronze
236 x 50 x 52,5 cm
Courtesy: Galerie Kadel Willborn,
Karlsruhe

8
„o" Bars with Tobacco, 2012 (Detail)
Stahl, Bronze/Steel, bronze
127 x 57,3 x 40,4 cm
Courtesy: Galerie Kadel Willborn,
Karlsruhe

MIKE BOUCHET

1
Berlusconi Jacuzzi, 2010
120 x 240 x 160 cm
Fieberglas, Pappe, Autolack/Fiberglass,
cardboard, automotive paint
Courtesy: Parisa Kind, Frankfurt

2 & 3
New Newton Stack, 2011
Mixed Media
70 x 85 x 60 cm
Courtesy: Hotel Gallery, London

4
Diet Cola Pool outtakes, 2010
Video Stills
114′
Courtesy: Parisa Kind, Frankfurt

5
Peace 1, 2011 (Detail)
Selbst hergestellte Diät Cola auf
Baumwolle/Self-produced diet cola
on cotton
120 x 220 cm
Courtesy: Parisa Kind, Frankfurt

MATTI BRAUN

1
Ohne Titel/Untitled, 2011
Mischtechnik auf Rohseide, beschichteter
Aluminiumrahmen/Mixed media on raw
silk, laminated aluminium frame
100,6 x 80,6 x 3,5 cm
Courtesy: BQ, Berlin
Photo: Roman März, Berlin

2
Ohne Titel/Untitled, 2011
Textilfarbe auf Seide, beschichteter
Aluminiumrahmen/Textile paint on silk,
laminated aluminium frame
65,6 x 55,6 x 3,5 cm
Courtesy: BQ, Berlin
Photo: Roman März, Berlin

3
Ohne Titel/Untitled, 2011
Textilfarbe auf Seide, beschichteter
Aluminiumrahmen/Textile paint on silk,
laminated aluminium frame
65,6 x 55,6 x 3,5 cm
Courtesy: BQ, Berlin
Photo: Roman März, Berlin

4
Ohne Titel/Untitled, 2011
Textilfarbe auf Seide, beschichteter
Aluminiumrahmen/Textile paint on silk,
laminated aluminium frame
180,6 x 130,6 x 3,5 cm
Courtesy: BQ, Berlin
Photo: Roman März, Berlin

NINA CANELL

1
Treetops, Hillsides and Ditches, 2011
Kaugummi Basis, Holzblöcke/Raw chicle
gum base, logs
Dimensionen variabel/Dimensions variable
Courtesy: Konrad Fischer Galerie;
Mother's Tankstation; Galerie Wien
Lukatsch

2
Ode to Outer Ends, 2010
Holz, Kokosnuss, Epoxid,
elektromagnetisches Gerät/Wood,
coconut, epoxy, electromagnetic device
56 x 20 x 22 cm
Installationsansicht/Installation view:
Tate Liverpool
Privatsammlung, Deutschland/Private
collection, Germany

3
The Light and the Rock, 2011
Koagulierte Luft, Beton/Coagulated air,
concrete
20 x 10 x 15 cm
Privatsammlung, Deutschland/Private
collection, Germany

4
*Shedding Skin (Perpetual Current for 24
buckets)*, 2008
240 Liter Wasser, Eimer, Stahl,
Horchgeräte, Verstärker, Lehm,
Nebelmaschinen, Trommelhäute, Timer,
Kabel/240 litres of water, buckets, steel,
hydrophones, amplifiers, clay, mist-
machines, drum skins, relay timers, cable
500 x 500 x 150 cm
Sammlung/Collection Landesmuseum für
Kunst und Kulturgeschichte, Münster

5
Winter Work, 2009
Stein, Stock, Neon, Kabel, 2000V/Stone,
stick, neon, cable, 2000V
130 x 45 x 15 cm
Privatsammlung, Deutschland/Private
collection, Germany

6
Perpetuum Mobile (10 kg), 2009–2010
Wasser, 10 kg Zement, Schale, Ultrasound/
Water, 10 kg cement, basin, ultra-sound
Dimensionen variabel/Dimensions variable
Courtesy: Konrad Fischer Galerie; Mother's
Tankstation; Galerie Wien Lukatsch

MARIETA CHIRULESCU

1
Ohne Titel/Untitled, 2011
Öl, Acryl, Fotokopie auf Leinwand/
Oil, acrylic, photocopy on canvas
185 x 85 cm
Privatsammlung/Private collection
Courtesy: Micky Schubert, Berlin
Photo: Annette Kradisch

2
Ohne Titel/Untitled, 2011
Öl, Acryl, Fotokopie auf Leinwand/
Oil, acrylic, photocopy on canvas
185 x 205 cm
Privatsammlung/Private collection
Courtesy: Micky Schubert, Berlin
Photo: Annette Kradisch

3
Ohne Titel/Untitled, 2011
Inkjet Print auf Leinwand/Inkjet print
on canvas
185 x 103 cm
Privatsammlung/Private collection
Courtesy: Micky Schubert, Berlin
Photo: Annette Kradisch

4 & 5
Ohne Titel/Untitled (R), 2011
Inkjet Print auf Leinwand/Inkjet print
on canvas
47 x 35 cm
Ohne Titel/Untitled, 2011
Inkjet Print auf Leinwand/Inkjet print
on canvas
47 x 32 cm
Ohne Titel/Untitled (B), 2011
Inkjet Print auf Leinwand/Inkjet print
on canvas
50 x 36 cm
Installationsansicht/Installation view:
Kunstverein Nürnberg-Albrecht Dürer
Gesellschaft, 2011

6
Ohne Titel/Untitled, 2011
Inkjet Print auf Leinwand/Inkjet print
on canvas
47 x 32 cm
Privatsammlung/Private collection
Courtesy: Micky Schubert, Berlin
Photo: Annette Kradisch

KEREN CYTTER

1
Open House, 2011
14'56", digital HD video
3D Anaglyph Rot, Cyan/3D Anaglyph
Red, Cyan
1 DVD, Farbe, Ton/1 DVD, color, sound
Courtesy: Pilar Corrias

2
Video Art Manual, 2011
14'43", digital HD video
Farbe, Ton/Color, sound
1 DVD
Galerie Christian Nagel, Berlin, Köln,
Antwerpen

3
Konstruktion, 2010
10'14", digital HD video
Farbe, Ton/Color, sound
1 DVD, Edition 5 + 2 AP
Galerie Christian Nagel, Berlin, Köln,
Antwerpen

NATALIE CZECH

1
A small bouquet by Andrew Berardini, 2011
Ölpastell auf C-Print/Oil pastel on C-print
85 x 60 cm
Courtesy: Die Künstlerin/The artist

2
A hidden poem by Rolf Dieter Brinkmann,
2010
C-Print
58 x 74 cm
Courtesy: Die Künstlerin/The artist

3
A hidden poem by Robert Lax, 2010
C-Print
77 x 105 cm
Courtesy: Die Künstlerin/The artist

4
A hidden poem by Frank O'Hara, 2012
C-Print
73 x 96 cm
Courtesy: Die Künstlerin/The artist

5
A hidden poem by Jack Kerouac #2, 2010
Stift auf Piezo-Print/Pen on Piezo-print
35 x 28 cm/65 x 45 cm
Courtesy: Die Künstlerin/The artist

6
Il pleut by Oliver Tepel, 2012
Acryl auf C-Print/Acrylic paint on C-print
84 x 54 cm
Edition 1/3
Sammlung/Collection Schnetkamp
Courtesy: Die Künstlerin/The artist;
Sammlung Schnetkamp

SIMON DENNY

1 & 3
*Hochglanzboden HGB 0014 Black Stage
(Eurovision Flooring)*, 2010
Sperrholz, Lack/Plywood, varnish
Dimensionen variabel/Dimensions variable
Bodenplatten/Floor panel je/each 270 x
100 x 2 cm
Installationsansicht/Installation view:
*Verbotene Liebe: Kunst im Sog von
Fernsehen*, Kölnischer Kunstverein 2010
Courtesy: Galerie Buchholz, Berlin, Köln

2
Corporate Video Decisions, 2011
*Corporate Video Decisions Double
Canvas*, 2011
Injet Print auf Leinwand, Rahmen,
Metallmontagen/Inkjet print on canvas,
stretcher bars, metal fittings
68 x 112 x 8,25 cm
*Decommissioned Trading Table/
Workstation*, 2011
Metall, Holz, Montagen (Bürotisch)/Metal,
wood, fittings (office desk)
Installationsansicht/Installation view:
Petzel Gallery, New York 2011
Courtesy: Petzel Gallery, New York

4
Deep Sea Monitors, 2009
6 verschiedene Monitore, DVD Farbe, Ton/
6 different monitors, DVD, color, sound
23''-28''
Dimensionen variabel/Dimensions variable
Installationsansicht/Installation view: *Deep
Sea Vaudeo*, Galerie Buchholz, Köln 2009
Courtesy: Galerie Buchholz, Berlin, Köln

JAN PAUL EVERS

1
Kubus 3, 2011
Silbergelatineabzug/Gelatin silver print
47 x 47 cm
Privatsammlung/Private collection,
Düsseldorf

2
*Zwischen den Gipfeln menschlicher
Möglichkeiten*, 2011
Silbergelatineabzug/Gelatin silver print
65,5 x 71 cm
Julia Stoschek Foundation e.V.

3
Lomi Lomi, 2011
Silbergelatineabzug/Gelatin silver print
35 x 39,5 cm
Privatsammlung/Private collection,
Düsseldorf

4
Die pompejanische Südsee, 2011
Silbergelatineabzug/Gelatin silver print
109,5 x 126 cm
Privatsammlung/Private collection, Köln

5
Salon der Amateure, 2011
Silbergelatineabzug/Gelatin silver print
92 x 103,5 cm
Privatsammlung/Private collection,
Stuttgart

6
Holly Golightly, 2006
Silbergelatineabzug/Gelatin silver print
95 x 101 cm
Courtesy: Galerie Max Mayer, Düsseldorf

OMER FAST

1
Talk Show, 2009
3 Kanal Video einer Performance in New
York am 12. November, 2009/3 Channel
video recording of a live performance that
took place in New York on November 12,
2009
65"
In Auftrag gegeben/Commissioned by
Performa Performance Art Biennial with
the support of the Edith Ruß Haus in
Oldenburg and the Goethe Institut in
Hong Kong.
Courtesy: gb agency, Paris; Arratia Beer,
Berlin

2 & 3
5000 Feet is the Best, 2011
Digital Film
30", Loop
Mit Unterstützung von/Produced with the
support of the Hermes Foundation, Kadist
Foundation, Dublin Contemporary and
The Model
Courtesy: gb agency, Paris; Arratia Beer,
Berlin

MAX FRISINGER

1
Altar, 2008
Installationsansicht/Installation view:
Katharinen Kirche, Hamburg 2008

2
Rotor, 2011 (in progress)
Mixed Media
Installationsansicht/Installation view:
„KUNSTPREIS START 2011", Kunstmuseum
Bonn
Photo: Reni Hansen, Kunstmuseum Bonn

3 & 6
Au Port (Camille), 2011
Stahl, Glas, Holz, Mixed Media/Steel,
glass, wood, mixed media
246 x 272,5 x 105 cm
Courtesy: Contemporary Fine Arts, Berlin
Photo: Jochen Littkemann

4
Angie (The Rolling Stones), 2011
Stahl, Glas, Holz, Mixed Media/Steel,
glass, wood, mixed media
246 x 272,5 x 105 cm
Courtesy: Contemporary Fine Arts, Berlin
Photo: Jochen Littkemann

5
Paper Butterfly (Secret Sauna Sirens), 2010
Stahl, Glas, Holz, Mixed Media/Steel,
glass, wood, mixed media
246 x 272,5 x 105 cm
Courtesy: Contemporary Fine Arts, Berlin
Photo: Jochen Littkemann

SIMON FUJIWARA

1
Desk Job, 2009 (Detail)
Mixed Media
Dimensionen variabel/Dimensions variable
Installationsansicht/Installation view: 53rd
Venice Biennale 2009
Courtesy: Private Collection, New York
Photo: Anders Suneberg

2
Welcome to the Hotel Munber, 2008–
Mixed Media Installation und
Performance/Mixed media installation and
performance
Installationsansicht/Installation view:
PinchukArtCenter, Kiev
Courtesy: Private Collection, London
Photo: PinchukArtCenter, Kiev

3 & 4
The Personal Effects of Theo Grünberg,
2010 (Detail)
Mixed Media Installation und
Performance/Mixed media installation and
performance
The Julia Stoschek Collection, Düsseldorf, 2010
Courtesy: Neue Alte Brücke, Frankfurt;
GióMARCONI, Mailand
Photo: Yun Lee

CYPRIEN GAILLARD

1
Geographical Analogies, 2006–2011
Mixed Media
65 x 48 x 10 cm
Courtesy: Sprüth Magers Berlin, London

2
The Recovery of Discovery, 2011
Installationsansicht/Installation view: KW
Institute for Contemporary Art, Berlin 2011
Courtesy: KW Institute for Contemporary Art

3
Ohne Titel/Untitled (Rim Structure), 2011
Stahl, Farbe, Felgen/Steel, paint, rims
Dimensionen variabel/Dimensions variable
Installationsansicht/Installation view: *UR*,
Prix Marcel Duchamp, Centre Pompidou,
Paris, 2011
Courtesy: Centre Pompidou; Sprüth
Magers Berlin, London

4
Artefact (Film still), 2011
Film, HD transferiert auf 35 mm,
fortlaufend, Ton/Film, HD transferred to 35
mm, continuous, sound
Courtesy: Sprüth Magers Berlin, London

5
Neon Indian, 2011
Neonröhren, Stahlkonstruktion/Neon
tubes, steel construction
1000 cm
Installationsansicht/Installation view: Haus
der Statistik, Alexanderplatz, Berlin 2011
Courtesy: Der Künstler/The artist; Berliner
Künstlerprogramm; DAAD; Sprüth Magers
Berlin, London

GREGOR GLEIWITZ

1
Ohne Titel/Untitled, 19.11.2011
Tusche auf Leinwand/Ink on canvas
210 x 140 cm
Courtesy: Galerie Manzoni Schäper
Photo: Sebastian Riemer

2
Ohne Titel/Untitled, 12.5.2011
Öl auf Leinwand/Oil on canvas
63,2 x 54 cm
Courtesy: Galerie Manzoni Schäper
Photo: Joachim Schulz

3
Ohne Titel/Untitled, 13.2.2012
Öl auf Leinwand/Oil on canvas
66 x 56,5 cm
Courtesy: Galerie Manzoni Schäper
Photo: Sebastian Riemer

4
Ohne Titel/Untitled, 23.7.2011
Öl auf Leinwand/Oil on canvas
63 x 54 cm
Courtesy: Galerie Manzoni Schäper
Photo: Sebastian Riemer

5
Ohne Titel/Untitled, 11.12.2009 (Detail)
Öl auf Leinwand/Oil on canvas
175 x 1000 cm
Photo: Joachim Schulz
Im Besitz des Künstlers/Collection of the
artist

DIRK DIETRICH HENNIG

1
Musée Jean Guillaume Ferrée, 2009
Dimensionen variabel/Dimensions variable
Installationsansicht/Installation view:
Marta Herford 2009
Courtesy: Musée Jean Guillaume Ferrée
Fondation, Lorquin, France
Photo: Musée Jean Guillaume Ferrée
Fondation, Lorquin, France

2
*Jean Guillaume Ferrée, Caspule de temps,
1972*, 2009
Mixed Media
Dimensionen variabel/Dimensions variable
Courtesy: Musée Jean Guillaume Ferrée
Fondation, Lorquin, France
Photo: Musée Jean Guillaume Ferrée
Fondation, Lorquin, France

3
Art Press 14, 1974
Print, Magazin
25 x 32,4 cm
Sammlung/Collection/Courtesy: Musée
Jean Guillaume Ferrée Fondation, Lorquin,
France
Photo: Musée Jean Guillaume Ferrée
Fondation, Lorquin, France

4
Jean Guillaume Ferrée, Sommet, 1955,
2009
Collage
24,5 x 35 cm
Courtesy: Privatsammlung/Private collection
Photo: Musée Jean Guillaume Ferrée
Fondation, Lorquin, France

5
Centre Hospitalier Spécialisé (Lorquin),
2012 (Detail)
Mixed Media
120 x 103 x 140 cm
Courtesy: Musée Jean Guillaume Ferrée
Fondation, Lorquin, France
Photo: Thomas Ganzenmüller

6
*Modell Centre Hospitalier Spécialisé
(Lorquin)/Modell Rue General de Clerc
(Lorquin)*, 2011/2012
Mixed Media
120 x 103 x 140 cm/150 x 112 x 130 cm
Sammlung/Collection/Courtesy: Musée
Jean Guillaume Ferrée Fondation, Lorquin,
France
Photo: Thomas Ganzenmüller

BENEDIKT HIPP

1
Grundlage, 2010
Verschiedene Materialien,
Halbkreidegrund, Ölfarbe, Firnis, Pappe,
Eisen/Various materials, half-chalk ground,
oil, varnish, cardboard, iron
Ca. 127 x 123 x 108 cm
Sammlung Dohmen, Aachen
Photo: Max Reitmeier

2
Sein Gewand wirkt, 2011
Öl auf Faserplatte/Oil on fibreboard
197 x 139 cm
Privatsammlung/Private collection
Photo: Max Reitmeier

3
Das Land selbst (Krypton), 2010
Öl auf Faserplatte/Oil on fibreboard
56 x 46 cm
Privatsammlung, Köln/Private collection,
Cologne
Photo: Max Reitmeier

4
Austausch im Bezugssystem, 2010
Tusche, Bleistift auf Papier/Ink, pencil on
paper
29,7 x 21 cm
Courtesy: M. Yamin, New York City
Photo: Max Reitmeier

5
Ein Tropfen Licht einfach so, 2011
Tusche, Bleistift auf Papier/Ink, pencil on
paper
29,7 x 21 cm
Collection/Sammlung Gaby und Wilhelm
Schürmann, Herzogenrath
Photo: Max Reitmeier

6
teil und ta!, 2012
Öl auf Faserplatte/Oil on fibreboard
53 x 43 cm
Courtesy: Galerie Kadel Willborn,
Karlsruhe
Photo: Max Reitmeier

OLAF HOLZAPFEL

1
Unterschlupf, 2009
Hartpappe, Polyamidschnüre, Lack/
Cardboard, polyamid laces, varnish
235 x 680 x 950 cm
Installationsansicht/Installation view:
Galerie im Taxispalais Innsbruck
Courtesy: Johnen Galerie, Berlin
Photo: Olaf Holzapfel

2
Aufenthalt, 2008
Acrylglas/Acrylic glass
50 x 97 x 265 cm
Courtesy: Galerie Gebr. Lehmann
Dresden, Berlin
Photo: Sebastian Schobbert

3
Temporäres Haus, 2010
Chaguar, Naturfarben, Baumwolle/
Chaguar, natural colors, cotton
180 x 350 x 550 cm
Installationsansicht/Installation view:
Buenos Aires
Courtesy: Johnen Galerie, Berlin
Photo: Olaf Holzapfel

4
Industrielles Haus, 2012
Kiefer/Pine
525 x 460 x 330 cm
Installationsansicht/Installation view:
Vertretung des Landes Niedersachsen,
Berlin 2012
Courtesy: Galerie Gebr. Lehmann
Dresden, Berlin
Photo: Jens Ziehe

5
Küche hinter dem Atelier, 2010
Eiche/Oak
270 x 330 x 235 cm
Courtesy: Johnen Galerie, Berlin

6
Lichtbild Umkehren, 2011
Heu/Hay
162 x 124 x 128 cm
Courtesy: Galerie Gebr. Lehmann
Dresden, Berlin
Photo: Jens Ziehe

SVEN JOHNE

1
Eldorado Gold 5/12, 2011
Laserdruck, Goldrahmen/Laserprint, gold
frame
22 x 29 cm
Courtesy: Der Künstler/The artist

2-7
Following the Circus, 2011 (Detail)
Archival Pigment Print
33 x 41 cm
6 von 59 Bildern/6 out of 59 images
Courtesy: Der Künstler/The artist

8
Following the Circus, 2011
Archival Pigment Print
33 x 41 cm
Courtesy: Der Künstler/The artist
Photo: Nick Ash/KLEMM´S

KELLER/KOSMAS (AIDS-3D)

1
Energy Conversion Device I, 2011
Yves Gentet Hologramm einer LOF®
diamantenblauen photovoltaischen Zelle,
Sicherheitsglas, LED Licht/Yves Gentet
ultimate hologram of LOF® diamond
blue photovoltaic cell, safety glass, LED
spotlight
Dimensionen variabel/Dimensions variable
Courtesy: Kraupa-Tuskany, Berlin; T293,
Neapel, Rom

2
DoActive Multitool XL, DoActive EcoPure,
2011
DoActive Multitool XL: Aluminimium
Gestell, Bambusstangen, Armbänder,
blaue Solarzelle, Sicherheitsglas,
bemalte Wasserflasche, Glücksbambus,
Aluminiumsockel, Weinhalter,
Weinflasche, Gummibodenbelag/
Aluminum rack, bamboo poles,
wristbands, blue solar cell, safety glass,
painted water bottle, lucky bamboo,
aluminum pedestal, wine holder, wine
bottle, rubber flooring

Aluminiumstruktur/Aluminium structure:
200 x 189 x 69 cm
Teppich/Flooring: 248 x 350 cm
Dimensionen variabel/Dimensions variable
DoActive EcoPure: handgemachte
Hängematte, luftreinigende Bambus,
Holzkohle/Hand-crafted Mayan hammock,
air-purifying bamboo, charcoal stalks
Dimensionen variabel/Dimensions variable
Courtesy: T293, Neapel, Rom
Photo: Sebastiano Pellion di Persano

3
World Community Grid Water Features,
2010
Mehrfarbiges Harz, Pumpe, Wasser, LEDs,
Mini-PC mit World Community Grid
Software, Stahl/Polychromed resin, pump,
water, LEDs, mini-pc's running world
community grid software, steel
Je/Each 140 x 100 x 100 cm

4
DoActive TogethAware QuadXL, 2012
Verschiedene für wohltätige Zwecke,
negative Ionen und Performance
verbessernde Armbänder/Assorted charity,
negative ion and performance enhancing
wristbands
200 x 200 cm
Courtesy: Kraupa-Tuskany, Berlin

5
Outperformance Options ATM Partiton,
2012
UV-gedruckte Bilder von Contemporary
Art Daily auf perforierter Fensterfolie,
Solyx Ice Galaxy Fensterfolie, Solyx
Glastropfen Fensterfilm, Sicherheitsglas,
rostfreier Stahl/UV printed images from
Contemporary Art Daily on perforated
window film, Solyx Ice Galaxy window
film, Solyx Cut Glass Drops window film,
safety glass, stainless steel
220 x 200 x 35 cm
Courtesy: Kraupa-Tuskany, Berlin

6
DoActive ThinkPink ProTeX, 2012
Sabred/Nationale Brustkrebsstiftung
Pfefferspray, Uni-ball Stift/City of Hope
Anti-Scheck Fälschungsstift, Browning
Brustkrebs Messer/Sabre Red/National
Breast Cancer Foundation pepper
spray, Uni-ball/City of Hope anti-check
fraud pens, Browning breast cancer
awareness knife
23 x 19 x 13 cm
Courtesy: Kraupa-Tuskany, Berlin

KITTY KRAUS

1
Ohne Titel/Untitled, 2008
Tinte, Eis, Mikrofon, Ständer, Lautsprecher-
anlage/Ink, ice, microphone, stand, stereo
Dimensionen variabel/Dimensions variable
Installationsansicht/Installation view:
Kunsthalle Zürich 2008
Photo: Stefan Altenburger, Zürich
Courtesy: Die Künstlerin/The artist;
Galerie Neu, Berlin

2
Ohne Titel/Untitled, 2011
Glas/Glass
39 x 600 cm, 30 x 50 cm
Photo: Kitty Kraus
Courtesy: Die Künstlerin/The artist;
Galerie Neu, Berlin

3
Ohne Titel/Untitled, 2009
Motor, Schnur, "Lidl"
Einkaufswagenstange/Motor, string, „Lidl"
card rod
Dimensionen variabel/Dimensions variable
Installationsansicht/Installation view: Bold
Tendencies, London 2011
Courtesy: Die Künstlerin/The artist;
Galerie Neu, Berlin

4
Ohne Titel/Untitled, 2009
Lampe, Eis, Tinte/Lamp, ice, ink
Dimensionen variabel/Dimension variable
Glas/Glass: 50 x 75 cm/125 x 39 cm
Installationsansicht/Installation view:
Guggenheim Museum, New York 2009
Photo: Kitty Kraus

5
*Ohne Titel (Spiegellampe)/Untitled
(Mirror Lamp)*, 2006/2010
Spiegel, Vinyl, 100 Watt Glühbirnen/
Mirror, vinyl, 100W light bulb
Je/Each 17 × 22 × 30 cm
Installationsansicht/Installation view:
Wadsworth Atheneum Hardfort

ALICJA KWADE

1
Durchbruch durch Schwäche, 2011 (Detail)
303 Uhrengewichte (Fragmente)/303
clockweights (fragments)
Dimensionen variabel/Dimensions variable
Installationsansicht/Installation view:
Belebung toter Einheiten, Oldenburger
Kunstverein 2011
Courtesy: Johann König, Berlin
Photo: Roman März

2
Andere Bedingung (Aggregatzustand 4),
2009
Kupfer, Messing, Stahl, Holz, Spiegel,
sechs Teile/Copper, brass, steel, wood,
mirror, six parts
Dimensionen variabel/Dimensions variable
Photo: Roman März
Courtesy: Johann König, Berlin

3
1979 leere Liter bis zum Anfang, 2010
2240 kg leere Champagnerglasflaschen mit
Etikettierung, zermahlen/2240 kg empty
champagne bottles with labels, pulverized
H = 93 cm, Ø 267 cm
Installationsansicht/Installation view:
Leinen los!, Kunstverein Hannover 2010
Courtesy: Johann König, Berlin

4
Die Gesamtheit aller Orte, 2012
54 Teile: Metallplatten, Metallrohre,
Metallgitter, Lochmetall, Metallschiene,
Stahlplatten, Stahlschiene, Kupferrohre,
Messingringe, Messingstangen, Euro-
Münzen, Holzleisten, Holzplatten,
Glasscheiben, Spiegel, Tür, Steine, Fahrrad,
Tor, Fenster, Lack, Rost/54 parts: metal
sheets, metal tubes, metal grids, perforated
metal, metal bar, steel sheets, steel bar,
copper tubes, brass rings, brass rods, Euro
coins, wood ledges, wood sheets, glass
sheets, mirrors, door, stones, bike, gate,
window, paint, rust
H = 267, Ø 1.400 cm
Installationsansicht/Installation view: *In
Circles*, Johann König, Berlin 2012
Courtesy: Johann König, Berlin
Photo: Roman März

ALON LEVIN

1
Art for the Masses II, 2010
Holz, Öl auf Leinen/Wood, oil on canvas
Dimensionen variabel (200 cm hoch)/
Dimensions variable (200 cm high)
Courtesy: Der Künstler/The artist;
AMBACH & RICE, Los Angeles
Photo: Eric Fisher

2
Conclusion to the Big Ideas, 2011
Holz, Alkyd, Latex, C-Klammern, Gips,
Styropor, Bücher, Fotokopien, Siebdruck/
Wood, alkyd, latex, C-clamps, plaster,
styrofoam, books, Xerox, silk-screen
Dimensionen variabel (bis zu 260 cm
hoch)/Dimensions variable (up to 260
cm high)

Courtesy: Der Künstler/The artist;
AMBACH & RICE, Los Angeles
Photo: Robert Wedemeyer

3
*Or Why Not Celebrate the Past Before the
Future Will Come (Accounts of happenings
I, II, III)*, 2010
Öl auf Platte, Holz/Oil on panel, wood
Installationsansicht/Installation view: The
David Roberts Art Foundation
Courtesy: Der Künstler/The artist;
AMBACH & RICE, Los Angeles
Photo: Alessandra Chilá

4
Permanently Contemporary I, 2011
Gips, Styropor, Holz, Klebeband/Plaster,
styrofoam, wood, tape
143 x 99 x 25 cm
Courtesy: Der Künstler/The artist;
AMBACH & RICE, Los Angeles
Photo: Robert Wedemeyer

KLARA LIDÉN

1
Bodies of Society, 2006
DVD
3' 30"
Video Still
Edition 5 + 1 AP

2
Der Mythos des Fortschritts, 2008
DVD
4'
Video Still
Edition 3/5 + 2AP

3
Fountain, 2011
Mixed Media
Dimensionen variabel/Dimensions variable
Installationsansicht/Installation view:
Galerie Neu
Photo: Lepkowski Studios, Berlin

4
Ohne Titel/Untitled (Dumpster 10547),
2011
Inkjet Print
70 x 100 cm
Courtesy: Die Künstlerin/The artist;
Galerie Neu, Berlin
Photo: Lepkowski Studios, Berlin

5
Ohne Titel/Untitled (Poster painting), 2010
Plakate, Farbe/Posters, paint
ca. 180 x 60 x 14 cm
Installationsansicht/Installation view:
Serpentine Gallery, London
Photo: Gautier Deblonde

6
Ohne Titel/Untitled (Cheap High),
2008–2010
Dia Projektion/Slide projection
Dimensionen variabel/Dimensions variable
Installationsansicht/Installation view:
Kunstverein Bonn
Photo: Simon Vogel, Köln

7
Ohne Titel/Untitled (Trashcan), 2011 und/
and *Ohne Titel/Untitled (Siene)*, 2010
Dia Projektion/Slide projection
Dimensionen variabel/Dimensions variable
Installationsansicht/Installation view:
Kunstverein Bonn
Photo: Simon Vogel, Köln

8
Unheimlich Manöver, 2007
Vollständiger Inhalt Klara Lidéns
Wohnung/Entire contents of Klara Lidén's
apartment
Dimensionen variabel/Dimensions variable
Installationsansicht/Installation view:
Moderna Museet, Stockholm
Photo: Juan Luis Sánchez

AGATA MADEJSKA

1
1906 (aus der Serie/from the series
The Order of Solids), 2012
Lightjet C-Print auf Forex, schwarz
gewachstem MDF/Lightjet C-print on
forex, waxed black MDF
130 x 119 cm

2
Crystal Display (aus der Serie/from the
series *The Order of Solids*), 2010
Lightjet C-Print auf Forex und gewachstem
MDF/Lightjet C-print on forex, waxed
black MDF
180 x 138,7 cm
Courtesy: Die Künstlerin/The artist,
unterstützt von der Kunststiftung NRW

3
Here and There (aus der Serie/from the
series *The Order of Solids*), 2011
Lightjet C-Print, Holz/Lightjet C-prints, wood

Je/Each 12,5 x 14,5 cm, Holzlatte/Wooden
bar 33 cm
Courtesy: Die Künstlerin/The artist

4
81-86 (aus der Serie/from the series
The Order of Solids), 2010
Lightjet C-Print auf Forex, schwarz
gewachstem MDF/Lightjet C-print on
forex, waxed black MDF
119 x 162,7 cm
Courtesy: Die Künstlerin/The artist,
unterstützt von der Kunststiftung NRW

5
Ideogram 006, 2008
Lightjet C-Print auf Aluminium/Lightjet
C-print on aluminium
60 x 44 cm
Courtesy: Die Künstlerin/The artist

6
Ideogram 001, 2008
Lightjet C-Print auf Aluminium/Lightjet
C-print on aluminium
60 x 46 cm
Courtesy: Die Künstlerin/The artist

7
Ideogram 004, 2008
Lightjet C-Print auf Aluminium/Lightjet
C-print on aluminium
60 x 45,5 cm
Courtesy: Die Künstlerin/The artist

MARCELLVS L.

1 & 2
Toga, 2010/2011
HDV transferiert zu Hard Drive,
Einkanal-Videoinstallation, Zweikanal-
Soundsystem/HDV transferred to Hard
Drive, one-channel video installation,
two-channel sound system
15 ʹ
Installationsansicht/Installation view:
Neuer Berliner Kunstverein (n.b.k.) 2011
Courtesy: carlier | gebauer, Berlin; Galeria
Luisa Strina, São Paulo
Photo: Jens Ziehe

3
9493, 2011
HDV transferiert zu Hard Drive/HD
transferred to Hard Drive
11' 16"
Courtesy: carlier | gebauer, Berlin; Galeria
Luisa Strina, São Paulo

MICHAEL PFROMMER

1
Ohne Titel/Untitled, 2010
Tusche, Aquarell auf Papier auf Leinwand/
Ink, watercolor on paper on canvas
79 x 59 cm
Courtesy: M. Pfrommer
Photo: Helena Schlichting

2
Ohne Titel/Untitled, 2011
Tusche, Aquarell auf Papier auf Leinwand/
Ink, watercolor on paper on canvas
41 x 31,5 cm
Courtesy: M. Pfrommer
Photo: Helena Schlichting

3
Ohne Titel/Untitled, 2010
Tusche, Aquarell auf Papier auf Leinwand/
Ink, watercolor on paper on canvas
78 x 59 cm
Courtesy: M. Pfrommer
Photo: Helena Schlichting

4
Ohne Titel/Untitled, 2009
Tusche, Aquarell auf Papier auf Leinwand/
Ink, watercolor on paper on canvas
41 x 31,5 cm
Courtesy: M. Pfrommer
Photo: Helena Schlichting

5
Ohne Titel/Untitled, 2011
Tusche, Aquarell auf Papier auf Leinwand/
Ink, watercolor on paper on canvas
82 x 59 cm
DekaBank Kunstsammlung
Photo: Helena Schlichting

6
Ohne Titel/Untitled (Theodor Köhler),
2010
Tusche, Aquarell auf Papier auf Leinwand/
Ink, watercolor on paper on canvas
59,5 x 43 cm
Courtesy: M. Pfrommer
Photo: Helena Schlichting

7
Ohne Titel/Untitled, 2010
Tusche, Aquarell auf Papier auf Leinwand/
Ink, watercolor on paper on canvas
59 x 43 cm
Privatsammlung, Frankfurt am Main
Photo: Helena Schlichting

MANDLA REUTER

1
Nothing to See Nothing to Hide, 2011
Verschiedene Materialien/Various materials
Dimensionen variabel/Dimensions variable
Courtesy: Der Künstler/The artist
Photo: Akim Akhtar

2
The Building, 2010
T-Träger/T-beam
Dimensionen variabel/Dimensions variable
Installationsansicht/Installation view: De
Vleeshal, Middelburg, Holland
Courtesy: Der Künstler/The artist
Photo: Leo van Kampen

3
The Agreement, Vienna, 2011
Schrank/Cupboard
198 x 129 x 85 cm
Courtesy: Der Künstler/The artist; Galerie
Mezzanin Wien
Photo: Karl Kühn

4
Fountain, 2010
Kunststofffässer/Plastic containers
Fontana di Trevi Wasser/Fontana di Trevi
water
Je/Each 120 x 100 x 120 cm
Installationsansicht/Installation view:
La Kunsthalle Mulhouse 2010
Privatsammlung Belgien/Private collection
Belgium

5
The Shell, 2011
35-mm-Film, Projektor/35-mm film,
projector
9' Loop
Installationsansicht/Installation view:
Art Basel Miami Beach 2011
Courtesy: Der Künstler/The artist;
Francesca Minini, Mailand
Photo: Sebastiano Pellion di Persano

REYNOLD REYNOLDS

1–3
The Lost, 2011/2012
Digitale Performance Stills/Digital
performance stills
Dimensionen variabel/Dimensions
variable
Courtesy: Galerie Zink
Photo: Artstudio Reynolds

4
*Die Verlorenen – Group Portrait, Residents
of Troika*
Von einem gefundenen Negativ/From a
found negative, 1933
10,2 x 12,7 cm
Digital Pigment Print, 2011
82 x 100 cm
Courtesy: Siberian Museum of Memory in
Bialystok, Poland

5
The Lost, 2011/2012: *Die Verlorenen 1933*
Performance Still/Performance still
Photo: Delfina Mayer
Copyright: Siberian Museum of Memory in
Bialystok, Poland

NINA RHODE

1
Harmonika, 2009
15 Harmonikas auf Acrylglas, Motor,
goldene Glühbirne, Ketten, Kabel/15
harmonicas on acrylic glass, motor, golden
light bulb, chains, cable
Ø 140 cm
Installationsansicht/Installation view:
Studio Nina Rhode, drehende Scheibe,
melodischer Ton durch Harmonikas/Disk
turns, harmonicas make melodic sound
Courtesy: Die Künstlerin/The artist;
Galerie Sandra Bürgel, Berlin
Photo: Die Künstlerin/The artist

2
Bin, 2011
Abguss, Epoxidharz, Lack/Cast, epoxy
resin, varnish
160 x 160 x 40 cm
Installationsansicht/Installation view:
Friendly Fire, DCA, Dundee 2011
Courtesy: Die Künstlerin/The artist;
Galerie Sandra Bürgel, Berlin
Photo: Die Künstlerin/The artist

3
ES IT (THRON), 2004/ 2010
Lambda Print, aufgezogen und gerahmt/
Lambda Print, mounted and framed
57,2 x 87,2 cm/83,2 x 93,2 cm gerahmt/
framed
Edition 1/5 + 1AP
Courtesy: The Kristina und Baltzar
Wachtmeister Collection

4
Welle, 2009
Gegossener Betonboden, Holz, Styropor/
Cast concrete floor, wood, styrofoam
Dimensionen variabel/Dimensions variable
Installationsansicht/Installation view:
SAMSA, Berlin 2009

Courtesy: Die Künstlerin/The artist;
Galerie Sandra Bürgel, Berlin
Photo: Die Künstlerin/The artist

5
Friendly Fire, 2011
Gong, 2011
Baumstamm, Metall, Seil/Trunk, metal, rope
Dimensionen variabel/Dimensions variable
Prokurator, 2011
Karton, Papier, Karbon, Holz, Farbe, Stein/
Cardboard, paper, carbon, wood, color,
stone
400 x 400 x 130 cm
Courtesy: Die Künstlerin/The artist;
Galerie Sandra Bürgel, Berlin
Installationsansicht/Installation view:
Friendly Fire, DCA Dundee, 2011

6
Rudolf Beuys, 2011
Aluminium, Holz, Farbe, Kreide,
Schwamm, Eimer/Aluminium, wood, paint,
chalk, sponge, bucket
Ø 140 cm
Installationsansicht/Installation view: *You
Don't Love Me Anymore,* Westfälischer
Kunstverein Münster 2011
Die Scheibe kann vom Publikum bemalt
werden/The spectators are invited to color
the disk
Courtesy: Die Künstlerin/The artist;
Galerie Sandra Bürgel, Berlin
Photo: Die Künstlerin/The artist

7
Säule, 2011
Aufgezogene C-prints, Stahlrahmen/
Mounted C-P prints, steel frame
300 x 60 x 10 cm
Installationsansicht/Installation view:
Friendly Fire, DCA, Dundee 2011
Courtesy: Die Künstlerin/The artist;
Galerie Sandra Bürgel, Berlin
Photo: Ruth Clark, Glasgow

BERND RIBBECK

1
Ohne Titel/Untitled, 2011
Acrylfarbe, Pigmentmarker auf MDF/
Acrylics and pigmented marker on MDF
42 x 28 cm
Sammlung/Collection SFA
Photo: Jens Ziehe

2
Ohne Titel/Untitled, 2011
Acrylfarbe, Pigmentmarker auf MDF/
Acrylics and pigmented marker on MDF
36 x 48 cm
Privatsammlung/Private collection
Photo: Jens Ziehe

3
Ohne Titel/Untitled, 2011
Acrylfarbe, Pigmentmarker auf MDF/
Acrylics and pigmented marker on MDF
30 x 40 cm
Courtesy: Galerie Kamm Berlin
Photo: Jens Ziehe

4
Ohne Titel/Untitled, 2012
Acrylfarbe, Pigmentmarker auf MDF/
Acrylics and pigmented marker on MDF
37,5 x 30 cm
Courtesy: Galerie Peter Kilchmann Zürich
Photo: Jens Ziehe

5
Ohne Titel/Untitled, 2012
Acrylfarbe, Pigmentmarker auf MDF/
Acrylics and pigmented marker on MDF
70 x 70 cm
Courtesy: Galerie Peter Kilchmann Zürich
Photo: Jens Ziehe

6
Ohne Titel/Untitled, 2012
Acrylfarbe, Pigmentmarker auf MDF /
Acrylics and pigmented marker on MDF
70 x 70 cm
Courtesy: Galerie Peter Kilchmann Zürich
Photo: Jens Ziehe

MICHAEL RIEDEL

1
*Au fur et à mesure que la saison s'avança,
changea le tableau que je trouvais à la
fenêtre. Natürlich wäre hier auch möglich
gewesen: Au fur et à mesure que la saison
s'avança, le tableau que je trouvais à la
fenêtre, changea.' Marcel Proust*
Schwarzer Stoff und Digitaldruck auf
Papier/Black fabric and digital print on paper
Dimensionen variabel/Dimensions variable
Installationsansicht/Installation view:
Gabriele Senn Galerie, Wien 2003

2
*The quick brown fox jumps over the lazy
dog,* 2010
Siebdruck auf Leinwand/Silkscreen on canvas
230 x 170 cm
Installationsansicht/Installation view:
David Zwirner Gallery, New York 2010

3
*Vier Vorschläge zur Veränderung von So
im Titel der Ausstellung „So machen wir
es" im Kunsthaus Bregenz,* 2011
Schwarze Leinwand und Digitaldruck auf
weißer Leinwand/Black canvas and digital
print on white canvas
300 x 300 cm und/and 275 x 250 cm

4
*Gedruckte und nicht gedruckte Poster
(2003-2008)*, 2008
42 Offsetdrucke auf Papier mit
Postkarte/42 Offset prints on paper with
accompanying postcard
132,1 x 98,4 x 6,4 cm gerahmt/framed; Je/
Each Poster: 90,2 x 64,5 cm; Gerahmte
Postkarte/Framed postcard: 25,1 x 29,5 x 1
cm; Postkarte/Postcard: 10,8 x 15,2 cm
Edition 10
Courtesy: Der Künstler/The artist; David
Zwirner, New York

RICARDA ROGGAN

1
RESET 1, 2011
C-Print
120 x 150 cm
Edition 3
Courtesy: Galerie EIGEN + ART Leipzig,
Berlin

2
RESET 2, 2011
C-Print
120 x 150 cm
Edition 3
Courtesy: Galerie EIGEN + ART Leipzig,
Berlin

3
RESET 3, 2011
C-Print
120 x 150 cm
Edition 3
Courtesy: Galerie EIGEN + ART Leipzig,
Berlin

4
RESET 5, 2011
C-Print
120 x 150 cm
Edition 3
Courtesy: Galerie EIGEN + ART Leipzig,
Berlin

5
Baumstück 1, 2007
C-Print
120 x 150 cm
Edition 3
Courtesy: Galerie EIGEN + ART Leipzig,
Berlin

6
Garage 2, 2008
C-Print
150 x 191 cm
Edition 3
Courtesy: Galerie EIGEN + ART Leipzig,
Berlin

7
Sedimente 7, 2010
Bromsilbergelatine/Brome silver gelatine
66 x 75 cm
Edition 3
Courtesy: Galerie EIGEN + ART Leipzig,
Berlin

8
SET 1, 2011
C-Print
150 x 190 cm
Edition 3
Courtesy: Galerie EIGEN + ART Leipzig,
Berlin

9
SET 3, 2011
C-Print
150 x 190 cm
Edition 3
Courtesy: Galerie EIGEN + ART Leipzig,
Berlin

JULIA SCHMIDT

1
Drying Rack, 2009
Sperrholz, Laserkopie, Klebeband, Öl auf
MDF/Plywood, copy, tape, oil on MDF
205 x 120 x 40 cm
Courtesy: Casey Kaplan Gallery, New York
Photo: Stefan Fischer

2
Untitled (basement) I, 2010
Öl auf MDF/Oil on MDF
45 x 60 cm
Courtesy: Meyer Riegger, Karlsruhe, Berlin
Photo: Uwe Walter

3
Untitled (basement) II, 2010
Öl auf MDF/Oil on MDF
45 x 60 cm
Courtesy: Meyer Riegger, Karlsruhe, Berlin
Photo: Uwe Walter

4
Control, 2011
Installationsansicht/Installation view:
Magasin 4, Bregenzer Kunstverein
Courtesy: Casey Kaplan Gallery, New
York; Meyer Riegger, Karlsruhe, Berlin
Photo: Günter König

5
Untitled (hair braiding)II, 2012
Öl auf MDF/Oil on MDF
70 x 47,4 cm
Courtesy: Meyer Riegger, Karlsruhe, Berlin
Photo: Stefan Fischer

6
Untitled (Ufficio Postale), 2012
Öl auf MDF/Oil on MDF
103 x 68,4 cm
Courtesy: Meyer Riegger, Karlsruhe, Berlin
Photo: Stefan Fischer

7
Untitled (Concealer), 2011 (Rückseite)/
(Backside)
Seidenstoff, Ölfarbe/Silk, oil
44 x 32 cm
Courtesy: Casey Kaplan Gallery, New York
Photo: Stefan Fischer

KATHRIN SONNTAG

1
Blame it on Morandi, 2011
Kodak-Diakarousell Projektion, 1 von
81 Dias, 27 Motive, Ton, Loop/Kodak
slide projection, 1 of 81 slides, 27 motifs,
sound, loop
Dimensionen variabel/Dimensions variable
Courtesy: Die Künstlerin/The artist;
Galerie Kamm, Berlin
Photo: Kathrin Sonntag

2
Making-Of, 2011
C-Print
70 x 57,5 cm gerahmt/71 x 58,5 cm framed
Courtesy: Die Künstlerin/The artist;
Galerie Kamm, Berlin
Photo: Kathrin Sonntag

3
Blame It On Morandi, 2011
Kodak-Diakarousell Projektion, 1 von
81 Dias, 27 Motive, Ton, Loop / Kodak
slide projection, 1 of 81 slides, 27 motifs,
sound, loop
Installationsansicht/Installation view:
Double Take, 2011, Galerie Kamm, Berlin
Courtesy: Die Künstlerin/The artist;
Galerie Kamm, Berlin
Photo: Kathrin Sonntag

4
Double Take, 2011
Inkjet Print, Tapete, Messing, Gummiband,
Papier, Fotokopier, Spielkarte, Plastik,
Farbfotografie, Lack, Holz, Schirmständer
aus Messing, Poster, Topfpflanze, Glas/
Inkjet print, wallpaper, brass, elastic,
paper, copies, playing card, plastic, color
photography, paint, wood, umbrella stand,
poster, pot plant, glass
Dimensionen variable/Dimensions variable
Courtesy: Die Künstlerin/The artist;
Galerie Kamm, Berlin
Photo: Kathrin Sonntag

HELEN VERHOEVEN

1
A Tragic Taste for Birk Bruski, 2011
Öl auf Leinwand/Oil on canvas
100 x 120 cm
Courtesy: Wallspace; Galerie Diana Stigter
Photo: Roman März

2
The Second Movement, Acid Girls, 2011
Acryl auf Leinwand/Acrylic on canvas
230 x 270 cm
Courtesy: Wallspace; Galerie Diana Stigter
Photo: Roman März

3
Stage Disasters, 2011
Mixed Media
Dimensionen variabel/Dimensions variable
Installationsansicht/Installation view:
Studio Helen Verhoeven
Courtesy: Wallspace; Galerie Diana Stigter
Photo: Roman März

4
Event One, 2008
Acryl auf Leinwand/Acrylic on canvas
198 x 404 cm
Courtesy: Saatchi
Photo: Mark Woods

5
Thingly Character V, 2010
Acryl auf Leinwand/Acrylic on canvas
190 x 370 cm
Courtesy: Stedelijk Museum Amsterdam
Photo: Leo Veger

6
Heads, 2010
Öl und Acryl auf Leinwand, Holz, Papier,
Gips, Schaumstoff/Oil and acrylic on
canvas, wood, paper, plaster, foam
Dimensionen variabel/Dimensions
variable
Courtesy: Rabo Art Collection
Photo: Elisa Sjelvgren

JORINDE VOIGT

1
Piece for Words and Views I, 2012
Farbiges Velin- und Ingrespapier, Beistift,
Tinte auf Aquarellpapier/Colored Velin and
Ingres paper, pencil, ink on watercolor paper
80 x 180 cm
Courtesy: Die Künstlerin/The artist;
David Nolan, New York

2
Piece for Words and Views III, 2012
Farbiges Velin- und Ingrespapier, Beistift,
Tinte auf Aquarellpapier/Colored Velin and
Ingres paper, pencil, ink on watercolor paper
80 x 180 cm
Courtesy: Die Künstlerin/The artist;
David Nolan, New York

3
Piece for Words and Views XIV, 2012
Farbiges Velin- und Ingrespapier, Beistift,
Tinte auf Aquarellpapier/Colored Velin and
Ingres paper, pencil, ink on watercolor paper
80 x 180 cm
Courtesy: Die Künstlerin/The artist;
David Nolan, New York

4
Piece for Words and Views XXXI, 2012
Farbiges Velin- und Ingrespapier, Beistift,
Tinte auf Aquarellpapier/Colored Velin and
Ingres paper, pencil, ink on watercolor paper
80 x 180 cm
Courtesy: Die Künstlerin/The artist;
David Nolan, New York

ULLA VON BRANDENBURG

1
Spectre 4 (Ghost), 2008
Aquarell auf Seidenpapier/Water color on
silk paper
147,5 x 116,5 cm
Courtesy: Produzentengalerie Hamburg

2
Kulisy, 2010 (Detail)
Verschiedene alte Bühnenvorhänge und
Roben von der Warschauer Oper, Museum
of Modern Art Warsaw/Various old stage
curtains and robes from the Opera of
Warsaw, Museum of Modern Art Warsaw
Installationsansicht/Installation view:
Museum of Modern Art, Warschau 2010
Dimensionen variabel/Dimensions variable
Courtesy: Art: Concept, Paris

3
Wagon Wheel, 2009
Patchwork aus alten Stoffen/Patchworks
of old fabrics
7 Quilt/7 quilts: 200 x 150 cm
Courtesy: Pilar Corrias, London

4
The Objects, 2009 (Detail)
Film Still

5
Schachtel, 2010
Pappschachtel, aufgerollte Gummis/
Cardboard box, rolled-up ribbons
Courtesy: Art: Concept, Paris
Photo: Fabrice Gousset

SUSE WEBER

1
Formel:Marionette-Hannover, 2012
Emblematische Skulptur/Emblematic
sculpture
Auswahl von Einzelelementen/Selection of
individual elements
Gestaltung, Copyright: Suse Weber
Umsetzung: Romy Richter
Courtesy: Galerie Barbara Weiss, Berlin

2 & 3
Formel:Marionette-Hannover, 2012
Emblematische Skulptur/Emblematic
sculpture
Pläne für 5 Performances und Entwürfe
von Bausteinen/Plans for 5 performances
and designs for individual elements
Gestaltung, Copyright: Suse Weber
Umsetzung: Romy Richter
Courtesy: Galerie Barbara Weiss, Berlin

SUSANNE M. WINTERLING

1
*Ohne Titel/Untitled (Angel: I don't recall
going together to the cinema
in the evening. Still I heard Ancient
Indians calling: Trust neither horse, nor
modernity)*, 2012
Film Still, 16-mm-Film
2' loop
Courtesy: Die Künstlerin/The artist

2
Ohne Titel/Untitled (notebook),
2010/2011
C-Print
31,4 x 45,7 cm
Courtesy: Die Künstlerin/The artist;
Silverman gallery

3
Film General (Körperlichkeit des Druckes),
2012
C-Print
30 x 45 cm
Courtesy: Die Künstlerin/The artist

4
peppermint for polke, 2011
Licht und Objekt auf Kodak Fotopapier/
Light and object on Kodak photo paper
31,8 x 26,8 cm
Courtesy: Die Künstlerin/The artist;
Luettgenmejier, Berlin
Photo: Anders Valde Fotogalleriet Oslo

5
*Ohne Titel (Filmstruktur)/Untitled
(Filmstructure)*, 2010
Dimensionen variabel/Dimensions variable
Installationsansicht/Installation view:
Städtische Galerie Nordhorn
Courtesy: Die Künstlerin/The artist;
Luettgenmejier, Berlin
Photo: Helmut Claus

6
perfume me blue, 2011
Licht und Objekt auf Kodak Fotopapier/
Light and object on kodak photo paper
32 x 42 cm
Courtesy: Die Künstlerin/The artist;
Luettgenmejier, Berlin

7
Ohne Titel/Untitled (Kreisel), 2012
Film Still, 16-mm-Film
Courtesy: Die Künstlerin/The artist

8
Times, 2011
C-Print
45 x 30 cm
Courtesy: Die Künstlerin/The artist

ALEXANDER WOLFF

1-5
Ohne Titel/Untitled, 2012
Digitalfotografien/Digital photos

IMPRESSUM/ IMPRINT

KATALOG/CATALOGUE

Diese Publikation erscheint anlässlich der Ausstellung/
This book is published in conjunction with the exhibition

MADE IN GERMANY ZWEI
INTERNATIONALE KUNST IN DEUTSCHLAND
17. Mai – 19. August 2012
May 17 – August 19, 2012

KURATOREN/CURATORS
Susanne Figner, Martin Germann, Antonia Lotz, Kathrin Meyer,
Carina Plath, Gabriele Sand, Kristin Schrader, Ute Stuffer,
René Zechlin

PRESSE- UND ÖFFENTLICHKEITSARBEIT/PUBLIC RELATIONS
Silke Janßen

HERAUSGEBER/EDITOR
Sprengel Museum Hannover, kestnergesellschaft, Kunstverein
Hannover

REDAKTION/EDITING
Susanne Figner

VERLAGSLEKTORAT/COPYEDITING
Martina Buder

LEKTORAT/PROOF READING
Elsa Himmer, Angela Lautenbach, Antonia Lotz, Kathrin Meyer,
Carina Plath, Annerose Rist, Gabriele Sand, Ute Stuffer

ENGLISCHES FAHNENKORREKTORAT/
ENGLISH PROOFREADING
Sarah Moore

ÜBERSETZUNGEN INS ENGLISCHE/
TRANSLATIONS INTO ENGLISH
Jeremy Gaines

ÜBERSETZUNGEN AUS DEM FRANZÖSISCHEN INS
ENGLISCHE/TRANSLATIONS FROM FRENCH INTO ENGLISH
Kevin Cook

ÜBERSETZUNGEN AUS DEM FRANZÖSISCHEN INS
DEUTSCHE/TRANSLATIONS FROM FRENCH INTO ENGLISH
Nathalie Schon, Carina Plath

GRAFISCHE GESTALTUNG UND SATZ/
GRAPHIC DESIGN AND TYPESETTING
Jan Haux, Berlin/New York

PAPIER/PAPER
Papier Union Coindat matt Périgord 135 g/qm,
Papier Union Zeta Leinen 350 g/qm

DRUCK UND BINDUNG/PRINTING AND BINDING
DZA Druckerei zu Altenburg GmbH, Altenburg

PRAKTIKANTIN PR/INTERN PR – MADE IN GERMANY ZWEI
Lina Schienke

ERSCHIENEN IM/PUBLISHED BY

Verlag für moderne Kunst Nürnberg
Königstraße 73
D–90402 Nürnberg
www.vfmk.de

ISBN 978-3-86984-334-6
Printed in Germany

Bibliografische Information der Deutschen Nationalbibliothek
Die Deutsche Nationalbibliothek verzeichnet diese Publikation
in der Deutschen Nationalbibliografie; detaillierte bibliografische
Daten sind im Internet über http://dnb.d-nb.de abrufbar.

Bibliographic information published by the Deutsche
Nationalbibliothek
The Deutsche Nationalbibliothek lists this publication in the
Deutsche Nationalbibliografie; detailed bibliographic data are
available in the Internet at http://dnb.d-nb.de.

DANK AN/THANKS TO

Förderer/Sponsors

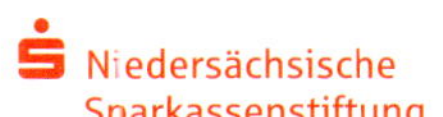
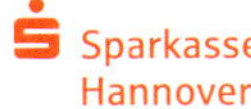
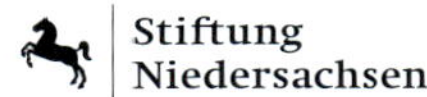
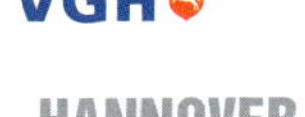
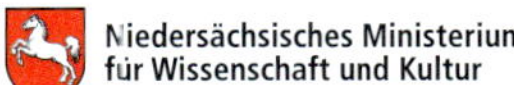
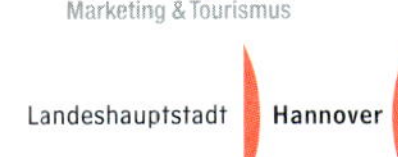
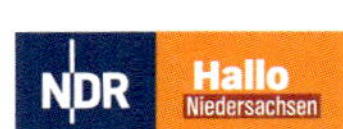
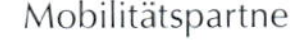

Kooperationspartner

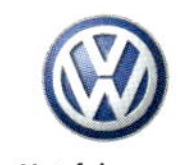

Mobilitätspartner

Partner

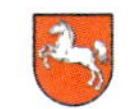
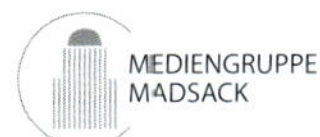

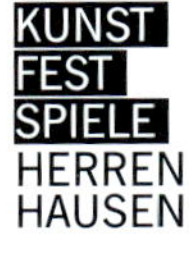

www.madeingermanyzwei.de

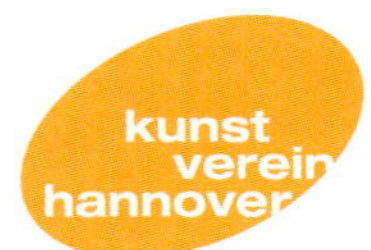

Sophienstraße 2
30159 Hannover
Deutschland/Germany
Fon +49 511 16 99 278-0
Fax +49 511 16 99 278-278
mail@kunstverein-hannover.de
www.kunstverein-hannover.de

VORSTAND/EXECUTIVE BOARD
Ellen Lorenz, Jörg Maaß, Rainer Terliesner, Gerlinde Harig

DIREKTOR/DIRECTOR
René Zechlin

KURATOR/CURATOR
Ute Stuffer

ASSISTENZ/ASSISTANCE
Angela Lautenbach

FINANZEN/ACCOUNTANCY
Sonia Schildmann

PRESSE- UND ÖFFENTLICHKEITSARBEIT/PUBLIC RELATIONS
Catharina Rahlff-Mackeprang

TECHNIK/TECHNICAL DEPARTMENT
Rolf Risse

ART HANDLING
Emilia Kubacki

KUNSTVERMITTLUNG/EDUCATION
Alexandra Lücke, Sebastian Bartel, Andrea von Lüdinghausen,
Anna Grunemann, Christiane Oppermann, Henrike Terheyden

AUFBAUTEAM/TECHNICAL CREW
Mathieu Cortin, Michael Miesner, Etienne Rey, Dietmar Schulz,
Gerd Wiegmann

PRAKTIKANTINNEN/INTERNS
Birte Heier, Elsa Himmer

BEIRAT/ADVISORY COUNCIL
Jens Adolf, Peter Allmann, Sabine Bauer, Philipp Benatzky, Rolf
Bier, Silke Boerma, Lavinia Francke, Carsten Hoppmann, Lars
Kompa, Lotte Lindner, Andrea von Lüdinghausen, Christiane
Oppermann, Gabriele Sand, Bärbel Schlüter, Rüdiger Stanko

Der Kunstverein wird vom Kulturbüro der Landeshauptstadt
Hannover institutionell gefördert
The Kunstverein Hannover is sponsored by the Culture Office of
the Landeshauptstadt Hannover

SPRENGEL MUSEUM HANNOVER

Sprengel Museum Hannover
Kurt-Schwitters-Platz
30169 Hannover
Deutschland/Germany
Fon +49 511 168 43875
Fax +49 511 168 45093
Sprengel-museum@hannover-stadt.de
www.sprengel-museum.de

DIREKTOR/DIRECTOR
Ulrich Krempel

KURATORINNEN/CURATORS
Carina Plath, Gabriele Sand

ASSISTENZ/ASSISTANCE
Steffen Eigl, Annerose Rist

SEKRETARIAT/SECRETARY'S OFFICE
Ingrid Mecklenburg, Gudrun Pfeifer, Peter Pürer, Elke Püschl

*BILDUNG UND KOMMUNIKATION/
EDUCATION AND COMMUNICATION*
Gisela Deutsch, Gabriele Sand, Gabriela Staade

PRESSE- UND ÖFFENTLICHKEITSARBEIT/PUBLIC RELATIONS
Isabelle Schwarz

KONSERVATORISCHE BETREUUNG/CONSERVATION
Pamela Bannehr, Ria Heine, Martina Mogge-Auerswald

REGISTRAR
Eva Köhler, Brigitte Nandingna

FOTOGRAFIE/PHOTOGRAPHY
Aline Gwose, Michael Herling

VERWALTUNG/ADMINISTRATION
Carola Hagenah, Michael Kiewning, Heidemarie Schildknecht

*BETRIEBSTECHNIK/
TECHNICAL EQUIPMENT AND INSTALLATION*
Hartmut Kaluscha, Marianne Lietz, Vitali Missal, Hans Zimmer

AUSSTELLUNGSTECHNIK/EXHIBITION TECHNOLOGY
Jakup Asci, Yasin Baban, Rainer Juranek, Bronislav Kunke, Johann
Mayer, Sergey Missal, Emanuel Nylhof, David Reichel, Ursula
Sowa, Alexander Stuhlberg, Alfred Stuhlberg

Eine Institution der
Landeshauptstadt

Gefördert durch

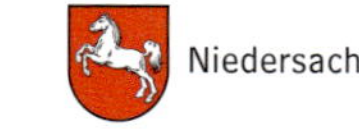

Landeshauptstadt **Hannover** Kulturbüro

Hannover

Niedersachsen

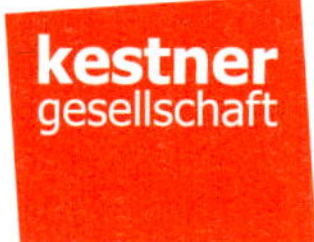

kestnergesellschaft
Goseriede 11
30159 Hannover
Deutschland/Germany
Fon +49 511 70120 0
Fax +49 511 70120 20
kestner@kestnergesellschaft.de
www.kestnergesellschaft.de

VORSTAND/MEMBERS OF THE BOARD
Uwe Reuter (1. Vorsitzender | Chairman),
Herbert K. Haas (2. Vorsitzender | Vice Chairman),
Dr. Michael Kunst (Schatzmeister | Treasurer),
Dr. Thomas Noth (Schriftführer | Secretary),
Herbert Flecken, Eckhard Forst, Dr. Peter Thormann,
Matthias Düwel, Dr. Sandra Lüth, Inga Samii

KURATORIUM/ADVISORY BOARD
Herbert K. Haas (Vorsitzender | Chairman), Dr. Carl Haenlein
(Ehrenmitglied | Honorary Member), Dr. Stella A. Ahlers,
R. Claus Bingemer, Dr. Volker Böttcher, Dieter Brusberg,
Dr. Max-Georg Büchner, Norbert H. Essing, Dipl.-Ing. Michael G.
Feist, Dr. Friedhelm Haak, Sepp D. Heckmann, Albrecht Hertz-
Eichenrode, Michael Hocks, Walter Kleine, Klaus Laminet, Sylvia
von Metzler, Günter Papenburg, Dr. Robert Pohlhausen, Prof.
Dr. Hannes Rehm, Jörg Schubert, Dr. Bernd Thiemann, Dr. Peter
Thormann, Oberbürgermeister Stephan Weil, Wilhelm Zeller

DIREKTOR/DIRECTOR
Dr. Veit Görner

AUSSTELLUNG/EXHIBITION
Susanne Figner, Antonia Lotz, Kathrin Meyer

GESCHÄFTSFÜHRERIN/GENERAL MANAGER
Mairi Kroll

KURATORINNEN/CURATORS
Susanne Figner, Antonia Lotz, Kathrin Meyer

PRESSE- UND ÖFFENTLICHKEITSARBEIT/PUBLIC RELATIONS
Konstantin Wenzel

RECHNUNGSWESEN/ACCOUNTING DEPARTMENT
Frank Jaguttis, Hartmut Jahnel, Dr. Brigitte Kirch, Petra Lücke,
Uwe Meyer

*AUSSTELLUNGSTECHNIK, BETRIEBSTECHNIK/
INSTALLATION, TECHNICAL RESOURCES*
Jörg-Maria Brügger, Rainer Walter

MITGLIEDERVERWALTUNG/MEMBER ADMINISTRATION
Sabine Sauermilch

*KOORDINATION FÖRDERKREISE/
COORDINATION PATRONS' CIRCLE*
Maria-Isabel Rössel

EMPFANG/FRONT DESK
Germaine Mogg, Angela Pohl

KESTNERLABOR PRAKTIKANTEN/INTERNS
Alice Dziewinski, Karine Thénery-Heck, Marina Klein, Raphael
Marx, Maximilian Müller, Janna Schielke, Alexander Steinke,
Katja Zhuravleva

*PROJEKTMITARBEIT IN KOOPERATION MIT DER UNIVERSITÄT
HILDESHEIM/PROJECT COOPERATION WITH THE
UNIVERSITY OF HILDESHEIM*
Jenifer Becker, Paul Curiman, Benedikt Maurer, Tiziana Olbrich,
Anne Seiler, Kyra Marie Pauline von Stromberg

ERWEITERTES TEAM/EXTENDED TEAM
Frederick Adler, Guido Bode, Sigrid Didjurgis, Jürgen Fischer,
Friederike Haeußler, Jenny Heine, Robert Knoke, Eddie Lange,
Ursula Lucks, Waltraut Meinecke, Sarah Cosfeld, Thomas
Neveling, Rena Onat, Demush Osmani, Sunejvere Osmani, Reza
Rakhshandeh, Carsten Schlaefke, Dorothee Schniewind, Awanti
Seth-Rabenhøj, Julia Speckmann, Caterina Stibitzky, Michael
Stoeber, Marie Christin Temps, Dörte Wiegand

DATENSCHUTZBEAUFTRAGTER/DATA PROTECTION OFFICIAL
Michael Schöpf

FIRMENMITGLIEDER/COMPANY MEMBERS
Ahlers AG, Architekten BKSP, ars mundi Edition Max
Büchner, Bahlsen GmbH & Co. KG, Bantleon AG, R. Claus
Bingemer, Deloitte, Deutsche Messe AG, Norbert Essing
Kommunikation GmbH, HANNOVER Finanz GmbH, Hannover
Rückversicherung AG, Innerstadt GmbH & Co. KG, Institut der
Norddeutschen Wirtschaft e. V., Investa Projektentwicklungs-
und Verwaltungsgesellschaft mbH, Mediengruppe Madsack,
Bankhaus Metzler seel. Sohn, Nationale Suisse, NORD/LB, Sal.
Oppenheim jr. & Cie. AG & Co. KGaA, GP Cünter Papenburg
AG, Sparkasse Hannover, Stadtwerke Hannover AG, VGH
Versicherungen, VHV Gruppe, Witte Projektmanagement GmbH

PARTNER/PARTNERS
Blumen am Aegi, BREE in der Galerie Luise, Sektkellerei Duprès-
Kollmeyer in Neustadt, Finanz Informatik, hms69, Horstmann +
Sander, Insight, klartxt

Die kestnergesellschaft wird gefördert vom Land Niedersachsen
sowie unterstützt vom Förderkreis der kestnergesellschaft/The
kestnergesellschaft is supported by the Federal State of Lower
Saxony and by the patrons' circle of the kestnergesellschaft

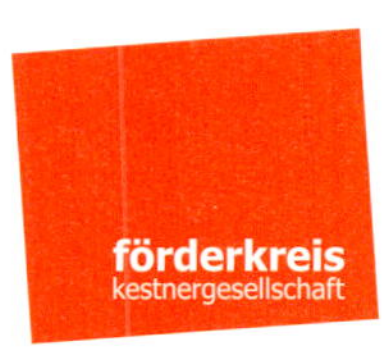

Kulturpartner

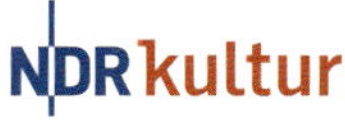